D1986912

Frank Crüsemann

Kanon und Sozialgeschichte

Beiträge zum Alten Testament

Chr. Kaiser
Gütersloher
Verlagshaus

Bibliografische Information Der Deutschen Bibliothek

Die Deutsche Bibliothek verzeichnet diese Publikation in der Deutschen Nationalbibliografie; detaillierte bibliografische Daten sind im Internet über http://dnb.ddb.de abrufbar.

ISBN 3-579-05397-3
© Chr. Kaiser/Gütersloher Verlagshaus GmbH, Gütersloh 2003

Das Werk einschließlich aller seiner Teile ist urheberrechtlich geschützt. Jede Verwertung außerhalb der engen Grenzen des Urheberrechtsgesetzes ist ohne Zustimmung des Verlages unzulässig und strafbar. Das gilt insbesondere für Vervielfältigungen, Übersetzungen, Mikroverfilmungen und die Einspeicherung und Verarbeitung in elektronischen Systemen.

Umschlag: Init GmbH, Bielefeld
Druck und Bindung: Bertelsmann Media on Demand, Pößneck
Printed in Germany

www.gtvh.de

Für Rolf Rendtorff

Inhalt

Vorwort

Die Auswahl der in diesem Band zusammengestellten Aufsätze ist vor allem unter zwei Gesichtspunkten erfolgt. Einmal fehlen alle Arbeiten aus dem thematischen Umkreis Tora, Recht, Ethik, zum anderen ist mit dem Titel »Kanon und Sozialgeschichte« eine Perspektive benannt, die in den letzten Jahren immer wichtiger und vor allem deutlicher geworden ist. Der Versuch, die vorliegende Endgestalt biblischer Texte historisch-sozialgeschichtlich zu interpretieren, eröffnet überraschende, neue Perspektiven, gerade auch für theologische und hermeneutische Grundfragen. Die älteren Arbeiten stellen für mich und vielleicht auch die wissenschaftliche Diskussion wichtige Etappen auf dem damit angedeuteten Weg dar.

Die Texte sind weitgehend unverändert gelassen; lediglich in der äußeren Form, also bei Überschriften, Anmerkungen, Rechtschreibung, hebräischen und griechischen Zitate etc. ist eine einheitliche Gestalt angestrebt worden. Die Auslegung von Ps 51, die für den Erstdruck stark gekürzt worden war, ist hier vollständig abgedruckt.

Ich widme das Buch Rolf Rendtorff in Dankbarkeit für viele Anstöße bei der Frage nach dem kanonischen Text wie nach einer Neubestimmung des Verhältnisses zum Judentum.

Zu danken habe ich Herrn Diedrich Steen vom Gütersloher Verlagshaus für die intensive lektorale Betreuung des Bandes und Frau Katrin Keita für Hilfe bei den Korrekturen.

Bielefeld-Bethel, am 20.6.2003 *Frank Crüsemann*

Genesis

MENSCHHEIT UND VOLK

Israels Selbstdefinition im genealogischen System der Genesis[1]

Weltweit zeigen Exzesse eines neuen Nationalismus, wie wenig es bisher gelungen ist, Menschheit und Volk, Ethik und Ethnizität, universale Menschenrechte und gruppenspezifische Identität in ein stabiles Gleichgewicht zu bringen. »Wir stehen also vor einem Dilemma«, heißt es in einem der vielen neuen Beiträge zu den damit aufgeworfenen Fragen: »Einerseits ist die universalistische Orientierung am Wohl aller moralisch geboten, andererseits scheint ein gruppenbezogenes Identitätsbewusstsein, das die universalistische Einstellung partikularisiert, unverzichtbar zur Aufrechterhaltung unserer je eigenen personalen Identität«. Und dieser Widerspruch gehöre »vermutlich zu den grundlegenden Aporien der *condition humaine*«.[2] Ob aus dem gegenwärtigen Erschrecken und der neuen Debatte wirklich hilfreiche Erkenntnisse erwachsen, wird nicht zuletzt davon abhängen, wieweit dabei die Opfer bisheriger Exzesse im Blick sind; und es sind viele, auf allen Seiten. Von besonderem erkenntnisleitenden Gewicht könnte sich die Tatsache erweisen, dass eine antijüdische Einstellung beiden Seiten potenziell inhärent zu sein scheint. Wie nahezu jeder moderne Nationalismus[3] erweist sich auch der neue sehr rasch als massiv antisemitisch – selbst da, wo es keine Juden mehr gibt, da stört dann jede Erinnerung an die Ermordeten. Aber auch an einer universalen Ethik und einer einheitlichen Menschheit ausgerichtete Bewegungen wie Christentum[4], Aufklärung[5] und Sozialismus[6] haben sich oft genug gegen ein Volk gewandt, das sich selbst um universaler Werte und Ziele willen nicht aufgeben konnte und wollte.

Auf diesem doppelten Erfahrungshintergrund möchte ich versuchen, nach der Selbstdefinition Israels in der Genesis zu fragen. Hier am Eingang der Tora hat sich Israel eingeschrieben in die weltweite Völkerwelt, hat seinen Platz im Rahmen der gesamten von Gott erschaffenen Menschheit bestimmt. Was heute oft als Gegensatz und Aporie erscheint, Menschheit und Volk, ist hier miteinander verbunden und vermittelt.

---

1 Eine Kurzfassung erschien zuerst in einer privaten Festschrift für Kristian Hungar zum 60. Geburtstag.

2 R. Schmücker/R. Hering, Der Begriff der Nation berührt nur zwei Identitäten. Über Patriotismus, Nationalpatriotismus und die Suche nach Identität als Ausweg aus Unübersichtlichkeiten, Rechtsphilosophische Hefte, Juni 1994, zit. n. Frankfurter Rundschau Nr. 142, 22.6.1994, 10.

3 Bereits im Berliner Antisemitismusstreit von 1879/80 hat Theodor Mommsen vom Antisemitismus als einer »Mißgeburt des nationalen Gefühls« und dem »selbstmörderischen Treiben des Nationalgefühls« gesprochen (W. Boehlich [Hg.], Der Berliner Antisemitismusstreit, ²1965, 213). Vgl. dazu Th. Nipperdey/R. Rürup, Art. Antisemitismus, Geschichtliche Grundbegriffe I, 1972, 129-153: Der Antisemitismus ist »ein Symptom für die Loslösung des radikalen und integralen Nationalismus von dem gemäßigten Nationalismus der Liberalen« (146).

4 Siehe K. H. Rengstorff/S. v. Kortzfleisch (Hg.), Kirche und Synagoge. Handbuch zur Geschichte von Juden und Christen, 2 Bde., 1988.

5 Vgl. L. Poliakov, Geschichte des Antisemitismus, Bd. V: Die Aufklärung und ihre judenfeindliche Tendenz (dt. Übers.), 1983. Erinnert sei beispielhaft an Kants Satz: »Die Euthanasie des Judentums ist die reine moralische Religion« (Der Streit der Fakultäten, Werke, hg. v. W. Weischedel, Bd. 6, 1964, 321). Zu erinnern ist auch an M. Horkheimer/T. W. Adorno, Elemente des Antisemitismus. Grenzen der Aufklärung, in: Dialektik der Aufklärung. Philosophische Fragmente, 1968, 199ff.

6 Vgl. E. Silberner, Sozialisten zur Judenfrage (dt. Übers.), 1962.

I. Das genealogische System

Das Schema auf Seite 15/16 stellt den Versuch dar, das gesamte genealogische System der Genesis zu erfassen. Es folgt mit seinen ca. 300 Namen und den Beziehungen zwischen ihnen dem überlieferten hebräischen Text. Es ergibt sich ein recht geschlossenes System aus durchgängig patrilinearen Stammbäumen, d.h. reinen Vater-Sohn-Folgen. An relativ wenigen, aber zentralen Stellen tauchen Frauennamen auf oder werden anonyme Frauen erwähnt[7]; sie sind kursiv geschrieben. Aus Platzgründen kann die Anordnung nicht überall den gleichen Gesichtspunkten folgen. So ist bei den untereinander stehenden Namen zu unterscheiden zwischen Vater-Sohn-Folgen einerseits, bei denen jeweils nur der Erstgeborene genannt ist, also lineare Genealogien wie die Nachfolger Seths (Gen 5) oder Sems (Gen 11), und andererseits den vielen Söhnen eines Vaters, segmentäre Genealogien, wo die Namen besser auf einer Höhe nebeneinander angeordnet würden: Etwa die von Ägypten, Kanaan oder Joktan abstammenden Völkerschaften in Gen 10 bzw. die Nahor- (22,20ff.) oder Jakobsöhne (46,8ff.). Dagegen haben die in Gen 14,5f. genannten Völker, einige der in 15,19f. aufgezählten sowie der Horiter-Stammbaum in 36,20ff. keine genealogische Verbindung mit dem übrigen System.

Am Beginn steht der erstgeschaffene Mensch, אדם, am Ende in Gen 46 eine Aufzählung der Enkel und Urenkel Jakobs; sie bilden die nach Ägypten gehende Gruppe, aus der dann das Volk Israel entsteht, von dem der Pentateuch vom Buche Exodus an berichtet. Zugleich ist hier die größte Tiefenstaffelung erreicht. 25 Generationen sind es vom ersten Menschen bis zu den Urenkeln Jakobs Chezron und Chamul, Cheber und Malkiel. Nur bei den Enkeln Esaus wird eine vergleichbare Tiefe erreicht. Diese Staffelung bezeichnet aber keine zeitliche Differenz, denn alle anderen am Ende einer Verzweigung stehenden Namen sind ebenfalls gegenwärtige Größen, leben gleichzeitig mit den Nachfahren Jakobs und cum grano salis auch mit den Lesern und Leserinnen dieses Textes. So wird insbesondere durch die Völkertafel in Gen 10 im Ansatz die gesamte bekannte Menschheit erfasst. Deren Gliederung erfolgt durch die drei Noahsöhne Sem, Ham und Japhet. Um der besseren grafischen Darstellbarkeit willen ist die über Sem laufende Hauptlinie zentral angeordnet, die in Klammern hinter die Namen gestellten Ziffern geben die Reihenfolge der Geburt an. Die drei Terach-Söhne Abraham, Nahor und Haran markieren die nächste wichtige Verzweigung. Die Abrahamiten werden durch Abrahams Frauen Sara, Hagar und Ketura dreigeteilt. Schließlich geht es um die beiden Isaaksöhne Esau und Jakob und deren jeweils von verschiedenen Müttern geborene Söhne und Nachfahren.

Nur ein knapper Blick auf einige literarische, traditionsgeschichtliche und historische Aspekte des Systems ist an dieser Stelle möglich. Dagegen muss von den Problemen der Identifikation und Lokalisierung bis auf wenige Randbemerkungen ganz abgesehen werden.[8]

---

7 Dazu R. A. Freund, Naming Names. Some Observations on »Nameless Women«. Traditions in the MT, LXX and Hellenistic Literature, SJOT 6, 1992, 213-232.

8 Vgl. dazu das reiche Material bei C. Westermann, Genesis, BK I/1-3, 1966-1982; außerdem T. Willi, Chronik, BK XXIV, Lfg. 1, 1991, 30ff.; J. Simons, The Geographical and Typological Texts of the Old Testament, 1959; R. S. Hess, Studies in the Personal Names of the Genesis 1-11, AOAT 234, 1993, sowie die u. Anm. 14 genannten Arbeiten.

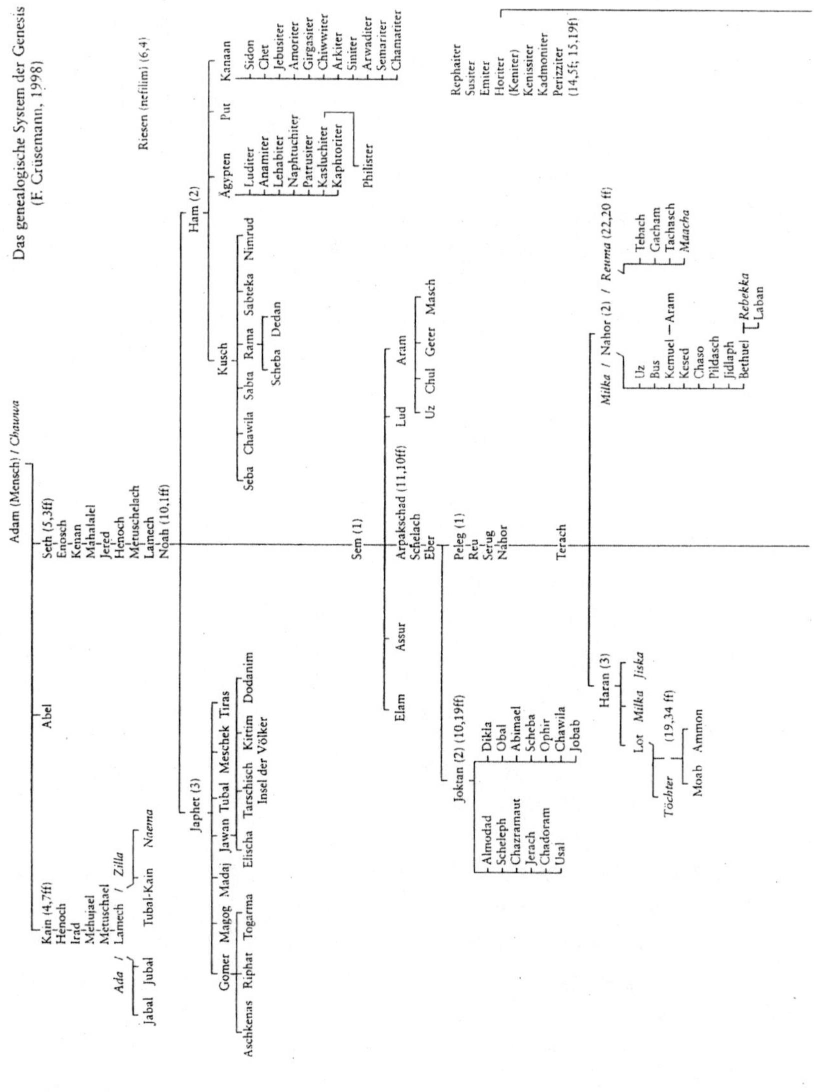
Das genealogische System der Genesis
(F. Crüsemann, 1998)
Adam (Mensch) / Chawwa
Kain (4,7ff)
Henoch
Irad
Mehujael
Metuschael
Ada / Lamech / Zilla
Jabal Jubal
Tubal-Kain Naema
Abel
Seth (5,3ff)
Enosch
Kenan
Mahalalel
Jered
Henoch
Metuschelach
Lamech
Noah (10,1ff)
Riesen (nefilim) (6,4)
Japhet (3)
Gomer Magog Madaj Jawan Tubal Meschek Tiras
Aschkenas Riphat Togarma
Elischa Tarschisch Kittim Dodanim
Insel der Völker
Ham (2)
Kusch
Seba Chawila Sabta Rama Sabteka Nimrud
Scheba Dedan
Ägypten
Luditer
Anamiter
Lehabiter
Naphtuchiter
Patrusiter
Kasluchiter
Kaphtoriter
Philister
Put
Kanaan
Sidon
Chet
Jebusiter
Amoriter
Girgasiter
Chiwwiter
Arkiter
Siniter
Arwaditer
Semariter
Chamatiter
Rephaiter
Susiter
Emiter
Horiter
(Keniter)
Kenissiter
Kadmoniter
Perizziter
(14,5f; 15,19f)
Sem (1)
Elam Assur
Arpakschad (11,10ff)
Schelach
Eber
Lud
Aram
Uz Chul Geter Masch
Joktan (2) (10,19ff)
Almodad
Scheleph
Chazramaut
Jerach
Chadoram
Usal
Dikla
Obal
Abimael
Scheba
Ophir
Chawila
Jobab
Peleg (1)
Reu
Serug
Nahor
Terach
Haran (3)
Lot Milka Jiska
Töchter (19,34 ff)
Moab Ammon
Milka / Nahor (2) / Reuma (22,20 ff)
Uz
Bus
Kemuel — Aram
Kesed
Chaso
Pildasch
Jidlaph
Bethuel
Rebekka
Laban
Tebach
Gacham
Tachasch
Maacha

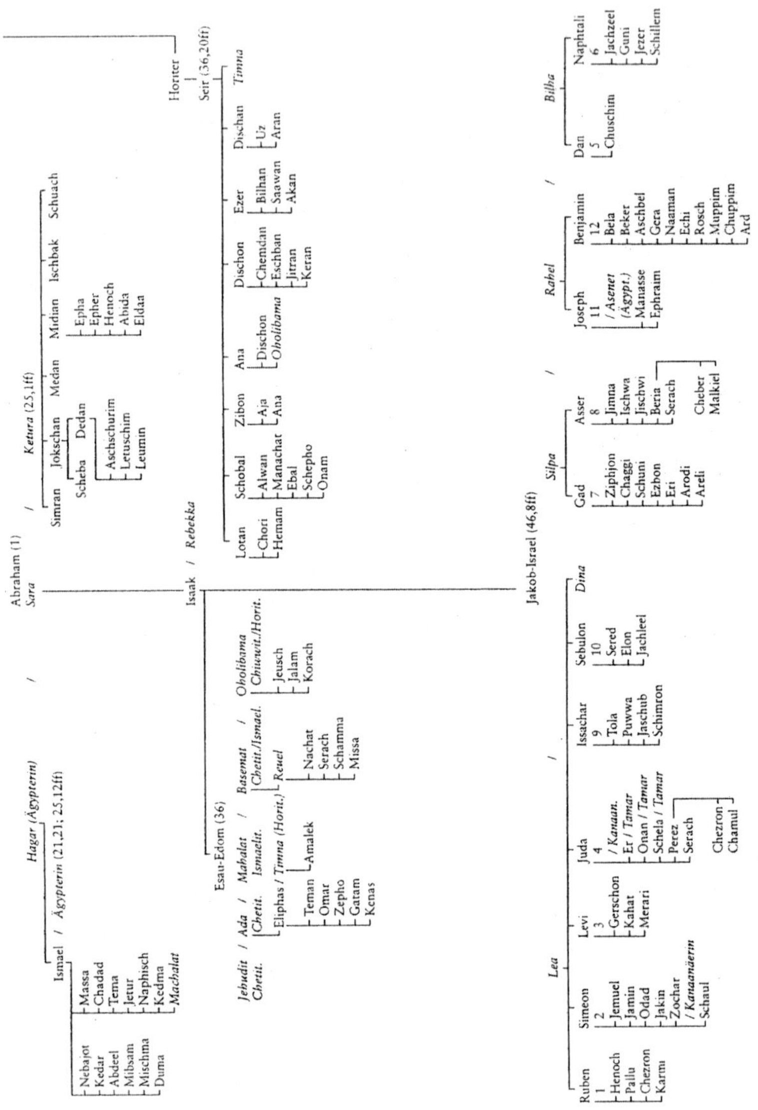
Abraham (1) / Sara
Hagar (Ägypterin)
Ketura (25,1ff)
Ismael / Ägypterin (21,21; 25,12ff)
Nebajot
Kedar
Abdeel
Mibsam
Mischma
Duma
Massa
Chadad
Tema
Jetur
Naphisch
Kedma
Machalat
Simran
Jokschan
Medan
Midian
Ischbak
Schuach
Scheba
Dedan
Aschschurim
Letuschim
Leumim
Epha
Epher
Henoch
Abida
Eldaa
Horiter
Seir (36,20ff)
Lotan
Schobal
Zibon
Ana
Dischon
Ezer
Dischan
Timna
Chori
Hemam
Alwan
Manachat
Ebal
Schepho
Onam
Aja
Ana
Dischon
Oholibama
Chemdan
Eschban
Jitran
Keran
Bilhan
Saawan
Akan
Uz
Aran
Isaak / Rebekka
Esau-Edom (36)
Jehudit / Ada / Mahalat / Basemat / Oholibama
Chetit.
Chetit.
Ismaelit.
Chetit./Ismael.
Chiwwit./Horit.
Eliphas / Timna (Horit.)
Reuel
Teman
Omar
Zepho
Gatam
Kenas
Amalek
Nachat
Serach
Schamma
Missa
Jeusch
Jalam
Korach
Jakob-Israel (46,8ff)
Lea / Silpa / Rahel / Bilha
Ruben
1
Henoch
Pallu
Chezron
Karmi
Simeon
2
Jemuel
Jamin
Odad
Jakin
Zochar
/ Kanaanäerin
Schaul
Levi
3
Gerschon
Kahat
Merari
Juda
4
/ Kanaan.
Er / Tamar
Onan / Tamar
Schela / Tamar
Perez
Serach
Chezron
Chamul
Issachar
9
Tola
Puwwa
Jaschub
Schimron
Sebulon
10
Sered
Elon
Jachleel
Dina
Gad
7
Ziphjon
Chaggi
Schuni
Ezbon
Eri
Arodi
Areli
Asser
8
Jimna
Ischwa
Jischwi
Beria
Serach
Cheber
Malkiel
Joseph
11
/ Asenat
(Ägypt.)
Manasse
Ephraim
Benjamin
12
Bela
Beker
Aschbel
Gera
Naaman
Echi
Rosch
Muppim
Chuppim
Ard
Dan
5
Chuschim
Naphtali
6
Jachzeel
Guni
Jezer
Schillem

Die hier zusammengefassten Genealogien, die die gesamte Genesis durchziehen, bilden so etwas wie das Skelett dieses Buches, ein festes Gerüst, das alle anderen Teile zusammenhält und trägt.[9] Das gilt nicht zuletzt deshalb, weil andere Elemente, die üblicherweise die Einheit von Erzählungen konstituieren, wie das zeitliche und räumliche Gerüst, in der Genesis als Gesamterzählung nicht immer deutlich, d.h. explizit formuliert werden. Es ist allerdings auffallend, dass sich in der alttestamentlichen Wissenschaft,[10] wenn ich recht sehe, keine Beschreibung dieses Gesamtsystems findet,[11] trotz einer erheblich verstärkten Zuwendung zu den Genealogien seit der Arbeit von Wilson in den siebziger Jahren.[12] Es zeigt sich auch hier, wie stark die Forschung trotz mancher neuer Ansätze[13] immer noch auf die Frage der Genesis der Genesis, also der diachronen Schichtung fixiert ist, so dass die Konzeption des kanonischen Endtextes wenig Beachtung fand. Insofern versteht sich das Vorliegende auch als ein Beitrag zum Verständnis des kanonischen Endtextes.

Sieht man vom Problem der unverbundenen Namen aus Gen 14; 15 und 36 ab, fügt sich alles andere zu einem durchaus sinnvollen und offenkundig gewollten System zusammen. Zweifellos sind dabei verschiedenartige und vorgeprägte Materialien verarbeitet worden; darauf deuten mannigfaltige Widersprüche und Spannungen hin. So haben unterschiedliche sprachliche Realisierungen der Genealogien – wie reine Namenslisten einerseits, die enge Verbindung mit anekdotischen Einsprengseln andererseits – bei der traditionellen Zerlegung in eine priesterliche und »jahwistische« Schicht etwa in der Völkertafel von Gen 10[14] eine Rolle gespielt, aber natürlich auch das doppelte Vorkommen von Namen wie Hawila und Saba unter den Nachfahren Hams einerseits (10,7), bei den zu Sem gehörenden Joktansöhnen andererseits

---

9 Vgl. dazu T. D. Andersen, Genealogical Prominence and the Structure of Genesis, in: R. D. Bergen (Hg.), Biblical Hebrew and Discourse Linguistics, 1994, 242-266, bes. 263f., sowie die u. Anm. 12 genannten Arbeiten von Robinson, Steinberg u.a.

10 Dagegen findet sich eine Grobskizze bei der Anthropologin K. R. Andriolo, A Structural Analysis of Genealogy and Worldview in the Old Testament, American Anthropologist 75, 1973, 1657-1669; vgl. auch schon E. Leach, The Legitimacy of Solomon. Some structural aspects of Old Testament history, AES 7, 1966, 58-101.

11 Unter der Frage nach Graden der »Prominenz« von Gestalten der Genesis wird aber das System mit vielen seiner Elemente bei Andersen analysiert.

12 R. R. Wilson, Genealogy and History in the Biblical World, YNER 7, 1977. – Ders., The Old Testament Genealogies in Recent Research, JBL 94, 1975, 169-189. Ders., Between »Azel« and »Azel«. Interpreting the Biblical Genealogies, BA 42, 1979, 11-22. Zu den Genealogien der Genesis vgl. außer den Kommentaren: M. D. Johnson, The Purpose of the Biblical Genealogies. With Special Reference to the Setting of the Genealogies of Jesus, MSSNTS 8, ²1988. – T. J. Prewitt, Kinship Structures and the Genesis Genealogies, JNES 40, 1981, 87-98. – R. B. Robinson, Literary Functions of the Genealogies of Genesis, CBQ 48, 1986, 595-608. – N. Steinberg, The Genealogical Framework of the Family Stories in Genesis, Semeia 46, 1989, 41-50. – B. Renaud, Les généalogies et la structure de l'histoire sacerdotale dans le livre de la Genèse, RB 97, 1990, 5-30. – T. D. Alexander, Genealogies, Seed and the Compositional Unity of Genesis, TynB 44, 1993, 255-70. – I. Fischer, Die Erzeltern Israels. Feministisch-theologische Studien zu Genesis 12-36, BZAW 222, 1994, 40-61. – Andersen, Genealogical Prominence. – N. A. Bailey, Some literary and grammatical Aspects of Genealogies in Genesis, in: Bergen, Biblical Hebrew (s. Anm. 9), 267-282; sowie (allgemeiner) E. Blum, Die Komposition der Vätergeschichte, WMANT 57, 1984, 438ff.; außerdem vgl. K. F. Plum, Genealogy as Theology, SJOT 1, 1989, 66-91. – G. A. Rendsburg, The Internal Consistency and Historical Reliability of the Biblical Genealogies, VT 40, 1990, 185-206.

13 Beispielhaft seien genannt: Blum, Komposition (o. Anm 12). – G. A. Rendsburg, The Redaction of Genesis, 1986. – E. Fox, Can Genesis be Read as a Book?, Semeia 46, 1989, 31-40. – T. W. Mann, »All the Families of the Earth«. The Theological Unity of Genesis, Interp. 45, 1991, 341-353.

14 Z.B. Westermann, Genesis I, z.St., und Johnson, Purpose. Zu Gen 10 vgl. außerdem G. Hölscher, Drei Erdkarten. Ein Beitrag zur Erkenntnis des hebräischen Altertums, SHAW.PH3 (1947/48), 1949; J. Simons, The Table of Nations (Genesis X): Its General Structure and Meaning, OTS 10, 1954, 155-184. Vgl. unten Anm. 36.

(10,28f.). Der Name Uz, des Heimatlandes Hiobs (Hi 1,1), kommt gar dreimal vor, als ältester Sohn Arams (10,23), als Ältester des Nahor (22,21) und als Enkel Seirs über Dischan (36,28), also als Horiter. Besonders die Angaben über Namen und Herkunft der Frauen Esaus in 26,34; 28,9 und 36 sind kaum in Übereinstimmung zu bringen. Obwohl also eindeutig unterschiedliche Materialien verwendet worden sind, erweist sich auch hier die Sicherheit des literarkritischen Urteils als verfehlt. Man denke nur daran, wie widersprüchlich und veränderlich auch ethnologisch, d.h. empirisch erfasste Genealogien sind. Ist mit dem gleichen Namen immer auch die gleiche Größe gemeint? Jedenfalls ergibt die jetzige Zusammenstellung durchaus einen gewollten – oder einen in Kauf genommenen – Sinn. Wichtig ist besonders, dass auch innerhalb der üblicherweise der priesterlichen Schicht zugeschriebenen Texte deutliche und massive Spannungen bestehen. So ist es in Gen 36, wo in der Aufzählung der »Fürsten« (אלוף) Edoms (V.15ff.) eine gegenüber V.4ff., dem hier gefolgt wird, andere Stammesgliederung vorliegt. Zu nennen ist die unterschiedliche Einordnung Arams als Semsohn (10,22) und als Nahorenkel (22,21). Aber ist bei einem so weiträumigen und vielgestaltigen Phänomen wie den Aramäern wirklich eine Erklärung dafür allein in der literarischen Schichtung zu suchen? Das alles heißt: Im ganzen stellt sich bei den Genealogien das Problem nicht grundsätzlich anders als in der übrigen Genesis. Trotz aller Spannungen ist eine in sich sinnvolle Einheit entstanden, deren Sinn es zu erfassen gilt. Die Verbindung von Erzählungen und Genealogien, und zwar auch von priesterlichem und nichtpriesterlichem Material, ist offenbar durchdacht und bewusst gestaltet.[15] Bei literarischer Zerlegung ergeben sich nicht selten unzusammenhängende Fragmente, auf die die Forschung nicht fixiert bleiben kann. Das Grundraster des genealogischen Systems entstammt zweifellos der Priesterschrift.[16] Ob sie aber und an welchen Stellen sie älteres Material, selbst bei widersprüchlichem Bezug darauf im Großtext aufnimmt und voraussetzt[17], ist bisher nicht eindeutig geklärt und soll auch hier offen bleiben.

Anders wird man unter Umständen die Namen und Traditionen betrachten müssen, die unverbunden außerhalb des sonstigen Gesamtsystems bleiben. Das sind die »Riesen« (נפלים) in Gen 6,4[18], die in 14,5f. genannten Völker der Rephaiter, Susiter, Emiter und Horiter, Vorbewohner der ostjordanischen Gebiete (vgl. Dtn 2,8ff.), sowie aus 15,19f. Kenissiter, Kadmoniter und Perizziter. In 36,20ff. findet sich eine Horiter-Genealogie im Rahmen der Edomiterlisten. Zu Edom bestehen auch verwandtschaftliche Beziehungen: Oholibama wird in 36,25 als Tochter des Horiters Ana eingeführt, allerdings in 36,2 als Hiwwiterin, also als Kanaanäerin bezeichnet. Sollen und können so die Horiter mit den Hiwwitern identifiziert werden? Oder soll man wirklich an nicht von *Adam* abstammende, also »nichtmenschliche« Wesen denken? Ganz sicher gilt solches nicht für die Vorbewohner des Israel zugesagten Landes, sie gehören zu Kanaan (10,16ff.). Daran können auch die drei zusätzlichen Namen nichts ändern, die

---

15 Vgl. etwa R. H. Moye, In the Beginning: Myth and History in Genesis and Exodus, JBL 109, 1990, 577-598, bes. 590ff.; Robinson; und bes. Steinberg. Sie sieht die großen Genealogien in Gen 11, 25 und 36 – im Anschluss an die Erzähltheorie von Todorow – als Darstellung eines Zustands, von dem dann die im Folgenden berichteten Komplikationen ausgehen.

16 Dazu etwa Renaud sowie die Bemühungen um das Toledotschema etwa bei S. Tengström, Die Toledotformel und die literarischen Strukturen der priesterlichen Erweiterungsschicht im Pentateuch, CB.OT 17, 1982; P. Weimar, Die Toledotformel in der priesterlichen Geschichtsdarstellung, BZ 18, 1974, 65-93.

17 Vgl. zu diesem Konzept E. Blum, Studien zur Komposition des Pentateuch, BZAW 189, 1990.

18 Dazu z.B. L. Perlitt, Riesen im Alten Testament. Ein literarisches Motiv im Wirkungsfeld des Deuteronomiums, NAWG 6 1, 1990, 381f.

nur in Gen 15,19f. auftreten. Doch selbst wenn man mit der bekannten literarischen Sonderstellung von Gen 14 rechnet und auch in Gen 15,19 eine spätere literarische Auffüllung annimmt, bleiben hier bei den unverbundenen Namen bisher kaum zureichend geklärte Fragen einer Interpretation des Gesamttextes.

Das Verständnis der alttestamentlichen Genealogien ist erst durch einen Vergleich mit den mündlichen Genealogien tribaler Gesellschaften wirklich erschlossen worden.[19] Bei allen nicht staatlich organisierten Völkern spielen sie eine kaum zu überschätzende Rolle.[20] Mit ihnen wird der gesamte gesellschaftliche Zusammenhalt beschrieben. Der Ort des Individuums in der Gesellschaft – aber teilweise weit darüber hinaus in der gesamten Schöpfung – wird durch sie erfasst, also Rang und Status, Ansprüche und Erwartungen aller Art.[21] Die verwandtschaftliche Beziehung bleibt überall, wo der Staat jung oder schwach ist, das zentrale Ordnungsgefüge überhaupt. Die Welt wird als Familie erlebt und beschrieben. Viele Grundzüge solcher empirisch erforschten Genealogien finden sich im Alten Testament wieder. Da ist ihre erstaunliche Flexibilität und Verflüssigung im Lauf der Zeit, was eine Kontinuität und Sicherheit der Überlieferung in Grundfragen nicht ausschließt.[22] Da ist die generationsmäßige Tiefenstaffelung, die selten 10-14 Generationen übersteigt, was durch Schwund von Zwischengliedern erreicht wird.[23] Dabei werden auch in einem strengen Sinn biologisch nicht verwandte, aber gesellschaftlich integrierte Personen wie selbstverständlich in das Verwandtschaftssystem einbezogen.[24] Allerdings hat nun keine der aus Ethnologie oder altem Orient bekannten Parallelen eine derartige Struktur wie das System der Genesis. Einzelne Familien oder auch ganze Ethnien werden dort umfasst, wohl auch der Zusammenhalt verschiedener Völker mit einem Stammvater aus einer Urzeit. Doch ein System, das tendenziell die gesamte Menschheit, alle Nachbarvölker sowie die gesamte interne Struktur des eigenen Volkes umfasst, ist etwas Außerordentliches.[25] Als Ganzes gehört dieses System wie der ge-

19 Besonders durch Wilson, Genealogy, sowie die Diskussion um die segmentäre Gesellschaft des vorstaatlichen Israel. So zuerst vor allem durch A. Malamat, Tribal Societies: Biblical Genealogies and African Lineage System, ABS 14, 1973, 126-136. Ein Überblick über die Diskussion bei M. Oeming, Das wahre Israel. Die »genealogische Vorhalle« 1 Chronik 1-9, BWANT 128, 1990, 9ff.

20 Wichtiges ethnologisches Material leicht zugänglich bei: F. Kramer/C. Sigrist (Hg.), Gesellschaften ohne Staat, Bd. 2: Genealogie und Solidarität, 1978. – C. Sigrist/R. Neu (Hg.), Ethnologische Texte zum Alten Testament, Bd. 1: Vor- und Frühgeschichte Israels, 1989, bes. Kap. II.

21 Dazu Wilson, Genealogy, 37ff.

22 Wilson, Genealogy, 27ff.; zum alttestamentlichen Material vgl. etwa die unterschiedlichen Genealogien einzelner Stämme bei S. Yeivin, The Israelite Conquest of Canaan, Nederlands Historisch-Archaeologisch Instituut, 1971, 126-233; sowie andererseits Rendsburg.

23 Wilson, Genealogy, 21ff.

24 Vgl. etwa W. B. Mühlmann, Ethnogonie und Ethnogenese. Theoretisch-ethnologische und ideologiekritische Studien, in: Studien zur Ethnogenese I, ARWAW 72, 1985, 9-27: »Ich fand, dass die Assimilation allogener, ethnisch fremder Elemente unter ›Naturvölkern‹ eine ganz beträchtliche Rolle spielt; es ist das, was in der europäischen Völkergeschichte als ›Umvolkung‹ bezeichnet wird« (10). »Vor allem aber liegt das Überraschende der Assimilation bei ›Naturvölkern‹ in dem Kontrast zu ihrer ideologischen Abgeschlossenheit, des sog. ›Ethnozentrismus‹« (11).

25 Insofern dürfte das Urteil von E. Delitzsch (Neuer Kommentar über die Genesis, 1887, 199) zur Völkertafel nach wie vor zutreffen: »Nirgendwo findet sich ... eine vergleichbare Übersicht«. Das gilt m.E. trotz der Meinung von E. Meyer, dass »die Verbindung der Einzeltraditionen und die Zusammenfassung aller Stämme und Völker zu einem wohlgeordneten Ganzen« (beim »Jahwisten«) von derselben Art sei »wie die, wodurch Hesiod und die übrigen genealogischen Dichtungen der Griechen die Hellenen und die übrigen bekannten Völker systematisch in Stammbäumen geordnet haben« (Die Israeliten und ihre Nachbarstämme, 1906, Nachdr. 1967, 231, unter Verweis auf: Ders., Forschungen zur alten Geschichte I, 1892, Nachdr. 1966, 91f.; 144f.). Denn zwar werden einerseits »die Verwandtschaft der Völker rings um das Mittelmeer«

samte Pentateuch der persischen Periode an. Zwar wird manches in der genealogischen Tradition des Alten Testaments bereits auf die Zeit einer reinen Stammesgesellschaft vor dem Staat zurückgehen bzw. dort seine Wurzeln haben. Das dürfte für Grundzüge des Zwölf-Stämme-Systems gelten, aber auch für die Beziehungen zu den eng verwandten Nachbarvölkern. Doch bereits die Anfänge von Verschriftlichung sind keinesfalls einer so frühen Zeit zuzuweisen. Nachweislich spielen Genealogien in der exilisch-nachexilischen Zeit eine außerordentlich große Rolle, man denke an das reiche Material in 1 Chron 1-9[26], aber auch sonst in den Büchern Chronik, Esra und Nehemia. Und Ähnliches gilt besonders auch für die priesterlichen Texte. Ganz offenbar hat die Familie und ein auf sie bezogenes Denken nach dem Zusammenbruch des eigenen Staates, also in nachstaatlicher Zeit, wieder eine erstaunlich große Rolle gespielt.[27] Der Zusammenhalt des Volkes sowie seine Beziehungen zu anderen Völkern konnte im Rückgriff auf genealogisches Denken unabhängig von Institutionen wie dem Königtum beschrieben und festgehalten werden.

Einer solchen zeitlichen Einordnung kann nicht mit dem Verweis auf das Fehlen ausgerechnet der *Perser* in der Völkertafel widersprochen werden. Bekanntlich fehlt dort auch Babylon, das man nur mit einer gewissen Wahrscheinlichkeit hinter dem sonst unbekannten Namen *Arpakschad* vermuten kann.[28] Das Fehlen dieser Namen ist auch nicht allein mit der Hypothese früherer Entstehung der Texte zu erklären – warum wurden sie nicht nachgetragen? Die politische Macht, unter der man gemeinsam mit der überwiegenden Anzahl der hier genannten Völker lebte, *nicht* zu nennen, dürfte wohl einfacher gewesen sein, als sie in einem derartigen System unterzubringen, im Widerspruch z.B. zu ihrer eigenen Sicht der Dinge. So ist es noch am wahrscheinlichsten,[29] dass wie sonst gelegentlich im Alten Testament und in Griechenland die *Meder* von 10,2 auch die Perser umfassen.[30]

Fest steht jedenfalls, wo denn die Leserinnen und Leser selbst sich hier wiederfinden. Nach Ausweis von Neh 11 und 1 Chron 9 gibt es im nachexilischen Juda Nachfahren der Judasöhne Perez und Serach, vielleicht auch von Schela.[31] Dazu kommen natürlich Angehörige der Levitengeschlechter sowie Nachfahren Benjamins.

---

genealogisch gedeutet (W. Speyer, Art. Genealogie, RAC IX, 1976, 1154f.), also z.B. Griechen, Ägypten und Barbaren auf gleiche Vorfahren zurückgeführt, andererseits die verschiedenen griechischen Stämme auf Deukalion, den griechischen Noah, zurückgeführt (z.B. Apollodor 1,7,2). Es gibt also wohl vergleichbare Ansätze zur Systembildung, aber nirgends ein alles Menschliche tendenziell umfassendes Gesamtsystem. Vgl. die Texte bei F. Jacoby (Hg.), Die Fragmente der griechischen Historiker, Teil I: Genealogie und Mythographie, ²1957, und bes. die Stammbäume im Kommentarteil (321; 380; 390; 398 usw.). Für Gespräche und Hinweise danke ich dem Freund und Kollegen Prof. Dr. Jens Uwe Schmidt.

26 Dazu zuletzt M. Kartveit, Motive und Schichten der Landtheologie in 1 Chronik 1-9, 1989; Oeming.

27 Zum Hintergrund etwa R. Albertz, Religionsgeschichte Israels in alttestamentlicher Zeit, GAT 8/2, 1992, 413ff.

28 Vgl. etwa M. Görg, Art. Arpachschad, NBL I, 1988, 175f.; zuletzt Willi, 37.

29 In Genesis Rabba 37,1 wird – unter anderem – »Tiras« aus Gen 10,2 mit Persien identifiziert. E. Lipinski (Les Japhétites selon Gen 10,2-4 et 1 Chr 1,5-7, ZAH 3, 1990, 40-53, 49f.) will mit 1 Chr 1,6 statt Riphat »Diphat« lesen und zieht zur Deutung einen iranischen Titel dahyu-pati heran, der »chef de peuple« u. ä. bedeutet und in Texten aus Persepolis bezeugt ist. Er denkt dann aber an medische Lokalfürsten.

30 So unter Verweis auf Jes 13,17; 21,2; Jer 51,11.18 (dazu vgl. auch die Kommentare) einerseits, Aischylos, Perser 236.765.791 und den Sprachgebrauch bei Herodot und Thukydides andererseits bes. Hölscher, 54; vgl. bereits F. Schmidke, Die Japhetiten der biblischen Völkertafel, 1926, 59 u.a.

31 Zu Perez vgl. Neh 11,4.6 und 1 Chr 9,4; zu Serach Neh 11,24 und 1 Chr 9,6. Hinter »Siloniter« in 1 Chr 9,5 wird vielfach mit Num 26,20 ein ursprüngliches »Schelaniter« vermutet, etwa H. G. M. Williamson, 1 and 2 Chronicles, NCWB, 1982, 89; kritisch dagegen Oeming, 201.

Doch anders als bei den Judäern taucht keiner der in Gen 46,12 genannten zehn Benjaminsöhne als Vorfahr der nachexilischen Benjaminiten auf.[32] Hier am Ende, 25 Generationen von den ersten Menschen entfernt, finden die nachexilischen Adressaten der Genesis ihre eigenen Vorfahren und damit sich selbst.

II. Die Sicht von Menschheit und Volk

Ich frage nun zunächst nach dem Verhältnis von Menschheit und Volk, den Beziehungen Israels zur gesamten Völkerwelt, unter Ausblendung der spezifisch religiösen Aspekte. Das gesamte System verbindet Menschheit und Volk zu einer Einheit, genauer, die gesamte Menschheit und die Sippenverbände Israels werden in einem einzigen System erfasst, zwischen ihnen besteht eine Fülle von Zwischenstufen und ein kontinuierlicher, gleitender Übergang. Man kann als Hauptlinie eine zunehmende Konzentration auf Israel erkennen:[33] Von den drei Noahsöhnen trägt Sem besonderes Gewicht, von den drei Terachsöhnen geht es vor allem um Abraham, von seinen Nachfahren geht es zentral um Isaak und dann um dessen jüngeren Sohn Jakob. Jeweils werden die notwendigen Trennungen beschrieben; und das Ziel ist zweifellos die Entstehung Israels. Aber was dieses Volk ist, ist eben nur im Rahmen des Ganzen erfassbar – es ist Teil des gesamten Menschheits-Zusammenhangs.

Die Menschheit als Ganzes, der ich mich zunächst zuwende, wird auf ein erstes Menschenpaar zurückgeführt, und sie entfaltet sich nach der Flut aus den drei Söhnen Noahs. So wird die Menschheit als Familie vorgestellt, als *family of men*. Es geht um nichts Geringeres als die essenzielle Einheit alles Menschlichen.[34] Jede ist mit jedem verwandt, es gibt keine grundlegende, keine das Menschsein als solche berührenden Differenzen. Nachfahren anderer Noahsöhne erscheinen ohne Disqualifikation im Stammbaum Israels: Asenet, die ägyptische Priestertochter, als Frau Josephs und Mutter der wichtigen Stämme Ephraim und Manasse (41,45.50ff.); die Töchter des Kanaanäers Schua als Frau Judas (38,2); eine Kanaanäerin als Partnerin Simeons (46, 10). Die biblischen Heiratsverbote sind hier offenbar nicht ohne weiteres vorausgesetzt, keinesfalls aber werden sie anthropologisch, d.h. rassistisch begründet. Es dürfte das Entscheidende geradezu verfehlen, wenn gelegentlich im Zusammenhang der Völkertafel von Menschheitsrassen o. ä. gesprochen wird.[35] So etwas beträfe höchstens die in Gen 6,4 erwähnten נפלים. Jeder Hinweis auf Hautfarbe oder andere rassistisch verwertbare Differenzpunkte fehlt. In der Mischna wird das, worum es geht, so formuliert: »Warum schuf Gott nur einen Menschen? Damit niemand zu seinem Mitmenschen sprechen kann: mein Vater war etwas Besseres als deiner« (Sanh 10,5). Die jeweilige Zuweisung der Völker zu den drei Noahsöhnen ist nicht eindeutig erklärbar. Jedenfalls kommen weder sprachliche Kategorien (Elam bei den Semi-

---

32 Die in 1 Chr 9,7ff. und Neh 11,7 genannten nachexilischen Benjamin-Geschlechter weisen, soweit ich sehe, keinerlei Verbindung zu den Benjaminitergenealogien von 1 Chr 7,6ff.; 8,1ff. (bzw. der fragmentarischen Genealogie eines Schaharaim [1 Chr 8,8ff.]) auf.

33 Dazu etwa Andersen, 254ff., sowie Moye, 590ff., mit Bezug auf M. Fishbane, Text and Texture. Close Readings of Selected Texts, 1979, 27ff., und Andriolo: »the separation of God's chosen people from the rest of humanity is the informing principle« (592).

34 Vgl. als Beispiel von vielen Westermann, Genesis I, 706f., mit vielen Hinweisen auf ältere Literatur; zuletzt etwa Willi, 47. Geleugnet wird dies ohne nähere Begründung bei J. Grau, The Gentiles in Genesis. Israel and the Nations in the Primeval and Patriarchal Histories, Ph. D. diss. Southern Meth. Univ. 1980, 124ff., in Bezug auf die kanaanäischen Völker.

35 Nebenbei z.B. J. Schabert, Genesis 1-11, NEB, ^{2}1980, 102.

ten; Kanaan und Ägypten in einer Gruppe) noch politische (insbesondere nicht bei Japhet; Lud/Lyder bei Sem usw.) in Frage, und auch sozio-kulturelle Typen stehen bestenfalls im Hintergrund.[36]

Eine der großen Stärken des zugrundeliegenden genealogischen Systems besteht in seinen *Differenzierungsmöglichkeiten*. Ein wichtiges Beispiel sind die Beziehungen der Jakobsöhne, also der israelitischen Stämme untereinander. Die Zuordnung zu den zwei Hauptfrauen Lea und Rahel, bei jeder die Differenz von Herrin und Sklavin, weiter die Reihenfolge der Geburten und schließlich die persönliche Neigung Jakobs zu Rahel, so dass ihre Söhne auch als spät Geborene großes Gewicht bekommen – das sind verschiedene, sich überschneidende Möglichkeiten, eine Rangfolge zu beschreiben. Jeder Israelit, der etwa in nachexilischer Zeit sich bzw. seine Vorfahren hier wiederfindet, weiß, dass die interne Differenzierung weitergeht, dass viele Generationen und Abspaltungen nötig sind, um den Platz eines Individuums zu erfassen. All diese Differenzen entfallen, wo sich ein neuzeitlicher rassistischer Nationalismus pseudobiologisch begründen will, Staatsangehörigkeit von »deutscher« Abstammung abhängig macht. Auch abgesehen von der bereits erwähnten großzügigen und selbstverständlichen Integration Fremder[37] in das verwandtschaftliche System fehlt in der Moderne insbesondere die Entsprechung von innerethnischer Differenzierung und gesamtmenschheitlicher: Die innere Differenziertheit des israelitischen Volkes, der Nachkommen Jakobs, ist genauso groß wie die der gesamten Menschheit. Und das ist wörtlich zu nehmen:[38] In Gen 46,47 wird die Zahl der Personen, die in Ägypten zu Jakobs Haus gehörten, mit siebzig angegeben (vgl. auch Ex 1,5; Dtn 10,22). Siebzig Völker sind es auch, die nach jüdischer Tradition aus den Noahsöhnen entstehen,[39] eine Zahl, die recht genau der von Gen 10 entspricht (lässt man z.B. Joktan selbst weg).[40] Auf eine solche Entsprechung von Menschheit und Volk im Aufbau der Genesis, von Makrokosmos der Menschheit und Mikrokosmos des eigenen Ethnos wird bereits im Moselied Dtn 32,8 verwiesen: *»Als der Höchste (עליון) den Nationen ihr Erbe zuwies, er die Menschenkinder schied, setzte er die Grenzen der Völker fest entsprechend der Zahl der Israeliten«*. So lautet der überlieferte hebräische Text, und die Aussage ist auch und gerade dann von Gewicht, wenn hier ein älterer religionsgeschichtlicher Sachverhalt noch textkritisch durchschimmert.

Nun habe ich bisher von »Volk« gesprochen, und ganz sicher geht es dem Text auch in besonderer Weise um eine so benennbare Größe. Dennoch ist bei dieser Terminologie angesichts all der Probleme, die der Volksbegriff mit sich bringt,[41] besondere Vorsicht geboten. Seine Problematik wird zunächst in diesem System selbst erkennbar. Es stellt ja keineswegs ein reines Gegenüber von Menschheit und Volk dar, sondern kennt viele Stufen dazwischen. Und zahlreiche weitere Stufen liegen zwischen den Stammvätern und dem konkreten Individuum in der Zeit der Formulierung.

---

36 Dazu B. Oded, The Table of Nations (Genesis 10) – A Socio-Cultural Approach, ZAW 98, 1986, 14-31; zu den Japhetiten und bes. der Erwähnung der »Insel der Völker« vgl. W. Horowitz, The Isles of Nations: Genesis X and Babylonian Geography, in: J. A. Emerton (Hg.), Studies in the Pentateuch, VT.S 41, 1990, 35-43. Eine Karte mit den wichtigsten Namen bei W. Zimmerli, 1. Mose 1-11. Die Urgeschichte, ZBK 1, ²1957.

37 Siehe o. zu Anm. 22.

38 Zum folgenden B. Jacob, Das erste Buch der Tora. Genesis, 1934, 295f.

39 TJon zu Gen 11; Sota VII, 5 u.a.

40 Zur Zählung Jacob, Genesis 296; S. Krauss, Die Zahl der biblischen Völkerschaften, ZAW 19, 1899, 1-14.

41 Vgl. zur Begriffsgeschichte F. Gschnitzer/R. Koselleck/B. Schönemann/K. F. Werner, Art. Volk, Nation, Nationalismus, Masse, Geschichtliche Grundbegriffe VII, 1992, 144-432.

Ein Mensch ist nicht einfach Israelit, sondern zumindest Angehöriger eines Vaterhauses (בית־אב), einer Sippe bzw. eines Clans (משפחה), wie sie hier in den Jakobenkeln in Erscheinung treten, und eines Stammes. All das sind kollektive Identitätsebenen. Aber es geht weiter, wie gerade unser System sehr schön zeigt. Es gibt nicht nur die Ebene des Volkes, d.h. Jakob-Israels, sondern z.B. auch die der beiden Isaaksöhne und die aller Abrahamnachkommen. Die idealen Heiratsbeziehungen, wie sie in der Genesis geschildert werden, laufen innerhalb der durch den Namen Terach konstituierten Gruppe, sie erscheint als idealiter endogam.[42] Sodann ist mit Nachdruck auf die Ebene der Hebräervölker zu verweisen, denen außer den Terachsöhnen auch die auf Joktan zurückgeführten Völker angehören. Von den Hebräern ist bekanntlich vielfach im Alten Testament besonders in Joseph-[43], Exodus-[44] und Saulsgeschichten[45] die Rede, und manches spricht dafür, dass eine solche Größe durchaus einmal auch politisch präsent gewesen sein kann.[46] Natürlich bietet auch noch einmal die Ebene der Sem-Nachfahren einen besonderen Zusammenhang. All diese Ebenen sind von Gewicht, viele von ihnen sind offensichtlich nicht nur fiktive Größen, sondern real wirksam. Es gibt also *vielstufige kollektive Identitäten*, von solchen, die viele Völker umgreifen, wie die Hebräer oder die Terachiten, aber auch noch die Abrahamnachfahren, über die engste, als Zwillingsbeziehung gekennzeichnete Beziehung zu Esau/Edom, die in zwölf Stämme sich gliedernde Einheit des Volkes, bis zur Ebene der Sippen und Familien, die für den Alltag bestimmend sind.

All diese Ebenen sind von der Logik des genealogischen Denkens her zunächst einmal gleich wichtig. Das, was wir »Volk« nennen, spielt nur eine Rolle unter vielen verschiedenen Größen. Gerade im Vergleich mit allen Formen des neuzeitlichen Nationalismus wird man die Vielstufigkeit deutlich herausstellen müssen. Natürlich hat die Ebene des Volkes Gewicht, es geht letztlich um die Größe Israel, den Namen, den Jakob erhält. Aber im Blick ist eben auch die interne Differenzierung wie die Nähe und Ferne zu vielen anderen Größen. Die alle anderen Beziehungen in den Schatten stellende Bedeutung des Nationalen für moderne Nationalismen ist undenkbar, und bekanntlich ist seiner gefährlichen Übersteigerung auch heute eine vielstufige kollektive Identität entgegenzusetzen von Familien über lokale und regionale Gegebenheiten bis hin zu übernationalen Größen. Vor allem wird man von diesen Beobachtungen aus besondere Sorgfalt auf die Fernhaltung des modernen Begriffs der Nation legen müssen. Um zu verstehen, was mit »Volk« (hebr. vor allem עם) gemeint ist, ist vielmehr von antiken[47] und besonders von ethnologisch erfassbaren Phänomenen auszugehen. Sprachlich liegt es zumal in wissenschaftlicher Terminologie näher, von *Ethnos* bzw. *Ethnie* zu sprechen. Beobachtungen zur Entstehung von Völkern, zur Ethnogenese,[48] zeigen, dass bei diesem Vorgang kulturelle Differenzen zu anderen

42 Dazu bes. Prewitt, Kinship Structures.
43 Gen 39,14.17; 40,15; 41,12; 43,32; außerdem etwa 14,13.
44 Ex 1,15f.19; 2,7.11; 3,18; 5,3; 7,16; 9,1.13; 10,3.
45 1 Sam 4,6.9; 13,3.7.19; 14,11.21; 29,13.
46 Dazu etwa K. Koch, Die Hebräer vom Auszug aus Ägypten bis zum Großreich Davids, VT 19, 1969, 37-81.
47 Dazu etwa Gschnitzer u.a., Art. Volk, 151ff.
48 Hierzu Mühlmann und R. Schott, Die Ethnogenese von Völkern, in: Studien zur Ethnogenese II, ARWAW 78, 1988, 7-42. Letzterer verweist mit Nachdruck auf M. Webers Differenzierung von »Gemeinschaftsglauben« und »Gemeinschaftshandeln« (Wirtschaft und Gesellschaft, Bd. 1, 1964, 307). Das ethnologische Material wird von E. A. Knauf, Die Umwelt des Alten Testaments, Neuer Stuttgarter Kommentar, Altes Testament, Bd. 24, 1994, 184ff.) dahingehend ausgewertet, dass es vor der Perserzeit so etwas wie »Volk« nicht gegeben habe. Das entspricht nicht der großen Bedeutung des jeweiligen Ethnos.

eine entscheidende Rolle spielen. Sie können durch Sprache, Sitten und Bräuche aller Art sowie Religion bestimmt sein. Man spricht von einer »limitischen« Struktur, einer Grenze, die das eigene und das andere unterscheiden lässt.[49]

Die Differenzierungsmöglichkeiten innerhalb und außerhalb des eigenen Ethnos, die sich bewusst entsprechen, bewähren sich vor allem in der Fähigkeit, Nähe und Ferne all der vielen hier genannten ethnischen Größen untereinander und zu Israel zu bestimmen. Von den unmittelbaren Nachbarvölkern wird Edom als aufs Engste verwandt, werden auch Moab und Ammon als nahe verwandt beschrieben, ebenso die von Nahor stammenden Aramäer. Die große Fülle protoarabischer Ethnien und Stämme[50] werden als Nachfahren von Kusch, von Joktan, der Ketura sowie Hagar-Ismaels sehr differenziert betrachtet, meist aber doch als recht nah verwandt empfunden. Innerhalb der *family of men* bekommen dagegen die Kanaanäer[51] und Philister[52] als Hamiten[53] einen recht entfernten Platz, und mit ihnen auch all die kanaanäischen Völkerschaften, die in der – vor allem deuteronomistisch geprägten – Landnahmetradition eine so bedeutende, aber negative Rolle spielen (z.B. Dtn 7,1par.). Dazu kommt die Möglichkeit von Differenzierung durch Diffamierung, wie es die Herkunft Moabs und Ammons aus einem Inzest (Gen 19,30ff.) darstellt, aber auch der besondere Segen Israels aus purem Betrug (27). Besonders interessant ist die Einordnung der Völker, mit denen Israel langanhaltende, tödliche Feindschaften verbanden: Assur, dem mit dem Nordreich Israels die meisten der Stämme ihr Ende verdanken, gehört zu den Sem-Nachfahren (10,22); Esau-Edom, das Nachbarvolk, mit dem Israel eine jahrhundertelange Kampf- und Hassgeschichte erlebte, ist der Zwillingsbruder des Stammvaters und wurde von ihm um den Erstlingssegen gebracht;[54] Midian, das im Alten Testament so unterschiedlich gesehen wird – bei ihm lernt Mose den Gott Israels kennen (Ex 3) und von ihm gingen tödliche Bedrohungen aus (Ri 6;15) – Midian ist ein Abrahamit (Gen 25,2).[55] Und mit Amalek gar, dessen Andenken Gott auslöschen will, mit dem Gott auf ewig Krieg hat (Ex 17,14ff.; Dtn 25,17ff.), verbindet Israel nicht nur die schärfste Gegnerschaft überhaupt, sondern als Enkel Esaus (Gen 36,2) auch eine recht enge Blutsverwandtschaft. Das heißt: die schlimmsten Feinde sind nicht die besonders Fremden oder Fernen, wie es jeder Rassismus empfindet, sondern sie gehören zu den nächsten Verwandten.

Obwohl alles auf die Sonderrolle des einen Volkes in der Menschheit zielt, unterscheidet sich Israels Selbstdefinition von allen entscheidenden Zügen jedes modernen Nationalismus: Da ist die essenzielle Einheit des Menschengeschlechtes in all seiner Vielfalt, da gibt es eine interne Differenzierung im Volk, die der der gesamten Menschheit entspricht, da gibt es viele Ebenen, die für eine kollektive Identität wichtig sind, die ethnische ist nur eine von ihnen.

---

49 Dazu Mühlmann, 18ff., und bes. G. Devereux, Die ethnische Identität. Ihre logischen Grundlagen und ihre Dysfunktionen, in: Ders., Ethnopsychoanalyse (dt. Übers.), ²1984 (148f.).

50 Dazu F. V. Winnett, The Arabian Genealogies in the Book of Genesis, in: Translating and Understanding the Old Testament. Essays in Honor of H. G. May, 1970, 171-196 und bes. E. A. Knauf, Midian, 1988; ders., Ismael. Untersuchungen zur Geschichte Palästinas und Nordarabiens im 1. Jahrtausend v.Chr., 1985.

51 Vgl. etwa A. von Selms, The Canaanites in the Book of Genesis, OTS 12, 1958, 182-213.

52 Zum Problem ihrer Herkunft G. A. Rendsburg, Gen 10:13-14: An Authentic Hebrew Tradition Concerning the Origin of the Philistines, JNSL 13, 1987, 89-96.

53 Dazu auch E. Lipinski, Les Chamites selon Gen 10,6-20 et 1 Chr 1,8-16, ZAH 5, 1992, 135-162.

54 Dazu F. Crüsemann, Herrschaft, Schuld und Versöhnung. Der Beitrag der Jakobgeschichte der Genesis zur politischen Ethik, JK 54, 1993, 614-620 [u. S. 80-87].

55 Dazu Knauf, Midian.

III. Der Gott Israels als Gott der Menschheit

Versucht man nun, die Genealogien der Genesis mit der religiösen und theologischen Ebene zu verbinden, muss ihre Beziehung zu den wichtigsten theologischen Erzähltexten zur Sprache kommen. Dabei zeigt sich, wie komplex die »Theologie« des kanonischen Endtextes ist und wie wenig sie bisher wissenschaftlich erforscht wurde. Seine übliche Zerlegung in relativ geschlossene literarische Einheiten lässt dagegen kleine, verdauliche Bissen entstehen, wobei diese Einfachheit vielfach wiederum zirkulär zum Maßstab diachroner Erkenntnis wird. Ich konzentriere mich im Folgenden auf einige Grundfragen, vor allem auf solche, bei denen genealogische Zusammenhänge und theologische Aussagen sich gegenseitig erhellen können.

Unbestreitbar ist zunächst, dass der Schöpfungssegen (bes. Gen 1,28) und der Auftrag, die Erde zu füllen – beides wird bekanntlich nach der Flut wiederholt (9,1) – in der Aufzählung der Fülle der Völker in Gen 10 Gestalt gewinnt. Dazu tritt in den langen Namensfolgen von Gen 5 und 11 die Kontinuität durch viele Generationen.[56] Noch bevor diese Ausbreitung der Menschheit in der Völkertafel berichtet wird, findet sich in 9,2ff. in Form der noachidischen Gebote der Ansatz zu einer Menschheits-Ethik mit dem Kernpunkt des Verbotes der Menschentötung, seiner rechtlichen Sicherung sowie der Eingrenzung menschlicher Gewalt über die Tiere.

Entscheidend ist aber die *theologische Bewertung* der Vielfalt der Völker und Kulturen einschließlich dessen, was man ihre Religionen nennen kann. Sie hängt letztlich am Verständnis von Gen 11, der Turmbaugeschichte. Im Anschluss an die Völkertafel und vor der Entfaltung der auf Terach und Abraham zulaufenden Linie deutet sie den Zerfall der einheitlichen Menschheit. Nach der üblichen Auffassung geht es in der Turmbaugeschichte um einen Übergriff einer noch einheitlichen Menschheit, der von Gott mit Zerstörung der Einheit und Sprachenvielfalt bestraft wird. In dieser Sicht erscheint Multikulturalität als »gnadenloses Gottesgericht«[57]. Auch von der Frage nach der Funktion im Kontext aus erweist sich dagegen die Deutung von Gen 11 durch Christoph Uehlinger[58] als erhellend. Er zeigt, dass hinter der »einen Rede«, auf der der Bau von Stadt und Turm basiert, bis ins sprachliche Detail der Versuch des assyrischen Großreichs steht, Deportierte aus aller Herren Länder zur Arbeit an *einem* Werk, dem Bau von Hauptstadt und Palast, zusammenzuführen, und ihnen dafür *eine Sprache* aufzunötigen. Es geht um die Aufhebung der Vielfalt durch eine Zwangseinheit. Und es ist der Alptraum einer uniformierten Weltgesellschaft, der von Gott verhindert wird. Die Strafe ist zugleich und vor allem ein Befreiungsakt, die Ermöglichung des Eigenen und Verschiedenen. Jeder Versuch, die Einheit der Menschheit unter Aufhebung ihrer Vielfalt zu begründen, musste und muss ja Israel bedrohen, seine Existenz letztlich vernichten.

Es geht in der Genesis um den einen Schöpfergott und sein eines Volk inmitten einer Vielfalt von gottgewollten Kulturen und Nationalitäten, zu denen auch die verschiedenen Beziehungen zu diesem Gott, also ihre Religionen gehören. Es ist höchst spannend zu sehen, wie dieses komplexe Beziehungsgeflecht dargestellt wird. Das Thema erscheint zuerst in Gen 4,26 mit der Bemerkung, dass seit Seth der Name Gottes angerufen wird, also von der gesamten urzeitlichen Menschheit. Es geht dabei

56 Vgl. z.B. Westermann, Genesis I zu Gen 5, 10 u. ö.

57 So G. von Rad, Das erste Buch Mose. Genesis, ATD 2-4, ^{9}1972 (1949), 117.

58 C. Uehlinger, Weltreich und »eine Rede«. Eine neue Deutung der sogenannten Turmbauerzählung (Gen 11,1-9), OBO 101, 1990.

um *den* Namen, der dann erst wieder Mose bei seiner Berufung offenbart werden wird (Ex 3; 6). Die Konflikte der Noahsöhne, besonders die Freveltat Hams – des Vaters Kanaans! – in Gen 9,20ff. führen nicht nur zur Herrschaft von Menschen über Menschen (9,25), sondern auch zu einer Verbindung des einen Gottes allein mit Sem: »Gesegnet Jhwh, der Gott Sems« (9,26). Damit wird Gott also nur einem Drittel der Menschheit zugeordnet, allerdings mit Platz für Japhet in den Zelten Sems (9,27).

Die Genesis stellt den Vorgang, den die vom Deuteronomium geprägte Theologensprache »Erwählung« nennt, nicht als *einen* großen Schritt von der Fülle der Völkertafel zum einen Volk dar. Stattdessen wird ein höchst komplexer Weg textlich ausgestaltet, der offenkundig so etwas wie Abschattungen von Gottesbeziehungen kennt. Um das zu erfassen, versuche ich, die drei großen Zusagen an Abraham in Gen 12; 15 und 17 zu den Genealogien Abrahams in Beziehung zu setzen. Nachdem bereits Terach den Auszug aus Ur vollzogen hat, eine Art Protoexodus, der alle Terachiten betrifft (11,31), wird in 12,1-3 Abraham von Gott mit den berühmten Eröffnungsworten der Vätergeschichte angesprochen. Ihm wird Trennung von allem befohlen, was vorher genannt war, von Land, Verwandtschaft und Vaterhaus. Und das betrifft alle seine Nachfahren mit. Die göttliche Zusage, zu einem großen Volk zu werden, einen großen Namen zu bekommen, aber auch die des Segens, so dass sich mit seinem Namen alle Geschlechter der Erde segnen werden,[59] all das gilt für Abraham, und das heißt, für *alle* seine Nachfahren. Eine Differenzierung findet hier nicht statt, und es gibt sie auch später nicht. Damit erweist sich 12,1-3 als Schlüsselstelle für das Verständnis des kanonischen Textes der Genesis: Alle Abrahamiten bekommen eine Vermittlungsposition für Gottes Segen an das gesamte, aus so vielen Völkern bestehende Menschengeschlecht.

Gen 15,1ff. enthält die Zusage Gottes an Abraham, dass leibliche Kinder ihn beerben werden; zahlreich werden sie sein, wie die Sterne des Himmels (15,4f.). Wiederum gibt der Zusammenhang keine Einschränkung zu erkennen, alle Abrahamiten sind betroffen. Sogar die feierlichste Selbstverpflichtung Gottes in der Bundeszeremonie von 15,7ff. gilt zunächst uneingeschränkt für den gesamten Samen Abrahams; und zwar unabhängig davon, was ein isoliert oder in anderen Kontexten gelesenes Kapitel 15 besagen wollte. Im Folgenden wird dann die Schwangerschaft Hagars berichtet und der erste Versuch der Sara, die Konkurrentin und ihr Kind loszuwerden. Er misslingt und endet in einer ausdrücklichen Mehrungszusage für Ismael (16,10). Um eine Einengung bestimmter Zusagen Gottes auf einen Teil der Abraham-Kinder geht es dann in Gen 17. Die anfängliche Bundeszusage einer großen Mehrung, der Entstehung von Völkern und Königreichen (17,2.5.6) einschließlich der Zusage des Landes (V.8) sowie des Zeichens der Beschneidung (V.10ff.) gilt für alle, schließt also Ismael und die Keturasöhne ein. Dann aber erfolgt ein besonderes Wort für Sara in V.15ff. Das ist keineswegs ein überflüssiger Akt, wie gelegentlich behauptet wurde.[60] Abraham, der alles auf Ismael beziehen will (V.18), wird von Gott korrigiert, und Ismael bekommt eine eigene Zusage (V.20). Irmtraud Fischer hat unlängst zu Recht die Bedeutung der Worte an Sara hervorgehoben. Sie sieht dahinter vor allem

59 Eine Diskussion der philologischen Probleme bei Blum, Komposition, 350ff. Zum Bezug der Verse auf die vorangehende Urgeschichte, gerade auch die priesterlichen Texte in ihr vgl. F. Crüsemann, Die Eigenständigkeit der Urgeschichte. Ein Beitrag zur Diskussion um den »Jahwisten«, in: J. Jeremias/L. Perlitt (Hg.), Die Botschaft und die Boten. FS H. W. Wolff, 1981, 11-30 (29) [u. S. 28-43].

60 Zum Folgenden Fischer, Erzeltern, 10; sie erinnert kritisch an W. Zimmerlis Abwertung dieser Passage (s. Anm. 36, 72) sowie an die vielen Versuche, den Text zu ändern, s. etwa N. Lohfink, Textkritisches zu Gen 17,5.13.16.17, Bib. 48, 1967, 439f.

Rücksicht der Priesterschrift auf die ältere Erzählung in Gen 18 mit der zentralen Rolle Saras. Doch viel elementarer geht es hier um die Konstituierung des auf Sara zurückgehenden Zweiges der Abrahamiten. Mit *Isaak* allein wird der Bund geschlossen (V.19.21), die Zusage, ihm Gott zu sein (V.7), zielt auf *seine* Nachfahren.

Doch auch Esau ist Isaaksohn und sogar der Ältere. Erst durch die Konflikte der Brüder, durch Betrug, Hass und schließliche Versöhnung hindurch, nicht zuletzt durch den Höhepunkt all dieser Konflikte im nächtlichen Ringen am Jabbok (32,10ff.), wird der besondere Segen für Jakob und seine Nachfahren erreicht. Sie gehen nach Ägypten, und ihre Bedrückung ist dann Anlass zur Mitteilung *des* göttlichen Namens an Mose, der urzeitlich von allen Menschen verehrt wurde.

Immer wieder wird an zentralen Wendepunkten der Pentateucherzählung daran erinnert, dass Israels Sonderrolle einen Bezug zur Vielfalt der von Gott geschaffenen Völkerwelt hat. Das Thema von Gen 12,1-3 erscheint wieder z.B. am Beginn des Aufenthaltes am Sinai, wo Israel als Priestervolk für die gesamte Menschheit bezeichnet wird (Ex 19,6), und dann ganz am Ende des Pentateuch. Hier werden am Schluss des Moseliedes alle Völker aufgerufen, den Gott Israels zu loben (Dtn 32,43; vgl. Röm 15,10).

DIE EIGENSTÄNDIGKEIT DER URGESCHICHTE

Ein Beitrag zur Diskussion um den »Jahwisten«

Kaum eine andere Stimme hat für das Verständnis des Alten Testamentes in den letzten Jahrzehnten eine solche Rolle gespielt wie die des »Jahwisten«. Weit über die Grenzen der Fachwissenschaft hinaus ist die theologische Rezeption des Alten Testamentes von dem Bild geprägt, das man von ihm und seiner Theologie hatte.[1] Entscheidend dabei ist jenes so eindrucksvolle Kontrastbild, in dem der Urgeschichte, die durch Sünde und Fluch bestimmt ist, in Gen 12,1-3 eine gegenläufige Geschichte der Verheißung und des Segens entgegengestellt wird, die mit Abraham einsetzend das verspielte universale Heil für alle Menschen neu ankündigt: »So können denn in dir Segen gewinnen alle Sippen der Erde« (Gen 12,3b).[2]

Als Erster hat G. v. Rad im Jahre 1938 in seiner Arbeit »Das formgeschichtliche Problem des Hexateuch« dieses Bild beschrieben, in seiner theologischen Relevanz erkannt, und er bestimmt damit die Diskussion bis heute.[3] Er hat den bereits seit den Anfängen der literarkritischen Arbeit überhaupt angenommenen und nahezu unbestrittenen Zusammenhang[4] von Urgeschichte und Abrahamverheißung traditionsge-

---

1 Die geschlossenste Konzeption dieser Theologie hat Hans Walter Wolff in seinem Aufsatz »Das Kerygma des Jahwisten« vorgelegt (EvTh 24, 1964, 73-98; zitiert nach: Ges. Stud. z. AT, TB 22, ²1973, 345-373). Ihm sind die folgenden Ausführungen, die etwas gekürzt am 30.4.1980 als Gastvorlesung an der Kirchlichen Hochschule Bethel vorgetragen wurden, in großer Verehrung und tiefer Dankbarkeit gewidmet. Der von ihm als meinem theologischen Lehrer gestellten »Aufgabe, die alttestamentlichen Kerygmata in ihren geschichtlichen Zusammenhängen zu erfassen« (ebd. 346), wissen sich die hier vorgetragenen Überlegungen auch und gerade da verpflichtet, wo sie zu anderen Ergebnissen kommen.

2 Übersetzung nach H. W. Wolff, a.a.O. 352. Wolff versucht damit, zwischen passivischer und reflexiver Übersetzung des ברך ni. zu vermitteln. Letztere ist wohl philologisch die richtige (vgl. C. Westermann, Genesis, BK I/2, 175f.), erstere hat aber gerade im Zusammenhang der These G. v. Rads große Bedeutung erlangt.

3 Das formgeschichtliche Problem des Hexateuch, BWANT IV/26, 1938, zitiert nach: Ges. Stud. z. AT, TB 8, ³1965, 9-86; bes. 71ff.

4 Schon J. Astruc hat 1753 die später »J« genannten Partien von Gen 1-11 mit Gen 12,1ff. in seiner Quelle B zusammengeordnet (mir zugänglich nach der deutschen Übersetzung: Muthmassungen in Betreff der Originalberichte, deren sich Moses wahrscheinlicherweise bey Verfertigung des ersten seiner Bücher bedient hat ..., 1783, 27ff., bes. 74ff.). Ihm folgen J. G. Eichhorn (Einleitung ins Alte Testament, 2. Theil, 1781, bes. 349ff.369ff.) und danach die allermeisten Vertreter der Urkundenhypothese (z.B. H. Hupfeld, Die Quellen der Genesis und die Art ihrer Zusammensetzung, 1853, bes. 102ff.140) bis hin zu J. Wellhausen (Die Composition des Hexateuchs, ⁴1963). Eine Ausnahme bildet neben den Vertretern einer strengen Fragmentenhypothese (z.B. J. S. Vater, Commentar über den Pentateuch, 1. Theil, 1802) eigentlich nur K. D. Ilgen (Die Urkunden des Jerusalemischen Tempelarchivs in ihrer Urgestalt..., 1798), für den der Jahwist (Sopher Elijahu harischon) erst mit 12,1 einsetzt (ebd. 106ff.). Seine Annahme von zwei ursprünglichen »Elohisten« in Gen 1-11 ist aber ohne Wirkung geblieben. Ähnlich ist der Befund im 20. Jahrhundert. Der Zusammenhang von Urgeschichte und Abrahamverheißung bleibt im Grunde selbst für die Arbeiten bestehen, die die nichtpriesterlichen Bestandteile von Gen 2-11 auf mehrere literarische Dokumente aufteilen, da Gen 12,1-3 dann entweder einer der beiden Schichten zugeordnet wird (so z.B. G. Hölscher, Geschichtsschreibung in Israel, SHVL L, 1952, 20f.; 136) oder seinerseits aufgeteilt wird, so dass für beide Quellen ein entsprechender Zusammenhang entsteht (z.B. O. Eißfeldt, Hexateuch-Synopse, ²1962, bes. 19*). Ein entschieden abweichendes Bild bietet vor allem R. H. Pfeiffer (A Non-Israelitic Source of the Book of Genesis, ZAW 48, 1930, 66-73; vgl. ders., Introduction to the Old Testament, ²1948, 159ff.). »J« beginnt für ihn erst mit Kap. 12, dagegen gehören die sonst J zugeschriebenen Texte der Urgeschichte an den Anfang einer mit dem Signum S bezeichneten Quelle außerisraelitischer Herkunft, die zudem Texte wie Gen 14, 19, 34, 36 und 38 umfasst. Entscheidender Grund ist, dass das redaktionelle Verhältnis von J und P in Gen 1-11 völlig anders als in der übrigen Genesis ist und J sonst keinerlei Interesse an Schöpfung aufweist; andere »vital differences« wer-

schichtlich neu interpretiert und dabei den »Vorbau der Urgeschichte« als die eigene Leistung des »Jahwisten« herausgestellt.[5] Dadurch wird Gen 12,1-3 »nicht nur der Abschluss der Urgeschichte ..., sondern der eigentliche Schlüssel für sie«.[6] Geht es in der Urgeschichte trotz des auch zu beobachtenden »heimlich Mächtigwerden(s) der Gnade« vor allem um »das Mächtigwerden der Sünde in der Welt«, um die »sich ständig erweiternde(n) Kluft zwischen Gott und Mensch«, die ihren »hoffnungslosen Abschluss in der Turmbaugeschichte« findet,[7] so setzt in Kap. 12 die Gegenbewegung ein. Sie verheißt Segen für alle Geschlechter und visiert damit als »Fernziel« die »Überwindung der Kluft zwischen Gott und den Menschen insgesamt« an.[8] Dabei sind die entscheidenden Passagen jeweils vom »Jahwisten« selbst formuliert, und deshalb ist hier wie sonst nirgends der Kern seiner Theologie fassbar.

Eine gar nicht aufzuzählende Fülle von späteren Arbeiten hat diese These v. Rads aufgegriffen und ausgebaut, bestätigt und verfeinert. Davon seien im Blick auf ihre theologische Relevanz und exegetische Bedeutung hier nur die Arbeiten von H. W. Wolff[9] und O. H. Steck[10] genannt.

Nun ist aber an dem dabei zugrunde liegenden Bild des »Jahwisten« als der tragenden Quellenschicht im Pentateuch in den letzten Jahren tief greifende Kritik laut geworden. Einmal ist, wovon allerdings die v. Rad'sche These nur am Rande betroffen wird, die traditionelle zeitliche Ansetzung des »Jahwisten« ins 10. oder 9. Jahrhundert v.Chr. bestritten worden, vor allem durch den Aufweis, dass eine Reihe von traditionell ihm zugeschriebenen Passagen z.B. auf Grund ihrer Verwandtschaft mit dtr Texten weit herab zu datieren sind.[11] Doch ist darüber hinaus die Existenz einer solchen Quellenschrift überhaupt in Frage gestellt worden.[12] Für beides sind besonders gewichtige Argumente aus der Analyse der Väterverheißungen gewonnen worden. Diese Stimmen sind wichtige Teile einer sich gegenwärtig vollziehenden Über-

den nur angedeutet. Die These, die nie im Detail begründet wurde, ist ohne nennenswerten Einfluss auf die Forschung geblieben. Auch für P. Weimar (Untersuchungen zur Redaktionsgeschichte des Pentateuch, BZAW 146, 1977) bleibt der Zusammenhang von Urgeschichte und Abrahamverheißung für »J« undiskutiert erhalten. Er kommt zwar zu einem gegenüber dem Üblichen sehr anderen Bild des »J« (bes. 108; 163f.), gerade auch in der Urgeschichte (bes. 154-158), und rechnet mit viel stärkeren Eingriffen späterer Redaktionsstufen (bes. durch den »Jehowisten«). Dennoch hat »J« 12,1*.2a*.3b ohne Anhalt an ältere Überlieferungen (45, Anm. 127) selbst formuliert (44ff.) und direkt an das in 8,21 vorliegende Ende seiner Urgeschichte angeschlossen (44; 163f.). Zuletzt hat Westermann, obwohl er Eigenart und eigenen Rang der Urgeschichte besonders eindrucksvoll betont, uneingeschränkt an der traditionellen Form von J festgehalten. Für ihn behält Gen 12,1-3 die »Funktion eines Verbindungsgliedes« und ist »ein von J so geformter Introitus in die Vätergeschichte, der zugleich die Vätergeschichte mit der Urgeschichte verbindet ... und über die Vätergeschichte hinausweist in die Geschichte des Volkes Israel« (Genesis, BK I/2, 168; vgl. BK I/1, 782f.). Der Text hat aber seine Schlüsselfunktion für die Urgeschichte verloren, weil diese nicht als fortschreitende Unheilsgeschichte gesehen wird und überdies auf der redaktionellen Einheit der J-Urgeschichte kein großes Gewicht liegt. – Zusammenfassend lässt sich sagen, dass seit dem Beginn der Pentateuchkritik der literarische Zusammenhang der J-Urgeschichte mit der Abrahamverheißung in 12,1-3 praktisch feststand und nur sehr selten und ohne nachhaltige Wirkung in Frage gestellt wurde.

5 A.a.O. 71f.

6 Ebd. 72.

7 Ebd. 72f.

8 Ebd. 73.

9 Vgl. o. Anm. 1.

10 Genesis 12,1-3 und die Urgeschichte des Jahwisten, in: Probleme biblischer Theologie. FS G. v. Rad, 1971, 525-553, vgl. ders., Die Paradieserzählung, BSt 60, 1970.

11 Vgl. bes. H. H. Schmid, Der sogenannte Jahwist, 1976; für die Abraham-Traditionen J. van Seters, Abraham in History and Tradition, 1975.

12 Am deutlichsten R. Rendtorff, Das überlieferungsgeschichtliche Problem des Pentateuch, BZAW 147, 1976; ders., Der »Jahwist« als Theologe? Zum Dilemma der Pentateuchkritik, VT.S 28, 1975, 158-166.

prüfung und Revision der Urkundenhypothese,[13] die für mehr als ein Jahrhundert tragender und nahezu unbestrittener Grundpfeiler der alttestamentlichen Wissenschaft war.

Es liegt auf der Hand, dass diese Fragestellung auch die oben beschriebene theologische Sicht des »Jahwisten« entscheidend tangieren muss. Es fällt aber auf, dass sich, soweit ich sehe, keine der neueren quellenkritischen Arbeiten mit der Urgeschichte befasst hat, auch nicht im Blick auf die Datierung. Keine hat den so wichtigen Zusammenhang von Urgeschichte und Abrahamverheißung aufgegriffen. Dabei liegt hier nicht nur für die theologische, sondern auch für die literarhistorische Frage nach der Existenz einer Quelle »J« einer der Schlüsselpunkte, wenn nicht gar der Angelpunkt überhaupt. Denn es ist gar nicht zu bestreiten, dass in der Urgeschichte trotz aller Bindung an vorgegebene Überlieferungen die Prägung der Erzählungen wie vor allem ihre Komposition zu einem beziehungsvollen Ganzen einer überragenden Schriftstellerpersönlichkeit zu verdanken sind. Ebenso deutlich ist es, dass in Gen 12,1-3, wie viel immer hier an Tradition zugrunde liegt,[14] eine übergreifende theologische Konzeption zu Worte kommt, die – an den Beginn der Vätergeschichte gerückt – weite Teile der folgenden Pentateuchüberlieferungen prägen und deuten will.

Damit ist das Thema meiner Ausführungen gegeben. Es handelt sich um eine Überprüfung der für die Annahme eines »Jahwisten« in der bisher üblichen Weise entscheidenden Basis. Geklärt werden soll die Frage, ob Gen 12,1-3 und die so genannte »jahwistische« Urgeschichte gemeinsam Teil eines größeren Ganzen sind. Genauer: Entstammen beide Texte in ihrer vorliegenden Form einer Hand? Liegen sie auf ein und derselben literarischen Ebene und sind sie deshalb auch sachlich und theologisch aufeinander zu beziehen? Das ist die Kernfrage.

Nun ist ja unbestreitbar, dass im jetzigen Text des Pentateuch beide aufeinander folgen und also auch aufeinander zu beziehen *sind*.[15] Von daher ergibt sich ein doppeltes Problem: Setzt die vorliegende Fassung der »jahwistischen« Urgeschichte Gen 12,1-3 als ihren Zielpunkt voraus? Ist sie daraufhin formuliert und diese Verheißung dann auch hermeneutisch als ihr »Schlüssel« anzusehen? Das ist die eine Seite. Die Gegenfrage lautet: Setzt Gen 12,1-3 die Urgeschichte voraus und ist als Gegenbild für sie formuliert worden? Beides muss nicht zusammenfallen, denn außer der bisherigen Annahme eines gleichen Verfassers lassen sich eine Fülle anderer traditionsgeschichtlicher, literarkritischer und redaktionsgeschichtlicher Möglichkeiten denken, die nicht von vornherein ausgeschlossen werden dürfen. Allerdings ist vom reicheren Material der Urgeschichte her die erste Frage sehr viel leichter anzugehen und klarer zu beantworten, auf ihr liegt deshalb das Schwergewicht. Die Gegenfrage nach ursprünglichem Bezug und literarischem Kontext von Gen 12,1-3 führt zudem in weit reichende Probleme einer Redaktionsgeschichte des Pentateuch überhaupt und kann deshalb nur am Rand zur Debatte stehen.

---

13 Vgl. bes. B. Diebner, Neue Ansätze in der Pentateuch-Forschung, Dielheimer Blätter z. AT 13, 1978, 2-13.

14 Dazu zuletzt E. Ruprecht, Vorgegebene Tradition und theologische Gestaltung in Genesis XII, 1-3, VT 29, 1979, 171-188; ders., Der traditionsgeschichtliche Hintergrund der einzelnen Elemente von Genesis XII, 2-3, VT 29, 1979, 444-464.

15 Die uns vorliegende Endredaktion ist ja theologisch und historisch ernst zu nehmen. Das ist allerdings eine bisher noch kaum angegangene Aufgabe der atl. Wissenschaft. Sie hängt hier besonders an dem Problem von Zeit und Absicht der Verbindung mit den P-Elementen in Gen 1-12.

Eine der Voraussetzungen für die folgenden Ausführungen ist die übliche Ausgliederung der priesterschriftlichen Bestandteile von Gen 1-11, die ja praktisch einmütig erfolgt. Dagegen soll für die dann verbleibenden Texte der Urgeschichte von jeder Hypothese darüber abgesehen werden, ob und in welcher Weise sie in sich literarisch geschichtet sind. Darüber gibt es bekanntlich sehr unterschiedliche Auffassungen.[16] Es ist aber methodisch erforderlich, die folgende Überprüfung der »Jahwisten«-Hypothese nicht mit diesem Problem zu belasten. Deshalb wird versucht, alle nichtpriesterlichen Texte von Gen 2-11 als Einheit anzusehen. Und diese Größe allein ist gemeint, wenn ich im Weiteren von »Urgeschichte« spreche.[17] Fragen der Datierung können nur am Rande zur Sprache kommen, das gilt für die Urgeschichte wie für Gen 12,1-3. Denn methodisch »sind die Analyse einerseits und die zeitliche Ansetzung der Genesis oder des Pentateuch bzw. ihrer durch die Analyse gefundenen Quellen andererseits zwei zunächst ganz verschiedene Dinge und man tut gut, diese beiden Aufgaben der Pentateuchkritik ... auseinanderzuhalten«.[18]

Ich setze mit einer Untersuchung der mehr sprachlichen und formalen Argumente ein (I.) und verfolge dann die wohl entscheidenden inhaltlichen (II.). Das Ergebnis führt zu der Frage, ob nicht die bisherige »Schlüsselfunktion« von 12,1-3 für das Verständnis der Urgeschichte bestimmte Akzente in ihr eher verdeckt hat (III.). Schließlich ist eine erste, umrisshafte Interpretation der Urgeschichte als eigenständiges Dokument zu versuchen (IV.). Der Schlussteil (V.) muss die Frage nach dem Bezug von 12,1-3 noch einmal aufgreifen.

I.

a. Ich gehe aus von der Beobachtung, dass die meisten der nichtpriesterschriftlichen Bestandteile der Urgeschichte durch eine Reihe von expliziten Querverweisen zu *einer* literarischen Größe zusammengefügt werden.[19] Häufig wird in Kap. 3 auf Kap. 2 zurückverwiesen.[20] 4,24 nimmt Bezug auf 4,1-16. 5,29 weist auf 3,17 zurück und auf 9,20 vor. Die Einleitung zur Flutgeschichte 6,6f. erinnert an Kap. 2. 9,18 weist auf die Flut zurück, 10,25 auf die Turmbaugeschichte voraus. Dazu kommt, dass sich 8,21 auf 3,17 (und wohl auch 4,11f.) bezieht. Diese expliziten Querverweise verbinden alle Stücke außer 6,1-4 untereinander. Nimmt man die vielen sprachlichen Gemeinsamkeiten, Wiederaufnahmen von Leitworten etc. hinzu, so ist der literarische Zusammenhang eindeutig. Andererseits ist festzustellen, »dass kein Verweis in der Urgeschichte über diese hinausverweist«.[21]

Ein wirklicher Rückbezug auf 12,1-3 ist wohl nur in 18,18 zu finden.[22] Aber die Verse stehen trotz ihrer Sonderstellung in engster Beziehung zu anderen Formulierungen der Väterverheißungen. So erscheint das Motiv des »Segens für andere« in 22,18 am Ende der Abrahamgeschichten wieder, dann bei Isaak (26,4) und bei Jakob (28,14). Es erübrigt sich, weitere Verbindungen aufzuführen. Wichtig aber ist, dass außerhalb von Kap. 2-11 niemals ausdrücklich auf die Urgeschichte zurückverwiesen

16 Das reicht von der Aufteilung von »J« in mehrere Quellen (zuerst K. Budde, Die biblische Urgeschichte, 1883) über die Annahme mehrstufiger Erweiterungen (Weimar, BZAW 146; vgl. o. Anm. 4) und die Ausgliederung einzelner Texte aus einem ansonsten für einheitlich gehaltenen Text (z.B. für 6,1-4 Steck, Genesis 12, a.a.O. 526, Anm. 6; ders., Paradieserzählung, 29, Anm. 37) bis zur Annahme von einzelnen Zusätzen.

17 Von der Einführung einer eigenen neuen Bezeichnung wird hier abgesehen.

18 O. Eißfeldt, Einleitung in das Alte Testament, [3]1964, 213.

19 Zum Folgenden vgl. R. Kessler, Die Querverweise im Pentateuch. Überlieferungsgeschichtliche Untersuchung der expliziten Querverweise innerhalb des vorpriesterlichen Pentateuchs, masch. Diss. Heidelberg 1972, 45-58.

20 Gen 3,1.12.19.23; dazu kommen die Verweise auf 2,16f. in 3,1-5.11.17.

21 Kessler, a.a.O. 58.

22 Vgl. Kessler, ebd. 65.

wird.[23] Das gilt auch für 13,10, wo die Jordanebene mit dem »Garten Jhwhs« verglichen wird. Zudem liegt ein anderer Ausdruck vor, da in Gen 2f. nur vom »Garten« oder vom »Garten Eden« die Rede ist.[24]

Die expliziten Querverweise also lassen zunächst die Urgeschichte am ehesten als Größe für sich erscheinen.

b. Es gibt keine gesicherte literarische Brücke zwischen der Urgeschichte und Gen 12, die außerhalb von P anzusetzen wäre. Meist wird zwar ein kleines Stück der Genealogie in Kap. 11 zum »Jahwisten« gerechnet, nämlich V.28-30[25] oder V.27b-30[26]. Doch die Probleme dieser Annahme sind seit langem bekannt.[27] 11,27-32 bietet von sich aus keinerlei Anlass zu literarkritischen Operationen, da die Verse weder Widersprüche noch Doppelungen enthalten. Fast regelmäßig wird zudem mindestens die Erwähnung von Ur-Kasdim zu P gerechnet,[28] was weitere komplizierte Annahmen erfordert. In der Literatur fällt auf, wie stark die Unentbehrlichkeit einer J-Passage an dieser Stelle betont wird.[29] Dabei wird stets die feststehende literarische Größe J vorausgesetzt, dann »muss«[30] es eine Brücke gegeben haben und sie wird etwas gewaltsam gefunden.

c. Die Art, wie der Gestalter der Urgeschichte seine eigenen Akzente bei der Aufnahme älterer Traditionen setzt, ist vollkommen anders als in 12,1-3. Auch in der Urgeschichte geschieht das mehrere Male in Gottesreden, so im Rahmen der Sintflut (6,7; 8,21f.) oder der Warnung an Kain (4,6f.). Immer haben diese Worte engsten Bezug auf die erzählerischen Überlieferungen und bilden mit ihnen eine neue und untrennbare Einheit. Nirgends in der Urgeschichte aber findet man ein so von jedem erzählerischen Kontext isoliertes Gotteswort wie am Anfang von Kap. 12. Es ist, sieht man von 11,27ff. ab, sogar gänzlich ortlos und mit keiner Erzählung direkt verbunden, denn ihm folgen ja zunächst nur kurze itinerarische Notizen. Erst die große »Digression« in 12,10-20 bringt eine wirkliche Erzählung. Auch 12,1-3 verarbeitet mancherlei Traditionen,[31] aber auf völlig andere Weise, als es in der Urgeschichte geschieht.

d. Für sich genommen haben die beiden zuletzt genannten Punkte sicher kein großes Gewicht, doch wird das in Verbindung mit folgender Beobachtung anders. Bei genauer Betrachtung liegt in 12,1-3 ein gegenüber der Urgeschichte deutlich anderer Sprachgebrauch vor, wobei die Fragen von Fluch und Segen zunächst außer Betracht bleiben sollen. Zunächst fällt auf, dass ein überraschend großer Teil der Worte von 12,1-3, vor allem die Verwandtschaftsbegriffe, in der Urgeschichte gar nicht vor-

23 Vgl. Kessler, ebd. 340.

24 Mehr als das auch sonst bekannte Motiv des Gottesgartens (vgl. Westermann, Genesis, BK I/1, 284ff.) kann man hier nicht finden; ein Schluss auf literarische Zusammengehörigkeit ist nicht möglich.

25 Z.B. H. Gunkel, Genesis, HK I/1, ^{6}1964, 157; G. v. Rad, Das erste Buch Mose. Genesis, ATD 2-4, ^{9}1972, 119; 121.

26 So Westermann, Genesis, BK I/2, 152f.

27 Zuletzt vor allem van Seters, Abraham 225: »There is no sound reason for making any division in VV.26-32; it all belongs to P«.

28 Vgl. z.B. Westermann, a.a.O. 153f.

29 Vgl. schon Wellhausen, Composition, 7; E. Meyer, Die Israeliten und ihre Nachbarstämme, ^{2}1967, 234f.; zuletzt Westermann, a.a.O, der von der üblichen Quellenscheidung ausgeht, ohne auch nur den Versuch einer Begründung zu machen.

30 Vgl. Gunkel, Genesis, 157.

31 Vgl. Ruprecht, a.a.O. (Anm. 14).

kommen, obwohl sie von der Sache her dort durchaus nahe gelegen hätten. Das gilt für מולדת (Verwandtschaft),[32] בית־אב (Vaterhaus)[33] und גוי (Volk). מִשְׁפָּחָה (Sippe, Clan) erscheint dort nur in der umstrittenen Passage von 10,18 als die Sippen der Kanaanäer.

Deutlich unterschiedlich aber ist der Sprachgebrauch in Bezug auf ארץ und אדמה. In 12,1 erhält Abraham den Befehl: »Geh aus deinem Land« (מארצך). ארץ bezeichnet hier unbestreitbar ein bestimmtes und begrenztes Gebiet. In der Urgeschichte wird das Wort so nur selten gebraucht und gehört dann eindeutig zur aufgenommenen Tradition, das gilt z.B. für die Passage von den Paradiesströmen in 2,11-13, weiter 10,11f. und 11,2, vgl. auch 4,16. Dagegen bezeichnet ארץ sonst in der Urgeschichte stets die ganze Welt, so in 2,4-6 (vgl. auch 4,12.14; 6,4-6; 7,3f. 10.12.17.23; 8,3. (7). 9.11.22; 9,19; 10,8.25; 11,1.4.8f.), und zwar gerade da, wo eindeutig der Erzähler selbst spricht (z.B. 6,5). Umgekehrt gilt der Segen nach 12,3 allen Sippen der אדמה. Damit ist unumstritten die ganze Erde gemeint. In der Urgeschichte entspricht dem allein 6,1. Sonst bezeichnet אדמה stets die Krume des Ackers, den fruchtbaren Erdboden, von dem der Mensch genommen wird und von dem er lebt (2,5-7.9.19; 3,17.19.23; 4,2f. 10-12.14; 5,29; 8,21; 9,20).[34] Besonders deutlich spricht 4,11f.: Kain wird von der אדמה fort verflucht und soll unstet und flüchtig בארץ, auf der Erde, sein. Wenn in 12,3 mit אדמה dasselbe gemeint wäre wie in der Urgeschichte und beide von einem Verfasser stammten, führte das zu der absurden Konsequenz, dass der Segen ausgerechnet Kain und seinen Nachfahren nicht gilt. Allein dieser charakteristische Unterschied im Sprachgebrauch macht deutlich, dass man nur unter Schwierigkeiten in beiden Textbereichen den gleichen Verfasser am Werk sehen kann.

e. Dennoch bestehen wohl einige der immer wieder betonten Rückbezüge der Abrahamverheißung auf die Urgeschichte zurecht. So wollen sich die Menschen in der Turmbaugeschichte einen Namen machen und scheitern damit (11,4), Abraham dagegen wird ein großer Name verheißen (12,2). Zwar liegt ein anderer Ausdruck vor, doch fällt auf, dass es in den anderen Väterverheißungen dazu keine Parallele gibt. Das Gleiche gilt bekanntlich für 12,3a, und hier kommt hinzu, dass der klare Parallelismus von ברך und ארר der Parallelstellen (Gen 27,29; Num 24,9) durch das Verb קלל durchbrochen wird. קלל findet sich aber an zentraler Stelle der Urgeschichte in Gen 8,21. Das scheint doch irgendeinen Bezug anzudeuten. Diese Frage muss am Schluss noch einmal aufgenommen werden.

II.

a. Blickt man nun auf die Inhalte, so ist mit der Beobachtung einzusetzen, dass die Urgeschichte den Menschen von seiner Erschaffung an, also anthropologisch, als Ackerbauern kennzeichnet. Der אדם wird aus dem Staub der אדמה geformt (2,5), und seine Schöpfungsaufgabe ist es, den Garten zu bebauen (עבד) und zu bewahren (2,15). Zwar wird die אדמה verflucht (3,17), aber der אדם soll sich mit Mühsal von

---

32 Abgesehen von 11,28.

33 Vergleichbar ist höchstens ביתך in 7,1.

34 Nicht so eindeutig, aber dennoch wohl im gleichen Sinne zu verstehen ist die Verwendung in der Flutgeschichte (6,7; 7,4.23; 8,13).

ihr ernähren, bis er im Tod zu ihr zurückkehrt (3,17-19). In 3,23 wird der Mensch aus dem Garten vertrieben, um die אדמה zu bebauen (עבד), von der er genommen ist. Kain, der Brudermörder, wird von der אדמה fort verflucht. Er darf den Acker nicht länger bebauen, dieser wird ihm seine Kraft versagen (4,11f.). Die Entfernung von der אדמה aber bedeutet zugleich die Entfernung von Jhwh selbst (4,14.16). Kains Geschlecht entstammen alle, die nicht vom Ackerboden leben, neben den Nomaden auch die Musikanten und Schmiede und – die Städter (4,17ff.).[35] Sie alle sind, wie schon ihr Ahnherr, nicht wie Adam Repräsentanten der Menschheit überhaupt, sondern ein Zweig an ihr, auf dem ein besonderer Fluch ruht. Noah dagegen ist wieder Ackerbauer (איש האדמה 9,20), der durch den Weinbau eine Erleichterung des harten Bauernloses bringt (5,29). Und von seinen Söhnen, von denen die übrige Menschheit ausgeht, ist Gleiches anzunehmen.

Diese anthropologische Sicht des Menschen gehört nicht nur den aufgenommenen Traditionen an, etwa in Kap. 2f., sondern prägt die Gesamtkonzeption, da sie gerade in den Querverweisen erscheint (3,23; 5,29; 8,21). Wir haben also damit das Menschenbild des Erzählers der Urgeschichte vor uns. Für ihn ist der Mensch κατ᾽ ἐξοχήν Bauer. Das ist sein Schöpfungszweck, die Vertreibung aus dem Garten konkretisiert das nur, und es wird verstärkt durch das Kontrastbild der Kainiten: Nicht Bauer sein zu dürfen, ist härteste Strafe. Die von Gott gewollte menschliche Existenzform ist die des Bauern.

Nun wird aber in 12,1-3 Abraham aus seinem Land und Vaterhaus herausgerufen und auf eine unabsehbare Wanderschaft geschickt. Wie immer seine davor liegende Existenz gedacht sein mag, das ihm von Jhwh zugedachte Leben ist nicht das eines Bauern. Und der Segen geht gerade von seiner Trennung von allen Bindungen aus. Dahinter stehen natürlich die alten Traditionen von der nomadischen Herkunft Israels. Und wenn man sich den »Jahwisten« vor allem als Sammler von Überlieferungen vorstellt, so kann er auch ganz verschiedene Dinge aufgenommen haben. Dennoch ist es merkwürdig, dass ein Autor, der jedenfalls in der Urgeschichte nicht bloß Sammler ist und der zugleich auch 12,1-3 formuliert haben soll, derart Gegensätzliches aneinander reiht. Denn die anthropologische Differenz wird ja an keiner Stelle reflektiert und nie bewusst zum Zug gebracht. Niemals taucht auch nur ansatzweise der komplizierte Gedanke auf, dass der Segen für alle durch einen Menschen kommt, der – von der Urgeschichte aus gesehen – in der Existenzweise der verfluchten Kainiten lebt. Eine derartige Herabsetzung der Herkunft Israels von nomadischen Vätern und einem in der Wüste wandernden Volk, wie sie in der Kain-Geschichte erfolgt, ist bei *einem* Autor kaum vorstellbar.

b. G. v. Rad hat die Gegenbewegung, die 12,1-3 gegenüber der Negativgeschichte der Urgeschichte bringen soll, zunächst nur in sehr groben Zügen beschrieben.[36] Die Frage, wie eigentlich genau die gegenbildliche Entsprechung aussehen soll, bleibt offen.

Für H.W. Wolff erklärt die Urgeschichte »vorweg, *warum* alle Sippen der Erde Segen brauchen«; von ihr her »weiß der Leser aufs genaueste, was der Menschheit

---

35 Vgl. dazu zuletzt W. Thiel, Sklavenarbeit und »Lohnarbeit« in der Frühgeschichte Alt-Israels, in: B. Brentjes (Hg.), Der arbeitende Mensch in den Gesellschaften und Kulturen des Orients, Martin-Luther-Universität Halle-Wittenberg, Wiss. Beiträge 1978/41 (I/4, 1978), bes. 159ff.

36 Vgl. Hexateuch 72f.; er spricht vom »Fernziel«, in dem die in der Urgeschichte entstandene Kluft zwischen Gott und Mensch wieder überbrückt wird. Später fügt er den Hinweis auf den »Umfang der Segensverheißung« hinzu, der »gleich dem der unglücklichen Völkerwelt« ist (Genesis 122; schon O. Procksch, Die Genesis, KAT 1, [2.3]1924, 97).

fehlt«.[37] So hat das »Segen gewinnen« aus 12,3 »doch schon in etwa eine Vorbereitung im Negativ der Fluchworte gefunden: zum freien fruchtbaren Leben kommen, aus der Fesselung, aus vergeblichen Mühen, aus dem ziellosen Irren, aus der Hybris und aus der Angst vor der Todesdrohung herauskommen. Von der Turmbaugeschichte wird noch als Vorweginterpretation hinzugefügt: aus der Unfähigkeit der Völkerwelt zum Verstehen und zum gemeinsamen Handeln herauskommen«.[38] Schon hier drängt sich die Frage auf, ob mit dieser Beschreibung wirklich das in der Urgeschichte Gemeinte festgehalten und nicht zu sehr verallgemeinert bzw. in eine Meta-Ebene ausgewichen wird. Hinzu kommt, dass Wolff in der weiteren Verfolgung des Themas Segen bei J[39] zwar Bezüge auf Gen 12, nicht aber auf die Urgeschichte feststellen kann. Und im Gegensatz zur umfassenden »Fluchgeschichte der Menschheit« »blitzt« nur »hie und da Erfüllung auf«.[40]

Am konkretesten hat bis jetzt O. H. Steck versucht, den angenommenen Zusammenhang zu beschreiben. Er geht zurecht davon aus, dass die »Minderungen und Einbußen ihrer Lebensmöglichkeiten«, die sich die Menschen »entgegen den ursprünglichen Intentionen des Schöpfergottes« im Verlauf der Urgeschichte zugezogen haben, »ihr Dasein fortan bis in des Jahwisten eigene Zeit kennzeichnen«.[41] Die Erzählungen der Urgeschichte sind stets Ätiologien für Gegenwärtiges. Aber er meint andererseits, dass sich der Segen von Kap. 12 »auf den gesamten Aufweis der Einschränkungen menschlichen Daseins von Gen 2f. an beziehen muss«.[42] Konkret nennt er dafür als Beleg die »Außerkraftsetzung der Verfluchung des Erdbodens von 3,17« und führt dazu die Stelle 13,10 an, mit der Erwähnung des »Gartens Jhwhs«, sowie 26,12, wo die Segensverheißung in Isaaks reicher Ernte »zeichenhaft« sichtbar werden soll. »Hier ist nun die Aufhebung der Verfluchung des Erdbodens ganz eklatant«.[43] Darüber hinaus meint Steck, in der ganzen von J »dargestellten Frühgeschichte Israels ... zeichenhafte Verwirklichungen dieses neuen, seit Abraham dominierenden Gotteshandelns« finden zu können. Vor allem soll historisch das davidisch-salomonische Großreich die Voraussetzung zur »weltweiten Wandlung der urgeschichtlichen Lage der Menschheit in Segen« bieten,[44] besonders in der »Relation zur Völkerwelt«.[45] Steck muss aber dann doch zu folgender Feststellung kommen: »Wieweit dabei für Israel und die Menschheit geradezu eine restitutio in integrum erwartet wird (Tierfriede, schmerzfreie Geburt, müheloser Ackerbau, Einheit von Sprache und Wohngebiet der Menschheit, gar Wiederkehr des Paradieses im Lande Israels ...) ist dem erhaltenen Bestand des jahwistischen Werkes nicht mehr zu entnehmen«.[46]

So sieht der weitestgehende Versuch aus, die so oft behauptete Gegenüberstellung von Urgeschichte und Abrahamverheißung wirklich exegetisch zu erfassen. Und gerade an ihm werden die Schwächen und Probleme der Konzeption überdeutlich. Denn Steck kann im Grunde für *keine einzige* der in 2-11 beschriebenen Lebensmin-

---

37 A.a.O. 359f.
38 Ebd. 361.
39 Ebd. 362-369.
40 Ebd. 369.
41 Genesis 12, 539; vgl. ebd. passim.
42 Ebd. 541.
43 Ebd.
44 Ebd. 549f.
45 Ebd. 550, Anm. 66.
46 Ebd. Darüber hinaus bleibt für Steck die Frage, »ob nicht die Gen 2-11 genannten Lebensminderungen von J als negativer Kontrast zu den Lebenssteigerungen gesehen sind, die man im altorientalischen ›Hofstil‹ mit dem Regierungsantritt des Königs verband« (ebd. 552, Anm. 70).

derungen wirklich zeigen, dass 12,1-3 oder andere dem J zugeschriebene Passagen ihre reale Überwindung im Auge haben oder gar darstellen. Was die Verfluchung des Ackerbodens angeht, so fällt Gen 13,10 schon deshalb aus, weil dort ein Zustand beschrieben wird, der zur Zeit des Erzählers nicht mehr besteht, sondern vor der Zerstörung Sodoms und Gomorrhas liegt. Dieser Zustand ist genauso verloren wie das Paradies. Und 26,12 spricht zwar von hundertfältiger Ernte, nimmt aber weder explizit noch in der Terminologie die Sprache der Urgeschichte auf und bleibt völlig vereinzelt. Selbst wenn man aber hier einen »zeichenhaften« Bezug zugesteht: Was bleibt außerdem? Soll man an die Verfluchung Kanaans denken (9,25f.)? Die Knechtschaft der Kanaanäer ist aber doch historisch gerade durch das davidische Reich entstanden, in dem nun wiederum Segen für sie liegen soll. Mehr als den Hinweis auf eine ferne Zukunft oder eine Mahnung an das Israel seiner Zeit ist auch bei großzügiger Interpretation nicht zu finden. Und was die Turmbaugeschichte angeht, so entsteht die Frage, wieso der Segen eigentlich die Überwindung der Sprachbarrieren und des Verstreutlebens einschließen soll. Man muss den Bezug in einer konstruierten Meta-Ebene finden. Dass alle übrigen in der Urgeschichte so detailliert beschriebenen Minderungen menschlichen Lebens im Werke des »Jahwisten«, wie immer man es bestimmt, *nicht* auftauchen, hat Steck selbst deutlich gesehen. Es *muss* stutzig machen, dass er dafür auf späte prophetische Texte wie Jes 11,6-9 (Tierfriede) und Ez 36,35 (ganz Israel wird wie der Garten Eden) verweisen muss.[47]

Und damit ist nun in der Tat das wohl wichtigste Problem der bisherigen Konzeption angeschnitten. Es ist ganz grundsätzlich zu fragen: Gibt es wirklich Gründe dafür, die mit 12,1-3 intendierte Segensgeschichte auf die Lebensminderungen von Kap. 2-11 zu beziehen? Mir scheint, das kann nur und allein bei unhinterfragter Annahme literarischer Einheit geschehen, und die Folge ist, dass die dabei auftretenden Probleme nicht gesehen resp. heruntergespielt werden. Wie ist es etwa mit der Beherrschung der Frau durch den Mann (3,16), was ja als ätiologische Erklärung der Rechtsverhältnisse der patriarchalischen Gesellschaft zu verstehen ist? Wo wird wirklich die Überwindung des mühsamen, arbeitsreichen Lebens des palästinensischen Bauern (3,17-19) anvisiert mit seiner damals unausweichlichen ökonomischen Notwendigkeit? Und grundsätzlicher: Ist die vom Menschen schuldhaft ergriffene Erkenntnis des Guten und Bösen und die damit gemeinte problematische Autonomie irgendwo als aufhebbar beschrieben? Der Garten Eden jedenfalls wird unwiederbringlich verschlossen (3,24). Und wie ist es mit den bösen Folgen der Planungen des menschlichen Herzens, die im Rahmen der Sintflut so deutlich ausgesprochen werden (6,5; 8,21)? All das taucht im Werk des »Jahwisten« nie mehr auf.

Man muss schon mit Steck auf späte eschatologische Texte ausweichen, um auch nur annähernd Entsprechendes zu finden. Man kann über die von ihm genannten hinaus vielleicht an die undeutlichen prophetischen Ansagen einer Überwindung der festgeschriebenen Rollen der Geschlechter denken[48] oder – und das in der Tat im Zusammenhang mit dem Segensbegriff – an solche, die von einer Wiederkehr des Paradieses oder einem umfassenden Völkerfrieden reden.[49] Wirklich deutlich aber spre-

---

47 Ebd. 550, Anm. 66.

48 Jl 3,1f.; Jer 31,21f.; zum Problem vgl. F. Crüsemann, »... er aber soll dein Herr sein« (Genesis 3,16). Die Frau in der patriarchalischen Welt des Alten Testaments, in: ders./H. Thyen, Als Mann und Frau geschaffen. Exegetische Studien zur Rolle der Frau, Kennzeichen 2, 1978, 92-97.

49 So besonders Jes 51,2f. (ein wohl nach Dtjes anzusetzender Text, der die Stichworte Abraham, Segen, Mehrung, Eden, Jahwegarten miteinander verbindet und in mancher Hinsicht im AT wohl dem am nächsten steht, was der Bezug von Gen 12,1-3 auf die Urgeschichte exegetisch

chen erst nachalttestamentliche, meist apokalyptisch geprägte Texte, bei denen im Lichte der Vision einer neuen Erde die Negativitäten der Urgeschichte als revidierbar erscheinen.[50] Es hat deshalb theologiegeschichtlich betrachtet wirklich den Anschein, als ob hinter der v. Radschen Konzeption im letzten Grund eine eschatologisch geprägte Heilsvorstellung steht: »Heut schleußt er wieder auf die Tür zum schönen Paradeis«.[51]

Daraus folgt aber zwingend, dass die von 12,1-3 gemeinte Segensgeschichte, in welchen Texten immer man sie sich »zeichenhaft« verwirklichen sieht, *nicht* auf die Überwindung *der* Lebensminderungen zielt, die die Gegenwart des Verfassers der Urgeschichte prägen. Noch weniger hat dieser den Segen von Gen 12 als Gegenbewegung vor Augen gehabt. Er beschreibt Dinge, die für ihn unüberwindliche göttliche Setzungen sind und sein mussten.

Als Ergebnis des bisher Dargelegten ist also festzustellen: Der Verfasser der Urgeschichte und der von 12,1-3 sind keinesfalls identisch. Die Urgeschichte zielt nicht auf die Abrahamverheißung, diese darf deshalb nicht zu ihrem Schlüssel gemacht werden.

III.

a. Versucht man als Konsequenz der bisherigen Überlegungen, die Urgeschichte aus sich selbst heraus zu verstehen und sie nicht länger durch die Brille von 12,1-3 zu betrachten, so wird man zunächst einige Akzente etwas anders zu setzen haben. Wenn erst in Kap. 12 mit dem Segen das Positive einsetzt, liegt es ja nahe, alles Vorangehende von vornherein unter einem negativen Vorzeichen als Geschichte der Sünde, des Unheils und des Fluchs zu verstehen. Wird das aber dem Duktus der Komposition wirklich gerecht? Dass es auch anderes in der Urgeschichte gibt, Elemente gnädiger, unverdienter Bewahrung etwa, ist lange bekannt.[52] Oft allerdings fand man darin eher »Notmaßnahmen« zur Bewahrung der Menschheit, deren positiver Sinn immer eingeschränkt blieb.[53]

Betrachtet man Kap. 2-11 aber für sich, so kann von einer durchgehenden Steigerung weder in Bezug auf die Sünde noch auf die Strafen die Rede sein.[54] Das Ergebnis der abschließenden Turmbaugeschichte ist die Sprachenvielfalt und die Zer-

---

annimmt); 65,17ff. (Segen V.23; hohes Alters V.20, vgl. bes. קלל; Tierfrieden V.25; zudem enthält die Glosse in V.25 – ונחש עפר לחמו – die wohl einzige wirkliche Anspielung auf Gen. 3 im AT); zu vergleichen sind weiter z.B. Ez 34,25ff.; Jes 19,18ff. Zu diesen Texten G. Wehmeier, Der Segen im Alten Testament, Diss. Basel 1970, 218ff.

50 Vgl. zur Wiederkehr des Paradieses TestLev 18,10; TestDan 5,12; slHen 65,10; 4 Esr 7,36 usw.; zum Motiv des Lebensbaums TestLev 18,11; äthHen 25,3-6; zum langen Leben Jub 23,27ff.; äthHen 10,17-22 usw. In dieser nachalttestamentlichen Zeit gibt es – nach dem Motto von Barn 6,13: »Siehe, ich mache die letzten Dinge so, wie die ersten waren« – eine große Fülle derartiger Anspielungen auf die Urgeschichte und die Aufhebung ihrer Setzungen. Allerdings ist dabei eine durchgängige Neuinterpretation der Urgeschichte, insbesondere von Sündenfall und Engelehen, vorausgesetzt. Zum ganzen vgl. E. Brandenburger, Adam und Christus, WMANT 7, 1962, bes. 16ff.; 39f.; 49f.; 135-139; zur Beziehung der Geschlechter vgl. H. Thyen, »... nicht mehr männlich und weiblich ...« Eine Studie zu Galater 3,28, a.a.O. (Anm. 48), 139ff.

51 EKG 21,6.

52 Vgl. G. v. Rad, Hexateuch, 72; ders., Genesis, 116f.

53 Vgl. zuletzt F. W. Golka, Keine Gnade für Kain, in: R. Albertz (Hg.), Werden und Wirken des Alten Testaments. FS C. Westermann, 1980, 58-73, bes. 65; 71ff.

54 Das hat bes. C. Westermann wiederholt herausgestellt, vgl. nur Genesis, BK I/1, 73f.

streuung der Menschheit – worin soll hier ein »gnadenloses Gottesgericht«[55] liegen? Was damit ätiologisch erklärt wird, betrifft doch die Menschen in keiner Weise so tief wie etwa die Bestimmungen von 3,16ff. Der Höhepunkt bei den Strafen ist ohne Zweifel die Sintflut. Aber gerade sie führt im Ergebnis zum Entschluss, die Erde nicht wieder zu vernichten, und zur göttlichen Garantie ihrer Ordnungen (8,21f.). Die den Menschen auf Dauer am tiefsten treffenden Strafen stehen am Anfang, in Kap. 3. Sie erklären unausweichliche und unüberwindliche negative Seiten des Menschseins als verschuldet. Aber die ursprünglichen Gottesgaben der Schöpfung sind damit keineswegs völlig verschwunden, sie liegen mit den verschuldeten Minderungen in jedem Leben unausweichlich ineinander und machen gemeinsam die Ambivalenz des Menschseins aus.[56] Das Schicksal Kains ist nicht das des Adam, nicht das jedes Menschen, sondern nur das bestimmter Gruppen und Individuen.

Von *Sünde* (חטאת)[57] ist ausdrücklich erst in 4,7 bei Kain die Rede. Der Übergriff in Kap. 3 wird nicht so bezeichnet und ist damit von der Tat Kains deutlich geschieden. Die Sünde wird zudem ausdrücklich als beherrschbar bezeichnet (4,7); der Mensch ist ihr nicht ausgeliefert. In 6,1-4 geht das Negative gar nicht vom Menschen aus, sondern von den Göttersöhnen. Und dem entspricht es, dass es auch danach Gerechte gibt wie Noah und seine Söhne Sem und Japhet. Die so grundsätzlichen Aussagen im Rahmen der Flutgeschichte (6,5; 8,21) sind sehr präzise formuliert: Böse – allezeit und von Jugend an – ist nicht der Mensch als solcher, auch nicht sein Herz und dessen Planungen, sondern allein deren Gebilde, also die Verwirklichungen und Konsequenzen. Gemeint sind die Folgen der in Kap. 3 ergriffenen menschlichen Autonomie, die aber von Sünde für den Erzähler durchaus geschieden ist.

Nimmt man die oft gesehene positive Linie dazu, von der Nichtvollstreckung der Todesstrafe (2,17) über die Anfertigung der Kleider durch Gott (3,21) und die menschlichen »Errungenschaften«[58] bis zum Schutzzeichen selbst für Kain (4,15), so wird deutlich: Von einem einseitig negativ akzentuierten Bild des Menschen und des Menschseins kann nicht die Rede sein. So sehr die negativen und problematischen Seiten realistisch gesehen und betont sind, sie dominieren nicht allein. Schon gar nicht dominiert der Fluch. Er ist vielmehr genau und bewusst begrenzt. Verflucht wird die Schlange (3,14) und der Ackerboden (3,17), und verflucht wird Kain (4,11) sowie schließlich Kanaan (9,25), aber nur von Noah. Alle anderen Eingriffe Gottes sind nicht zufällig keine Flüche und dürfen nicht indirekt durch Hineinlesen des Gegenbegriffs Segen dazu gemacht werden.

b. Dass die Beschlüsse Jhwhs am Ende der Sintflut in 8,21f. für die Komposition der Urgeschichte im Ganzen eine zentrale Funktion haben, ist oft gesehen worden. Vor allem gilt das für 8,21a: »Ich will hinfort die אדמה nicht noch einmal um des Menschen willen schmähen« (קלל). Aber worauf bezieht sich diese Aussage? Man kann in ihr ja weder eine Außerkraftsetzung der Verfluchung des Ackerbodens von 3,17 sehen,[59] da deren Wirkung zweifellos bis in die Gegenwart des Erzählers anhält,[60]

55 So die Formulierung von G. v. Rad, Genesis 117.
56 Vgl. F. Crüsemann, »... er aber soll dein Herr sein« 55f.66ff.
57 Zum Folgenden vgl. F. Crüsemann, Autonomie und Sünde. Gen 4,7 und die »jahwistische« Urgeschichte, in: W. Schottroff/W. Stegemann (Hg.), Traditionen der Befreiung, Bd. I. Methodische Zugänge, 1980, 60-77 [u. S. 44-54].
58 4,17ff.; 5,28; 9,20; 10,8f. Dazu Westermann, Genesis, BK I/1, 77ff.
59 So R. Rendtorff, Genesis 8,21 und die Urgeschichte des Jahwisten, KuD 7, 1961, 69-78, zitiert nach: Ges. Stud. z. AT, TB 57, 1975, 188-197.
60 So die überzeugende Kritik an Rendtorff durch Steck, Genesis 12, 527ff., bes. 532f., Anm. 25.

noch kann man den Satz nur auf die Flut beziehen,[61] da davon in der zweiten Vershälfte die Rede ist und die Flut niemals als Fluch bezeichnet wird. Auch hier hat die Diskussion bisher stets mit der Beziehung zu 12,1-3 argumentiert. Ohne diesen Bezug legt sich folgendes Verständnis für das ולא־אסף ... עוד nahe: Jhwh beschließt, trotz der anhaltenden negativen Wirkungen des menschlichen Planens, die אדמה, die Lebensgrundlage des Menschen, nicht weiter zu verfluchen. Zweimal hat sie im Laufe der Urgeschichte der Fluch um des Menschen willen getroffen, zuerst in 3,17, dann aber auch in 4,11f., wonach die אדמה dem Kain ihre Kraft versagen soll. Weiter aber soll der Ackerboden durch Jhwh nicht beeinträchtigt werden. Wie immer der Mensch sich auch verhalten mag, die Strafe Jhwhs wird ihm keine weitere Minderung seiner Lebensgrundlage bringen. Zusammen mit dem Beschluss, keine nochmalige Flut zuzulassen (8,21b), ergibt das genau die göttliche Garantie von 8,22: Auf Dauer wird der für die bäuerliche Lebensweise grundlegende Rhythmus der Natur gewährt. Der Mensch kann, all seinem negativen Tun zum Trotz, darauf vertrauen.

Dem entspricht genau die weitere Fortsetzung der Urgeschichte. Das Vergehen Kanaans wird zwar durch einen Fluch bestraft (9,25), aber der betrifft nicht wie die vorangehenden Flüche die אדמה mit, und er geht auch gar nicht von Jhwh selbst aus, sondern von Noah. Die damit eingeleitete Unterwerfung von Völkern durch andere Völker ist keine göttliche Setzung, sondern eine durchaus menschliche. Und in Kap. 11 werden zwar Sprachenvielfalt und Zerstreuung von Jhwh bewirkt, aber die Strafe betrifft weder die Lebensgrundlage des Menschen noch das Menschsein als solches wie in Kap. 2-4. So stellt also 8,21 eine wichtige Zäsur im Aufbau der Urgeschichte dar, die ihre Gesamtkomposition deutlich macht, aber der Vers darf gerade nicht aus einer angeblichen Beziehung zu Gen 12,1-3 gedeutet werden.

c. Es gibt in der Urgeschichte zwei Stellen, die für ihr Gottesbild von zentraler Bedeutung sind, aber unter dem Schatten von Kap. 12 in ihrer Eigenart gar nicht wirklich wahrgenommen werden konnten. Das gilt zunächst von Gen 4,26b: »Damals fing man an, den Namen Jhwhs anzurufen«. Weist man diesem Satz seinen Platz in einem wie immer bestimmten »jahwistischen« Werk zu, so wird es außerordentlich schwierig, ihn zu verstehen. Das zeigt die bisherige Auslegungsgeschichte: »a history of reading difficulties into a text«.[62] So sagt Westermann: »J hat damit deutlich unterschieden zwischen der Jhwhverehrung Israels und dem, was wir ›Religion‹ nennen.«[63] Nur »Religion« gibt es zu allen Zeiten und bei allen Völkern. Darf man aber die Vorstellung von Jhwh als dem speziellen Gott Israels hier überhaupt hineinlesen und dann »Religion« davon unterscheiden? Man muss das tun, wenn man den Satz auf derselben literarischen Ebene sieht wie andere Partien aus Genesis und Exodus. Die Folge aber ist, dass man im Grunde hier bereits so etwas wie die priesterschriftliche Theologie mit ihrer stufenweisen Gottesoffenbarung findet. 4,26 aber sagt schlicht, dass von Seth an eine kultische Jahweverehrung stattgefunden hat.

Um diesem Gottesbild auf die Spur zu kommen, muss ein anderer Text hinzugenommen werden: 9,26. Nach der Verfluchung Kanaans auf Grund seiner schändlichen Tat erfolgt nicht, wie es eigentlich zu erwarten wäre, eine Segnung Sems, son-

---

[61] So die Auffassung von Steck, a.a.O. 535f. u.ö.

[62] S. Sandmel, Genesis 4,26b, HUCA 32, 1961, 19; dort (19-29) auch ein Überblick über die Auslegungsgeschichte; weitere Lit. bei Westermann, Genesis, BK I/1, 457f.

[63] A.a.O. 461. Er sieht den »Fehler in der bisherigen Diskussion … in der Identifizierung der Bezeichnung יהוה in Gen 4,26 und Ex 3, von der man ausging« (460). Ist das aber bei Annahme literarischer Einheit nicht unumgänglich?

dern Noah sagt: »Gesegnet sei Jhwh, der Gott Sems, und Kanaan sei sein Knecht«. Damit findet eine Zuordnung Jahwes zu Sem statt. »Sems Teil, das ist Jhwh«.[64] Das ist im Alten Testament in dieser Form völlig singulär.[65] Was ist gemeint? Westermann sagt: »Mit Sem kann in diesem Spruch nur Israel gemeint sein; denn Jhwh ist nur Israels Gott«.[66] Aber gerade das darf man hier offenbar nicht voraussetzen, will man den Text verstehen. Liest man ihn im Rahmen der Urgeschichte allein, vollzieht sich im Spruch Noahs eine besondere Verbindung des Gottes, der Welt und Menschen geschaffen hat und bis dahin von allen verehrt wurde (4,26b), mit einer Größe Sem, die jedenfalls mehr als Israel umfasst. Anlass ist die sexuelle Untat Kanaans, die eindeutig Ausdruck der bekannten kanaanäischen Religion ist.[67] Obwohl Jhwh weiter an der Menschheit insgesamt handelt, ist er nur noch mit Sem wirklich verbunden. Auch bei Japhet wird ja nicht mehr von Jhwh geredet, sondern von Elohim (9,27).

Deutlich ist: Das Verhalten Kanaans führt dazu, dass von Noah an eine besondere Zuordnung von Jhwh und Sem stattfindet, und der Erzähler verbindet das mit Ereignissen, die im 10. Jahrhundert stattgefunden haben. Jhwh ist hier also nicht der Gott Israels, sondern der Gott Sems, dieser aber der »Vater aller Söhne Ebers« (10,21).[68]

IV.

a. Bereits die zuletzt berührten Punkte haben gezeigt, dass die selbständige Urgeschichte ein in manchen Zügen fremdartiges Dokument ist, das sich nicht ohne weiteres in die geläufigen Kategorien alttestamentlicher Theologie einordnen lässt. Der Versuch, auf der Basis des bisher Dargelegten die Eigenart der Urgeschichte zu erfassen, kann deshalb nur ein erster und zögernder sein. Der Fremdheit entspricht die bekannte Tatsache, dass diese Texte im übrigen Alten Testament praktisch keine Spu-

---

64 G. v. Rad, Genesis 103.

65 So z.B. v. Rad, a.a.O. 104. Nimmt man aber 10,21 hinzu, bedarf dieser Satz der Einschränkung; dazu u. Anm. 68.

66 A.a.O. 659. Deshalb kann für ihn »diese Gleichsetzung nur eine ad-hoc-Bildung sein; sie hat keinerlei Anhalt in der Tradition« (ebd.); dazu u. Anm. 68.

67 Dieses Verständnis bleibt doch wohl trotz Westermann, a.a.O. 648ff., das einzig mögliche; vgl. zuletzt A. Phillips, Uncovering the father's skirt, VT 30, 1980, 38-43.

68 Von diesem Vers aus ist die Aussage von 9,26 gar nicht mehr so isoliert und einzigartig, wie meist behauptet wird. Denn dass »Jhwh der Gott der Hebräer« ist, spielt bekanntlich in einem Teil der Exodus-Tradition eine bedeutende Rolle (Ex 3,18; 5,3; 7,16; 9,1.13; 10,3) und ist doch wohl von den anderen Vorkommen von Hebräern in ihr nicht zu trennen (Ex 1,15f.19; 2,6f.11.13). Auf diese Zusammenhänge hat vor allem K. Koch aufmerksam gemacht (Die Hebräer vom Auszug aus Ägypten bis zum Großreich Davids, VT 19, 1969, 37-81). Er sieht (auf Grund der Belege in 1 Sam) in den Hebräern »einen *größeren Kreis* als Israel, … der Israel einschließt, sich jedoch nicht auf es beschränkt« (46; vgl. 49) und meint: »Der Gott des Auszugs wird ursprünglich ›Gott der Hebräer‹ genannt« (62). In Gen 9,26 findet er den Beginn einer »Heilsgeschichte für Sem« (72), in Konkurrenz und Überbietung von Gen 12,1-3, die er im weiteren Verlauf von J bestätigt sieht, so dass J als Teil einer »Hebräer-Ideologie« im Großreich Davids zu interpretieren ist (bes. 81). All dem kann hier nicht nachgegangen werden, noch weniger dem Hebräer/*'apiru*-Problem im Ganzen. Doch scheint mir Koch mit seinen wichtigen Beobachtungen im Rahmen der klassischen Jahwisten-Hypothese in Widersprüche zu geraten, insbesondere zu Gen 12, was er zu sehr herunterspielt. Geht man dagegen von der Selbständigkeit der Urgeschichte aus, so gibt es – am ehesten in der frühen Königszeit – eine Reihe von voneinander unabhängigen Hinweisen auf die Bedeutung einer Größe »Hebräer« und eine Tradition der Zuordnung von Jhwh zu dieser. Das spricht sehr dagegen, in der Formel von »Jhwh, dem Gott der Hebräer« nur eine (späte) Nachahmung von »Jhwh, dem Gott Israels« zu finden (so z.B. M. Weippert, Die Landnahme der israelitischen Stämme in der neueren wissenschaftlichen Diskussion, FRLANT 92, 1967, 93).

ren hinterlassen haben. Es ist aber wohl eine der theologisch unaufgebbaren Funktionen historisch-kritischer Arbeit, gerade das Fremde und Widerständige der Texte immer neu zu entdecken und zur Sprache zu bringen.

Die Urgeschichte entwirft eine umfassende Beschreibung der *condition humaine*, der Lebenswelt des Menschen. Und sie tut das aus der Sicht der palästinischen Bauern. Die Fülle der Details ist erstaunlich, ihr vielschichtiger Reichtum mit wenigen Sätzen gar nicht zu erfassen. Sie umfasst die Elemente der realen Welt, aus Natur und Kultur, sozialen Beziehungen und Geschichte, sie entfaltet eine grundlegende Anthropologie und alles im Rahmen und als Elemente einer bestimmten Theologie. Man kann sich Grundzüge dieser Vielfalt klar machen, wenn man dem Ablauf folgt.

Eine der erstaunlichsten Eigenarten unseres Dokumentes ist es, dass das, was wir Schöpfung, und das, was wir Geschichte nennen, von ihm nicht unterschieden werden. Beides sind Momente eines gemeinsamen Geschehens. Ein kurzer Vergleich mit der Priesterschrift macht den Unterschied deutlich. Dort wird am Anfang in Gen 1 die Welt mit allen Elementen der Schöpfung in einem Zug geschaffen. Es entsteht damit ein Gehäuse, in das der Mensch als Verwalter eingesetzt wird. Und in diesem Rahmen kann dann alles spielen, was P in der Folge berichtet. In unserer Urgeschichte ist das ganz anders. Himmel und Erde werden am Anfang nur kurz genannt, gemeinsam mit einem Hinweis auf vieles, was noch nicht da war (2,4b-5). Dann wird als Erstes der Mensch erschaffen (2,7). Und alles Weitere entsteht, so muss man formulieren, aus Interaktionen zwischen Jhwh und dem Menschen. Und das schließt wesentliche Elemente von Schöpfung ein. Für den Menschen wird der Garten angelegt (2,8ff.), für ihn werden erst die Tiere (2,18ff.), dann die Frau geschaffen (2,21ff.). So weit handelt Jhwh allein. Von da an aber kommt es zu wirklichen Interaktionen. Der Griff nach der verbotenen Frucht und die folgenden Strafen bringen wesentliche Elemente der realen Lebenswelt hervor: die gefürchteten Schlangen, die steinige Ackererde, die Schmerzen der Geburt, die patriarchalische Unterordnung der Frau (Kap. 3). Bei Kain tritt das Phänomen »Sünde« auf, und weil er sie nicht beherrscht (4,7), entsteht in der Folge die ganze Welt derer, die nicht an der אדמה haften mit ihren kulturellen Errungenschaften und bösen Übersteigerungen (4,17ff.). Durch den Übergriff nicht-menschlicher Wesen wird das Lebensalter der Menschen festgelegt (6,3). Die Kleider macht Gott (3,21), den Wein erfindet der Mensch (5,29; 9,20). Erst nach der Flut kommt Jhwh zu dem Entschluss, die אדמה nicht weiter zu beeinträchtigen und damit zur Festlegung des täglichen und jahreszeitlichen Rhythmus (8,21f.). Bei P geschieht das schon im Zusammenhang mit der Erschaffung der Gestirne (1,14ff.). Aus der Tat Kanaans erwächst Noahs Fluch, Kanaans Unterwerfung unter Sem spiegelt die historischen Vorgänge der Davidzeit (9,21ff.). Als Folge wird Jhwh, Schöpfergott und von Urzeit an verehrt (4,26b), speziell zum Gott Sems (9,26). Die Hybris der Menschheit führt zur Sprachenvielfalt und Zerstreuung der Menschheit über die Erde (11,1ff.).

Zug um Zug entsteht so ein Bild des bäuerlichen Menschen und seiner Welt, geprägt durch das Handeln Jahwes und der Menschen sowie ihren gegenseitigen Interaktionen. Es ist ein Bild, das keineswegs nur Negatives beinhaltet, wohl aber einen ausgesprochen starken Realitätssinn enthält. Das menschliche Leben ist danach von einer tiefen Ambivalenz geprägt, von den zweifelhaften Folgen der Autonomie und der Gewalt der Sünde, aber auch von den Freuden der Schöpfung, den Tieren, der Frau, dem Wein, dem Schutz auch noch für den Mörder, den stabilen Ordnungen Gottes.

b. Fragt man schließlich nach den besonderen Eigenarten dieses Erzählers, so muss es bei Andeutungen bleiben. Er greift vielerlei sagenartige Stoffe auf. Ein eigentlicher Mythos steht wohl nur hinter 6,1-4, aber die mythischen Züge werden dabei ganz zurückgedrängt. Das Denken des Verfassers ist der Welt der *Sage* verhaftet, überall und durchgängig stößt man auf ätiologische Strukturen. Aber zugleich ist eine starke Reflexionskraft zu beobachten, vor allem in der Zusammenordnung der Einzelüberlieferungen zu einem Gesamtbild. Dieser Nähe zur Welt der Sage ist es wohl zu verdanken, dass in gleicher ätiologischer Weise schöpfungsmäßige und geschichtliche Erfahrungen verarbeitet werden. Traditionell urgeschichtliche Themen wie Schöpfung und Flut stehen neben historischen Vorgängen wie der davidischen Unterwerfung Kanaans und der Deutung der Kainiten und des Nomadenlebens. Doch werden auch solche Überlieferungen zugleich hin zu menschheitlichen Fragen überhaupt transparent gemacht. Das Hintergründige der Sage wird durch den reflektierenden Erzähler benutzt und erheblich verstärkt.

Die sonst das Alte Testament prägenden Überlieferungen, die das Jahweverhältnis Israels an Gestalten und Ereignisse wie die Väter, den Exodus, die Wüste, den Sinai binden, scheinen nicht bekannt und nicht vorausgesetzt zu sein. Deutlich sprechen 4,26 und 9,26: Jhwh wird von Urzeit an verehrt, ist aber in der Gegenwart nur noch der Gott Sems und seiner Nachfahren, der Hebräer, also einer größeren Gruppe, als es Israel ist. Sein Handeln wird nicht primär in geschichtlichen Kategorien erfahren und beschrieben. Dennoch sind entscheidende Momente des sonstigen Jahweglaubens auch hier voll präsent. So etwa der mythenkritische Zug und die Ablehnung der kanaanäischen Religion. Jhwh ist zweifellos von vornherein der einzige Gott und der Schöpfer. Und insofern ist das 1. Gebot, jene religionsgeschichtliche Besonderheit des Jahweglaubens, indirekt Grundlage des Ganzen. Aber anderes fehlt, vor allem die Geschichtstaten von Exodus und Landnahme. Jhwh wird als Gott einer bäuerlichen Bevölkerung verehrt, die sich schöpfungsmäßig an die אדמה gebunden weiß und für die alle, die nicht auf und von der אדמה leben, unter dem Fluch Kains stehen.

Eine Einordnung dieses Erzählers und seiner Theologie in die Geschichte des Jahweglaubens ist an dieser Stelle nicht zu leisten. Nach theologisch Verwandtem wird man am ehesten im Bereich der älteren Weisheit suchen müssen. Auch dort gibt es die Präsenz des Schöpfers und einen Jahweglauben, der nicht über die Geschichte vermittelt ist. Die Erzähltechnik hat Parallelen in den ältesten Schichten der Jakob- und Saulüberlieferungen sowie in der Aufstiegsgeschichte Davids. Danach gibt es im Alten Testament nichts Vergleichbares mehr, was für die Datierung ausschlaggebend sein dürfte. Vieles weist auf Juda als Heimat hin. Dort finden wir, z.B. in der Aufstiegs- und Thronfolgegeschichte Davids, Jahwetraditionen, die ebenfalls nicht an den großen Geschichtsüberlieferungen orientiert sind. Vielleicht fällt auf die politische und religiöse Sonderrolle Judas in der Frühzeit von hier ein neues Licht. Aber all das zuletzt Genannte ist im Grunde nicht mehr als eine Aufzählung von einigen der Fragen, die uns die Urgeschichte aufgibt, betrachtet man sie als eigenständiges Dokument.

V.

Am Schluss muss noch einmal ein Blick auf Gen 12,1-3 geworfen werden. Die Verse stehen nach einem der tiefsten Einschnitte im Pentateuch als Introitus in die Vätergeschichte und haben in dieser Funktion deutlich Verknüpfungscharakter. Zwar kann es nicht einfach um Aufhebung der Negativitäten der Urgeschichte gehen, aber mit dem Großmachen des Namens und dem Thema Fluch (קלל) werden doch aus ihr Motive aufgenommen, die in den anderen Väterverheißungen keine Parallelen haben. Untersucht man jedoch *die* Begriffe dieser Verse, die in unserer Urgeschichte fehlen, so stellt sich überraschend Folgendes heraus: Dass jeder Mensch einem Volk (גוי) und einer Sippe (משׁפחה) angehört und in einem Land (ארץ) wohnt, wird nicht in unserer Urgeschichte, aber mit genau dieser Terminologie in der Priesterschrift gesagt. Und zwar im Refrain der Völkertafel von Kap. 10: »Die Söhne Sems nach ihren Sippen, nach ihren Sprachen, in ihren Ländern, nach ihren Völkern« (10,31; vgl. V.5.20.32). Auch מולדת »Verwandtschaft«, erscheint hier (11,28; vgl. 10,32).

Damit ergibt sich die Frage: Setzt 12,1-3 als Brücke zwischen der Urgeschichte und der Vätergeschichte schon die Verbindung mit der Priesterschrift voraus? Die genannten sprachlichen Beziehungen reichen dafür allein nicht aus, sprechen aber stark dafür. In diesem Rahmen hätte auch das Stichwort »Segen« einen anderen Stellenwert, da es in P nicht fehlt, sondern etwa in 1,28 als Schöpfungssegen erscheint. Die nächsten Parallelen zu 12,2f. liegen jedenfalls in der nachexilischen Periode, in die man damit käme.[69] Vor allem hätten in dieser Zeit Aufbruchsbefehl und Segensverheißung an Abraham eine klare *paradigmatische Bedeutung*: Die Bewohner der weltweiten Golah werden aufgefordert, wie Abraham ihre Bindungen an Familien und Länder aufzugeben und ins Land Israel zu ziehen. Daraus wird Segen für alle Sippen der Erde erwachsen. Und es gibt zahlreiche Texte der Spätzeit, in denen, z. T. in Verbindung mit dem Segensbegriff, vergleichbare Gedanken aufklingen, bis hin zur Wiederkehr des Paradieses.[70] Es dürfte also am ehesten dieser Kontext sein, aus dem man die umfangreiche Segensverheißung von 12,1-3 verstehen muss. Doch sind damit weit reichende Fragen einer Redaktionsgeschichte des Pentateuch angeschnitten, denen hier nicht nachgegangen werden kann. Die alte und eindrucksvolle These G. v. Rads aber könnte dabei in einem ganz neuen Sinne ihr theologisches Recht wiedergewinnen.

---

69 Vgl. Sach 8,13; Mal 3,12; Jes 51,1f. Dazu van Seters, a.a.O. 271ff. Wichtig ist besonders sein Hinweis auf die Demokratisierung der Königstradition (vgl. Ps 72,17), die in Gen 12,2f. erfolgt und ihre nächsten Parallelen bei Dtjes hat.

70 Vgl. o. Anm. 49f.

Autonomie und Sünde

Gen 4,7 und die »jahwistische« Urgeschichte

Immer noch und immer wieder begegnet man im kirchlichen Verhalten und in theologischen Texten einem tiefen Misstrauen gegen alles, was mit menschlicher Autonomie[1] und ihrer Verwirklichung zu tun hat. Insbesondere im politischen und gesellschaftlichen Raum wird häufig eine konservative Ablehnung von Freiheits- und Emanzipationsbewegungen aller Art[2] theologisch begründet durch den Verweis auf die Sündhaftigkeit allen menschlichen Handelns. So kann etwa, um nur ein Beispiel von vielen zu nennen, zur gegenwärtigen Frage nach der Rolle der Pfarrfrau formuliert werden: »Selbstverwirklichung im Sinne des Schlagwortes ist praktizierte Gottlosigkeit[3]«. Derartiges hat eine große theologische, eine üble kirchliche Tradition. Dahinter steht ein pessimistisches Menschenbild und ein Verständnis von Sünde, das diese mit menschlicher Autonomie oft geradezu identifiziert (wobei jedoch meist bestehende Institutionen und traditionelle Freiheiten ausgenommen bleiben). Für beides beruft man sich auf eine breite biblische Grundlage, bei der vor allem die alttestamentliche Paradiesgeschichte in Gen 2-3 eine kaum zu überschätzende Rolle spielt.

Und in der Tat finden ein solches Menschenbild und ein derartiges Sündenverständnis hier durchaus Anhalt an bestimmten Zügen des Textes. Sie können sich nicht nur auf das traditionelle dogmatische Verständnis stützen, das durch die Begriffe Fall und Erbsünde gekennzeichnet ist, sondern auch auf einen recht breiten Konsens in der historisch-kritischen Exegese. In dieser Erzählung werden ja die Gebrochenheit und die Ambivalenz des menschlichen Lebens, die tief greifenden Daseinsstörungen, die die Menschen in der Gegenwart des Erzählers von dem ursprünglichen, vom Schöpfer gemeinten Leben trennen, zurückgeführt auf den verbotenen Griff nach den Früchten vom Baum der Erkenntnis des Guten und Bösen. Was damit gemeint ist, umschreibt G. von Rad folgendermaßen, und er gibt damit eine gut begründete und verbreitete exegetische Meinung wieder[4], m. E. die richtige: »Was die Schlange in Aussicht

---

1 Der Begriff Autonomie wird hier aufgenommen, weil und insofern er gegenwärtig in der Auslegung von Gen 2f. eine grundlegende Rolle spielt (vgl. unten S. 45). Das damit Anvisierte unterscheidet sich natürlich vom philosophisch geprägten neuzeitlichen Autonomiebegriff (vgl. dazu etwa W. Amelung, Art. Autonomie, TRE 5, Lfg. 1/2, 1979, 4-17; T. Rendtorff, Theologische Problemfelder der christlichen Ethik, Handbuch der christlichen Ethik 1, 1978, 199-216; M. Welker, Der Vorgang Autonomie, 1975) und seiner theologischen Rezeption erheblich, vor allem durch das Fehlen des mit Letzterem konstitutiv verbundenen Vernunftsbegriffs. Seine Aufnahme ist aber wohl dennoch sachlich unvermeidlich und berechtigt, da es trotz aller Differenzen um das gleiche anthropologische Phänomen geht (vgl. auch unten S. 50f.), was schon Kants Auslegung von Gen 2f. zeigt (vgl. unten Anm. 6). Das Folgende versteht sich ein Stück weit als Einlösung der Forderung Welkers (a.a.O. 14): »Des Theologen Rede von Autonomie ist an dem Anspruch zu messen, theologische Rede von Autonomie zu sein. Wo diese sich als vermeintlich unmöglich erweist, ist die Frage nach ihrer Möglichkeit an die Exegese zurückzugeben.«

2 Vgl. W. Amelung, a.a.O. 8f.

3 R. Bohren, Die Pfarrfrau auf der Suche nach Selbstverwirklichung in Pfarramt und Familie, DtPfrBl 69, 1979, Heft 1, 5-9 (Zitat: 8). Zum theologischen Problem menschlicher »Selbstverwirklichung« vgl. jetzt H.-M. Barth, Wie ein Segel sich entfalten. Selbstverwirklichung und christliche Existenz, 1979.

4 Vgl. z.B. H. J. Stoebe, Gut und Böse in der Jahwistischen Quelle des Pentateuch, ZAW 65, 1953, 188-204; ders. Art. טוב *ṭob* gut, THAT 1, 1971, 659; W. M. Clark, A Legal Background to the Yahwist's Use of »Good and Evil« in Genesis 2-3, JBL 88, 1969, 266ff.; F. Crüsemann, »... er aber soll dein Herr sein« (Gen 3,16). Die Frau in der patriarchalischen Welt des Alten Testaments, in: Als Mann und Frau geschaffen. Exegetische Studien zur Rolle der Frau, in:

stellt, ist also weniger eine Ausweitung des Erkenntnisvermögens als jene Eigenmächtigkeit, die es dem Menschen verstattet, über das ihm Heilsame oder Schädliche selbst zu entscheiden.«[5] Bis dahin hatte Gott allein bestimmt, was für den Menschen gut oder böse, schädlich oder förderlich war, vgl. bes. Gen 2,18. G. von Rad spricht dann von »Autonomie«, die zur »größten Bürde« des menschlichen Lebens wird[6].

Noch deutlicher wird der Sachverhalt von O. H. Steck ausgedrückt: Es »meint ›Erkenntnis von Gut und Böse‹ den kreativen Akt der Bestimmung, Festlegung von etwas als dem Leben Förderliches oder Schädliches, d.h. über den Inhalt von Gut und Böse entscheidet das Subjekt, das diese Fähigkeit, etwas als förderlich oder schädlich festzulegen, hat«. Dadurch hat sich aber der Mensch »an die Stelle gesetzt, die allein Jhwh gebührt«. Diese Erkenntnis »trägt also den Akzent autonomer, und d.h. von Gott gelöster, Selbstbestimmung des Menschen hinsichtlich dessen, was seinem Leben förderlich oder abträglich ist«[7]. Damit wird von diesem so zentralen biblischen Text »gerade das menschliche Bestreben nach autonomer Selbstgestaltung des eigenen Daseins als das Böse gefaßt, das Bestand und Ausstattung der Gemeinschaft stört«[8]. Es geht um »Vermessenheit und Verblendung solch autonomer Selbstbestimmung«[9].

Bei einem solchen Verständnis tritt also die menschliche Autonomie bzw. der Griff nach ihr als das eigentlich Böse auf, als die ursprüngliche Schuld des Menschen, der seine tiefen Daseinsstörungen zu verdanken sind. Und sie wird von den meisten Auslegern auch, im Anschluss an das traditionelle Verständnis, als »Sünde« bezeichnet. Damit ist an die Stelle der traditionellen Erbsünde die menschliche Autonomie getreten. Alles weitere, im Verlaufe der »jahwistischen« Urgeschichte Berichtete, z.B. der Brudermord Kains, erscheint dann als Folge und Konsequenz dieser ersten und eigentlichen Sünde. Und wenn der gleiche Erzähler am Anfang der Sintflutgeschichte sehr grundsätzlich formuliert, dass »alles Dichten und Trachten ihres Herzens nur böse war allezeit« (6,5)[10], und diesen Satz sogar in 8,21 fast wörtlich wiederholt, so bestätigt das sein pessimistisches Menschenbild.

Ohne Zweifel hat diese Sicht der Urgeschichte exegetisch beachtliche Gründe für sich und führt zu einem sehr geschlossenen Bild der Theologie des Erzählers. Dennoch scheint sie mir in dieser Form korrektur- und ergänzungsbedürftig zu sein. Und zwar in zwei Richtungen. Zum einen lässt exegetisch vor allem ein Vers, Gen 4,7, erhebliche Zweifel an dieser Sicht der Autonomie als Sünde aufkommen. Von ihm her müssen, so meine ich, die Akzente auch in der Auslegung von Gen 2f. und des Rahmens der Sintflutgeschichte etwas anders gesetzt werden. Zum anderen ist zu fragen, was eigentlich die realen Erfahrungen in der Zeit dieses Erzählers gewesen

---

ders./H. Thyen, Als Mann und Frau geschaffen. Exegetische Studien zur Rolle der Frau, Kennzeichen 2, 1978, 61f. Auf Interpretationen, die von dieser Auffassung grundsätzlich abweichen (vgl. die Übersichten bei W. Schottroff, Art. ידע jd' erkennen, THAT I, 1971, 689; C. Westermann, Genesis, BK I/1, 1974, 330ff.) kann hier nicht eingegangen werden; vgl. zuletzt etwa E. Drewermann, Strukturen des Bösen I. Die jahwistische Urgeschichte in exegetischer Sicht, Paderborner Theologische Studien 4, 1977, 48ff.

5 Das erste Buch Mose. Genesis, ATD 2-4, [9]1972, 63.

6 A.a.O. 63. Dass es bei der Erkenntnis von gut und böse der Sache nach um so etwas wie die menschliche Autonomie geht, spielt in der Auslegungsgeschichte von Gen 2f. seit Kant eine Rolle (Mutmaßlicher Anfang der Menschengeschichte, Werke VI, hg. v. W. Weischedel, 1964, 85ff.), der aber den Begriff selbst nicht verwendet. Vgl. dazu jetzt E. Drewermann, Strukturen des Bösen III. Die jahwistische Urgeschichte in philosophischer Sicht, 1978, bes. 30ff.

7 Die Paradieserzählung. Eine Auslegung von Genesis 2,4b-3,24, BSt 60, 1970, 34f. Anm. 43.

8 A.a.O. 124f.

9 A.a.O. 117.

10 So im Anschluss an Luther die Übersetzung von C. Westermann, a.a.O. 522.

sind, die ihn zu einem derartigen Menschenbild und zu einer solchen Sicht der menschlichen Autonomie gebracht haben. Versuchen wir heute, Phänomene wie Sünde und Autonomie nicht nur begrifflich abstrakt, sondern immer auch real und konkret im historischen und gesellschaftlichen Kontext zu erfassen, so müssen wir das auch bei der Exegese tun.

Bevor ich mit der Auslegung von Gen 4,7 einsetze, möchte ich ganz kurz einige exegetische Voraussetzungen nennen, die ich hier nicht begründen, sondern nur anführen kann. Einmal gehe ich von der bekannten und nahezu unbestrittenen literarkritischen Sonderung von Gen 1-11 in zwei ursprünglich selbständige Quellen aus. Ich frage hier nur nach der Theologie der einen, die traditionellerweise »Jahwist« heißt. Diese Texte, die mit Gen 2,4b einsetzen und untereinander unbestreitbar zusammenhängen, so dass sie als Einheit zu lesen sind, werden zumeist der frühen Königszeit zugeschrieben. Ich halte das immer noch für die beste Lösung, aber auch wenn man darüber hinaus etwa in die mittlere Königszeit herabgehen will, ändert sich am Verständnis kaum etwas – für exilisch-nachexilisch kann ich sie aus vielerlei Gründen nicht halten. Dagegen ist die verbreitete Annahme eines umfassenden Geschichtswerks des »Jahwisten«, das mit dieser Urgeschichte beginnt, in Gen 12,1-3 sein Thema hat und mindestens bis zur Landnahme im Ostjordanland reicht, heute grundsätzlich bestritten worden. Sie wird hier nicht vorausgesetzt, und braucht es auch nicht, weil die Urgeschichte in jedem Fall eine gewisse Eigenständigkeit und Abgeschlossenheit erkennen lässt. Nur auf die ältere der beiden Schichten von Gen 1-11 bezieht sich also der hier verwendete Ausdruck »jahwistisch«.

I.

Kommt man von Gen 2f. in der gängigen Interpretation her, so muss der Vers Gen 4,7 im Grunde aufs Äußerste überraschen. Ist in Gen 3 der Mensch bereits unausweichlich als Sünder gezeichnet und durch die Vertreibung aus dem Paradies von Jhwh getrennt, so wird ihm hier von eben diesem Jhwh zugemutet, die Sünde zu beherrschen. Vielleicht liegt es auch an diesem scheinbaren Widerspruch, dass der Vers von vielen Auslegern als dunkel und unverständlich bezeichnet wird[11], dass er als sekundär eingedrungen angesehen[12] oder dass zumindest verlangt wird, in ihn nicht allzu viel hineinzulesen und auf ihm nicht allzu viel aufzubauen[13]. Trotz mancher unbestreitbarer, z.B. textkritischer Schwierigkeiten, ist er aber in seinem Sinn sehr gut erfassbar.

Es ist hier unmöglich, auf die Probleme der Kain- und Abel-Geschichte im Ganzen einzugehen[14]. Unserem Vers voran geht das Opfer der beiden Brüder, von denen bekanntlich nur das des Abel von Jhwh angenommen wird. Darauf reagiert Kain: *»Da entbrannte Kain sehr und es senkte sich sein Angesicht«* (V.5b), womit Zorn und Unmut ausgedrückt sind. Bevor es aber zu einer Handlung Kains kommt,

11 O. Procksch, Die Genesis, KAT I, $^{2.3}$1924, 47: »Der dunkelste Vers des Kapitels, ja der Genesis«.

12 Zuletzt vor allem C. Westermann, a.a.O. 408ff.

13 Etwa W. Zimmerli, Die Urgeschichte. 1. Mose 1-11, Zürich ^{2}1957, 211; E. Drewermann, Strukturen I, 128.

14 Vgl. dazu zuletzt C. Westermann, a.a.O. 385ff.; E. Drewermann, Strukturen I, 111ff.; W. Dietrich, »Wo ist dein Bruder?« Zu Tradition und Intention von Genesis 4, in: H. Donner (Hg.), Beiträge zur Alttestamentlichen Theologie, FS W. Zimmerli, 1977, 94-111; F. W. Golka, Keine Gnade für Kain (Genesis 4,1-16), in: R. Albertz (Hg.), Werden und Wirken des Alten Testaments, FS C. Westermann, 1980, 58-73.

die erst in V.8 erzählt wird, spricht Jhwh Kain in V.6f. an. Ich übersetze die Stelle zunächst möglichst wörtlich[15]:

> *6 »Warum bist du entbrannt,*
> *und warum ist dein Angesicht gesenkt?*
> *7 Ist es nicht so:*
> *Wenn du Gutes bewirkst: Erhebung.*
> *Wenn du aber nicht Gutes bewirkst:*
> *an der Tür Sünde, ein Lagerer.*
> *Zu dir steht sein Verlangen,*
> *du aber sollst ihn beherrschen.«*

Die Verse unterbrechen die Folge der Erzählung. Das ist vor allem daran zu erkennen, dass Kain nach einer derart gewichtigen Warnung dann in V.8 so handelt, als wäre nichts geschehen. Dazu kommt die Tatsache, dass hier manche Wendungen von Gen 2 im Wortlaut aufgenommen werden, besonders deutlich der Strafspruch über die Frau in 3,16. Derartige Beobachtungen haben in einigen neueren Arbeiten zu dem überzeugenden Nachweis geführt, dass die Warnung an Kain ein interpretierender Einschub des Erzählers der »jahwistischen« Urgeschichte in die ältere, von ihm vorgefundene Überlieferung über Kain und Abel ist[16].

Dafür spricht nun noch ein weiteres wichtiges Argument. In 3,7 wird die zentrale Problematik und Terminologie der Paradiesgeschichte wieder aufgenommen: Geht es dort um die Erkenntnis von gut und böse, so hier – jetzt mit dem Verb ausgedrückt – um das Tun bzw. Bewirken des Guten und sein Gegenteil. Dieselbe Begrifflichkeit erscheint dann auch noch im Rahmen der Sintflutgeschichte (6,5; 8,21). Wenn in 4,6f. also, und davon gehe ich im Folgenden aus, eine eigene Formulierung des »jahwistischen« Erzählers vorliegt, dann haben die Verse für ihn und das Verständnis der Urgeschichte im Ganzen eine Schlüsselstellung. Denn hier werden ja zwei Dinge in eine Beziehung zueinander gesetzt: Eines der zentralen Leitworte der Urgeschichte überhaupt, (gut und böse, hier יטב hif. »Gutes tun/bewirken«) und der wichtigste Begriff für »Sünde« (חטאת, wörtlich »Verfehlung«)[17]. In Gen 2f. wird ja auffallenderweise keines der im Alten Testament üblichen Worte für Sünde verwendet. Das geschieht erst hier. Und allein das macht die überragende Bedeutung der Verse klar.

Sehen wir uns also die Warnung genauer an. V.6 nimmt die Begriffe von V.5b wieder auf. Jhwh fragt nach dem Grund für Zorn und Unmut Kains. Und er gibt in V.7 darauf selbst eine Antwort, die ausdrücklich um Kains Zustimmung sucht: »Ist es nicht so?«. Es werden dann zwei Möglichkeiten genannt: »wenn« und »wenn nicht« (אם־תיטיב/ואם לא תיטיב). Was meint das an dieser Stelle benutzte hebräische Wort (יטב hif.) genau? Die Übersetzungen geben es fast durchgehend als »Gutes tun«, »recht handeln« o. ä. wieder. Das aber führt zu Schwierigkeiten, vor allem vom Kontext her. Denn Kain hat ja bis zu diesem Moment keineswegs Unrecht gehandelt.

---

15 Jede Übersetzung ist bereits Interpretation. Sehr eng beim hebräischen Wortlaut bleibt vor allem M. Buber, Die fünf Bücher der Weisung, 1954, 17.

16 W. Dietrich, a.a.O. 98ff.; bes. I. von Löwenclau, Genesis IV 6-7 – eine jahwistische Erweiterung?, VT.S 29, 1978, 177-188; vgl. E. Drewermann, Strukturen I, 130f.

17 Vgl. dazu bes. R. Knierim, Art. חטא ḥṭ' sich verfehlen, THAT I, 1971, 541-549; und (vor allem in Bezug auf die Grundbedeutung abweichend) K. Koch, Art. חָטָא ḥāṭā', ThWAT II, 1977, 857-870.

Sein Opfer ist kein solches, ebenso wenig die unerklärte und unerklärbare Tatsache, dass Gott es nicht annimmt[18]. Daraufhin hat Kain den Blick gesenkt (V.5b). Das wird in der ersten der beiden Möglichkeiten von V.7 aufgegriffen. Wörtlich übersetzt steht hier »erheben« (נשׂא inf.)[19]. Das muss sich ebenfalls auf das Angesicht beziehen[20] und meint dann das Gegenteil vom Senken des Angesichts (נפל פנים, V.5b.6). Das Angesicht stolz zu erheben aber vermag nur der Unschuldige (vgl. 2 Sam 2,22; Hi 11,25; 22,26)[21]. Kain aber hat den Blick schon gesenkt, ohne sich bereits vergangen zu haben. Deshalb muss die Verbform an dieser Stelle kausativ verstanden werden, was dem Sinn des Hiphil entspricht: den »Zustand des Wohlergehens« herbeiführen[22], Gutes heraufführen, es bewirken. Es ist also »weniger an die Tat selber, als an die Folgen der Tat gedacht«[23]. Dabei ist das Gute im gleichen Sinne wie in Gen 2f. zu verstehen: Etwas dem Leben Förderliches herbeiführen.

Im Unterschied zu Gen 2f. geht es nun in Kap. 4 nicht um die Erkenntnis des Guten und Bösen, was die Bestimmung darüber einschließt. Dass der Mensch das selbst tut, ist hier bereits vorausgesetzt. Jetzt geht es um die Folgen, die Wirkung, den Effekt. Kain hat sicher Gutes gewollt mit seinem Opfer, für sich und für Jhwh. Aber er hat damit gegen seine Intention sein Wohlergehen nicht heraufgeführt: Sein Opfer ist nicht angenommen worden. Die Konsequenzen seines Wollens und seines Tuns liegen nicht allein in seiner Hand[24]. Nur von dieser Überlegung her ist die Frage Jhwhs an ihn verständlich. Man muss sie paraphrasieren: »Wenn das, was du als das Gute, das Förderliche und Nützliche erkennst und bestimmst, auch gute Folgen hat, dann bist du stolz.« Wenn aber nicht? Wenn das von Kain gewollte Gute nicht die gewollten guten Folgen hat? Das ist die zweite Möglichkeit, die V.7 nennt. Und erst mit ihr kommt das ins Spiel, was Sünde heißt.

Der V.7 enthält besondere Schwierigkeiten. Sie liegen einmal darin, dass ein Genuswechsel stattfindet. Das Wort für Sünde, Verfehlung (חטאת) ist fem., das eindeutig darauf bezogene Partizip (רבץ) masc. Dem entsprechen die Suffixe des folgenden Satzes. Trotz vieler Versuche, den Text zu verändern[25], liegt ein wirklich überzeugender Verbesserungsvorschlag, der auch die Entstehung des jetzigen Wortlauts erklären würde, nicht vor. Bereits die griechische Übersetzung hat den Vers völlig anders verstanden und auf die rituell richtige Darbringung des Opfers bezogen[26], was deutlich spätere Interpretation ist. Am besten scheint es mir, den Text zu belassen, wie er ist. Dazu kommt das Problem, was mit dem Partizip רבץ gemeint ist. Wörtlich heißt es »ein Lagernder«. Das Verb wird von Herden (Gen 29,2), einem Löwen (Gen 49,9), aber auch von Dämonen (Jes 13,21) gebraucht. Manches spricht

18 Vgl. dazu bes. E. Drewermann, Strukturen I, 122ff.

19 Eine Änderung des Textes (z.B. J. von Löwenclau, a.a.O. 185) ist nicht zwingend geboten und wird deshalb besser vermieden.

20 So die meisten neueren Ausleger. Unwahrscheinlich ist, dass es sich auf »Sünde« bezieht und dann »Vergebung« meint (L. Ramaroson, A propos de Gn 4,7, Bibl 49, 1968, 233-237).

21 Vgl. F. Stolz, Art. נשׂא nś' aufheben, tragen, THAT II, 1976, 112; A. S. van der Woude, Art. פנים pānīm Angesicht, THAT II, 1976, bes. 439.

22 So H. J. Stoebe, Art. טוב gut, THAT I, 1971, 654 zur Bedeutung des Verbs im Hiphil.

23 H. J. Stoebe, a.a.O. 654f. Wenn ein Objekt folgt, ist dabei natürlich der Unterschied zu »wohltun« o. ä. nur »formal« (Stoebe ebd.).

24 Vgl. E. Drewermann, Strukturen I, 123: »wie kommen die von Gott verbannten Menschen jetzt mit einem Gott zurecht, der für sie uneinsichtig handelt und grundlos den einen bevorzugt und den anderen zurückstößt?«

25 Vgl. die Literatur bei C. Westermann, a.a.O. 406; zuletzt J. von Löwenclau, a.a.O. 185f.

26 Dazu J. von Löwenclau, a.a.O. 184f.

dafür, dass hier ein spezieller Dämon gemeint ist[27]. Dazu muss man wissen, dass die Schwelle der Tür in besonderer Weise als ein Ort von Dämonen angesehen wurde[28]. Es könnte sich aber auch um ein sprichwortartiges Bildwort handeln. Ob aber bloßes Bildwort oder Dämonenvorstellung, das eigentlich Gemeinte ist eindeutig zu erkennen: Die Sünde lagert wie ein wildes Tier an der Tür, sie lauert ihm auf und droht ihn anzufallen. Und zwar gilt das für den hier eingetretenen Fall, dass das Tun des Menschen nicht das Gute, Förderliche, nicht den Zustand des Wohlergehens bewirkt hat. Dann droht die Sünde wie ein wildes Tier, sie verlangt nach ihm, er aber soll – und kann! – sie beherrschen.

Der Erzähler der »jahwistischen« Urgeschichte nimmt also erst in Gen 4,7 den Begriff Sünde auf. Er setzt ihn sehr präzis dort ein, wo sich ein Mensch den unerwünschten, negativen Folgen seines Tuns durch verbrecherische Aktivitäten zu entziehen versucht. Für ihn ist Sünde eine Macht, die mit Gewalt nach dem Menschen greift, aber eine durchaus beherrschbare Macht.

Es ist deshalb sehr problematisch, in Kain genau wie in Adam den Repräsentanten der Menschheit überhaupt zu sehen, im Brudermörder etwas zu finden, »was für das Dasein und Schicksal des Menschen überhaupt gilt«[29], ihn »die Rolle Adams«[30] übernehmen zu lassen und zu formulieren: »Kain vertritt den Menschen schlechthin in seinem Umgang mit dem Bruder[31]«. Dadurch stellt man Täter und Opfer auf eine Ebene. Kain ist nicht Adam. Der Mensch, אדם, ist auch Abel. Der Mensch ist Mörder *und* Opfer. Dem entspricht es, dass die Lebensform, zu der Kain verflucht wird (4,11f.), keineswegs die allgemein menschliche Lebensform ist, wie es die des Adam für den Erzähler offenbar ist. Jeder Mensch ist Adam bzw. Eva und erleidet ihr Geschick, aber nicht jeder ist Kain. Kain ist nur eine, eine durchaus bedrängende, aber vermeidbare Möglichkeit des Menschseins.

Es ist nicht unwichtig, sich klar zu machen, dass es beim Mord des Kain nicht wie in Gen 2f. um die Übertretung eines expliziten göttlichen Gebotes geht[32]. Dass Mord Sünde ist, wird in der Erzählung vorausgesetzt, weil es selbstverständlich ist. Das entspricht dem Befund, dass auch sonst im AT »Kriterium« für Verfehlungen, die mit der Wurzel חטא bezeichnet werden, »nicht bestimmte Gebote sind, sondern die Verletzung eines Gemeinschaftsverhältnisses«[33], wobei der negative Charakter evident ist. Das ist bei der Übertretung von Gen 2f. nicht in dieser Weise der Fall.

Zusammenfassend lässt sich über den Vers Gen 4,7 also sagen: Er macht deutlich, dass der Erzähler der »jahwistischen« Urgeschichte mit »Sünde« die elementare Verletzung von Gemeinschaftsverhältnissen bezeichnet. Derartiges ist keine notwendige Konsequenz aus dem Griff nach der verbotenen Frucht, der menschlichen Autonomie, oder gar mit ihr identisch. »Sünde« ist eine bedrängende, aber vermeidbare Handlungsweise, die als Möglichkeit vor allem dann auftaucht, wenn das selbstbestimmte Handeln des Menschen ungewollte, negative Folgen hat.

---

27 So gibt es im Assyrischen einen Dämon, der rābiṣu(m) heißt (s. AHw 2, 935); vgl. schon H. Duhm, Die bösen Geister im Alten Testament, 1904, 8-10; weitere Lit. bei C. Westermann, a.a.O. 408.410.

28 Vgl. bes. Zeph 1,9 und dazu H. Donner, Die Schwellenhüpfer, JSS 15, 1970, 42-55.

29 G. von Rad, a.a.O. 79.

30 C. Westermann, a.a.O. 393.

31 J. von Löwenclau, a.a.O. 181; vgl. E. Drewermann, Strukturen I, 127; 33 und viele andere.

32 Vgl. bes. M. Buber, Bilder von Gut und Böse, Werke 1, 1962, 617: »Jene weiß von einer Handlung zu sagen, die nicht in sich, nur eben als Ungehorsam strafwürdig ist, diese von einem wesensmäßigen Frevel.«

33 R. Knierim, a.a.O. 545.

II.

Wenn Gen 4,7 auf den gleichen Verfasser zurückgeht, der auch Gen 2f. in ihrer vorliegenden Form erzählt und gestaltet hat, dann ist es kein Zufall, dass dort der Begriff Sünde nicht fällt[34]. Es verbietet sich dann auch die Annahme, dass in Kapitel 2f. das Phänomen »Sünde« erzählerisch gestaltet wird, ohne dass der Begriff fällt. Denn der Begriff wird eben in 4,7 benutzt, und zwar in einem sehr präzisen Sinn, wobei eindeutig etwas anderes gemeint ist als in Kapitel 2f. Es ist dann aber sehr problematisch, die Übertretung, die in Gen 3 geschildert wird, als Sünde zu bezeichnen. Unreflektiert darf man das jedenfalls nicht tun. Es muss deshalb zunächst noch einmal nach dem gefragt werden, was mit dem Griff nach der Frucht vom Baum der Erkenntnis von gut und böse gemeint ist. Wenn es exegetisch richtig ist, dass es dabei im Kern um die autonome Selbstbestimmung des Menschen darüber geht, was für ihn nützlich und schädlich, förderlich und abträglich ist[35], so ist so präzis wie möglich zu erfragen, wie hier diese menschliche Autonomie gesehen wird.

Bis zu diesem Übergriff des Menschen sorgt Jhwh allein dafür, was gut und böse für den Menschen ist (bes. 2,18). Der Mensch steht ganz unter seiner Obhut. Die Erzählung macht das, worum es ihr geht, durch den Vorgang selbst deutlich. Indem erst die Frau, dann der Mann nach der verbotenen Frucht greifen, genau dadurch bestimmen sie eben selbst, dass es für sie gut, förderlich ist, so zu handeln. Die Folgen sind die bekannten großen Negativitäten des Menschseins, die die Strafsprüche in Gen 3,14-19 benennen, und zwar in den konkreten Formen, wie sie in der gesellschaftlichen Realität des Erzählers und seiner Zuhörer auftreten: Das Leben mit gefährlichen, lebensbedrohenden Schlangen; die Herrschaft des Mannes über die Frau, die im Widerspruch zu ihrem Verlangen steht; die Beschwerden von Schwangerschaft und Geburt; die harte Arbeit des palästinischen Bauern auf dem steinigen Acker, das ganze Leben hindurch bis zum Tod. In alle Beziehungen, die Gen 2 als gute Schöpfung Jahwes geschildert hatte, kommt ein tiefer Riss. Er prägt das Verhältnis zu den Tieren, zum anderen Geschlecht, zu Gott. Gute Schöpfung und selbstverschuldete Negativitäten liegen für den Menschen untrennbar ineinander. Das Leben ist von einer tiefen Ambivalenz bestimmt. Und der Grund dafür liegt darin, dass nicht mehr Gott allein festlegt, was für den Menschen gut ist, sondern dieser selbst darüber bestimmt. Die großen Negativitäten, mit denen der Mensch unausweichlich leben muss, und die jedes Leben zu einem gebrochenen und ambivalenten machen, sind verschuldet, sind nicht Gottes gute Schöpfung. Das ist das Ergebnis der ätiologisch strukturierten Erzählung.

Der Gang der Erzählung selbst, erst recht die weiteren Texte der »jahwistischen« Urgeschichten machen überdeutlich, dass die vom Menschen ergriffene Erkenntnis des Guten und Bösen keineswegs einfach das vom Menschen gewollte Gute, das dem Leben Förderliche hervorbringt. Eher ist das Gegenteil der Fall. Man muss mit Steck formulieren, »dass es für Menschen geradezu charakteristisch ist, selbst das Förderliche ihres Lebens bestimmen zu wollen und scheinbar auch zu können, aber damit nur Minderungen des eigenen Lebens und Schädigungen des ihm verbundenen Lebens heraufzuführen«[36]. Das geschieht schon in Kapitel 3 und das wiederholt sich

---

[34] Zum Folgenden vgl. bes. M. Buber, a.a.O. 616ff.
[35] Vgl. oben S. 44f.
[36] O. H. Steck, a.a.O. 120.

bei Kain. Und in diesem Zusammenhang wird dann in 4,7 der Sündenbegriff eingeführt.

Stärker als es oft geschieht, ist zu betonen, dass der in Kapitel 3 erzählte Griff nach der Selbstbestimmung über gut und böse nicht mehr rückgängig zu machen ist. Das sagt besonders der Vers 3,22. Hier stellt am Ende der Erzählung Jhwh fest, dass der Mensch »wie unsereiner geworden ist und gut und böse kennt«. Er wird aus dem Paradies vertrieben, der Garten Eden für ihn total unzugänglich gemacht. Das Ende der Erzählung konstatiert das Ergebnis: Der Mensch – der erste Mensch und mit ihm jeder Mensch – *ist* in dieser Hinsicht wie Gott, und zwar unwiederbringlich. Er ist aus dem Garten vertrieben, ohne eine Möglichkeit der Rückkehr. Es steht ihm nicht mehr frei, anders zu handeln. Er muss, ob er will oder nicht, selbst bestimmen, was für ihn gut und was für ihn böse ist.

Das heißt aber, dass für den Erzähler die menschliche Autonomie in all ihrer Ambivalenz zum unausweichlichen Signum des nachparadiesischen Menschen geworden ist. Er steht nicht mehr vor der Alternative, dem ursprünglichen Gebot zu gehorchen oder nicht zu gehorchen; das ist immer schon vorbei. Er kann nicht nur, er muss autonom sein. Er ist den damit verschuldeten Lebensminderungen, wie sie die Strafsprüche formulieren, ohne Ausweg ausgesetzt. Und er muss darüber hinaus bei allen seinen Entscheidungen immer aufs Neue diese Autonomie praktizieren. Sie gehört zu ihm so gut wie die Schöpfungsgaben und die verschuldeten Lebensminderungen. Gemeint ist offenbar das anthropologische Grundphänomen, dass nichts, auch kein göttliches Gebot, dem Menschen in konkreten Situationen die Entscheidung darüber abnehmen kann, wie er sich zu verhalten hat, was er als gut und böse bestimmt.

In dem hier gemeinten Sinn stellt der Erzähler also den nachparadiesischen Menschen als autonom dar. Damit ist er immer schon aus der umgreifenden guten Ordnung Gottes herausgefallen. Und darauf führt die Erzählung die tief greifenden Lebensminderungen zurück, die jeder Mensch erfährt. Sie sind verschuldet. Aber der Erzähler nennt den Akt, der dazu führte, nicht Sünde. Und das ist kein Zufall, sondern bewusste theologische Reflexion. Die in Gen 3,22 festgestellte menschliche Autonomie ist zwar die Folge der Übertretung eines göttlichen Gebotes, das erlassen wurde, um den Menschen daran zu hindern, aus der guten Ordnung Gottes herauszufallen. Aber sie selbst ist für ihn keine Sünde, sondern Grundgegebenheit des Menschseins mit all ihrer Ambivalenz. Es mag sein, dass es theologische Gründe gibt, den vom Erzähler gemeinten Griff nach der Autonomie oder diese selbst gegen die Terminologie des Erzählers, aber mit der großen Auslegungstradition des Textes als Sünde zu bezeichnen. Aber unproblematisch ist das nicht. Schon deshalb nicht, weil der dann in 4,7 eingeführte Sündenbegriff in einem klaren Zusammenhang mit dieser Autonomie steht bzw. mit ihren Folgen, ohne einfach mit ihr gleichgesetzt zu werden. Und weil er sich keineswegs nur auf irgendwelche leicht vermeidbaren »Tatsünden« bezieht, sondern eine Macht beschreibt, die mit Gewalt nach dem Menschen greift. Aber ihm wird von Jhwh zugemutet, sie zu beherrschen. Und die Warnung an Kain macht den präzisen Sinn der Anrede Gottes an den nachparadiesischen Menschen deutlich, der etwa die Gebote entsprechen: Sie richten sich als Weisung zum Leben an den autonomen Menschen[37].

---

37 Vgl. dazu schon die jüdische spez. targumische Auslegungstradition: G. Vermes, The Targumic Version of Genesis 4,3-16, ALUOS 3, 1963, bes. 101f.; ders., Haggadah in the Onkelos Targum, JSS 8, 1963, 163f.

III.

Wie kommt ein Mensch, der wahrscheinlich im 10. vorchristlichen Jahrhundert lebte, dazu, der menschlichen Autonomie eine derartige anthropologische Schlüsselstellung einzuräumen? Wie zur Erkenntnis ihrer Unausweichlichkeit und ihrer grundsätzlichen Problematik? Natürlich ist damit keineswegs im vollen Sinne das gemeint, was dann in der Neuzeit Autonomie heißt[38]. Vor allem fehlt die dafür entscheidende Verbindung mit dem Vernunftbegriff. Dennoch ist es wohl kein Zufall und auch keine illegitime Modernisierung, wenn die Exegese sich dieses modernen Begriffes bedient. Denn die Parallelität des Gemeinten ist trotz aller Unterschiede offenkundig. Gerade darum ist die Frage, so wichtig, was an realen Erfahrungen in der Welt des Erzählers hier verarbeitet wird. Ich kann hier nur kurz wiederholen, was schon an anderer Stelle ausgeführt wurde[39].

»Vieles ... in der jahwistischen Urgeschichte deutet daraufhin, dass Jhwh und menschliche Lebenswelt als ein großer, umfassender Gemeinschaftsverband gesehen sind, von Gott eingerichtet, getragen und geregelt, dessen allseitige Förderlichkeit nur so lange ungebrochen besteht, als Gott, das Haupt und der Träger solcher Gemeinschaft, unangefochten in dieser Stellung wirken kann«[40]. So wird vor allem die ursprüngliche Schöpfung in Kap. 2 geschildert, aber als verlorene, als verspielte Möglichkeit. Das steht in deutlicher Beziehung zu den Wandlungen, die Israel in der zu vermutenden Zeit des Erzählers durchmacht. Was sich im 10. Jahrhundert v.Chr. vollzieht, ist die Umgestaltung Israels von einer segmentären Gesellschaft zu einem zentralen Staat, ein Prozess, der alle gesellschaftlichen Größen tief greifend verändert[41]. Was Israel vorher war, war eine jener Gesellschaften, an denen sich noch heute zeigen lässt, »dass Menschen ohne zentrale Herrschaft, ohne Hierarchie und ohne Ausbeutung zusammenleben können. Es zeigt sich an ihnen, dass es keine anthropologische Notwendigkeit für zentrale Herrschaft, Hierarchie, Ausbeutung und strukturelle Ungleichheit gibt. Diese ethnologisch triviale Wahrheit ist nicht belanglos für die Frage, ob radikale Alternativen zur bestehenden spätkapitalistischen Gesellschaft überhaupt denkbar sind. Gleichheit und Herrschaftslosigkeit scheitern nicht an ›anthropologischen Erfordernissen‹«[42].

Die Herkunft von einer derartigen Gesellschaft – gegründet allein auf Verwandtschaftsbeziehungen und die ihnen entsprechenden Solidaritätsformen – und die Erfahrung ihres Zerfalls durch menschliches Handeln: Das scheint mir der Hintergrund, das anthropologische Erfahrungsfeld des Erzählers zu sein. In kurzer Zeit ist in Israel eine neue Klasse entstanden, der königliche Hof mit seinen Beamten und Soldaten. Und sie legt der Mehrheit schwere und vorher unbekannte Lasten auf, Steuern, erzwungener Militärdienst, Fronarbeit. Entstanden ist der neue Staat in bester Absicht, aus der Notwendigkeit heraus, die alte Freiheit Israels gegen die übermächtigen Philister zu verteidigen und neu zu erringen. Aber die Negativitäten sind nicht zu übersehen. Die Dörfer, in denen Israel wohnte, verändern sich stark. Aus breiten, offe-

---

38 Vgl. oben Anm. 1.

39 F. Crüsemann, »... er aber soll dein Herr sein«, bes. 62ff.; ders., Alttestamentliche Exegese und Archäologie, ZAW 91, 1979, bes. 191ff.

40 Steck, a.a.O. 124.

41 Vgl. zum Folgenden F. Crüsemann, Der Widerstand gegen das Königtum, WMANT 49, 1978, bes. 201ff.

42 C. Sigrist, Gesellschaften ohne Staat und die Entdeckungen der social anthropology, in: F. Kramer/C. Sigrist (Hg.), Gesellschaften ohne Staat 1: Gleichheit und Gegenseitigkeit, 1978, 43.

nen Siedlungen werden nahezu überall enge, ummauerte Städte, geprägt von Mauern, Palästen, Speicherhäusern. Soziale Rollen und ethische Normen verschieben sich tief greifend. Auch die vorher offenbar nicht von Herrschaftsbegriffen bestimmte Gottesvorstellung wandelt sich. All das kann hier nur angedeutet werden. Entscheidend ist: Niemand konnte übersehen, dass es die Menschen selbst waren, die hier handelten. Die weitgehend traditionsgeleitete, segmentäre Clan-Gesellschaft geht in eine neue und andere über, in der Israel bis hin zu blutigen Bürgerkriegen für Jahrzehnte aufs Tiefste zerrissen war.

Die Paradiesgeschichte erfasst dies Geschehen in seinem anthropologischen Kern. Nicht Gott allein und nicht die Tradition allein bestimmen, was gut und böse, schädlich und förderlich ist. Das tut, und zwar unausweichlich, der Mensch selbst. Aber die Erfahrungen, die er dabei macht, sind die einer tief greifenden Ambivalenz. Traditionelle Normen wurden beiseitegeschoben, und zwar unübersehbar vom Menschen selbst. Das Neue und Förderliche wurde selbst bestimmt, und zwar klassenmäßig zutiefst verschieden und stets umstritten. Und die selbst herbeigeführten Negativitäten waren unübersehbar und standen wohl oft genug im Widerspruch zum Gewollten. Der Mensch ist, so stellt es Gen 2f. dar, dem unwiederbringlich ausgesetzt, er hat nach der Autonomie gegriffen, er muss autonom sein und die Konsequenzen tragen. Er muss aber deshalb nicht automatisch zum Mörder und Verbrecher werden, wiewohl sich ihm diese Möglichkeit als Konsequenz der Folgen seines Tuns immer wieder mit Macht aufdrängt. Das ist die Aussage von Gen 4,7.

Ich frage, ob unsere bisherigen Erfahrungen mit menschlicher Autonomie so sehr anders sind. Die Geschichte gerade siegreicher Revolutionen und z.B. die menschliche Technik mit ihren Folgen sind strukturell den Erfahrungen des Erzählers der »jahwistischen« Urgeschichte für mein Empfinden sehr nahe. Man mag das Pessimismus nennen. Es lässt sich aber auf keinen Fall gegen Emanzipations- und Befreiungsbewegungen welcher Art auch immer als grundsätzliches Argument ins Feld führen. Biblische Maßstäbe zu deren Bewertung sind an anderer Stelle zu suchen, man denke an die Exodustradition oder den Dekalog. Sie können nicht in einer grundsätzlichen Disqualifikation von Autonomie liegen. Die menschliche Autonomie wird hier keineswegs grundsätzlich abgewertet oder als Sünde bezeichnet, sondern als unausweichlich menschlich angesehen und in ihrer problematischen Ambivalenz erfasst.

IV.

Blicken wir abschließend noch auf die sehr sorgfältigen Formulierungen, mit denen der gleiche Erzähler den Menschen im Rahmen der Sintflutgeschichte beschreibt. Im Prolog zur Sintflut heißt es in 6,5 zunächst allgemein, dass die Bosheit der Menschen auf der Erde groß war. Das ist eine konstatierende Zustandsbeschreibung, bei der es sich vielleicht um eine in der Tradition vorgegebene Begründung der Sintflut handelt[43]. Für die Theologie des Erzählers gewichtiger ist der nächste Satz, der eine grundsätzliche Aussage über den Menschen macht, und offenbar sehr bewusst gestaltet ist: *»und jedes Gebilde der Planungen seines Herzens war nur böse allezeit«*. Wie ist das zu verstehen? Darf, ja muss man ihn wirklich so verstehen: »Das Aussein

43 Vgl. C. Westermann, a.a.O. 546f.

auf Böses bestimmt ihr ganzes Dasein ›allezeit‹«[44]. Oder: »Die Aussage umfasst also das gesamte innere Leben des Menschen«[45]? Ist hier vom Menschen gesagt, »dass das Böse ihn ganz und gar kennzeichnet«, dass er »grundsätzlich, wesenhaft auf das Böse aus ist«[46]? Vergleichbare Deutungen finden sich in der exegetischen Literatur fast durchgängig. Sie sind deshalb theologisch so gewichtig und von großer Wirkung, weil ja am Ende, nach dem Verrinnen der Flut, der Satz fast wörtlich wiederholt wird. Dort wird der Beschluss, die Erde nicht weiter zu verderben, so begründet: *»denn das Gebilde des menschlichen Herzens ist böse von seiner Jugend an«* (8,21). Gemeint ist also eindeutig, dass die Verhältnisse, die Anlass zur Sintflut gaben, auch danach weiter bestehen, bis in die Gegenwart des Erzählers. Damit haben wir hier so etwas wie eine grundsätzliche Zusammenfassung der Anthropologie des Erzählers vor uns.

Es ist nötig, die höchst umständliche Formulierung genau zu betrachten und beim Wort zu nehmen[47]. Tut man das, so wird klar: Böse ist nicht das menschliche Herz als solches. Und man muss dabei sofort mitdenken, dass »Herz« (לב) in biblischer Sprache das mit umfasst, was wir Vernunft und Willen nennen[48]. Als böse werden auch nicht einfach die Gedanken, besser die Planungen des menschlichen Herzens bezeichnet[49]. Böse sind erst und allein die »Gebilde« dieser Planungen. Böse ist dabei wieder im Sinne von »schädlich, lebensfeindlich« aufzufassen. Unter diesen Gebilden werden nun in der exegetischen Literatur fast durchgängig wiederum nur Gedankengebilde verstanden und damit Gebilde und Planungen, als Parallelbegriffe aufgefasst. So spricht etwa die Übersetzung Luthers von »Dichten und Trachten des Herzens«. Aber: »alle Gebilde der Planungen der menschlichen Vernunft« oder »jedes Gebilde aus der Planung seines Willens«[50] – sollten damit nur Gedanken- und Fantasiegebilde gemeint sein? Es ist kaum vorstellbar, dass hier vom Erzähler nur auf innere Vorgänge abgehoben wird[51]. Die vorangehenden Texte der »jahwistischen« Urgeschichte sprechen ja keineswegs nur davon, ganz im Gegenteil. Gemeint ist vor allem das, was die Planungen bewirken, hervorbringen. Man kann das Gemeinte paraphrasieren: Die Realisierungen und Konsequenzen der Planungen der menschlichen Vernunft und des menschlichen Willens sind lebensfeindlich. Das führt zur Sintflut, aber das bleibt danach weiterhin so.

Ist das nicht weithin auch noch unsere Erfahrung? Keine schöne, aber eine, der man nicht ausweichen darf. Und so unübersehbar wie in unserer Gegenwart waren sie selten, die negativen Konsequenzen auch der besten Planungen der menschlichen Vernunft. Die gesellschaftlichen Erfahrungen, die unser Erzähler in der relativ jungen Klassengesellschaft seiner Zeit machte und die hier anthropologisch gedeutet werden, drücken weithin auch noch unsere Erfahrungen aus. Theologisch bleibt die Frage: Wo haben wir andere?

---

44 C. Westermann, a.a.O. 552.
45 G. von Rad, a.a.O. 87.
46 E. Drewermann, Strukturen I, 210.
47 Vgl. bes. M. Buber, a.a.O. 622; 624.
48 Vgl. H. W. Wolff, Anthropologie des Alten Testaments, 1973, bes. 77ff.; F. Stolz, Art. לב Herz, THAT I, 1971, 861ff.
49 Zu מחשבה vgl. W. Schottroff, Art חשב ḥšb denken, THAT I, 1971, 644; K. Seybold, Art. חָשַׁב ḥāšab, ThWAT III, 251ff.
50 So F. Stolz, a.a.O. 254.
51 Ein derartiges Verständnis folgt jedenfalls nicht zwingend aus dem Begriff יצר »Gebilde«. Zwar bezieht es sich in sehr späten Texten (1 Chr 28,9; 29,18; Jes 26,3) »mit Vorliebe« auf Gedankengebilde (vgl. W. H. Schmidt, Art. יצר formen, THAT I, 1971, 763), wie dann auch im nachbiblischen Hebräisch. Aber auch hier sind damit nicht nur innerliche Vorgänge gemeint. Auf solche wird sonst in der »jahwistischen« Urgeschichte nie Bezug genommen; das Verb jedenfalls wird vom gleichen Autor anders verwendet (Gen 2,7f.19). Vgl. M. Buber, a.a.O. 622.

Eva – die erste Frau und ihre »Schuld«

Ein Beitrag zu einer kanonisch-sozialgeschichtlichen Lektüre der Urgeschichte

I. Sprachgebrauch und Namengebung

»Seit Adam und Eva ...« lautet unsere gängige Redeweise. »Adam« aber heißt »Mensch«, nur »Eva« ist in der Bibel ein Eigenname, und zwar der erste überhaupt: »*Der Mensch nannte seine Frau ›Eva‹*« (Gen 3,20). Der bis heute so verbreitete Brauch, Frauen in männlichen Formulierungen mitzumeinen und zu verstecken, prägt prägnant und massiv den Anfang der Bibel in Gen 2-3. Zweifellos wird durch ein derartiges »Konzept ›Mensch‹ ... das Prinzip der Männlichkeit auf eine vermeintlich geschlechtsneutrale Ebene gehoben«[1], was bis heute große Teile von Theologie und Kirche prägt. Dieser Sprachgebrauch bringt – gemeinsam mit anderen Zügen dieser Kapitel wie dem Schöpfungszweck der Frau als »Hilfe« für den »Menschen« (2,18) und der durch Gott bestimmten Herrschaft des Mannes über sie als Strafe für die Verführung durch die Schlange (3,16) – jenes massiv patriarchale Bild von der Zweitrangigkeit der Frau hervor, das die traditionelle Theologie ausgearbeitet hat und auf das sich Frauenfeindlichkeit speziell in der Kirche bis heute beruft. Aber hat die Besonderheit, die Differenz zum allgemeinen Menschsein, wie sie sich in jedem Eigennamen ausdrückt, nicht auch etwas mit dem Beginn von Individualität zu tun?

Deutlich steht nun diesem Sprachgebrauch ein ganz anderer gegenüber. Gen 2-3 wie ein Vorzeichen vor der Klammer bestimmend, heißt es in Gen 1,27: *»Gott schuf den Adam/Menschen, ... männlich und weiblich schuf er sie«*. Und in 5,2 wird noch einmal ausdrücklich festgestellt: *»Männlich und weiblich schuf er sie ... und nannte ihren Namen ›Adam/Mensch‹, am Tage als er sie schuf«*. Das ist eine Klammer um Gen 2f., die eine deutliche Zurechtrückung und Korrektur beinhaltet. Gott selbst spricht anders von der Frau, als es in Gen 2f. geschieht.

Die historisch-kritische Exegese hat diese beiden Textgruppen fast immer verschiedenen literarischen Schichten zugewiesen und somit getrennt behandelt und bewertet. Sie sind aber doch jetzt Teil einer einzigen durchlaufenden Geschichte, die als ein Zusammenhang gelesen werden will, kann und sollte. Zumal sich ja in jedem Falle die Sachfrage stellt, spätestens im Kopf von Lesern und Auslegerinnen, wie denn nun beides zusammengehört. Dem komplexen Befund von *Namengebung und Sprachgebrauch* sei deshalb hier zu Beginn nachgegangen.

Am Anfang benennt Gott, und das gehört unmittelbar zu seinem schöpferischen Wirken. Gott *»nannte das Licht Tag, und die Finsternis nannte er Nacht«* (1,5); Gott gibt dem festen Himmelsgewölbe den Namen *»Himmel«* (1,8); Gott nennt das Trockene der Erdoberfläche *»Erde«* und das Wasser auf ihr *»Meer«* (1,10). Damit enden zunächst die göttlichen Benennungen. Alles, was diese kosmischen Grundgegebenheiten mit Leben erfüllt, Pflanzen, Gestirne und Tiere wird nicht durch Gott benannt.

[1] I. Prätorius, Androzentrismus – und wie weiter?, in: dies., Skizzen zur feministischen Ethik, 1995, 90; zum Nachweis, dass durch diese Perspektive »Frauen als Menschen ... bis heute« kaum zum theologischen Thema wurden (ebd. 88), vgl. bes. dies., Anthropologie und Frauenbild in der deutschsprachigen protestantischen Ethik seit 1949, 1993.

Das gilt zunächst auch für die Menschen, erst nachträglich, nach allen Ereignissen, von denen Kapitel 2-4 berichten, benennt er selbst sie, Frauen und Männer, nennt beide und mit Nachdruck: *»Adam/Mensch«* (5,2). Im Übrigen aber werden die Menschen instand gesetzt, selbst die Benennungen Gottes fortzusetzen. Gott bringt die Tiere zu dem Adam/Menschen, *»um zu sehen, wie er sie nennen würde«* (2,19). Und es wird ausdrücklich hinzugefügt: *»so wie der Mensch sie nennen würde ..., so soll ihr Name sein«*. Gott verzichtet damit auf seine Namengebungskompetenz zugunsten der Menschen, er übernimmt *ihre* Namen und *ihre* Begriffe, die Sprache der Menschen. Zumindest durch ihre Sprache nehmen sie also am schöpferischen Wirken Gottes teil. Allein hinsichtlich der Bezeichnungen der Menschen selbst korrigiert er sie in 5,2.

Die Benennung der Menschen durch die Menschen allerdings ist ein kompliziertes Geschehen, eine gestreckte Handlung, die in die Erzählung über Erschaffung und Entstehung der Menschenwelt und die durch die Erzählung vollzogenen Benennungen hineinverwoben ist. Weil der zuerst erschaffene Adam/Mensch (2,7) nicht länger allein sein soll, bekommt er eine Hilfe, die ihm als Gegenüber entspricht (2,18). Aus einem Teil des Adam/Menschen, der ihm im Tiefschlaf entnommen wird, *»baut«* Gott *»eine Frau und bringt sie zu dem Adam/Menschen«* (2,22). Der erkennt die Frau als engste Blutsverwandtschaft, als – im Wortsinne – seine Knochen und sein Fleisch, und benennt sie entsprechend: *»Diese soll Ischscha genannt werden, denn aus dem Isch ist diese genommen worden«* (2,23). Er gibt ihr damit die übliche Bezeichnung für »Frau« (אִשָּׁה) und weist eben damit auf ihre Herkunft und Differenz zum »Mann« (אִישׁ) hin. Das Wortspiel ist im Deutschen kaum (vgl. Luther: Männin/Mann), gut aber im Englischen (woman/man) nachzuahmen. Zum ersten Mal taucht damit die Geschlechterdifferenzierung in der Erzählung auf. Indem der *Mensch* die *Frau* benennt, muss er sich zugleich selbst, eben als *Mann* benennen. Aber nur der nächste Vers 2,24 setzt das damit begonnene Sprachspiel fort – der Mann hängt seiner Frau an und verlässt ihretwegen Vater und Mutter. Bereits in V.25 und dann praktisch durchgängig in Kapitel 3 ist die Rede vom *»Adam/Menschen und seiner Frau«*. Es ist eine problematische Erleichterung, die die wirklichen Strukturen der Erzählung verdeckt, wenn man von hier an *Adam* als Eigennamen versteht. Er ist das in der hebräischen Bibel an keiner Stelle[2], und auch die Verwendung am Beginn von Genealogien in 4,25; 5,1ff.; 1 Chr 1,1 macht ihn nicht dazu. Die Erzählung in Gen 2-3 wird vielmehr geradezu unverständlich, wenn man ihren Sprachgebrauch nicht ernst nimmt. Denn praktisch alles, was über *Adam/Mensch* erzählt wird, betrifft eben *»seine Frau«* auch, und beschränkt sich keineswegs nur auf das männliche Geschlecht. Das gilt nicht nur für vor der Erschaffung der Frau Berichtetes, wie die Tätigkeiten im Garten, (2,15), das Verbot des Baumes der Erkenntnis (2,16f.), das bekanntlich für die Frau nicht wiederholt wird, und das sie trotzdem kennt, die Kompetenz zur Namengebung und ihrer Geltung vor Gott, sondern auch für den Inhalt der Strafsprüche über den Adam/Mensch in 3,17-19: Die Härte der Arbeit auf dem verfluchten Erdboden im Schweiß des Angesichts und der Tatsache, dass der *Adam* wieder zur *Adama/Erde* zurückkehren muss, von der er einst genommen wurde (2,7), also das unausweichbare Todesgeschick, wie es sich endgültig in der Trennung vom Baum des Lebens ausdrückt (3,22.24) – all das meint Grundzüge des Menschseins, die die Frau einschließen. Was die Frau nach 3,16 als Strafe erfährt, trifft sie *zusätzlich* zu den mit ihrem Menschsein gegebenen Negativitäten. Dazu gehört mit der Schwangerschaft

---

2 Abgesehen ist dabei vom Ortsnamen Adam in Jos 3,16 bzw. Hos 6,7.

die Fähigkeit Leben hervorzubringen (vgl. V.15). Da von einer biologischen Rollenverteilung im Blick auf die Fortpflanzung vorher nicht die Rede war (auch nicht in 2,22!), entsteht sie im Sinne der Erzählung mit und in den göttlichen Setzungen von 3,15ff. Sie sind, gerade für die Frau, Strafe und Heilszusage in eins. Zwar wird mit dem Zugang zum Baum des Lebens, ewiges, dauerhaftes, durch und durch gelingendes Leben versagt, aber die Kompetenz der Frau, neues Leben hervorzubringen, bringt für das menschliche Leben dennoch Dauer, wenn auch auf andere Weise.

Diese neuen Gegebenheiten führen zu einer neuen Benennung der Frau in 3,20 mit dem Namen *Chawwa/Eva* durch den Adam/Menschen. *»Denn sie war die Mutter alles Lebenden«*. Der Kontrast zur ersten Benennung als *Ischscha/Frau* in 2,23 macht deutlich, dass dort lediglich das Nomen als Gattungsbezeichnung im Blick ist. Vor allem die Fortsetzung in 4,1 zeigt eindeutig, dass die Erzählung Eva als wirklichen Eigennamen versteht: *»Und der Adam/Mensch erkannte die Eva, seine Frau«*. Diese Verbindung von nominaler Bezeichnung und Namen macht alles klar. Der Adam/Mensch wird nun aber *nicht* neu benannt. Als Prototyp, als Symbol und Verkörperung als Menschen und der Menschheit ist er *so wenig individuell, dass ihm kein Eigenname* zusteht. Dagegen bezeichnet »Eva« als der erste Name das, was die Frau vom allgemein Menschlichen unterscheidet, er markiert die Differenz, hebt sie als die Andere hervor. Ein Vorgang, von dem alle Individualität ihren Ausgangspunkt nimmt.

Der erste *männliche Name* wird dann dem ersten Sohn der Eva gegeben. Ihr Satz: *»Ich habe einen Isch/Mann erworben mit Adonaj«* (4,1) enthält mit dem Verb קניתי eine deutliche Anspielung auf den Namen *Kain* und eine Begründung für ihn. Eva nimmt durch diese Benennung das in 2,19 dem *Adam/Menschen* gegebene Recht der Namengebung in Anspruch. Sie hat, so wird es hier mit einem Begriff gesagt, der auch Schöpfungsvorgänge bezeichnet (קנה, erwerben, schaffen)[3], einen *Isch/Mann* hervorgebracht. Sie ist daran aktiver beteiligt, als der Adam/Mensch es in seinem Tiefschlaf (תרדמה; 2,21) bei der Erschaffung der Ischscha/Frau gewesen war. Das Kind entsteht aus einer schöpferischen Kooperation von Gott und Frau. Diese erste Benennung eines Mannes bzw. eines Kindes durch die Mutter wird zwar nicht bei Abel, wohl aber dann in 4,25 bei Set wiederholt. Damit ist die im alten Israel übliche Sitte der Benennung der Kinder durch die Mutter, die allen Hörern und Leserinnen bekannt war, begründet[4]. Zwar gewinnt die Kompetenz zur Benennung von 2,19 auf Dauer für den Bereich der Menschenwelt Gestalt in Form der Namengebung durch die Mutter, doch darf man nicht übersehen, dass es in 4,26 der Mann Set ist, der seinen Sohn Enosch nennt. Vor allem im Zusammenhang von Genealogien wozu man 4,26 rechnen kann, ist das nicht ungewöhnlich, und braucht nicht als Widerspruch zur Benennung durch die Mutter gesehen zu werden, nur als Verweis auf eine andere Perspektive. Hier aber ist es sicher kein Zufall, dass einer der wichtigsten Züge des Menschseins, die kreative Sprachkompetenz der Namengebung unmittelbar nacheinander von Frau (4,25) und Mann (4,26) berichtet wird. Und daraufhin erfolgt die – andere Sprachregelungen zurechtrückende – Benennung durch Gott: Beide Geschlechter werden von ihm *Adam/Mensch* genannt (5,2).

---

3 Dazu W. H. Schmidt, Art. קנה erwerben, THAT II, 1976, 650-659; etwas anders Lipinski, Art. קנה, ThWAT VII, 1990, 63-71.

4 Vgl. – auch zum Folgenden – R. Kessler, Benennung des Kindes durch die israelitische Mutter, WuD NF, 19, 1987, 25-35.

Es ist in der Exegese seit längerem üblich geworden, die Benennungen der Tiere in 2,19f. wie dann die der Frau in 2,23; 3,20 durch den Adam/Menschen als einen *Herrschaftsakt* zu interpretieren[5]. Doch gibt es dafür, wie neuere Untersuchungen eindeutig gezeigt haben, keine überzeugenden Gründe, gerade auch nicht aus der altorientalischen Umwelt[6]. Im Gesamtgefüge der Namengebungen von Gen 1-5 sind vielmehr andere Aspekte wichtig. Das gilt nicht zuletzt auch, wenn man den Vers 4,26 sowie die rabbinische Auslegung hinzunimmt. *»Damals wurde begonnen, den Namen Jhwhs/Adonajs anzurufen«*, heißt es in 4,26. Zwar ist damit keine Namengebung gemeint, aber doch mit einem im Hebräischen eng verwandten Ausdruck eine Anrufung des Eigennamens Gottes in religiös-kultischer Verehrung, wie sie nach der Nähe des Paradieses nötig war (vgl. etwa 3,8). Die rabbinische Tradition geht erheblich weiter, und bezieht die Namengebung durch die Menschen sogar auf Gott selbst: »Nachdem Adam den Lebewesen Namen gegeben hatte, sagte der Heilige, gepriesen sei er, zu ihm: ›Und ich, was ist mein Name?‹ Er antwortete: ›Jhwh/Adonaj, Herr, weil du Herr über die Geschöpfe bist‹ ... Das ist mein Name, mit dem mich Adam, der erste Mensch benannt hat«[7]. Die Gegenseitigkeit von Gott und Mensch wird – genau wie die von Mann und Frau – durch ein System von Benennungen beschrieben; wobei zugleich die – sprachlich wie sachlich problematische – Identifikation von Mensch und Mann durch den abschließenden Vers 5,2 deutlich korrigiert wird.

II. Methodische und hermeneutische Grundlagen

Bevor dieser Versuch, ein Bild der »ersten Frau« aus dem Gesamtzusammenhang des kanonischen Textes zu gewinnen, fortgesetzt werden soll, ist kurz auf seine methodischen Voraussetzungen einzugehen. Denn er steht in deutlicher Spannung zu den meisten sich als wissenschaftlich verstehenden Auslegungen. Zwar ist die Forderung nach kanonischer, also auf den gegebenen biblischen Text, und nicht auf Teile oder rekonstruierte Vorformen bezogener Exegese heute nicht mehr neu und im Prinzip auch weithin akzeptiert. Aber gerade im Bereich der Urgeschichte liegen im Detail durchgeführte Exegesen praktisch nicht vor[8]. Nach wie vor ist vielmehr die Trennung einer priesterschriftlichen Schicht in Gen 1,1-2,4a, die dann in Kap. 5 fortgesetzt wird, von einer nicht-priesterlichen, traditionell als »jahwistisch« bezeichneten in Gen 2,4b-3,24 vorherrschend, die zunächst durch Kap. 4 fortgesetzt wird. Beide »Fäden« lassen sich dann bis (zumindest) Gen 11 weiterverfolgen. Für das Bild der Frau bedeutet die damit gegebene Sicht eine Trennung der – jedenfalls im Ergebnis eher negativen, weil in der Herrschaft des Mannes gipfelnden – Sicht von Kap. 2f. von der im Grundsätzlichen so positiven Sicht beider Geschlechter als Bild Gottes in 1,26ff., wobei die Frau bei der Korruption der zunächst »sehr guten« Welt (1,31) keine spezifische Rolle spielt.

---

5 Vgl. etwa G. v. Rad, Das erste Buch Mose. Genesis, ATD 2-4, [9]1972, 58.

6 Vgl. G. W. Ramsey, Is Name-Giving an Act of Domination in Genesis 2:23 and Elsewhere?, CBQ 50, 1988, 24-35 sowie bes. G. Büsing, Benennung in Gen 1-3 – ein Herrenrecht?, BN 73, 1994, 42-49.

7 Genesis Rabba 17,4; vgl. bes. S. Schreiner, Partner in Gottes Schöpfungswerk – Zur rabbinischen Auslegung von Gen 1,26-27, Judaica 49, 1993, 140.

8 Vgl. aber C. Dohmen, Ebenbild Gottes oder Hilfe des Mannes? Die Frau im Kontext anthropologischer Aussagen von Gen 1-3, JCSW 34, 1993, 152-164.

Inzwischen geht allerdings die Tendenz, den Text zu zerlegen und vor allem Wertungen und theologische Folgerungen auf einzelne Teile und Teilchen zu gründen, vielfach erheblich weiter, vor allem für Gen 2f.[9] So hat man etwa eine nachträglich eingefügte Erzählung von der Erschaffung der Frau rekonstruieren wollen[10]. Recht weitgehend akzeptiert ist die These, dass die Benennung der Eva in 3,20 wegen der Doppelung zu 2,23 auf eine nachträgliche Ergänzung schließen lässt[11], wobei die merkwürdige Formulierung *»Mutter allen Lebens«*, also eine Wirkung weit über die Menschen hinaus, eventuell auf eine ursprüngliche Göttin-Tradition verweise[12]. Aber ob solche Vermutungen, und mehr können es mangels anderer Quellen nicht sein, nun richtig sind oder nicht, für das Verständnis des vorliegenden Textes tragen sie nur begrenzt etwas bei. Zwar ist weder zu bezweifeln, dass eine damit verbundene Konzentration auf einzelne Facetten des Textes deren jeweiliges Profil klarer hervorgehoben hat, noch dass die beiden Hauptschichten sich sprachlich wie theologisch deutlich voneinander abheben. Solche Erträge müssen in die Interpretation des Gesamttextes eingebracht werden, ohne sie zu nivellieren; sie sollen deshalb im Folgenden zunächst umrisshaft benannt werden. Aber der vorliegende Gesamttext ist keinesfalls ein Zufallsprodukt und sicher nicht einfach Addition überlieferter Formulierungen; zu vieles verweist auf eine bewusst gestaltete Einheit. Von mehreren möglichen Entstehungsmodellen spricht am meisten für die Vorstellung, dass die priesterlichen Texte die älteren gekannt, benutzt und sie in Aufnahme und Widerspruch in sich aufgenommen haben[13]. Das Hauptargument dafür bildet die Tatsache, dass die priesterliche Schicht, liest man sie für sich allein, große Probleme macht. Die beiden Sätze: *»Gott sah an alles, was er gemacht hatte, und siehe es war sehr gut«* am Ende der Schöpfungsgeschichte (1,31) und: *»Da sah Gott die Erde an und siehe, sie war verdorben«* (6,12) am Beginn der Flutgeschichte stehen im ausschließlich priesterlichen Bereich hart nebeneinander und sind nur durch die Genealogie von Kap. 5 getrennt. Wie es von einem Zustand zum anderen kam, wäre dabei praktisch gar nicht, wird dagegen in den nichtpriesterlichen Erzählungen von Gen 2-6 eindrucksvoll geschildert. Bis ins Detail, das haben vielleicht die Hinweise auf das System der Benennungen gezeigt, sind die Erzählzüge beider Schichten aufeinander abgestimmt und ergänzen sich zu einem eindrucksvollen Bild.

Der mit der historisch-kritischen Darstellung vielfach verbundene Anspruch auf so etwas wie eine *objektive Exegese* ist auch mit der Konzentration auf einzelne Schichten und Facetten mit ihrer Reduktion von Komplexität nicht eingelöst worden. Wie massiv eigene – männliche – Maßstäbe und Wertungen zugrundegelegt und hineingelesen wurden, zeigte sich evident beim Aufkommen der feministischen Exegese, die mit ihren neuen Fragestellungen und Perspektiven die Texte in vielfacher Hinsicht ganz neu erschloss und eine große Bereicherung darstellt[14]. Allerdings blieb

---

9 Vgl. bes. C. Dohmen, Schöpfung und Fall. Die Entfaltung theologischer und anthropologischer Konzeptionen in Gen 2/3, SBB 17, 1988.

10 So C. Westermann, Genesis I, BK I/1, 1974, 260ff.

11 Westermann, a.a.O. 364; Dohmen, a.a.O. 175ff.

12 Vgl. bes. H. Schüngel-Straumann, Weibliche Dimensionen in mesopotamischen und alttestamentlichen Schöpfungsaussagen und ihre feministische Kritik, in: Der eine Gott und die Göttin. Gottesvorstellungen im biblischen Israel im Horizont feministischer Theologie, hg. v. M. Wacker u.a., ThQ 135, 1991, 49-81, bes. 53ff.

13 Vgl. bes. E. Blum, Studien zur Komposition des Pentateuch, BZAW 189, 1990, 278ff.

14 Aus der großen Fülle der Literatur sei hingewiesen auf: Ph. Trible, Eine Liebesgeschichte, die ein unglückliches Ende genommen hat, in: dies. Gott und Sexualität im Alten Testament (dt. Übers.), 1993, 89-168; H. Schüngel-Straumann, Die Frau am Anfang. Eva und die Folgen, 1989; C. Meyers, Discovering Eve. Ancient Israelite Women in Context, 1988; die Beiträge in den

gerade das Bild der ersten Frau dabei durchaus widersprüchlich und schwankend[15]. Ein Faktor dabei ist immer wieder der, dass die großen anthropologischen und theologischen Themen der Texte direkt mit den entsprechenden Fragen unserer Gegenwart verbunden werden. Das ist aber kurzschlüssig und fördert die Willkür, weil es die so andere Lebenswelt und damit die geschichtliche Distanz überspringt. Gerade für Wertungen aller Art ist es unerlässlich, die Aussagen zunächst auf das Leben damaliger Frauen zu beziehen, also sozialgeschichtlich so genau wie möglich zu fragen, was die großen Aussagen und Themen für ihren Alltag bedeutet haben.

III. Im Widerspruch zwischen Nähe und Herrschaft – Grundzüge des Frauenbildes von Gen 2f.

Gen 2f. ist nach dem Muster einer ätiologischen Sage gebaut[16]. Erzählt wird, wie und warum es aus einem ursprünglichen Zustand (Gen 2) zu den in der Gegenwart allen bekannten Zuständen (3,14-24) gekommen ist. Dabei wird mit dem Leben im Paradies ein deutliches Gegenbild zur Gegenwart entworfen. Das dort Geschilderte ist nun aber keineswegs einfach verschwunden, es ist in der Gegenwart nach wie vor vorhanden und wirksam, allerdings gebrochen und überlagert durch anderes. Man muss es für die größte theologische Leistung dieser Erzählung halten, auf diese Weise ein nachhaltiges Bild von der Zwiespältigkeit menschlicher Existenz entworfen zu haben. Das, was Gott ursprünglich wollte, und das, was der Mensch als schweres, selbst verschuldetes Schicksal tragen muss, liegen stets unauflöslich ineinander. Diese Spannung wird an einer Fülle von Themen durchgeführt. So ist Menschsein von seinem Schöpfungszweck her auf *Arbeit* angelegt, selbst unter paradiesischen Umständen soll der Garten bewahrt und bearbeitet werden (2,15); Arbeit gehört zum Menschsein und ist von daher Menschenrecht. Aber in der Gegenwart ist Arbeit immer auch lebenslange harte Plackerei auf dem verfluchten Acker (3,17-19); beides ist nicht zu trennen.

Für kein anderes Thema wird diese Zwiespältigkeit so ausdrücklich gemacht wie für das Leben der Frau: *»Nach deinem Mann steht dein Verlangen, er aber wird über dich herrschen«* (3,16). Der erste Teil des Satzes nimmt all das – jetzt aber aus der Sicht der Frau – auf, was in Kap. 2 über engste Zusammengehörigkeit und positives Aufeinanderbezogensein der Geschlechter gesagt wird. Der zweite – und das ist nun für das Verständnis entscheidend – fasst die soziale und weitgehend auch rechtliche Realität in der Gegenwart der Erzählung zusammen. Dabei entspricht das Wort *»herrschen«* (משׁל) dem, was Begriffe wie Patriarchat oder Kyriarchat aussagen. Das

---

Sammelbänden: A. Brenner (Hg.), A Feminist Companion to Genesis, The Feminist Companion to the Bible 2, 1993; P. Morris/S. Sawyer (Hg.), A Walk in the Garden. Biblical, Iconographical and Literary Images of Eden, 1992; P. A. Bird, Genesis 3 in der gegenwärtigen biblischen Forschung, JBTh 9, 1994, 3-24; B. J. Stratton, Out of Eden. Reading, Rhetoric, and Ideology in Genesis 2-3, JSOT.S 208, 1995 u.a.

15 Wichtige kritische Anfragen bes. bei D. J. A. Clines, What Does Eve Do to Help? and Other Irredeemably Androcentric Orientations in Genesis 1-3, in: Ders., What Does Eve Do to Help? and Other Readerly Questions to the Old Testament, JSOT.S 94, 1990, 25-48; P. A. Bird, »Male and Female He Created Them«: Gen 1,27b in the Context of the Priestly Account of Creation, HThR 74, 1981, 129-159.

16 Zur Begründung des Folgenden vgl. F. Crüsemann, »... er aber soll dein Herr sein« (Gen 3,16). Die Frau in der patriarchalischen Welt des Alten Testaments, in: Als Mann und Frau geschaffen. Exegetische Studien zur Rolle der Frau, Kennzeichen 2, 1978, 52-68.

Wort bezeichnet in biblischer Sprache wie in soziologischer Begrifflichkeit vor allem den Zustand von Befehl und Gehorsam, nicht unbedingt dagegen manifeste Gewalt, die im Hintergrund bleiben kann und wofür andere Begriffe näher liegen. Die Offenheit und Eindeutigkeit, mit der hier von *Herrschaft* die Rede ist, ist theologisch ebenso vorbildhaft wie ihre klare Unterscheidung von allem, was Natur oder Schöpfung entstammt; diese Herrschaft ist weder Naturrecht noch Schöpfungsordnung. Der ursprüngliche Wille Gottes zielte auf etwas ganz anderes, wollte eine *»Hilfe wie ihm gegenüber/entsprechend«* (עזר כנגדו, 2,18.20), wobei der – in keiner Weise abwertende, weil sonst meist auf das Handeln Gottes zielende[17] – Begriff der Hilfe eindeutig auf ein gleichwertiges Gegenüber festgelegt wird.

Im Blick auf das von der Erzählung entworfene Bild der Frau stellen sich nun vor allem *zwei Hauptfragen*. Die eine gilt der offenen Zwiespältigkeit bei der Darstellung der Entstehung der Frau. Der ursprünglich erschaffene eine Adam/Mensch soll nicht allein bleiben. Weil die Tiere von ihm nicht als ein wirkliches Gegenüber erkannt werden, entnimmt Gott ihm im Tiefschlaf einen Teil (צלע), um daraus die Frau zu formen. Üblich ist die Übersetzung mit »Rippe«, »sicher aber ist, wenn *ṣelāʿ* Rippe bedeutet, dann nur hier!«[18]. Näher liegt die im AT verbreitete Bedeutung »Seite«, im Sinne der Seite eines Gegenstandes wie der Lade (Ex 25,12 u. ö.) oder der Flanke eines Berges (2 Sam 16,13). Dann aber ist an so etwas wie die eine »Seite« des ursprünglichen Adam/Menschen gedacht, so etwas wie die »bessere Hälfte«. Aus diesem lebenden Material – es braucht ja nicht noch einmal belebt zu werden – »baut« Gott die Frau; sie ist also im Wortsinne »Knochen von meinem Knochen und Fleisch von meinem Fleisch«, wie Adam/Mensch mit einer mehrfach belegten Verwandtschaftsformel sagt (2,23). Offenkundig ist der Widerspruch zwischen der Intention, engste Zusammengehörigkeit und Gleichrangigkeit als Gegenbild zur Herrschaft des Mannes in der Gegenwart darzustellen einerseits, der durchgängigen Nachrangigkeit des Weiblichen als »zweites Geschlecht« im erzählten Vorgang wie in der Sprache andererseits.

Das zweite Hauptproblem liegt darin, dass das härtere Los der Frau als zusätzliche Strafe Gottes erscheint, weil die Frau durch die Schlange verführt als Erste das Verbot übertreten hat. Das ätiologische Denken, die Frage nach sagenhaften Ursachen für Gegenwartsphänomene, stößt hier deutlich an seine Grenzen. Ist denn das Opfer von Unterdrückung an diesem Zustand wirklich selbst schuld? Wäre damit die Frau letztlich doch die Ursache aller menschlichen Übel!? Und machen die Strafsprüche Gottes die Negativitäten des Menschseins wiewohl von den Menschen selbst verursacht eben doch zum Willen Gottes? Können und wollen diese Setzungen Gottes über ihre Begründung für faktische Zustände hinaus auch normative Geltung beanspruchen? Gehört also die Unterwerfung der Frau zwar nie zum ursprünglichen Gotteswillen, ist aber doch in der Gegenwart eben das?

Gerade auf diese beiden offenen Fragen fällt ganz neues Licht, wenn man sie im kanonischen Text in den sie umfassenden Rahmen der priesterschriftlichen Aussagen hineinstellt.

---

17 Vgl. R. Kessler, Die Frau als Gehilfin des Mannes? Genesis 2,18.20 und das biblische Verständnis von Hilfe, DBAT 24, 1987, 120-126.

18 H.-J. Fabry, Art. צלע, ThWAT VI, 1989, 1061.

IV. Bleibendes Ebenbild Gottes und königliche Stellung – zum Frauenbild von Gen 1

Ein spezifisches »Frauenbild« von Gen 1 und den damit verbundenen priesterlichen Texten gibt es nicht. Und gerade das ist das Erstaunliche. Der *Adam/Mensch*, der Ebenbild Gottes sein und über Erde und Tiere herrschen soll (1,26), wird von vornherein als *»männlich und weiblich«* erschaffen (1,27). Beide Geschlechter werden gesegnet, beide zur Herrschaft bestimmt (1,28), beide von ihrer Erschaffung an Adam/Mensch genannt (5,2). Alle Aussagen über Menschsein und Menschheit beziehen sich gleichermaßen auf beide Geschlechter. Man muss die Fälle, wo das nicht explizit geschieht, von hier aus interpretieren; das gilt insbesondere für 9,5f. Zweifellos setzt das priesterliche Denken, das hinter diesen Texten steht, sonst und insbesondere im engeren Bereich des Kultes die übliche patriarchale Rollen- und Machtverteilung voraus. Man kann deshalb hier keine frühe Stimme für so etwas wie Emanzipation vermuten. Das mindert aber die Bedeutung der anthropologischen Grundaussagen am Anfang in keiner Weise, zumal es eindeutig ist, dass die Menschen bleibend, also auch nach dem Fall (vgl. 5,1.3) und nach der Flut (vgl. 9,6) uneingeschränkt und im vollen Umfang Bild Gottes sind. Vielmehr liegt hier eine Analogie zu vielen Menschenrechts- und Verfassungsbestimmungen der Neuzeit vor, die einerseits eine grundsätzliche Gleichheit der Geschlechter formulieren, dann aber in Wort wie Sache auf allen Ebenen die traditionelle Machtverteilung auch rechtlich übernehmen. Es hat bekanntlich eines langen, bis heute nicht abgeschlossenen Kampfes bedurft, das Potenzial der Grundsatzbestimmungen in die Einzelheiten der Gesetze und in die Realität des Lebens umzusetzen.

Auf die viel diskutierte Frage, was mit der Ebenbildlichkeit Gottes gemeint ist[19], braucht hier nur am Rande eingegangen zu werden, da das Geschlechterverhältnis davon nicht tangiert ist. Es gibt einen Konsens in der Forschung, der davon ausgeht, dass der Begriff »Bild Gottes« in der altorientalischen Umwelt, vor allem in Ägypten einen eindeutigen Sinn hat. Bild Gottes sind dort nicht alle Menschen, sondern nur einer, der König (bzw. die regierende Königin). So wie ein irdischer König als Zeichen seiner Macht seine Statue in einer Provinz aufstellt, so hat der Sonnengott den Pharao als sein Bild in die Welt gesetzt. Es liegt dabei ein anderer Bildbegriff vor, als wir ihn sonst kennen, denn gemeint ist keine Entsprechung in Aussehen und Gestalt, sondern eine in der Funktion, es geht um die Repräsentanz einer Macht. Die Stellung von Frauen und Männern in der Welt ist königsgleich. Der wichtigste Bereich wird direkt im Kontext genannt. Sie sollen die Tiere »unterwerfen« (רדה) und sich der Erde *»bemächtigen«* (כבשׁ; 1,26.28). Das sind viel härtere Begriffe als bloßes *»herrschen«* (משׁל), sie bezeichnen sonst durchgängig eine Machtausübung gegen den ausdrücklichen Willen der Unterworfenen und mit Einschluss von Gewalt. Das auf die Erde bezogene Wort wird in Est 7,8 für die Vergewaltigung einer Frau verwendet. Trotz der Härte ist aber das Töten und Essen von Tieren nicht eingeschlossen (1,29). Gemeint sind die Grundlagen menschlicher Kultur seit dem Neolithikum: Die Nutzung der Tiere zum Ziehen und Reiten, als Woll- und Milchlieferanten, sowie das Aufreißen der Erde für Acker- und Bergbau. Wie andere frühe

19 Dazu bes. W. Groß, Die Gottebenbildlichkeit des Menschen im Kontext der Priesterschrift, ThQ 161, 1981, 244-264; ders., Die Gottebenbildlichkeit des Menschen nach Gen 1,26.27 in der Diskussion des letzten Jahrzehnts, BN 68, 1993, 34-48.

Kulturen hält Israel damit die unvermeidliche Härte aller menschlichen Kultur für die nichtmenschliche Welt fest.

Der Begriff der Gottebenbildlichkeit lässt sich aber kaum auf diese Funktion beschränken. Vor allem die jüdische Tradition hat mit ihm die Menschen als Repräsentanten Gottes gesehen, in denen Gott gegenwärtig ist[20]. Die in unserer Gegenwart wohl wichtigste Umsetzung und Bewahrung dieses Gedankens ist der Begriff der Menschenwürde, die Basis aller Menschenrechte[21].

V. Die Ursünde – (weibliche) Verführbarkeit oder (männliche) Gewalt?

Der Griff nach der verbotenen Frucht in Gen 3 wird traditionellerweise als *die Ursünde* angesehen, als der Sündenfall, als der eine entscheidende Schritt, der die Menschen aus dem Paradies vertrieb und damit zugleich von Gott und ihrem Ursprung trennte und der Macht der Sünde auslieferte. Ist »Adams Fall« dann bei näherer Betrachtung »Evas Schuld«, wird die soziale Zweitrangigkeit der Frau, die Israel mit allen patriarchalen Gesellschaften verbindet, in theologisch ungeheurer Weise aufgeladen und legitimiert. Eine solche dogmatische Sicht ist allerdings nur durch eine erhebliche Verzerrung von Intentionen und Akzenten der Texte zu behaupten. Bereits die Paradiesgeschichte selbst setzt im Zusammenhang mit der Kaingeschichte und der Sintfluterzählung die Akzente ganz anders, erst recht gilt das für die vorliegende Verbindung mit den priesterlichen Texten. Man muss dazu den gesamten Zusammenhang von der »sehr guten« Schöpfung (1,31) bis zu ihrem völligen Verderben, dem Anlass zur Sintflut (6,12), in den Blick nehmen, ja darüber hinaus bis zu den grundlegenden Rechtsregeln nach der Flut (Gen 9) und muss nach der Rolle der Frau darin genau so fragen wie nach der von Männern.

Zunächst muss es um die Frage nach der Bedeutung der *»Erkenntnis von gut und böse«* gehen[22]. Gott hat, wie sein abschließendes Urteil über seine Schöpfung sagt, alles *»sehr gut«* gemacht (1,31). Dazu gehört nicht zuletzt, dass er erkennt: *»Es ist nicht gut, dass der Mensch allein ist«* und für Abhilfe sorgt (2,18). In diesem Zusammenhang gelesen, ist das Verbot der Erkenntnis von gut und böse eindeutig: Es untersagt, die schöpferische Fürsorge Gottes in die eigene Hand zu nehmen. Weil das *»Erkennen«* die daraus folgende Praxis einschließt, geht es hier auch, ja vor allem um die eigene Entscheidung, was für mich und dann auch für andere gut, im Sinne von nützlich und förderlich ist, um darin und in dieser Hinsicht Gott gleich zu werden (3,5.22). Im Disput mit der Schlange wird die Frau dazu gebracht, zu *»sehen«* dass es *»gut«* ist, von der Frucht zu essen (3,6) und indem sie sie nimmt, entscheidet sie faktisch, dass es jetzt *»gut«* für sie ist, solches zu tun. Die Menschen bestimmen – seit dem Paradies ist das unausweichlich – selbst, was für sie gut ist, und sie bringen damit – ebenso unausweichlich – meist höchst negative Folgen hervor. Das wird grundlegend in Gen 3 erzählt, sodann ist es bei der Entscheidung Kains zum Mord im Spiel (4,7), das wird dann grundsätzlich in den Rahmenformulierungen der nichtpriesterlichen Sintflutgeschichte formuliert: *»Jedes Gebilde der Planungen seines –*

---

20 Dazu S. Schreiner, a.a.O. (o. Anm. 7), 131-145.

21 Dazu F. Crüsemann, Menschenrechte und Tora und das Problem ihrer christlichen Rezeption, Kul 8, 1993, 121ff. = ders., Maßstab: Tora. Israels Weisung für christliche Ethik, 2003, 148-163.

22 Vgl. bes. O. H. Steck, Die Paradieserzählung. Eine Auslegung von Genesis 2,4b-3,24, BSt 60, 1970.

des menschlichen – *Herzens ist nur böse jederzeit«* (6,5; vgl. 8,21). Weder das menschliche Herz noch seine Planungen sind böse, wohl aber das, was dabei herauskommt, die Realisierungen und Wirkungen der Vorhaben. Heute im Zeichen wachsender technischer Machbarkeiten ist diese Erkenntnis nachgerade zur Evidenz gereift. Thematisiert wird mit diesen Formulierungen die anthropologisch unausweichliche Einsicht, dass nichts und niemand, auch nicht Gott selbst, den Menschen die Entscheidungen über ihr Tun abnehmen kann. Daran ändern z.B. Gebote gar nichts, denn sie müssen eben durch eigene Entscheidung realisiert werden. Es geht um das Phänomen, das in der Moderne den Namen Autonomie erhalten hat[23]. Aber mit diesem Schritt, der aus dem Garten und dem völligen Behütetsein durch Gott hinausführt, geht es zugleich um einen Reifeprozess, der mit Erwachsenwerden zu tun hat[24]. Das zeigt eindeutig der alttestamentliche Sprachgebrauch selbst. Denn mit der gleichen Redewendung der *»Erkenntnis von gut und böse«* wird mehrfach das Heranwachsen eines Kindes beschrieben (bes. Jes 7,15f.).

Die Zerstörung der sehr guten Welt folgt allerdings nicht unmittelbar aus dieser Erkenntnis. Sie ist nur *eine* der Voraussetzungen dazu, und sie ist selbst nicht die eigentliche Sünde. Fragt man, was nach den Texten die sehr gute Welt verdorben hat und weiter zerstört, und damit zugleich nach dem, was Gottes Recht und Gebot zu regeln versucht, stößt man auf das Phänomen der *Gewalt*, und diese Gewalt ist dominant männlich geprägt. Schon die sehr gute Welt enthält mit der Beherrschung von Erde und Tieren durch die menschliche Kultur ein Moment von Gewalt. Sie ist allerdings sehr begrenzt, und schließt vor allem jede Tötung von Lebewesen aus. Aber in dem Moment, wo die Menschen selbst bestimmen, was für sie jeweils gut ist, bekommt die Gewalt im Zusammenhang der Konflikte zwischen Männern neue Bedeutung. Bevor Kain den Abel erschlägt, weist Gott ihn auf den Zusammenhang hin, und dabei taucht zum ersten Mal der Begriff *»Sünde«* auf: *»Wenn du Gutes bewirkst: Erhebung. Wenn du aber nicht Gutes bewirkst: An der Tür Sünde, ein Lagerer. Zu dir steht sein Verlangen, du aber sollst ihn beherrschen«* (4,7). Wenn auch die besten Absichten negative, böse Folgen haben, und zwar für den Täter selbst, kommt das in Sicht, was Sünde heißt. Sie wird hier mit einem Dämon verglichen, der an der Tür einem Menschen auflauert und ihn anfällt. Dennoch gilt es sie zu beherrschen. Indem Kain Abel tötet, versagt er an dieser Aufgabe und unterliegt der Sünde. Schon rein begrifflich ist das, worum es zwischen Kain und Abel geht, die erste »Sünde«. Aus der Selbstbestimmung über gut und böse erwachsen zwar selbstverantwortete negative Folgen, aber keineswegs mit Notwendigkeit Verbrechen und Gewalt. Die Härten des menschlichen Lebens, selbst die Widersprüche vor allem in der weiblichen Existenz sind etwas anders als Gewalt und Tötung, wie sie mit Kain ihren Anfang nehmen und sich dann mit Lamech, dem Kainnachfahren ins Ungeheure steigern (4,23f.). Gewalt ist es, wie in Gen 6,10-13 in vielfacher Wiederholung gesagt wird, was die gute Schöpfung verdorben hat, Gewalt, die alles Fleisch ergriffen hat, die zwischen Mensch und Tier herrscht, wie im Dauerkonflikt zwischen Menschen und Schlangen (3,15), ebenso aber zwischen den Menschen. Gegen solche Gewalt war die sehr gute Schöpfung offensichtlich wehrlos. Ja, sie war sehr gut, *weil* sie dagegen wehrlos war.

---

23 Vgl. F. Crüsemann, Autonomie und Sünde, Gen 4,7 und die »jahwistische« Urgeschichte, in: W. Schottroff/W. Stegemann (Hg.), Traditionen der Befreiung, Bd. I. Methodische Zugänge, 1980, 60-77 [o. S. 44-54].

24 Dazu jetzt bes. L. M. Bechtel, Genesis 2,4b-3,24: A Myth about Human Maturation, JSOT 67, 1995, 3-26.

Es sind ebenfalls die Probleme von Gewalt und gewaltsamer Tötung die, weil nicht wieder aus der Welt zu schaffen, durch die ersten göttlichen Rechtsregeln nach der Flut eingedämmt werden sollen. Gewalt gegen Tiere wird zu Nahrungszwecken begrenzt zugestanden; nur das Blut als Träger des Lebens wird zeichenhaft dem Menschen versagt (9,2-4). Die Einwohnung des Schöpfers im Volk Israel führt dann später dazu, diese Gewalt gegen Tiere aufs Äußerste zu begrenzen; sie darf nur gegen sehr wenige Tierarten und nur unter ganz begrenzten Kautelen im kultischen Zusammenhang vollzogen werden (Lev 17), wodurch eine partielle Annäherung an die ursprüngliche Schöpfung erreicht wird. Völlig untersagt wird dagegen das Töten von Menschen, von Frauen wie Männern (Gen 9,5f.). Es ist speziell die Eigenschaft, Bild Gottes zu sein, die für alles menschliche Leben den Schutz durch eine Rechtsordnung zwingend macht.

Und Eva bzw. die Frauen? Sie treten in Gen 6,1-4 als Objekte und Opfer sexueller Gewalt in Erscheinung, in diesem Falle übermenschlicher Natur. Selbst in 9,18ff., wo es offenkundig ebenfalls, wenn auch nur andeutend beschrieben, um sexuelle Gewalt geht, vollzieht sie sich zwischen Männern. Und liest man weiter in der Genesis und darüber hinaus, bleibt das durchgängig verfolgte Thema der Gewalt fast ausschließlich ein Männerproblem. Frauen sind wie Sara in Gen 12,10ff. oder Dina in Gen 34 die Opfer. Der auf Gewalt zulaufende Konflikt zwischen Jakob und Esau steht im Gegensatz zum – sachlich ebenso harten – Streit zwischen Lea und Rahel. Man muss bis zu Erzählungen über Frauen mit männergleicher Macht weiterlesen, zu den Königinnen Isebel und Athalja etwa, um auf von Frauen geübte Gewalt zu stoßen.

Die christlich-traditionelle Konzentration auf Gen 3 als Darstellung von »Fall« und Ursünde hat die Akzente gegenüber der Bibel erheblich verschoben. In der Bibel ist es die Gewalt in ihren verschiedenen Ausformungen, die begrifflich Sünde genannt wird; ihr ist die Zerstörung der guten Schöpfung zu verdanken, sie steht im Zentrum der ersten wie dann der weiteren rechtlichen und ethischen Weisungen Gottes, und sie ist ein vor allem männliches Phänomen. Weder die Tat der Eva, der der Mann ja sofort und ohne weiteres folgt (3,6), noch die wachsende Gewalt allerdings tangieren die erste und grundlegende Bestimmung aller Menschen, der weiblichen wie der männlichen, Bild Gottes zu sein. Beide Begriffe, die in 1,26-28 dafür verwendet werden, tauchen in 5,1-3, wo es vor allem in V.3 darum geht, dass diese Eigenschaft durch die Generationen weitergegeben wird, und in 9,6, wo damit nach der Flut der besondere Schutz menschlichen Lebens begründet wird, wieder auf. Alle dogmatischen Vorstellungen, die menschliche Qualität als Bild Gottes sei durch die Sünde ganz oder teilweise verloren gegangen, sind falsch. Die mit diesem Begriff vollzogene Übertragung eines königlichen Epithetons auf alle Menschen, alle Männer und alle Frauen, schließt eine Herrschaft über diese königlichen Wesen, eine Herrschaft von Menschen über Menschen tendenziell aus. Selbst unter damaligen patriarchalen Gegebenheiten wird damit der Herrschaft des Mannes über die Frau nach Gen 3,16 eine sehr enge Grenze gesetzt.

ABRAHAM UND DIE BEWOHNER DES LANDES

Beobachtungen zum kanonischen Abrahambild

Wer ist Abraham und für was steht er? Jeder Versuch, den biblischen Abraham und seine Bedeutung zu erfassen, hängt – und das ist ebenso banal wie fundamental – davon ab, wie die Texte über ihn gelesen werden. Für die wissenschaftliche Exegese, um die es hier gehen soll, hat Gerhard von Rad bereits vor mehr als einem halben Jahrhundert gesehen, dass die Vätergeschichte eine »kunstreiche(n) und theologisch überlegte(n) Komposition« darstellt[1], doch sind konkrete Ansätze, diese Komposition wirklich in den Blick zu nehmen, erst sehr viel jüngeren Datums[2]. Von Rad selbst wie der Mainstream vor allem der deutschen Wissenschaft haben die Antwort noch nahezu ein halbes Jahrhundert lang auf der Linie gesucht, die er im Vorwort seines Genesiskommentars formuliert hat: »Nachdem wir einmal um die Verschiedenheit der Quellen wissen, können wir nicht mehr das Ganze haben, bevor wir nicht die Teile genau kennen«[3]. Solche »Teile«, um die man sich also vorgängig zu bemühen und oft nahezu ausschließlich bemüht hat, sind dabei nicht nur literarkritisch rekonstruierte Vorformen und Quellen, sondern auch die isolierten Einzelerzählungen, die am Anfang gestanden haben sollen. Nun setzt die kanonische Abrahamgeschichte mit ihrem – im Vergleich zu den klaren Kompositionen von Jakob- und Josephsgeschichte – lockerem Aufbau, ihren – angeblichen oder wirklichen – Doppelungen und Widersprüchen, ihren – unübersehbaren und unbestrittenen – diachron höchst verschiedenen Teilen, einer Interpretation als »theologisch überlegte Komposition« sicher besondere Widerstände entgegen. Immerhin liegen inzwischen überzeugende Beobachtungen zu Aufbau und Struktur des Ganzen[4], zu Orts- und Zeitstruktur[5], zur erzählerischen Verknüpfung einzelner Teile[6] und zum thematischen Zusammenhang des Ganzen[7] vor. Vorherrschend ist dabei allerdings nach wie vor die Suche nach der Verbindung von

---

1 Das erste Buch Mose. Genesis, ATD 3, 1952, 137, 12. (u. weitere) Aufl. 1987, 125.

2 Einen Überblick über den Stand der Forschung geben J. L. Ska, Essai sur la nature et la signification du cycle d'Abraham (Gn 11,27-25,11), in: A. Wénin (Hg.), Studies in the Book of Genesis. Literature, Redaction and History, BEThL CLV, 2001, 153-177; T. C. Römer, Recherches actuelles sur le cycle d'Abraham, ebd. 179-211. Dagegen gilt die Studie von H. Gese, Die Komposition der Abrahamserzählung, in: Ders., Alttestamentliche Studien, 1991, 29-51 gerade nicht der kanonischen Komposition.

3 ATD 2, 1949, 5; 12. Aufl., V.

4 Beobachtungen zu einem i. W. chiastischen Aufbau schon bei U. Cassuto, A Commentary on the Book of Genesis. Part II: From Noah to Abraham (engl. Übers.), 1964, 293ff. Vgl. weiter O. Sutherland, The Organization of the Abraham Promise Narratives, ZAW 95, 1983, 337-343; J. Rosenberg, Is there a Story of Abraham?, in: Ders., King and Kin. Political Allegory in the Hebrew Bible, 1986, 69-98; W. Vogels, Abraham et sa légende. Genèse 12,1-25,11, Lire la Bible 110, 1996, 348; T. L. Brodie, Genesis as Dialogue. A Literary, historical and theological Commentary, 2001, 209ff.

5 Bes. K. A. Deurloo, Narrative Geography in the Abraham Cycle, OTS 26, 1990, 48-62; J. P. Fokkelman, Time and and the Structure of the Abraham Cycle, OTS 25, 1989, 96-109.

6 Bes. Y. Zakovitch, Juxtaposition in the Abraham Cycle, in: D. P. Wright u.a. (Hg.), Pomegranates and Golden Bells, FS J.Milgrom, 1995, 509-524; zu den Kontextbezügen des zentralen Kapitels Gen 15 etwa K. Schmid, Erzväter und Exodus, WMANT 81, 1999, 176ff.; Römer, Recherches (o. Anm. 2), 203ff.

7 A. Abela, The Themes of the Abraham Narrative. Thematic Coherence within the Abraham Literary Unit of Genesis 11,27-25,18, Studia Editions, 1989; Vogels, Abraham (o. Anm. 4); bes. Ska, Essai (o. Anm. 2), 159ff. Nicht zugänglich war mir: M. Deroche, The Dynamics of Promise: Narrative Logic in the Abraham Story, Ph. D. McMaster, 1986.

vorgegebenen und zunächst aus sich verständlichen Elementen, die Frage nach der inneren erzählerischen Logik dagegen bleibt eher im Hintergrund.

Die folgenden Beobachtungen versuchen einer Frage nachzugehen, die sich aus dem erzählerischen Auftakt der Abrahamgeschichte, aus den ihn prägenden spannungsvollen Impulsen im Grunde notwendig und unübersehbar ergibt, wenn man nur einmal versucht, den kanonischen Text aus einer Leserperspektive heraus wahrzunehmen[8]. Man stößt dabei auf ein Problem, dem seltsamerweise bisher kaum jemals mit Nachdruck nachgegangen worden ist.

I. Abrahams Segen – und die Kanaanäer?

Der Einsatz der Abrahamgeschichte in Gen 12,1-9 entfaltet vor allem durch drei widerspruchsvolle Impulse eine Spannung, die nach einer erzählerischen Weiterführung geradezu schreit.

– Da ist einmal das auslösende Gotteswort an Abraham in 12,1-3:

> *»Geh auf dich gestellt aus deinem Land, aus deiner Verwandtschaft, aus deinem Elternhaus in das Land, das ich dich sehen lasse. 2 Ich werde dich zu einem großen Volk machen und dich segnen und deinen Namen groß machen. Werde du ein Segen! 3 Ich will segnen, die dich segnen; die dich erniedrigen, verfluche ich. In dir sollen sich segnen lassen alle Geschlechter der Erde.«*[9]

Entscheidend ist vor allem das fünfmal wiederholte Stichwort Segen. Abraham wird gesegnet und wird selbst zum Segen; am Verhalten zu ihm entscheidet sich zukünftig, wen Gott segnet und wem er flucht; an diesem Segen werden alle Geschlechter der Erde partizipieren. Zwar ist der spezielle Sinn der letzten Aussage nicht eindeutig zu bestimmen, weil die verwendete Nifalform von ברך/segnen nur noch in den Parallelen Gen 18,18; 28,14 belegt ist. Aber die anzunehmende Differenz zu den Formen des Hitp. (22,18; 26,4) und Pu. lässt weniger an ein einfaches Passiv (»gesegnet werden«) noch ein »sich mit ihm/mit seinem Namen segnen« nach dem Muster von Gen 48,20 (so wohl das Hitp. auch in Ps 72,17) denken, sondern vielleicht am ehesten an ein »sich segnen lassen«[10]. Aber nahezu unabhängig von dieser Frage ist eindeutig, dass der Segen, mit dem Abraham gesegnet wird, eine positive Wirkung für die gesamte Menschheit haben soll[11].

---

8 Dazu etwa J. Taschner, Verheißung und Erfüllung in der Jakoberzählung (Gen 25,19-33,17). Eine Analyse ihres Spannungsbogens, HBS 27, 2000, 15ff.

9 Übersetzung von Gen 12 unter Verwendung der des Deutschen Evangelischen Kirchentags Frankfurt/M 2001 (etwa: Dokumente, 2001, 117f.).

10 Zur Diskussion etwa H. Seebass, Genesis II. Vätergeschichte I (11,27-22,24), 1997, 15f.; M. L. Frettlöh, Theologie des Segens. Biblische und dogmatische Wahrnehmungen, 1998, 273ff.

11 Das gilt selbst dann, wenn man mit z.B. E. Blum, Die Komposition der Vätergeschichte, WMANT 57, 1984, 349ff. das nif. mit dem hitp. gleichsetzt und Abraham nicht als Segensmittler, sondern lediglich als »einen exemplarisch Gesegneten, der in den Segenswünschen als Paradigma« eingeführt wird (351), versteht (zur Auseinandersetzung Frettlöh, 279ff.). Weder positiv (Gen 48,20; Rt 4,11ff.) noch negativ (Jer 29,22) handelt es sich um bloße Beispiele, stets ist ein Sachzusammenhang und also zumindest eine Affizierung durch das Paradigma mit im Spiel.

– Da ist das Land Kanaan mit seinen Bewohnern (12,5f):

> *5 Abram nahm Sarai, seine Frau und Lot, seinen Brudersohn ... und sie zogen aus, um in das Land Kanaan zu gehen und sie kamen in das Land Kanaan. 6 Abram durchzog das Land bis zum Ort Sichem, bis zum Baum Morä. Und da wohnte das kanaanäische Volk im Land.*

Das Land, das ihm zunächst nur gezeigt wird, ist nicht unbewohnt. Bei seiner Ankunft wohnen bereits die Kanaanäer darin. Kanaan – das ist für die Leser der Genesis keine unbekannte, sondern eine längst eingeführte Größe. Zuerst taucht der Name als Sohn Hams in 9,18ff auf. Kanaan wird für die Tat Hams an seinem Vater Noah mit dem Fluch belegt: »*Verflucht sei Kanaan!*« Dieser Fluch macht ihn zum Sklave für Sem und Japhet (9,26f.). Vor allem aber sind dann die Fülle der kanaanäischen Völker und ihre Wohngebiete in der Völkertafel als Nachfahren Hams aufgezählt worden (10,15ff.)[12]. Mehrere dieser Größen, insbesondere die bei der Beschreibung der Wohngebiete Kanaans in 10,19 genannten Orte Sodom, Gomorra und Gerar tauchen dann in zentralen Texten der Abrahamgeschichte wieder auf.

Für die Bedeutung des Textes in der Erzählzeit ist nicht unwichtig, ob die Kanaanäer und das mit ihnen formuliert Problem nur eine Frage der Vergangenheit ist oder noch in der Gegenwart der Erzählung besteht. Schon in der rabbinischen Auslegung war strittig, ob die Kanaanäer damals »noch« im Land waren, zur Erzählzeit aber nicht mehr, oder ob der Ton darauf liegt, dass sie damals »schon« im Land waren und es in der Erzählzeit noch immer sind[13]. Das hat bei der Frage nach der (mosaischen) Autorschaft und damit der Entstehungszeit eine gewisse Rolle gespielt[14]. Das verwendete Wort אָז ist in dieser Hinsicht nicht eindeutig. Es kann einen Zeitpunkt der Vergangenheit im Gegensatz zur Gegenwart bezeichnen, »damals«, kann aber auch lediglich als »Stilmittel vor betontem Satzteil« stehen[15] (z.B. Jos 22,31). Klar ist also, dass mit אָז eine Gegebenheit in der erzählten Zeit bezeichnet ist, die Formulierung lässt aber offen, ob sie zum Zeitpunkt der Erzählzeit noch besteht.

– Da ist schließlich die Zusage eben dieses Landes an Abram bzw. seine Nachkommen (12,7):

> *7 Adonai ließ sich vor Abram sehen und sprach: »Deinen Nachkommen gebe ich dieses Land.«*

Das ist die erste Landverheißung der Bibel, und ihre Formulierung mit נתן/»geben« meint sicher ein rechtliches und faktisches Übereignen[16]. Diese erste Zusage wird in den nächsten Kapiteln gesteigert, vor allem aber zunehmend präzisiert. In 13,14ff. bezieht sie ihn selbst ein und gilt dem gesamten Land westlich des Jordan, so weit das Auge reicht; in 15,7-21 wird sie durch eine unverbrüchliche Bundesfestlegung Gottes aufs Feierlichste bestätigt und dabei werden zugleich die äußersten Grenzen und die Fülle der Vorbewohner genannt. Das ist der Beginn einer langen Kette von göttlichen

---

12 Text und Details u. S. 70f.
13 Details bei Cassuto, Genesis II (o. Anm. 4), 327f.
14 Vgl. a. B. Jacob, Das erste Buch der Tora. Genesis, 1934, 342f.
15 HALAT 26.
16 Dazu etwa E.Lipinski, Art. נתן, ThWAT V, 1986, 704f.

Zusagen des Landes; die Fülle der biblischen Landverheißungen zieht sich durch den gesamten Pentateuch hindurch und führt diesen Auftakt bestätigend fort.

Zu den vielerlei Fragen, die dieser Anfang der Abrahamgeschichte aufwirft und die Auslegung und Forschung bestimmen, gehört unabweisbar für jede unvoreingenommene LeserIn die nach der inneren Zusammengehörigkeit dieser drei Aussagen. Wie passen sie zusammen? Wie verhalten sie sich zueinander? Wie wird sich der Segen, der auf »alle Geschlechter der Erde« zielt, für das Volk auswirken, dessen bisheriges Wohngebiet dem Segensträger als Besitz zugesagt wird? Sollten ausgerechnet sie von ihm ausgeschlossen sein!? Gerade wenn die Kanaanäer von 9,18ff. her bereits unter einem Fluch stehen, ist der Frage, ob und wie sie am Segen Abrahams partizipieren, von besonderem Gewicht. Kurz: Gilt der Segen für alle auch für Kanaan? Wie gehören Segen und Landverheißung angesichts der bisherigen Landesbewohner zusammen?

Diese Fragen sind, soweit ich sehe, in der Literatur eigenartigerweise kaum jemals in aller Deutlichkeit gestellt und diskutiert worden[17]. Das verwundert, selbst wenn einige Gründe dafür auf der Hand liegen. Da ist die eingangs genannte, weitgehend historisch und literarhistorisch ausgerichtete Grundhaltung der Forschung, bei dem insbesondere Gen 14, das sich als Schlüsseltext erweisen wird, immer aus dem Zusammenhang gelöst und gesondert behandelt wurde[18]. Vor allem ist 12,1-3 weithin entweder auf die vermutete Zeit der Erzähler, etwa die Davids, bezogen oder darüber hinaus geradezu heilsgeschichtlich und eschatologisch verstanden worden, etwa als Beginn einer Gegengeschichte zu den Flüchen der Urgeschichte, christlicherseits dann auch in der Perspektive einer Fernwirkung der Verheißung von Gen 12,3, wie sie etwa in Gal 3,8 vorliegt. Die Frage dagegen, ob und wie dieser Auftakt in der weiteren Erzählung erzählerisch eingelöst wird, hat sich dabei kaum gestellt. Es ist aber im Grunde unabweisbar zu klären, ob und wie denn von diesem Segen in der weiteren Geschichte über Abraham die Rede ist. Zwar wird die Parallelverheißung eines großen Volkes durch die Geburt der Söhne bestenfalls anfangsweise realisiert, aber genau die Frage nach diesem Anfang prägt eben große Teile der Komposition. Ein Blick auf die ersten Anfänge und der auf eine weite Perspektive schließen sich also keinesfalls aus. Warum sollte das beim Segen anders sein? Ein anderer Faktor, der solche Fragen blockiert hat, könnte darin liegen, dass man, weil es (angeblich) keine Kanaanäer mehr gab, das Problem für die Zeit der Erzählung und zumal die der kanonischen Gesamterzählung für längst erledigt und also hermeneutisch irrelevant hielt. Als Auftakt einer Großerzählung aber, zu der u.a. auch das Buch Josua gehört, hat diese Frage in jedem Fall ein besonderes Gewicht. Schließlich dürfte unsere

17 Gewisse Aspekte werden angesprochen bei A. Wénin, La question de l'humain et l'unité du livre de la Genèse, in: Ders. (Hg.), Studies in the Book of Genesis. Literature, Redaction and History, BEThL CLV, 2001, 30f. Wo die Frage explizit gestellt wird, wird sie tendenziell rasch negativ beantwortet: »This promise [Gen 12,7] can only be described as good news for Hebrews but bad news for Canaanites. With blessings like this, who needs curses?«, deshalb gilt: »... the best way to receive this famous Abrahamic blessing is to keep out of the way of the Abrahamic family as far as possible.« So D. J. A. Clines, What Happens in Genesis?, in: Ders., What Does Eve Do to Help? And Other Readerly Questions to the Old Testament, JSOT.S 94, 1990, 56f.; vgl. L. A. Turner, Announcements of Plot in Genesis, JSOT.S 96, 1990, 105; Brodie, Genesis (o. S. 4 217.227. Abela sieht den Segen für die Kanaanäer erst ab Kap. 19 wirksam werden (Themes [o. Anm. 7], 79; vgl. 24f. zu Gen 18).

18 Nur unter Absehung von Gen 14 kann etwa, um ein Beispiel von vielen zu nennen, Blum behaupten, »dass in der ganzen von 12,1-3 eingeleiteten Abrahamgeschichte das Stichwort ›Segen‹ an keiner Stelle aufgegriffen wird« (Vätergeschichte 354).

nachhaltige Erfahrung von aktuellen Konflikten um dieses Land den exegetischen Blick mit bestimmen.

Dieser Frage also, wie sich Abraham als Verkörperung des Segens Gottes auf die von der Gabe des Landes an ihn und seine Nachkommen negativ betroffenen KanaanäerInnen auswirkt, soll im Folgenden nachgegangen werden. Sie erweist sich als ein roter Faden durch das Geflecht der Abrahamgeschichten, als wichtiger Strang ihrer Komposition.

II. Kanaanäer und andere Landesbewohner

Große Teile der Abrahamgeschichten handeln allerdings von Orten und ihren Bewohnern und Bewohnerinnen, bei denen nicht eindeutig gesagt wird und auch nicht mit letzter Sicherheit erkennbar ist, ob es sich um Kanaanäer bzw. um Teile des zugesagten Landes handelt. Deswegen ist eine vorgängige Behandlung dieser Frage unumgänglich. Diese Offenheit hängt zunächst an den Formulierungen, mit denen die Nachfahren Kanaans in Gen 10,15ff. eingeführt werden:

> *10,15 Kanaan wurde Vater von Sidon, seinem Erstgeborenen und von Het, 16 dazu des Jebusiters, des Amoriters, des Girgasiters, 17des Hewiters, des Arkiters, des Siniters, 18 des Arwaditers, des Semariters und des Hamatiters. Danach breiteten sich die Sippen der Kanaanäer aus, 19 so dass sich das Gebiet der Kanaäer erstreckt von Sidon aus, wenn du nach Gerar gehst, bis nach Gaza, wenn du nach Sodom und Gomorra und Adma und Zeboim gehst, bis nach Lescha.*

Von den hier genannten elf Namen, die zu den Kanaanäern gehören, spielen neben Kanaan selbst vor allem die Hethiter und Amoriter in den Abrahamgeschichten eine wichtige Rolle, aber in 15,21 werden auch die Jebusiter und Girgasiter genannt. Dagegen geht es bei Sidon wie bei den fünf letzten Namen um Städte, die weit im Norden jenseits des israelitischen Siedlungsgebietes liegen.

Wichtig ist aber vor allem die Beschreibung der Wohngebiete der Kanaanäer in V.19, denn die hier genannten Städte Gerar sowie Sodom und Gomorra sind Spielplätze zentraler Teile der Abrahamgeschichten, und Abrahams Beziehungen zu den Bewohnern dieser Orte sind für die hier verfolgte Frage mit entscheidend. Dieser Zusammenhang ist sicher kein Zufall, sondern ein Schlüssel für das Verständnis dieser Stelle der Völkertafel wie umgekehrt der Abrahamtraditionen[19]. Ob diese Orte aber selbst Teil des Landes Kanaan sind oder gerade außerhalb von ihm liegen, ist in der Literatur äußerst umstritten[20]. Das liegt daran, dass weder der in 10,19 verwendete

---

19 So bes. Cassuto, Genesis II, 212 (»Only by taking this fact into account are we able to understand the passage properly«); vgl. a. Jacob, Genesis 288f.

20 Vgl. etwa A. v. Selms, The Canaanites in the Book of Genesis, OTS 12, 1958, 182-213, der bes. Gerar nachdrücklich zu Kanaan zählt, Sodom wegen der Zerstörung dagegen ausschließen will. Insbes. hat Cassuto, Genesis II, 212ff. eine Zugehörigkeit im Detail zu begründen versucht. Dagegen kommt J. A. Loader, A Tale of Two Cities. Sodom and Gomorrah in the Old Testament, early Jewish and early Christian Traditions. Contributions to Biblical Exegesis and Theologie 1, 1990, 49ff. (obwohl er die Frage für das Verständnis von Gen 18f. für irrelevant hält!) zum entgegengesetzten Ergebnis, leider ohne Auseinandersetzung mit Cassuto.

Ausdruck für uns völlig eindeutig ist, noch in den entsprechenden Erzählungen darüber eindeutige Aussagen gemacht werden.

Genannt werden zunächst, wie dann auch in 10,30, ein Ausgangs- und ein Endpunkt, »*von Sidon ... bis Gaza*«, die Linie geht dann, so das übliche Verständnis, von Gaza weiter nach Osten »*bis Lescha*«, ein uns leider völlig unbekannter Ort. Zwischen Ausgangs- und Endpunkt aber steht die formelhafte Wendung בֹּאֲכָה wörtlich »dein Kommen, wenn du kommst« (inf. c.) sowie ein weiterer Ortsname mit einem die Richtung anzeigenden he-locale: »Du kommst/gehst nach ...« Es fragt sich nun, ob damit lediglich die Richtung angezeigt ist, und diese Orte selbst jenseits des bezeichneten Gebietes liegen, oder ob sie, da sie ja vor dem Endpunkt genannt werden, innerhalb des bezeichneten Gebietes liegen und deshalb zu Kanaan gehören. Auch die Parallelstellen mit derselben oder ähnlichen Formulierungen machen die Sache nicht eindeutig. So ist in 1 Kön 18,46 offenbar der Zielpunkt selbst, in Gen 25,18 aber eher ein jenseits liegendes Gebiet gemeint, mit dem nur die Richtung angegeben wird. So ist es wohl auch in Gen 13,10. Hier blickt Lot hinunter zur Jordanaue »*bis du nach Zoar kommst*«. Dabei gehört, wie sich in Gen 19,22f.30 zeigt, Zoar gerade nicht zum Jordangau selbst und ist wohl jenseits von ihm am Rand des ostjordanischen Gebirges zu suchen (vgl. a. Jes 15,5; Jer 48,34). Ähnliches dürfte für Gerar gelten, das nach allen heute diskutierten Identifikationen[21] etwas südlicher als das als Endpunkt genannte Gaza liegt. Überhaupt scheint die Sachlage für Gerar relativ eindeutig zu sein, wird doch diese Stadt von einem Philister als König regiert (26,2), der, wenn er nach Hause geht, ins Philisterland (21,32) zieht. Von Abraham heißt es zudem ausdrücklich, dass er im Philisterland wohnt (21,34). Die Philister aber sind nach Gen 10,14 ein zwar eng verwandtes, aber nicht direkt zu Kanaan gehörendes Volk. Andererseits wird gerade Gerar und seine Umgebung nach 26,3f. ausdrücklich in die Landverheißung einbezogen. Bei der Trennung von Lot schließlich weist Abram in 13,9 auf »das ganze Land hin«, und er, dem bis dahin nur vage »dieses Land« zugesagt wurde, bietet Lot an, sich seinen Teil zu wählen. Lots Blick fällt auf die Jordanebene, die also dazu gehört. Abram konnte ihm auch kaum etwas anbieten, was ihm nicht zugesagt wurde. Danach heißt es jedoch, dass Abram im Land Kanaan wohnt, Lot dagegen in der Jordanebene und ihren Städten (13,12). Doch die Jordanebene bis Zoar muss, wie sich gerade vorher in 13,10 gezeigt hat, in Abrams Blick nach Osten (13,14) und damit in die göttliche Zusage (V.15) wieder mit einbezogen sein. Unbestreitbar schließlich ist in jedem Fall, dass alle diese Orte und Gegenden von der weitausgreifenden Formulierung von 15,18 mit umfasst sind: »*vom Fluss Ägyptens bis zum großen Fluss, dem Euphrat*«.

Fasst man diesen Befund zusammen, ergibt sich ein spannungsvolles, in sich nicht völlig eindeutiges Bild. Die Orte werden zur Beschreibung Kanaans benutzt, sind also eng mit Kanaan verbunden oder bilden so etwas wie seine Grenze[22]. Sie sollen wohl im engeren Sinn nicht zu den Wohngebieten der Kanaanäer gehören, sind aber von der Landverheißung mit umfasst. Ihre Bewohner jedenfalls sind damit eindeutig Bewohner des verheißenen Landes, weshalb sich für sie die gleiche Frage nach der Einbeziehung in den Segen stellt wie für Kanaan selbst.

---

21 Außer Tell Abū Hurēra (Aharoni) kommen höchstens noch Tell eš -Šeri'a und Tell Ǧemme in Frage (s. etwa Gesenius 18. Aufl., 231). Zur Lage s. Tübinger Bibelatlas, 2001, Karte B IV 6 u.a.

22 So etwa Deurloo, Narrative Geography (o. Anm. 5), 58.

III. Bündnisse und Segen – die Landesbewohner in Gen 14-23

Im Folgenden wird ein Durchgang durch alle Texte versucht, die von Abrahams Beziehung zu Kanaanäern und den Bewohnern der angrenzenden Gebiete handeln[23].

– *Genesis 14.* Eine erste grundlegende und erstaunlich eindeutige Antwort finden die aufgeworfenen Fragen sofort in Kapitel 14. Hier geht es nach V.1f. um einen Krieg der sagenhaften Könige des Ostens, die jedenfalls den assyrisch-babylonischen Raum mit abdecken, gegen die Könige von Sodom, Gomorra, Adma und Zebojim, also die vier in 10,19 zur Beschreibung des kanaanäischen Siedlungsgebietes genannten Orte. Dazu kommt der König von Zoar, das derselben Region zugehört. Es kommt zum Krieg, und die Ostkönige schlagen mit den Refaitern, Susitern, Emitern und Horitern (14,5f.) eine Reihe von in der Genesis vorher nicht genannten Völkern. Zu den Besiegten gehören aber nach V.7 neben den Amalekitern auch die Amoriter, damit eindeutig ein Teil Kanaans (10,16). Dazu kommen schließlich die Könige der fünf genannten Städte (14,8ff.). Mit der in Sodom und Gomorra gemachten Beute an Sachen und Personen, zu denen Lot gehört, ziehen sie davon (14,12f.). Dann heißt es:

> *14,13 Und es kam ein Entflohener und meldete es Abram dem Hebräer. Der aber wohnte bei den Bäumen Mamres des Amoriters, dem Bruder von Eschkol und dem Bruder von Aner – sie waren die Bundespartner Abrams.*

Das also ist das Erste, was die Leser nach der großen Verheißung von 13,14-17 von Abram hören: Er ist mit Kanaanäern, zu denen die Amoriter ja gehören, durch einen Bund zusammengeschlossen, lebt mit und bei ihnen in einem friedlichen und rechtlich abgesicherten Zusammenhang. Dieser Bund mit Kanaan geht dem Gottesbund voran. Die Zusage des künftigen Landbesitzes hat das so wenig ausgeschlossen wie die negative Vorgeschichte Kanaans. Dabei wird der Ortsname Mamre aus 13,18 hier als Personenname verstanden. Und der Name seines Bruders Eschkol kommt wiederum als Landschaftsbezeichnung an wichtigen Stellen im Zusammenhang der Landnahme vor (Num 13,23f.; 32,9; Dtn 1,24).

Bei dem, was Abraham dann tut, wird man nicht davon absehen können, dass er mit den Kanaaäern in einem Bund zusammengeschlossen ist. Er zieht den Großkönigen nach, befreit Lot und seine Familie und bringt mit ihm die geraubten Güter und Menschen von Sodom und Gomorra zurück (V.16). Zu seiner kleinen Truppe von 318 Mann gehören auch die kanaanäischen Bundesgenossen Abrams Aner, Eschkol und Mamre (14,24) . Die Reaktion auf Abrams Rettungstat spaltet die kanaanäischen Könige. Während der König von Sodom ihm lediglich die zurückgebrachten Güter als Dank anbietet, was Abram für sich zurückweist (V.21-23), nimmt er die Gaben und vor allem den Segen des Königs Melkisedek von Salem sehr wohl entgegen (V.18-20). Beide sind von da an durch die Zahlung des Zehnten, also in gewisser Weise im Rahmen eines staatlich-religiösen Machtsystems verbunden[24]. Was immer hinter dem

[23] Es ist unumgänglich, dabei auf eine Diskussion der Details wie auf eine Auseinandersetzung mit der Literatur weitgehend zu verzichten. Zum Stand der Diskussion sei dabei auf Seebass, Genesis II (o. Anm. 10), die o. Anm. 2 genannten sowie einige neuere Arbeiten verwiesen.

[24] Der Text macht nicht eindeutig, wer wem zahlt, bzw. ob ein Subjektwechsel vorliegt oder nicht; s. zuletzt J. A. Fitzmyer, Melchizedek in the MT, LXX, and the NT, Bibl. 81, 2000, 66f. Für die hier verfolgte Frage liegt in beiden Fällen eine durch den Zehnten vollzogene Anerkennung der Stellung und Ansprüche des anderen vor; dem versucht die obige Formulierung zu entsprechen.

Namen Salem steht, wie weit er als Deckname für Jerusalem gemeint ist, dieser König ist nun eindeutig ein Kanaanäer[25]. Und dieser Kanaanäer ist »Priester des El Eljon«, und er segnet Abraham im Namen dieses Gottes. Da Abraham in seiner anschließenden Reaktion auf den König von Sodom eben diese Gottesbezeichnung aufnimmt, allerdings jetzt verbunden mit dem Tetragramm, also dem Namen des israelitischen Gottes (V.22), soll offenkundig zumindest zu diesem kanaanäischen König keine religiöse Differenz bestehen.

Abram und die Kanaäer – hier sind sie durch einen Bund zusammengeschlossen, leben friedlich miteinander und treten füreinander ein; Abram wird von einem kanaanäischen König gesegnet, der Zehnte bestätigt die (gegenseitige) Anerkennung. Im Lichte der Eingangsverheißung von 12,1-3 gelesen ist eindeutig, was hier geschieht: So realisiert sich der Segen Abrahams gerade und zuerst auch für das Volk, bei dem er als Fremdling lebt – ungeachtet aller Verheißungen auf eine zukünftige Änderung der Besitzverhältnisse am Land. Diese Zusagen Gottes lassen ein derartiges friedliches Miteinander zu, die Kanaanäer partizipieren an Segen und Gottesmacht Abrahams, er empfängt von ihnen Segen zurück.

– *Genesis 15.* Diese enge Verbindung mit den Kanaanäern wird im anschließenden Kap. 15 nicht etwa kritisiert, sondern mit einer überwältigenden Bestätigung der Verheißungen beantwortet[26]. Dabei kann sich vor allem der in V.1 am Anfang stehende Verweis auf den »Lohn« Abrams im Zusammenhang der Komposition nur auf sein Verhalten im vorangehenden Kapitel beziehen. Dem segensvollen Bund mit Kanaan antwortet Gott seinerseits, indem er in den beiden Teilen dieses Kapitels die Volkwerdung bestätigt (V.1-6) und sich durch einen feierlichen Bundesschluss auf die Landgabe an Abrahams Nachfahren unverbrüchlich festlegt (V.7-21). Im Blick auf den Umfang des verheißenen Landes wird hier in 15,18-21 die größte Erstreckung überhaupt genannt, vom Nil bis zum Euphrat soll es reichen[27], und aufgezählt werden dann zehn kanaanäische Völker mit mehr und anderen Namen als in ähnlichen Aufzählungen. Abram liegt dabei im Tiefschlaf wie Adam bei der Erschaffung der Frau – er ist an diesem Bund nur passiv, nur empfangend beteiligt.

In diesem Zustand befindet er sich nun interessanterweise auch bereits bei der Anrede Gottes in V.13ff. Das Wissen, das Gott ihm hier mitteilt, bekommt er im Schlaf. Dabei geht es um eine Art Summarium der Geschichtstheologie des Pentateuch, ja weit darüber hinaus, Jahrhunderte vorausgreifend[28]. Vierhundert Jahre Aufenthalt in Ägypten samt Exodus und Landnahme werden ins Auge gefasst. Erst am Ende dieses Zeitraums und nach allen diesen Ereignissen soll sich offenbar die Übergabe des Landes vollziehen. Offenkundig ist hier bis zu den Ereignissen unter Josua vorausgeblickt. Und als Begründung dafür heißt es: »*denn noch ist nicht voll die Schuld der Amoriter*« (15,16b). Die Amoriter mögen hier, wie üblicherweise ange-

25 Der Kontext lässt kaum ein anderes Verständnis zu. Die spätere rabbinische Tradition in Targum, Talmud etc., identifiziert ihn mit Sem, der nach der biblischen Chronologie noch leben müsste; dazu M. McNamara, Melchizedek: Genesis 14,17-20 in the Targums, in Rabbinic and Early Christian Literature, Bib.81, 2000, 1-31.

26 Zum Stand der Diskussion um Gen 15 – und speziell den intensiven Bezügen zu Gen 14 – s. K. Schmid, Erzväter (o. Anm. 6), 172ff.

27 Für ein Verständnis dieser großräumigen Zusage ist – gelesen im kanonischen Zusammenhang – zu beachten, dass keineswegs nur Israel, sondern alle Abraham-Nachfahren, also auch die Ismaeliter (Gen 25,12ff.), die Ketura-Nachfahren (25,2ff.) sowie die Edomiter (36) einbezogen sind, eventuell auch die weitere Verwandtschaft wie Lots und Labans Nachfahren (19,37f.; 31).

28 Zur Weite des Horizonts vgl. Schmid, Erzväter (o. Anm. 6), 179f.

nommen wird, für die Gesamtheit der kanaanäischen Bevölkerung stehen, vor allem aber sind sie der Teil Kanaans, mit dem Abram nach Gen 14 in einem Bund lebt. Für sie bedeutet die hier angekündigte Geschichte, dass es allein an ihnen selbst und ihrer zukünftigen Schuld hängt, wann sich für sie der Verlust des Landes vollzieht. Und dieser Zeitpunkt ist offenbar noch weit entfernt. Noch für eine mehrere Jahrhunderte umfassende Periode können sie sich des unbestrittenen Landbesitzes erfreuen. Wenn man überhaupt nach einer Begründung für diese Hinauszögerung in der Erzählung selbst fragt (und nicht nur mit der Notwendigkeit rechnet, festliegende Traditionsstücke miteinander zu verbinden), wird man gerade hier die positive Verbindung mit dem Segensträger Abram nicht übersehen können.

– *Genesis 18.* Verfolgt man allein den Strang der Abrahamgeschichten, der von den Beziehungen zu den Bewohnern des Landes seiner Fremdlingschaft (17,8) handelt, dann stößt man vor allem auf die große Fürbitte Abrahams für Sodom in 18,16-33[29]. Gott offenbart Abraham sein Vorhaben nach 18,18f. unter ausdrücklichem Bezug auf das Ziel des göttlichen Plans, den Segen für alle Geschlechter der Erde und die Praktizierung von Recht und Gerechtigkeit durch Abraham und seine Nachfahren. Die Fürbitte Abrahams, sein Ringen mit Gott um die Verhinderung des kollektiven Untergangs der bösen Städte ist damit inhaltlich genau Ausdruck dessen, wozu Gott Abraham bestimmt hat. Zwar kann er Sodom nicht retten, weil es nicht einmal zehn Gerechte in der Stadt gibt, aber zu Segen und Gerechtigkeit, wie sie sich mit ihm verbinden, gehört gerade auch ein solcher Einsatz für Bewohner einer eng mit Kanaan verbundenen Stadt.

– *Genesis 20.* Mit Gen 20 beginnt die Serie der Erzählungen, die in Gerar spielen. Wie Sodom und Gomorra auf der östlichen, spielt diese Stadt auf der westlichen Seite des judäischen Gebirges eine exemplarische Rolle. Die hier erzählte Variante der Geschichte von der Preisgabe der Ahnfrau[30] ist bekanntlich sehr viel reflektierter als die beiden anderen, es handelt sich um eine Art theologischer Lehrerzählung. Gott selbst erscheint dem fremden König im Traum (20,3ff.) und führt mit ihm ein langes theologisches Gespräch. Insbesondere die Frage Abimelechs in 20,4 »*Herr, willst du etwa ein gerechtes Volk töten?*« stellt einen deutlichen »Bezug zur Erzählung von der Verhandlung zwischen Abraham und Gott über die Vernichtung Sodoms her.«[31] Es ist offenkundig die gleiche Grundfrage, die in beiden Geschichten behandelt wird. »Ihr eigentlicher Gegenstand ist die Beschreibung des Verhältnisses von Gott und Israel zu einem fremden Herrscher.«[32] Der Satz Abrahams in V.11 stellt dabei die entscheidende Erkenntnis dar: Die Annahme, dass es keine Gottesfurcht an einem solchen Ort gibt, »muss als von Gen 20 widerlegt gelten«[33]. Damit stellen die Ereignisse in Gerar geradezu so etwas wie ein Gegenmodell zu Gen 18f. dar – sozusagen die andere Möglichkeit Kanaans oder der mit ihm engstens verbundenen Völker und Städte. Wie in Gen 14 der kanaanäische König von Salem offenbar von dem gleichen Gott redet,

---

29 Zum Komplex Gen 18f. vgl. R. I. Letellier, Day in Mamre, Night in Sodom. Abraham and Lot in Genesis 18 and 19, BIS 10, 1995; J. K. Bruckner, Implied Law in the Abraham Narrative. A Literary and Theological Analysis, JSOT.S 335, 2001, 124ff.

30 Zu den drei Versionen zuletzt M. Millard, Die Genesis als Eröffnung der Tora. Kompositions- und auslegungsgeschichtliche Annäherungen an das erste Buch Mose, WMANT 90, 2001, 314-62; zu Gen 20: Bruckner, Implied Law 171ff.

31 Millard, a.a.O. 338.

32 Millard, ebd.

33 Ebd.

der mit Abraham ist und den er mit dem Gottesnamen benennt, so liegt auch hier eine Anerkennung der Gottesfurcht des philistäischen Königs vor. Stellt man die Feststellung von 15,16, dass die Sünde der Amoriter noch nicht voll ist, derart in den kanonischen Erzählzusammenhang hinein, ist sie inhaltlich mit hohem Gewicht gefüllt. Was es mit den kanaanäischen und verwandten Völkern und ihrer Gottesbeziehung auf sich hat, wird damit höchst differenziert gesehen.

– *Genesis 21.* Die in Gen 20 begonnene Beziehung Abrahams zu Abimelech als König von Gerar wird in Kap. 21,22ff. (und dann in Gen 26) fortgesetzt. Abimelech kommt mit seinem Heerführer zu Abraham, der sich in Beerscheba aufhält. Abimelech hat, wie er in 21,22 sagt, erkannt, dass Gott mit Abraham ist, im Grunde sieht er der Sache nach, dass sich an ihm und dem Verhalten zu ihm der Segen Gottes entscheidet (12,3). Auf dieser Basis schließen die beiden bei Beerscheba einen Bund miteinander (21,27.32), wie ausdrücklich zweimal betont berichtet wird. Unabhängig von der Frage der Zugehörigkeit von Gerar zu Kanaan ist der Schauplatz dieses Bundes ein wichtiger Ort des verheißenen Landes und dürfte unbestreitbar zum Land Kanaan gehören[34]. Diese Passage hat für die hier verfolgte Frage geradezu modellhaften Charakter: Gerade die Anerkennung der von Gott gewollten Sonderrolle Abrahams führt dazu, dass aufkommende Konflikte um Brunnenrechte mit einem Bundesschluss und einer umfassenden gegenseitigen Anerkennung gelöst werden. Das ermöglicht ein langes friedliches Zusammenleben, welches in diesem Falle sogar mehrere Generationen Bestand hat. Denn die in Gen 26,12ff. erzählten Konflikte zwischen Isaak und den Leuten Abimelechs von Gerar enden ebenfalls mit einem Bundesschluss (26,28) und stellen eine deutliche Fortsetzung und Wiederholung der Ereignisse unter Abraham dar.

– *Genesis 23.* Kap. 23 schließlich erzählt vom Anfang des Landbesitzes im Land Kanaan. In Verhandlungen mit den Hethitern bei Hebron, also mit einem Teil Kanaans (10,15) und mitten im zugesagten Land wird die Höhle Machpela als Grabstelle für Sara käuflich erworben. In ihr werden später auch Abraham und die übrigen Väter und Mütter bestattet. Es geht also auch hier um eine auf Dauer angelegte Vereinbarung. Der ausführlich erzählte Handel wird mit allen Elementen orientalischer Höflichkeit vollzogen, die Verhandlungen sind deutlich von größtem gegenseitigem Respekt getragen, und der, wenn nicht alles täuscht, sehr hohe Kaufpreis[35] bestätigt ein Geschäft, das für beide Seiten von Nutzen ist.

Zusammenfassung: Das Bild von den Beziehungen Abrahams zu den Bewohnern des Landes, das sich ergibt, wenn man dieser Linie der Abrahamkomposition folgt, beantwortet die eingangs aufgeworfene Frage nach dem inneren Zusammenhang von universaler Segensverheißung, kanaanäischer und anderer Vorbewohnerschaft sowie der göttlichen Zusage des Landes recht eindeutig. Diese steht in keinem Widerspruch zu einem friedlichen Zusammenleben. Abraham steht mit Kanaanäern im Bund und schließt wie dann auch Isaak mit dem König von Gerar einen feierlichen Friedensbund. Abram tritt nicht nur für Lot, sondern auch für die von den östlichen Großkönigen ausgeplünderten Städte des Landes ein, er wird von einem kanaanäischen König

34 Der Negeb jedenfalls wird als Etappe des ersten Zuges Abrahams durch das Land Kanaan bereits in Gen 12,9; 13,1 genannt.

35 Vgl. schon W. Zimmerli, 1. Mose 12-25. Abraham, ZBK, 1976, 121f.

gesegnet, die beiden sind zudem durch die Zahlung des Zehnten verbunden. Abraham tritt in der Fürbitte vor Gott für eine gerechte Behandlung Sodoms ein. Er muss lernen, dass es auch in einer Stadt wie Gerar Gottesfurcht gibt, und miterleben, dass Gott selbst mit einem König des Landes im Traum verkehrt. Der Anfang des Landbesitzes schließlich vollzieht sich in Gestalt eines friedlichen Kaufvertrages mit den kanaanäischen Landbesitzern. Unter dem Dach der – wohl nicht zuletzt durch dieses Miteinander – weit hinausgeschobenen Realisierung der Verheißung werden Bündnisse geschlossen, findet ein Verkehr voller gegenseitiger Achtung und zum gegenseitigen Nutzen statt.

Die Verheißung des Landes verhindert also nicht, dass sich die Perspektive eines universalen Segens zuerst genau bei den Bewohnern des Landes auszuwirken beginnt, das Abraham von Gott gezeigt und dann – zunehmend präziser, umfangreicher und unverbrüchlicher – zugesagt wird. Der Segen von Gen 12,3 zielt keinesfalls (allein) auf eine entfernte Zukunft, sondern seine sofort beginnende Wirkung, die die Bewohner des Landes einbezieht, wird in den Abrahamgeschichten erzählerisch entfaltet.

IV. Segen für Kanaan – und die Konflikte mit ihm?

Die Texte, die von diesem positiven Miteinander erzählen, durchziehen die gesamte Komposition der Abrahamgeschichte (Kap. 12; 14; 15; 18f.; 20; 21; 23). Man wird diese Linie als *einen der beiden Hauptstränge der Gesamterzählung* bezeichnen müssen, der sich mit dem zweiten Hauptthema, der Verheißung eines zukünftigen großen Volkes (12,2), damit der Frage nach den zunächst ausbleibenden Nachkommen, sowie nach den verschiedenen, teilweise miteinander rivalisierenden Abrahamverwandten und -nachfahren (Kap. 13; 15; 16; 18; 21; 22; 24) zur Gesamtkomposition verbindet. Die These, dass es um die beiden Hauptthemen Land und Nachfahren geht[36], bestätigt sich hier, die öfter damit verbundene, dass das Thema Land eher den ersten, das Thema Nachfahren eher den zweiten Teil der Komposition beherrscht[37], ist in diesem Sinne zu korrigieren. Die beiden Hauptthemen werden am Beginn in 12,1-3 eingeführt und bestimmen vor allem die beiden Teile des zentralen Kapitels Gen 15.

Das hier entworfene Bild stellt für das Verhältnis zu den Kanaanäern in mancher Hinsicht ein deutliches Gegenbild zu dem dar, was sich aus Texten wie Ex 23,20ff.; 34,11ff.; Dtn 7 mit ihrem Verbot eines Bundes mit den Kanaanäern und dem Banngebot sowie dessen erzählerische Ausgestaltung im Josuabuch ergibt. Im Gesamterzählwerk von Gen 1 bis 2 Kön 25 bildet damit der Anfang der Volksgeschichte bei Abraham (und Isaak) ein höchst gewichtiges Gegenbild zum Umgang mit den Landesbewohnern im Zusammenhang der Landnahme. In der erzählten Zeit ist es ihm vor- und damit theologisch in gewisser Weise auch übergeordnet. Es gibt – oder gab doch – auch diese Möglichkeit eines durch Bündnisse und Segen bestimmten fruchtbaren Miteinanders – trotz, mit und unter der Zusage des gleichen Landes, die eben

36 Wenn das Thema »Segen« als eigenes drittes Thema angesehen wird (etwa Vogels, Abraham [o. Anm. 4]; Abela, Themes [o. Anm. 7]), gerät die entscheidende innere Verschränkung des Segens mit den beiden anderen Themen außer Sicht.

37 So etwa Rosenberg, Abraham (o. Anm. 4), 82; Deurloo, Narrative Geography (o. Anm. 5), 51; zuletzt bes. Ska, Cycle d'Abraham (o. Anm. 2), 159ff.

dadurch nur umso sicherer und unverbrüchlicher wird. Trotz dieser Spannung zu Teilen der Sinaitora wird Abraham bekanntlich in Texten wie 18,18f. und vor allem 26,5 bestätigt, dass er alle Gebote Gottes befolgt hat. Man wird dabei nicht zuletzt beachten müssen, dass von ihm allerdings das in den Texten des Bündnisverbots zentrale Verbot des Konnubiums mit den Landesbewohnern strikt beachtet wird. Nicht nur Gen 24,3.37 betont es im Zusammenhang der Brautwerbung für Isaak ausdrücklich, vor allem wird man auch die dreifache, also überaus stark gewichtete Erzählung vom Verrat der eigenen Frau in diesem Zusammenhang zu lesen haben: Verheißung wie Segen Gottes hängen keineswegs allein an der männlichen Linie. Beides kann sich nur über Sara und nur gemeinsam mit ihr realisieren – und Gott bewahrt sie und damit Abraham mehrfach vor den entsprechenden negativen Folgen. Darüber hinaus lassen Texte wie Gen 14 und 20 eindeutig erkennen, dass ein Bund mit den Kanaanäern nicht die von Texten wie Ex 22,23; 34,12; Dtn 7,16 befürchtete »Falle« (מוקשׁ), nämlich eine Verlockung zum Götzendienst, darstellen muss. Auch in Kanaan gibt oder gab es Gottesfurcht und die Verehrung des Himmelsgottes. Theologisch wird damit das strikte Bündnisverbot von Dtn 7 par differenziert: Für die Fragen ehelicher Verbindungen bleibt es in Kraft, für die Möglichkeiten eines friedlichen Zusammenlebens im Land dagegen sind Bündnisse möglich[38].

Entscheidend für eine theologische Bewertung ist aber natürlich die Frage nach der intendierten Relevanz für die Gegenwart, für die es entworfen worden ist. Handelt es sich bei diesen Verhältnissen nicht um eine grundsätzlich vergangene Situation, die nicht wiederholbar und durch die späteren Gebote wie durch den Vorgang der Eroberung des Landes grundsätzlich überholt ist? Nun wird man gerade für eine Frage von solchem Gewicht die ätiologischen von den paradigmatischen Aspekten derartiger Geschichtserzählungen nicht trennen und beides nicht gegeneinander ausspielen können und dürfen. Man wird vielmehr prinzipiell bei einem Werk wie dem Pentateuch oder der Gesamterzählung Gen-2 Kön davon ausgehen müssen, dass alle Teile immer auch unmittelbar zur Gegenwart und auf sie hin erzählt sind, wenn auch sicher auf sehr unterschiedliche Weise. Welche Relevanz diesem Bild Abrahams in der Zeit zukam, für die die Gesamtkomposition, wie auch bereits ihre entscheidenden Pfeiler Gen 12,1-3 und 14, unbestreitbar entworfen wurde, nämlich der nachexilischen[39], kann hier nur sehr grob in Gestalt einer kurzen Skizze zur Sprache kommen. Ich konzentriere mich dabei auf die hermeneutisch offene Situation, in die Leser und Leserinnen geraten, wenn man die zusammenhängende Großerzählung von Genesis bis 2 Könige auf die Frage nach dem Land und dem Umgang mit den Bewohnern des Landes hin liest.

Ausgangspunkt für eine solche Betrachtung kann die Frage sein, ob es eine erzählerische Vermittlung zwischen dem positiven Bild des Anfangs und dem negativen der Landnahmetexte gibt. Wo kippt die zunächst so segensreiche Beziehung zu den Kanaaäern in eine des Fluchs um? Entscheidend dafür dürfte der erste massive Konflikt mit der kanaanäischen Bevölkerung sein, zu dem es in Gen 34 kommt. Hier vergewaltigt der Sohn des zu den Hewitern und damit zu Kanaan (vgl. Gen 10,17)

---

38 Man wird von diesen Bezügen im literarischen Großzusammenhang her die These, in Gen 12-50 gäbe es »keine Hinweise darauf, dass dieser Komplex von vornherein in einen größeren Zusammenhang gehört« (Schmid, Erzväter, 105), noch einmal kritisch aufrollen müssen.

39 S. zu diesem Konsens der neueren Forschung Ska, Cycle d'Abraham (o. Anm. 2), 174ff.; Römer, Recherches (o. Anm. 2),186f. Dass demgemäß hier auch seine eigentliche »Historizität« liegt, betont zurecht D. Nocquet, Abraham ou le »Père adopté«: Ou se cache l'historicité d'Abraham?, CBFV 36, 1997, 35-53.

gehörenden Stadtfürsten von Sichem Dina, die Tochter Jakobs. Als er dann, wie es die Tora will, die Ehe mit ihr anbietet (34,8; vgl. Dtn 22,28f.), verbindet er diese Ehe mit dem Angebot eines allgemeinen Konnubiums (Gen 34,9), das der Jakobfamilie gesicherten Aufenthalt im Land, ja Landbesitz bringen würde (V.9.21). Geplant wird also ein Zusammenschluss beider zu *einem* Volk (V.16.22). Doch beruht die Vereinbarung auf Täuschung. Simeon und Levi bestehen auf der Beschneidung der Kanaanäer und nutzen die durch das Fieber entstandene Schwäche der Gegner aus, um die gesamte männliche Bevölkerung zu töten (V.25f.) und Frauen und Kinder samt dem gesamten Besitz zu rauben. Jakob und die Seinen müssen Stadt und Region fluchtartig verlassen; die zu erwartende Rache droht mit einer Vertilgung der Jakobfamilie zu enden (34,30)[40]. Unmittelbar anschließend findet sich zum ersten Mal im Pentateuch das Motiv der Beseitigung fremder Götter und ihrer Bilder (35,1ff.). Das wiederum führt zu einem Gottesschrecken, der die Rache der Kanaanäer verhindert (35,5). In Sprache und Sache sind hier auf einmal alle Elemente des Konfliktes mit den Landesbewohnern vorhanden, die Verbote von Bündnissen und ehelichen Verbindungen mit dem Ziel, Götzendienst zu verhindern, wie sie dann die Texte über Banngebot und Landnahme entfalten. Hier hat sich offenkundig auf der Erzählebene ein Umschlag ereignet, der die weitere Geschichte entscheidend mitprägt[41]. Und die Folgen sind auch für Israel massiv: Die Stämme Simeon und Levi, die mit Täuschung und Massaker die Steigerung der Gewalt zu verantworten haben, werden deswegen von Jakob verflucht und als eigene Größen geradezu aufgelöst (Gen 49,5ff.)[42]. Der Konflikt stellt so zumindest Teile des Gottesvolkes selbst in Frage.

Das negative Bild Kanaans und seines Götzendienstes dominiert dann vor allem in einer Reihe von Texten der Tora (Lev 18) und kulminiert in den Anweisungen von Dtn 7 zum Vollzug des Bannes an den dort genannten sieben Völkern – wobei deutlich im Hintergrund die Bedrohung Israels mit dem gleichen Schicksal steht, wenn die kanaanäischen Götzen verehrt werden (7,25f.). Die Landnahmeerzählung des Josuabuches ist bekanntlich nach dem hier vorgegebenen Muster gestaltet. Allerdings ist damit die Geschichte der Beziehungen zu des Kanaanäern keineswegs zu Ende. Der Bann wird ja gerade nicht vollständig vollzogen, sondern, wie dann insbesondere am Beginn des Richterbuches konstatiert wird (Ri 1; 3,1ff.; 4f.), wesentliche Teile des Landes bleiben von ihnen bewohnt. Das damit gegebene Neben- und Miteinander bestimmt die weitere Geschichte. Zwar werden nach 1 Kön 9,16 keine Kanaanäer mehr erwähnt[43], doch teilen Texte wie 2 Sam 24,7; 1 Kön 9,16 wie nebenbei mit, dass Städte mitten im israelitischen Siedlungsgebiet von Kanaanäern bewohnt werden. Vor allem verfolgen die Königsbücher in vielfältiger Form, wie Israel den Göttern Kanaans anhängt. Speziell bei Manasse wird, im Zusammenhang des endgültigen Gerichtsbeschlusses Gottes, ausdrücklich mitgeteilt, dass er die Sünden der Völker tut, die Gott vor Israel vertrieben hat (2 Kön 21,2). Die Sünde Israels und seiner Könige, die schließlich zum totalen Verlust des Landes führt, wie er am Ende von 2 Kön 25 geschildert wird, besteht im Kern in einem Leben in der Nachfolge Kanaans. Nicht

---

40 Dafür, dass sich die immer wieder als »schwierig« oder »sperrig« (Blum, Vätergeschichte 222) bezeichnete Erzählung von Gen 34 erst von einer solchen Interpretation im literarischen Großkontext her wirklich erschließt, spricht zwar viel, bedarf aber auch näherer Begründung.

41 Dazu dürfte gehören, dass die eheliche Verbindung Judas mit einer Kanaanäerin in Kap 38, ohne dass Gründe und Zusammenhänge expliziert werden, zum Tod mehrerer seiner Söhne führt.

42 Zu diesem Zusammenhang s. J.-D. Macchi, Israël et ses tribus selon Genèse 49, OBO 171, 1999, 54ff.

43 Immerhin aber ist der falsche Prophet Zedekia in 1 Kön 22,11.24 ein »Sohn Kanaans«.

nur die Kanaanäer haben das Land verloren, weil sich – mit Gen 15,16 gesprochen – ihre Schuld erfüllt hat, sondern Israel hat am Ende des großen Erzählwerkes von Genesis bis 2 Könige aus vergleichbaren Gründen das gleiche Schicksal erlitten.

Die Frage nach der Zukunft und damit dem Weitergehen der mit Abraham begonnen und mit dem Beginn des Exils zunächst beendeten Geschichte Gottes, wie sie sich am Ende des Geschichtswerks stellt, markiert zugleich ganz grundsätzlich den hermeneutischen Ort, auf den hin alle seine Teile zu lesen sind. Die Frage, welches der so unterschiedlichen Modelle des Verhaltens zu den Landesbewohnern in der Gegenwart Geltung beanspruchen und die Zukunft bestimmen kann, ist damit prinzipiell offen. Fest stehen nur die Gebote der Tora und die großen Verheißungen Gottes. Bei diesen ist aber die Zusage des Landbesitzes ebenso wichtig wie die eines Segens, an dem alle Geschlechter der Erde partizipieren sollen – gerade auch die, mit denen man im Lande zusammen lebt.

Vielleicht kommt von hier aus zuletzt ein wichtiger Aspekt der Unentschiedenheit in Sicht, in der die Zugehörigkeit sowohl von Sodom und Gomorra wie von Gerar zum Land Kanaan und den kanaanäischen Völkern in Gen 10,19 wie den entsprechenden Abrahamgeschichten gehalten wird. Das negative Modell des auch durch Abrahams Fürbitte nicht zu rettenden Sodom, und das positive der heidnischen Stadt Gerar, in der Gottesfurcht herrscht und mit der Israel Friedensbündnisse schließen kann, stehen nebeneinander. Beide liegen im verheißenen Land, bei beiden aber bleibt letztlich offen, ob und wie weit sie zu den sieben kanaanäischen Völkern gehören, für die allein die strikten Bündnisverbote und das Banngebot von Dtn 7 formuliert sind. Gerade deshalb können diese Texte ein Modell bieten, wie trotz und unter der göttlichen Landzusage auch die anderen Bewohner des Landes an dem in Abraham verkörperten Segen teilhaben können. Eben darin dürfte ein wichtiger Teil der Bedeutung des biblischen Abraham liegen – auch und gerade für heute und die Zukunft des Landes und aller seiner Bewohner.

Herrschaft, Schuld und Versöhnung

Der Beitrag der Jakobgeschichte der Genesis zur politischen Ethik

Konflikte zwischen Bruder- und Nachbarvölkern sind manchmal besonders grausam. Das gilt für unsere Tage wie für die alttestamentliche Zeit. Die zur eigenen Identität nötig erscheinende Abgrenzung kann erschreckende Formen annehmen. Mit Edom jedenfalls, dem Zwillingsvolk, zu dem also von der Herkunft her größte, fast ununterscheidbare Nähe bestand, hat Israel eine lange, von Blut und Hass geprägte Geschichte gehabt.[1] Die höhnische Beteiligung von Edomitern an der Zerstörung Jerusalems und der Exilierung des Gottesvolkes hat einen jahrhundertelangen Edomhass ausgelöst[2], dem mit die grausamsten Texte des Alten Testaments entstammen (Ps 137; Jes 63). Am Ende wird Edom zum Symbolnamen für alle feindlichen und zerstörerischen Weltmächte. Aber das ist nur die jüngere und bekanntere Fortsetzung einer älteren und ebenso grausamen Geschichte. Von David und Joab wird überliefert, dass sie 12 000 bzw. 18 000 Edomiter abgeschlachtet haben (Ps 60,2; 2 Sam 8,13 cj mit 1 Chr 18,12), nicht nur bei den damaligen Bevölkerungsgrößen eine ungeheuerliche Zahl. Und noch näher an Völkermord rückt die Nachricht, dass Joab die gesamte männliche Bevölkerung Edoms liquidiert habe (1 Kön 11,15f.), wohl nach einem Aufstand. Er ging damit weiter, als es der Pharao des Exodus an den Israeliten tat oder Herodes in Bethlehem. Was immer an solchen Nachrichten historisch sein mag, die Tatsache, dass sie überliefert wurden und im Gedächtnis der Völker haften, zeigt die Tiefe des Konfliktes.

Das ist der Hintergrund, auf dem die Erzählung der Genesis von Jakob und Esau zu lesen ist. Die Väter, von denen die Genesis erzählt, sind immer zugleich die Repräsentanten ihrer Nachkommen.[3] Geht es in der Josephgeschichte um die Herrschaft Josephs über seine Brüder, also das Problem innerstaatlicher Herrschaft und ihrer Legitimierung[4], so stehen in der Jakobgeschichte eher außenpolitische Konflikte mit den eng verwandten Völkern der Edomiter und der Aramäer im Zentrum. Insbesondere die erzählerische Hauptlinie des Jakob-Esau-Konfliktes ist dabei für ethische Aspekte des Verhaltens zu verfeindeten Nachbarvölkern unmittelbar relevant. Freilich wird diese Ethik nicht expliziert, sie liegt vielmehr allein im erzählerischen Ablauf selbst. Methodisch geht es also im Folgenden auch um Aspekte einer *narrativen Ethik* auf einem Gebiet, auf dem die Rechtstexte der Tora nur wenige und indirekte Aussagen machen.

---

1 Vgl. J. R. Bartlett, Edom and the Edomites, JSOT.S 77, 1989; M. Weippert, Edom. Studien und Materialien zur Geschichte der Edomiter auf Grund schriftlicher und archäologischer Quellen, Diss./Habil.-Schr. Tübingen 1971; ders., Remarks on the History of Settlement in Southern Jordan during the Early Iron Age, in: Studies in the History and Archaeology of Jordon, hg. v. A. Hadidi, 1982, 153-162; ders., Art. Edom und Israel, TRE IX, 1982, 291-299; E. A. Knauf, Supplementa Israelitica 13. Edom und Arabien, BN 45, 1988, 62-88; ders., Art. Edomiter, NBL, Lfg. 3, 1990, 468-471.

2 Dazu bes. U. Kellermann, Israel und Edom. Studien zum Edomhaß Israels im 6.-4. Jahrhundert v.Chr., Habil.-Schr. Münster 1975.

3 Hierzu bes. E. Blum, Die Komposition der Vätergeschichte, WMANT 57, 1984, bes. 478ff.

4 Vgl. F. Crüsemann, Der Widerstand gegen das Königtum. Die antiköniglichen Texte des Alten Testaments und der Kampf um den frühen israelischen Staat, WMANT 49, 1978, 143ff.; vgl. C. Westermann, Genesis Bd. 3, BK I/3, 1982; Blum, a.a.O., bes. 234ff.

I.

Der Konflikt zwischen Jakob und Esau beginnt bekanntlich bereits vor ihrer Geburt. Sie stoßen sich im Mutterleib, heißt es in Gen 25,22. Das verwendete Verb (רצץ *hitpo.*)[5] muss eigentlich stärker übersetzt werden: »sie misshandelten sich«. Bei der Mutter löst das geradezu ein Vernichtungsgefühl aus: »Wenn das so ist, warum gibt es mich dann?« Sie holt ein Jhwh-Orakel ein, Gott sagt zu ihr (25,23):

»Zwei Völker sind in deinem Leib,
und zwei Nationen werden sich aus deinem Schoß heraus scheiden;
eine Nation wird der anderen überlegen sein,
und der Ältere dem Jüngeren als Sklave dienen.«

Dieses Gotteswort mit eindeutig politischer Aussage steht über der ganzen weiteren Geschichte. Alles Folgende kreist um die Frage seiner Erfüllung.

Ich stelle diesem Beginn direkt das Ende gegenüber und klammere den Weg dahin zunächst aus. Als sich die Brüder nach mehr als zwanzigjähriger Trennung wieder sehen, ist es Jakob, also der jüngere, der sich verneigt (33,3), sich als Sklave des Bruders (32,19; 33,5) und Esau als seinen Herrn (32,19; 33,8) bezeichnet. Er schenkt ihm einen großen Teil seiner Habe als Sühnegeschenk (32,14ff. 21), bittet ihn, mit der Gabe »meinen Segen« (ברכתי; 33,11) anzunehmen. Esau, der ihm entgegenläuft, ihn umarmt und küsst (33,4), erscheint ihm wie das Angesicht Gottes selbst (33,10). Der Versöhnung der beiden folgt die friedliche Trennung in ein je eigenes Gebiet (33,12ff.). Kurz: Keiner herrscht am Ende über den anderen, beide Brüder lebten gleichberechtigt und frei nebeneinander. Das Gotteswort ist *nicht* in Erfüllung gegangen.

Zwischen diesem Anfang und diesem Ende steht die gesamte Jakobgeschichte. Fast alle ihre Motive haben etwas mit dem Grundthema des Bruderkonfliktes zu tun. In zwei Schritten wird zunächst die im Gotteswort angekündigte Umkehrung von den Beteiligten verwirklicht. Jakob bringt seinen Bruder dazu, ihm sein Erstgeburtsrecht zu verkaufen, und nutzt spontan eine Notlage und Esaus Verachtung seiner Stellung aus, es an sich zu bringen (25,29-34). Und dann wird in c. 27 der blinde Isaak durch Betrug dazu gebracht, Jakob statt dem geliebten Esau (25,28) den Segen des Erstgeborenen zu geben. Dabei wiederholt der Vater den Spruch Gottes (27,29a):

»Völker sollen dir dienen
und Nationen sich vor dir niederwerfen.
Sei Gebieter über deine Brüder,
und niederwerfen sollen sich vor dir die Söhne deiner Mutter.«

Für den so doppelt geprellten älteren Bruder (27,36) bleibt dem Vater zwar nicht nur ein Fluch, aber ein sehr verminderter Segen[6], der sogar die Abhängigkeit wiederholt (27,40):

»Von deinem Schwert sollst du leben
und deinem Bruder als Sklave dienen.«[7]

---

[5] Vgl. H. Ringgren, Art. רצץ, ThWAT VII, 1992, 663-665.

[6] Dazu bes. I. Willi-Plein, Genesis 27 als Rebekkageschichte. Zu einem historiographischen Kunstgriff in den Vätergeschichten, ThZ 45, 1989, 315-334, 319ff.

Täuschung und Betrug wollten den Grund für die zukünftige Realisierung des göttlichen Wortes legen. Am Ende aber stehen der Mordwunsch Esaus (27,41) und die Flucht Jakobs aus dem ihm zugesagten Land.

Was dann zwischen Flucht und Wiedersehen geschieht, dient mit vielen indirekten Bezügen zum Bruderkonflikt dazu, die Peripetie verständlich zu machen. In Aram muss der Betrüger selbst Betrug erfahren[8], muss lernen, dass die Jüngere nicht der Älteren vorzuziehen ist (29,26), erkennen, dass Geschwisterrivalitäten auch auf andere Weise auszutragen sind. Am Ende des Konfliktes mit Laban steht der gegenseitig akzeptierte Grenzvertrag (31,44ff.). Vor allem sind es aber die beiden Gottesbegegnungen nach der Flucht (28,10ff.) und vor der Wiederbegegnung (32,22ff.), die ganz neue Akzente setzen. Im Bethel-Traum wird zwar die Segensverheißung erneuert, aber von Herrschaft über den Bruder ist keine Rede. Und aus dem nächtlichen Kampf am Jabbok, dem Ringen auf Leben und Tod, geht Jakob angeschlagen hervor (32,31). Im Angesicht Gottes (32,31) erwirbt er aufs neue Leben und Segen, aber so, dass eine Herrschaft über den Bruder, der ja das Angesicht Gottes trägt (33,10), nicht mehr denkbar ist.

II.

Die politischen Aspekte der Jakob-Esau-Geschichte sind in der bisherigen Forschung kaum jemals auf *das Ganze* der Komposition ausgedehnt worden.[9] In den meisten Kommentaren beispielsweise werden die expliziten Aussagen von Gottesorakel und Vatersegen gesehen und auf die Überlegenheit Israels speziell in der Davidzeit bezogen. Die in 27,40b angedeutete Möglichkeit, dass Edom-Esau das »Joch« des Bruders wieder abwerfen kann, wird mit der in 2 Kön 8,20-22 berichteten Befreiung Edoms in der Zeit Jorams von Juda erklärt. Während also diese Aussagen von c. 25 und 27 über die Personen Jakob und Esau hinaus auf die politische Geschichte ihrer Nachfahren bezogen werden, fehlt für den Erzählschluss mit der Versöhnung der Brüder eine politische Interpretation bzw. ein Bezug zum Anfang nahezu durchgängig.

Methodisch ist damit ein Problem angeschnitten, das hier nur gestreift werden kann. Es geht um das Verhältnis von Individual- und Volksgeschichte in den Väterüberlieferungen. Ich gehe davon aus, dass bereits in den ältesten Schichten Abraham, Isaak und Jakob als Repräsentanten ganz Israels gesehen sind.[10] Eine reine Familiengeschichte ohne nationale und politische Dimensionen[11] liegt nicht vor. Das heißt nun aber andererseits nicht, dass alle Einzelzüge der Erzählungen auf das Ganze des Volkes bezogen werden könnten oder müssten. Es handelt sich *nicht* um so etwas wie Allegorien. Die Auslegung kann nicht mechanisch verfahren, sondern es ist jeweils konkret an den Texten zu begründen, was für die Welt der Nachfahren, denen ja zweifellos erzählt wird, relevant ist.

---

7 Zu v. 40b vgl. unten II. u. S. 85.

8 Hierzu zuletzt Y. Zakovitch, Through the Looking Glass: Reflections/Inversions of Genesis Stories in the Bible, Biblical Interpretation 1, 1993, 140f. unter Verweis auf GenRabba 70,19.

9 Eine Ausnahme ist Blum, a.a.O. 175ff., bes. 185f., vgl. auch J. G. Gammie, Theological Interpretation by Way of Literary and Tradition Analysis: Genesis 25-36, in: Encounter with the Text. Form and History in the Hebrew Bible, hg. v. M. J. Buss, 1979, bes. 129ff.

10 Mit Blum, a.a.O. 478ff.

11 So wird die Jakobgeschichte im Anschluss an Westermann von R. Albertz interpretiert: Die kleinen Schritte zur Versöhnung wagen – Streit und Versöhnung in den Jakob-Esau-Erzählungen Gen 25-33, in: Ders., Der Mensch als Hüter seiner Welt, 1990, 132-144.

In den meisten Kommentaren wird die faktisch behauptete Differenz zwischen nationalem Beginn und rein individuellem Ende nicht begründet. Doch ist es erkennbar vor allem die Annahme von ursprünglichen Einzelsagen, die dazu geführt hat, die Aussagen von c. 25 und 27 auf die Volksgeschichte zu beziehen, die Versöhnung in c. 32f. dagegen nicht. Blickt man aber auf die geschlossene und beziehungsreiche Komposition der Jakobgeschichte insgesamt, ist solche Argumentation unzulässig. Vor allem *B. Jacob* hat in seinem Genesiskommentar das Problem durchaus gesehen. Er bestreitet aber jeden Bezug der Aussagen des Gottesorakels wie des Vatersegens über die konkreten Personen hinaus. »Wichtig ist aber, dass רב und צעיר nicht auf *Esau* und *Jakob* gehen können, sondern nur auf die eben genannten Völker. Keiner der beiden Brüder hat dem anderen ›gedient‹«, heißt es zu 25,23[12]. Und entsprechend schreibt er zu 27,29: »Dieser Segen ist lediglich *politischer* Natur und hat nichts mit Jakob als einem Stammvater Israels zu tun. Den Patriarchen als solchen wird niemals *Herrschaft* verheißen.«[13] Aber wird das den Texten gerecht? Der in 25,23 verwendete Begriff צעיר »der Jüngere« bezeichnet gerade auch in der Genesis (19,31ff.; 29,26; 43,33; 48,14) das Verhältnis von konkreten Geschwistern, nicht von Völkern. Und in 27,29 wie in der Zusammenfassung des Segens in 27,37 steht גביר »Gebieter«. Der Begriff kommt in der Genesis sonst nur noch in der weiblichen Form vor und geht auf das persönliche Verhältnis von Sara zu ihrer Sklavin Hagar (Gen 16,8f.). Die Segenssprüche umfassen also durchgängig beides, die persönliche Beziehung der Personen und die der auf sie sich zurückführenden Völker.

Die Versöhnung in c. 33 wird zwar nicht mit explizit politischen Begriffen berichtet, sie enthält aber dennoch Züge, die im individuellen Leben der Einzelpersonen nicht aufgehen. Das gilt besonders für Gen 33,12ff. Das Ganze endet ja nicht mit der Umarmung der Brüder, sondern mit einer erneuten Trennung. Auf die Aufforderung Esaus, mit ihm zu ziehen (33,12), verweigert sich Jakob (33,13f.). Ist dabei noch die Rede von einem Besuch in Seir (V.14), so zieht Jakob stattdessen nach Sukkot und Sichem (V.17ff.). Selbst das Angebot Esaus, einige Leute zum Schutz zurückzulassen (V.15), wird von Jakob zurückgewiesen: *»Möge ich nur Gnade in deinen Augen finden«* (V.15b), lautet die eigenartige Begründung dafür. Jeder geht in sein Gebiet, keiner erhebt Ansprüche oder hat Schutzfunktion für den anderen. Dieses Ende entspricht *nicht* dem Ideal, »wenn Brüder beieinander wohnen« (Dtn 25,5; Ps 133,1). Dennoch ist es unsachgemäß, mit Coats von »strife without reconciliation« zu sprechen, also statt Versöhnung einen neuen Konflikt beginnen zu sehen[14]. Hier schimmert vielmehr deutlich das Verhältnis der beiden Völker durch: Jedes lebt in seinem Gebiet, keines herrscht über das andere, erhebt Ansprüche, benötigt oder entsendet »Schutztruppen«.

---

12 B. Jacob, Das erste Buch der Tora. Genesis, 1934, 543.

13 Jacob, a.a.O. 567.

14 So insbesondere G. W. Coats, Strife without Reconciliation – a Narrative Theme in the Jacob Traditions, in: Werden und Wachsen des Alten Testaments, FS C. Westerman, 1980, 82-106, bes.103: »What good is reconciliation if the brothers do not live together? ... The framework story ends, therefore, at the same point it begins. The brothers are separated. And the strife between them becomes permanent division.«

III.

Was die vielfältigen Probleme literarischer Schichtung und ihrer Datierung angeht, sei mit Nachdruck darauf hingewiesen, dass der Gegensatz von verheißener Herrschaft und brüderlicher Versöhnung *nicht* von der literarischen Analyse und ihren Ergebnissen abhängt. Er liegt dem gegebenen Text zugrunde und ist bei jeder Interpretation zu beachten und zu erklären. Selbst die – m. E. unwahrscheinliche – Anahme einer nachträglichen Einfügung der politischen Formulierungen in c. 25 und 27[15] hätte sich dem gleichen Problem zu stellen.

Die überzeugendste literarische Analyse ist m. E. die von E. Blum[16], der ich mich weitgehend anschließen kann. Blum spricht von einer einheitlichen »Jakoberzählung«, die in Gen 25B und 27-33 vorliegt[17]. Die gegenüber der ursprünglichen Komposition späteren Bearbeitungen sind recht eindeutig erkennbar[18]. In der ursprünglich literarisch selbständigen Jakobgeschichte sieht Blum einige ältere, vorgegebene Überlieferungen verarbeitet[19], zu denen gerade auch die »imperialen« Zusagen aus Genesis 25 und 27 gehören.

Die selbständige Jakobgeschichte datiert Blum aufgrund zahlreicher Bezüge zr Geschichte des frühen Nordreichs unter Jerobeam I[20] und sieht in ihr geradezu »eine ›Programmschrift‹ für das um seine politische Konsolidierung bemühte Nordreich«[21]. Konflikt und Versöhnung der Brüder müssten in dieser Zeit auf dem Hintergrund einer weiterbestehenden Herrschaft Israels bzw. Judas über Edom interpretiert werden. Blum, der zu den ganz wenigen gehört, die versucht haben, die gesamte Jakobgeschichte mit ihrem Gegensatz zwischen den Verheißungen aus c. 25 und 27 und der »Friedfertigkeit der Brüder« in c. 32f. politisch zu verstehen[22], meint, dass »die politisch-militärische Unterwerfung Edoms für einen Erzähler in Nordisrael ... kein Thema (mehr)« war, »so dass gleichsam aus einem potentiellen Eroberungszug (wie er 27,29.40 entspräche) die Zusage des Besuches Jakobs bei Esau werden konnte (33,12ff.)«[23]. Darüber hinaus will Blum dann die »Umkehrung der ... zugewiesenen

15 So zuletzt H.-J Boecker, 1. Mose 25,12-37, 1. Isaak und Jakob, ZBK 1. 3, 1992, 17f.44f.

16 Blum, a.a.O. 66-270.

17 Gerade in der Jakobgeschichte hat sich das Quellenmodell nicht bewährt und kann für wichtige Texte als widerlegt gelten: Zu 28,10ff. vgl. R. Rendtorff, Jakob in Bethel. Beobachtungen zum Aufbau und zur Quellenfrage in Gen 28,20-22, ZAW 94, 1982, 511-523; Blum a.a.O. 7ff.; für Kap. 27, wo die neuesten Versuche, eine Quellenscheidung durchzuführen (L. Schmidt, Jakob erschleicht sich den väterlichen Segen. Literarkritik und Redaktion von Genesis 27,1-45, ZAW 100, 1988, 159-183; H.-J. Fabry, Erst die Erstgeburt, dann der Segen. Eine Nachfrage zu Gen 27,1-45, in: Vom Sinai zum Horeb, FS E. Zenger 1989, 51-72; J. Vermeylen, Le vol de la bénédiction paternelle. Une lecture de Gen 27, in: Pentateuchal and Deuteronomistic Studies. Papers read at the XIIth IOSOT Congress Leuven 1989, 1990, 23-40) kaum überzeugen, vgl. C. Westermann, Genesis Bd. 2, BK I/2, 1981, 530f.; Blum, a.a.O. 79ff.; I. Willi-Plein, a.a.O. bes. 317f.

18 Neben den P-Anteilen Gen 25,19.20.26b; 26,34.35; 27,46-28,9. (dazu einerseits P. Weimar, Aufbau und Struktur der priesterschriftlichen Jakobgeschichte, ZAW 86, 1974, 174-203; andererseits Blum, a.a.O. 263ff.) nimmt Blum eine D-Schicht an (28,15; 31,3; 32,10-13; a.a.O. 152ff.). Zudem ist der Schauplatz der Jakob-Laban-Geschichten vom nahen ostjordanischen Gebirge in das ferne Haran verlegt worden; dieser Haran-Bearbeitung sind besonders die Ortsangaben in 27,43; 28,10 und 29,4 zu verdanken (a.a.O. 164ff.).

19 Dazu Blum, a.a.O. 190ff. Das sind bes. die beiden Erzählungen über den Bruderkonflikt in 25,29ff. und 27, die Heiligtumslegende in 28ff. und der Vertragsschluss in 31,43ff.; so a.a.O. 190ff.

20 Blum, a.a.O. 175ff.

21 A.a.O. 203, vgl. 183f.

22 A.a.O. 185.

23 A.a.O. 185.

Rollen« auf dem Hintergrund einer Auseinandersetzung mit dem »imperialen Machtanspruch« des davidischen Großreichs verstehen[24].

In dieser Interpretation kommt jedoch der Gegensatz zwischen den großen Verheißungen von Gottesspruch und Vatersegen und dem völlig andersartigen Ende nicht wirklich zum Zug. Statt auf eine zugesagte Herrschaft läuft die Hauptlinie der Erzählung auf die Versöhnung und ein friedliches Nebeneinander zu. In der von Blum angenommenen Zeit wäre das eine Forderung gegen die bestehende politische Realität. Deshalb könnte eine Datierung in eine etwas spätere Zeit näher liegen. Nach 2 Kön 8,20ff. hat sich Edom unter Joram von Juda (851/0-845/4 v.Chr.) endgültig von der Unterwerfung durch Israel bzw. Juda frei gemacht. Nimmt man dieses Ereignis als Hintergrund der Jakobgeschichte an[25], ginge es um eine Verarbeitung des Scheiterns einer als göttlich legitimiert erscheinenden Herrschaft, was ihrer Hauptlinie besser entsprechen würde. Doch kann diese Datierungsfrage hier nicht im Detail behandelt werden und braucht es letztlich auch nicht, da das, worauf es ankommt durch keine der späteren Schichten überdeckt oder konterkariert worden ist, also gerade auch in den späteren Zeiten massiven Edomhasses durchaus am Tage lag.

IV.

So soll abschließend versucht werden, die Bedeutung der Jakobgeschichte für eine Ethik des Politischen herauszuarbeiten, indem sie als literarische Einheit vor dem Hintergrund der blutigen und hasserfüllten Geschichte Israels mit dem Nachbarvolk zu lesen versucht wird.

Zunächst ist auf einen bestimmten Typ der Interpretation insbesondere von Gen 27 zu verweisen, der sich dabei als fragwürdig erweist. Im neuesten deutschsprachigen Kommentar von Boecker heißt es zu c. 27: »Der Weg der Verheißung Gottes ist nicht von der moralischen Qualität von Menschen abhängig, vielmehr verläuft dieser Weg immer wieder auch über höchst zweifelhafte Gestalten und Machenschaften, deren Bedenklichkeit das Alte Testament in keiner Weise verharmlost«[26]. Dieser Typ von Auslegung ist besonders durch G. v. Rad geprägt worden, für den in Gen 27 »mit einem Gotteshandeln gerechnet (wird), das souverän das zweideutigste Menschenhandeln unter sich verklammert und seinen Plänen einordnet. Der Schuldbefleckte wird zum Träger der Verheißung.«[27] Der Blick des Erzählers »auf das von Gott Geplante und Durchgesetzte macht ihn so gelassen gegenüber der Frage nach dem jeweiligen persönlichen Schuldanteil«[28]. Und schon zu Genesis 25 heißt es: »Letzten Endes verwirklicht sich nicht ohne eine Schuld aller Beteiligten ja doch nur das, was schon von Anfang an im Geschichtsplan Gottes feststand.«[29] Darf aber diese Theologie, die aus Gen 50,20 stammt und dort auf die Geschichte Josephs bezogen ist, ohne

---

24 Ebd.

25 Das hängt nicht zuletzt davon ob, ob man in 27,40b, das meist mit 2 Kön 8,20ff. in Verbindung gebracht wird, einen ursprünglichen Bestandteil des Esau-Segens oder aber einen nachträglichen Zusatz sieht.

26 H. J. Boecker, 1. Mose 25,12-37, 1. Isaak und Jakob, ZBK 1.3, 1992, 52. Vgl. z.B. auch J. Scharbert, Genesis 12-50, NEB, 1986, 194: »Gott lässt sich durch die Sünde der Menschen seine Pläne nicht stören. Wen Gott als Werkzeug seiner Heilspläne erwählt hat, den lässt er nicht fallen, sondern lenkt auch das Böse, das er getan hat, zum Guten.«

27 G. v. Rad, Das erste Buch Mose. Genesis, ATD 2-4, [9]1972, 225.

28 Ebd.

29 A.a.O. 214.

weiteres auf die Jakobgeschichte angewendet werden? Es ist sicher richtig, dass Israel die Schuld und Fragwürdigkeit auch seiner Größten nie verschwiegen hat, und dass es in der Gestalt Jakobs auch von seiner eigenen spricht. Aber es ist doch sehr die Frage, ob ein solches Verständnis der Jakobgeschichte gerecht wird. Der Umgang mit den Fragen von Schuld und Erwählung, von Gottes Plänen und menschlichem Handeln ist *wesentlich* differenzierter. Betrug und Hass als gegenüber den Plänen Gottes irrelevant anzusehen, versteht den Glauben in einer Weise, die letztlich auf eine »Suspendierung des Ethischen« (Kierkegaard) hinauslaufen muss.

Zunächst ist davon auszugehen, dass die endgültige Versöhnung zwischen Jakob und Esau aufgrund der großen Versöhnungsgeschenke des Schuldigen an den Betrogenen für ein politisches Verhalten zum Brudervolk unmittelbar relevant ist. Der Same Jakobs kann letztlich nicht anders handeln, als Jakob selbst es tat, das ist der Kern der politischen Botschaft. Eine solche Versöhnung mit dem Brudervolk geschieht aber nicht nur auf dem Hintergrund schulddurchtränkter Geschichte, sondern sie geschieht angesichts einer bestehenden göttlichen Verheißung, welche Jakob-Israel dauerhafte Herrschaft über Esau-Edom zugesagt hat. Die Erzählung zeigt gerade *nicht*, dass sich solches Gotteswort unabhängig von jedem menschlichen Verhalten durchsetzt. Es realisiert sich vielmehr *nicht*, und es wird gezeigt, warum es anders gekommen ist.

Die beiden Hauptfaktoren, die zu einer Versöhnung der Brüder führen, in der sich das ursprüngliche Gotteswort *nicht* erfüllt, sind die Schuld und die Verarbeitung der Schuld von Jakob selbst und von Rebekka, die er gewähren lässt. Beide versuchen, die Zusage Gottes eigenmächtig und durch fragwürdige Mittel zu verwirklichen. Eine problematische Ausnutzung momentaner Schwäche in c. 25 und direkter Betrug in c. 27 wollen das im Gottesorakel Gesagte verwirklichen, doch gerade so kann es sich nicht realisieren. Die langjährige Verarbeitung der Schuld führt dann dazu, dass weder die Mordpläne Esaus noch die Ansprüche Jakobs Realität werden. Versöhnung ist durch die Schuld *nötig* geworden, *möglich* wird sie durch Verzicht auf das Verheißene.

Aber hier ist nun zu differenzieren. Der Segen Gottes und der Segen des Vaters bleiben ja bestehen, soweit sie Reichtum und Fruchtbarkeit des Landes betreffen, nicht aber, soweit sie eine Herrschaft über den Bruder einschließen.

Die Peripetie kommt nicht nur durch Jakobs eigene Erfahrungen als Betrogener, sondern entscheidend durch seine beiden Gottesbegegnungen in Bethel und Pnuel. Dass ein Gotteswort nicht realisiert wird, dass es auch nicht einfach als Verheißung bestehen bleibt, sondern durch schuldhafte menschliche Realisierungsversuche verspielt wird, ist eine theologisch wichtige und aufregende Sache. Sie hat mit dem Gottesbegriff zu tun: Gott ist im Gespräch und ändert sich. Und sie hat sehr viel mit politischer Ethik zu tun, denn es geht ja dabei um das Problem der Herrschaft von Völkern über Völker. Die Herrschaft Israels über Edom, wie sie historisch mit David begann und bis in die Mitte des 9. Jahrhunderts bestand, dürfte zweifellos auch theologisch-prophetisch legitimiert worden sein. In 2 Sam 8,14, also bei der Eroberung Edoms, steht etwa der Satz, dass Jhwh David half (ישׁע hif.), wohin dieser auch ging. Die Jakobgeschichte ist nicht zuletzt eine Auseinandersetzung mit derartigen prophetischen Traditionen. Schuld und Schuldverarbeitung werden als Beitrag zur Versöhnung zwischen verfeindeten Brudervölkern in den Blick genommen. Verzicht auf Herrschaft selbst da, wo sie theologisch legitimiert erscheint, ist die Grundlage der

Versöhnung, und die erneute und harte Begegnung mit Gott die entscheidende Voraussetzung dazu.

Propheten

Aporiendarstellung

Der Beitrag von Jehugeschichte und Thronfolge-Erzählung zur biblischen Sicht von Gott und Geschichte[*]

זכור – »Erinnere dich! Gedenke!« – die biblische Mahnung spielt in gegenwärtigen Konflikten und Diskussionen um den Umgang mit Geschichte eine wichtige Rolle. Das gilt für das Problem von Gestalt und Ort einer zukünftigen Erinnerung an die Schoa und ihre Opfer in kommenden Generationen jenseits jeder direkten Zeitzeugenschaft. Das gilt auch für den breiten wissenschaftlichen Diskurs der letzten Jahre über das kulturelle Gedächtnis und seine Funktion für jede historische Identität. Hier hat das Buch von Yosef Hayim Yerushalmi über »Jüdische Geschichte und jüdisches Gedächtnis«, das den Titel »Zakhor« trägt[1], dazu beigetragen, den biblischen Umgang mit Geschichte und seine Bedeutung neu zu entdecken; man denke nur an die einschlägigen Arbeiten von Jan Assmann[2]. Innerhalb der alttestamentlichen Fachwissenschaft allerdings haben diese Diskurse nur wenige Spuren hinterlassen. Biblische Geschichtskultur und alttestamentliche Geschichtsschreibung stehen, wenn ich recht sehe, seit langem nicht im Zentrum unserer Wissenschaft[3]. Stark fixiert auf die vielfältigen Probleme der Textgenese sind wichtige Fragen im Zusammenhang der Funktion von Geschichtsdenken und Geschichtsschreibung selten thematisiert worden. Dabei haben sie für manche aktuelle Schwerpunkte der Forschung eine Schlüsselstellung, etwa die Frage nach dem biblischen Gottesbild und seiner Entwicklung hin zum so genannten Monotheismus.

I.

זכור – woran also soll man sich nach den einschlägigen biblischen Weisungen erinnern[4]? Worum kreisen die auf Geschichte bezogenen biblischen Texte – und sie machen die Hauptmasse des Alten Testamentes aus? Ich versuche zunächst, einige der grundlegenden Aspekte des biblischen Geschichtsverständnisses in Erinnerung zu rufen:

– *»Gedenke, dass du Sklave gewesen bist im Land Ägypten und dass Jhwh dein Gott*

---

* Vortrag am Department of Biblical Studies der Universität Sheffield am 12. Oktober 1998.

1 Zakhor, Jewish History and Jewish Memory, 1982; dt. ^{2}1996.

2 J. Assmann, Das kulturelle Gedächtnis. Schrift, Erinnerung und politische Identität in frühen Hochkulturen, 1992; ders., Die Erzählbarkeit der Welt. Bedingungen für die Entstehung von Geschichte im alten Orient, in: J. Rüsen u.a. (Hg.), Die Vielfalt der Kulturen. Erinnerung, Geschichte, Identität 4, stw 1405, 1998, 379-397.

3 Zu verweisen ist bes. auf J. van Seters, In Search of History. Historiography in the Ancient World and the Origins of Biblical History, 1983; B. Halpern, The First Historian. The Hebrew Bible and History, 1988; O. Loretz, Geschichte und Geschichtsschreibung im Alten Testament. Biblische Historik und jüdische Identität, in: FS A. Rupp, Mitteilungen zur Anthropologie und Religionsgeschichte 9, 1994, 181-220 sowie auf Sammelbände wie H. Tadmor/M. Weinfeld (Hg.), History, Historiography and Interpretation. Studies in Biblical and Cuneiform Literature, 1983; D. V. Edelman (Hg.), The Fabric of History. Text Artifact and Israel's Past, JSOT.S 127, 1991.

4 Zum Begriff und den folgenden Zitaten vgl. W. Schottroff, »Gedenken« im Alten Orient und im Alten Testament. Die Wurzel zākar im semitischen Sprachkreis, WMANT 15, 1964.

dich von dort herausgeführt hat« (Dtn 5,15). Die Mahnungen, sich an Vergangenes zu erinnern, haben einen Schwerpunkt im Deuteronomium und verwandten Texten und kreisen inhaltlich um den Exodus und Ereignisse in seinem Umfeld. Erinnert werden sollen die großen Taten Gottes. »Selbstverständlich wurzelte die Geschichtsschreibung im alten Israel in der Überzeugung, Geschichte sei Theophanie und letztlich sei die Deutung allen Geschehens in diesem Glauben zu suchen.«[5] Formales Mittel der Geschichtsdarstellung ist – vor allem im deuteronomistischen Geschichtswerk – die Spannung zwischen dem Wort Gottes und seiner Tat, zwischen Verheißung und Erfüllung, Gerichtsansage und ihrem Eintreffen.

– *»Gedenke, vergiss nicht, wie du Jhwh, deinen Gott in der Wüste erzürnt hast«* (Dtn 9,7). Doch nicht Gott allein handelt, Geschichte ist vielmehr stets Gespräch zwischen Gott und Mensch[6]. Hier führt Israel das weiter, was vor ihm im Zweistromland und bei den Hethitern an Geschichtsschreibung entstanden war. Geschichte erwächst dort »aus dem Geist des Rechts«[7], genauer der Beziehung von göttlichem und menschlichem Handeln im so genannten Tun-Ergehen-Zusammenhang. Für diese Anfänge geschichtlichen Denkens überhaupt gilt: »Im Zeichen der Schuld wird die Geschichte lesbar«[8]. In Israel ist für die Entstehung einer umfassenden Geschichtsdarstellung insbesondere die prophetische Deutung der Katastrophen Israels und Judas als Strafreaktion des eigenen, des israelitischen Gottes für unsoziales oder sonst nicht an Gott ausgerichtetes Handeln durch die Großmächte Assur und Babylon auslösend gewesen. Dabei ist menschliche Schuld in Israel nie tragisch, also mit unabwendbaren Folgen verknüpft[9]. Prägend für das Geschichtsbild ist vielmehr der Zusammenhang von Schuld und Vergebung, Versagen und Neuanfang, und damit eine stets offene Zukunft.

– *»Hüte dich, Jhwh, deinen Gott zu vergessen, so dass du seine Gebote ... nicht hältst«* (Dtn 8,11). Neben mancherart impliziter Zusammenhänge von Norm und Geschichte tritt in vielfältigen Gestalten ein expliziter. Auf die Kinderfrage nach dem Sinn von Satzungen und Rechten soll nach Dtn 6,20ff. mit dem so genannten historischen Credo geantwortet werden. Bei Noah, Abraham, Jakob und besonders am Sinai werden alle in Israel geltenden Traditionen von Recht und Ethik an bestimmten Knotenpunkten der Geschichte verankert.

– *»Ich will gedenken deines Wunders seit alters«* (Ps 77,12). Zweifellos bedeutet der israelitische Geschichtsbezug einen entscheidenden »Schritt heraus aus der zyklischen Zeit«, so dass gilt: »Geschichte und Identität gewinnen die Oberhand über Mythos und kosmische Integration«[10]. Doch zugleich tritt die Geschichte in vielen Zusammenhängen genau an die Stelle und in die Funktionen, die in den Nachbarkulturen und sonst weltweit der Mythos hat. Wenn etwa in allen Formen von Gottesdienst und Kult, bei Fest und Feier die geschichtliche Erinnerung an vergangene Heilszeiten ins Zentrum rückt, so nimmt sie damit unausweichlich sprachlich wie

5 Yerushalmi, a.a.O. 26.
6 Dazu bes. M. Buber, Geschehende Geschichte, Werke 2. Schriften zur Bibel, 1964, 1031-1036.
7 Assmann, Gedächtnis, 229ff.
8 Ebd. 243.
9 Dazu bes. J. Taubes, Zur Konjunktur des Polytheismus, in: K. H. Bohrer (Hg.), Mythos und Moderne, stw 1144, 1983, 457-470.
10 Assmann, Erzählbarkeit, 391.

sachlich Züge an, die sonst für den Mythos gelten[11]. Das Problem bekommt besonderes Gewicht, wenn heute die Geschichtswissenschaft den Mythosbegriff wiederum aufgreift und etwa für die seit dem 19. Jahrhundert das Nationalbewusstsein prägenden Geschichtstraditionen der europäischen Nationen verwendet[12].

– *»Gedenkt nicht mehr der früheren Dinge ..., siehe ich schaffe Neues!«* (Jes 43,18f.). Schließlich ist darauf zu verweisen, dass das in den israelitischen Geschichtstraditionen gefeierte Handeln des einen Gottes in Eschatologie und Apokaplyptik in die Zukunft extrapoliert wird. Spätestens seit dem Danielbuch spannt sich dadurch eine einzige Geschichtslinie von der Schöpfung über die biblische Geschichtserzählung und die eigene Gegenwart bis zum Ende der Geschichte im universalen Reich Gottes. An diesen Gesamtentwurf menschheitlicher Geschichte knüpft dann die christliche europäische Geschichtstheologie und -philosophie an[13].

Diese wenigen Sätze müssen genügen, um die Hauptlinie des alttestamentlichen Geschichtsdenkens zu charakterisieren. Ausgehend von Erfahrungen wie dem Exodus zeichnet die biblische *Religion der Erinnerung*[14] die Spuren Gottes in der Geschichte nach. Sie ist damit zutiefst orientiert an der Erfahrung von so etwas wie *Sinn*. Und sie ist das selbst noch im Negativen, da nämlich, wo sie Gewalt und Zerstörung, Leid und Ratlosigkeit, Abbruch und eine dunkle, offene Zukunft in den Blick nimmt: Der Maßstab sind auch hier die großen Taten Gottes, daraus erwachsen im Zweifel die Klagen und Fragen an Gott.

II.

Aber nun gibt es in der großen biblischen Geschichtserzählung Passagen, die sich in diese Hauptlinie *nicht* einfügen, in denen man ihre Charakterzüge *nicht* wiederfinden kann. Ich nehme als erstes Beispiel die Erzählung über den Anfang des Königs Jehu in 2 Kön 9 und 10 und versuche zunächst, ihren Duktus nachzuzeichnen. Sie setzt folgendermaßen ein[15]:

> *Der Prophet Elisa rief einen von den Söhnen der Propheten und sagte zu ihm: »Gürte deine Hüften und nimm diesen Ölkrug in deine Hand und geh nach Ramot in Gilead! Und wenn du dahin gekommen bist, dann sieh dich dort nach Jehu um, dem Sohn des Joschafat, des Sohnes Nimschis; zu dem geh hinein und lass ihn aus der Mitte seiner Brüder aufstehen und in die innerste Kammer gehen! Und nimm den Krug mit Öl und gieß es auf sein Haupt aus und sage: ›So spricht der Jhwh: Ich salbe dich hiermit zum König über Israel!‹ Dann öffne die Tür und flieh und warte nicht!«* (2 Kön 9,1-3)

---

11 Dazu bes. K. Koch, Qädäm. Heilsgeschichte als mythische Urzeit im Alten (und Neuen) Testament (1988), in: Ders., Spuren des hebräischen Denkens, Ges. Aufsätze I, 1991, 248-280.

12 Vgl. bes. M. Flacke (Hg.), Mythen der Nationen – ein europäisches Panorama. Eine Ausstellung des Deutschen Historischen Museums 1998, 1998. Vergleicht man etwa die von E. François/H. Schulze, Das emotionale Fundament der Nationen, ebd. 17-32 herausgearbeiteten typischen Züge mit dem Geschichtsbild Israels, trifft man auf erstaunlich weit reichende Parallelen.

13 Dazu K. Löwith, Weltgeschichte und Heilsgeschehen, 1953 u.ö.

14 Eine Variante von Assmanns Ausdruck »Religion als Erinnerung« (Gedächtnis, 212).

15 Übersetzungen im Folgenden in Anlehnung an die Elberfelder Bibel.

Der Prophetenschüler folgt dem Auftrag, salbt den hohen militärischen Befehlshaber der Truppen Nordisraels zum König, und sagt dabei:

> *So spricht Jhwh, der Gott Israels: »Ich habe dich zum König über das Volk Jhwhs gesalbt, über Israel. Du sollst das Haus Ahabs, deines Herrn, erschlagen! Und ich räche das Blut meiner Knechte, der Propheten, und das Blut aller Knechte Jhwhs fordere ich von der Hand Isebels. Ja, das ganze Haus Ahabs soll umkommen. Und ich werde von Ahab alles ausrotten, was männlich ist, den Unmündigen und Mündigen in Israel. Und ich werde das Haus Ahabs machen wie das Haus Jerobeams, des Sohnes Nebats, und wie das Haus Baschas, des Sohnes Ahijas. Isebel aber sollen die Hunde fressen auf dem Feld von Jesreel, und da wird niemand sein, der begräbt.« Und er öffnete die Tür und floh.* (9,6-10)

Jehu lässt sich daraufhin von seinen Truppen zum König ausrufen, verhindert, dass ihm die Nachricht vorauseilt, und fährt mit seinem Streitwagen und seinen Truppen zur Stadt Jesreel, wo sich der israelitische König zur Ausheilung seiner Kriegswunden aufhält, der außerdem Besuch vom König von Juda hat. In einer dramatischen Schilderung wird berichtet, wie man Jehus Anmarsch von der Stadt aus erkennt und ihm Boten entgegensendet, auf die er aber nicht reagiert. Schließlich ziehen ihm die beiden Könige selbst entgegen, und Jehu schießt dem König von Israel einen Pfeil in den Rücken, als er die Bedrohung erkennend zu fliehen versucht. Jehu befiehlt, den Leichnam auf den Acker Nabots zu werfen. Dann jagt er dem judäischen König nach und verwundet ihn, so dass er in Megiddo stirbt. Jehu zieht in die Stadt Jesreel ein, und trifft auf die Königin Isebel, die aus dem Palast herausblickt.

> *Er erhob sein Gesicht zum Fenster und sagte: Wer ist mit mir, wer? Da blickten zwei, drei Hofbeamte zu ihm hinunter. Und er sagte: Stürzt sie herunter! Und sie stürzten sie hinunter. Und es spritzte von ihrem Blut an die Wand und an die Pferde, und er zertrat sie. Darauf ging er hinein, aß und trank.* (9,32-34)

Jehu schreibt Briefe nach Samaria und fordert den potenziellen Nachfolger zum Kampf heraus. Als die Bevölkerung der Hauptstadt sich ihm freiwillig unterwirft, heißt es:

> *»... nehmt die Häupter der Männer, der Söhne eures Herrn, und kommt morgen um diese Zeit zu mir nach Jesreel.« Und die Königssöhne, siebzig Mann, waren gerade bei den Großen der Stadt, die sie aufzogen. Und es geschah, als der Brief zu ihnen kam, nahmen sie die Söhne des Königs und schlachteten sie, siebzig Mann, und legten ihre Köpfe in Körbe und sandten sie zu ihm nach Jesreel. Und der Bote kam und berichtete ihm und sagte: »Man hat die Köpfe der Königssöhne gebracht«. Da sagte er: »Legt sie in zwei Haufen an den Eingang des Tores bis zum Morgen!« Und es geschah am Morgen, da ging er hinaus, trat hin und sagte zum ganzen Volk: »Ihr seid gerecht! Siehe, ich habe mich gegen meinen Herrn verschworen und habe ihn umgebracht. Wer aber hat alle diese erschlagen? Erkennt also, dass nichts zur Erde fällt von dem Wort Jhwhs, das Jhwh gegen das Haus Ahabs geredet hat! Jhwh hat getan, was er durch seinen Knecht Elia geredet hat«. Und Jehu erschlug alle, die vom Haus Ahabs in Jesreel übrig*

> *geblieben waren, alle seine Großen und seine Vertrauten und seine Priester, bis er ihm nicht einen Entkommenen übrig gelassen hatte.* (10,6-11)

Als er daraufhin nach Samaria zieht, trifft er unterwegs eine Delegation des judäischen Königshauses.

> *Da sagte Jehu: »Packt sie lebendig!« Und sie packten sie lebendig und schlachteten sie bei der Zisterne von Bet-Eked, 42 Mann, und er ließ keinen von ihnen übrig. (10,14)*

Als er nach Samaria kommt, tötet er den Rest des Königshauses. Danach versammelte Jehu

> *das ganze Volk und sagte zu ihnen: Ahab hat dem Baal ein wenig gedient, Jehu will ihm viel dienen. Und nun, ruft alle Propheten des Baal, alle seine Diener und alle seine Priester zu mir! Kein Mann soll vermisst werden!* (10,18f.)

Alle Baalsanhänger werden in seinem Tempel versammelt.

> *Und Jehu sandte Boten in ganz Israel umher. Da kamen alle Diener des Baal; keiner blieb übrig, der nicht gekommen wäre. Und sie kamen in das Haus des Baal, und das Haus des Baal wurde voll von einem Ende bis zum andern.* (10,21f.)
> *Und es geschah, sobald man mit der Zubereitung des Brandopfers fertig war, sagte Jehu zu den Leibwächtern und zu den Offizieren: Geht hinein, erschlagt sie! Keiner darf herauskommen! Und sie schlugen sie mit der Schärfe des Schwertes. Und die Leibwächter und die Offiziere warfen sie hinaus.* (10,25)

Der Tempel wird zerstört und in Aborte verwandelt.

III.

Worum geht es dieser Geschichte? Wozu erzählt sie so im Detail die Steigerung in einen ungeheuren Blutrausch – vom Königsmord bis zum Massenmord, mit derart schaurigen Details wie den neben dem Tor aufgestapelten Köpfen und dem Tod der völlig unbeteiligten Judäer in der Zisterne? זכור – an was soll man sich hier erinnern, und warum? Genauer gefragt: *Für welches Problem ist diese Art von Geschichtserzählung die Lösung?*

Die Literatur antwortet weithin erstaunlich einmütig: Es ginge, so wird behauptet, um eine Legitimation Jehus und seine Dynastie[16]. Nun ist das im Zusammenhang der deuteronomistischen Königsbücher und ihrer theologischen Wertungen und Zusammenhänge zweifellos ein Stück weit richtig. In der von den Deuteronomisten formulierten typischen Abschlusswertung der Königsbücher wird Jehu attes-

16 Vgl. etwa M. Cogan/H. Tadmor, II. Kings, AncB 11, 1988; W. Gugler, Jehu und seine Revolution, 1996; Y. Minokami, Die Revolution des Jehu, GThA 38, 1989; H.-C. Schmitt, Elisa, 1972; S. Timm, Die Dynastie Omri, FRLANT 124, 1982 usw.

tiert, dass er es war, der endlich den nach 1 Kön 16 von Ahab eingeführten Baalskult beseitigt hat:

> *Und Jhwh sprach zu Jehu: Weil du gut ausgeführt hast, was recht ist in meinen Augen, und am Haus Ahabs nach allem getan hast, was in meinem Herzen war, darum sollen dir Söhne der vierten Generation auf dem Thron Israels sitzen.* (10,30)

Dennoch ist Jehu selbst für die Deuteronomisten kein besonders guter König. Zweimal wird ausdrücklich konstatiert, dass auch er den Weg aller Nordreichskönige geht und die Tora nicht getan hat:

> *Nur von den Sünden Jerobeams, des Sohnes Nebats, der Israel zur Sünde verführt hatte, von denen wich Jehu nicht ab, von den goldenen Kälbern, die in Bethel und in Dan waren. ... Aber Jehu achtete nicht darauf, mit seinem ganzen Herzen im Gesetz Jhwhs, des Gottes Israels, zu leben. Er wich nicht von den Sünden Jerobeams, der Israel zur Sünde verführt hat.* (10,29.31)

Deswegen beginnt ausgerechnet mit ihm sogar das Ende des Nordstaates:

> *In jenen Tagen begann Jhwh, Teile von Israel abzuschlagen. Und Hasael schlug sie im ganzen Gebiet Israels, vom Jordan an nach Sonnenaufgang zu das ganze Land Gilead.* (10,32f.)

Eine literarische Analyse von 2 Kön 9f. kann und braucht hier nicht vorgelegt werden[17]. Man wird neben den recht deutlich erkennbaren deuteronomistischen Versen mit einigen weiteren Ergänzungen einer älteren Erzählung zu rechnen haben, wozu insbesondere die meisten der Rückverweise auf die Nabotgeschichte und die dortigen Drohungen Elias gehören dürften. Für die Frage nach der Intention der Jehu-Erzählung ist aber wichtig, dass nicht einmal die teilweise positive deuteronomistische Beurteilung seiner Tat all die Grausamkeiten rechtfertigt, die Jehu getan hat. Die Beseitigung von Ahab und seiner Sippe, also des sündig gewordenen Vorgängerhauses – das wird vom Prophetenschüler bei der Salbung befohlen (9,6ff.), am Ende lobend erwähnt (10,28ff.), und entspricht den anderen gewaltsamen Dynastiewechseln im Nordreich. Aber alles andere? Die vielen Grausamkeiten Jehus, die öffentliche Zurschaustellung der Köpfe, die Tötung des judäischen Königs und seiner unschuldigen Anhänger, der Massenmord an allen Baalsanhängern – solches ist weder durch den prophetischen Auftrag noch durch das Urteil der Deuteronomisten gerechtfertigt, und hat auch im deuteronomischen Gesetz, aus dem die Kriterien der expliziten Beurteilungen der Königsbücher stammen, keine Grundlage[18].

Was also sollen die Details über Jehus Blutrausch, wozu sind sie notwendig? Um sie überhaupt als Legitimation Jehus auffassen zu können, muss man sein Tun als Konsequenz eines unbestreitbaren göttlichen Auftrags verstehen. Aber sieht man genau hin, wird genau das *nicht* gesagt. Nur in den deuteronomistischen Rahmenstü-

17 Vgl. bes. Schmitt, Elisa; kaum vertretbar sind die literarkritischen Operationen von Minokami, Würthwein, Mulzer u.a.

18 Erstaunlich sind die üblichen Entschuldigungen Jehus, das Herunterspielen der Gewalt etc., etwa Gugler, 246, nach deren Motivation und Voraussetzungen gesondert zu fragen wäre.

cken wird auf der Erzählebene ein Gotteswort eingeführt (*V.30: Weil du gut ausgeführt hast, was recht ist in meinen Augen ...*). Von Gott ist sonst ausschließlich in Worten der beteiligten Menschen die Rede. Zu Beginn wird erzählt, dass Propheten im Namen Gottes reden. Dabei übermittelt Elisa seinem Boten lediglich das Gotteswort »Ich habe dich zum König über Israel gesalbt«. Von einem Auftrag zur Beseitigung des Vorgängerhauses ist, bleibt man beim Wortlaut der Erzählung, erst in den Worten des Schülers in V.7ff. die Rede. Doch selbst beim Inhalt dieser Botschaft bleibt Jehu nicht stehen, die Morde gehen weit über Isebel und das israelitische Königshaus hinaus, sie übertreffen auch alle politischen Notwendigkeiten zur Beseitigung des Baalkults.

Die Erzählung stellt also dar, dass Jehu von Propheten gesalbt wird, die sich dazu auf einen Auftrag des israelitischen Gottes berufen, dass sodann aus der reinen Königseinsetzung im Laufe der Übermittlung eine Beauftragung zu politischem Mord wird, und dass sich Jehu schließlich weit darüber hinaus in einen ungeheuren Blutrausch hineinsteigert, und dabei Taten vollzieht, die jeden möglichen Auftrag weit übertreffen. Um darin eine Legitimation Jehus sehen zu können, muss man voraussetzen, solches sei in den Kreisen des Erzählers und zur Zeit der Entstehung wie selbstverständlich positiv bewertet worden, auch ohne dass dazu explizite Begründungen notwendig seien. Vor allem die Tatsache einer recht genauen Gegenerzählung zu 2 Kön 9f. macht eine solche Annahme methodisch unmöglich. In der so genannten *Erzählung vom Aufstieg Davids* in 1 Sam 16 - 2 Sam 5 wird dargestellt, dass David von Samuel zum König gesalbt wird, noch während ein anderer Gesalbter, nämlich Saul, regiert (1 Sam 16). Es wird dann verfolgt, wie David Schritt für Schritt an die Herrschaft gelangt, ohne dabei einen Tropfen unschuldigen Blutes zu vergießen, und vor allem ohne der Gesalbten Gottes, den abzulösenden Vorgänger, anzutasten.

Auf welche Fragen also antwortet die Jehu-Erzählung? Was will sie in der Erinnerung festhalten? Weder als Legitimation Jehus wird sie verständlich, noch als Kritik an ihm, wie gelegentlich vermutet worden ist[19], denn dazu wären direkte Urteile, explizite Normen unumgänglich – genau wie es eben in der Aufstiegsgeschichte Davids geschieht. Beide Thesen können die besondere Struktur der Erzählung nicht erklären. Was sie erzählerisch darstellt, ist nichts anderes als ein offenkundiges *Dilemma*, eine *Aporie*. Da wird jemand im Namen des israelitischen Gottes gesalbt und mit einem neuen, besseren Regime beauftragt, und dann begeht er unter Berufung auf diesen Gott eine ungeheure Folge von Bluttaten. Das ist alles. Das Dilemma wird nicht gelöst. Es bleibt offen, wie solches zu beurteilen ist. Es bleibt offen, wo es dafür Maßstäbe gibt, und ob es sie überhaupt gibt. Die Erzählung vermeidet es konsequent, moralische, ethische oder politische Normen zu benennen. Es ist sogar anzunehmen: Sie hat sie nicht zur Verfügung, kann sie nicht voraussetzen, es gibt sie (noch) nicht. Und genau das stellt sie dar: Ein Geschehen, das alle bisherigen Maßstäbe sprengt, eine Aporie.

---

19 R. Kittel, Die Bücher der Könige, HAT I.5, 1900, 228; sowie B. Uffenheimer, The Meaning of the Story of Jehu, in: Oz Le-David. Studies presented to D. ben Gurion, 1964, 291-311 (vgl. M. Cogan/H. Tadmor, II. Kings, 119, Anm. 8).

IV.

Bevor weiter über Funktion und Bedeutung einer derartigen Geschichtsdarstellung nachgedacht wird, soll ein zweites Beispiel herangezogen werden. Es geht um die so genannte *Thronfolgeerzählung Davids*, die seit der Arbeit von Leonhard Rost in 2 Sam 9-20 und 1 Kön 1f. gefunden wird [20]. Hier ist es noch weniger möglich, die literarischen Probleme zu verfolgen. Ich fasse im Folgenden nur zwei literarische Ebenen ins Auge. Das ist einmal der vorliegende kanonische Text, und da ist zum anderen eine sich deutlich abhebende zusammenhängende Erzählung, die besonders durch 2 Sam 21-24 sowie einige eindeutig deuteronomistische Passagen ergänzt wurde. Dagegen soll von allen weiteren Hypothesen über literarische Schichtungen abgesehen werden, zumal bei der Frage nach der Intention der Geschichtsdarstellung sonst Zirkelschlüsse drohen.

Sehr viel massiver als bei der Jehugeschichte ist in diesem Falle die Forschung über Frage der Tendenz zerstritten[21]. Die einen meinen, sie sei zum höheren Ruhme Salomos geschrieben[22] oder finden in ihr sogar eine messianische Botschaft[23], die anderen sehen in den gleichen Kapiteln schärfste Königskritik[24] und halten sie gar für einen Aufruf zum Sturz Salomos[25]. Diese Differenzen können sich zwar mit unterschiedlichen Thesen über eine literarische Schichtung verbinden, sie beruhen aber letztlich nicht auf ihnen. Für beide Seiten lassen sich vielmehr im Text dieser Erzählung durchaus Anhaltspunkte und Argumente finden, aber eben jeweils auch für die andere Seite. Vielleicht verweist ein so tiefer Forschungsdissens darauf, dass das wahre Anliegen dieses Modells israelitischer Geschichtserzählung bei einer solchen Alternative noch gar nicht erkannt worden ist.

Schon von Umfang und Länge her muss sich die folgende Herausstellung einiger typischer Züge noch stärker als bei Jehu auf zentrale Punkte beschränken. Der Einsatz des Werkes wird üblicherweise in 2 Sam 9 gesehen, d.h. bei der Frage Davids nach übrig gebliebenen Sauliden. Alle hier begonnenen Erzählfäden kommen erst am Beginn des 1. Königsbuches zu Ende. Dennoch kann das Erzählte kaum ohne Kenntnis der vorangehenden Kapitel über den Weg Davids zur Macht verstanden werden. Manches spricht dafür, trotz der theologisch und ideologisch sehr anderen Ausrichtung die Thronfolgegeschichte als eine Art Fortschreibung der älteren Aufstiegsgeschichte anzusehen. Jedenfalls für die Leser der kanonischen Samuelbücher ist David zweifellos durch Gott auf den Thron in Jerusalem geführt worden. Gott hat David an die Macht gebracht – und nun?

Am Anfang steht die Formulierung einer Spannung, die der Sache nach das ganze Werk durchzieht und vielleicht so etwas wie sein geheimes Thema angibt. Da-

---

20 L. Rost, Die Überlieferung von der Thronnachfolge Davids (1926), in: Ders., Das Kleine Credo und andere Studien zum AT, 1969, 119-253.

21 Zum Stand der Forschung s. bes. W. Dietrich/Th. Naumann, Die Samuelbücher, EdF 287, 1995, 169ff.; zuletzt etwa I. Müllner, Gewalt im Hause Davids. Die Erzählung von Tamar und Amnon (2 Sam 13,1-22), HBS 13, 1997, 69ff.

22 Rost, bes. 234; vgl. etwa R. N. Whybray, The Succession Narrative. A Study of II Sam 9-20 and I Kings 1 and 2, SBT 9, 1968, 50ff.; zuletzt etwa S. Seiler, Die Geschichte von der Thronfolge Davids (2 Sam 9-20; 1 Kön 1-2), BZAW 267, 1998.

23 Bes. G. v. Rad, Der Anfang der Geschichtsschreibung im Alten Testament, Ges. Studien z. AT, TB 8, [3]1965, 148-188.

24 E. Würthwein, Die Erzählung von der Thronfolge Davids – theologische oder politische Geschichtsschreibung, ThSt 115, 1974.

25 L. Delekat, Tendenz und Theologie der David-Salomo-Erzählung, in: Das ferne und das nahe Wort, FS L. Rost, BZAW 105, 1967, 26-36.

vid fragt nach übrig gebliebenen Sauliden, um an ihnen חסד, also Freundlichkeit, Güte, Barmherzigkeit zu üben (2 Sam 9,1). Und im Gespräch mit Ziba wird der Ausdruck ersetzt durch חסד אלהים, es ist Gottes Güte, die David üben will (V.3). Wie also verhält sich die Gnade des Königs zur Gnade Gottes? Was hat Gottes Güte mit der des Königs zu tun? Am Ende jedenfalls sind all die tot, denen David zu Beginn solche doppelt beschriebene Freundlichkeit zusagt.

Erster Höhepunkt der folgenden Erzählung ist der Ehebruch des Königs mit Bathseba und der Mord an ihrem Mann Uria (2 Sam 11f.). Der Prophet Nathan übt durch sein Gleichnis Kritik am König, und der spricht daraufhin ein fiktives Todesurteil über den Täter, weil er ohne Erbarmen gehandelt hat (12,6). Doch der schuldig gesprochene David bereut die Tat, und so trifft Gottes Strafe nicht ihn, sondern andere, seine Nachfahren, weil vom Königshaus das Schwert nicht mehr weichen soll (12,10), und konkret das Kind der Bathseba. Der Mörder selbst bleibt straffrei.

Das Nächste, was im Königshaus passiert, ist die Vergewaltigung der Thamar (c. 13). Sie wird ausgelöst durch den Rat des Jonadab, der ein Angehöriger des Königshauses ist und als »sehr weise« gilt (13,3). Allein Thamar, das Opfer, macht auf rechtliche und ethische Maßstäbe aufmerksam, sie redet von einer »Schandtat« (נבלה) von dem, was »man nicht tut in Israel« (13,12). Doch Thamar bleibt trotz ihrer Klage »verwüstet« (שׁממה) zurück (V.20), ja sie soll sich, wie Absalom sagt, ihr Geschick nicht zu Herzen nehmen (V.20), sondern über die Tat schweigen. Der Täter bleibt zunächst straffrei, erst nach Jahren tötet ihn Absalom und muss daraufhin selbst in die Verbannung gehen. Zuerst Vergewaltigung und Mord durch den König nach außen, dann Vergewaltigung und Mord innerhalb des Königshauses. Alles bleibt ungesühnt.

Angestiftet von Joab tritt in Kap. 14 eine weise Frau vor den König und erzählt genau wie der Prophet eine Beispielgeschichte. Es geht um einen Brudermord, und damit um ein Rechtsdilemma. Denn die übliche Vergeltung für Mord würde im Falle einer solchen Witwe das Ende der Familie und ihres Landbesitzes bedeuten. Die Frau fordert den König auf, sich an Gott zu erinnern (V.11). Und sie erinnert selbst eindrücklich an Verletzlichkeit und Sterblichkeit der Menschen:

> *»Denn sterben müssen wir und sind wie Wasser, das auf die Erde geschüttet wird und das man nicht wieder sammeln kann. Aber Gott will nicht das Leben wegnehmen, sondern er hat die Absicht, dass der Verstoßene nicht auch von ihm weg verstoßen bleibt.«* (V.14f.)

Aber folgt das wirklich aus der Hinfälligkeit des menschlichen Lebens? Die weise Frau verweist nachdrücklich auf die besondere Stellung des Königs:

> *»Denn wie der Engel Gottes, so ist mein Herr, der König, um das Gute und das Böse anzuhören«.* (V.17)
> *»Aber mein Herr ist weise, gleich der Weisheit des Engels Gottes, dass er alles erkennt, was auf Erden geschieht«.* (V.20)

Doch die dadurch ausgelöste Entscheidung des Königs, den Mörder unangetastet zu lassen, ist höchst problematisch. Und wird sie nicht letztlich nur durch sein eigenes Interesse diktiert? Das Dilemma ist offenkundig: Der König hat eine Macht fast wie

Gott, aber hat er auch tatsächlich Weisheit und Erkenntnis wie Gott? Nichts wäre angesichts der Hinfälligkeit des menschlichen Lebens wichtiger.

Doch Davids Entscheidung, sich mit Absalom zu versöhnen (13,33) und so den Brudermörder unangetastet zu lassen, wendet sich rasch gegen ihn selbst. Absalom erhebt sich gegen den Vater. Und wiederum spielt im Verlaufe dieses Aufstandes die Weisheit eine Rolle:

> *Der Rat Ahitofels aber, den er in jenen Tagen gab, war, als wenn man das Wort Gottes befragte; so viel galt jeder Rat Ahitofels sowohl bei David als auch bei Absalom.* (16,23)

Doch auch die Ratschläge dieses Weisen führen zu problematischen Schritten, der eine zum Sakrileg des Verkehrs mit den Frauen des Vaters, der andere wird nicht befolgt.

Am Ende der Thronfolgegeschichte steht der Übergang des Königtums auf Salomo im Verlauf einer Hofintrige Nathans. David schwört unter Verweis auf einen Schwur, den er nie geschworen hat (1 Kön 1,29f.). Und der neue König Salomo beginnt seine Regierung mit einer Serie von Morden, bei denen er sogar das traditionelle Heiligtumsasyl verletzt. Dabei ist es vom Gesamtduktus her im Grunde nur eine Nebenfrage, ob das auf direkte Anweisung des Vaters geschieht oder nicht (1 Kön 2,5ff.). Eine harmlose Übertretung eines königlichen Verbots gibt zuletzt Anlass, mit Simei den letzten Angehörigen der Familie zu töten (2,39ff.), der David doch *seine* und/oder *Gottes* חסד Güte zugesagt hatte (2 Sam 9,1.3).

V.

Worum geht es in diesem großen Erzählwerk der hebräischen Bibel? Legitimation Salomos oder Kritik an der Institution des Königtums – die gängigen Thesen können bestenfalls Teilmomente erfassen. Es geht weder um Glorifizierung noch um Diffamierung von königlicher Macht, es geht viel grundsätzlicher darum, das *Dilemma*, die *Aporie* der Macht darzustellen[26].

Die Taten der Könige sind ja – gerade im Vergleich mit Jehu – keineswegs besonders schlimm oder grausam. Es geht nicht um herausragende Bosheit oder um einen Blutrausch, es sind zunächst eher allgemein menschliche Vorgänge, die aber durch die Machtstellung des Königs und seiner Familie andersartige, unkontrollierbare Auswirkungen haben. Da ist etwa der Ehebruch Davids mit Bathseba. Erst die Verbindung mit dem Mord an Uria macht ihn zu etwas besonderem, und der wiederum erwächst aus der Stellung des Königs als oberster Kriegsherr, die ihm Macht über Leben und Tod seiner Soldaten verleiht, was er für sich ausnutzt. Die prophetische Kritik deckt dann zwar den Mord auf, aber – wer außer Gott sollte den König bestrafen? Im Königshaus, innerhalb der eigenen Familie wird eine junge Frau vergewaltigt, das Opfer bleibt verwüstet auf der Strecke. Der König hat sich nicht, wie es vom Mann in der Parabel gesagt wird (12,3), um seine Tochter gekümmert und sie ge-

---

[26] In mancher Hinsicht treffen sich die folgenden Überlegungen mit Beobachtungen, die Ch. Exum vorgetragen hat (Arrows of the Almighty. Tragedy and Biblical Narrative, ^{2}1997). Eine Auseinandersetzung – insbes. über die Frage, ob der Begriff der Tragik dem biblischen Befund wirklich angemessen ist –, kann hier nur indirekt geführt werden.

schützt. Der darauf folgende Brudermord führt zu einem klassischen Rechtsdilemma – und der König, der zwar Macht fast wie Gott hat, hat offenkundig nicht auch die Weisheit Gottes oder seines Engels, wie sie zum rechten Gebrauch der Macht nötig wäre und wie sie ihm die Königsideologie zuschreibt. Aus einem typischen Konflikt zwischen Sohn und Vater um den Vorrang in der Familie erwächst in der Situation des Königshauses gleich ein Bürgerkrieg, der das Volksheer gegen die Berufssoldaten des Königs in die Schlacht treibt. Gerade in diesem Falle zeigt sich: Keine der an sich so menschlichen Reaktionen des Königs gegenüber seinen Söhnen ist der realen Lage angemessen.

Den durch die Macht konstituierten Verhältnissen werden aber nicht nur die Individuen, sondern auch die grundlegenden *Institutionen*, die im Namen Gottes zu reden beanspruchen, nicht gerecht. Die Prophetie bleibt letztlich bei einem verbalen Protest stehen und muss den Verzicht auf Durchsetzung von Recht auch noch durch Vergebungszuspruch legitimieren. Der gleiche Prophet bringt am Ende seinen Schützling auf den Thron und gibt ihm damit eine Macht, die dieser schrecklich ausnutzt. Die Prophetie, jedenfalls diese Prophetie ist der Macht nicht gewachsen. Und gleich mehrfach wird das Versagen der Weisheit geschildert. Ihre Einsichten verstärken nur das Böse. Weisheit führt zur Vergewaltigung der Thamar, die Weisheit der Frau von Thekoa wird von der Macht in Anspruch genommen und führt zur rechtlichen Legitimation von Mord in bestimmten Fällen und zur Fortsetzung der Konflikte in der Familie Davids. Ratschläge der Weisheit führen über die Verwüstung der einen Frau hinaus zur Verwüstung aller Frauen des königlichen Harems. Und Weisheit wird schließlich im so genannten Testament Davids direkt zur mörderischen Ideologie der Macht.

Vor allem aber ist die Aporie, um die es geht, eine Aporie des *Rechts*. Dieses Thema durchzieht die gesamte Darstellung. Der König beansprucht nicht nur traditionsgemäß oberster Richter zu sein und entsprechende Fähigkeiten und Weisheiten zu besitzen, er wird durch die bloße Existenz einer solchen Macht unausweichlich zur entscheidenden Größe im Recht. Doch weder in der Beurteilung fremder Fälle noch bei Urteilen in eigener Sache und für die eigene Familie ereignet sich Gerechtigkeit. Genauer, fremde Probleme erweisen sich immer wieder als die eigenen, die Urteile schlagen auf den König selbst zurück und erweisen sich in ihren Folgen als zutiefst problematisch.

Obwohl also in der Thronfolgeerzählung anders als bei Jehu durchgängig Normen und Urteilskategorien im Spiel sind, werden sie nicht auf den Kern des dargestellten Dilemmas bezogen und können offenkundig nicht darauf bezogen werden. Deshalb geht es auch letztlich nicht um Kritik an den konkreten Königen oder der Institution als solcher – das würde eine Alternative voraussetzen. Dargestellt aber wird eine Situation, in der es keine Alternative gibt, zu der es keine zu geben scheint. Die Macht ist unausweichlich da und sie hat solche Folgen. *Dargestellt wird das Dilemma einer Institution*, die in Israel offenkundig noch relativ jung ist, deren Problematik hier zum ersten Mal in der Tiefe wahrgenommen und erlebt wird. Die klassische biblische Lösung des dargestellten Dilemmas, nämlich die Macht dem Recht zu unterstellen, wie sie als Verfassungsnorm im deuteronomischen Königsgesetz (Dtn 17,14ff.) formuliert und im Grunde erst in neuzeitlichen Verfassungen wirklich institutionell realisiert wird, ist selbst als Denkmöglichkeit offenkundig noch weit entfernt. Manches spricht dafür, dass nicht nur die Jehugeschichte, sondern auch Thronfolge- und Aufstiegsgeschichte Davids historische Reaktionen auf die Ereignisse unter Jehu darstellen. Was bei ihm geschieht, nötigt dazu, die Grundlagen und damit auch die Entstehung des Königtums neu zu bedenken. Eine Kritik an Jehu, wie sie sich etwa in Hos 1,4 findet, wird nur als Ergebnis solcher Beschäftigung mit Geschichte verständlich.

Jehugeschichte wie Thronfolgeerzählung sind mit Recht oft als besonders eindrucksvolle Beispiele biblischer Geschichtsdarstellung gerühmt worden. Sie erzählen plastisch und mit einer Fülle von Einzelheiten, stellen eine Vielfalt von Charakteren dar und berichten von Ereignissen voller Dramatik. Und sie verschweigen nicht die Opfer, die vielen von den Machthabern Beseitigten, Getöteten und Geschändeten. Ob sie ihre Namen überliefern oder nicht – das Dilemma der Macht wird in dieser Art, Geschichte zu erzählen, nicht zuletzt an den sonst meist übergangenen Opfern der Macht aufgezeigt. Sie verkörpern geradezu das Dilemma, um das es geht. In ihrem unverstellten Blick für die Opfer der Geschichte liegt ihr Beitrag zur biblischen Religion der Erinnerung. Gerade dabei ist die detaillierte Schilderung, also wirkliche Geschichtsschreibung, durch nichts zu ersetzen. Sicher, die eigene Sprache der Opfer finden wir eher in den Klagen wieder, die Grundsatzprobleme werden begrifflich vielleicht schärfer in den Sentenzen Kohelets formuliert. Doch die Erinnerung an die Menschen, die dem Dilemma zum Opfer fielen, das ist ihr unersetzbarer Beitrag zum biblischen Gebot זכור – auch wenn der Begriff der Erinnerung nicht programmatisch verwendet wird.

VI.

Und was ist mit Gott? Beide Erzählungen unterscheiden sich in ihrer Art, von Gott zu reden, von den meisten anderen Teilen der Bibel. Es liegt auf der Hand, dass Gott ein Teil der Aporie ist, um die es geht. Es ist ein zutiefst theologisches Dilemma, das dargestellt wird. In der Jehugeschichte kommt, wie gesagt, Gott auf der Ebene der Erzählung selbst gar nicht vor. Propheten, die sich auf ihn berufen, lösen etwas aus, das im Blutrausch endet. Ähnliches gilt bekanntlich auch für die Thronfolgeerzählung. Sie spielt zwischen menschlichen Akteuren, Gott bleibt im Hintergrund, tritt selbst kaum je handelnd oder redend auf. Offenkundig vollzieht sich sein Wille durch menschliches Handeln hindurch. Man hat sie in dieser Hinsicht oft mit der Josephsgeschichte verglichen. Aber gerade dieser Vergleich lässt ihr Spezifisches hervortreten. In der Josephsgeschichte setzt Gott sein rettendes Handeln selbst durch menschliche Verbrechen hindurch durch. »*Ihr gedachtet, mir Böses zu tun, aber Gott hat es – das Böse! – zum Guten gewendet*« (Gen 50,20). Wie müsste ein entsprechender Deutesatz für die Thronfolgegeschichte lauten? Vielleicht so: »Gott hat David die Macht gegeben, und was ist nun mit all dem Unheil, das aus ihr entstand?« Das ist eine recht exakte Formulierung der Aporie, von der erzählt wird.

Bekanntlich durchbricht die Erzählung an drei Stellen – und nur an diesen drei – ihr Schweigen und macht direkte Aussagen über Gottes Handeln (2 Sam 11,27; 12,24; 17,14). G. von Rad hat aus ihnen eine messianische Perspektive erschließen wollen[27]. Vieles spricht eher für das Gegenteil. Zwar missfällt Gott Davids Ehebruch und Mord (11,27), aber der von ihm gesandte Prophet hat dem Geschehen nichts

---

27 G. v. Rad, Der Anfang der Geschichtsschreibung im Alten Testament, Ges. Studien z. AT, TB 8, ³1965, 148-188.

wirklich entgegenzusetzen und kann Gerechtigkeit nicht durchsetzen. Zwar liebt Gott Salomo (12,24) und der sitzt deshalb am Ende auf dem Thron Davids, aber waren dazu derart schlimme Ereignisse nötig, und all die Morde Salomos? Zwar verhindert Gott den Ratschlag des Ahitofel (17,14), aber eben keineswegs all das Leid in diesem Zusammenhang. Diese Stellen wiederholen auf der Erzählebene damit genau das, was über Gott und sein Handeln mehrfach von verschiedenen Personen geäußert wird. Besonders deutlich wird David beim Tod von Bathsebas Kind:

> *Da sagte er: »Als das Kind noch lebte, habe ich gefastet und geweint, weil ich mir sagte: Wer weiß, vielleicht wird Jhwh mir gnädig sein, und das Kind bleibt am Leben. Jetzt aber, da es tot ist, wozu sollte ich denn fasten? Kann ich es etwa noch zurückbringen? Ich gehe (einmal) zu ihm, aber es wird nicht zu mir zurückkehren.«* (12,22f.)

Ähnlich äußert sich David beim Absalomaufstand gegenüber Zadok (15,25f.) oder in der Antwort auf den Fluch Simeis (16,10-12). Ganz ähnlich redet auch Huschai:

> *Und Absalom sagte zu Huschai: Das ist also deine Liebe zu deinem Freund? Warum bist du nicht mit deinem Freund gegangen? Und Huschai sagte zu Absalom: Nein, sondern wen Jhwh erwählt hat und dieses Volk und alle Männer von Israel, dem will ich angehören, und bei ihm will ich bleiben.* (16,17f.)

Huschai sagt das in diesem Falle mit der Absicht, Absalom zu täuschen. Aber was ist Täuschung, wenn solches von Gott gilt?

Gott erscheint in diesen Aussagen, die sich jederzeit vermehren lassen, als die *Macht des Schicksals*, als *Fatum*, als gleich bedeutend mit dem, was sich in der Realität durchsetzt. Es sind die Sieger, an denen sich der Wille Gottes, ja sogar so etwas wie die Liebe Gottes zeigt.

Weil die Erzählung solches von wichtigen Personen immer wieder sagen lässt und zumindest in den drei Deutesätzen auch selbst sagt, darum ist es möglich, sie als Legitimation von mörderischen Königen zu lesen. Weil das sie aber nicht davon abhält, im Detail und mit Nennung der Namen von Tätern und Opfern auch über verbrecherische Taten zu berichtet, darum ist es möglich, sie als Kritik an Königen, ja an der Institution des Königtums zu lesen. Weil sie beides sagt, geht es ihr offenkundig um das Dilemma, das genau damit angezeigt ist.

In dieser Spannung liegt wohl auch der wichtigste Beitrag, den diese Art von Geschichtsschreibung für die Genese des biblischen Gottesbildes geleistet hat. זכור – die Erinnerung an Gott und sein Handeln bedeutet hier nicht Erinnerung an den befreienden Gott des Exodus oder an andere große Taten Gottes, und sie ist noch weniger die Erinnerung an die geschichtliche Gabe von Geboten und Normen.

Beide Texte reden nur von einem einzigen Gott, und sie tun es, als wäre es selbstverständlich. Bei der hier angenommenen vorexilischen Datierung gehören sie im religionsgeschichtlichen Prozess damit in eine Phase, in der es darum ging, alle Bereiche der Realität neu zu bestimmen, weil sie sich alle mit dem Übergang zur Alleinverehrung dieses Gottes neu darstellten. Zweifellos wird Israels Weg zum Monotheismus durch die großen positiven Gotteserfahrungen angestoßen und immer wieder geprägt. Aber der Weg selbst bestand vor allem darin, an den dunklen Seiten der Wirklichkeit ein ganz neues Reden von Gott zu erlernen.

Hat die Einheit Gottes im Prinzip mit so etwas wie der Einheit der Wahrheit zu tun, so lag es nahe, diese Wahrheit notfalls auch mit Gewalt durchzusetzen. Die Geschichte des Christentums und die Fundamentalismen unserer Gegenwart bezeugen das nachdrücklich. Jehu hat entsprechend gehandelt, und vielleicht haben seine prophetischen Gewährsleute solches sogar intendiert. Die Geschichtserzählung über Jehu aber stellt dar, erzählt mit allen grausigen Details, was da passiert ist. Solches erzählerische Beharren auf der Realität und ihren Opfern kann die mögliche Alternative von polytheistischer Toleranz und monolatrischer Gewalt nicht ersetzen, aber sie ist vielleicht eine der Bedingungen für ihre Überwindung.

Gott als Einheit zu sehen, hat unabweisbar zur Folge, dass dieser einzige Gott mit allen Facetten von Realität und Erfahrung in Verbindung gesetzt wird. Gott als Macht des Schicksals, als Bewirker dessen, was passiert, das gehört dadurch notwendig zum Gottesbegriff. Hat damit der eine Gott, gedacht als der Mächtige, nicht zur Folge, dass die Taten der Mächtigen als Taten Gottes erscheinen? Die Thronfolgeerzählung unterwirft sich dieser Konsequenz nicht, sondern erzählt unter dieser Bedingung von Opfern und Folgen der Gewalt. Sie kennt keine Alternative und stellt die damit gegebene Aporie dar. Das legt auf eine Weise den Grund zur späteren Überwindung des Dilemmas, wie es wohl durch nichts anderes hätte geschehen können.

Die dominanten Züge des biblischen Geschichtsdenkens wurden zu Beginn angedeutet. Geschichte als Theophanie des rettenden und befreienden Gottes, Geschichte als Gespräch zwischen Mensch und Gott, Geschichte als Quellort der göttlichen Weisung, als Ort von Gerechtigkeit und von Klage, von Gotteserfahrung und Hoffnung auf künftige Gotteserfahrungen – wie schnell kann daraus ein neues Gefängnis werden, das Denken und Erfahrung blockiert! Wenn Gott gerecht ist, muss dann nicht die Geschichte eben als Geschichte der Gerechtigkeit Gottes erzählt werden? Die Chronik etwa tut das bekanntlich. Sie korrigiert dementsprechend ihre Quellen. Weil nicht sein kann, was nicht sein darf, schreibt sie dem bösen König Manasse eine Bekehrung zu – wie könnte er sonst so lange Zeit regiert haben? Geschichte als Heilsgeschichte neigt dazu, das Nicht-Heil, das Unheil zu übersehen, die Opfer der Geschichte zu leugnen oder zu marginalisieren. Dass das in der biblischen Geschichtserzählung eine Ausnahme bleibt, dazu haben unsere Texte Entscheidendes beigetragen.

An der Einheit Gottes festzuhalten *und* an den Opfern der Geschichte, das führt immer wieder in Aporien. Es gibt Dunkelheiten, die in die Klage führen: Gott, wo bist du? Warum hast du uns verlassen? Es gibt aber auch Dunkelheiten, die das Denken selbst verwirren, weil Maßstäbe fehlen und Urteile nicht möglich sind. Eine Geschichtsschreibung, die dann gerade an den Details festhält, die stören, die erzählt, was an Schrecklichem geschieht, auch wenn es notwendig erscheint, unvermeidbar, gerechtfertigt oder gottgeboten, eine solche Geschichtsschreibung hält die Frage offen, was es mit der Einheit Gottes auf sich hat. Sie erzählt dann davon, dass Gott gerade in seinem Zusammenhang mit der Wirklichkeit für uns unverständlich bleibt. Diese Texte fügen sich in die dominante Art der biblischen Religion der Erinnerung nicht ein, und machen sie dadurch möglich.

»Das Land voll Silber und Gold, Waffen und Götzen« (Jes 2,7f.)

Zur Rezeption der prophetischen Sozialkritik[1]

Wer mitten in einem Krieg, wo getötet und gemordet wird, wo die Opfer versteckt und geleugnet werden und ausgerechnet das die Gegner vereint, wo Israel durch deutsches Gas tödlich bedroht ist und Kinder wegen Öl sterben, wo also Gründe und Anlässe so zum Verzweifeln schief sind wie das Denken, das zu ihnen führt, wo Recht und Gerechtigkeit ferner zu sein scheinen denn je (Jes 59,14), wer in solcher Zeit auf der Zuschauerbank sitzt und Geburtstage feiert, tut gut, seine Grundlagen zu überprüfen. Hält stand, was wir tun und denken? Und was überhaupt hält stand? Ich persönlich habe Theologien aus Kriegszeiten stets eher mit Verwunderung zur Kenntnis genommen und mit leisem Haarsträuben. Ob aber das, was wir so treiben, der nächsten Generation angemessen erscheint?

Und dennoch ist es, so mein Gefühl in den letzten Tagen, als ich über diesen Vortrag nachdachte und ältere Gedanken wieder hervorzog, nicht unangemessen, heute über die prophetische Kritik nachzudenken, darüber, wie sie in der exegetischen Wissenschaft rezipiert wurde und was es bedeuten könnte, sich ihr theologisch zu nähern.

Jesaja sagt über das Juda seiner Zeit:

Sein Land ist voll Silber und Gold,
zahllos sind seine Schätze.
Sein Land ist voll von Pferden,
zahllos sind seine Wagen.
Sein Land ist voll von Götzen.
Sie beten das Werk ihrer Hände an,
das ihre Finger gemacht haben.
(Jes 2,7f.)

Was Jesaja am Juda seiner Zeit erlebte, haben wir ins Ungeheure transponiert. Was sind Silber und Gold gegen den Reichtum des neuen Deutschlands? Was sind Pferde und Kriegswagen der Eisenzeit gegen die insektengleichen Apparate unserer Flugmaschinen, die wir auf dem Fernsehschirm bewundern? Und was sind die Götter und Göttinnen Kanaans gegen die Mächte, die bei uns Verehrung beanspruchen? Wann wurde je das Werk der eigenen Hände mehr bewundert und mehr gefürchtet als dieser Tage? Wohlstand, Kriegsmaschinerie und falsche Götter – hier wird von Jesaja ein Dreieck gezeichnet, das eine Zusammenfassung der prophetischen Kritik darstellt[2], dessen Konturen in unserer Gegenwart wir noch nicht ausreichend erfasst haben. Und vor allem: In diesem Dreieck liegt ja die Wurzel von Krieg, Vernichtung, Leid, Katastrophen und der Abwesenheit Gottes. Willy Schottroff, dem ich mit den folgenden

1 Zuerst vorgetragen auf einem Symposion am 24. 1. 1991 anlässlich des 60. Geburtstags von Willy Schottroff.

2 R. Kilian, Jesaja 1-12, NEB, 1986, 31.

Ausführungen kaum viel Neues sagen werde, da er stets mehr als ich über Prophetie gearbeitet hat, hat bereits in seiner Dissertation, also 1961, formuliert, worum es gehen muss: זכר – »sich erinnern« meint in der Prophetie »den erinnernden Rückgriff auf die Vergangenheit, um diese im gegenwärtigen Handeln bestimmend werden zu lassen«[3].

Die Prophetie ist ein Lieblingskind des Protestantismus. Das Gesetz, die Tora galt als abgetan und überwunden, die Psalmen eher als Anhang an das Neue Testament, und so blieb vom Alten neben der Urgeschichte eben die Prophetie. Man fühlte sich ihr nahe. Doch was immer von ihr rezipiert wurde, die Sozialkritik war es nicht. Sie spielt in den Theologien des Alten Testamentes bis heute eine erstaunlich geringe, im Grunde keine Rolle. Offenbarung, Freiheit, Wort Gottes, Geschichte und Zeit – das sind die Themen etwa bei G. von Rad[4]. Die Sozialkritik, auf die dies alles ja im Text bezogen ist, fehlt auch, wenn etwa Wildberger am Ende seines Jesaja-Kommentars dessen Theologie beschreibt[5]. Sie kommt schlicht nicht vor. Wo sie in Theologien erwähnt wird, bleibt sie marginal. Das gilt offenkundig auch noch für ihre gegenwärtige Umsetzung in Predigten[6]. Dass diese Texte außerhalb von Theologie und Kirche oder an deren Rand zuweilen eine bedeutende Aufnahme fanden, hat die Abwehr der Wissenschaft eher verstärkt. Ich möchte fragen, was hinter dieser massiven theologischen Abwehr steckt. Die Radikalität und die Einseitigkeit der prophetischen Angriffe auf Reiche und Machthaber allein kann es kaum gewesen sein. Denn die Radikalität der Evangelien haben die Propheten nie erreicht.

Zwar blieben die plastischen Bilder der Propheten im Gedächtnis, nie vergessen und nie vergeben: Der Vergleich der Oberschichtfrauen mit fetten Kühen aus Basan (Am 4,1), die Schilderungen derer, die auf Betten herumliegen und prassen (Am 2,8; 6,4ff.; Mi 2,2), die unstillbare Gier nach mehr Land und mehr Besitz (Mi 2,2ff.; Jes 5,8). Doch dass Reiche an sich, ohne jeden Zusatz, von Gott geschieden sind, dass sie vor seinem Reich stehen wie ein Kamel vor dem Nadelöhr (Mt 19,23; Lk 1,53; 6,24; 18,23ff.), von solcher jesuanischen Radikalität findet sich bei den Propheten nichts. Grundsätzlichere Aussagen über Reichtum und Reiche fehlen ganz, selbst die etwa in der Weisheit üblichen Begriffe für Reichtum und Wohlstand werden nicht verwandt[7]. Trotzdem ist die Irritation groß, die von ihren Worten immer wieder ausgeht.

Dabei ist soziologisch gesehen im 8. Jahrhundert v.Chr., als die sozialkritische Prophetie mit Amos, Jesaja und Micha massiv einsetzt, der Abstand zwischen reich und arm noch nicht allzu groß. Vor allem stehen sich beide nicht unverbunden gegenüber, man hat die Unterdrückten der Prophetenworte sogar einer »Mittelschicht« zuweisen wollen[8]. Das ist nicht ganz ohne Anhalt am Text, gehören die meisten von ihnen doch offenbar noch zur rechtsfähigen, das heißt auch noch grundbesitzenden Schicht der freien Bauern[9]. Die Unterschiede zwischen den Häusern der Reicheren

---

3 »Gedenken« im Alten Orient und im Alten Testament. Die Wurzel *zakar* im semitischen Sprachkreis, WMANT 15, 1964, 136.

4 Theologie des Alten Testaments II, [5]1968, bes. I. Hauptteil.

5 Jesaja, BK X/3, 1982, bes. 1640ff.

6 Vgl. jetzt W. Raupach, Interpretation gesellschaftlicher Verhältnisse durch prophetische Verkündigung, in: R. Zerfaß/H. Preusgen (Hg.), Die vergessene Wurzel. Das AT in der Predigt der Kirchen, 1990, 66-81.

7 Das gilt z.B. für הוֹן Vermögen, Reichtum (erst in Ez 27) oder für die Begriffe der Wurzel עשר wie עֹשֶׁר Reichtum (nur in den weisheitlichen Texten Jer 9,22; 17,11) und עָשִׁיר reich, begütert (außer Jer 9,22 nur im nachexilischen Text Mi 6,12) u.a.

8 So M. Fendler, Zur Sozialkritik des Amos. Versuch einer wirtschafts- und sozialgeschichtlichen Interpretation alttestamentlicher Texte, EvTh 33, 1973, 32-53.

9 Bes. Am 5,12; vgl. M. Schwantes, Das Recht der Armen, BET 4, 1977, 87ff.

und Ärmeren, wie wir sie archäologisch besonders deutlich im Tirza des 8. Jahrhunderts nebeneinander fassen können[10], sind erst auf den zweiten Blick zu erkennen. Und jede Frage nach der Aktualität für unsere Gegenwart muss ihren Ausgang bei der unübersehbaren Differenz der Wirtschafts- und Gesellschaftssysteme nehmen. Und da liegen die vorkapitalistischen Züge offen zutage. Israel damals ist eine nahezu gänzlich agrarische Gesellschaft. Soziale Abhängigkeiten laufen meist über Verschuldung, Zinsen, personale Pfandhaftung, Schuldsklaverei. Gehortete Reichtümer werden verprasst, nicht investiert. Das gilt wohl selbst noch für die Ländereien der Großgrundbesitzer (z.B. Jes 5,8), die für den Eigenbedarf produzieren. Größere Konzentrationen von Sklaven als Produzenten sind nicht nachzuweisen. Was soll da für das 20. Jahrhundert bedrohlich sein?

Doch das Maß der versteckten Aktualität, ja Gefahr, die man in diesen Worten für gegenwärtige Theologie, Kirche und Gesellschaft vermutet, kann kaum groß genug angenommen werden. Das zeigt nichts deutlicher als der immense Aufwand, der unternommen worden ist und weiter unternommen wird, diese Worte unschädlich zu machen, ihre theologische Irrelevanz zu erweisen. Wenn nach Sigmund Freud der Verdrängungsaufwand umso größer ist, »je ärger die zu zensurierende Vorstellung«[11], dann muss es sich bei unserem Thema geradezu um ein Minenfeld handeln, dessen Gefahr der der Armenaussagen Jesu zumindest gleichkommt. Ich stelle in einem ersten Teil zunächst vier theologisch-exegetische Strategien der Zensur vor. Sie sind als Typen und Repräsentanten gemeint, und Referat wie Kritik müssen sich auf zentrale Punkte beschränken.

I.

a. Da ist zunächst der Vorwurf des *unrealistischen Utopismus*, wie er zuerst und besonders nachdrücklich von Ernst Troeltsch in seinem Aufsatz »Glaube und Ethos der hebräischen Propheten« (1916) mitten im 1. Weltkrieg entwickelt worden ist[12]. Er führt Maßstäbe und Inhalte der prophetischen Kritik auf die »Züge einer alten, einfachen, bäuerlichen und kleingewerblichen Sitte« (51) zurück: Man begegne »immer nur denselben einfachen Forderungen: Gerechtigkeit gegen Witwen und Waisen ...; Freiheit und Ehre des Mannes gegenüber der Gewalttat der Großen und Beamten; Kampf gegen das harte Pfand- und Verschuldungsrecht der neuen städtischen Gesellschaft ...; Humanität gegen Sklaven und Metöken ...; Unterhaltspflicht gegenüber den Armen ...; Schonung der Haustiere und des Bodens ... Es sind teilweise Forderungen ... wie sie sich aus dem Freiheits- und Ehrgefühl selbständiger Losbesitzer und aus der Intimität und Gegenseitigkeit einer einfachen Nachbarschaftsethik ergaben« (51f.). Bei aller heute nötigen und möglichen Differenzierung wird man dem nach wie vor im Prinzip zustimmen können. Dass in der Zeit der Propheten alte Selbstverständlichkeiten durch die ökonomische Entwicklung in Frage gestellt und zerstört wurden, dass sie angestoßen durch die prophetische Kritik dann als Rechte formuliert und so neu zu erkämpfen versucht werden, ist eine grobe, aber sachgemäße

10 R. de Vaux, Tirzah, in: D. W. Thomas (Hg.), Archaeology and Old Testament Study, 1967, 371-383; jetzt bes. A. Chambon, Tell El-Farʿah I. L'Age du Fer, 1984, bes. 19ff.

11 Vorlesungen zur Einführung in die Psychoanalyse, Freud-Studienausgabe, Bd. I, 1969, 154.

12 Gesammelte Schriften, Bd. 4. Aufsätze zur Geistesgeschichte und Religionssoziologie, 1925, 35-65.

Beschreibung des Vorgangs, und sie hat zahlreiche Parallelen in der Rechtsgeschichte und gerade auch in unserer Gegenwart.[13]

Für Troeltsch aber ist es vollkommen sicher, dass solche Ethik und eine entsprechende Gesetzgebung »für ihre eigene Gegenwart versagte und unmöglich war. Die Könige, die Nobilität und die Militärs, die Vertreter der städtischen Kultur mögen alle möglichen Laster gehabt haben, es werden ungefähr dieselben sein, die sie noch heute im Orient haben. Aber mit der prophetischen Predigt konnten sie nicht leben und sich erhalten. Sie mussten in ihrem eigensten staatlichen Lebensinteresse Weltpolitik machen und konnten den Prozess der sozialen Umwandlung nicht aufhalten. Von ihren Bedürfnissen aus erschien die prophetische Predigt als reine Utopie« (58). Die Propheten »stemmten sich gegen den Lauf ... der politischen Notwendigkeiten. Ihr leidenschaftlicher Jahweglaube hatte von beiden keine Ahnung« (58). Deshalb entstand aus der prophetischen Kritik die »religiöse Ethik der Innerlichkeit« (58), wie sie dann im Christentum weiterlebt und von der grundsätzlich gilt: »Die politischen Hoffnungen sind aus dem Ideal ausgetilgt« (63).

Dass solche Kritik bei Troeltsch wie beim verwandten Max Weber aus der eigenen Gegenwart kommt und letztlich auf sie zielt, ist nicht zu bestreiten. Und das Muster dieser Denunziation von Sozialkritik als Utopie und Spinnerei wirkt sehr stark bis heute nach, gerade außerhalb der Kirche. Zur Kritik wäre vieles zu sagen, ich beschränke mich auf drei Aspekte:

– Vollkommen unhistorisch ist die zu Grunde liegende Voraussetzung Troeltschs (trotz seines Verweises auf die Heilspropheten), die politisch führenden Kreise wären den Denkvoraussetzungen ihrer Zeit entnommen und hätten eine rein sachlich bestimmte Realpolitik, orientiert allein am »objektiven« Spiel der Kräfte und den eigenen Interessen treiben können. So etwas gilt für die Könige und Minister des 8. vorchristlichen Jahrhunderts mit ihrem Vertrauen etwa auf die Heilstraditionen Israels und des Zion so wenig wie für die »Realisten« im Deutschland des 1. Weltkriegs, ganz zu schweigen von heutigen Realpolitikern. Sie alle haben ungeheure Katastrophen nicht nur nicht verhindert, sondern durchaus selbst bewirkt – genau wie die Propheten es voraussagten.

– Die auch von Troeltsch nicht bestrittene Tatsache, dass die prophetischen Kriterien in vielen entscheidenden Punkten Eingang in das israelitische Recht fanden, besonders ins Deuteronomium mit Zinsverbot (Dtn 23,20f.), regelmäßigem Schulderlass (15,1ff.), Asyl für entflohene Sklaven (23,16f.) usw., spricht dafür, dass die rechtsetzenden Kreise sie für durchaus realisierbar hielten. Natürlich wird von heutiger Forschung teilweise auch solchem Recht utopischer Charakter zugeschrieben, dennoch lässt die verfolgbare Rechts- und Sozialgeschichte Israels erkennen, dass sie jedenfalls teilweise bis in die römische Zeit hinein wirksam waren[14].

– Es muss erstaunen, wie schnell und grundsätzlich hier die Grundzüge biblisch-christlicher Ethik auf Innerlichkeit reduziert und damit von jeder Realitätswirksamkeit abgeschnitten werden. Man lese nur noch einmal den von Troeltsch zusammengestellten Katalog »einfacher« Forderungen: Gerechtigkeit, Freiheit, Humanität, Unterhaltspflicht, Schonung – alles nur unrealistische Spinnereien?

---

13 Dazu F. Crüsemann, »... und die Gesetze des Königs halten sie nicht« (Est 3,8). Widerstand und Recht im Alten Testament, WuD 17, 1983, 15ff.

14 Vgl. bes. H. G. Kippenberg, Religion und Klassenbildung im antiken Judäa. Eine religionssoziologische Studie zum Verhältnis von Tradition und gesellschaftlicher Entwicklung, 1978.

b. Der Sache nach verwandt mit dieser alten ist eine recht neue Variante prophetischer Antikritik, der Vorwurf *nicht marktgerechter wirtschaftspolitischer Vorstellungen*, wie er vom amerikanischen Wirtschaftswissenschaftler Morris Silver erhoben wird. Er sieht in seinem Buch *Prophets and Markets* (1983) im alten Israel wie überhaupt im Alten Orient bereits die Marktgesetze der gegenwärtigen Ökonomie uneingeschränkt in Kraft[15]. Geht man davon aus, ergibt sich folgendes Bild: Die Propheten sind in einer blühenden Wirtschaftsphase des 8. Jahrhunderts v.Chr. mit gänzlich unsachgemäßen Forderungen »liberaler« Herkunft aufgetreten. Sie fordern einen unsinnigen sozialen Ausgleich, kritisieren diejenigen, die die Marktgesetze sachgerecht handhaben und davon entsprechend profitieren bzw. so den für alle nützlichen Reichtum erwirtschaften. Bei ihrer Kritik übertreiben die Propheten die gesellschaftlichen Unterschiede gewaltig, fordern vollkommen marktfremde Eingriffe und legen mit all dem die Axt an die Wurzeln des Systems. Die Katastrophe der blühenden Gesellschaften Israels und Judas kam, genau wie die Propheten es vorausgesagt hatten. Doch kam sie keineswegs wegen der vermeintlichen Ungerechtigkeiten, sondern sie kam als *selffulfilling prophecy* im strengen Sinne. Es waren die prophetischen Forderungen, die – teilweise in staatliche Maßnahmen umgesetzt – den Fluss von Produktion und Markt störten, so u.a. die Verteidigungsbereitschaft und -fähigkeit schwächten und damit die Katastrophe herbeigeredet haben.

Wirtschaftshistorisch wird man dieser These vor allem die Rückprojektion moderner Zustände und Erfahrungen in die andersartige antike Gesellschaft ankreiden müssen. Silver hält die modernen Gesetze des Marktes für universal, und er beurteilt sie politisch-ideologisch ganz im Sinne etwa gegenwärtiger neoliberaler Politik. Die etwa von Karl Polanyi, um nur einen Klassiker zu nennen, unternommenen Anstrengungen, die Gesetze einer auf ganz anderen Grundentscheidungen fußenden Gesellschaft, die ihre Verteilung im Wesentlichen nicht über Märkte regelt, überhaupt erst einmal zu erfassen[16], werden unbegründet beiseite geschoben. Das vielfältige historische und ethnologische Material über vor- und außerkapitalistische ökonomische Systeme wird nicht zur Kenntnis genommen.

Natürlich gibt es nach wie vor große Probleme, das Gesellschafts- und Wirtschaftssystem der israelitischen Königszeit im Detail zu erfassen[17]. Aber die Grundzüge sind doch eindeutig zu erkennen. Es handelt sich um eine kleinbäuerlich organisierte, agrarische Gesellschaft, in der demgemäß weitgehend für den Eigenbedarf produziert wird. Ob es daneben für bestimmte Produkte wie Keramik und Metall, für Produkte des Fernhandels und des Luxuskonsums einen wirklichen Markt gab, ist durchaus undeutlich und strittig. Manches spricht eher für andersartige Verteilungssysteme. Doch wie immer man hier urteilt, es betrifft nur einen marginalen Teil der Produktion. Die Wertabschöpfung durch Staat und Oberschicht erfolgt vor allem in Form von Tributen, von Steuern, Zinsen, Abgaben aller Art und nicht zuletzt durch

15 Prophets and Markets. The Political Economy of Ancient Israel; ders., Economic Structures of the Ancient Near East, 1985.

16 The Great Transformation. Politische und ökonomische Ursprünge von Gesellschaften und Wirtschaftssystemen (1944), dt. Übers. stw 260, 1978; ders., Trade and Market in Early Empires, 1957; ders., Ökonomie und Gesellschaft, dt. Übers. stw 295, 1979. In der Einleitung zu diesem Band gibt S. C. Humphreys einen Überblick über das Werk Polanyis und vor allem die neuere Diskussion dazu. Wichtig ist, um nur einen einzigen Aspekt des Materials aus der Ethnologie zu nennen, dass »die Preise auf den peripheren Märkten nur eine geringe oder überhaupt keine Rückwirkung auf die Produktionsentscheidungen haben« (ebd. 29).

17 Dazu bes. R. Kessler, Staat und Gesellschaft im vorexilischen Juda. Vom 8. Jahrhundert bis zum Exil, VT. S XLVII, 1992.

Vereinnahmung menschlicher Arbeitskraft und ganzer Personen, wobei Fronarbeit und verschiedene Formen und Stadien von Schuldsklaverei die wichtigste Rolle spielen. Die wenigen spezialisierten Berufe und die Regionen mit Produktionsschwerpunkten reichen keinesfalls aus, eine primär marktorientierte Wirtschaft zu rekonstruieren. Liegt hier Silvers größte Schwäche, die zugleich seine an der Gegenwart ausgerichtete Zielrichtung erkennen lässt, so ist auf der anderen Seite daran zu erinnern, dass auch zur Beurteilung gegenwärtiger ökonomischer Prozesse eine derart weitgehend allein marktorientierte Sicht zumindest höchst strittig ist. Sie ist jedenfalls mit Prophetie und Tora nicht zu vereinbaren.

c. Zielten die beiden ersten Modelle auf angebliche Realitätsmängel der prophetischen Vorstellungen, so bestreiten die beiden anderen ihnen jede *theologische Relevanz*. Den außertheologischen lasse ich die innertheologischen Ansätze folgen. Der erste von ihnen sieht in der prophetischen Sozialkritik eine *nachträgliche*, letztlich zufällige und deshalb *theologisch unerhebliche Begründung* für die prophetische Zukunftsansage. Ausgangspunkt ist die formgeschichtliche Struktur vieler Prophetenworte. Vielfach findet sich eine typische Doppelstruktur, eine Zukunftsansage und eine voran- oder nachgestellte Begründung für das göttliche Handeln[18]. Traditionell spricht man von Scheltwort und Drohwort, sachgemäßer beispielsweise von Schuldaufweis und Gerichtswort. Und nicht selten wird dabei nur und allein die Zukunftsansage als Wort Gottes eingeleitet. So wird im Wort über die Basankühe zunächst in Am 4,1 das schuldhafte Verhalten der Frauen im Anschluss an einen Höraufruf geschildert. Erst in V.2f. wird die ihnen deshalb geltende Drohung formuliert. Und allein sie ist durch die Formel »*geschworen hat der Herr Ihwh bei seiner Heiligkeit*« als Gotteswort ausgewiesen (vgl. weiter Am 2,9-11; 6,1-7; 8,4-7 u. ö.).

Aus dieser typischen Struktur will W. H. Schmidt in seinem Buch »Zukunftsgewißheit und Gegenwartskritik«[19] (1973) folgern, dass sich die im Gerichtswort ausgesprochene Zukunftsgewissheit dem Propheten zunächst »unbegründet« aufgedrängt habe (63). Darüber hinaus meint er, eine grundsätzliche Diskrepanz zwischen Unheilsankündigung und ihrer Begründung beobachten zu können. Vor allem aber sei gegenüber dem eigentlichen Gotteswort, das letztlich allein theologische Relevanz gehabt habe, die problematische Begründung vom Propheten selbst hinzugefügt und also eine allein vom Zukunftswissen abgeleitete Folge, die nur der Begründung diene. Und so findet sich der erstaunliche Satz: »Nicht die Parteinahme für die Benachteiligten und Entrechteten, sondern der Schuldaufweis ist der eigentliche Anlass der Sozialkritik« (68). Aus diesem Befund folgert Schmidt nun weiter: »Allerdings hat die prophetische Zeitkritik die Aufgabe, die Zukunftsbotschaft zu begründen und verständlich zu machen und steht insofern unter anderen Voraussetzungen als unser heutiges Bewusstsein. Wir mögen von den Propheten in gewissem Maße Anregungen für eine Kritik an Gesellschaft und Gottesdienst empfangen, können aber kaum deren Vorbedingung und Intention übernehmen: Das prophetische Zukunftswissen ist einmalig« (100). Und theologisch sei dieses Zukunftswissen angesichts des eschatologischen Horizontes späterer Theologie und des neutestamentlichen Glaubens auch gänzlich unwiederholbar.

---

18 Zuerst: H. W. Wolff, Die Begründung der prophetischen Heils- und Unheilssprüche, ZAW 52, 1934, 1-22, in: Ders., Gesammelte Schriften zum Alten Testament, TB 22 , [2]1973, 9-35. Wolff hat aber weder hier noch in seinen späteren Arbeiten daraus derart weit gehende Schlüsse gezogen wie die im Folgenden vorgestellten.

19 Grundzüge prophetischer Verkündigung, bst 64, 1973.

In der protestantischen Theologie sind Grundzüge eines solchen Prophetenbildes weit verbreitet, es ist vermutlich innertheologisch die wirksamste Weise der Ausschaltung der prophetischen Tradition. Von Rad etwa hält die Sozialkritik des Amos für allein vom Propheten ersonnen und also nicht einen Teil des göttlichen Wortes[20]. In vielen Predigten und Predigtmeditationen findet man ihre Nachwirkung. Demgegenüber ist mit Nachdruck auf (zumindest) folgende Punkte hinzuweisen:

– Exegetisch ist es völlig eindeutig, dass so die eigenste Struktur der prophetischen Worte in ihr Gegenteil verkehrt wird. Die Logik bzw. Theo-logik ihrer Verkündigung geht ja immer wieder, im Ganzen wie in jedem einzelnen Wort, davon aus, dass Gott das kommende Unheil *wegen* des Unrechts herbeiführt und wegen nichts anderem. Ob für unser Denken die Begründung die Strafe tragen kann, ist natürlich bestreitbar. Aber es für die Propheten selbst zu tun, heißt doch nichts Geringeres, als ihnen ihr Wort zu verbieten. Hier liegt ein besonders deutliches Beispiel dafür vor, wie historisch-kritische Exegese klare Aussagen der Texte außer Kraft setzt.

– Die von Schmidt vollzogene Kontrastierung der *Funktion* des Schuldaufweises mit ihrem *Inhalt*, der (göttlichen!) Parteinahme für die Unterdrückten, ist für meine Wahrnehmung fragwürdig. Waren denn die Propheten in ihrer Begründung so frei, wie dabei suggeriert wird? Konnten sie etwa auch vollkommen andersartige Begründungen formulieren, zum Beispiel (um Silver aufzugreifen) den Vorwurf, dass die Reichen nicht reich genug seien, so dass sich Leistung nicht mehr lohne?

– Die Entschärfung der sozialen Kritik durch den Hinweis auf den späteren eschatologischen Horizont, worin »die geschichtlichen Notwendigkeiten und Möglichkeiten« überstiegen werden (101), ist angesichts der Evangelien und ihrer viel massiveren Reichtumskritik in einem eschatologischen Horizont inakzeptabel und zeigt das offenkundige Interesse einer solchen Exegese.

– Wenn uns die prophetische Zukunftsgewissheit nicht zur Verfügung steht und deshalb die darauf nachträglich bezogene Begründung der Sozialkritik theologisch irrelevant ist, wieso sollten dann andere Aspekte der gleichen prophetischen Verkündigung theologisch für uns von so großer Bedeutung sein? Wieso ist ihr Menschen- oder ihr Gottesbild, ihr Freiheitsverständnis oder ihr Umgang mit Geschichte nicht vom Wegfall der unmittelbaren Zukunftsgewissheit ebenso betroffen? Die Logik der Argumentation ist offenbar vorgetäuscht, es geht um anderes.

d. Auf der Einsicht, dass die prophetischen Bücher insgesamt als nachexilische Kompositionen zu gelten haben und also auf der *redaktionsgeschichtlichen Überholtheit der Sozialkritik*, ruht der letzte hier zu nennende Versuch. In einem Aufsatz »Zur Gegenwartsbedeutung der alttestamentlichen Prophetie« (1985) stellt H.-Chr. Schmitt[21] mit Nachdruck die Bedeutung der späten nachexilischen Schichten der Prophetenbücher für ihre Interpretation am Beispiel von Jes 1-12 heraus. Er unterstreicht damit, was an vielen Stellen in den letzten Jahren über die kanonische Endgestalt der alttestamentlichen Bücher und ihre Bedeutung für jede Exegese gesagt wurde[22]. Es ist in der Tat unstrittig, dass die Worte der sozialkritischen Propheten des 8. und 7. Jahrhunderts eingebettet in Kompositionen der exilisch-nachexilischen Zeit vorliegen und nur aus diesen rekonstruiert werden können. Diese Gesamtkompositionen aber sind entscheidend durch umfassende eschatologische Heilsworte geprägt. Es muss hier

---

20 Theologie II, 139.141.
21 EvErz 37, 1985, 269-285.
22 Hingewiesen sei bes. auf R. Rendtorff, Das Alte Testament. Eine Einführung, ^{2}1985, Teil III.

genügen, an den Schluss des Amosbuches zu erinnern (Am 9,11-15). Unstrittig sollte auch sein, dass es nicht genügen kann, solche späteren Schichten als Zusätze und Ergänzungen zu interpretieren, wie es lange Zeit geschehen ist. Sie stellen deshalb in der Tat die Form dar, in der die vorexilischen Propheten nachexilisch verstanden und rezipiert wurden und sind deshalb entscheidend für ihre kanonische Gestalt.

Nun gehören zu dieser Endgestalt auch die vorexilischen kult- und sozialkritischen Worte. Was besagt ihr neuer Kontext für ihre Interpretation? Zu der scharfen Kultkritik Jesajas in Jes 1,10-17 meint Schmitt, sie sei »nur aus der nachexilischen Situation« zu verstehen. Liest man sie so, wird für ihn sichtbar, dass die »religiöse Identität Israels« letztlich nicht am Kulthandeln, sondern »am religiösen Primat der Ethik« hängt. So zielt der Glaube auf die »ethische(n) Bewährung im Alltag«, was Schmitt in der Nähe zu Luthers »Gottesdienst im Alltag« sieht (281). Nun handelt es sich hier um ein reines Mahnwort. Eine prophetische Gerichtsbotschaft fehlt bzw. ist auf die anfängliche Anrede als »Fürsten von Sodom und Volk von Gomorrha« (Jes 1,10) reduziert. Nur in Form ethischer Mahnung hält Schmitt eine Rezeption der sozialkritischen Prophetie in der nachexilischen Komposition für denkbar. »Demgegenüber ist die vorexilische Prophetie mit ihrer politisch-sozialen Gerichtspredigt in der Gegenwart nicht direkt aktualisierbar. Gegenwartsbedeutung besitzt diese vielmehr nur insofern, als ihre Erfahrung der Verborgenheit Gottes und der Personalität der Gottesbeziehung die in der Exilszeit entstandene Hoffnung auf ein vom Versagen des Menschen unabhängiges neues ›eschatologisches‹ Handeln Gottes ermöglichte« (285).

So deutlich ist das Ergebnis exegetischer Arbeit selten ausgesprochen worden: Sie hat den Nachweis erbracht, dass wichtige Teile der Bibel nicht mehr theologisch relevant sind. Nicht dem Verstehen und Erinnern, sondern der *Ausschaltung* unbequemer Traditionen dient hier historisch-kritische Arbeit ihrem eigenen Selbstverständnis nach. Und dazu wird die so wichtige Frage nach der kanonischen Endkomposition herangezogen. Zur sachgerechten Beurteilung ist zunächst noch einmal darauf zu verweisen, dass der Horizont eschatologischer Heilserwartung weder in der Komposition der Prophetenbücher noch im Neuen Testament zur Liquidierung von Sozialkritik und Gerichtspredigt geführt hat. Das Kreuz hat die Drohung des »Amos« keineswegs hinfällig gemacht[23], wenn man dem Neuen Testament statt einer problematischen Dogmatik folgt. Vielmehr hat gerade eine Heilserwartung, die auf Vergebung beruht und also in der Tat auf ein vom Versagen des Menschen unabhängiges Handeln Gottes wartet, die soziale Kritik noch verschärft und ihre negativen Folgen eben *auch* in einen eschatologischen Horizont gestellt.

Ein historisches Fehlurteil steckt nun aber vor allem darin, dass für die Zeit der späten Phasen der Redaktionsgeschichte und für die Komposition der Prophetenbücher selbst Kritik und Gerichtsbotschaft irrelevant sein könnten. Die in dieser Epoche auftretenden Propheten haben jedenfalls noch mit weitgehend den gleichen sozialen Problemen zu tun (vgl. Neh 5), und sie gehen in ihrer Verkündigung durchaus auf vergleichbare Weise damit um, nämlich durch Gerichtsansage. Das gilt am deutlichsten für Tritojesaja (Jes 58; 59 u.a.). Und dieser Prophet gehört unbestreitbar zur kanonischen Endgestalt des Jesajabuches und hat mit großer Wahrscheinlichkeit auch in Jes 1-12 seine Spuren hinterlassen (z.B. Jes 1,27f.). Warum eigentlich haben schließlich die späten Redaktoren die alten Worte unverändert übernommen, wenn sie

---

23 So R. Smend, Das Nein des Amos (1964), jetzt in: Ders., Die Mitte des Alten Testaments. Gesammelte Studien, Bd. 1, BET 99, 1986, 103.

für sie irrelevant, ja störend gewesen sein sollten? Sind denn durch den Schluss des Amosbuches alle voranstehenden Worte geradezu ungültig geworden? Sollten sie nicht gerade im Licht des hier geschauten Heils neu relevant werden? Die eschatologischen Kompositionen der nachexilischen Zeit haben eben die alte Sozialkritik samt der Gerichtsansage fortgeführt, ja verschärft bis hin zu den Aussagen der Evangelien.

II.

Derartige Versuche, klare Textbefunde mit allem Aufwand historisch-kritischer Methodik unschädlich zu machen, so dass dadurch wirklich »die Zeit des Amos wohl nie mehr, weder unter Jerobeam II. noch heute, noch sonst irgendwann« sein kann[24], führen notwendigerweise auf die Frage, welche Einsicht hier eigentlich verhindert, welche theologischen Impulse diskreditiert werden sollen. Danach soll im zweiten Teil gefragt werden.

Vorausgeschickt sei der keineswegs neue Hinweis darauf, dass es den Propheten wie dem Alten Testament im Ganzen nie um eine Kritik von Reichtum, Luxus und Wohlleben als solchen geht. Bilder vom Überfluss sind nicht nur seit alters mit dem Segen unlöslich verbunden (vgl. nur die Bileamlieder in Num 23f.; Dtn 28,3ff.), damit wird auch in der Prophetie, und keineswegs erst in eschatologischer Perspektive, das eigentliche Ziel Gottes mit seinem Volk bezeichnet. Die Gabe des Landes und seiner Fruchtbarkeit scheint sogar noch in den bedrohlichen Visionen des Amos auf (Am 7,1f. 4). Der häufige Vergleich des Gottesvolkes mit einem fruchtbaren Weinberg (Hos 10,1; Jes 5,1ff.), die Schilderung des einstigen wie des künftigen Jerusalem in Jes 1,21-26, dies und vieles andere lässt nirgends ein asketisches Ideal erkennen. Und Jeremia macht es explizit. In einem scharfen Wort gegen König Jojakim, der sich durch unbezahlte Arbeit einen Luxuspalast bauen lässt (Jer 22,13-19), steht über den König Josia die Formulierung: »Dein Vater hat auch gegessen und getrunken, das war gut für ihn!« (V.15). Solcher Lebensgenuss schließt nicht aus, dass der König, wie im gleichen Vers gesagt wird, Recht und Gerechtigkeit geübt, nämlich den Armen und Elenden zu ihrem Recht verholfen hat (V.15f.). Nicht Reichtum als solcher, sondern die folgenden vier seiner Aspekte sind es, von denen zu vermuten ist, dass sie gerade dann, wenn sie historisch so präzis wie möglich erfasst werden, in unserer Gegenwart irritierend wirken und theologisch inakzeptabel erscheinen.

a. In nahezu allen sozialkritischen Worten wird, sieht man genauer hin, gesagt, dass es die *Herkunft* der Reichtümer ist, die attackiert wird. Es ist die Akkumulation gesamtgesellschaftlichen Reichtums in den Händen weniger, genauer: Es ist die Tatsache, dass dieser Reichtum anderen entrissen wurde, worauf es allein ankommt. Was die einen in Händen haben, ist anderen genommen, was den Kleineren und Schwächeren zusteht, wurde von den Größeren und Mächtigeren angeeignet. Dabei lassen die einfachen und überschaubaren Verhältnisse die Dinge genau und im Detail erkennen. In den Händen der Reicheren sind die Kleider (Am 2,8; Mi 2,8), der Wein (Am 2,8), das Getreide und damit das Brot (Am 5,11), die Häuser (Mi 2,9; Jes 5,8) und die Felder (Mi 2,2; Jes 5,8) der Ärmeren. Den Reichen gehört die Arbeitskraft (Jer 22,13)

---

[24] R. Smend, Das Nein des Amos, 85; auf die Problematik dieser (vielleicht anders gemeinten) Formulierung hat bereits W. Schottroff, Amos – Das Porträt eines Propheten (I), Stimme 24, 1972, 115, aufmerksam gemacht.

der Schwachen, ja gehören deren Familien wie sie selbst (Am 2,6; 8,6). Jesaja bringt es auf den Begriff: *»Das den Armen Geraubte ist in euren Häusern«* (3,14). Der Weg der Güter also ist konkret zu verfolgen, ihr Strom geht von unten nach oben, von den Armen zu den Reichen. Kurz: Sie fressen das Fleisch des Volkes (Mi 3,2f.).

Nicht einmal also die Verschwendung oder das Gegenüber von Luxus und Bettelarmut ist (wie vielleicht in späteren Zeiten) der Kernpunkt, sondern die Entstehung des Reichtums auf Kosten der Armen. Das liegt gerade hier im 8. Jahrhundert bei den Anfängen biblischer Sozialkritik ganz offen zutage. Und alles, was die Propheten sonst angreifen, die körperliche Gewalt, die Manipulation des Rechts und des Gerichtswesens, die Pervertierung des Kultes und der nationalen Heilstraditionen – alles hängt damit zusammen. Dabei werden die Voraussetzungen, die Verschleierungen und die Folgen des Raubs benannt. Und für die Propheten bleibt der Vorgang Raub, wie Jesaja sagt, unabhängig davon, mit welchen Mitteln diese Akkumulation zustande kam, ob mit den rechtlich üblichen und »legalen« von Schulden und Schuldknechtschaft, ob durch Manipulation von Rechtssatzungen (Jes 10,1f.) oder durch offenkundigen Bruch der Rechtsordnung, wie sie Bestechung und Gewalt darstellen.

Die Erkenntnis, dass Reichtum auf Ausbeutung beruht und dass dies im Gotteswort aufgedeckt wird, das scheint Teilen der theologischen Zeitgenossen derart unerträglich, dass es theologisch verdrängt werden muss. Willy Schottroff hat diese Erkenntnis so formuliert: »Indem die Propheten Israels bei der Analyse ihrer Zeit *Reichtum und Armut als Phänomene nicht gegeneinander isolierten*, wie dies – aus leicht erklärlicher apologetischer Absicht – in unserer Gesellschaft weithin geschieht, sondern beide als zusammengehörig betrachteten, erkannten sie scharfsichtig den unmittelbaren Zusammenhang, der in der Gesellschaft aller Zeiten zwischen dem Reichtum der Wenigen und der Armut der Vielen besteht. Und sie durchschauten ebenso klar den tiefen Widerspruch, der sich überall zwischen der die realen Verhältnisse gestaltenden Macht und dem von ihr erhobenen Anspruch, Gerechtigkeit für alle zu verwirklichen, auftut«[25].

b. Mit dem, was den Armen geraubt wurde, kommen aber nun auch *»Gewalttat und Bedrückung in die Wohnburgen«* der Mächtigen selbst (Am 3,10). Was hier Einzug hält, ist nicht nur materieller Überfluss; der bringt anderes mit sich. Diese eher anthropologischen Voraussetzungen und besonders die Folgen des Raubs sind das Zweite, was zu nennen ist. So spiegeln viele Prophetenworte ein verwundertes Entsetzen über die Kälte und Gleichgültigkeit, mit der Arme, mit der Witwen und Waisen entrechtet und ausgepresst werden. In einer noch stark auf verwandtschaftlichen Beziehungen gegründeten Gesellschaft, in der die entsprechenden Normen und Werte gerade auch auf der Gefühlsebene wirksam sind, geschieht hier ein erster massiver Einbruch. Die Propheten können offenbar davon ausgehen, dass die pure Nennung der Ereignisse als Schuldaufweis ausreicht und Anlass zum Entsetzen geben wird.

Vor allem aber benennen sie *Folgen* der Ausbeutung. Zwei Amosworte deuten auf zwei miteinander verbundene Aspekte. *»Sie kümmern sich nicht um den Schaden Josephs«* (Am 6,6) heißt das eine. Solche Verblendung für die Zukunft des eigenen Volkes tritt nicht erst in den prophetischen Zukunftsansagen auf, sondern ist bereits Teil der Gegenwartskritik – sie ist sozusagen das Konstante, was die Katastrophe

---

[25] Hoffen auf Gottes Herrschaft über die Erde. Gerechtigkeit und Macht – Konkretionen des Alten Testaments, Botschaft und Dienst 38, 1987, 24f.

auslöst und in ihr noch deutlicher zutage tritt. Das Verhalten der Kritisierten ist so sehr auf Vermehrung von Wohlstand und Einfluss aus, dass die Folgen nicht gesehen werden können und unbedacht bleiben. *»Ihr habt den Weinberg abgeweidet«* (Jes 3,14) lautet ein besonders markantes jesajanisches Bild für diesen Zusammenhang. Treibt man Vieh in einen Weinberg und es frisst die Weinstöcke ab, so ist keine Frucht mehr zu erwarten. Was hier Anklage ist, wird in exakt demselben Sinn vom gleichen Jesaja im Weinberglied als Ausdruck künftiger Strafe verwendet (Jes 5,5f.). Das heißt: Im jetzigen Verhalten drückt sich bereits das kommende Unheil aus (vgl. dazu auch Jes 5,8.9f.). Das gegenwärtige Verhalten zerstört die Zukunft und ist blind, das zu erkennen.

»Sie verstehen nicht, das Rechte zu tun« (Am 3,10). Ausbeuter werden zu einem sachgerechten ethischen Verhalten unfähig. Immer wieder wird mit Erschrecken betont, dass sie Gutes und Schlechtes verwechseln und ineinander verkehren:

> *Wehe! Sie nennen das Böse gut und das Gute böse,*
> *machen die Finsternis zum Licht und das Licht zur Finsternis,*
> *machen das Bittere süß und das Süße bitter.*
> *(Jes 5,20; vgl. Mi 3,2)*

Wenn Jesaja von Verstockung redet, die seine prophetische Botschaft bewirkt, formuliert er nur besonders zugespitzt, was breit zu belegen ist: die blind machende Wirkung des auf Unrecht ruhenden Reichtums. Ein klares Urteil ist gar nicht mehr möglich.

Solche Blindheit kommt besonders in dem Begriff zum Ausdruck, der heute der Rechtfertigung von Krieg dienen soll: Dem der Verantwortung. Die Verkehrung von Gut und Böse wird hier massiv greifbar. Verantwortungsethik – dieser Begriff wurde von Max Weber kritisch gegen eine Haltung entwickelt, die sich allein auf vorgängige ethische Urteile unter Absehung von Folgen und Zusammenhängen gründet. Unverantwortlich etwa sei purer Pazifismus[26]. Doch gerade diejenigen, die den Begriff zentral verwenden, weigern sich meist konsequent, die absehbaren und unabsehbaren Folgen ihres Handelns ernsthaft ins Auge zu fassen. Verantwortung ist geradezu ein Begriff für Verantwortungslosigkeit geworden. In diesen Tagen machen alle nur den Gegner verantwortlich für die Folgen des Krieges für die Ökologie, die Kontamination großer Gebiete, den weltweiten *fallout*. Und was überhaupt hieße Verantwortung angesichts von Folgen, die viele Generationen tragen müssen und die bereits im politischen Feld gänzlich unabsehbar sind?

Ich möchte aber nicht nur über andere reden. Wo die Folge ethische und religiöse Blindheit ist, sind wir selbst davon betroffen, soweit wir von den Folgen der Ausbeutung profitieren, und das tun wir zweifellos. Müssen wir nicht an dieser Stelle damit rechnen, dass wir selbst einbezogen sind in diese wachsende Unfähigkeit, das Rechte zu erkennen und für den Schaden Josephs zu sorgen? Und das muss und wird auch und gerade die theologischen Erkenntnismöglichkeiten im Kern treffen. Jedenfalls muss eine in unserem Kontext getriebene Theologie, nimmt sie die Bibel ernst, auch ihre eigenen Blindheiten in Rechnung stellen. Man kann hier wohl nur entweder die Texte ernst nehmen oder die eigene Urteilsfähigkeit. Der Bezug auf die Bibel einerseits und die Verbindung mit Menschen und deren Theologie, die aus anderem

---

26 So der aktuelle Bezug bei M. Weber, Politik als Beruf, 1919, in: Gesammelte politische Schriften, 1971, 505-560.

Kontext stammen, andererseits sind Möglichkeiten der Orientierung und Selbstkorrektur. Der Zweifel aber muss bleiben.

Ich frage mich, ob nicht in den beiden folgenden Punkten diese Blindheit am Werk ist und es unserer Theologie oft deshalb so schwer fällt, zu klaren Urteilen zu kommen, und zwar in beiden Kontexten, damals wie heute. Es geht mir deshalb mehr darum, Fragen zu stellen und so vielleicht auch Defizite in Forschung und Theologie anzusprechen.

c. Das eine ist die Verbindung von Ungerechtigkeit und Ausbeutung mit einer zu erwartenden außenpolitischen und militärischen Katastrophe. Das macht ja einen entscheidenden Teil der prophetischen Verkündigung aus. Und ich denke, es ist ganz sicher richtig, was Willy Schottroff bereits 1968 zum Weinberglied schreibt: »Eine Ordnung, die gegenbildlich der von Jesaja gegeißelten entspräche und heil wäre, müsste so beschaffen sein, dass sie das leicht zu brechende und darum in der Geschichte menschlicher Gemeinschaft stets auch gebrochene Recht des Schwachen als den absoluten Anruf Gottes, d.h. als das Kernproblem begriffe, an dem sich Sein oder Nichtsein einer Gemeinschaft entscheidet«[27]. Sein oder Nichtsein – ich würde das ähnlich sagen, doch damit sprechen wir ja auch viel abstrakter, als es die Propheten taten. Nun wird man gerade hier noch weniger als sonst die Propheten über einen Kamm scheren können. Die soziale und politische Lage wie das jeweilige Denken waren so differenziert, dass hier alles am Detail hängt. Wenn wir aber die Unfähigkeit zur Gerechtigkeit, zum angemessenen ethischen Verhalten als Ausgangspunkt wie als Folge, als Tat wie als Strafe verstehen, liegt dann nahe, den Propheten wirklich ein recht äußerliches Verknüpfen zu unterstellen, wie es die Wissenschaft weithin tut: Sie sahen das Unrecht auf der einen Seite, und sie sahen die vorrückende assyrische Macht auf der anderen Seite und verknüpften beides. Ich fürchte, dass wir bei solcher Sichtweise dringend notwendige Erkenntnisse verschenken. Dass Habsucht, Ausrichtung auf Profit und Steigerung des Wohllebens katastrophale Folgen haben, sehen wir heute in manchen Zusammenhängen öffentlich offenbart. Und es schwebt als Menschheitsgeschick über uns. Wie massiv aber musste es kommen, um uns darauf zu stoßen. In vielen Zusammenhängen erkennen und glauben wir es immer noch nicht. Dabei bieten die Propheten die Chance, diese Zusammenhänge in großer Vielfalt im Detail unterschiedlicher politischer Konstellationen und auch vor und unterhalb der apokalyptischen Perspektiven zu studieren.

d. Schließlich geht es um die religiösen und theologischen Aspekte. Die Blindheit gilt nicht bloß in der Ethik, sie gilt gegenüber Gott selbst. Die Verblendung durch geraubten Wohlstand lässt zunächst bereits das prophetische Wort selbst höhnisch abweisen (Mi 2,6.11; Jes 5,19). Die Propheten sehen die überlieferte Religion Israels, sehen Opfer und Gebet, sehen die Gottesbeziehung selbst zur Farce werden. Es können offensichtlich von der Gruppe der Unterdrücker, Profiteure und der Zuschauer nur Traditionen aufgenommen werden, die ungebrochen von Heil reden. Man vertraut auf die Sicherheit, die der Zion verspricht (Mi 3,11), rechnet in allen Gefahren mit dem Mitsein Gottes (Am 5,14). Kritische Aspekte der eigenen Tradition werden zum Schweigen gebracht (Am 2,12; Mi 2,6).

---

27 Das Weinberglied Jesajas (Jes 5,1-7). Ein Beitrag zur Geschichte der Parabel, ZAW 82, 1970, 90.

Und es ist wohl dieser nachdrückliche Zusammenhang zwischen dem auf Ausbeutung der Ärmsten beruhenden Reichtum mit der Blindheit für das Geschick anderer und das des Ganzen, der zur Pervertierung des Glaubens zu einer reinen Heilsgarantie führt. Hier liegen die massivsten Bezüge zur herrschenden Theologie in den Kirchen des reichen Europa im 20. Jahrhundert. Dieser Zusammenhang besonders ist es, der den großen Aufwand an Verdrängungsenergie immer wieder nötig, aber auch möglich macht und hervorbringt. Die Heilstheologie, die die Propheten attackieren, feiert als angeblich christliche Heils-Botschaft fröhliche Urständ. Da kommen dann solche Formulierungen heraus wie die, dass das Kreuz »die Drohung des Amos hinfällig« gemacht habe: »An der Größe, ja Totalität der Drohung des Amos können wir das uns zugewendete Ja Gottes ermessen«[28]. Dazu muss man zunächst den Amos auf einen absoluten, totalen Unheilspropheten reduzieren, ihn den Untergang Israels ansagen lassen, um dann solches für uns – ausgerechnet uns! – aufzuheben. Die Unfähigkeit, die in den prophetischen Büchern vorliegende Verbindung von Gericht und Heil, von Am 8,2 und 9,11ff. zu verstehen, ist real und betrifft uns als Exegeten direkt. Beides wird literarkritisch wie theologisch auf gleich fragwürdige Weise getrennt. Und es erscheint fast unvermeidbar, solche Trennung zu wollen und zu legitimieren. Das gilt auch für die prophetische Rede von Präsenz und Abwesenheit Gottes, von Zerstörung und Bewahrung Israels, von Nicht-Vergeben und überwältigender Liebe Gottes. Beides steht in den gleichen Texten, und alles hängt daran, eben dies zu verstehen. Solches Unvermögen aber ist wohl gar nicht anders möglich, wenn man die Texte liest in einem Land, das so voll ist von Silber und Gold, voll Waffen und voll Götzen, wie das unsere. Sie reden von etwas, wofür wir weithin blind sind, und manchmal müssen wir mit dem Kopf in aller Härte darauf gestoßen werden. Die prophetische Sozialkritik haben wir theologisch zu rezipieren erst begonnen. Wenn wir leben wollen, sollten wir daran arbeiten. Der, den wir heute feiern, hat dazu Wichtiges beigetragen. Wir hoffen, dass er und wir alle Zeit haben werden und Kraft, diese Vergangenheit zu erforschen, sie zu erinnern, »um sie im gegenwärtigen Handeln bestimmend werden zu lassen«[29].

---

28 Smend, Das Nein des Amos, 103.

29 Schottroff, »Gedenken«, 136. Das Voranstehende ist auch eine Frucht von Gesprächen mit Haroldo Reimer und Christof Hardmeier (auf dessen einschlägige Arbeiten ausdrücklich verwiesen sei), für die ich dankbar bin.

Hosea und die Entstehung des biblischen Geschichtsbildes

Es soll im Folgenden um den Beitrag des Propheten Hosea bzw. des Hoseabuches zu jenem Umgang mit Geschichte, also dem Geschichtsbild, der Geschichtstheologie und der lebensweltlichen Verankerung des Geschichtsbezuges gehen, wie sie von der biblischen Tradition her für Judentum wie Christentum typisch ist. Glaube wie Praxis, damit Bewältigung und Verständnis von Gegenwart wie Zukunft erfolgen in den auf die Bibel bezogenen Gemeinschaften ja durchgängig durch – jedenfalls nie ohne – Auslegung der im biblischen Kanon Schrift gewordenen grundlegenden Geschichtserzählung, für die der traditionelle Begriff der ›Heilsgeschichte‹ ein eher missverständliches Wort ist. »Erinnern, wiederholen, durcharbeiten« – die Freud'sche Trias beschreibt exakt den Umgang mit der kanonischen Geschichtsdarstellung bis in jeden einzelnen Gottesdienst hinein.

Für dieses Geschichtsbild seien in aller Knappheit folgende charakteristische Züge genannt:

– Es handelt sich durchgängig um Interaktionen zwischen Gott und Mensch. Die Geschichte erwächst aus Erfahrungen und Reaktionen beider Seiten. So bunt und gegensätzlich sowohl erzählerisch wie theologisch die Darstellungsweise auch sonst ist, das hält sich durch.

– Die Geschichte wird als Einheit gesehen, die die gesamte Menschheit und in ihr das eigene Volk umfasst. Sie beginnt mit der Schöpfung und den menschheitlichen Ereignissen der Urgeschichte, geht über die Anfangsgeschichte Israels in den Väter- und Müttergeschichten der Genesis, zu Exodus, Wüstenwanderung und Landnahme, umfasst die politische Nationalgeschichte Israels mit Staatenbildung und Königszeit, das babylonische Exil und die Phasen des Neubeginns in der persischen Zeit. Nicht im alttestamentlichen Kanon, wohl aber in außerkanonischen Anschlussschriften wie den Makkabäerbüchern findet sich die Fortsetzung mit den Ereignissen der hellenistischen und römischen Zeit – und prinzipiell bis in die jeweilige Gegenwart hinein. Und die eschatologischen Erwartungen, besonders in Form der apokalyptischen Bilder sprechen vom Ende der Geschichte und dem Übergang in die endgültige Gottesherrschaft. Alle diese Ereignisse sind auf einer einzigen Zeitachse angeordnet; damit entfällt jede grundsätzliche Kluft zwischen mythisch-urzeitlicher, grundlegend-heilsgeschichtlicher und gegenwärtiger Zeit.

– Im Zentrum steht die Geschichte des Volkes Israel in seiner Gesamtheit mit seinen inneren und äußeren Konflikten. Es geht nicht um die Geschichte von Dynastien oder Adelsgeschlechtern; sie sind nur in ihrer Bedeutung für das Volk im Ganzen wichtig.

– Besonders typisch ist die Einheit von Geschichtsereignissen, mit jeweils ätiologischen und paradigmatischen Zügen einerseits und von dauerhaft gültigen Normsetzungen andererseits, wie sie vor allem in der Gabe der Tora am Sinai/Horeb erfolgt, aber auch in prophetischer Verkündigung und Weisheitslehre bis hin zur Bergpredigt. Das biblische Geschichtsbild umfasst also in jüdischer Terminologie Haggada und Halacha, die sich beide durchdringen.

– Wie jede Geschichtserzählung ist auch diese von späteren Erfahrungen her und auf sie hin erzählt. Dass sie durchgängig als Geschichte von Schuld und Versagen, Vergebung und Neubeginn, Katastrophen und ihrer Überwindung handelt, liegt daran, dass in ihr die Erfahrungen vieler Generationen ihren Niederschlag gefunden haben und sie wohl gerade auch deshalb für immer neue Generationen wichtig werden kann.

Mit der Frage, wie und wann diese kanonische Geschichtsdarstellung entstanden ist, ist zugleich ein methodisches Kernproblem der alttestamentlichen Wissenschaft gegeben, ob und wie nämlich aus dem vorliegenden und unstrittig späten kanonischen Erzählzusammenhang ältere, in ihm verarbeitete Quellen und Traditionen herausgefiltert und historisch eingeordnet werden können. Lange Zeit dafür bestehende wissenschaftliche Konsense, wie die Annahme einer meist im 10. Jh.v.Chr. datierten ältesten Quellenschrift – ›Jahwist‹ (J) genannt – als Grundlage des Pentateuch, bestehen heute nicht mehr. Das Pendel der Forschungsgeschichte schlägt derzeit deutlich in Richtung Skepsis und Spätdatierung aus.[1] So ist heute jede Herausarbeitung älterer literarischer Komplexe aus der Zeit vor dem Exil und damit dem 6. Jh.v.Chr. umstritten und unsicher, insbesondere was literarischen Umfang und Schichtung sowie ihre historische Ansetzung betrifft, obwohl im Prinzip nicht strittig sein kann, dass der Pentateuch wie das so genannte deuteronomistische Geschichtswerk, das die Bücher Deuteronomium (5 Mose), Josua, Richter, 1/2 Samuel und 1/2 Könige umfasst, vorexilische literarische Komplexe in sich integriert haben.

Es ist deshalb auch methodisch von besonderer Wichtigkeit, unabhängige, außerhalb der biblischen Geschichtserzählung liegende Quellen für die Entstehung dieses Geschichtsbildes zu gewinnen, und eine solche könnte vor allem in den Geschichtsbezügen der vorexilischen Prophetie liegen. Bei aller Skepsis, die zunehmend auch gegen eine vorexilische Entstehung dieser Texte laut wird, ist doch hier am ehesten ein tragfähiger Grund gegeben, von dem die Rekonstruktion der Genese des biblischen Geschichtsbildes ausgehen kann. Meine These ist, dass es die spezifisch prophetische Wahrnehmung der Bedrohung Israels durch die vordringende assyrische Großmacht im 8. Jh.v.Chr. gewesen ist, die das bis dahin vorherrschende einfachere Geschichtsbild tiefgreifend verwandelt und damit die Grundlage für die Entstehung der umfassenden biblischen Geschichtsdarstellung und ihrer Besonderheiten gelegt hat. In den Blick kommen bei den Propheten von den Herausforderungen ihrer Zeit her zum einen die Einheit der Geschichte – die mit der Einheit Gottes zusammenhängt – und zum anderen die Verwobenheit von Heil und Schuld als konstitutive Bestandteile biblischen Geschichtsdenkens. Beides ist sachlich aufs Engste miteinander verbunden. Ist das richtig, wäre weder die klassische Frühdatierung, mit einem ›Jahwisten‹ bereits im 10. Jh.v.Chr., noch die derzeit verbreitete Spätdatierung im Recht, die die Entstehung der Besonderheiten Israels nicht vor dem Exil, also dem 6. Jh., für möglich hält.

Das Hoseabuch mit seiner großen Fülle historischer Bezüge ist für diese Fragen nun zweifellos besonders wichtig. Nach den Angaben seines Buches hat dieser Prophet in der letzten Zeit des Nordstaates Israel bis in die Katastrophe von 722 v.Chr. hinein gewirkt (Hos 1,1). Sein Hauptthema ist das bevorstehende Gericht, mit den Assyrern als Werkzeug Gottes, und mit ihm die Begründungen für eine solche negative Perspektive aus Vergangenheit und Gegenwart heraus, sowie die Frage nach einer möglichen Zukunft jenseits des Gerichts. Was die Entstehung der hoseanischen Texte angeht,[2] dürfte weder die traditionelle Sicht im Recht sein, die als Grundstock

---

1 Eine Einführung in den gegenwärtigen Stand der wissenschaftlichen Diskussion geben E. Zenger u.a., Einleitung in das Alte Testament, KStTh 1,1, 1995.

2 Ein Überblick bei Zenger u.a., Einleitung, 377f.

des Buches mit Aufzeichnungen Hoseas oder seiner unmittelbaren Schüler noch vor dem Ende Samarias rechnet,[3] noch die Auffassung, die Texte seien ganz oder zumeist erst in größerem historischen Abstand, also etwa im Exil, entstanden.[4] Im Sinne einer hier nicht näher zu begründenden Arbeitshypothese liegt dem Folgenden vielmehr die Annahme zugrunde, der Grundstock des Buches sei relativ rasch nach der Katastrophe des Nordreiches schriftlich niedergelegt worden.[5] Damit sind für die Grundschicht – und also abgesehen von deutlich erkennbaren späteren Bearbeitungen[6] – eine historische Nähe zum Propheten, aber auch die wichtigste Bestätigung seiner Verkündigung Grundlage des Ganzen, zugleich von vornherein aber auch die Fragen nach Juda, also über das Nordreich hinaus, sowie überhaupt nach der Zukunft Israels durchgängig konstitutiv.

Im Folgenden sollen zunächst einige Beispiele aus der Fülle hoseanischer Geschichtsanspielungen vorgestellt werden (1.), um dann in zwei Schritten nach der Einheit der Geschichte (2.) und nach dem Umgang mit Schuld im Geschichtsbezug (3.) zu fragen.

I. Beispiele

Aus der Fülle der im Hoseabuch genannten historischen Ereignisse seien im Folgenden vier Beispiele herausgegriffen, um an ihnen – gegenüber der kanonischen Geschichtserzählung in umgekehrter zeitlicher Folge angeordnet – Typisches aufzuzeigen.

Jehu und seine ›Revolution‹

Die erste Texteinheit des Buches in Hos 1,2-9 berichtet von den Symbolnamen, die Hosea den von seiner Frau Gomer[7] geborenen Kindern geben soll. Wie die Namen der Tochter ›*Ohne-Erbarmen*‹ (1,6) und des zweiten Sohnes ›*Nicht-mein-Volk*‹ (1,9) mit den anschließenden Begründungen zeigen, liegt eine Steigerung vor. Beim ersten Sohn heißt es:

Da sprach Jhwh zu ihm:
›Nenne seinen Namen Jesreel,
denn nur noch kurze Zeit,

3 So H. W. Wolff, Dodekapropheton 1. Hosea, BK XIV/1, ^{3}1976; W. Rudolph, Hosea, KAT XIII/1, 1966; A. Deissler, Zwölf Propheten. Hosea. Joel. Amos, NEB, 1981.

4 Vgl. G. A.Yee, Composition and Tradition in the Book of Hosea. A Redaction Critical Investigation, SBL. DS 102, 1987; M. Nissinen, Prophetie, Redaktion und Fortschreibung im Hoseabuch. Studien zum Werdegang eines Prophetenbuches im Lichte von Hos 4 und 11, AOAT 251, 1991.

5 So bes. J. Jeremias, Der Prophet Hosea, ATD 24/1, 1983; jetzt auch für Amos: Ders., Der Prophet Amos, ATD 24/2, 1995, XIX, wobei er Hosea für älter hält.

6 Vgl. bes. G. J. Emmerson, Hosea. An Israelite Prophet in Judean Perspective, JSOT.S 28, 1984; T. Naumann, Hoseas Erben. Strukturen der Nachinterpretation im Buch Hosea, BWANT 131, 1991.

7 V.2 wird insbes. im Blick auf das Thema Hurerei meist als später aufgefüllt betrachtet; s. etwa Jeremias, Hosea, 1983, 24ff.

da suche ich heim die Blutschuld von Jesreel am Hause Jehu, und ich beende das Königtum des Hauses Israel.‹ (1,4)[8]

Der Name Jesreel steht für die fruchtbare Ebene, die im Norden das Land von West nach Ost durchzieht und als seine Kornkammer gilt. Zugleich bezeichnet er eine Stadt an ihrem Südrand. In ihr haben nach der Geschichtserzählung von 2 Kön 9f. die entscheidenden Vorgänge des blutigen Putsches stattgefunden, mit dem im Jahr 845 v.Chr. der hohe Offizier Jehu die Dynastie der Omriden ausrottete und sich selbst auf den Thron brachte.[9] Die Rede vom Blutvergießen Jehus erinnert offensichtlich an jene Massaker, mit denen nicht nur die gesamte herrschende Dynastie, sondern mit ungeheurem religiösen Fanatismus alle Anhänger Baals liquidiert wurden (bes. 2 Kön 10,18ff.).

Der Name des ersten Sohnes soll als negativer Symbolname auf die bevorstehende göttliche Ahndung dieser Tat hinweisen. Und zwar zunächst am Haus Jehu, also der von ihm begründeten Dynastie, die im Jahre 747 v.Chr. mit der gewaltsamen Beseitigung des Königs Sacharja durch Schallum ben Jabesch beendet wurde. Offenbar noch im gleichen Jahr wurde dieser wiederum von Menahem aus Tirza gewaltsam abgelöst (2 Kön 15,8ff.).[10] Das in Hos 1,4 angesagte Eingreifen Gottes geht aber erheblich weiter, es betrifft über die einzelne Dynastie hinaus das ›Königtum des Hauses Israel‹ insgesamt, dabei meint ממלכות nicht ein einzelnes Königshaus, sondern das Königtum insgesamt, die eigene Staatlichkeit, die also wegen der Massaker Jehus ein Ende finden wird.

Erstaunlich ist, dass gerade dieses Ereignis derart negativ bewertet wird, als Verbrechen, das die Zukunft des gesamten Staates in Frage stellt. Denn Jehu war nach 2 Kön 9,1ff. von einem Schüler des Propheten Elischa in dessen direktem Auftrag zum König gesalbt worden, und er hat auch die besondere Jhwh-treue Gruppe der Rekabiter bei seinem Aufstand hinter sich gehabt (2 Kön 10,15ff.). Die blutigen Konflikte zwischen Baal- und Jhwh-Anhängern unter den Omriden, wie sie sich in den Überlieferungen über die Propheten Elia und Elischa spiegeln, kamen mit Jehu zu Ende.[11] Jehu musste also als Vertreter der Jhwh-treuen Kreise erscheinen. Und etwa ein Jahrhundert später bewertet der Prophet Hosea dessen Handlungen derart negativ, dass die im Namen des israelitischen Gottes begangenen Taten von eben diesem Gott mit dem Ende der Staatlichkeit Israels – und das heißt faktisch mit der Beseitigung des Nordstaates durch die Assyrer – beantwortet werden.

Die Knappheit der Formulierung lässt nun leider in der entscheidenden Frage, wie der Zusammenhang von Vergangenheit, Gegenwart und Zukunft genau zu denken ist, nur Vermutungen zu. J. Jeremias hat mit Nachdruck darauf verwiesen, dass »der Prophet sonst nie die Strafe Gottes für weit (ein Jahrhundert!) zurückliegende Schuld ankündigt, sondern stets für gegenwärtige Vergehen«.[12] Jehus Tat sei deshalb »nicht um ihrer selbst willen«[13] genannt, es ginge letztlich nur um »das Gesicht des

8 Die parallele Zukunftsaussage von V.5 hat eine eigene Einleitungsformel und wird meist als spätere Ergänzung angesehen; vgl. z.B. Jeremias 1983, 24ff.

9 Vgl. H. Donner. Geschichte des Volkes Israel und seiner Nachbarn in Grundzügen. Teil 2: Von der Königszeit bis zu Alexander dem Großen, GAT 4/2, 1986, 274ff.

10 Dazu Donner 1986, 303.

11 Vgl. zu dieser Periode R. Albertz, Religionsgeschichte Israels in alttestamentlicher Zeit. Teil 1: Von den Anfängen bis zum Ende der Königszeit, GAT 8/1, 1992, 226ff.

12 Jeremias, Hosea, 1983, 30.

13 Ebd. 31.

Königtums seiner eigenen Tage«.[14] Nun ist in der Tat an einigen anderen Stellen eindeutig gesagt, dass ein Vergehen der Vergangenheit seine Fortsetzung bis in die Gegenwart findet (z.B. 10,9; dazu gleich u.). Dennoch darf der Satz: »wo er (Hosea) frühere Geschichtsereignisse nennt …, da tut er es, um gegenwärtige Schuld aufzudecken«[15] wohl nicht einfach zum Interpretationsschlüssel für andere Stellen gemacht werden. Mit dem Begriff ›Blut(schuld)‹ sind 1,4 ungesühnte Bluttaten der herrschenden Dynastie angesprochen, die die Zukunft mit prägen.[16] Die Schuld und mit ihr die Opfer der Vergangenheit sind nicht einfach vergangen, sie bestimmen auch da die Gegenwart und damit die Zukunft mit, wo sie sich nicht aufweisbar in ihr wiederholen oder fortsetzen.

Gibea und sein Verbrechen

Auch bei ›Gibea‹ handelt es sich um einen Ortsnamen, der für ein negativ besetztes Ereignis der Vergangenheit steht. Zweimal wird er in dieser Weise verwandt. Zunächst in 9,9:

Sie haben zutiefst verdorben gehandelt
wie in den Tagen von Gibea.
Er gedenkt ihrer Schuld,
sucht heim ihre Sünden.

Hier geht es um ein Verhalten in der Gegenwart, das mit dem *»in den Tagen von Gibea«* verglichen wird (»wie«/כ). Es bewirkt eine Schuld, die von Gott erinnert und geahndet werden wird; vgl. 9,7: *»Gekommen sind die Tage der Heimsuchung, gekommen die Tage der Vergeltung«.*[17]

Ausdrücklich um Kontinuität zwischen Vergangenheit und Gegenwart geht es in 10,9:

Seit den Tagen von Gibea hast du gesündigt, Israel;
dort sind sie stehen geblieben.
Wird sie nicht in Gibea Krieg erreichen
der Frevler wegen?

Der Begriff der ›zweifachen Schuld‹ im nächsten Vers 10,10 bezeichnet wohl exakt den Zusammenhang von damals und heute. Die Art der Strafe wird sodann mit der Ankündigung einer Versammlung von Völkern gegen Israel konkretisiert (V.10). Von Kriegslärm und Vernichtung sprechen auch V.14f.

---

14 Ebd. 31.

15 Ebd. 30.

16 Dieser Zusammenhang wird m. E. auch von T. E. McComiskey, Prophetic Irony in Hosea 1,4. A Study of the Collocation *pqd 'l* and its implications for the Fall of Jehu's Dynasty, JSOT 58, 1993, 93-101 zu sehr heruntergespielt, der lediglich einen ironischen Hinweis auf die Zusammenhänge von Anfang und Ende der Jehu-Dynastie in der Formulierung von Hos 1,4 belegt findet.

17 Auf die schwierigen Fragen von 9,7b.8 kann und braucht hier nicht eingegangen zu werden; außer den Kommentaren vgl. P.A. Kruger. The Prophet >with< God. The Prophetic Image in Hosea 9: 7b-8 and the Colometrie, UF 25, 1993, 93-101.

Bei der Orts-Chiffre ›Gibea‹ geht es wohl nicht um das Königtum des ersten israelitischen Königs Sauls, der von hier stammt (1 Sam 10,26; 11,4f.; 15,34 u. ö.),[18] sondern um die in Ri 19-21 berichteten Ereignisse,[19] von denen speziell der Bruch der Gastfreundschaft durch die Massenvergewaltigung mit Todesfolge der Frau eines durchreisenden Leviten in Ri 19,30 als analogieloses Verbrechen bezeichnet wird, das ähnlich wie die Ereignisse in Sodom (Gen 19) geschildert wird. Bürgerkriegsähnliche Wirren und die nahezu vollständige Auslöschung eines Stammes sind die Folgen (Ri 20f.). Was in Gibea begann, wirkt bis in die Gegenwart weiter und endet mit der bevorstehenden Katastrophe.

Erwählung in der Wüste und Abfall am Baal Peor

Den beiden rein negativen Beispielen, wo es sozusagen um Leichen in den Kellern der Vergangenheit geht, stelle ich zwei andere gegenüber, bei denen auf positive Gottestaten negative Reaktionen folgen, wo also ein Bruch in der Geschichte vorliegt. Dabei geht es um die positiven, aber schuldhaft verspielten Anfänge der Gottesbeziehung.

Wie Trauben in der Wüste fand ich Israel;
wie eine Frühfrucht am Feigenbaum – als seinen Erstling –[20]
erblickte ich eure Väter.
Sie aber kamen nach Baal Peor
und weihten sich der Schande,
und wurden Scheusale wie ihre Liebhaberei. (9, 10)

Wie die Folge zeigt, hat der Prophet wiederum massive negative Wirkung in der nahen Zukunft im Auge (V.14: »*Gib ihnen unfruchtbaren Mutterleib und vertrocknete Brüste.*«).

Es geht offenkundig um die Anfänge der Beziehung zwischen Gott und Volk. Jhwh ›fand‹ Israel in der Wüste. Das verwendete Bild malt die positive Seite: Was gibt es Köstlicheres als Trauben und Feigen mitten in der Wüste, und was ist dort weniger zu erwarten? So wertvoll, so reizvoll, so überraschend war Israel für Gott, als er es zuerst erblickte.

Den positiven Anfängen, der ersten Liebe, wie Jeremia später sagt (Jer 2,2), wird abrupt der Bruch gegenübergestellt. Bei Baal Peor handelt es sich um ein kanaanäisches Heiligtum im Ostjordanland. Offenkundig die gleiche Tradition ist in Num 25,1ff. bewahrt. Beide Male geht es um die Verehrung Baals, der hier wie anderswo als ›Schande‹ (בשת) bezeichnet wird, und zwar schon bei der ersten Gelegenheit, am ersten Heiligtum fremder Götter, dem man beim Kontakt mit dem Kulturland begegnet, und um damit in Verbindung stehende Sexualriten bzw. -beziehungen. Den hellen Anfängen kontrastiert der Verrat der Beziehung. Er und seine Folgen bestimmen seither die Realität (V.11ff.). Dieser Bruch vollzieht sich mit dem Eintritt Israels aus

18 So z.B. J. Wellhausen, Die Composition des Hexateuchs und der historischen Bücher des Alten Testament, [4]1963, 233.

19 Außer den Kommentaren vgl. bes. O. Keel, Wirkmächtige Siegeszeichen im Alten Testament, OBO 5, 1974, 13ff. Speziell an Ri 20 bzw. eine mündliche Vorform davon denkt P. M. Arnold, Hosea and the Sin of Gibeah, CBQ 51, 1989, 447-460.

20 Wird nahezu durchgängig als ergänzende Glosse angesehen; Jeremias, Hosea, 1983, 119 u.v.a.

der Wüste in das Kulturland; seine negativen Konsequenzen werden in der nahen Zukunft offen zu Tage treten.

Exodus, Abfall und die Umkehr Gottes

Wiederum um die Anfänge der Beziehung zwischen Gott und Volk geht es in Hos 11, einem der theologisch bedeutendsten Texte überhaupt, der hier nur gestreift werden kann.

Als Israel ein Junge war, da gewann ich ihn lieb;
und aus Ägypten rief ich meinen Sohn.
Man rief[21] *sie,*
da gingen sie von meinem Angesicht weg.
Den Baalen wollten sie opfern,
und den Götterbildern räuchern. (11,1-2)

Der für viele alttestamentliche und speziell auch hoseanische[22] Texte grundlegende Beginn der Geschichte Israels mit seinem Gott in der Befreiungstat des Exodus wird hier als Ruf von Vater oder Mutter an den jungen Sohn dargestellt, der in der elterlichen Liebe gründet. Der leider sehr schwierige Text in 11,3f. beschreibt diese Anfangsbeziehung mit Bildern, die aus der Erziehung eines Kleinkindes stammen, jedenfalls teilweise.[23] Auch auf dieser Bildebene erfolgt der Bruch: *»Aber sie erkannten nicht, dass ich sie heilte«* (11,3). Die engste Liebesbeziehung zerbricht durch Verrat und Nichtanerkennung. Die negativen Folgen in der Zukunft werden massiv geschildert: »Dann wird das Schwert kreisen in seinen Städten« (11,6[24]). Offenkundig ist auch hier vorausgesetzt, dass der Bruch mit den Anfängen bis in die Gegenwart – also über viele Jahrhunderte – weiterwirkt, die Geschichte seither sich als Schuldgeschichte darstellt.

Das Besondere dieses Textes besteht nun darin, dass das angesagte Gericht nicht das letzte Wort Gottes ist. Es hängt wohl mit der ursprünglichen Liebe (V.1) zusammen, dass sich ein Umsturz im Herzen Gottes vollzieht, Gott sein Urteil bereut (V.8b). *»Ich kann meinen glühenden Zorn nicht vollstrecken ... denn Gott bin ich und nicht Mann...«* (V.9). Deswegen wird ein neuer, zweiter Exodus angekündigt, der die neue, verschuldete Exilierung beendet:

Zitternd kommen sie aus Ägypten wie ein Vogel,
und wie eine Taube aus dem Lande Assur. (11,11)

---

21 Wörtlich pl. ›sie riefen‹; meist mit der Septuaginta in ›sooft ich rief/kaum dass ich rief‹ o.ä. verändert; z.B. Jeremias 1983, 138.

22 Dazu Y. Hoffmann, A North Israelite Typological Myth and a Judean Historical Tradition. The Exodus in Hosea and Amos, VT 39, 1989, 169-182.

23 Zur Frage, ob Gott hier als Mutter dargestellt wird, vgl. H. Schüngel-Straumann, Gott als Mutter in Hosea 11, ThQ 166, 1986, 119-134 einerseits, S. Kreuzer, Gott als Mutter in Hosea 11?, ThQ 169, 1989, 123-132 andererseits. Eine Art Vermittlungsvorschlag bei Nissinen 1991, 268ff.

24 In vorangehenden V.5 ist umstritten, ob das »nicht (werden sie zurückkehren nach Ägypten)« zum ursprünglichen Text gehört oder nicht.

Der von Gott bestimmte positive Anfang ist also durch den Abfall zu anderen Göttern nicht völlig aufgehoben. Der Prophet kann auf ihn zurückgreifen, um einen Neuanfang jenseits der Strafe darzustellen.

II. Einheit der Geschichte

Über die angeführten Beispiele hinaus liegen im Hoseabuch eine Fülle weiterer Anspielungen auf Geschichtsereignisse und -traditionen vor; man wird je nach dem zugrunde liegenden Maßstab mit 12-20 Fällen rechnen müssen. Sie reichen vom Erzvater Jakob in Hos 12[25] über Exodus, Wüste, Sesshaftwerdung, Richterzeit, Staatenbildung bis zu Ereignissen der Königszeit und der unmittelbaren Gegenwart. Viele nur mit Ortsnamen angedeutete Ereignisse sind uns unbekannt oder nur noch sehr hypothetisch zu erschließen, etwa Adam und Gilead aus 6,7f. Besonders hingewiesen sei auf das Fehlen urgeschichtlicher Themen sowie der großen Mitte des Pentateuch, den Aufenthalt am Sinai/Horeb und die Gabe der Tora.[26]

Für ein sachgemäßes Verständnis dessen, was sich mit diesen prophetischen Geschichtsbezügen vollzieht, ist es methodisch entscheidend, nicht das Geschichtsbild des kanonischen Alten Testaments als vorgegebenen Bezugsrahmen in Rechnung zu stellen. Das geschieht zwar schon bei Aufzählungen wie der gerade erfolgten fast automatisch und ist auch in der bisherigen wissenschaftlichen Betrachtung vielfach wie selbstverständlich geschehen,[27] wenn auch meist in der Form, dass wissenschaftliche Hypothesen über ältere literarische Vorformen wie die traditionellen Quellenschriften des ›Jahwisten‹ oder ›Elohisten‹ für den Vergleich herangezogen wurden oder eine rekonstruierte mündliche Überlieferung. Bei der gegenwärtigen Forschungslage mit ihrer begründeten Unsicherheit über Alter und Genese der biblischen Texte muss vielmehr der Befund im Hoseabuch zunächst so weit wie möglich aus

---

25 Vgl. bes. F. Diedrich, Die Anspielungen auf die Jakob-Tradition in Hosea 12,1-13,3. Ein literaturwissenschaftlicher Beitrag zur Exegese früher Prophetentexte, fzb 27, 1977; W. D. Whitt, The Jacob Traditions in Hosea and their Relation to Genesis, ZAW 103, 2001, 18-43 ; A. de Pury, Osée 12 et ses implications pour le débat actuel sur le pentateuque, in: P. Haudebert (Hg.), Le Pentateuque. Débats et Recherches, LeDiv 151, 1992, 175-207; K. W. Weyde, The Reference to Jacob in Hos 12:4-5. Traditio-historical Remarks, in: A. Tangberg (Hg.), Text and Theology, FS Magne Saebø, 1994, 336-358.

26 Insbesondere Hos 8,12 wird zwar oft so verstanden, bezieht sich aber mit großer Wahrscheinlichkeit auf Vorgänge in der Gegenwart des Propheten; vgl. F. Crüsemann, Die Tora. Theologie und Sozialgeschichte des alttestamentlichen Gesetzes, 1992 ([2]1997), 27ff.

27 Neben den Kommentaren ist bes. auf folgende Spezialuntersuchungen zu verweisen: O. Procksch, Geschichtsbetrachtung und geschichtliche Überlieferung bei den vorexilischen Propheten, 1902; N. Peters, Osee und die Geschichte, 1924 (Vorlesungsverzeichnis der Bischöfl. philos.-theol. Akademie zu Paderborn, Wintersemester 1924/25); E. Sellin, Die geschichtliche Orientierung der Prophetie des Hosea, NKZ 36, 1925, 607-658; J. Rieger, Die Bedeutung der Geschichte für die Verkündigung des Amos und Hosea, 1929; E. Jacob, Der Prophet Hosea und die Geschichte, EvTh 24, 1964, 281-290; J. Vollmer, Geschichtliche Rückblicke und Motive in der Prophetie des Amos, Hosea und Jesaja, BZAW 119, 1971; U. Cassuto, The Prophet Hosea and the Books of the Pentateuch, in: Ders., Biblical and Oriental Studies. Vol. I: Bible, 1973, 79-101; R. Vuilleumier, Les traditions d'Israël et la liberté du prophete Osée, RHPR 59, 1979, 491-498 ; H. D. Neef, Die Heilstraditionen Israels in der Verkündigung des Propheten Hosea, BZAW 169, 1987; M. Köckert, Prophetie und Geschichte im Hoseabuch, ZThK 85, 1988, 3-30; D. R. Daniels, Hosea and Salvation History. The Early Traditions of Israel in the Prophecy of Hosea, BZAW 191, 1990; E. K. Holt, Prophesying the Past. The Use of Israel's History in the Book of Hosea, JSOT.S 194, 1995.

sich heraus gedeutet werden, um dann vielleicht umgekehrt die Ergebnisse literarischer Analysen mit ihm vergleichen zu können.[28]

Dafür ist zunächst die Tatsache wichtig, dass die einzelnen historischen Themen und Überlieferungen bei Hosea vollkommen unverbunden nebeneinander stehen. Die einzige Ausnahme sind die Fälle, wo einem guten Anfang ein späterer Abfall gegenübergestellt wird, der sich mit dem Kommen ins Land verbindet. Im Übrigen ist aber keine Verbindung logischer oder zeitlicher Art zwischen den verschiedenen historischen Traditionen erkennbar. Diesen Befund gilt es zunächst auch gegen die neueste einschlägige Arbeit von D. R. Daniels festzuhalten. In ihr wird die These vertreten, bei Hosea läge ein Vier-Phasen-Schema der Geschichte Israels vor. Die Themen Väter – Wüste/Exodus – Landnahme/Kanaanäisierung folgten aufeinander und als Viertes schließe sich der erwartete Neuanfang in der Zukunft an.[29] Doch an keiner Stelle wird eine solche Folge explizit genannt, und der Befund im Detail geht in eine andere Richtung.

Immer wieder ist erkennbar, dass die einzelnen Überlieferungen funktional in Konkurrenz zueinander stehen und sich nicht ohne weiteres wie in der kanonischen Geschichtserzählung in eine problemlose zeitliche Reihenfolge bringen lassen. So wird der Beginn der Beziehung zwischen Gott und Volk einmal im Exodus, im Ruf aus Ägypten gesehen (11,1; vgl. bes. 13,4), zum anderen aber ›sieht‹ Gott das Volk in der Wüste, er ›fand‹ es dort (9,10). Diese ›Fundtradition‹[30] und ihren Gegensatz zur Exodustradition kann – und braucht – man eigentlich nur dann zu bestreiten,[31] wenn man die Pentateuchtexte bzw. ihre Darstellung für älter und die Hoseatexte von ihnen abhängig hält. Eine ähnliche Konkurrenz besteht in der Frage, mit welchem Ereignis denn der die ganze weitere Geschichte des Volkes bestimmende Abfall, die Wende vom guten Anfang zur schlechten Gegenwart, verknüpft ist. Einmal wird es von Baal Peor gesagt (9,10; vgl. o.), ist also mit der Verehrung eines anderen Gottes verbunden; sodann findet sich eine entsprechende Aussage für das Verbrechen von Gibea (10,9; vgl. o.); schließlich heißt es in 9,15: *»Ihre ganze Bosheit (erschien) in Gilgal, ja dort begann ich sie zu hassen«*, wobei der Ort ›Gilgal‹ wohl als Chiffre für die Entstehung des Königtums steht (1 Sam 11,15; 15,12ff.), eine Institution, die Hosea von ihren Anfängen an äußerst kritisch, ja als Ausdruck des Abfalls von Jhwh betrachtet (bes. Hos 13,10f.).

Diese Unabhängigkeit der historischen Überlieferungen ist nun wohl auch dort anzunehmen, wo es fast selbstverständlich und nahezu unvermeidbar erscheinen mag, ein historisches Nacheinander vorauszusetzen, also etwa eine Epoche der ›Väter‹, wofür die Jakobtradition in Hos 12 steht, und die des Exodus auf einer eindeutigen Zeitschiene nacheinander unterzubringen, so wie es in der kanonischen Erzählfolge der Bücher Genesis und Exodus geschieht. Obwohl das gerade genealogisch fast evident erscheinen mag, gibt das Hoseabuch dafür keinen Anlass. Sowohl das Urteil von 12,3 wie die Zukunftschancen von 12,7 treffen mit dem Stammvater auch das spätere Volk im Ganzen und sind nicht ohne weiteres mit Vorgängen anderer Epochen ausgeglichen. Noch die Darstellung des Exodusbuches, die wie viele alttestamentliche Traditionen die Gottesbeziehung Israels mit Mose und dem Exodus beginnen lässt, hat bekanntlich Probleme, solchen Neuansatz mit den vorangehenden Väter- und

28 Das kann hier allerdings nur in allerersten Ansätzen geschehen.
29 Daniels, Hosea, 1990, bes. 33ff.; 117ff.
30 Dazu bes. R. Bach, Die Erwählung Israels in der Wüste, Diss. Bonn 1952.
31 Vgl. etwa Jeremias, Hosea 1983, 121f.; H.-J. Zobel, Die Zeit der Wüstenwanderung im Lichte prophetischer Texte, VT 41, 1991, 192-202 (193f.).

Müttertraditionen zu vermitteln. Ob überhaupt und wenn wie einzelne, unabhängig voneinander bestehende Sagenkränze einer Volksüberlieferung zeitlich miteinander zu verknüpfen sind, ist nicht so selbstverständlich, wie es scheint, und ist ja auch keineswegs in jeder Kultur eindeutig erfolgt.

Es gibt also keinen Anlass zu der Annahme, die verschiedenen von Hosea aufgegriffenen Geschichtstraditionen seien vorher miteinander verbunden gewesen – sie waren es nicht in mündlicher Überlieferung, und erst recht nicht in schriftlicher Form. Auch kann nicht angenommen werden, Hosea selbst habe sie in Form einer linearen Geschichtsfolge zu einem geschlossenen Bild verknüpft. Was sie zusammenhält, ist vielmehr ihre spezifische Funktion innerhalb der prophetischen Verkündigung. Offenkundig wurden isoliert überlieferte Einzeltraditionen aus aktuellem Anlass und mit sehr spezifischen Absichten (dazu s. u.) aufgegriffen und benutzt und sind so miteinander verbunden und dadurch Teil eines Buches geworden. *Die Geschichte kommt als Einheit von den Herausforderungen her in den Blick, auf die der Prophet mit seiner Verkündigung reagiert.*

Vieles, was die literarische Analyse der kanonischen Geschichtserzählung der letzten Jahre ergeben hat, könnte sich so bestätigen. Nur einzelne Sagen, Geschichtserzählungen oder Erzählkompositionen, etwa über Jakob oder David, über das Verbrechen von Gibea oder die ›Revolution‹ des Jehu liegen literarisch der Prophetie des 8. Jh. voraus. Für ihre gedanklichen wie literarischen Verknüpfungen zu größeren Komplexen und gar zu einem einheitlichen zeitlichen Nacheinander, einer ›Heilsgeschichte‹ von der Schöpfung bis zur (exilisch-nachexilischen) Gegenwart, war die prophetisch konstituierte Einheit der Geschichte wohl eine notwendige Voraussetzung, und das gilt zumal für grundlegende theologische Muster des Umgangs mit Vergangenheit.

III. Schuldverarbeitung

Alle Rückgriffe auf Vergangenheit im Hoseabuch sind aufs Engste mit den Grundthemen dieser Texte verbunden: Der prophetischen Ansage des bevorstehenden Gerichts, der Begründungen dafür aus dem Verhalten in Vergangenheit und Gegenwart, sowie der Frage nach einer möglichen Zukunft jenseits der Katastrophe. Offensichtlich war es die umfassende und massive Gerichtsbotschaft, die ja sehr realistisch in der Wahrnehmung der Gegenwart gründet, die zu einer neuen und veränderten Sicht der Geschichte geführt hat.

Was an dieser Sicht neu ist, wäre naturgemäß nur durch einen Vergleich mit zeitgenössischen und älteren Darstellungen und Sichtweisen wirklich herauszuarbeiten. Dazu liegen bisher kaum einschlägige Forschungen vor, sieht man von den heute ja gerade strittigen Hypothesen über ältere literarische Schichten im Pentateuch und deuteronomistischen Geschichtswerk ab.

Immerhin gibt es als mögliche unabhängige Quelle in der Prophetie des 8. Jh.v.Chr. eine Reihe von Verweisen und Anspielungen auf die bei ihren Adressaten vorausgesetzte Sicht von Geschichte und die daraus resultierende Einschätzung der Lage und der Zukunft des Volkes. Typisch scheint dafür ein nahezu uneingeschränktes Vertrauen auf die einst erfolgte und wieder zu erwartende Hilfe Gottes zu sein. Sie steht offenbar im Zentrum des Geschichtsbildes. Solch positive Zuwendung Gottes kann zwar durch Schuld und Versagen Israels gestört und verzögert sein, aber doch nur kurz und prinzipiell rasch überwindbar.

Im Hoseabuch selbst ist für eine solche Vorstellung insbesondere die in Hos 6,1-3 dem Volk in den Mund gelegte Umkehr (V.1) zu nennen. In der Not (vgl. 5,15) erwartet man bei gezeigter Reue eine rasche – zwei, drei Tage (V.2) – und naturhaft-automatische Umkehr Gottes und damit Rettung und Wiederherstellung. »Geradezu ratlos steht Gott vor der hoffnungslosen Absichtserklärung des Volkes«,[32] wie 6,4 zu erkennen gibt; die Bilder von V.4b – »*wie Morgengewölk, wie Tau, der früh verschwindet*« – zeigen die Flüchtigkeit und Unbeständigkeit der veränderten Haltung in prophetischer Sicht. Vergleichbar ist das massive Vertrauen auf das Königtum und die mit ihm verbundenen Institutionen, wie sie Hos 13,10 erkennen lässt. Auch bei Amos lassen mehrere Formulierungen auf ein durch nichts in Frage zu stellendes Gottvertrauen schließen. So gibt es nach Am 5,18 Menschen, die sich nach dem ›Tag Jhwhs‹ sehnen, offenbar weil er Rettung vor allen Feinden bringen wird. Im Mahnwort von Am 5,14 heißt es:

Sucht das Gute und nicht das Böse,
damit ihr leben könnt,
und es so ist, dass Jhwh, der Gott der Heerscharen, mit euch ist,
wie ihr behauptet!

Vorausgesetzt ist bei den Angesprochenen also ein Gottvertrauen, das nicht ethisch vermittelt ist, das unabhängig vom Tun des Gerechten Bestand hat und deshalb gegen die prophetische Anklage geradezu immunisiert. Vergleichbares[33] trifft man vor allem im Zusammenhang der so genannten Zionstheologie, wo es um Vertrauen auf die Gegenwart Gottes im Jerusalemer Heiligtum geht. So verlassen sich nach Mi 3,11 die Unrecht tuenden Machthaber samt Priestern und Propheten auf Gott: »*Ist nicht Jhwh in unserer Mitte? Kein Unheil wird über uns kommen*«. Um die gleiche Haltung geht es noch in Jer 7. Ähnliches dürfte auch z.B. hinter Jes 5,19 stehen: Der Spott über die prophetische Unheilsansage kommt aus fraglosem Gottvertrauen. Und woher kommt dieses? Man wird stärker, als es bisher üblich ist, diese Haltung mit einem bestimmten Bild der Geschichte verbinden müssen. Der Unterschied im Gottesbild, der hier wirksam ist, gründet nicht vor allem in zeitlos mythischen Vorstellungen, sondern gerade auch in Geschichtstraditionen. Im Hintergrund dürften Traditionen stehen, wie sie uns auch in bestimmten Teilen der biblischen Überlieferung begegnen. Neben Grundzügen der Exodustradition denke man an das Deboralied in Ri 5 und überhaupt an das ältere Sagengut im Richterbuch. Auch die Sagen, die in der so genannten Erzählung vom Aufstieg Davids (1 Sam 16-2 Sam 5) verbunden worden sind, wären zu nennen. Gottes Hilfe für sein bedrängtes Volk – das dürfte von der Exodus-Tradition angefangen ein Grundmuster älterer Geschichtstraditionen gewesen sein.

Für die Bedrohungen allerdings, die mit dem Aufkommen der Großmacht Assur gegeben waren, konnten die Rückgriffe auf solche Traditionen, wie sie wohl vielfach erfolgten, kaum zureichen. In der spezifisch prophetischen Deutung war Assur ja nicht der Feind, den es mit Hilfe Gottes zu besiegen galt, sondern umgekehrt wurde die Großmacht geradezu als Gerichtswerkzeug Gottes verstanden, durch die sich Gott strafend gegen sein Volk wendet. Nur so aber konnte die Katastrophe als Sieg des

---

32 Jeremias 1983, 86.
33 Jeremias, Amos, 1995, 72 will auch hinter Am 5,14 Jerusalemer Theologie sehen.

eigenen Gottes und nicht als seine Niederlage betrachtet, und nur auf dieser Grundlage die religiöse und nationale Identität durch die Katastrophe hindurch bewahrt, ja gestärkt werden.

Die Aussagen des Hoseabuches jedenfalls sehen die bevorstehende Katastrophe in der eigenen Geschichte Israels begründet, und zwar in langanhaltenden und bis in die Anfänge der Volksgeschichte zurückreichenden Schuldvorgängen. Um das aufzuzeigen, werden zum einen negativ zu bewertende Vorgänge, Verbrechen und Massaker der Vergangenheit ins Zentrum gerückt. Die analogielose Gräueltat von Gibea und die Massentötungen, die bei der *glorious revolution* Jehus sogar im Namen des eigenen Gottes vollzogen wurden, sind typische Beispiele. Derartige Ereignisse werden offenkundig als nicht abgeschlossen und überwunden angesehen, sondern als weiterwirkend und Gegenwart wie Zukunft mitbestimmend. Letztlich ist es die Perspektive der Opfer, die so zum Zuge kommt. Wichtig ist sodann, dass den positiven, von Gott bestimmten Anfängen menschlicher Verrat und Abfall entgegengesetzt werden. Dabei wird dieser Bruch gegenüber der ersten Liebe in Exodus und Wüstenzeit inhaltlich dreifach bestimmt, durch Verehrung anderer Götter (9,10; 11,2), Vergewaltigung der Frauen schutzsuchender Fremder (10,9) und die Errichtung eines eigenen Königtums (9,15).[34] So ist die Geschichte durchgängig durch beides bestimmt: Göttliche Hilfe und menschliche Schuld. Beides wirkt weiter bis in die Gegenwart, die durch beides geprägt ist. Die positiven Anfänge sind zwar verspielt, und das führt zur Katastrophe, aber zugleich enthalten sie bzw. die in ihnen erfahrene Haltung Gottes Chancen für einen neuen Anfang. Zurück nach Ägypten, zurück in die Wüste (2,17; 12,10) – das bedeutet Aufhebung der bisherigen Geschichte, Gericht durch Rückführung an den Ausgangspunkt, aber genau darin auch die Chance eines nochmaligen Neubeginns, eines neuen Anfangs.

Das Insistieren auf der Schuld hat die Geschichte auf neue Weise als Einheit konstituiert. Gegenüber einem älteren, weitgehend[35] positiven Geschichtsbild, das von Gottes Zuwendung und menschlichen Helden erzählt, bildet die prophetische Wahrnehmung angesichts der real drohenden Katastrophe ein neues Geschichtsbild aus. Die göttliche Hilfe wird nicht geleugnet – und für die Visionen einer Zukunft jenseits des Gerichts sogar neu in Geltung gesetzt –, aber mit den oft verdrängten Negativ-Ereignissen von Verbrechen und Massakern, Verrat und Versagen verbunden.

Dass die kanonische Geschichtsdarstellung die Geschichte von Menschheit und Volk von Anfang an und in allen Phasen als geprägt durch die Macht göttlicher Neuanfänge und das menschliche Verspielen solcher Chancen darstellt, ist kaum ohne eine Rezeption der prophetischen Geschichtsschau vorzustellen. Ihr »Sitz im Leben« in der drohenden und erlebten Katastrophe prägt den Realismus biblischer Geschichtsdarstellung bis heute. Die Erfahrungen Gottes, von denen erzählt wird, haben

34 Vgl. o. S. 126.

35 Der Frage, wie weit es auch in der Betonung der Schuld Anknüpfungspunkte in der vorprophetischen Überlieferung gegeben hat, kann hier nicht nachgegangen werden. Man wird trotz der anderen und neuen Akzente damit durchaus zu rechnen haben. Eine wichtige Rolle könnte dabei die zwielichtige Gestalt des Stammvaters Jakob gespielt haben; gerade bei ihm ist wohl mit großer Sicherheit mit einer recht frühen schriftlichen Fixierung zu rechnen, in der auch die Schuld am Bruder Esau/Edom eine Rolle spielt; vgl. E. Blum, Die Komposition der Vätergeschichte, WMANT 57, 1984; F. Crüsemann Herrschaft, Schuld und Versöhnung. Der Beitrag der Jakobgeschichte der Genesis zur politischen Ethik, 1993, JK 54, 1993, 614-620 [= o. S. 80-87].

die Erfahrung von Schuld und Leid verarbeitet, jeder Bund, von dem berichtet wird, ist immer schon ein neuer Bund.[36]

36 Vgl. etwa E. Zenger (Hg.), Der neue Bund im Alten. Zur Bundestheologie der beiden Testamente, QD 146, 1993.

עתה – »Jetzt«

Hosea 4-11 als Anfang der Schriftprophetie

Hosea 4-11 ist eines der merkwürdigsten Gebilde prophetischer Literatur. Am Anfang und am Ende deutlich gegen den Kontext abgegrenzt, finden sich innerhalb dieser acht Kapitel keinerlei eindeutige Gliederungssignale. Es fehlen in ihnen sowohl die sonst verbreiteten Formeln, mit denen prophetische Worte ein- und ausgeleitet werden, als auch die üblichen Strukturen prophetischer Einzelworte. Damit liegt hier ein ganz eigentümlicher und singulärer Block früher Schriftprophetie vor. Denn dass wir zumindest in Kernbestandteilen auf Texte aus der Zeit Hoseas bzw. dem Ende des Nordreichs stoßen, daran halten auch die kritischsten neueren Untersuchungen fest. Dann aber lohnt es sich, gerade auf die Eigentümlichkeiten zu achten, dann ist es methodisch geboten, alles zu vermeiden, was die Texte von sonstigen prophetischen Befunden und darauf bezogenen Hypothesen her interpretiert und damit tendenziell die Besonderheiten einebnet. Vor allem aber ist es geboten, den bisher kaum unternommenen Versuch zu machen, zunächst das Ganze dieses Blocks in seiner vorliegenden Form zu beschreiben und zu interpretieren, bevor es in seine Einzelteile zerlegt und diese je für sich z.B. formgeschichtlich oder literarkritisch analysiert werden.

I. Gliederung und Struktur

Nur als Rahmung am Anfang (4,1: »*Hört das Wort Jhwhs, ihr Israeliten* ...«) und am Ende (11,11: »*Ausspruch Jhwhs*«) wird das Ganze formelhaft als Gotteswort bezeichnet. Die damit eingeführten beiden Ebenen von Menschen- und Gotteswort bestimmen in losem Wechsel die Kapitel[1]. Auf der Suche nach weiteren Gliederungssignalen hat die Forschung mit großer Einmütigkeit auf die imperativischen Neuansätze vor allem in der ersten Hälfte verwiesen, durch die 4,1 aufgenommen und fortgesetzt wird:

4,1 *Hört das Wort Jhwhs, ihr Israeliten*

5,1 *Hört dies ihr Priester!*
Und merkt auf ihr vom Haus Israel!
Und ihr vom Königshaus lauscht!

5,8 *Stoßt ins Horn in Gibea,*
in die Trompete in Rama!
Lasst Geschrei erklingen (in) Beth-Awen ...

---

1 Eine Übersicht über Sprecher und Rederichtungen sowie ihren Wechsel zuletzt bei L. J. de Regt, A Genre Feature in Biblical Prophecy and the Translator, in: J. C. de Moor/H. F. v. Rooy (Hg.), Past. Present, Future. The Deuteronomistic History and the Prophets, OTS 44, 2000, 230-250.

9,1 *Freue dich nicht, Israel,*
über den Jubel wie die Völker ...

Dazu wird man die etwas andersartige Wendung von 8,1 stellen können und müssen:

8,1 *An deinen Gaumen das Horn!*

Weil es derartige Einsätze nach 9,1 nicht mehr gibt, werden üblicherweise gegen Ende andersartige Gliederungskriterien gesucht und gefunden. Dabei hat sich eingebürgert, vor allem in 9,10 einen Neuansatz anzunehmen (»*Wie Trauben in der Wüste habe ich Israel gefunden..*«). Auch »ohne formale Zäsur« soll hier »ein tiefer Einschnitt im Hoseabuch« liegen[2]. Im »lockerer gegliedert(en)« Schlussteil (9,10-11,11)[3] werden weitere Einschnitte dann etwa in 10,1 oder 10,9 gesucht. Vor allem aber wird durchgängig Hos 11 als eigenständiger Abschnitt verstanden.

Methodisch ist ein solches Vorgehen allerdings durchaus problematisch. Denn thematische Neuansätze und inhaltlich wie formal relativ einheitliche Passagen gibt es auch innerhalb der vorangehenden Abschnitte. Und die Länge an sich kann schon gar kein Kriterium sein, da mit 9,1-10,15 ein mit 5,8-7,16 im Umfang durchaus vergleichbarer Abschnitt vorliegt (31:35 Verse). Ja selbst wenn man 9,1-11,11 zusammenfassen müsste, wäre damit ein nur unwesentlich längerer Abschnitt gegeben (42:35). Doch warum soll die Suche nach auch formal gleichen Gliederungssignalen nicht zunächst noch ein Stück weiter geführt werden?

Da stößt man vor allem in 10,12 auf weitere gewichtige Imperative:

10,12 *Säet für euch mit Gerechtigkeitstun,*
erntet gemäß der Güte!
Brecht euch einen Neubruch!

Da die ersten drei/vier imperativischen Neuanfänge Aufmerksamkeits- bzw. Signalcharakter haben und in 9,1 ein Verbot der Festfreude vorliegt, wird im Grunde erst mit diesem Mahnwort inhaltlich auf das Thema des Rechtsstreits Gottes mit seinem Volk reagiert, das von 4,1 an Grundthema ist. Allerdings ist die Rede von Pflügen und Ernten bereits vorher mit dem Bildwort in V.11 begonnen worden, so dass in V.12 kein Neuansatz liegt. Und das Thema wird dann in V.13 fortgesetzt, wo sich zudem sofort zeigt, dass der empfohlene Neubeginn faktisch durch das vorangehende Verhalten längst sachlich unmöglich geworden ist (»*Gepflügt habt ihr Unrecht, Bosheit geerntet, gegessen die Frucht der Lüge*«). Zudem liegt thematisch in V.14 ein deutlicher Abschluss und in 11,1 ein ebenso deutlicher thematischer Neueinsatz vor. Die Mahnung ist also in diesem Fall in den Abschluss der Einheit 9,1-10,15 verwoben.

Nun ist allerdings ein entsprechender Befund auch sonst als Übergangstruktur zu beobachten. Insbesondere in den Rechtskorpora finden sich innerhalb und außerhalb Israels mehrfach derartige Fälle: »Vom Thema des vorangehenden Abschnittes leitete(n) der/die letzte(n) Vers(e) des Abschnittes z.B. durch Einführung von Tatbe-

---

[2] J. Jeremias, Der Prophet Hosea, ATD 24/2, 1983, 119f.; fast wörtlich gleich schon H. W. Wolff, Dodekapropheton 1: Hosea, BKAT XIV/1, 1961 (u.ö.), 209. Dieser Einschnitt ist wie die in der Folge genannten in der Kommentarliteratur fest eingebürgert.

[3] Jeremias, Komm., 18.

ständen, die sich auf das nächste Oberthema eng bezögen, zum neuen Thema über«[4]. Es handelt sich dabei um einen spezifischen Fall des »Attraktion« genannten Phänomens, nämlich um Verschränkungen von Abschluss und Neubeginn thematischer Blöcke durch thematische Überlappung. Der Befund am Übergang von Hos 10 zu 11 weist dazu enge Analogien auf. Dass die theologisch entscheidende Mahnung nicht allein und nicht direkt den Anfang des Schlussteils bildet, entspricht ja durchaus dessen zentraler Aussage, dass eine positive Zukunft allein vom Tun Gottes abhängt. So gesehen hat diese Verschränkung von Ende und Anfang auch inhaltlich einen präzisen Sinn. Zudem wird der negative Befehl von *9,1 (»Freue dich nicht, Israel, ...«)* durch diesen letzten, sachlich entscheidenden, aber nicht realisierbaren Imperativ weitergeführt und gesteigert.

Nimmt man also eine derartige Verschränkung an, lassen sich die Kapitel Hosea 4-11 anhand des durchgängig gleichen Gliederungssignals imperativischer Neuansätze in insgesamt sechs Abschnitte gliedern, wobei der auch formal andersartige Beginn von Kap. 8 das Ganze in zwei – ungefähr gleich lange (61:56 Verse) – Hälften teilt:

4,1-19
5,1-7
5,8-7,16
8,1-14
9,1-10,14
(10,12-15) 11,1-11

Blickt man auf das so strukturierte Ganze, legen zunächst einige weitere Beobachtungen nahe, dass eine auch inhaltlich und theologisch durchdachte Komposition vorliegt:

– der Hauptduktus besteht zweifellos in der Spannung zwischen den sich steigernden Gerichtsaussagen von Kap 4-10 zu den Heilsaussagen von Kap. 11. Dazu kommt ein gegen Ende hin immer intensiver werdender Bezug auf die Geschichte und besonders auf die Anfänge der Volks- und Gottesgeschichte Israels. Das Gericht nötigt zu einer Neubewertung gerade der Anfänge. Es sind vor allem diese beiden grundlegenden Beobachtungen, die sich verbreitet in der Literatur finden. Darüber hinausgehende genauere Kompositionsanalysen, die mehr bringen als die These, dass »eine collagenartige Zusammenstellung von rhythmisch geformten Einzelworten« vorliegt[5], sucht man aber im Grunde vergeblich. Alles Weitere bezieht sich nahezu durchgängig auf formgeschichtliche (z.B. »Auftrittsskizzen«[6]) oder literarkritische Versuche. Dazu kommt die verbreitete Annahme, die Texte seien historisch geordnet,

---

4 Y. Osumi, Die Kompositionsgeschichte des Bundesbuches, OBO 105, 1991, 88 als Zusammenfassung von Beobachtungen, die vor allem H. Petschow an altorientalischen Gesetzeskorpora gemacht hat (ders., Zur Systematik und Gesetzestechnik im Codex Hammmurabi, ZA 57, 1965, 146-172; ders., Zur »Systematik« in den Gesetzen von Eschnunna, in: J. A. Ankum u.a. (Hg.), Symbolae iuridicae et historicae, FS M. David, 1968, 131-143). Zu diesem auch »Inklusion« genannten Sonderfall des verbreiteten Gliederungsprinzips der »Attraktion« vgl. a. E. Otto, Rechtsgeschichte der Redaktionen im Kodex Ešnunna und im »Bundesbuch«, OBO 85, 1989, bes. 68ff. Ein Beispiel sind CH §§ 126f., die mit Stichworten sowohl zum vorangehenden Thema wie zum Folgenden (Eherechtsbestimmungen) Bezüge haben; dazu Petschow, Codex Hammurabi 158.

5 E. Zenger u.a., Einleitung in das Alte Testament, 1995, 375.

6 Wolff, Komm., XXV u.ö.

nach ihrem Alter und/oder dem historischen Ablauf in den letzten Jahrzehnten des Nordreichs[7].

– Von besonderem Gewicht für den Gesamtaufbau sind die Schlussverse in Kapitel 10, also innerhalb der Attraktion direkt vor dem abschließenden Kap 11, da sie in einer doppelten Relation zur ersten Hälfte der Komposition stehen, nämlich sowohl zu deren Beginn wie zu deren Abschluss. Einmal entspricht der doppelte Gebrauch von דמה/»*umkommen lassen, zugrunde richten*« im ersten Gerichtswort über einen Priester in 4,5f. dem ebenfalls doppelten Gebrauch desselben Verbs im letzten Gerichtswort in 10,15 über den König. Damit entsteht so etwas wie eine Rahmung der gesamten Gerichtsworte. Zum anderen korrespondiert die Ansage des Endes des israelitischen Königs in 10,15 dem am Schluss der ersten Hälfte in 7,16 formulierten Tod der Beamten (שׂרים) durch das Schwert. Priester – Beamte – König, die institutionell Verantwortlichen, werden damit in derselben Reihenfolge, in der sie auch in 5,1 als Träger der Gerichtshoheit aufgeführt werden, am Anfang, in der Mitte und am Ende genannt. In Verbindung mit den jeweils diesen Gruppen zugehörigen Themenschwerpunkten entsteht somit – trotz vielfältiger Verschränkung der Themen – so etwas wie ein inhaltlicher Gesamtablauf[8]. Diesen institutionellen Größen gilt eindeutig das Gericht Gottes, während die Frage, was aus dem von ihnen verführten und missgeleiteten, aber auch sie stützenden und hervorbringenden Volk wird, als das von 4,1 an sich durchziehende Grundthema bezeichnet werden kann, erst am Ende in Kap. 11 eine endgültige Antwort findet.

– Ebenfalls in deutlicher Beziehung zueinander stehen die jeweils als Selbstüberlegung formulierten Fragen Gottes an sich selbst in 6,4 und 11,8f., also in den die beiden Teile abschließenden Abschnitten:

6,4 *Was soll ich dir tun, Ephraim*
Was soll ich dir tun Juda?

11,8 *Wie soll ich dich preisgeben, Ephraim*
dich ausliefern, Israel?

Die Umkehr des Volkes, von der bereits in 5,6 berichtet wird, nimmt in dem Bußlied 6,1-3 Gestalt an (6,1: »*Lasst uns umkehren zu Jhwh*«). Aber dieser Versuch, die fehlende Gotteserkenntnis, die in die Katastrophe führt (4,1), endlich nachzuholen (6,3), muss von Gott als nicht ausreichend erkannt werden. Dieser Feststellung im dritten Teil der ersten Hälfte entspricht der von vornherein ebenfalls vergebliche Bußruf zu Beginn des letzten, des dritten Teil der zweiten Hälfte (10,12f.). Dennoch ist gerade mit ihm eine Verheißung verbunden, die begrifflich das Bußlied aus Kap. 6 wieder aufnimmt (ירה in 6,3 und 10,12 mit dem Wortspiel »*tränken, lehren*«). Weil aber Israel sich weigert umzukehren (11,5.7), bleibt nur die Weigerung Gottes, seinerseits die endgültige Umkehr zum Gericht zu vollziehen (11,9: »*Nicht kehre ich um, um Ephraim zu verderben*«). Die zweite Selbstüberlegung Gottes am Schluss des Ganzen ist also anders als die erste keine Reaktion auf, wenn auch unzureichende, Bußversuche des Volkes, sondern ausdrücklich auf deren völliges Fehlen.

---

7 So bes. Wolff, Komm. und Jeremias, Komm., passim. Dazu u. S. 144.

8 Ob man diesen Ablauf als Spiegelung eines historischen Nacheinander verstehen kann, wie es in unterschiedlichen Ausformungen in der Forschung üblich geworden ist, mag hier dahingestellt bleiben.

Das alles können nun nur einige, vorläufige Hinweise darauf sein, dass der Gesamtaufbau von Hos 4-11 durchaus Züge bewusster kompositorischer Gestaltung erkennen lässt. Sie lassen sich einerseits leicht vermehren, sie stehen allerdings andererseits anderem gegenüber, etwa der unterschiedlichen Länge der einzelnen Abschnitte, einem nur partiell erkennbarem thematischen Fortschritt, einem vielfach ohne deutlichen Anlass folgenden Wechsel von Rederichtungen und Stilformen. Viel mehr als ein Rahmen für eine intensivere Nachfrage nach inhaltlicher Konsistenz kann deshalb damit nicht gegeben sein.

II. Die Zeitstruktur

Einen Zugang dazu bietet nun besonders die Frage nach der Zeitstruktur. Sie dürfte sich sogar als Schlüssel zum Verständnis von Hosea 4-11 insgesamt erweisen. Da es sich um »Prophetie« handelt und es bei Prophetie typischerweise um Zukunftsansagen geht, wenn auch auf Grund von Gegenwarts- und Vergangenheitsaussagen, werden in der Literatur wie in den Übersetzungen auch in diesen Kapiteln zumeist wie selbstverständlich vor allem in den Gerichtaussagen Zukunftsansagen gefunden. Aber womit ist das zu begründen?

Fragt man nach eindeutigen Indikatoren, die den Zeitbezug der einzelnen Passagen, insbesondere der Gerichtsaussagen erkennen lassen, so muss man gerade im Vergleich mit anderen prophetischen Worten von einem Fehlen der üblichen Indikatoren sprechen. So fällt zunächst ein allein auf die Sachlogik gegründetes Verständnis aus. Abgesehen von den umfassenden Heilsaussagen am Ende von Kap. 11 gibt es praktisch keine Aussagen, die *eindeutig* zukunftsbezogen sind, weil sie überhaupt nur so verstanden werden können, die also nicht auch Aussagen über die Gegenwart (oder Vergangenheit) sein können. Es fehlt zum anderen ein auf die übliche Struktur prophetischer Gerichtsworte gestützter Befund, denn das zweigeteilte, aus Schuldaufweis und Strafwort bestehende Prophetenwort gibt es im Grunde nicht. Woher sonst sollen dann eindeutige Hinweise kommen? Insbesondere können sie aus den Verbformen allein nicht kommen. Das ergibt sich aus den bekannten Problemen des hebräischen Verbalsystems, aber auch aus dem speziellen Gebrauch der Verbalformen in Hos 4-11. Untersucht man alle verbal formulierten Aussagen, gibt es nur erstaunlich wenige AK-cons-formen (21), mit denen bekanntlich am ehesten zukünftiges Handeln ausgedrückt werden kann. Noch seltener sind die Narrative (11). Es dominieren bei weitem reine AK- und PK-Formen (114 bzw. 159).

Es ist deshalb geboten, nach anderen Kriterien zu fragen. Dazu wird man in erster Linie an explizite Zeitangaben denken, also nach Ausdrücken wie היום/heute fragen müssen. Tut man das, trifft man nun auf einen überraschend eindeutigen Befund, der soweit ich sehe, bisher nicht zureichend wahrgenommen worden ist. Man stößt nämlich auf eine Reihe von insgesamt neun mit עתה/»*jetzt, nun*« eingeleitetete Sätze.

4,16 *Jetzt weidet Jhwh sie (Pk).*
5,3 *Denn jetzt treibst du Unzucht (Ak), Ephraim*
5,7 *Jetzt frisst sie (Pk) ein Neumond*
7,2 *Jetzt umringen ihre Taten sie (Ak)*
8,8 *Jetzt sind sie (Ak) zwischen den Völkern*

8,10	*Jetzt sammle ich sie ein (Pk)*
8,13	*Jetzt gedenkt er ihrer Schuld (Pk)*
10,2	*Jetzt büßen sie (Pk)*
10,3	*Ja, jetzt sagen sie (Pk): »Wir haben keinen König«*

Durchgängig handelt es sich um asyndetisches עתה/*jetzt*. Die Aussagen sind stets mit reinen AK- oder PK-Formulierungen formuliert. Beide Verbformen sind wohl trotz der Differenz zwischen ihnen sachgerecht nur *präsentisch* zu übersetzen, nicht zuletzt wegen der Verbindung mit עתה. Zu dessen Bedeutung und Funktion sei an einige eindeutige Feststellungen von E. Jenni erinnert: עתה kommt »nur in Reden, Gesprächen, Orakeln und Gebeten vor ..., nicht aber in Erzählungen und Berichten von Handlungsabläufen« und »dient, immer in der direkten Rede gebraucht, der Aktivierung der Sprechsituation«[9]. Das »wird aus der besonderen Funktion des Wortes als eines Zeigwortes (nach der Terminologie von K. Bühler) unmittelbar einsichtig«, es weist »immer auf den Sprechenden und seine Situation hin«[10]. In einem nichterzählenden Kontext wie bei Hosea wird also mit diesem Wort der Zeitpunkt, zu dem geschrieben bzw. gesprochen wird, exakt benannt. Für die Übersetzung ist die Feststellung wichtig: »Die Übertragbarkeit des deutschen ›nun/jetzt‹ auf die Vergangenheit oder die Zukunft, wenn sich der Sprechende lebhaft in die frühere oder zu erwartende Situation versetzt, gilt nicht ohne weiteres auch für hebr. *ʿattā*«.[11] Damit werden aber viele der in den Kommentaren eingebürgerten Übersetzungen mit ihrem Bezug auf die Zukunft (z.B. 8,13: »*Nun wird er ihrer Schuld gedenken*«[12]; 10,3: »*Dann werden sie sagen*«[13]) fraglich[14], erst recht gilt das für perfektische Wiedergaben (5,3: »*Du, Efraim, hast doch Unzucht getrieben*«[15]) oder die besonders für 4,16 übliche Umformung in eine Frage (»*Sollte J. sie da weiden können..?*«[16]).

Die Sätze benennen damit durchgängig in der Gegenwart bestehende Gegebenheiten oder Vorgänge. Und sie sind sachlich bis auf die erste 4,16 (»*Jetzt weidet Jhwh sie*«) im Kern eindeutig verständlich und inhaltlich unstrittig. Sie formulieren entweder eine Straffolge (5,7; 8,8.10; 10,3 und wohl auch 4,16[17]) oder aber – schon vom

9 E. Jenni, Art. עת Zeit, ThHAT II, 1976, 379: »... entweder für einen ganzen Satz... oder zur Näherbestimmung des Prädikats unterhalb der Satzebene, wobei das ›jetzt‹ semantisch in Opposition zum Früheren ... oder zum Späteren ... oder zu beiden Seiten (Kategorie der Aktualität gegenüber einem Immer ...) oder zu einem Irgendwann steht (Kategorie der Wirklichkeit bei hypothetischen Aussagen.)«; vgl. ders., Zur Verwendung von ʿattā »jetzt« im Alten Testament, ThZ 28, 1972, 5-12; aufgenommen bei T. Kronholm, Art. עתה, ThWAT VI, 1989, bes. 475f.

10 Jenni, Verwendung von »jetzt«, 7.

11 Jenni, Verwendung von »jetzt«, 7, Anm. 14.

12 Wolff, Komm., 169.

13 Jeremias, Komm., 126.

14 Besonders die nebeneinander stehenden Vorkommen in 10,2 und 3 werden ohne zwingenden Grund meist unterschiedlich wiedergegeben, vgl. außer Wolff und Jeremias, jeweils z.St. auch W. Rudolph, Hosea, KAT XIII,1, 1966, 191.193.

15 Jeremias, Komm., 73.

16 Jeremias, Komm., 64; ganz ähnlich Rudolph u. Wolff z.St.

17 כֶּבֶשׂ ist das männliche Lamm; das Wort wird fast ausschließlich für Opferlänmmer oder sonst zum Schlachten bestimmte Tiere verwendet. Das entspricht der realen Situation, wo nur wenige männliche Tiere benötigt und also aufgezogen werden. Dass das Schlachten der Tiere zum Hirtendienst gehört, wird in der Bibel durchgängig vorausgesetzt und ist für das Verständnis vieler Texte entscheidend. Zu Mt 25 vgl. nur K. Wengst, Wie aus Böcken Ziegen wurden (Mt 25,32f.). Zur Entstehung und Verbreitung einer Forschungslegende oder: Wissenschaft als »stille Post«, EvTh 54, 1994, 491-500. Hos 4,16 spricht also ironisch von einem Weiden mit tödlichem Ausgang und die »Weite« ist wohl, wie v.a. in der jüdischen Exegese seit langem gesehen (vgl. etwa A. Wünsche, Der Prophet Hosea übersetzt und erklärt mit Benutzung der Targumim, der jüdischen Ausleger Raschi, Aben Ezra und David Kimchi, 1868, 179ff.), eine An-

verwendeten Verb her – genau den Zusammenhang zwischen einem vorangegangenen Tun und dem jetzigen Ergehen (7,2; 8,13; 10,2). Nur in einem Fall (5,3) findet sich eine Benennung des schuldhaften Verhaltens selbst in einem dieser Sätze. Im Kontext dieser Aussage wird damit das benannt, was Gott an Israel erkennt (5,3a) und was Umkehr verhindert (5,4)

Verbindet man diese Stellen mit der oben erarbeiteten literarischen Struktur, so ergibt sich, dass die Jetzt-Aussagen in *allen* Einheiten von Hos 4-11 zu finden sind, mit Ausnahme von Kap. 11 – und genau das legt sich hier, wo es zumindest am Ende eindeutig um Zukunftsaussagen geht, auch unausweichlich nahe:

4,1-19	4,16
5,1-7	5,3.7
5,8-7,16	7,2
8,1-14	8,8.10.13
9,1-10,15	10,2.3
(10,12-15) 11,1-11	

In allen Einheiten finden sich also eine oder mehrere Aussagen, die eindeutig auf die Gegenwart, das »Jetzt« des Autors und auf die Erfahrungen zu diesem Zeitpunkt zielen. Die Sätze stehen tendenziell durchgängig gegen Ende der betreffenden Einheiten und halten sachlich und zeitlich den entscheidenden Punkt des Vorangehenden fest[18]. Ein gegenwärtiges Geschehen wird als Strafe bzw. negative Reaktion Gottes bezeichnet und mit begangenen oder noch anhaltenden Vergehen begründet. Es geht damit in Hos 4-10 durchgängig um eine *Deutung der Gegenwart als sich vollziehendes Gericht Gottes* wegen bestimmter Taten bzw. Verhaltensformen.

Schriftprophetie tritt hier somit als Gegenwartsdeutung auf. Dabei werden offenbar die mit dem Vordringen der Assyrer verbundenen Ereignisse und das durch sie vollzogene Ende des Nordstaates als Eingriff und Handeln des Gottes Israels auf Grund vorangehender und/oder noch weiter gehender Handlungen und Haltungen des Volkes und seiner Führer gedeutet. Prophetie ist hier nicht, jedenfalls sicher nicht in erster Linie, Zukunftsansage. Das ist sie nur im Blick auf eine allein in der Herzensumkehr Gottes liegende, gegen alle Realität angesagte Wendung zum Heil ganz am Ende in Hos 11. Sonst aber werden Ereignisse und Erfahrungen der Gegenwart theologisch gedeutet und eingeordnet. Darin liegt die theologische Leistung dieser Prophetie.

Diese Haltung gilt es zunächst gegen in der Literatur verbreitete Deutungen des Befundes stark zu machen und durchzuhalten. Es ist doch wohl eher ein traditionelles Prophetenbild, wie es aus Prophetenerzählungen entwickelt wurde, das die vorliegenden Texte als Ansage eines zukünftigen Gerichts verstehen will. Aus den Texten selbst ist sie – von möglichen Einzelaussagen in einzelnen Passagen abgesehen – als Gesamthaltung nicht zu begründen. Insbesondere die Sichtweise von Jörg Jeremias, dass nämlich ältere, mündlich ergangene Zukunftsworte in diesen Kapiteln während oder auf Grund der Katastrophe verschriftet worden seien[19], ist methodisch deshalb

spielung auf Exilierung oder die gefährliche Einbeziehung in weltweite politisch-militärische Vorgänge.

18 Dass eine Fülle weiterer Aussagen sich von dieser Perspektive her neu und besser erschließen, muss natürlich im Detail dargestellt werden.

19 Jeremias, Komm., 18f.

problematisch, weil sie einen einfachen und klaren Befund unnötig und ohne zwingende Gründe verkompliziert. Denn wenn frühere, zunächst als Zukunftsaussagen ergangene Worte in einer späteren Gegenwart schriftlich festgehalten werden, geschieht das ja doch wohl als Deutung der Gegenwart und keinesfalls aus rein historischem Interesse. Unveränderte, museale Aufzeichnungen früherer Äußerungen im Wortlaut wird man kaum erwarten können. Sind sie aber für die jeweilige Gegenwart formuliert und auf sie bezogen, dann müssen erst einmal überzeugende Gründe gefunden werden, warum man überhaupt mit älteren vorgängigen mündlichen Worten zu rechnen hat. Die von Jeremias selbst gesehene faktische Unmöglichkeit, die ursprüngliche mündliche Verkündigung begründet zu rekonstruieren[20], spitzt sich durch die Beobachtung eines durchgängigen »Jetzt«, das Haltung und Aussage der Texte prägt, weiter zu. Gibt es denn wirklich überzeugende Gründe für eine ursprünglich mündliche Verkündigung dieser Kapitel?

Ebenso aber werden heutige Versuche, in den Texten bzw. ihren ältesten Kernen Klagen über das Ende des Nordreichs zu finden[21] oder sonstige Fragmente einer nur auf außenpolitische Vorgänge bezogenen Deutung[22] fraglich. Das Selbstverständnis der vorliegenden Gesamtkomposition als Deutung gegenwärtig erfahrener Ereignisse als sich vollziehendes Gericht, das verschuldet ist und vom eigenen Gott herbeigeführt wird, lässt es nun auch als unwahrscheinlich erscheinen, etwa nahezu alle theologischen Deutungen, alle religiösen Dimensionen erst späteren Phasen zuzuschreiben. Was methodisch sowieso als Selbstverständlichkeit zu gelten hat, gewinnt durch den beobachtbaren Befund neues Gewicht: Sowohl für die Annahme vorangehender vor allem mündlicher Verkündigung als auch für die Annahme von (tief greifenden) literarischen Bearbeitungen und Ergänzungen sind gute Gründe notwendig.

Nun könnte es sich natürlich bei dieser Kette von עתה/»*Jetzt*«-Aussagen auch um ein fiktives »Jetzt« handeln, das zu einer nachträglichen *ex-eventu*-Prophetie gehört oder aber um ein dauerhaftes »Jetzt«, mit dem kein singulärer Zeitpunkt, sondern lang anhaltende Gegebenheiten als – weiterwirkendes – Gericht bezeichnet werden. Beides ist jedoch von den sonst erkennbaren Funktionen von עתה aus eher unwahrscheinlich. Insbesondere für eine reine Fiktion müsste ein erzählerischer Rahmen zumindest angedeutet sein. Man muss dazu auch beachten, dass spätere Propheten und erst recht spätere literarische Wachstumsspuren und Zusätze auch formal ganz anders aussehen, so dass sich die auffallenden formalen Eigenheiten von Hos 4-11 wie das Fehlen der üblichen prophetischen Formeln und Textstrukturen gerade so nicht erklären lassen. Entscheidend sind aber nicht derartige Erwägungen, sondern eine zweite, ebenso gewichtige Kette von Beobachtungen. Es handelt sich um

---

20 Jeremias, Komm., 19.

21 So vor allem M. Nissinen, Prophetie, Redaktion und Fortschreibung im Hoseabuch. Studien zum Werdegang eines Prophetenbuches im Lichte von Hos 4 und 11, AOAT 231, 1991, 138ff.; 298ff. Von Hos 4 bleiben für die älteste Schicht nur Teile von V.1-3; Ähnlichkeiten mit der Volksklage findet er auch in den wenigen alten Fragmenten von Hos 11,1-6*

22 So R. G. Kratz, Erkenntnis Gottes im Hoseabuch, ZThK 94, 1997, 1-24. Im Bezug der (ältesten) Texte auf die Gegenwart als Gericht und die von vornherein bestehende Schriftlichkeit gibt es aber wichtige Übereinstimmungen mit der hier vertretenen Sicht.

III. Singuläre historische Referenzen

Hos 4-11 ist durchzogen von einer ganzen Reihe von Aussagen, die sich auf einmalige historische Vorgänge und Konstellationen beziehen, und zwar von einer Art, dass sie bereits kurze Zeit danach, spätestens nach einigen Jahren oder gar einer ganzen Generation nicht mehr bekannt und deshalb nicht mehr verständlich waren bzw. sein konnten. Im Text aber werden sie so angesprochen, dass ihre Bekanntheit bei den Lesern offenkundig vorausgesetzt wird. Sie werden gerade nicht – wie es z.B. für Erzählungen aller Art typisch ist – für Außenstehende eingeführt und oder erläutert. Es geht dabei nicht etwa um Geschichtstraditionen, die *uns* nicht mehr bekannt sind, weil sie im kanonischen Geschichtsbild nicht mehr so überliefert sind, wie sie bei Hosea vorliegen. Und es geht auch nicht um die vielen, oft für uns nicht völlig durchsichtigen Bildworte. Es handelt sich vielmehr um reale Gegebenheiten in der Gegenwart des Textes. In erster Linie findet sich Derartiges in folgenden Aussagen:

4,6 *Weil du die Erkenntnis verworfen hast,*
verwerfe ich dich, mir als Priester zu dienen.

Offensichtlich ist hier ein einzelner, wohl besonders einflussreicher Priester gemeint. Besonders die singuläre Bedrohung seiner Mutter (4,5), weniger die seiner Söhne (4,6), spricht dafür. Weder wird sein Name genannt, noch werden Umstände wenigstens angedeutet, wie es sonst in prophetischen Worten an einzelne Personen der Fall ist. In der Auslegung ist es weithin üblich, die Vorwürfe und Drohungen zu verallgemeinern und implizit oder explizit auf alle Priester auszudehnen. Zwar werden in der Tat in V.7f. Aussagen über eine pluralische Größe gemacht, wohl die Söhne des Priesters, von denen vorher die Rede war (4,6), und es könnten, versteht man die »Söhne« genealogisch, also analog zu den Söhnen Aarons, eventuell wirklich viele oder alle Priester sein. Aber die Formulierungen kehren dann in V.9 zum Singular zurück *(»Es wird dem Volk ergehen wie dem Priester«)*. Offenkundig steht dahinter ein konkreter Konflikt mit einer wichtigen priesterlichen Gestalt[23]. Der Text aber sagt nicht, worum es geht, sondern setzt alle Einzelheiten voraus und baut damit offenkundig auf einem konkreten Wissen einer bestimmten Gruppe oder der engeren Zeitgenossen auf, ganz anders als es etwa in der Erzählung über einen vergleichbaren Konflikt in Am 7,10-17 geschieht. Ganz und gar unbegründet und methodisch unzulässig ist es deshalb, diese so konkreten singulären Aussagen späterer Redaktorentätigkeit zuzuschreiben, wie es etwa bei Nissinen geschieht[24]. Und wenn man, wie gerade für diesen Text weithin üblich, glaubt, mehrstufige Bearbeitungsspuren nachweisen zu können[25], durch die u.a. der Einzelfall verallgemeinert werden soll, bleibt es auffallend, dass die Detailkenntnisse voraussetzenden Formulierungen stehen bleiben.

Von den drei Führungsgruppen, denen nach 5,1 »das Gericht gehört«, wird gesagt:

---

[23] So etwa N. Lohfink, Zu Text und Form von Os 4,4-6, Bib 42, 1961, 303-332 sowie die Komm. von Wolff u. Jeremias.

[24] Nissinen, Hoseabuch, 128ff.; 227f.

[25] Zuletzt etwa H. Mölle, Das Ende der Priester von Israel. Beobachtungen zur Redaktion von Hos 4,1-10, in: F. Diedrich/B. Willmes (Hg.), Ich bewirke das Heil und erschaffe das Unheil (Jes 45,7). Studien zur Botschaft der Propheten, FS L. Ruppert, FzB 88, 1998, 259-276.

5,1 *Denn eine Vogelfalle seid ihr geworden in Mizpa*
und ein ausgebreitetes Fangnetz auf dem Tabor
2 *Das Abschlachten vertiefen, die auf Abwegen sind ...*

Ohne in eine Diskussion über den Inhalt dieser Aussagen einzutreten, mag es genügen festzustellen: Die Vorgänge an den wichtigen Heiligtümern in Mizpa und auf dem Tabor sind uns vollkommen unbekannt, sie sind offenkundig im AT nicht überliefert, und es muss sich um mehr und anderes als übliche Kultpraktiken handeln.

Ähnliches gilt für

5,7 *Ja, Fremdkinder haben sie erzeugt.*
Jetzt frisst sie ein Neumond
samt ihren Ackeranteilen.

Was mit den Fremdkindern gemeint ist, kann man nur erraten. Vor allem aber enthält der unveränderte Text doch wohl eine Zeitangabe. Ein einziger Monat genügt, um das betroffene Volk samt seinen Äckern »zu fressen«. Auch hier liegen uns unbekannte Vorgänge aus der letzten Zeit des Nordreichs vor. Gerade weil die Aussage einerseits philologisch völlig klar, andererseits aber uns sachlich unbekannt und damit auch unverständlich ist, ist es zwar nahe liegend, dass der Text häufig geändert und zu einer verständlichen Aussage umkonjiziert wird, aber genau das ist methodisch unbegründet und unzulässig.

Der nächste und besonders bekannte Fall findet sich in Hos 5,8-10. Hier ergeht eine Kette von Alarmrufen von Gibea bis Bethel, d.h. von Süd nach Nord. Albrecht Alt hat diesen Vers bekanntlich auf eine Konstellation im so genannten syrisch-ephraimitischen Krieg bezogen[26] und diese historische Einordnung ist bis heute ein tragendes Fundament aller Versuche einer konkreten historischen Zuordnung bestimmter Hosea-Texte und damit Ausgangspunkt für alle Versuche, mit unterschiedlichen Phasen der Verkündigung bei diesem Propheten zu rechnen. Nun hat aber die intensive Diskussion um diesen Krieg[27] und diese Formulierungen eines mit Eindeutigkeit erwiesen: Trotz relativ guter Quellen für diesen Krieg sowohl von alttestamentlicher wie von assyrischer Seite ist eine Konstellation, wie sie V.8 und V.10 vorausgesetzt wird, nicht belegt, nicht bekannt und nicht einmal wirklich begründet zu vermuten. Erst recht gilt das für die schwer zu deutende Formulierung »hinter dir (her) Benjamin« in V.8. Es ist deshalb festzustellen: Eine Zuweisung zu den historischen Vorgängen von 734/33 ist nur hypothetisch möglich und nicht wirklich begründbar. Genau so gut können uns nicht bekannte Vorgänge früherer Zeit[28] oder auch im Zusammenhang mit der Belagerung Samarias oder sonst aus den letzten Jahren des Nordstaates oder danach gemeint sein. Dem Text und seinen Formulierungen jedenfalls liegt gar nichts daran, Leser, denen die vorausgesetzte Situation nicht be-

---

26 A. Alt, Hosea 5,8-6,6. Ein Krieg und seine Folgen in prophetischer Beleuchtung. In: Ders., Kleine Schriften zur Geschichte des Volkes Israel II, 1953, 163-187.

27 Vgl. zur Diskussion zuletzt D. Kinet, Geschichte Israels, NEB Erg. Bd. 2, 2001, 139ff.

28 So etwa A. S. v. d. Woude, Bemerkungen zum historischen Hintergrund von Hosea 5:8-6:6; in: D. Garrone/F. Israel (Hg.), Storia e Tradizioni di Israele, FS J. A. Soggin, 1991, 299-308.

kannt war oder sein konnte, über sie aufzuklären[29]. Er rechnet offenkundig nicht mit derartigen Lesern.

Ein besonders eindeutiger Fall findet sich ganz am Ende des Gerichtsteils:

10,14 ... *alle deine Festungen werden verwüstet,*
wie die Verwüstung, die Schalman an Beth-Arbel verübte.

In diesem Fall genügt es Jeremias zu zitieren: »Hervorgerufen war die bei Hosea singuläre Anklage ... wohl durch die Nachricht einer unmittelbar zuvor erfolgten Zerstörung einer mächtigen Stadt unter brutaler Tötung aller Bewohner, die die Hörer Hoseas mit Grauen erfüllte. Wir können weder den angreifenden König sicher ermitteln (›Schalman‹ ist entweder Name des in einer Tributliste Tiglatpileser III. genannten Moabiterkönigs Salamanu oder ungewöhnliche Abkürzung für den Assyrerkönig Salmanassar V.) noch die zerstörte Stadt (Bet-Arbeel wird meist mit dem heutigen *ʾirbid* im nördlichen Ostjordanland identifiziert; aber für einen Angriff der Moabiter liegt *ʾirbid* sehr weit entfernt, und über einen Angriff der Assyrer gegen das Ostjordanland haben wir keine Nachrichten).«[30]

Eine ganze Reihe weiterer vergleichbarer Fälle könnte genannt werden. Da sie aber teilweise wie in 7,16 als Zukunftsansage[31] oder wie in 10,7 als Bildwort verstanden werden können oder textkritisch strittig sind, sollen sie hier unberücksichtigt bleiben.

IV. Hosea 4-11 als Anfang prophetischer Literatur

Was folgt aus diesem Befund? Er unterstreicht zunächst die These von J. Jeremias, dass diese Texte »nicht primär für Außenstehende zusammengestellt« worden sind, sondern für einen relativ festen Kreis von Schülern und Anhängern, jedenfalls von Zeitgenossen[32]. Vor allem aber und weit darüber hinaus deuten alle bisher vorgetragenen Beobachtungen darauf hin, dass diese Texte von vornherein schriftlich verfasst worden sind, wir hier also auf einzigartige Weise in einen, vielleicht sogar *den* Anfang von Schriftprophetie im eigentlichen Sinne, auf den Beginn von Prophetie als Literatur hineinsehen können[33].

»Grundsätzlich gilt ja, dass sich Art und Größe des jeweils intendierten Publikums auf den Inhalt eines literarischen Werkes in der Weise auswirken, dass bei ei-

---

29 H. Utzschneider kommt jetzt zu dem Schluss, dieser Texte »bilde keine historische Situation ab« (Situation und Szene. Überlegungen zum Verhältnis historischer und literarischer Deutung prophetischer Texte am Beispiel von Hosea 5,8-6.6, ZAW 114, 2002, 80-105.105).

30 Jeremias, Komm., 137.

31 *7,16* *Es fallen durchs Schwert ihre Beamten,*
wegen der Verwünschung ihrer Zunge.
– das ist ihr Spott –
im Lande Ägypten.

Dass speziell die Beamten in Ägypten fallen ist – selbst wenn man es nicht als Gegenwartsaussage, sondern als prophetische Zukunftsansage verstehen würde – höchst merkwürdig. Es hat doch eher den Anschein, dass eine sehr konkrete Situation etwa im Zusammenhang diplomatischer Verbindungen mit Ägypten hinter dieser Aussage steht.

32 Komm., 19.

33 Manche Beobachtungen von J. Jeremias, Die Anfänge des Dodekapropheton: Hosea und Amos, in: Ders., Hosea und Amos. Studien zu den Anfängen des Dodekapropheton, FAT 13, 1996, 34-54 bestätigen sich durch das Folgende auf eine methodisch durchaus andere Weise.

nem Bezug auf Rezipienten, die dem Autor durch gemeinsame Lebensumstände verbunden sind, die Details dieser Wirklichkeit gewissermaßen vorgegeben sind und deshalb im Text nur angedeutet werden bzw. überhaupt unerwähnt bleiben können, während demgegenüber der Bezug auf ein weiteres Publikum die explizite Vermittlung der für das Verständnis des Textes notwendigen Einzelheiten und Voraussetzungen erfordert. Im ersten Fall tritt die außerliterarische Erfahrung, das Vorwissen des intendierten Publikums unausgesprochen und gleichsam von selbst als gewichtiger Faktor neben den literarisch vermittelten Inhalt und geht mit diesem eine unauflösliche Verbindung ein (was für einen Rezipienten, der nicht zu dem vom Autor intendierten Publikum zählt, naturgemäß Informationsdefizite und Erkenntnisschwierigkeiten mit sich bringt), im zweiten hingegen sind die zum Nachvollzug erforderlichen Informationen, eben weil ein außerliterarisch vermitteltes Wissen nicht gegeben ist, notwendigerweise im Text selbst erhalten.« Diese Sätze entstammen einer Arbeit über Texte einer völlig anderen Kultur, die aber einer durchaus vergleichbaren Zeit angehören und die vor allem ebenfalls an einem Übergang zur Schriftlichkeit stehen, einer Arbeit nämlich »zu den Bedingungen und zur historischen Funktion früher griechischer Lyrik am Beispiel Alkaios« von Wolfgang Rösler[34]. Seine Untersuchung trifft in dieser Dichtung auf »dunkle Stellen«[35], die dem Befund bei Hosea sehr ähneln: »So führt Fragment 69 ... völlig unvermittelt in ein komplexes historisches Geschehen (Kooperation zwischen Lydern und der Hetairie), das zwar den Beteiligten unmittelbar vertraut war, jedem fernerstehenden Rezipienten jedoch unverständlich bleiben musste. Der Schluss ist jedenfalls unvermeidbar, dass das Gedicht auf kein außerhalb der Hetairie befindliches Publikum abzielte.«[36] Rösler kann überzeugend darlegen, dass derartige »dunkle Stellen«, die sich aus einem Bezug auf ein begrenztes Publikum und sein Insiderwissen erklären, ein typisches Merkmal der von ihm untersuchten Texte im Übergang von mündlicher zu schriftlicher Kommunikation sind. Sie sind ein Merkmal mündlicher begrenzter Kommunikation, die mit der Etablierung einer eingebürgerten schriftlichen literarischen Kommunikation kurze Zeit später verschwinden. Derartige Texte stehen damit an der Schwelle zur Literatur, sind ein Beginn von eigentlicher Literatur.

Die Analogien zum Befund im Alten Testament sind trotz oder gerade wegen der Differenzen im Blick auf Kultur, Gattung und Funktion erstaunlich und erhellend. Wie für die Anfänge schriftlicher Dichtung in Griechenland gilt wohl auch für die Anfänge prophetischer Literatur in Israel, dass nämlich »*beides* für den Text konstitutiv ist: die traditionelle Bindung an Anlass und Situation, die Erfüllung einer Funktion in einem gegebenen sozialen Rahmen *und* eine artifizielle Verfeinerung, die über Anlass und Funktion hinausweist und die das Gedicht eben zu Literatur hat werden lassen«, wie es in einer Arbeit des gleichen Autors zu einem Sappho-Gedicht heißt.[37] Stärker als die künstlerische Gestaltung wird es in Israel das inhaltliche Gewicht der festgehaltenen Vorgänge bzw. ihrer Deutung sein, das den Übergang zur Literatur veranlasst hat.

---

34 Dichter und Gruppe. Eine Untersuchung zu den Bedingungen und zur historischen Funktion früher griechischer Lyrik am Beispiel Alkaios, 1980, 41f.

35 So die Überschrift ebd. 41.

36 Ebd. 43.

37 Realitätsbezug und Imagination in Sapphos Gedicht ΦΑΙΝΑΤΑΙ ΜΟΙ ΚΗΝΟΣ, in: W. Kullmann/M. Reichel (Hg.), Der Übergang von der Mündlichkeit zur Schriftlichkeit bei den Griechen, ScriptOralia 30 (A/9), 1990, 271-287, Zitat 272.

Gerade diese noch an mündliche Kommunikation erinnernde Typik bei außertextlichen Referenzen, die Bindung an das »Zeigfeld« nach der Bühler'schen Terminologie, das massiv »ostentative« dieser Texte in der Sprache von Paul Ricoeur[38] spricht aber nun entschieden dafür, hier nicht nachträglich verschriftete, ursprünglich mündlich ergangene Worte zu finden, sondern von vornherein schriftlich verfasste Texte, die allerdings erst partiell den Bedingungen schriftlicher literarischer Kommunikation entsprechen. Dafür ist insbesondere die Differenz zum Befund bei den anderen Schriftpropheten des 8. Jh. erhellend. Wie viel leserfreundlicher für ein weiteres Publikum ist da etwa das Amosbuch, obwohl dieser Prophet in seinem Auftreten und also in seiner mündlichen Verkündigung doch meist für älter als Hosea gehalten wird[39]. Insbesondere aber scheint mir, dass das in der Forschung bisher dominierende Bild einer Verschriftung mündlicher Prophetenworte kaum zu einem Befund wie dem in Hos 4-11 passt. Diese Vorstellung von einer nachträglichen schriftlichen Niederlegung Jahre zuvor ergangener mündlicher Worte stammt ja wohl vor allem aus Jer 36, und es ist das Licht dieses Textes, von dem her dann auch die knappen Notizen bei Jesaja (Jes 8,16ff.; 30,8) gedeutet werden. Ein solcher nachträglicher Akt der Verschriftung, durch den ältere Worte für ein anderes, ein gegenüber dem ursprünglichen verändertes Publikum und zu einem anderen Zeitpunkt mit veränderten Gegebenheiten festgehalten werden sollen, muss ja unumgänglich die Tradition für die neuen Gegebenheiten umformen und damit neu formulieren. Das gilt zumal dann, wenn sie damit expliziterweise »für einen kommenden Tag« festgehalten werden sollen, wie es in Jes 30,8 heißt[40]. Die Texte sind also gerade durch einen solchen Vorgang bereits über die erste Situation hinaus, werden von der Bindung an sie gelöst und für eine veränderte – sowie eventuell für eine weitere, apperzerpierte kommende – Situation neu formuliert. Infolgedessen sprechen sie notwendig von einer noch ausstehenden Zukunft und nicht einfach von der Gegenwart und sie nehmen auf die außertextliche Realität unumgehbar in einer Weise Bezug, die nicht nur für eine erste, zeitgenössische Hörerschaft verständlich ist.

Gerade die spannungsvolle Verbindung von Hinweisen auf eine gestaltete literarische Komposition einerseits, mit einer noch an mündliche Kommunikation erinnernde Bindung an ein begrenztes Publikum andererseits, bei dem die gleichen Erfahrungen vorausgesetzt werden können, wie sie Hos 4-11 kennzeichnet, spricht für eine frühe schriftliche Entstehung. Dem entspricht der Inhalt: Die im neunmaligen »Jetzt« exemplarisch vollzogene Deutung der Gegenwart mit dem siegreichen Vordringen der Assyrer als vom Gott Israels vollzogenen Gericht auf Grund des Verhaltens von Führung und Volk.

---

38 Der Text als Modell: hermeneutisches Verstehen, in: Verstehende Soziologie, hg. v. W. L. Bühl, 1972, 252-283, bes. 258: »Beim gesprochenen Diskurs heißt das, dass sich der Dialog letztlich auf die den Gesprächspartnern *gemeinsame* Situation bezieht ... Ihre Grenzen können stets durch Gesten angedeutet werden; durch das Zeigen mit dem Finger ... durch Demonstrativa, Adverbialbestimmungen der Zeit und des Ortes ... Im mündlichen Diskurs ist dieser Bezug direkt und *ostentativ.*« Im geschriebenen Diskurs dagegen »löst sich sein Bezug von den Grenzen des ostentativen Bezuges ... Für mich ist das der entscheidende Bezugspunkt aller Literatur; nicht die *Umwelt* der ostentativen Bezüge des Dialogs, sondern die *Welt,* die durch die indirekten und nicht-ostentativen Verweisungen jeden Textes, den wir gelesen, verstanden und geliebt haben, entworfen wird« (258f.).

39 Dies bestätigt die Sicht von J. Jeremias, dass »das schriftliche Hoseabuch – bzw. ein Teil von ihm – älter ist als das Amosbuch, obwohl Amos der ältere Prophet von beiden war« (Anfänge des Dodekapropheton, 41; vgl. 52f.).

40 Unabhängig davon, ob man der üblichen Lesart »als Zeuge« folgt oder nicht.

V. Anschlussüberlegungen

Nimmt man die vorgetragenen Beobachtungen als Ausgangspunkt, ergeben sich von ihnen her neue Möglichkeiten und Perspektiven zur Auslegung des Hoseabuches, von denen drei hier als Abschluss kurz angedeutet werden sollen.

– Allgemein ergibt sich als Konsequenz, dass die vielen und vielfältigen *sperrigen* Momente des Textes nicht niedergebügelt und geglättet werden dürfen. Das hat Folgen für sehr viele Einzelheiten von der Übersetzung bis hin zu textkritischen Entscheidungen. So sind die bekannten Schwierigkeiten des hoseanischen Textes gerade *nicht* ein Anzeichen für eine schlechte, fehlerhafte Überlieferung, wie meist angenommen wird, die deshalb irgendwie zu verbessern sind, sondern für eine ausgesprochen gute.

– Die Frage nach genaueren Umständen der Entstehung und die, ob sich in den Texten eine historische Entwicklung abspiegelt und welche das ist, fallen angesichts des vorgetragenen Befundes tendenziell zusammen. Da naturgemäß bei fehlenden Quellen alle Versuche einer genaueren Datierung und Verortung des Textes bzw. seiner schriftlichen Grundform schnell spekulativ werden, ist hier Vorsicht am Platz. Welcher Zeitraum etwa spiegelt sich in den einigermaßen sicheren historischen Bezügen und ist deshalb als Entstehungszeitraum anzunehmen? Längstens steht für eine Deutung der Gegenwart als sich vollziehendes Gericht die Zeit vom syrisch-ephraimitischen Krieg bis zur endgültigen Einnahme Samarias und dem Ende jeder politischen Selbständigkeit zur Verfügung, als kürzester kommt wohl die Zeit der dreijährigen Belagerung der Stadt in Frage. In den letzten Kapiteln jedenfalls finden sich Bezüge auf eine Belagerungssituation (10,13), auf die Zerstörung Bethels und die Verschleppung des dortigen goldenen Stierbildes (10,5), auf die Zerstörung Samarias (10,7) und das Ende des Königtums (10,3.15). Weniger eindeutig sind die Bezüge in den ersten Teilen von Kap. 4-11. Allerdings bleibt durchgängig zu beachten, dass wir über die Details des historischen Ablaufs nicht informiert sind und die Rekonstruktionen der Schlussphase des Nordstaates nicht zuletzt auf Grund von Widersprüchen und Lücken in den Quellen sehr divergieren[41]. Dass der Anfang in Kap. 4 thematisch mit dem Vorwurf der Hurerei verbunden ist, ist angesichts von 4,16 kaum mit einer Frühphase des Propheten zu verbinden, sondern hängt doch wohl mit dem einmaligen Konflikt mit einem bestimmten Priester zusammen, zu einem Zeitpunkt, wo das »Weiden« Gottes bereits begonnen hat. Das schließt nicht aus, dass in den Symbolnamen von Kap. 1 oder Teilen von Kap. 2 eine ältere Phase erkennbar ist, die dann beim Vollzug des Gerichts thematisch wieder aufgenommen wird.

– Schließlich ist natürlich die diachrone Frage nach literarischen Schichten und Ergänzungen mit der vorgetragenen These nicht erledigt. Gerade für sie ist aber die *vorgängige* Frage nach Struktur und Selbstverständnis des vorliegenden Textes methodisch der unumgehbare Ausgangspunkt. Von diesem her wird man dann allerdings zunächst einmal unterstreichen müssen, dass auch eventuelle spätere Ergänzungen sich im Formalen erstaunlich genau an die vorgegebenen sprachlichen und sachlichen Strukturen gehalten haben. Somit handelt es sich recht eindeutig um *vorsichtige* interpretatorische Vorgänge. Das wiederum macht es eher unwahrscheinlich, dass innerhalb dieser Komposition inhaltlich und formal weitgehend selbstgewichtige Texte

---

41 Vgl. nur B. Becking, The Fall of Samaria. An Historical and Archaeological Study, Studies in the History of the Ancient Near East 2, 1992, der die alte These einer doppelten Einnahme Samarias neu stark macht.

aus großem historischen Abstand angefügt worden sind. Ähnliches liegt auch von anderen Aspekten her nahe: Ist eine Deutung der Gegenwart als sich vollziehendes Gericht in schriftlicher Fassung der Ausgangspunkt, so ist damit im Ansatz eine Verbindung von politischen bzw. militärischen Vorgängen und ihrer »theologischen« Deutung gegeben. Alle Versuche, diesen Zusammenhang aufzulösen und alle oder die meisten der so gewichtigen theologischen Elemente einer späteren Zeit zuzuschreiben, könnten nur dann überzeugen, wenn und soweit gewichtige Gründe vorliegen. Nun liegen zweifellos an einigen Stellen sachlich und sprachlich eindeutig spätere Vorstellungen vor. Beharrt man allerdings auf diesem »eindeutig«, sind es zunächst doch nur erstaunlich wenige. Zu nennen wären etwa 4,3, 8,1b; 11,11. Hinzu kommen einige der Erwähnungen Judas, die deutlichen Nachtragscharakter haben und als Teil einer relativ alten Interpretationsschicht breite Anerkennung gefunden haben. Dazu fällt auf, dass keine der »dunklen Stellen« von Kap. 4-11 auf Juda bezogen ist! Das könnte mit der Anfügung von Hosea 12-14 zusammenhängen. Besonders Hos 12 ist m. E. in seinem Aufbau und in allen Details nur verständlich, wenn man geradezu sein Ziel darin sieht, das mit dem gemeinsamen Stammvater Jakob gegebene Problem zur Sprache zu bringen. Geht es um Jakob, dann nicht nur um Ephraim, sondern um alle Stämme und immer auch um Juda. Von da aus lässt sich vielleicht Hos 4-13.(14) als eine zweite veränderte, eine judäische Auflage der Kap. 4-11 verstehen.

Israel, die Völker und die Armen

Grundfragen alttestamentlicher Hermeneutik am Beispiel des Zefanjabuches

Die Beziehungen des Gottesvolkes Israel zur weltweiten Völkerwelt einerseits, die von Mächtigen und Ausbeutern zu den Armen und Gedemütigten andererseits werden im Buch Zefanja so deutlich miteinander verbunden wie nur an wenigen Stellen im Alten Testament. Zudem ist an verschiedenen Stellen die Menschheit als Ganzes in den Blick genommen. Die mit diesen Größen gestellten Grundfragen jeder Hermeneutik des Alten Testamentes lassen sich deshalb an diesem kleinen Buch besonders gut diskutieren. Vor allem lassen sich Fragen und Perspektiven aufeinander beziehen, die sonst getrennt bleiben oder gar gegeneinander zu stehen scheinen: Die für jede sozialgeschichtliche bzw. befreiungstheologische Hermeneutik grundlegende Orientierung an den sozial Schwächsten und das Hauptproblem jedes christlichen Umgangs mit dem Alten Testament überhaupt, was uns als Nichtjuden nämlich diese Texte, in deren Zentrum Israel steht, überhaupt angehen. Hermeneutische Perspektiven und theologische Zentralfragen sind dabei miteinander verbunden. Ich gehe von der Frage nach den Armen bei Zefanja aus (I), bedenke die Implikationen eines christlichen Bezugs auf diese Aussagen (II), nehme dann die Verheißungen für die Völker dazu (III), um mit der Grundfrage einer alttestamentlichen Hermeneutik zu schließen (IV).

In einer *Vorbemerkung* muss in aller Kürze etwas zum Zefanjabuch und den exegetischen Voraussetzungen des Folgenden gesagt werden[1]. Wie alle prophetischen Bücher liegt uns auch dieses in einer Gestalt vor, die es in nachexilischer Zeit erhalten hat. Die Ausleger sind sich zwar einig, dass es in ihm Passagen gibt, die auf den Zefanja der Joschijazeit (1,1) zurückgehen. Aber die Versuche, sie zu bestimmen, sehen sehr verschieden aus, und in jedem Falle sind sie Teil einer recht geschlossenen Komposition, die auch späte Elemente enthält[2]. Ich beziehe mich deshalb ausschließlich auf die vorliegende Endgestalt, also das kanonische Zefanjabuch, und verzichte darauf, ältere Gestalten der Überlieferung zu rekonstruieren. Das liegt nicht zuletzt daran, dass die beiden Texte, die von der Bedeutung der Armen sprechen (2,3; 3,12), genau wie die beiden wichtigsten Aussagen über die Zukunft der Völker (2,11; 3,9) zu den literarisch umstrittenen Passagen gehören. Die hermeneutischen Überlegungen, um die es mir geht, sollen aber nicht von Hypothesen abhängen, die nur eine geringe Wahrscheinlichkeit besitzen.

---

1 Zu Forschungsgeschichte und Stand der Forschung s. E. Ben Zvi, A Historical-Critical Study of the Book Zephaniah, BZAW 198, 1991, 21ff., M. Weigl, Zefanja und das »Israel der Armen«, ÖBS 13, 1994, 232ff., sowie zusammenfassend E. Zenger u.a., Einleitung in das Alte Testament, 1995, 418ff.

2 Vor allem Ben Zvi hält mit vielen Detailbelegen das Buch für eine geschlossene Komposition der nachexilischen Zeit. Dagegen will Weigl (bes. 242) im Anschluss an N. Lohfink (Zefanja und das Israel der Armen, BiKi 39, 1984, 100-108) Zef 1,2-3,15 mit Ausnahme weniger kleinerer Glossen auf den spätvorexilischen Propheten selbst zurückführen; zur Kritik z.B. Zenger, 421.

I. Die Armen als »die Möglichkeit der Befreiung« (Gorgulho)

Nur an zwei Stellen werden die Armen und Gedemütigten im Zefanjabuch erwähnt, doch sie bekommen dabei eine Bedeutung, die man in den meisten anderen Prophetenbüchern vergeblich sucht. Ja, es ergibt sich hier ein Muster, das bewusst oder unbewusst zur Interpretation prophetischer Sozialkritik anderswo herangezogen wird. Zum Verständnis ist zunächst auf die Kritik an den Zuständen in Juda und Jerusalem zu verweisen. In Zef 1 werden zwar vor allem religiöse Verfehlungen genannt (1,4-6.9a), aber andere, wie die Bedrohung der Händler (1,11) und der »auf ihren Hefen Erstarrten«, denen Häuser und Reichtum genommen werden (1,12f.), verbinden religiöse wie soziale Kritik. Wichtig ist sodann die Schilderung der »Stadt« in 3,1ff., wobei es wohl um Jerusalem geht. In ihrer »Mitte« lebt einerseits eine korrupte Oberschicht, deren Beamte, Richter, Propheten und Priester scharf angegriffen werden (3,3f.), in dieser »Mitte« ist aber andererseits Gott als der Gerechte, der Morgen für Morgen sein Recht spricht (V.5). Diese Spannung macht das Bild der Stadt so zwiespältig, wie es die doppeldeutigen Bezeichnungen von V.1 ausdrücken (verschmutzt/herrlich; befleckt/erlöst; Gewalt/Taube)[3].

Wie bei anderen Propheten ist das Verhalten der mächtigen Ausbeuter der Anlass für eine drohende umfassende Katastrophe (1,4.7?10f.; 3,1). Während aber das Geschick der Opfer sonst in der Prophetie meist unbelichtet bleibt, was zu einem der schwierigsten und umstrittensten Fragekomplexe der Prophetenforschung geführt hat, ist das bei Zefanja anders. Bereits einige der Gerichtsankündigungen sind gezielt auf die Schuldigen gerichtet (1,8f.13), dazu kommen die Aussagen über die Armen, an denen allein Gottes zukünftiges Heil anknüpft. Da ist zuerst das Mahnwort von 2,1ff., das wohl schon in 2,1, sicher aber in 2,3 die Betroffenen selbst anredet: *»Sucht Jhwh, alle Gedemütigten des Landes, die sein Recht tun. Sucht Gerechtigkeit, sucht Demut. Vielleicht werdet ihr geborgen am Tag des Zornes Jhwhs«.*

Die Geduckten, Erniedrigten und Gedemütigten des Landes (ענוי הארץ)[4] erhalten mit einem »vielleicht« die Chance, dem Zorn Gottes zu entgehen. Das alle Menschen treffende Gericht des Herrn ist seit 1,2 Thema des Buches und vor allem in 1,14ff. breit entfaltet worden. Hier in 2,3 kommt zum ersten Mal die Möglichkeit von etwas Neuem jenseits des Gerichts in den Blick, eben die Chance der Armen. Sie entsteht dann, wenn sie weiter tun, was sie bereits tun, nämlich Recht bzw. Gerechtigkeit zu praktizieren und die Demut (ענוה) zu üben, nach der sie benannt sind (ענוים). Das, was sie tun sollen, wird dreifach parallel beschrieben: Jhwh, Gerechtigkeit (צדק) und Demut sollen sie suchen.

Was in 2,3 noch ein bloßes »vielleicht« ist, wird in Zef 3 zu einer festen Verheißung. Hier ist noch einmal von der Stadt und ihrer korrupten Oberschicht in 3,1ff. auszugehen. Trotz der Präsenz Gottes in ihr (3,5) bleibt sie Gott fern (3,2). In V.6 verweist Gott auf seine Bemühungen um die Stadt. Doch sie hat nichts aus dem Geschick der anderen Völker (V.6) gelernt (V.7) und damit die Chance vertan, der Strafe zu entgehen. So wird sie aufgerufen, auf Gottes Gericht zu warten (V.8). Er wird

---

3 Dazu B. Jongeling, Jeux de mots en Sophonie III 1 et 3?, VT 21, 1971, 541-547; K. Seybold, Satirische Prophetie. Studien zum Buch Zephanja, SBS 120, 1985, 55f.; 112; Ben Zvi (Anm. 1), 184ff.

4 Zu den Begriffen für Arme vgl. M. Schwantes, Das Recht der Armen, BET 4, 1977, 16ff. Speziell zur »Demut« (ענוה) s. K. Wengst, Demut – Solidarität der Gedemütigten. Wandlungen eines Begriffs und seines sozialen Bezugs in griechisch-römischer, alttestamentlich-jüdischer und urchristlicher Tradition, 1987.

Völker heranführen und seinen Zorn wirken lassen. Mit einer Wiederaufnahme von 1,18 wird dieses Handeln mit dem »Feuer seines Eifers« begründet, der die ganze Erde bedroht. Doch das Gericht ist keineswegs das Letzte, sondern Anlass zur Wende. Als Folge oder als die andere Seite dieses negativen Eingriffs Gottes werden überraschend ganz neue und umfassende Zusagen gemacht. In den Versen 3,9ff. vollzieht sich die Peripetie des gesamten Buches. Mit einem zweifachen *»doch dann«* (כִּי־אָז) in 3,9 und 3,11b werden zuerst den Völkern und dann Jerusalem/Israel bzw. bestimmten Menschengruppen in ihr Zusagen gemacht: *»An jenem Tag wirst du nicht zuschanden trotz all deiner Taten, mit denen du dich gegen mich aufgelehnt hast. Denn dann werde ich entfernen aus deiner Mitte deine stolzen Prahler, und du wirst nicht mehr hochmütig sein auf meinem heiligen Berg. Und ich lasse übrig in deiner Mitte ein Volk, gedemütigt und elend. Und sie werden sich bergen im Namen Jhwhs, als Rest Israels. Sie werden kein Unrecht tun und werden keine Lüge reden, und man wird nicht finden in ihrem Mund eine trügerische Zunge. Denn sie werden weiden und sich lagern und niemand schreckt auf«* (3,11-13).

Ausdrücklich wird gesagt, dass die Großen und Überheblichen entfernt werden und allein die Elenden und Armen übrig bleiben. Sie sind das Volk, sie sind der Rest Israels. In der Folge wird dieser Rest dann als Zion und Israel angeredet (3,14ff.). Die Armen bilden also die Kontinuität des Gottesvolkes. Dabei fasst die hymnische Aussage von V.15 das Geschehen noch einmal zusammen: Die Strafgerichte sind entfernt ebenso wie die Feinde. Gott in der Mitte der Stadt hat die bisherigen Inhaber der Mitte (3,3.11) entfernt und andere in die Mitte gesetzt (3,12). Sicheres Leben (V.13) wie vor allem die Freude Gottes an Israel (V.17) sind das Ziel seines Handelns. V.19 bringt mit der *»Rettung der Hinkenden«* in Bezug auf die weltweite Diaspora noch einmal ein anderes Bild für den gleichen Vorgang: Die Bedrängten sind auch hier die Möglichkeit der Befreiung.

II. Hermeneutische Reflexion I

Die theologische Bedeutung dieser Aussagen ist kaum zu überschätzen. Sie machen, um es noch einmal zu sagen, explizit, was in Sozialkritik und Unheilsansagen der meisten anderen Propheten vermisst wird und deshalb historisch und exegetisch umstritten bleibt. Für jede Hermeneutik, die die Bibel aus der Perspektive der Armen liest oder das in Solidarität mit ihnen tun will, stellt Zefanja eine besonders wichtige Stimme in ihr dar: Gott baut seine neue Welt von den Armen her auf. Insbesondere Gilberto Gorgulho hat die »neue Sicht, was die Bewertung der Armut und den Wert der Armen als historische Macht zur Befreiung angeht«, betont.[5] Zefanja »weist auf den Weg des Suchens nach dem Wort Gottes in der Geschichte durch Arme hin«.[6] Auf dem Hintergrund des assyrischen Imperialismus und einer Identifikation der »Gedemütigten des Landes« (עַנְוֵי הָאָרֶץ) mit den im tributären System ausgebeuteten Landarbeitern[7] spricht er von einem »Zukunftsprojekt«, welches das Büchlein Zefanja zu einer »Art Handbuch der Hoffnung der Armen, von Generation zu Gene-

5 G. Gorgulho, Zefanja und die historische Bedeutung der Armen, EvTh 51, 1991, 81-92, Zitat: 81 (dt. Übers. aus RIBLA 3, 1989, 26-35).
6 Gorgulho, 91.
7 Gorgulho, 85f.

ration« macht.[8] Dabei wird die Befreiung der Armen zum »Hauptmaßstab für die Interpretation eines historischen Prozesses und der Suche nach dem Wort Gottes in ihm«.[9] Ähnlich steht für Norbert Lohfink Zefanja am Beginn der Erkenntnis, dass »die in Sicht kommende Zukunft eine Zukunft ist, die von den Armen und Kleinen herkommt«.[10]

So wichtig und legitim solche theologischen Urteile auch sind, haben sie doch eine andere Seite, auf die ich aufmerksam machen will. Im biblischen Text geht es um die Armen des Volkes Israel, die theologische Rezeption in der christlichen Exegese entschränkt jedoch diese Aussagen und bezicht sie auf Nichtisraeliten bzw. auf die Armen überhaupt. Zugrunde liegt solchen Deutungen eine Identifikation christlicher Existenz mit dem Gottesvolk Israel. Eindeutig ist das in der Aussage Lohfinks, Zefanja habe »zum erstenmal den Umriß einer ›Kirche der Armen‹« gesehen. »Das ist das Neue, das Zefania zum Bild der Kirche beigetragen hat«.[11] Was der Text über Israel sagt, wird also auf das neue Gottesvolk, auf die Kirche übertragen. Bei Gorgulho fehlt der Begriff der Kirche, dennoch werden die Aussagen von ihrem Bezug auf Israel entkoppelt. Die Größe Israel wird auch dabei historisch relativiert und theologisch übergangen. Beide Autoren sind nur recht zufällige Beispiele für einen weithin üblichen Umgang mit dem Alten Testament.[12] Ob es um Abraham, den Exodus oder den Dekalog geht, um den 23. Psalm oder einen Propheten wie Amos – stets kann man dasselbe Grundmuster beobachten: Aussagen, die in der Bibel Israel und damit dem Judentum gelten, werden auf andere Größen bezogen, sie sollen »uns« gelten, allen Menschen oder der christlichen Kirche. Eine nichtjüdische Größe wird zum Subjekt von Aussagen gemacht, die in der Bibel Israel gelten. Damit entsprechen eine solche alttestamentliche Exegese und ihre theologischen Perspektiven dem, was weiten Teilen christlich-europäischer Theologie – immer noch!? – zugrunde liegt: Eine Enteignung Israels und eine Aneignung seiner Traditionen. Es geht dann nicht mehr, wie in den Texten, um das jüdische Volk, wir sind das wahre Israel oder ein Teil von ihm.

Nun möchte ich keinen Zweifel daran lassen, dass jeder positive christliche Bezug auf das Alte Testament einen vergleichbaren Vorgang voraussetzt. Die Neuentdeckung des Alten Testaments im 20. Jahrhundert und seine Wiedergewinnung als Grundlage, als Fundament des christlichen Glaubens, was den Verhältnissen im Neuen Testament selbst entspricht, hängt sicher auch daran, dass Aussagen über Israel eine Bedeutung auch für nichtisraelitische Größen bekommen, eben dieses »wir«. Ein Rückfall in lange geübte und immer noch vertretene negative Sichtweisen des Alten Testaments, als bloße Vorgeschichte, als religionsgeschichtliche Umwelt der neutestamentlichen Gemeinde, oder gar als Geschichte des Scheiterns, als vor-, un- und antichristliches Buch[13] kann ja nicht die Alternative sein. Wohl aber muss es um die

8 Gorgulho, 92.

9 Ebd.

10 Lohfink (s. Anm. 2), Zitat: 108; vgl. 101. Die Armentheologie Zefanjas ist jetzt von Weigl (s. Anm. 1), 255-283 im Detail ausgearbeitet worden.

11 Lohfink (s. Anm. 2), 101.

12 Dabei will gerade Lohfink sicher keine Enteignung Israels betreiben, aber seine Formulierungen sind dagegen kaum geschützt; insbesondere das Verhältnis des Heils durch die Armen zu dem für die Völker bleibt, genau wie bei den anderen neuen Arbeiten zur Armentheologie Zefanjas, seltsam undeutlich und hermeneutisch unscharf, s. etwa Weigl (s. Anm. 1), 238. Zu dem mit Lohfink verwandten Ansatz von E. Zenger für eine nicht-antijüdische alttestamentliche Hermeneutik vgl. u. Anm. 18.

13 Zu all dem vgl. A. H. J. Gunneweg, Vom Verstehen des Alten Testaments. Eine Hermeneutik, GAT 5, 1977 – einschließlich seiner eigenen Sichtweise.

Art und Weise, die Umstände und Bedingungen, die Legitimität, ja Humanität einer nichtjüdischen Aneignung von Aussagen über Israel gehen. Zentrales Kriterium ist dabei die Frage, ob ein solcher Bezug überhaupt Raum lässt für ein nachbiblisches und gegenwärtiges Judentum als legitime und unbestrittene Nachfolgegröße jenes Volkes, von dem die Bibel spricht. Ein solcher Raum hat in der Geschichte der europäischen Kirchen und Theologien weithin nicht existiert. Dass die Geschichte des Judentums in Europa eine Geschichte der Verfolgung, Unterdrückung, Vertreibung und Ermordung war, hängt mit der Bestreitung eines jüdischen Anspruchs auf die Verheißungen Gottes auch noch nach Jesus Christus und unabhängig von einer Integration in die christliche Kirche zusammen. Das aber ist, denke ich, einer der wichtigsten Faktoren, der *unseren Kontext* als europäische und besonders deutsche Theologen und Exegeten mitbestimmt. Wir können in dem, was wir theologisch tun, nirgends absehen von den Bergen von Leichen, die durch eine christliche Theologie und Exegese mitproduziert wurden, in deren Kern eine Enteignung Israels stand. Es gibt, Gott sei Dank, seit langem viele und wichtige Ansätze zu einer neuen und veränderten Theologie. Dabei muss die alttestamentliche Exegese und Hermeneutik an einer Stelle ansetzen, die keine Enteignung Israels bedeutet; sie hat diesen Schritt vielleicht noch nicht überall in der nötigen Klarheit getan. Dass das Volk, von dem die Texte reden, weiter existiert und sich selbstverständlich und mit Recht mit dem biblischen Israel identifiziert, muss auch für christliche Hermeneutik Basis und Ausgangspunkt sein.

Von vielen Aspekten sei nur ein einziger angesprochen. Die weithin übliche Rezeption von Israelaussagen führt zu einem ständigen Syndrom von Täuschung und Selbstbetrug im Herzen des Glaubens und in vielen christlichen Gottesdiensten. Indem man die großen Zusagen Gottes an Israel auf sich selbst bezieht, zugleich aber ihren Inhalt, nämlich die Zusagen an Israel, implizit und oft explizit leugnet, entzieht man sich selbst den Boden und erklärt letztlich Gott, auf den man sich beruft, zum Lügner. Wie können, um nur an bekannte Sprüche zu erinnern, Aussagen wie Jes 43,1 (*»Ich habe dich bei deinem Namen gerufen, du bist mein ...«*) oder 54,10 (*»Es sollen wohl Berge weichen oder Hügel hinfallen, aber meine Gnade soll nicht von dir weichen«*) wahr sein und etwas über Gottes Verhältnis zu uns aussagen, wenn ihre Aussage doch zugleich negiert oder übergangen wird? Für die meisten Partien des Alten Testamentes gilt, dass sie auch für »uns« nur wahr sein können, wenn sie nicht gleichzeitig der Lüge geziehen werden. Für das Zefanjabuch gilt jedenfalls, dass die Bewahrung *Israels* geschieht, indem seine Armen gerettet werden und die Kontinuität darstellen. Und zwar wird solches trotz der Missetaten des Volkes angekündigt (3,11.15). Was im Verhalten Israels sollte diese Zusagen aufheben können?

Wenn also die in verschiedenen Formen übliche theologische Identifikation der Kirche mit Israel bewusst oder unbewusst auf Kosten Israels geht, damit aber die Aussagen selbst geradezu grundsätzlich entwertet, und deshalb vermieden werden müssen, wie kommen »wir« dann in die Texte hinein? Wie ist dann eine Anknüpfung an die so wichtige Armentheologie Zefanjas möglich? Dazu gehe ich zunächst anderen Aussagen des Buches nach, die beim Armenthema meist übergangen oder doch an den Rand gedrängt werden.

III. Der Gott Israels und die Völker

Was im Zefanjabuch über die Armen gesagt wird, ist Teil eines weit ausgreifenden, die gesamte Menschheit umgestaltenden Vorgangs. Bereits die ersten Verse schlagen das Thema an: Angesagt wird ein die gesamte Schöpfung vertilgendes, sintflutartiges Gericht (1,2f.). Zwar geht es dann ab 1,3 um Vorgänge in Juda bzw. Jerusalem, aber das große Lied vom Tag des Herrn, dem *dies irae* in 1,14ff., handelt wieder vom Geschick aller Menschen, da alle gegen Gott gesündigt haben (1,17). Auf die Anrede an die Armen in Jerusalem in 2,3 folgen im zweiten Teil des Buches Worte gegen andere Völker, zunächst die direkten Nachbarn, die Philister (2,4-7) und Moab bzw. Ammon (2,8-10), dann gegen Kusch (2,12) und Assur (2,13ff.). In ihrer Mitte steht der Vers 2,11, der – weit ausgreifend auf *»alle Inseln der Völker«* – davon spricht, dass der Gott Israels *»alle Götter der Erde«* vernichten wird und dass als Folge alle Menschen vor ihm niederfallen werden, und zwar *»jeder von seinem Ort aus«*.

Dieses Ziel des göttlichen Handelns an den Völkern wird sodann in der gleichen Passage, die auch die Peripetie gegenüber Israel bzw. Jerusalem bringt, wieder aufgenommen. Nachdem die Völker als Werkzeug des Zornes Gottes gegen Jerusalem bzw. Israel eingesetzt wurden (3,8), also wie in 1,18 angekündigt, das *»Feuer des Eifers«* die ganze Erde verzehrt, geschieht ein doppelter Umschwung. Noch bevor 3,11ff. von der Verwandlung des Gottesvolks durch die Bewahrung der Armen als Rest spricht, heißt es in 3,9: *»Denn dann wende ich den Völkern eine reine Lippe zu, damit sie alle den Namen Jhwhs anrufen, um ihm mit einer Schulter zu dienen«*.

Leider bleibt im folgenden schwierigen V.10 (*»Von jenseits der Ströme von Kusch werden meine Verehrer, die Tochter meiner Zerstreuten, meine Gabe bringen«*) unentscheidbar, ob es sich bei denen, die Gott Geschenke bringen, um Anbeter aus den Völkern oder um eine Rückkehr von Diasporajuden handelt.[14] Von größtem Gewicht ist die Entsprechung dessen, was in Israel und was mit den Völkern geschieht. Bei beiden geht es um eine neue Beziehung zum *»Namen Jhwhs«*, die Armen finden dort Zuflucht (3,12), die Völker rufen ihn an (3,9). Und als Folge verändert sich jeweils das Sprachzentrum, die neue reine Lippe (3,9) entspricht dem Verschwinden von Lüge und Trug von Mund und Zunge (3,13).

Die Verheißungen von 2,11 und 3,9 enthalten die wohl weitreichendsten Perspektiven für die nichtisraelitische Völkerwelt, die es im Alten Testament gibt. Was in der Tradition der Völkerwallfahrt zum Zion als Partizipation an der Gegenwart Gottes inmitten seiner Stadt und seines Volkes vielfältig ausgesagt wird, man denke an Texte wie Jes 2 // Mi 4 oder Jes 60, wird durch das *»jeder an seinem Ort«* von Zef 2,11 zu Ende gedacht. Der Gott Israels wird, ohne dass explizit auf einen Schöpfungsgedanken zurückgegriffen wird, der Gott aller Menschen. Der Tod der anderen Götter ist eine der Voraussetzungen dafür. Und welche Rolle Israel für die Völker auch spielen mag, sie bleiben an ihrem angestammten Ort, werden nicht Teil des Volkes Israel. Zweifellos ist damit eine gewisse Unabhängigkeit der Gottesbeziehung der Völker von Israel ins Auge gefasst. Andererseits ist, wie der Fortgang von Zef 3 zeigt, durch diese »Wende« (הפך 3,9) die einzigartige Verbindung Gottes mit seinem Volk nicht aufgehoben. Die Schlussverse des Buches haben zwar die Völker mit

---

[14] Vielleicht ist die Deutung von H. Irsigler, Gottesgericht und Jahwetag. Die Komposition von Zef 1,1-2,3, untersucht auf der Grundlage der Literarkritik des Zefanjabuches, Münchner Universitätsschriften 3, 1977, 190, zu bevorzugen, der eine Glosse annimmt, die die Geschenke der neugewonnenen Verehrer mit den heimkehrenden Diasporajuden identifiziert.

im Blick (bes. V.20), doch zielt das Ganze auf Israel, wie die Formulierungen über das Wohnen Gottes in der Mitte Jerusalems und besonders die Freude über das erneuerte Volk zeigen (3,17). Eindeutig gilt: »recognizing YHWH as God implies a recognition of a special status for Israel/Judah«,[15] denn »the difference will exist even in the ideal future«.[16]

Die doppelte Wende, die sich nach der Ankündigung des Gerichts in 3,8 durch ein überraschendes und völlig neues Handeln an den Völkern (3,9f.) wie an Israel (3,11ff.), also an der gesamten Menschheit vollzieht, wird im Zefanjabuch nicht begründet. Für das Gericht werden Gründe benannt. Das geschieht für Israel in 1,4ff. und 3,1ff. mit vielen Details; das wird für die Völker in 2,4ff. immerhin angedeutet. Genannt werden die Schmähung Israels (2,8) und seine Verhöhnung (2,10). Und als Grund des Einschreitens gegen Assur wird Hochmut genannt (2,15). Was also den schrecklichen Zorn Gottes gegen alle Menschen, wie ihn so eindrucksvoll Zef 1,2f. 14ff. schildern, in sein Gegenteil verwandelt, bleibt weithin offen. Immerhin kann der Begriff »Liebe« in 3,17 die Annahme begründen, es müsse ähnlich wie in Hos 11 ein Umsturz im Herzen Gottes gewesen sein, der ihn das Gericht weder an Israel noch an den übrigen Menschen vollziehen lässt.

IV. Hermeneutische Reflexion II

Der hermeneutische Ort, an dem wir uns als Nichtjuden befinden und von dem aus wir das Alte Testament lesen, tritt in diesen Aussagen des Zefaniabuches klar und eindeutig hervor. Nicht weil wir in irgendeiner Weise an die Stelle Israels getreten wären – was ja immer voraussetzt, dass Gottes Beziehung zu Israel unterbrochen, beschädigt oder eingeschränkt ist –, sondern weil wir uns genau in der Rolle von Völkern befinden, für die die Verheißungen von 2,11 und 3,9 Wirklichkeit geworden sind, haben wir eine Beziehung zu dem Gott, der der Gott Israels ist und bleibt. Von unserem Ort aus können wir diesem Gott dienen, wie 2,11 sagt. Unsere Beziehung zu Gott, die von ihm ausgeht, bedeutet weder ein Ende der besonderen Rolle Israels noch ist sie von der Zustimmung Israels abhängig, sie geschieht nicht durch eine Eingliederung in Israel – ich denke auch nicht in seinen »Bund«[17] – noch gliedert sie Israel in die Völkerwelt ein. Wir dienen einem Gott, der mit Israel bleibend verbunden ist, seine Identität, sogar seine Existenz (Gen 15,9ff., bes. V.17f.) hängt an dieser Beziehung zu seinem Augapfel (Sach 2,8). Gott ohne diese Beziehung zu Israel wäre ein anderer, ein falscher Gott. Kurz: Um das Alte Testament sachgemäß lesen zu können, kann die Basisidentifikation nicht über Israel, sondern muss über die Völker laufen. Hier ist von »uns« die Rede.

Und die anderen Themen? Was ist mit den Armen als der »Möglichkeit der Befreiung« und als »Hauptmaßstab« für die Interpretation? Im Zefanjabuch gibt es nun in der Tat keine Aussagen, die solche Armentheologie auch auf die Völker beziehen. Zwar gibt es sie bei diesem Thema an anderer Stelle, man denke nur an den 82. Psalm, der die Einheit und Existenz von so etwas wie Gott überhaupt mit weltweiter Gerechtigkeit für die Armen verbindet. Dennoch sind viele und besonders wichtige

---

15 Ben Zvi (s. Anm. 1), 335.
16 Ben Zvi, 345.
17 Dazu gleich u. Anm. 18.

Aussagen des Alten Testamentes auf Israel als primären Partner Gottes bezogen. Ein christlicher Gebrauch dieser Schriften gar aus der Perspektive der Armen und Unterdrückten kann sich sicher nicht allein mit der Randperspektive der Völker begnügen. Wie aber ist dann der Vorgang der Aneignung zu beschreiben, wenn es nicht um eine Ersetzung und Verdrängung Israels gehen soll? Wie kann man sie »auf sich beziehen, ohne für sich zu vereinnahmen«?[18] Ich denke, es dreht sich dabei um nichts anderes als die Frage, was es denn heißt, dass die Völker den Gott Israels anbeten, ihm dienen und reine Lippen bekommen. Gerade weil die Beziehung der Völker zu Gott eine zu dem bleibend mit Israel verbundenen Gott ist, kann prinzipiell von diesem Gott nichts anderes gelten, als was Israel von ihm erfahren hat im Umgang mit ihm, was also in den Aussagen der Schrift, auch in den auf Israel bezogenen zum Ausdruck kommt. Dass Gott den Armen Gerechtigkeit schafft, dass sie für ihn die Möglichkeit der Rettung und erneuerten Zukunft sind, hängt gerade nicht an einer Identifikation von »uns«, der Kirche oder der Armen mit Israel und dessen Gruppierungen, sondern allein an der Identität Gottes. Die Verheißungen für die Völker sind die Tür, durch die wir in die Texte hinein kommen, wir kommen aber dadurch zu dem Gott, der in seinem Weg mit Israel gezeigt hat, wer er ist. Als ein Umweg kann ein solcher hermeneutischer Zugang nur deshalb erscheinen, weil der Vorgang der Enterbung Israels seit langem zur christlichen Selbstverständlichkeit geworden ist.

Vielleicht ist der hermeneutische Ansatzpunkt, dass es allein an Gott selbst bzw. an unserem Gottesbild liegt, dass er »uns«, der nichtjüdischen Menschheit, nicht als ein anderer begegnet als seinem Volk Israel, eine wichtige Voraussetzung dafür, auch die Kritik des Alten Testamentes ungebrochen und in all ihrer Radikalität theologisch ernst zu nehmen. Die Identifikation mit Israel hat sich ja in der Christenheit weithin auf die positiven Aussagen und die Verheißungen bezogen, also auf den Abrahamssegen und den 23. Psalm, während man die Kritik eines Amos oder die radikale Konzentration jeder heilsgeschichtlichen Kontinuität auf die Armen und Unterdrückten, wie sie bei Zefanja vorliegt, erst recht die Gerechtigkeitstraditionen der Tora in der Praxis oft genug durch ein um alle Schärfe gebrachtes »Evangelium« ersetzte, was faktisch immer eine Anpassung an die Herrschenden und Mächtigen bedeutete. Solche Bestreitung der kritischen Aspekte ist theologisch die andere Seite der Lüge im Herzen der christlichen Tradition, die, um im Bild von Sach 8,23 zu sprechen, den Juden, dessen Gott man wollte, totschlug, um diesen Gott für sich allein zu haben. So aber konnte er der Gott nicht bleiben, als der er sich definiert hat, der Gott Abrahams, Isaaks und Jakobs.

---

18 Wie E. Zenger, Das Erste Testament. Die jüdische Bibel und die Christen, ^{2}1992, 155, im Anschluss an eine Formulierung von W. Breuning (Mit dem Stamm Abrahams geistlich verbunden, FS E. L. Ehrlich, 1991, 29) es formuliert. Zenger stellt zu Recht heraus, »dass die Kirche beim Verkündigen und Hören dieser Texte den eigentlichen Adressaten der Texte nicht länger ignorieren« darf (200). Ich frage aber, ob wirklich uneingeschränkt gilt, dass Gott »die gleichen Worte zu Juden und Christen sagt, mit der Absicht, dass sie daraus unterschiedliche Konsequenzen ziehen sollen« (157); zu uns sind sie nur indirekt gesagt. Für Zenger sind die Texte »auch Gottes Wort an und über uns, weil und insofern ›die Kirche durch Jesus Christus in den Bund Gottes mit seinem Volk hineingenommen ist‹« (202, mit Bezug auf eine Formulierung des Rheinischen Synodalbeschlusses von 1980). Hier wirkt sich die unterschiedliche Sicht der Bundestheologie (vgl. das Gespräch in Kul 9, 1994, Heft 1; vgl. u. S. 279-294 und 295-305) auf die alttestamentliche Hermeneutik aus. Geht man von der bleibenden Sonderstellung Israels aus, ist der primäre Ansatz einer alttestamentlichen Hermeneutik bei den Aussagen über das Heil für die Völker zu nehmen. Im Übrigen besteht eine weit gehende Gemeinsamkeit in der Sache, vgl. auch N. Lohfink/E. Zenger, Der Gott Israels und die Völker, SBS 154, 1994, 181.

Psalmen

IM NETZ

Zur Frage nach der »eigentlichen Not« in den Klagen der Einzelnen

I.

Die Schwierigkeiten, deutlich zu erkennen, worüber die Beter der individuellen Klagepsalmen klagen, was also mit einem Ausdruck Gunkels ihre »eigentliche Not« ist,[1] sind bekannt. So stehen etwa in Ps 69 Symptome von Krankheiten (bes. V.27.30) neben den Verweisen auf drohende Feinde (bes. V.5.22ff.). Der Beter muss sich mit konkreten juristischen Vorwürfen auseinandersetzen (V.5) und ist selbst seiner engsten Umgebung entfremdet (V.9). Er erwähnt zwar eigene Verschuldungen (V.6), doch können sie nicht für seine gegenwärtige Lage verantwortlich sein (V.5.10). Und was an ihm geschieht, hat Bedeutung für die Armen im Lande (V.33f., vgl. 30). Wie fügt sich das alles zusammen? Und Ps 69 ist kein Sonderfall. In vielen Klagen steht das Wirken der Feinde neben Hinweisen auf Krankheit,[2] dazu kommen Hinweise auf Anklagen,[3] auf eigene Schuld,[4] auf Armut,[5] auf Isolierung von der engsten Umgebung.[6] »Es ist unmöglich, die einzelnen Züge der Klage in der anschaulichen Situation eines der verwendeten Bilder unterzubringen. Man mag daraus ersehen, wie unendlich schwer es oft ist, zu ermitteln, welche bestimmten Nöte hinter der Klage stehen, und wie wenig Greifbares sich über die äußere Situation der Psalmisten angeben lässt.«[7] Dieser Charakterisierung Gunkels können bis heute ähnliche Feststellungen an die Seite gestellt werden. So verweist Seybold darauf, »dass man oft nicht einmal entnehmen kann, ob der Leidende krank, bedrückt, gefangen, bedrängt, bedroht ist«.[8]

Auch die Grundzüge der Erklärung sind schon von Gunkel genannt worden und haben Geltung bis heute: »Der Grund ist gewiß einmal der, dass sich in diesem Stile die Herkunft der Gattung aus kultischen Formularen geltend macht, daneben ist mit der Möglichkeit zu rechnen, dass Gedichte nachträglich für den Gebrauch der Gemeinde bearbeitet und damit von allzu individuellen Zügen befreit worden sind.«[9] Ähnlich spricht Seybold von »Stilisierung und Verallgemeinerung« und bringt damit die »Brauchbarkeit« der Texte als immer wieder benutzte Gebetsformulare zusammen.[10] Allerdings verschiebt sich damit das Problem nur geringfügig. Denn auch für Formulare stellt sich die Frage, warum sie die Not so vielfältig beschreiben und warum sich die Beter darin wiederfinden können. Die Psalmenforschung hat denn auch ein beträchtliches Maß an Mühe aufgeboten, trotz dieser Schwierigkeiten – und also im Grunde quer zur eigenen Intention der Texte – die Frage nach der »eigentlichen

1 H. Gunkel, Einleitung in die Psalmen. Die Gattungen der religiösen Lyrik Israels, HK II, Erg. Bd., zu Ende geführt v. J. Begrich, 1933 = ²1966, 193.
2 In Ps 6; 13; 22; (27 B); 31; 35; 38; 39; 42/43; 69; (70); 71; (86); 102; 109.
3 Nach W. Beyerlin, Die Rettung der Bedrängten in den Feindpsalmen der Einzelnen auf institutionelle Zusammenhänge untersucht, FRLANT 99, 1970: Ps 3; 4; 5; 7; 17; 26; 27; 57; 63; Dazu mindestens 69.
4 In Ps 6; 38; 51; 69; 88; 130; 143. Bis auf 130 immer neben Feinden.
5 Ps 22; 35; 69; 70; 86; 88; 102; 109; 140.
6 In Ps 22; (27); (28); 31; 38; 55; 69; 88; (120).
7 H. Gunkel, a.a.O. (s. Anm. 1), 189.
8 K. Seybold, Die Psalmen. Eine Einführung, Urban-Tb. 382, 1986, 133.
9 H. Gunkel, a.a.O. (s. Anm. 1), 184.
10 a.a.O. (s. Anm. 8), 133.

Not« zu beantworten. Dabei lassen sich aufs Ganze gesehen zwei Grundmuster der Erklärung unterscheiden.[11]

Das eine sind die Versuche, die gesamte Gattung, also alle oder doch die meisten der Klagen der Einzelnen auf eine einzige Ursache bzw. einen einzigen Anlass zurückzuführen. »In der Geschichte der Gattung aber wird Krankheit ursprünglich die eigentliche Not gewesen sein«, sagt Gunkel und nennt dann noch damit in Zusammenhang stehende »innere Nöte«.[12] Vor allem die Tatsache, dass die Feinde ein viel verbreiteteres Motiv darstellen, ließ an dieser Erklärung zweifeln. Mowinckel hat demgegenüber die Feinde, verstanden als mit magischen Mitteln wirkende Zauberer und Hexer entsprechend den verwandten Klagen des babylonischen Raums,[13] als den entscheidenden und letztlich einzigen Anlass für die Klagepsalmen genannt, auf den auch z.B. die Krankheitsmotive zurückgehen.[14] In einer der letzten Äußerungen zum Thema findet sich eine Kombination dieser beiden Hypothesen. H. Schulz will auf den Hintergrund ethnologischer und psychologischer Erkenntnisse Mowinckels Theorie neu beleben: »Wie die babylonischen Hexer trachten die Feinde des altisraelitischen Beters diesem nach dem Leben, sprechen giftwirkende Zauberworte, bilden eine Gruppe und verursachen zumeist Krankheit.«[15] Er hält über die Hälfte der Klagegebete für Krankheitspsalmen und formuliert: »Der Kulturkomplex ›Krankheit und Heilung‹ ist latent und auch dort gegenwärtig, wo die begrifflichen und symbolischen Verdichtungen des Textes Identifizierung eines Leidens oder gar Diagnose unmöglich machen.«[16] »In der Vielfalt der Lebensquellen ... nimmt die Gesundheit (das heißt: Lebenssteigerungsenergie) nun einmal die zentrale Stelle ein.«[17] Die Problematik dieses wie all der Versuche, hinter der Vielfalt der Klagemotive eine einzige Ursache zu finden, liegt auf der Hand und ist in der Diskussion um die Mowinckel'schen Thesen immer wieder angeführt worden: Es gibt Klagepsalmen, die keine Feinde nennen,[18] und es gibt solche, die keinerlei Anklänge an Krankheit oder körperliche Elendszustände enthalten.[19]

Das zweite Grundmuster der Erklärung ist die Differenzierung. Hier sind vor allem Arbeiten zu nennen, die die Gruppe der Krankheitspsalmen[20] und der Gebete Angeklagter[21] genauer untersucht haben. H.-J. Kraus will daneben als dritte Gruppe Bußpsalmen, also »Gebetslieder eines Sünders«[22], unterscheiden. Zusammenfassend für solche Versuche sagt Seybold: »Als fruchtbar hat sich für die Gliederung der Gruppe die Frage nach der Zuordnung zu einem speziellen Sitz im Leben in Form von institutionellen Voraussetzungen erwiesen, die es erlaubt, die Eigenart der Gebete

---

[11] Einen Überblick über Positionen der Forschung gibt – orientiert an der etwas anderen, aber verwandten Frage nach den Feinden in den Klagen des Einzelnen – L. Ruppert, Der leidende Gerechte, Eine Wortfelduntersuchung, 1973, 4ff.

[12] H. Gunkel, a.a.O. (s. Anm. 1), 193.

[13] Dazu zuletzt L. Ruppert, Klagelieder in Israel und Babylonien – verschiedene Deutungen der Gewalt, in: N. Lohfink (Hg.), Gewalt und Gewaltlosigkeit im Alten Testament, QD 96, 1982, 111-158.

[14] Psalmenstudien I., 1921.

[15] Zur Fluchsymbolik in der altisraelitischen Gebetsbeschwörung, Symbolon NF 8, 1986, 35-89, Zitat 43, im zustimmenden Referat S. Mowinckels.

[16] Ebd. 46.

[17] Ebd. 53.

[18] Ps 51; 70; 88; 130; vgl. auch 4; 26; 28.

[19] Ps 3; 4; 5; 7; 17; 26; 28; 54; 55; 56; 57; 59; 61; 63; 64; 120; 140; 141; 142; 143.

[20] Bes. K. Seybold, Gebet des Kranken im Alten Testament. Untersuchungen zur Bestimmung und Zuordnung der Krankheits- und Heilungspsalmen, BWANT 99, 1973.

[21] H. Schmid, Gebet der Angeklagten im Alten Testament, BZAW 49, 1928 = P. Neumann (Hg.), Zur neueren Psamenforschung, WdF 192, 1976, 156-167.; W. Beyerlin, Rettung (o. Anm. 3).

[22] Psalmen I, BK XV/1, [5]1978, 58f.

mit den Situationszusammenhängen zu verbinden.«[23] Er nennt die »Gebete(n) der Angeklagten« im Zusammenhang mit »Tempelgerichtsverfahren« sowie die »Kranken- bzw. Bußpsalmen heiligtums- und kultferner, dennoch an Riten gebundener Beter«. Neben dieser beiden Gruppen kennt er »Grenzfälle« und »individuelle Gebete, die nicht einordenbar sind«. Zu beachten ist aber sein Hinweis: »Die Vielfalt in dieser Gruppe ist groß.«[24] Damit ist schon das Hauptproblem aller derartiger Unterscheidungen angesprochen: Die Psalmen, in denen eindeutig eine einzige Not dominiert und die man deshalb einen entsprechenden »Sitz im Leben« zuweisen könnte, sind eine Minderheit. Wichtige Motive, wie Armut des Beters, bilden keine eigenen Psalmen und kommen nur im Zusammenhang mit anderen vor. Wie immer man ausgrenzt, es bleibt die Tatsache, dass sich verschiedene Motive derart oft und derart gewichtig miteinander vermischen und verbinden.

Ein weiterer Einwand gegen die Versuche, mehrere Untergruppen zu unterscheiden, bleibt zu beachten: Die Einheit der Gattung. Denn die solcherart unterschiedenen institutionellen Gegebenheiten haben doch offenbar keine je eigene Sprache, also keine eigene Gattung erzeugt. Detailuntersuchungen der Sprache, wie jüngst die Arbeit von A. Aejmelaeus,[25] haben die von Forschern wie Gunkel und Westermann stets wie selbstverständlich angenommene Einheit der Gattung neu bestätigt.[26] Bei allen Differenzen zwischen den Klagepsalmen kann und muss man sie als Exemplare *einer* Gattung ansehen. Es liegen dieselben Grundelemente vor, ob nun Krankheitsmotive dominieren oder ob deutliche Elemente kultischer Gerichtsverfahren zu erkennen sind. Und das gilt erst recht für die große Gruppe von Texten, die die charakteristische Verbindung unterschiedlicher Klagemotive aufweisen und also keiner der Untergruppen zugewiesen werden können.

II.

Beide von der Forschung eingeschlagenen Wege sind also mit Schwierigkeiten behaftet, und keiner hat zu einer wirklich überzeugenden Lösung für die Gattung insgesamt geführt. Deshalb stellt sich die Frage, ob die Art und Weise, wie nach der »eigentlichen Not« gefragt wurde, nicht den Texten wie der Sache unangemessen ist. Die meist unausgesprochene Voraussetzung all dieser Versuche ist ja die Annahme, dass jedenfalls im konkreten Einzelfall eines klagenden Menschen in Israel jeweils *eine* identifizierbare Not, eben die »eigentliche« vorliegen müsse. Und trotz der traditionellen Sprache der Gebete und trotz der rituellen, auf vielfachen Gebrauch angelegten Art der Texte müssten diese doch jedenfalls dem anzunehmenden wahren Grund der Klage entsprechen bzw. mit ihm korrelierbar sein. Dass jedenfalls nach *unseren* Denkformen jeweils *eine*, monokausal beschreibbare Not vorliegen müsse, stand nicht zur Debatte.

---

[23] A.a.O. (Anm. 8), 99.
[24] Ebd.
[25] Traditional Prayer in the Psalms, BZAW 167, 1986.
[26] H. Gunkel, a.a.O. (Anm. 1), 172ff.; C. Westermann, Struktur und Geschichte der Klage, ZAW 66, 1954, 44-80 = Forschung am Alten Testament, TB 24, 1964, 266-305. Weiter: O. Keel, Feinde und Gottesleugner. Studien zum Image der Widersacher in den Individualpsalmen, SBM 7, 1969; E. Gerstenberger. Der bittende Mensch Bittritual und Klagelied des Einzelnen im Alten Testament, WMANT 51, 1980; C. Barth, Errettung vom Tode in den individuellen Klage- und Dankliedern des Alten Testaments, 1947; ^{2}1987.

Im Folgenden soll die These entwickelt werden, dass die Frage nach der »eigentlichen Not« im Sinne des jeweils konkret-einzigartigen »wirklichen« Anlasses sowohl an den Aussagen der Mehrzahl der Klagepsalmen vorbeigeht, und zwar gerade an deren gattungstypischen Elementen, als auch an der Sache, über die geklagt wird, nämlich den Anlässen und Nöten der Beter damals (wie heute). Vielleicht ist die Art, wie die Klagen die Not beschreiben, realistischer als die Annahme einer einzigen Verursachung. Diejenigen Texte, die nur einen Faktor erkennen lassen, sei es Krankheit, sei es Anklage, sind dann, wie es ihrer Zahl entspricht, eher Randformen, während die uns verwirrende Vielzahl von Faktoren eher den Normalfall darstellt, an dem sich die Gattung orientiert hat. Vielleicht hängen Wirkung und Verwendbarkeit der Texte bis zum heutigen Tag gerade mit dieser nicht monokausalen Sicht des Leides zusammen.

Wie wenig eine monokausale Beschreibung des Leides auch heutigen Nöten angemessen ist, haben Untersuchungen an Nichtsesshaften in Bethel ergeben,[27] und sie haben mich auch zu einer veränderten Betrachtung der entsprechenden Psalmentexte veranlasst. In einer Festschrift für Claus Westermann dürfte ein solcher Hinweis auf gegenwärtige Erfahrungen nicht fehl am Platz sein. Es müssen wenige Hinweise genügen. Dr. W. Schwindt stellt fest: »23,4 % der Nichtseßhaften, die sich in Bethel melden, sind akut stationär behandlungsbedürftig, und 25 % gehören in eine ambulante ärztliche Behandlung.«[28] Es liegen ca. 40 % Tbc-Erkrankungen vor, und 35 % haben ein Magen-Zwölffingerdarmgeschwür.[29] Wichtig sind auch die nichtmedizinischen Faktoren. So sind bei der überwiegenden Mehrheit Fälle von Kleinkriminalität festzustellen, viele haben Haftstrafen hinter sich, 75 % sind vorbestraft.[30] Dazu muss man natürlich an eine Fülle weiterer Faktoren bzw. Probleme und Nöte denken: Arbeitslosigkeit, gestörte Familien in Kindheit und Jugend, zerbrochene Ehen und Familien, Verlust der Wohnung, Obdachlosigkeit, Alkoholismus etc.

Was ist bei diesen Menschen die »eigentliche Not«? Offenbar geht eine Suche nach monokausaler Ursache an der Sache vorbei. Zwar kann in dem einen oder anderen Fall eine einzige Ursache für das Scheitern bestimmend sein, so dass ihre Beseitigung auch die Not beseitigen würde. Viel typischer aber ist, dass ein Ineinander von Ursachen und Wirkungen vorliegt, dass Armut, Krankheit, soziale Isolierung ineinander greifen, und zwar sowohl für die Entstehung der Nichtsesshaftigkeit als auch für den jetzigen Zustand. Man steht vor einem multifaktorellen Phänomen, das nur unsachgemäß auf eine einzige, monokausal wirkende Ursache zurückgeführt werden kann. Was Veith und Schwindt für einen Einzelfall formulieren, gilt auch im ganzen: »Wir stellen uns einen Kreis vor, auf den wir, ohne Prioritäten zu setzen, Merkmale aufzeichnen, die für den Lebenslauf … relevant gewesen sein dürften. Mit diesem Kreis soll angedeutet werden, dass eine Vielfalt von Faktoren nicht additiv, sondern in ihrem Zusammenwirken und in ihrer gegenseitigen Beeinflussung gesehen werden darf.«[31]

27 G. Veith/W. Schwindt, Von den Krankheiten der Nichtseßhaften, Bethel. Beiträge aus der Arbeit der v. Bodelschwinghschen Anstalten in Bielefeld-Bethel 16, 1976; F. M. Sperling. Medizinische Untersuchungen an 109 nichtseßhaften Männern, Masch. Diss. med. Münster 1985.; außerdem zusammenfassend M. Hellmann, Der Nichtseßhafte und seine Krankheiten, in: Der Ring. Informationsblatt der v. Bodelschwinghschen Anstalten 5/1982, 19-21.Weitere Literaturhinweise bei F. M. Sperling, a.a.O.

28 M. Hellmann. a. a.O. (s. Anm. 27), 19.

29 A.a.O. 20; vgl. die Details bei F. M. Sperling, a.a.O. (s. Anm. 27).

30 Zusammenfassend F. M. Sperling, a.a.O. (s. Anm. 27), 29ff.

31 G. Veith/W. Schwindt, a.a.O. (s. Anm. 27), 65.

Die Nähe zu den in den Klagepsalmen auftretenden Phänomenen ist offenkundig. Ein monokausales Denken wird der Gesamtsituation dieser Menschen nicht gerecht. Und was für diese eine Gruppe mit Not behafteter Menschen gilt, dürfte bei anderen nicht so viel anders sein, man denke an das weite Feld psychosomatischer und psychosozialer Zusammenhänge. Modelle der »Vernetzung« vieler und unterschiedlicher Ursache- und Folgezusammenhänge erweisen sich heute auf manchen Gebieten als wissenschaftlich sachadäquater als monokausales Denken. Den Texten der Klagepsalmen kann man so vielleicht eher gerecht werden.

III.

Das Geflecht der Not, das in der Gattung der Klagen der Einzelnen in Israel zur Sprache kommt, versuche ich mit der folgenden Tabelle zu erfassen. Das ist zugestanden ein recht grobes Raster. Aber es geht mir im Augenblick mehr um die grundsätzlichen Fragen eines sachgemäßen Zugangs und des methodischen Umgangs mit Texten und ihrer Sache. Eine Einzelanalyse der Texte könnte sicher auch eine Verfeinerung und Korrektur der Tabelle bringen.

Wirkung / Ursache	Krankheit	(falsche) Anklage	Isolierung/ Feinde	Armut	Tod
Krankheit		?	ja	ja	ja
(falsche) Anklage	ja		ja	ja	ja
Isolierung/ Feinde	?	ja		ja	?
Armut	ja	?	ja		?
Schuld/ Vergehen	ja	?	ja	ja	ja

Unter »Ursachen« liste ich in der linken Spalte zunächst die wichtigsten in den Psalmen genannten Nöte auf. Krankheit und (falsche) Anklage vor einem kultischen Gericht sind vor allem von der bisherigen Psalmenforschung aus ganz unbestreitbar die wichtigsten. Aber eine ganze Reihe von Texten lassen ja ein deutliches Eingeständnis der Schuld der Beter erkennen, die als Ursache und Anlass zur Klage auftritt.[32] Ähnlich ist es mit der Armut. Zwar ist mit ענו/עני bekanntlich nicht unbedingt soziales Elend gemeint.[33] Anders ist das aber bei אביון. Und im Parallelismus prägt das Wort dann auch die anderen Termini.[34] Offenbar ist Armut ein wichtiger Faktor für eine ganze Reihe von Psalmen. Zwar ist Armut nie allein dominierend, und das ist von der Gattung her auch nicht anders zu erwarten. Denn die Klagerituale, in denen die Texte gelebt haben, galten stets aktueller, also zugespitzter Not, weniger langfristigen Ent-

32 Vgl. o. Anm. 18.
33 Ps 22,25.27; 35,10; 69,30; 40,18 = 70,6; 86,1; 88,16; 102,1; 109,16.22; 140,13.
34 Also: Ps 35,10; 69,34; 40,18 = 70,6; 86,1; 109,16.22.31; 140,12.

wicklungen und Zuständen. Schließlich ist hier naturgemäß das Problem der Feinde zu nennen, weit über die Fälle gerichtlicher Anklagen hinaus. Im Bewusstsein der Problematik stelle ich deshalb die vielfach belegte Entfremdung von der Primärgruppe, von Familie und Nachbarschaft mit den anderen, so viel diskutierten und schwer zu bestimmenden Feinden zusammen.[35] Jeder dieser fünf Faktoren kann als mögliche Ursache bzw. als Ausgangspunkt in Frage kommen.

Entscheidend sind aber nun die Überlegungen, welche möglichen Wirkungen ihnen zuzuschreiben sind. Auch davon werden in der Tabelle fünf angeführt. Vier sind mit den Ursachen identisch, was gleich im Detail zu begründen sein wird. Für die eigene Schuld bzw. das Vergehen des Beters kann das der Sache nach so nicht zutreffen.[36] Dagegen ist hier als letzte Konsequenz der Tod zu nennen. Bekanntlich wird in den Klagen bereits die aktuelle Not als Vorgriff des Todes beschrieben, und in vielen der Nöte geht es letztlich um das drohende Sterben.[37]

Welche Ursache- und Wirkungszusammenhänge sind nun nachzuweisen bzw. anzunehmen? Hier liegt ein im Detail überaus schwieriges Problem. Denn es geht ja um eine Grundsatzfrage der Erfassung historischer Realität. Weder genügt eine Reduktion auf die Kausalzusammenhänge, die nach heutigen – naturwissenschaftlichen, medizinischen oder sozialwissenschaftlichen – Erkenntnissen anzunehmen sind, noch eine Reduktion auf das, was nach damaligen Denk- und Weltbildformen angenommen wurde und dann eben auch wirksam war. Nach heutigen Erkenntnissen relevante Zusammenhänge können auch dann nicht einfach ausgeschaltet werden, wenn sie nicht bewusst waren bzw. (und das ist das eigentliche Problem) nicht belegbar sind. Doch können und brauchen diese Fragen hier nicht verfolgt werden. Stattdessen lege ich eine relativ pragmatische Vorgehensweise zugrunde, die sich daran orientiert, was vor allem außerhalb der Psalmen (um nicht in einen Zirkel zu geraten) für die Welt des alten Israel zu belegen oder anzunehmen ist. Hier ist also der Ort, nach den vermutlich *wirklichen* Zusammenhängen, also der damaligen Realität zu fragen, auf die in den Psalmen reagiert wird.

Dass *Krankheit*, wodurch immer verursacht, zum Tode führen oder bei längerer Dauer und wenn sie wichtige Familienmitglieder betraf, auch zur Verarmung beitragen konnte, wird man nicht bezweifeln können. Vielfach ist zu belegen, dass sie zur Isolierung der Betroffenen und auch zur Anfeindung geführt hat.[38] Dieser Zusammenhang von Krankheit und Feindschaften ist übrigens der wichtigste Punkt, wo die bisherige Psalmenforschung relativ sicher mit Interdependenzen gerechnet hat.[39] Doch wird man eher bezweifeln müssen, dass Erkrankungen allein direkt zu gerichtlichen Verfahren geführt haben können – und das ist eine der größten Schwächen der bisherigen Interpretationsmuster. Dass ein Mensch, der massiven und rechtswirksamen Vorwürfen ausgesetzt ist und in die Mühlen von *Gerichtsverfahren* gerät, mit vermehrter sozialer Isolierung und – zumindest im Extremfall der Todesstrafe – auch mit dem Tod rechnen muss, liegt auf der Hand. Wenn man die vielen Vorwürfe der Prophetie gegen die Pervertierung von Gerichtsverfahren vor Augen hat,[40] muss man

35 Überblicke über die Positionen der Forschung bei L. Ruppert, a.a.O. (s. Anm. 13), 4ff.; O. Keel, a.a.O. (s. Anm. 26), 11ff.

36 Von der Frage, ob auch mögliche Vergehen durch sozialen, psychischen oder anderen Druck hervorgerufen wurden, soll hier abgesehen werden.

37 Vgl. bes. C. Barth (s. Anm. 2).

38 Man denke bes. an Hiob; vgl. K. Seybold/U. Müller, Krankheit und Heilung, Biblische Konfrontationen, 1978, 78 u.ö.

39 Vgl. etwa H.-J. Kraus, a.a.O. (s. Anm. 22), 56 unter Verweis auf Joh 9,2.

40 Jes 1,23; 5,23; Mi 3,11 u.a.m.

in manipulierten Anklagen geradezu einen Faktor von Verarmung sehen. Ebenfalls bei den Propheten,[41] aber auch in der Weisheit[42] ist massive körperliche Gewalt gegen (angeblich) Schuldige belegt, so dass man Krankheit als Wirkung (falscher) Anklage für möglich halten muss. Entfremdung von der engsten Umgebung, *soziale Isolierung*, Hass und Feindschaften, die dabei auftreten können, werden Menschen leichter als unter anderen Umständen auch in falschen Verdacht bringen können oder zur Anlastung vorgefallener krimineller Delikte führen. Auch wird solchen Menschen eher als anderen solidarische Hilfe in Notfällen versagt bleiben, wodurch Verarmungs- und Verelendungsprozesse herbeigeführt oder beschleunigt werden können. Dass derartige Isolationserfahrungen und das Zerbrechen wichtiger Bindungen z.B. auf dem Weg psychosomatischer Zusammenhänge direkt in die Krankheit führen können, liegt wohl von heutigen Erfahrungen her durchaus im Rahmen des Möglichen, soll aber mangels Belegen offen bleiben. Das Gleiche gilt für den Tod als Wirkung. Dagegen darf man wohl als sicher annehmen, dass Menschen in *sozialer Armut* schon aus Gründen wie Nahrungsmangel, Obdachlosigkeit, Kälte, unzureichender Bekleidung etc. krankheitsanfälliger sind[43] und dazu auf dem Hintergrund des wirksamen Tun-Ergehen-Zusammenhangs auch in Isolierung und Feindschaft geraten können. Ob wegen Armut, wie sie von den Betern der Klagepsalmen artikuliert wird, direkt der Tod droht,[44] muss wohl offen bleiben, ebenso, ob Armut allein ausreichender Grund für ein rechtliches Vorgehen gegen die Betroffenen war. Schließlich ist auf die dem Beter bewusste und eingestandene *Schuld* einzugehen. Für damaliges Denken liegt hier vor allem ein Zusammenhang mit Krankheit nahe und wird an vielen Stellen explizit konstatiert.[45] Ebenso muss man annehmen, dass Schuld und Vergehen zu sozialer Isolierung und damit zu (verstärkter) Anfeindung führen konnte. Erst recht konnte Derartiges ein Beitrag zur Verarmung sein, z.B. auf Grund von hohen Schadensersatzforderungen.[46] Im äußersten Fall drohte dabei der Tod.

Sicher kann man bei solcher Rekonstruktion damals wirkender Ursache- und Folgezusammenhänge an der einen oder anderen Stelle skeptisch sein. Die Grenzen unserer Erkenntnis sind hier deutlich. Immerhin ist zu unterstreichen, dass im Vorangehenden ausschließlich von *Möglichkeiten* die Rede war. Es ging allein um die Behauptung, dass bestimmte Ursachen die jeweiligen möglichen Folgen haben *können*. Sie brauchen sie keineswegs immer und werden sie in vielen Fällen nicht gehabt haben.

Doch wie skeptisch man immer sein will, die Einsicht, um die es in der Tabelle vor allem geht, liegt an einer anderen Stelle. Wichtig ist, dass jede Wirkung sofort wieder zur Ursache werden kann, also neu als Faktor in die Rechnung eingeht. Die Tabelle soll mögliche Kreisläufe der Not hervortreten lassen. So kann, um nur ein einziges Beispiel zu nennen, eine ausbrechende Krankheit Armutsprozesse verstärken, also z.B. Verschuldung und soziale Abhängigkeit. Diese Armut wird dann wieder soziale Isolierung und bestehende Feindschaften und Gegensätze steigern etc. etc.

In vielen Fällen also werden die Betenden nicht *eine* Not haben, an der alles hängt. Die »eigentliche Not« ist vielmehr ein multifaktorelles Geflecht von Ursachen und Wirkungen, worin sie sich verstrickt sehen. Manche der von den Klagepsalmen

41 Jes 3,15; Am 2,7; Mi 3,2f. u.a.m.
42 Hi 16,19; 29,17; 31,21; vgl. Prov 20,30; 17,10; 19,25.
43 Man denke an Hi 30,3f.; 24,7ff.
44 Immerhin wäre an Ps 10,8; 94,6 u.ä. zu denken.
45 Ps 32,3ff.; Freunde Hiobs.
46 Ex 22,2b mag als Beispiel genügen.

verwendeten Bilder bekommen vielleicht von hier aus ihre Schärfe. So, wenn die Betenden vom bodenlosen Schlamm sprechen, in dem sie zu versinken drohen,[47] und von den Wassern, den Wellen und Strudeln, die über sie hinweggehen.[48] Auch die häufigen Bilder von Netzen, Stricken und Fallen, in die die Klagenden geraten sind, sind hier zu nennen.[49] Zwar können so in erster Linie die Machenschaften der Feinde und ihre soziale Abhängigkeit bezeichnet sein,[50] doch ist damit zugleich die Vorstellung verbunden, dass sich ein im Netz gefangenes Tier durch jeden Befreiungsversuch nur immer tiefer verstrickt. In einem bewussten Wortspiel kann man das »Netz« der Nöte, das die Klagenden fesselt, mit dem modernen Begriff der »Vernetzung« verschiedener Ursache- und Folgezusammenhänge verbinden.

Vielleicht hängt die große Anzahl der erhaltenen Klagepsalmen auch damit zusammen, dass für möglichst viele in der damaligen Gesellschaft typische und immer wieder vorkommende Notmuster verschiedene Sprachentwürfe bereitgestellt wurden. Man kann ja für jeden der Texte die in ihm verarbeiteten Nöte und ihre Kombination beschreiben. Allerdings ist der Hinweis wichtig, dass die Klagepsalmen nicht, wie es die Tabelle versucht hat, an Ursachen und Folgen orientiert sind, sondern die unterschiedlichen Faktoren und Aspekte meist unverbunden nebeneinander stellen. Gerade deshalb ist ja die Frage nach dem einen entscheidenden Faktor unter den genannten kaum sachgemäß zu beantworten.

Manches spricht dafür, dass die multifaktorelle und mehrdimensionale Notbeschreibung der biblischen Klagetexte sie in besonderer Weise geeignet zur Rezeption durch Leidende bis heute gemacht hat. Sie sind wohl gerade dadurch der Realität der Leidenden näher, als es jede monokausale Erfassung sein kann. Das schließt bekanntlich nicht aus, dass es auch Psalmen gibt, die nur einen Faktor erkennen lassen. Sie sind aber nicht als besonders typisch, sondern eher als Sonderfälle zu betrachten; die Erfassung der Gattung sollte nicht von ihnen ausgehen.[51]

Ein Faktor allerdings, und gerade der für die Texte selbst allerwichtigste, ist im Vorangehenden ganz ausgespart worden. Für die Betenden steht hinter dem Netz, das sie gefangen hält, dem Schlamm, in dem sie versinken, Gott. Seine Abwendung ist theologisch die eigentliche Not, von ihm und seiner Zuwendung allein wird die Rettung erfleht und erwartet. Vielleicht gehört es auch theologisch zum Wichtigen dieser Texte, dass Gott nicht als Gegenkraft gegen die jeweils eine und einzige wahre Ursache des Leidens gesehen wird, sondern als der, der das Geflecht, das Netz der Ursachen und Folgen zerreißt und so die Betenden herauszieht und ihnen festen Grund gibt. Die Klage und ihre Ausbreitung des Netzes der Not ist der Weg dazu.

---

47 Bes. Ps 69,3.15; 40,3.

48 Ps 69,2f.; 18,17; 144,7; 32,6; 130,1. Zu weiteren verwandten Termini der Todes- und Chaosschilderung vgl. L. Ruppert, a.a.O. (s. Anm. 13), 199ff.

49 Vom Fangnetz (רשת) ist Ps 9,16; 10,9; 31,5; 25,15; 35,7f.; 57,7; 140,6 die Rede; außerdem von Stricken (חבלים) in Ps 119,61; 140,6; vgl. Ps 18,6, Fallen (מוקש) in Ps 64,6; 140,6; 141,9, vom Klappnetz (פח) in Ps 140,6; 141,9; 119,110 usw. Das vollständige Material bei L. Ruppert, a.a.O. (s. Anm. 13), 150-152. Zur Verbreitung des Motivs vgl. auch I. Scheftelowitz, Das Schlingen- und Netzmotiv im Glauben und Brauch der Völker, RVV XII/2, 1912.

50 Vgl. bes. Mi 7,2; Jer 5,26; Prov 6,1-5; dazu R. Kessler, Das hebräische Schuldenwesen, WuD 20, 1989, 188ff.

51 Hingewiesen sei auf die verwandte Fragestellung bei N. Lohfink, Psalm 6 – Beobachtungen beim Versuch, ihn »kanonisch« auszulegen, ThQ 167, 1987, 277-288. Er hält den jetzigen »kanonischen« Text für semantisch »offen für jede Not, die einen Menschen an den Rand des Todes bringt« (280). Doch sei das allein das Ergebnis eines Überarbeitungsprozesses: »Wer nach dem ursprünglichen Gebrauch und Textsinn fragt, muss alternativ zwischen einem Gebet für Krankheitsfall und einem Gebet für Auseinandersetzungen mit Gegnern […] entscheiden.« (280) Eben das möchte ich bezweifeln.

Die Macht der kleinen Kinder

Ein Versuch, Psalm 8,2b.3 zu verstehen

»Keine biologische Regel ist ohne Ausnahme« – so charakterisiert Hans Walter Wolff einen Grundzug biblischer Anthropologie.[1] Der Satz wird sogleich mit der mehrfachen Berufung unerfahrener Jugendlicher für hohe Aufgaben durch Gott belegt. Es fällt auf, dass in Wolffs Darstellung von »Jungsein und Altern«[2] ein eigener Abschnitt über die frühe Kindheit fehlt, nur einige Sätze über das Spiel finden sich.[3] Theologisch wird die Bedeutung von Kindern an anderer Stelle darin gesehen, dass sie »Gabe Jahwes« an Eltern und Volk sind.[4] In Ps 8,3 dagegen wird den Kleinkindern und Säuglingen eine Bedeutung zugeschrieben, die in der Tat jede biologische Regel zu sprengen scheint. Aus ihrem Mund hat Gott eine Macht gegen seine Gegner gegründet. Die Schwächsten und Hilflosesten, unter den Menschen nicht viel wert,[5] dokumentieren in besonderer Form seine Macht. Wie der ganze Ps 8 vom Menschen und nicht speziell von Israel spricht, so geht es auch hier um etwas, das auf Kleinkinder generell und überall zutreffen müsste. Theologisch hat diese Aussage ein anthropologisches Gewicht wie nur wenige andere. Sind die Menschen nach Gen 1 Gottes Ebenbild, so kommt nach Ps 8,3 aus dem Mund der Kleinsten von ihnen *die* Macht, die er seinen Feinden entgegenstellt. Doch wie ist das zu verstehen?

I.

Der hebräische Text von V.3 ist problemlos und eindeutig zu übersetzen:

> *Aus dem Mund von Kleinkindern und Säuglingen*
> *hast du eine Macht gegründet*
> *um deiner Gegner willen,*
> *um ein Ende zu bereiten Feind und Rächer.*

Trotz seiner philologischen Klarheit gehört jedoch der Vers zu den umstrittensten des ganzen Alten Testamentes. Und nur zum kleineren Teil kommen die Probleme, die er aufgibt, aus seiner Verbindung mit dem philologisch so dunklen V.2b. Ein knapper Überblick über die bisherigen Versuche, V.3 und seine Aussage zu verstehen, muss am Anfang stehen.

Nahe liegend und entsprechend weit verbreitet sind Deutungen wie die von H. Gunkel: »Das ist ja unseres Gottes Art: er tut seine großen Taten durch scheinbar ganz unzureichende Mittel, damit sich seine Macht umso deutlicher offenbare«.[6] Den

---

1 Anthropologie des Alten Testaments, München 1973, 186.
2 A.a.O. 176-189.
3 A.a.O. 181f.
4 A.a.O. 259f.
5 Dazu unter Verweis auf Lev 27,1ff. Wolff, a.a.O. 180f.
6 Die Psalmen, HK II/2, ⁴1929 (= ⁶1986), 27. Ähnlich bereits Luther, WA 5, 155 (a. i.: E. Mühlhaupt, Luthers Psalmen-Auslegung I, Göttingen 1959, 125); außerdem F. Delitzsch, Biblischer Commentar über die Psalmen, Leipzig ⁵1894, 110; W. Staerk, Lyrik, SAT III/1, Göttingen 1920, 77; I. v. Loewenclau, Psalm 8, GPM 21, 1966/7, 60f.

Niedrigen und Schwachen von 1 Kor 1,27f. werden somit die Kinder hinzugefügt. Das dürfte im Ganzen auch kaum zu bestreiten sein, die Gefahr ist nur, dass die Einordnung in ein solches theologisches Raster die genaue Nachfrage und damit das exakte Verständnis des Wortlauts ersetzt. Was genau ist diese Macht und wie wirkt sie?

Das bis heute einflussreichste Interpretationsmuster ist das der Septuaginta.[7] Sie übersetzt עֹז mit αἶνος, versteht die Macht also als Lob aus Kindermund. Die Vulgata ist ihr in beiden Fassungen gefolgt (*laus*), heute etwa die Einheitsübersetzung.[8] Dass עֹז nicht »Lob« heißen kann, hat schon Luther[9] gesehen, und das haben dann gründliche Untersuchungen seit dem 19. Jahrhundert immer wieder bestätigt. »Eine genaue Ansicht der Stellen, wo das עֹז nach Lexicogr. und Grammat. Lob bedeuten soll, zeigt, dass diese Bed. bloß *ersonnen* ist. Das עֹז bedeutet *stets Macht*. Durch die Annahme der Bed. *Lob* wird hier der Sinn *entstellt*«, schreibt etwa E. W. Hengstenberg.[10] Seine scharfen Feststellungen (bloß ersonnen, entstellen) hindern ihn aber nicht, im übernächsten Satz zu formulieren, dass die Kinder »durch ihr bewusstes oder unbewusstes Lob seiner Herrlichkeit ... die Frechheit der Leugner seines Daseyns oder seiner Vollkommenheiten« beschämen. So bleibt eine Vielzahl von Übersetzern[11] und Auslegern[12] beim hebräischen Text und sieht eine Übersetzung mit »Lob« als eine unerlaubte Textänderung an, zu der kein Anlass besteht; viele kommen aber gleichzeitig bei der Auslegung wieder auf genau dieses Verständnis als Lob zurück. Da gibt es dann viele Varianten im Detail, etwa den Verweis auf Kindheitsspezifisches mit romantisierenden Tönen, wenn »der beim Anblick der Herrlichkeit Gottes in der Natur ... vor Staunen lallende Mund eines Unmündigen« hervorgehoben wird[13] oder »der stammelnde(n) Ausdruck kindlichen Staunens«[14], wobei deutlich bereits die Themen von V.4ff. aufgegriffen werden. Kraus dagegen will »aus dem Mund« »als eine verkürzte Redeweise« verstehen, »und zwar im Sinne von: ›aus dem Lob des Mundes‹«, fragt dann aber zu Recht: »Haben die Kinder das Loblied mitgesungen? Oder hat der Sänger eine gleichnishafte ... Vorstellung vor Augen? ... jedes Ausmalen endet in einer gequälten Deutung«[15]. Jüngst hat Spieckermann עֹז als »machtvolles Lob« übersetzt und spricht von »kindliche(m) Lob« analog zum »Hym-

---

7 Eine Zusammenstellung der Versionen bei J. J. Stamm, Eine Bemerkung zum Anfang des achten Psalms, ThZ 13, 1957, 470.

8 Stuttgart 1980, 618; weiter: R. Guardini, Deutscher Psalter, München [3]1950; die Nachdichtung von W. Vischer, in: Gesangbuch der Evangelisch-Reformierten Kirchen in der Deutschsprachigen Schweiz, Nr. 3. Varianten davon sind die Übersetzungen, in denen עֹז mit Verbal-Begriffen wiedergegeben wird: »Stammeln« (Staerk, Lyrik, 75), »Machtwort« (R. Abramowski, Das Buch des betenden Volkes, 1938, 52); »machtvolles Lob« (H. Spieckermann, Heilsgegenwart. Eine Theologie der Psalmen, FRLANT 148, 1989, 228).

9 WA 5, 256 (Mühlhaupt, Psalmen-Auslegung, 126).

10 Commentar über die Psalmen I, [2]1849, 175; ähnlich H. Hupfeld, Die Psalmen I, 1867, 231; F. Hitzig, Die Psalmen, 1863, 42; zu beachten ist ferner die gründliche Auseinandersetzung bei S. Mowinckel, Metrischer Aufbau und Textkritik, an Ps 8 illustriert, in: Studia Orientalia, FS J. Pedersen, 1953, 258; zuletzt S. Wagner, Art. עזז, ThWAT VI, 1989, 5ff.

11 So die Luther-Übersetzungen; M. Buber, Die Schriftwerke, [4]1976, 16; A. Stadler, Die Berge tanzten, 1986, 26; B. Zuber, Die Psalmen. Eine Studienübersetzung, BDBAT 7, 1986, 22.

12 Außer Hengstenberg, Hupfeld, Hitzig, F. Delitzsch, Biblischer Commentar über die Psalmen, Leipzig [5]1894, 106; auch E. König, Die Psalmen, 1927, 148; F. Baethgen, Die Psalmen, HK II/2, [3]1904, 20; H. Herkenne, Das Buch der Psalmen, HSAT V/2, 1936, 64; R. Kittel, Die Psalmen, KAT XIII, [5.6]1929, 24; A. Weiser, Die Psalmen I, ATD 14/1, [6]1963, H.-J. Kraus, Psalmen I, BK XV/1, [5]1978, 203; C. Westermann, Ausgewählte Psalmen, 1984, 183, sowie die unten in anderem Zusammenhang zu nennenden Arbeiten von Stamm, Rudolph, Zenger, Görg, Steck, Beyerlin u.a.

13 Kittel, Psalmen, 207.

14 Weiser, Psalmen, 95; ferner Hengstenberg, Psalmen, 174; König, Psalmen, 148.

15 Psalmen, 207.

nus« der Göttersöhne in Ps 29,1,[16] ohne auf die massiven Probleme näher einzugehen. Denn abgesehen davon, dass Macht nicht einfach Lob ist, bleibt die Frage, wieso diese Macht (oder selbst das Lob) die Gegner überwinden kann, und da geht es nicht um Belehrung von Atheisten,[17] sondern um physisch mächtige Kriegsgegner.[18]

Da die Deutung auf »Lob« dem Text philologisch wie sachlich nicht gerecht wird, ist es vielfach zu weiterreichenden Textänderungen gekommen. Besonders gewichtig wird dabei die Trennung der Zeilen von V.3 vertreten, wobei die erste Hälfte mit V.2b und dessen Problemen verbunden wird. Dass es dann nicht mehr um ein Verstehen des überlieferten Textes geht, sondern um etwas ganz anderes, legt B. Duhms Formulierung »Ich schreibe« erfreulich offen.[19] Er schreibt:

2b *›Laß mich besingen‹ deinen Glanz am Himmel*
3 *›Mit‹ dem Mund von Kindern und Säuglingen!*
Du hast gegründet die Feste ...[20]

Inhaltlich bleiben die Probleme aber trotz der massiven Umgestaltung des Textes: Wie so oft erscheinen wissenschaftliche »Lösungen« nur so lange als solche, wie nicht die gleichen Kriterien der Kritik auf sie selbst angewendet werden. Warum aber der Sänger Gottes Glanz mit dem Gestammel von Kleinkindern statt z.B. den schönen Worten solcher Psalmen besingen will, wird mit einem Klopstock-Zitat begründet, und dass die »Feste«, d.h. das himmlische Firmament gegen Rächer und Feinde errichtet sein soll,[21] wäre von Duhm selbst wohl kaum unverändert stehen gelassen worden. Dennoch sind Übersetzungen wie die Zürcher Bibel und viele Ausleger dem im Ansatz gefolgt.[22]

Solche massiven Verstehensprobleme haben naturgemäß auch zu weiterreichenden Texteingriffen geführt, etwa bei Gunkel (»Aus dem Mund von Kindern ›I‹ ›weist du den Frechen zurecht‹ ›II‹, Feind ›und Widersacher‹ ›zu beschämen‹)[23] oder J. Leveen (›The hands of babes and sucklings hast thou strengthened ...«)[24]. Aber auch Streichungen von Teilen (insbesondere der Säuglinge)[25] oder gar des ganzen Verses[26] werden als Lösungen vorgeschlagen.

---

16 Heilsgegenwart, 228.232.
17 Genau das setzen viele Arbeiten seit dem 19. Jh. voraus, etwa König, Kittel, Weiser, Herkenne jeweils z.St.
18 Der Ausdruck »Feind und Rächer« findet sich noch einmal im Volksklagelied Ps 44,17 und meint hier äußere, militärische Gegner.
19 Die Psalmen, KHC XIV, ^{2}1922, 35.
20 A.a.O. 34.
21 A.a.O. 35.
22 Ausführliche Begründungen bei Mowinckel, Metrischer Aufbau, 250-262; H. Donner, Ugaritismen in der Psalmenforschung, ZAW 79, 1967, 326; V. Hamp, Ps 8,2b.3, BZ NF 16, 1976, 115-120; J. A. Soggin, Textkritische Untersuchung von Ps VIII VV.2-3 und 6, VT 21, 1971, 565-571; ders., Zum achten Psalm, ASTI 8, 1970/1, 107, sowie die Kommentare von E. Podechard, Le Psautier I, 1949 z.St.; M. Dahood, Psalms I, AB 16, 1965, 48ff.; A. Deißler, Die Psalmen I, Welt der Bibel. Kleinkommentare zur Heiligen Schrift, 1963, 45f., außerdem z.B. J. Hempel, Mensch und König. Studie zu Psalm 8 und Hiob, FuF 35, 1961, 120.122; C. Schedl, Psalm 8 in ugaritischer Sicht, FuF 38, 1964, 183.
23 Psalmen 27.29f., hier bleibt kaum ein Wort von V.3 unverändert.
24 Textual Problems in the Psalms, VT 21, 1971, 48f.
25 Etwa H. Schmidt, Die Psalmen, HAT I/15, 1934, 13; Spieckermann, Heilsgegenwart, 230, Anm. 10; W. O. E. Oesterley, The Psalms, 1962, 139f.; B. Bonkamp, Die Psalmen, 1949, 72; C. Westermann, Ausgewählte Psalmen, 183f. streicht den Rächer, ähnlich Weiser, Psalmen, 24f. und Kittel, Psalmen, 24f.
26 So O. Loretz, Poetischer Aufbau von Psalm 8, UF 3, 1971, 110.

Es ist sicher auch die Gewaltsamkeit solcher Lösungen gewesen, die zu Verstehensversuchen geführt hat, welche den so klaren und einfachen Text unverändert lassen, dafür aber »Kinder und Säuglinge« auf andere Größen als reale Kleinkinder beziehen wollen. Stamm denkt an die israelitischen Kinder, die dem Volk den verheißenen Bestand verleihen.[27] Graf Reventlow sieht in Ps 8 ein Danklied und zieht deshalb die Feindthematik der individuellen Klage- und Danklieder heran. Die Kinder sind »die Macht- und Einflusslosen, die zugleich Jahwes Schutzbefohlene sind. Man muss angesichts der bildhaften Hyperbolik unseres Psalms, den Doppelausdruck als eine Umschreibung der Gruppe verstehen, die sich sonst als ›die Gerechten‹ und auch die ›Armen‹ bezeichnet«.[28] Dass sie sich aber als kleine Kinder und Säuglinge bezeichnen, dafür fehlen alle Belege. Für eine andere Deutung jedoch glaubt Beyerlin sie in der »exilische(n) Zionsklage« gefunden zu haben.[29] So wird in den Threni Zion als einsame Witwe (1,1) geschildert, die ihre Kinder betrauert (1,16). Sind diese Kinder durchaus Erwachsene, so kommt er zu der These, »es habe in der Zionsklage der exilischen Zeit eine Metaphorik gegeben, die …, um deren Preisgegebensein zu betonen, gerade auch von ihren ›Kindern und Säuglingen‹« geredet habe. Aus ihrem Munde wird Gottes Macht neu gegründet. Dieser Bezug der anthropologischen Aussagen des Psalms auf eine konkrete historische Situation Israels hat aber nur wenige Nachfolger gefunden.[30] Dagegen verweist Görg auf ägyptische Texte, die den regierenden Pharao als Kind darstellen:[31] »Du hast Pläne gemacht, als du noch im Ei warst in deinem Amt eines kronprinzlichen Kindes«.[32] Solche Aussagen über das königliche Kind habe Israel in Form einer »Demokratisierung« auf die Menschenkinder überhaupt übertragen. »Wenn schon in Ägypten mit dem unmündigen Kind ein mündiger Potentat erscheinen kann, ist erst recht Jhwh in der Lage, aus dem Mund von Kindern und Säuglingen eine Machtstellung zu begründen«.[33] Dies greift Steck auf und meint, in der Entstehungszeit sei »ein Verständnis nicht im biologischen Sinn auf ganz junge Menschen, aber auch nicht mehr im traditionsgeschichtlich-ursprünglichen Sinn auf den König, sondern auf die Menschen schlechthin … eröffnet«.[34] Der Vers besagt, dass Jhwh »die an sich schwachen und lebensgefährdeten Menschen sich als Bollwerk errichtet hat«.[35] Sind die Kinder aber einfach die Menschen insgesamt, können freilich die Feinde keine Menschen sein, gemeint sein »kann nur die Tierwelt auf Erden in ihrer Gesamtheit«.[36] Doch nichts in den verwendeten Begriffen lässt auf außermenschliche Wesen schließen.[37] Und überhaupt – nichts in den einfachen Worten

---

27 Anfang des achten Psalms (o. Anm. 7), 477.

28 H. Graf Reventlow, Der Psalm 8, Poetica 1, 1967, 325.

29 Psalm 8. Chancen der Überlieferungskritik, ZThK 73, 1976, 15(ff.).

30 Zur Kritik vgl. etwa Spieckermann, Heilsgegenwart, 233, Anm. 20.

31 M. Görg, Der Mensch als königliches Kind nach Ps 8,3, BN 3, 1977, bes. 10ff.

32 Eulogie auf Ramses II., nach J. Assmann, Ägyptische Hymnen und Gebete, Bibliothek der Alten Welt, 1975, 494.

33 Görg, Mensch, 13.

34 O. H. Steck, Beobachtungen zu Psalm 8, BN 14, 1981, 60.

35 Ebd.

36 A.a.O. 62.

37 Das gilt auch für die Versuche, in den Kindern und Säuglingen mächtige himmlische Wesen zu sehen. So hat zuerst Schedl, Psalm 8, 183f. die in den ugaritischen Mythen an der Brust der Aschera saugenden Göttersöhne als Deutung ins Spiel gebracht, vgl. ferner H. Cazelles, Note sur le Psaume 8, in: Parole de Dieu et Sacerdoce, FS J. J. Weber, 1962, 85ff.; und bes. H. Ringgren, Psalm 8 och kristologin, SEÅ 37/38, 1972/3, 17f.; ders., Art. יָנַק, ThWAT III, 1982, 667. Danach deutet das מִן darauf hin, dass es um Schutz vor dem Mund geht: »Vor dem Mund der *jônᵉqîm* hast du eine Zuflucht gegründet«, und diese sind die »gnädigen« Götter Šahar und Šalim, die an den Brüsten der Göttinnen saugen und von denen es heißt (KTU 1.23,24.59.61ff.): »Eine Lippe zur Erde und eine Lippe gen Himmel, und die Vögel des Himmels und die Fische

von V.3 deutet auf einen bildhaften oder symbolischen, mythischen oder historisierenden Sprachgebrauch hin. Dass damalige Leser oder Hörer sie derart entgegen ihrem klaren Wortlaut verstanden haben können, muss als ganz und gar unwahrscheinlich und jedenfalls nicht nachgewiesen gelten.

II.

Der in seinem Wortlaut so klare V.3 ist also vielfach verändert und fast durchgängig in einer Weise gedeutet worden, die mit seinen eindeutigen Aussagen nicht zu vereinbaren ist. Muss man auf eine Deutung deshalb ganz verzichten?[38] Näher liegt es, zunächst genauer zu fragen, *warum* die Aussage, so wie sie dasteht, eigentlich weithin inakzeptabel erscheint. Um sie zu verstehen, müsste man sie offenbar entfalten und mit sonst bekannten Phänomenen in Verbindung bringen können, und eben das erscheint unmöglich. Duhms Fragen sind durchaus repräsentativ: »Wie kann ›*aus*‹ dem Munde der *Kinder*, der Säuglinge, eine Macht ›*gegründet*‹ werden, eine Macht ›*wegen*‹ der Feinde Gottes! Aber selbst wenn man anhand von 2 Makk 3,18ff. einen Fall konstruieren wollte, wo vorzüglich das Klagen der Säuglinge, also höchstens dreijähriger Kinder, die ›Gemeinde‹ gegen Gottes Feinde beschützt hätte, so wüßte man doch nicht, was das in diesem Zusammenhang sollte, was es mit Gottes Lichtglanz am Himmel, mit den Gestirnen, mit Schafen, Rindern, Vögeln, Fischen und der Herrschaft der Menschen über sie zu tun hätte«.[39] Verstehen ist auf Parallelen angewiesen, auf evidente, in gegenwärtiger Erfahrung präsente oder auf historisch nachweisbare, solche aber waren bisher nicht in Sicht. »Der Inhalt dieses Verses ist im Alten Testament ohne jede auch nur ferne Parallele«, konstatiert Kraus.[40] Und S. Mowinckel fragt: »Aber wo in der ganzen Geschichte und Literatur des Alten Orients hätte der Dichter eine empirische Grundlage für die Behauptung finden können, dass das Stammeln der Säuglinge böswillige Feinde zu Frieden stimmen und ihre Macht brechen …« könne?[41] Mowinckel stellt damit die in diesem Zusammenhang doch wohl entscheidende Frage: »denn wo wäre die empirische Grundlage eines solchen Glaubens? Ohne irgendwelche empirische Grundlage entsteht kein Glaube«.[42] Diesen Verweis auf die Notwendigkeit von Erfahrung wird man gerade methodisch sehr ernst zu nehmen haben. Auch das Verstehen von Fremdem und gänzlich Ungewohntem ist auf Analogien und Entsprechungen angewiesen. Es brauchen auch, gerade im Hymnus, durchaus keine dominanten Erfahrungen zu sein, um die es geht. Dass Gott Arme aufrichtet, Schwache rettet und Hungrige speist, wie es Israel genau wie seine Umwelt besingt,[43] ist damals wie heute nicht das überall und jederzeit Beobachtbare

---

im Meer gehen in ihren Mund und sie eilen von Stück zu Stück, wie sie bereitet werden und von rechts nach links in ihren Mund (gelegt), und werden nicht gesättigt« (Übersetzung Ringgren, a.a.O. 665). Doch waren im Israel der Entstehungszeit von Ps 8 seine Worte ohne jegliche Andeutung im Kontext in so hochmythischer Weise verstehbar?

38 Das ist eine Folgerung von W. H. Schmidt, Gott und Mensch in Psalm 8, ThZ 25, 1969, 5f.

39 Psalmen, 35.

40 Psalmen, 207.

41 Metrischer Aufbau (o. Anm. 10), 259.

42 Ebd.

43 Ps 35,10; 113,7; 146,7ff.; 147,6; 1 Sam 2,8 u.a. sowie die entsprechenden Formulierungen in akkadischen Psalmen bei A. Falkenstein/W. v. Soden, Sumerische und Akkadische Hymnen und Gebete, Bibliothek der Alten Welt, 1953, 254; 303f.; 329 u.a.

gewesen – und braucht, ja darf doch nicht bildhaft genommen oder spiritualisiert werden.

Nun hat Wilhelm Rudolph einen Versuch gemacht, den Text bei seinem Wortlaut zu nehmen. Er fragt: »Was kommt eigentlich aus dem Mund der jungen Kinder und Säuglinge? Und da gibt es nur *eine* unwiderlegliche Antwort: ›der Schrei‹, und der hat es in sich: Er ist ein Zeichen des Lebens und der Lebenskraft. (Wir wissen, wie die Stimmung im Kreißsaal gespannt wird, wenn das Neugeborene nicht schreit und wie Ärzte und Schwestern aufatmen, wenn es gelingt, den Schrei zu wecken)«.[44] Der Ansatz bei Text wie eigener Erfahrung ist überzeugend. Wenn Rudolph dann allerdings speziell den Schrei der Geburt,[45] das Wunder der Geburt überhaupt bis dahin, wie in Zeugung und Schwangerschaft »die gebenden und nehmenden Organe aufeinander abgestimmt sind« anführt, und wenn er dann das Geschrei nennt, was man »in jedem Kindergarten und auf jedem Schulhof hören kann«,[46] so dürfte das noch zu unbestimmt sein, zumal er damit speziell auf Zweifler und Gottesleugner hinweist,[47] es geht aber um die Machtfrage. Wieso hilft Gottes Macht im Schreien der Kinder, und was bewirkt sie gegen die Feinde?

Um die *theologische* Aussage zu verstehen, dass Gott eine Macht aus Kindermund gegründet hat, muss zunächst die dem zugrunde liegende Aussage verstanden werden, dass *überhaupt* Macht aus ihrem Munde kommt. Hier kann nichts anderes gelten als das, was dann für V.4-9 auch gilt: Nur weil der Mensch über die Tiere herrscht, wie es seit den neolithischen Kulturen der Fall ist, kann der Satz verstanden werden, dass Gott ihn so gekrönt und zum Herrscher eingesetzt hat. Dass es auch andere Sichtweisen des Verhältnisses gibt, vielleicht sogar als dominante Erfahrung, dass in Israel wie erst recht seiner Umwelt auch von der Macht der Tiere über den Menschen die Rede sein kann, steht dem nicht entgegen. Welche Erfahrungen also stehen hinter der Aussage von V.3?

Eine gemeinsame Bibelarbeit mit Christine v. Weizsäcker[48] hat mir gezeigt, dass es solche Erfahrungen gibt, sogar verbreitet, dass aber die männlichen europäischen Exegeten sie nicht kennen. Als Biologin, Frau und Mutter las sie den Vers so:

»Wenn ich hier auf meinem Arm einen schreienden Säugling hielte, würde uns ein Aspekt seiner Macht sofort klar. Säuglinge haben die Macht der Unüberhörbarkeit. Man muss sich ihnen stellen. Das leiseste Wimmern eines Säuglings in der Nacht weckt seine Mutter oft eher als der laute Knall einer Fehlzündung auf der Straße. Aus dem Munde der Säuglinge dringt eine Aufforderung, die sich Gehör verschafft.

Aufforderung wozu? Es sind keine Jahrhunderttaten und einsamen Spitzenleistungen, die von uns gefordert werden. Die Mutterbrust gibt leicht und gerne Milch. Es wird nichts Unmögliches verlangt, wir werden nicht überfordert und doch ist es wichtig, was wir tun …

---

44 W. Rudolph, »Aus dem Munde der Kinder und Säuglinge …« (Psalm 8,3), in: Beiträge zur alttestamentlichen Theologie, FS W. Zimmerli, 1977, 394.

45 So auch bereits Stamm, Anfang des achten Psalms, 477f., unter Verweis auf eine germanische Rechtssitte.

46 Aus dem Munde, 394.

47 A.a.O. 395.

48 Bei der Ökumenischen Versammlung Westfalen am 29.10.1988 in Dortmund; eine Kurzfassung in: Shalom. Auf dem Weg zur Gerechtigkeit, Frieden und Bewahrung der Schöpfung in der Evangelischen Kirche von Westfalen, hg. v. H. Rösener, 1/89 (Sondernummer), 38-41; das vollständige Manuskript ist (oder war) zu beziehen über die Evang. Kirche v. Westfalen.

Wir *können* den Ruf aus dem Munde der Säuglinge beantworten, wir *müssen* es nicht. Nur eine freiwillige Antwort ist eine mögliche Antwort. Verletzlichkeit ist der Preis für die Freiheit.

Die Macht aus den Mündern der Säuglinge hat für mich zunächst also drei Qualitäten:

1. Sie ist klar und unüberhörbar.
2. Sie fordert nur Mögliches.
3. Sie zwingt uns zur Entscheidung, aber lässt uns die Freiheit zur Wahl.«[49]

Und was die Macht über die Feinde angeht, so formuliert sie: »Kinder gelten als Friedensbringer. In vielen Kulturen werden den Feinden die kleinen Kinder zur Beschwichtigung entgegengehalten. Auch unsere Politiker küssen auf ihren Reisen die kleinen Mädchen mit den Blumen.

Die Erfahrung der Völker scheint zu zeigen, dass die Arglosigkeit und Waffenlosigkeit der Kinder oft einen stärkeren Schutz bietet als Speere oder Gewehre. Kinder sind oft ein Schutz, der den Feind und Rächer zum Aufhören auffordert. Sie sind eine Einladung *zusammen* und nicht *gegeneinander* zu leben. Doch dieser Einladung *muss* nicht Folge geleistet werden. In Vietnam sind viele Säuglinge aus den Dörfern an vorderster Front gefallen.«[50]

Für die letzten Aussagen hat I. Eibl-Eibelsfeldt eine ganze Reihe von Beispielen zusammengetragen, die er biologisch interpretiert. »Kindchenmerkmale«, das »Kindchenschema« wirken »an sich schon beschwichtigend. Es gibt zwar genügend Berichte von Gewalttätigkeiten wehrlosen Kindern gegenüber, doch werden solche Vorkommnisse von den Chronisten stets als etwas Außergewöhnliches und Schreckliches bezeichnet ... Da ein Kind allein durch seine Erscheinung Aggressionen hemmt, benützt man den Appell über das Kind recht häufig zur Beschwichtigung.«[51] Er sieht dahinter typische Aggressionshemmungen wie bei anderen höheren Wirbeltieren am Werk.[52]

Hier ist sie, die von Mowinckel vermisste »empirische Grundlage«, die hinter der Aussage von Ps 8,3 steht. Die Analyse eigener Erfahrungen mit schreienden Kleinkindern wie zahlreiche ethnologische Beispiele zeigen das spezifische Phänomen dieser Macht: Säuglinge und ihr Geschrei üben Macht aus. Sie ist überall vorhanden, wo solche Kinder sind und kann Aggressionen beschwichtigen und Feinde überwinden. Das wird durch die vielen gegenteiligen Erfahrungen, von denen gerade auch das Alte Testament spricht – mit Ps 137,9 als Höhepunkt –, nicht außer Kraft gesetzt, genauso wenig wie andere hymnische Aussagen durch Erfahrungen ihres Gegenteils.

---

49 Manuskript (o. Anm. 48), 19f.

50 Manuskript (o. Anm. 48), 22.

51 I. Eibl-Eibelsfeldt, Liebe und Haß. Zur Naturgeschichte elementarer Verhaltensweisen, 1970, 114; vgl. ders., Der vorprogrammierte Mensch, [3]1973, 95; 237; ders., Krieg und Frieden aus der Sicht der Verhaltensforschung, 1975, 111f.

52 Liebe und Haß, 136f. u.a.

III.

Das anthropologische Phänomen der Macht von Kindergeschrei wird in Psalm 8 auf eine überraschende Weise *theologisch* gedeutet. Der Psalmist sieht darin einen spezifischen Ausdruck göttlicher Macht. Noch einmal ist hier auf die Beobachtung zurückzukommen, dass Parallelen zum Phänomen wie zur theologischen Deutung bisher im Alten Testament wie seiner altorientalischen Umwelt nicht aufgezeigt werden konnten. Woher kommt eine solche Theologie? Solange es keine direkten Belege gibt, wird man auf Vermutungen angewiesen bleiben. Eine solche könnte sich aber aus dem direkten Kontext durchaus nahe legen. In V.2b steht bekanntlich ein Satz, der, ganz anders als V.3, so wie er dasteht, gar nicht zu übersetzen ist und gegen die Regeln der Grammatik verstößt. In einem Relativsatz kann unmöglich ein Imperativ stehen, und die Relativpartikel אשׁר wiederum ist seltsam fehl am Platz. Sie hat keine klare Bezugsgröße, ist jedenfalls an dieser Stelle gattungsfremd und mit dem Rahmencharakter von V.2a.10 nicht in Übereinstimmung zu bringen. Keine Übersetzung kommt ohne Textänderung aus,[53] aber wie ist ein solcher Text entstanden?

Ich spiele im Folgenden die Möglichkeit durch, dass es sich bei אשׁר ursprünglich nicht um die Relativpartikel אשׁר handelt, sondern um eine Erwähnung der *Aschera* (אשׁרה). Aschera ist bekanntlich eine in Ugarit wie auch sonst belegte hohe kanaanäische Göttin.[54] Im Alten Testament wird sie mehrfach polemisch und als Gefährtin des Baal erwähnt (bes. 1 Kön 18,19). An anderen Stellen bezeichnet Aschera offenkundig ein mit Jhwh und seinem Tempel verbundenen Kultgegenstand aus Holz oder auch einen lebendigen Baum (Dtn 16,21 u. ö.). Bis zur Reform des Josia (2 Kön 23,6) wurde eine Aschera im Tempel von Jerusalem verehrt. Die Frage, wie sich Göttin und Gegenstand verhalten, ist durch eine Reihe von Inschriften noch komplexer geworden.[55] In Kuntillet ʻAjrud heißt es: »Ich segne euch durch Jhwh von Samaria und durch seine Aschera«; »mögest du gesegnet sein durch Jhwh von Teman und seine Aschera.«[56] Und in Chirbet el-Qôm heißt es: »Gesegnet sei Urijahu durch

[53] Sehr weit in diese Richtung geht aber M. Görg, Königliche Eulogie. Erwägungen zur Bildsprache in Ps 8,2, BN 37, 1987, 38-47. Er bezieht אשׁר auf die unmittelbar vorher erwähnte Erde und zieht dann ägyptische Texte heran, die im Zusammenhang mit dem Gott Tatenen von einem Ausgang der Sonne aus der Erdtiefe sprechen. Er glaubt, dass eine solche Lösung »sich auf keine Emendation zwingend einlassen müsste« (45).

[54] Hierzu H. Gese, Die Religionen Altsyriens, in: Die Religionen der Menschheit 10,2, 1970, 149ff.; Tadanori Yamashita, The Goddess Asherah, Phil. Diss. Yale 1963; A. L. Perlman, Asherah and Astarte in the Old Testament and Ugaritic Literature, 1978; J. Day, Asherah in the Hebrew Bible and Northwest Semitic Literature, JBL 105, 1986, 385-408; R. Pettey, Asherah: Goddess of Israel?, Diss. Marquette 1985; W. A. Mayer III, *ʾAšerah*: Extrabiblical Evidence, HSM 37, 1986; S. M. Olyan, Asherah and the Cult of Yahweh in Israel, 1988; O. Loretz, Ugarit und die Bibel. Kanaänische Götter und Religion im Alten Testament, 1990, 83ff.

[55] Zur Diskussion vgl. außer der in Anm. 54.56-58 genannten Literatur auch M. Gilula, »To Yahweh Shomron and his Asherah«, Shnaton 3, 1978, 129-137; A. Lemaire, Who and What was Yahwe's Asherah?, BAR 10/6, 1984, 42-51; D. N. Freedman, Yahveh of Samaria and his Asherah, BA 50, 1987, 241-249; E. Gerstenberger, Jahwe – ein patriarchaler Gott?, 1988, 38ff.; U. Winter, Frau und Göttin, OBO 53, 1983, 551ff.; S. Schroer, In Israel gab es Bilder, OBO 74, 1987, 21ff.

[56] Übersetzung nach Schroer, Bilder, 32; Text bei Z. Meshel, Kuntillet ʻAjrud. A religious Centre from the Time of the Judean Monarchy on the Border of Sinai, The Israel Museum Cat. no. 175, 1978. Zur Diskussion J. A. Emerton, New Light on Israelite Religion: The Implications of the Inscriptions of Kuntillet ʻAjrud, ZAW 94, 1982, 2-21; M. Weinfeld, Kuntillet ʻAjrud Inscriptions and their Significance, SEL 1, 1984, 131-143; W. G. Dever, Asherah, Consort of Yahweh. New Evidence from Kuntillet ʻAjrud, BASOR 255, 1984, 21-37.

JHWH, denn von seinen Feinden hat er ihn durch seine Aschera gerettet.«[57] Lässt das Personalsuffix »seine Aschera« auf einen Gegenstand schließen (oder heißt die Göttin eher Ashirta?[58]), so deutet die Einbeziehung in eine Segensformel, erst recht die Rettung »durch seine Aschera« auf eine beachtliche Macht. Die Fragen, die sich hier stellen, brauchen an dieser Stelle nicht behandelt zu werden. Es reicht der Hinweis auf die unbestreitbare Tatsache, dass es im vorexilischen Israel oder in Teilen davon eine Ascherafrömmigkeit gab, verbunden mit und neben der, die Jhwh galt. Was hat man von dieser Aschera geglaubt, erfahren und erhofft? Und was ist aus solchen Traditionen und Aussagen geworden? Dass auf Jhwh in komplizierten und langwährenden religionsgeschichtlichen Prozessen Eigenschaften und Theologumena kanaanäischer Götter übertragen wurden, dass man, was diesen zugeschrieben wurde, vom Gott Israels aussagte, ist ja heute im Ganzen gar nicht mehr strittig. Sollte das für Göttinnen und für die solange und intensiv mit ihm verbundene Größe (oder Gestalt) der Aschera nicht gelten?

Vielleicht ist in dem so singulären Text Ps 8,2b.3 ein ursprüngliches Stück Aschera-Glauben erhalten und hat so Eingang in den Gottesglauben Israels gefunden. Textkritisch jedenfalls ist diese Lösung nahe liegender als die meisten der bisher diskutierten Eingriffe in den Text. Da die Verbindung von Aschera mit einem Suffix gut belegt ist, steht der Lesart אשׁרתנו »unsere Aschera« nur das abschließende ה im Weg, wobei ein Schreibfehler (im Zusammenhang mit dem folgenden Wort הוד) möglich erscheint.[59] Die Parallele zu אדנינו »unser Herr« in V.2a.10 könnte Anlass zur Zusammenstellung gewesen sein. Da Aschera von ihrem kanaanäischen Hintergrund her durchaus eine mit dem Himmel verbundene Göttin war, spricht nichts dagegen, die Aussage von V.2b auf sie zu beziehen. Die noch im Exil so kräftige Verehrung der »Himmelskönigin«, wie sie in Jer 44 bezeugt wird, hat man ja mit gewichtigen Argumenten, wenn auch ohne zwingenden Beweis ebenfalls mit der Aschera in Verbindung gebracht.[60]

Aber natürlich ist es die Aussage von V.3, um die es eigentlich geht. Dass Aschera, an deren Brust in den ugaritischen Mythen die Götter saugen,[61] mit dem Schreien der Kleinkinder und Säuglinge zu tun hat und mit der Kraft, die davon ausgeht, erscheint keineswegs ausgeschlossen. Nach Jer 44 sind es speziell Frauen, die in der Verehrung der Himmelskönigin prägend sind; und so geht es gerade auch um *ihre* Erfahrungen. Auf andere kanaanäische Göttinnen geht noch im späteren Israel die Bezeichnung des frischen Wurfes der Herdentiere als Schagar bzw. Astarte (Dtn 7,13; 28,4 u. ö.) des Kleinviehs zurück. Hängt es also mit den wohl vielfach eher vergesse-

---

57 Übersetzung nach Schroer, Bilder, 33; Text bei W. G. Dever, Iron Age Epigraphical Material from the Area of Khirbet el Kôm, HUCA 40-41, 1969/70, 139-304. Zur Diskussion: A. Lemaire, Les inscriptions de Khirbet el-Qôm et l'Ashérah de JHWH, RB 84, 1977, 595-608; S. Mittmann, Die Grabinschrift des Sängers Urijahu, ZDPV 97, 1981, 139-152; Z. Zevit, The Khirbet el-Qôm Inscription Mentioning a Goddess, BASOR 255, 1984, 39-47; J. M. Hadley, The Khirbet el Qôm Inscriptions, VT 37, 1987, 50-62; M. O'Connor, The Poetic Inscription from Khirbet el-Qôm, VT 37, 1987, 224-230; B. Margalith, Some Observations on the Inscription Drawing from Khirbet el-Qôm, VT 39, 1989, 371-378.

58 So A. Angerstorfer, Ašerah als »Consort of Jahwe (sic!)« oder Aširtah?, BN 17, 1982, 7-16.

59 Auch andere textkritische Rekonstruktionen in Verbindung mit einer Lesung Aschera sind denkbar. Es sei aber darauf hingewiesen, dass, soweit ich sehe, auch so keine Möglichkeit besteht, den Text völlig unverändert zu verstehen.

60 So K. Koch, Aschera als Himmelskönigin in Jerusalem, UF 20, 1988, 97-120; anders als etwa S. M. Olyan, Some Observations concerning the Identity of the Queen of Heaven, UF 19, 1987, 161-174.

61 KTU 1.15 II, 26f.; 1.23:24.59.61; dazu Mayer III, *ʾAšerah*, 37f.; Loretz, Ugarit und die Bibel, 83f.

nen religiösen Erfahrungen im Zusammenhang von Göttinnen zusammen, dass der Inhalt von Ps 8,3 so isoliert dasteht? In den ugaritischen Mythen, die in der Götterwelt selbst spielen, wird man solche Erfahrungen ebenso wenig erwarten können wie in den kultischen Texten Ugarits, die dem offiziellen Staatskult entstammen. Im Augenblick ist hier über Fragen nicht hinauszukommen.

IV.

Aber auch, wenn das in mancher Hinsicht so fremdartige Stück V.2b.3 ursprünglich der Macht der Aschera galt, sei es der eigentlichen Göttin oder eher jener mit Jhwh so eng verbundenen Kult-Größe, im jetzigen Psalm ist allein von der Macht Jhwhs die Rede. Der Rahmenvers stellt das eindeutig heraus. Im ganzen Text geht es um *ein* Thema: die Herrlichkeit des göttlichen Namens auf der Erde. Von der Frage, ob dabei in V.2b.3 noch eine Zwischengröße beteiligt war oder nicht, kann letztlich abgesehen werden.

In der jetzigen Struktur stellt V.2b.3 ein notwendiges Gegengewicht gegen die Aussage von V.4-9 dar. Beide Teile beginnen jeweils mit einem Blick zum Himmel (V.2b.4), dann aber richtet sich der Blick auf Phänomene auf der Erde.[62] Die am Himmel sichtbare Hoheit wird in sehr irdischen Erfahrungen wirksam. Ihnen gilt vom jeweiligen Anteil in beiden Strophen wie vom Rahmenvers her alles Gewicht. In V.4f. erwacht angesichts der riesigen Schöpfungswerke am Himmel die Frage nach dem Menschen, und zwar speziell nach der Zuwendung Gottes zu ihm. Die Zuwendung, nach deren Grund hier gefragt wird, ist aber im Zusammenhang des Psalms bereits in V.3 besungen worden. Der Mensch ist von Gott gekrönt und mit einer Macht ausgestattet worden, die ihn nur wenig geringer als Gott erscheinen lässt. Darin liegt der Grund der göttlichen Zuwendung. Sie wird hier nicht in der Liebe Gottes oder ähnlichem gesehen, sondern in der Tatsache, dass Gott uns seine Tierwelt anvertraut hat. Die damals in Israel wie in Griechenland[63] mit Stolz, heute eher mit Schrecken konstatierte Macht, ja fast Gottgleichheit des Menschen erfordert die besondere Zuwendung Gottes, sein Gedenken und Überprüfen.

Der nahezu göttlichen Macht der Menschen kontrastiert die Präsenz der göttlichen Macht in den Schwächsten der Menschen, wie sie V.3 schildert. Gott hat dem Menschen die Tierwelt anvertraut und ihn so mit königlicher Macht ausgestattet. Gott selbst ist in dieser dem Menschen überlassenen Welt, wie der Psalm sie sieht, nur als Macht im Mund der Schwächsten präsent. In diesem Wechselspiel ist die Herrlichkeit des göttlichen Namens auf dieser Erde für alle erkennbar, die Augen haben zu sehen.

Was hier besungen wird, trägt noch heute. Trotz, ja wegen der seitdem ins Unermessliche gesteigerten und längst pervertierten menschlichen Macht ist Gottes Macht nirgends anders so deutlich zu finden wie im Mund der Neugeborenen. Dort *ist* Gottes Macht, unüberhörbar und doch leicht zu übergehen. Sind die Kinder und Enkel nicht wirklich die einzige Größe, die uns und die Menschheit – vielleicht – zu einer Änderung des bisherigen Verhaltens bringen kann?

---

62 Zu diesem Aufbau vgl. Steck, Beobachtungen (Anm. 34), bes. 57.

63 Zu dem in vieler Hinsicht so überraschend ähnlichen Bild des Menschen im Chorlied aus der Antigone des Sophokles (332ff.), das dann doch ganz charakteristisch verschieden ist, vgl. etwa H. Gundert, Größe und Gefährdung des Menschen. Ein sophokleisches Chorlied und seine Stellung im Drama, Antike und Abendland 12, 1976, 21ff.

Gottes Ort

Israel- und Armentheologie in Ps 14

Der 14. Psalm antwortet auf die grundsätzliche Bestreitung einer wirksamen Existenz von etwas, das »Gott« genannt werden kann, mit Hinweisen auf seinen Ort in der Welt: »Drüben, mitten unter denen, die sie der Willkür preisgegeben wähnten, erscheint die Gegenwart Gottes, eben des Gottes, von dem sie wähnten, er bleibe dem Menschentreiben fern, der aber in Wahrheit die Zuflucht der Gebeugten ist«.[1] Die Antwort des Psalms bleibt allerdings merkwürdig sperrig. Martin Buber hat mit Nachdruck darauf verwiesen, dass das Thema des Psalms »der Riss« durch das Gottesvolk ist: »was er sein Volk nennt, ist nur Teil des Volkes, das den Namen Israel führt, – jener Teil nämlich, der die zugleich Bewährten und Gebeugten umfasst«.[2] Nicht im biblischen Text selbst, nur »als später Psalmendeuter« sieht Buber den gleichen Riss »zwischen dem vergewaltigenden und dem vergewaltigten« Element auch durch die »Menschenwelt«, durch jedes Volk, jede Gruppe im Volk, »ja quer durch jede Seele gehn«.[3] Doch ist, man denke an V.7, nicht wirklich auch Israel als Ganzes im Blick? Und geht es, man denke an V.2, wirklich um einen Konflikt, der bloß innerhalb Israels stattfindet? Die Antwort auf die Gottesfrage, die in diesem Psalm gegeben wird, ist offenkundig verbunden mit dem heute in der Exegese wie in der ökumenischen Theologie so umstrittenen Verhältnis von Armen- und Israeltheologie. Angesichts der häufig zu beobachtenden Reduktionen auf die eine oder die andere Seite soll hier versucht werden, die Komplexität des kurzen und konzentriert formulierten Textes zu erfassen.[4]

I.

1[5] *Der Tor spricht in seinem Herzen:*
»Es gibt keine Götter (אלהים):
Sie richten Verderben an, tun abscheuliche Taten.
Es gibt keinen, der Gutes tut.«
2 *Adonaj (יהוה) schaut vom Himmel herab*
auf die Menschen,
zu sehen, ob es einen Verständigen gibt,
der nach Gott (אלהים) fragt:

---

1 M. Buber, Der Riss. Psalm 14, in: Ders., Recht und Unrecht. Deutung einiger Psalmen, Werke Bd. 2, Schriften zur Bibel, 1964, 960-963 (Zitat: 963).

2 Ebd. 962.

3 Ebd. 963.

4 Ganz abgesehen werden soll hier von Ps 53, wo bekanntlich eine Variante des gleichen Psalms vorliegt. Die Differenzen sind aber so gewichtig, dass beide Fassungen als je eigener Text betrachtet werden müssen. Die Versuche, eine gemeinsame Grundlage zu rekonstruieren (z.B. K. Budde, Psalm 14 und 53, JBL 47, 1928, 160-183), die der Tendenz vieler Kommentare entsprechen, nur eine der beiden Varianten auszulegen (Gunkel, Duhm, H. Schmidt, Baethgen, Herkenne, Weiser, Kraus, Deissler; anders Kittel, Dahood, jeweils Komm. z.St.), bleiben problematisch.

5 Von der Überschrift kann hier abgesehen werden.

3 *»Jeder ist abgewichen,*
insgesamt sind sie verdorben.
Es gibt keinen, der Gutes tut,
es gibt auch nicht einen Einzigen.
4 *Haben denn keine Einsicht, alle die Böses tun,*
die mein Volk fressend ihr Brot essen?«
Adonaj (יהוה) rufen sie nicht an.
5 *Dort – mit Erschrecken erschrecken sie,*
denn Gott (אלהים) ist beim Geschlecht des Gerechten.
6 *Den Plan des Armen wollt ihr zuschanden machen,*
doch Adonaj (יהוה) ist seine Zuflucht[6]*.*
7 *Wer bringt aus Zion Rettung für Israel?*
Wenn Adonaj (יהוה) das Geschick seines Volkes wendet,
wird Jakob jubeln, Israel sich freuen.

II.

Insbesondere im Verständnis der Rede des Narren in V.1 weicht die hier gegebene Übersetzung vom Üblichen ab. Es ist, soweit ich sehe, weder in Übersetzungen noch in der Textauslegung jemals die Möglichkeit erwogen und durchgespielt worden, die pluralischen Verben von V.1b (»sie richten Verderben an ...«) mit dem vorangehenden Wort Elohim als Subjekt zu verbinden. Das scheint zunächst selbstverständlich, denn wie kann eine Größe derart negativ wirken, deren Existenz gerade bestritten wird? Es ist jedoch übereinstimmende Auffassung in der Exegese, dass es weder sprachlich noch theologie- bzw. religionsgeschichtlich[7] um so etwas wie einen theoretischen Atheismus gehen kann. Das hebräische Wort »es gibt nicht« (אין) ist ursprünglich eine rhetorische Frage »wo (ist denn)?«[8] und bezieht sich auf die konkrete, wirksame Gegenwart[9]. Das aber eröffnet die Möglichkeit eines anderen Verständnisses.

Zunächst ist syntaktisch zu fragen: Wer sonst soll Subjekt dieser pluralischen Verben sein, als das direkt vorangehende pluralische Nomen? Der verbreitete Bezug auf den im Singular stehenden »Narren« (נבל) ist zwar grammatisch möglich, weil es um ein Kollektivum geht. Aber ein Numeruswechsel an so exponierter Stelle bleibt überraschend. Vor allem: Kann denn gemeint sein, allein die Gottesleugner handelten derart abscheulich? Die folgende resümierende Feststellung »Es gibt keinen, der Gutes tut« reicht doch erheblich weiter. Nimmt man aber, von diesem Schluss von V.1 ausgehend, an, es gehe um eine negative Bewertung des Tuns *aller* Menschen, dann stört das Fehlen eines expliziten Subjekts erst recht, zumal die Anschuldigungen erheblich massiver sind als dann in V.3. Kurz, die übliche Annahme, die Gottesleug-

---

6 Bleibt man beim masoretischen Text mit seinem aktiven hif. 1 von בוש und folgt nicht den geläufigen Konjekturen zu בוש hif. 2 (»zuschanden werden«), wofür nicht zuletzt auch spricht, dass in עצת־עני kaum ein gen. obj. vorliegen kann, ist der כי-Satz in der Übersetzung leider nicht in seiner Parallelität zu dem von V.5b wiederzugeben.

7 Dazu gleich unten.

8 Vgl. etwa H. Bauer/P. Leander, Historische Grammatik der hebräischen Sprache (1922), Nachdr. 1965, § 80t (633); C. Brockelmann, Hebräische Syntax, 1956, § 32s (29); HALAT 40.

9 Vgl. – mit Verweis auf Stellen wie Gen 37,29 – B. D. Eerdmans, Ps XIV, LIII and the Elohim-Psalms, OTS 1, 1942, 258f., sowie in der Sache P. D. Miller, Interpreting the Psalms, 1986, 95.

nung sei Voraussetzung für ein unethisches Verhalten von Menschen, welche Gruppe auch immer gemeint ist, ist im Text selbst nicht formuliert, sondern in ihn hineingelesen. Das stärkste Argument für die Möglichkeit, die Aussage von V.1b nicht als Folge der Gottesleugnung, sondern als ihre Voraussetzung anzusehen, ist ein religionsgeschichtliches. Das übliche Verständnis »es gibt keinen Gott« setzt nämlich logisch bereits so etwas wie einen Monotheismus voraus, der dann geleugnet wird, und dürfte deshalb von späteren Zeiten und Problemlagen aus eingetragen worden sein. Es kann, darin ist man sich, wie gesagt, seit langem einig, nur um so etwas wie »praktischen Atheismus« gehen. Martin Buber: »Warum sollte nicht ein Gott sein, wenn er sich nur nicht darum kümmert, was die Menschen auf Erden treiben!«[10] Aber nun spricht der Tor nicht vom israelitischen Gott Jhwh. Wo das, wie in Zef 1,12 geschieht (»*Jhwh tut weder Böses noch Gutes*«), hindert es keineswegs, sondern ist vielmehr geradezu Anlass und Hintergrund, sich anderen Göttern und religiösen Praktiken zuzuwenden (Zef 1,4.5.9). In Ps 14,1 jedoch wird die Gegenwart von Gott oder Göttern mit dem allgemeinen Wort Elohim geleugnet, das gerade auch andere Götter als den israelitischen bezeichnet. Der Satz kann entweder im Rahmen eines – und sei es latenten – Monotheismus den einzigen Gott meinen, ohne den es dann eben keinen (wirksamen) gibt, oder er kann sich pluralisch auf Gottheiten überhaupt beziehen.

Die erste der beiden Möglichkeiten ist im Alten Testament durchaus belegt. Der Satz findet sich ja noch einmal in Ps 10,4. Er ist hier die – zitathafte!? – Verdeutlichung des Vorangehenden[12]: »Verachtet hat der Frevler Jhwh: ›weit weg ist sein Zorn, nichts ahndet er‹« (Ps 10,3f.). Die Aussage »es ist kein Gott« interpretiert also die Verachtung des israelitischen Gottes als unwirksam, die vorher formuliert wurde. Als Folge wird das Verhalten der Frevler (רשׁעים) auf ihr Bewusstsein zurückgeführt, dass Gott nicht rettend und strafend eingreift (10,5ff., bes. V.11). Ps 9/10 entstammt höchstwahrscheinlich erst der hellenistischen Zeit[13] und setzt auch sonst ein bereits weitgehend monotheistisches Denken voraus.[14] Seine expliziten Aussagen aber zum Interpretationsschlüssel für den eindeutig älteren[15] und vor allem viel knapper, gerade nicht explizit formulierenden Ps 14 zu machen, wie das wohl faktisch weithin geschieht, ist sachlich und methodisch problematisch.

Nun erhebt sich aber gegen ein pluralisches Verständnis von Elohim in Ps 14,1 der Einwand, dass dasselbe Wort in V.2b und 5 als Alternative zum Gottesnamen Jhwh steht und also eher im Singular gebraucht wird. Kann dann in V.1 im Plural die gesamte Götterwelt gemeint sein? Ps 14 im Ganzen ist in der Tat durch einen regel-

---

10 A.a.O. (Anm. 1), 962; vgl. auch L. Köhler, Theologie des Alten Testaments, ⁴1966, 1; H.-J. Kraus, Psalmen I, BK XV/1, ⁵1978, 248f. u.v.a.

11 So etwa F.-L. Hossfeld/E. Zenger, »Selig, wer auf die Armen achtet« (Ps 41,2). Beobachtungen zur Gottesvolk-Theologie des ersten Davidpsalters, JBTh 7, 1992, 21-50 (49); dies., Die Psalmen I. Psalm 1-50, NEB, 1993, 82f.

12 Zu Übersetzung und Interpretation vgl. N. Füglister, »Die Hoffnung der Armen ist nicht für immer verloren«. Psalm 9/10 und die sozio-religiöse Literatur der nachexilischen Gemeinde, in: Biblische Theologie und gesellschaftlicher Wandel, FS N. Lohfink, 1993, 101-124 (108f.).

13 Vgl. J. Jeremias, Das Königtum Gottes in den Psalmen. Israels Begegnung mit dem kanaanäischen Mythos in den Jahwe-Königs-Psalmen, FRLANT 141, 1987, 143f.; Hossfeld/Zenger, »Selig, wer ...« (Anm. 11), 46ff.

14 Vgl. die Bemerkungen von Jeremias, Königtum Gottes (Anm. 13) zum verwandten Ps 97 (142f.). Es ist hier an Grundstrukturen der Auseinandersetzung mit dem Hellenismus und seiner Art von Monotheismus zu erinnern, vgl. etwa Y. Amir, Die Begegnung des biblischen und des philosophischen Monotheismus als Grundthema des jüdischen Hellenismus, EvTh 38, 1978, 2-19.

15 Vieles spricht dafür, ihn mit J. Jeremias, Kultprophetie und Gerichtsverkündigung in der späten Königszeit, WMANT 35, 1970 für spätvorexilisch zu halten (zu Ps 14 bes. 114ff.).

mäßigen Wechsel der Verwendung des Tetragramms (V.2a.4b.6) mit der allgemeinen Gottesbezeichnung Elohim (V.1.2b.5) geprägt. Nur V.7 fällt – wie auch in anderen Hinsichten – aus dem Rahmen und sagt direkt nach V.6 noch einmal Jhwh. Hinter dieser Struktur steckt zweifellos »ein theologisches Programm«[16], das Adonaj mit Gott überhaupt gleichsetzen will. Aber in welchem exakten Sinn soll das geschehen? Eine Formulierung wie die, dass das »Eingreifen JHWHs ... die gottlosen Toren dazu zwingen« soll, »ihre Einstellung zur Gottesfrage grundsätzlich zu revidieren«[17], setzt bereits wieder einen monotheistischen Hintergrund voraus, soll nicht Adonaij zum Polytheismus anleiten. Es kann nur darum gehen, dass in einem noch polytheistischen Kontext Adonaj sich als Einziger erweist, der verdient, »Gott« zu heißen. Dann aber können die pluralische Fortführung von Elohim V.1 und die singularische Verwendung in V.2.5 nicht gegeneinander ausgespielt werden. Elohim ist durchgängig ein grammatischer Plural, und es sind Übersetzungsprobleme, die die Spannung größer erscheinen lassen, als sie im Hebräischen selbst sind.

Entscheidend ist nun, ob ein solcher Gedanke, dass die Götter selbst die irdischen Freveltaten begehen, initiieren oder zulassen, und dass sie deshalb nicht mehr »Gott« genannt werden können, im biblischen Israel denkbar bzw. belegbar ist. Es ist zunächst festzustellen, dass die Begriffe von V.1b auch sonst mit Göttern/Gott als Subjekt vorkommen.[18] Darüber hinaus zeigt Ps 82, dass Götter als schuldig angesehen werden, deshalb nicht mehr Götter sein können und zum Tode verurteilt werden.[19] Hier steht am Ende die Hoffnungsbitte, dass der als Ankläger auftretende israelitische Gott sich als der Einzige erweist und das Erbe der toten Götter antritt (82,8). Dieser 82. Psalm ist auch in Gattung, Gedankenwelt und zeitlicher Herkunft mit Ps 14 verwandt,[20] und seine Parallele lässt die hier vertretene Interpretation als möglich, ja wahrscheinlich erscheinen. Beide, Ps 14 wie Ps 82, gehören in die Vorgeschichte der deuterojesajanischen Gerichtsszenen,[21] in denen die Götter als unfähig erwiesen werden, überhaupt etwas zu bewirken, und der Gott Israels in explizit monotheistischem Sinne als einziger Gott herausgestellt wird. Gehört Ps 14 in das Vorfeld und damit zu den Texten, die sich an so etwas wie Monotheismus herantasten, darf er nicht von späteren Selbstverständlichkeiten her interpretiert werden.

Legt man das hier vertretene Verständnis von 14,1 zugrunde, erhält der Psalm eine sehr klare Struktur. Die Feststellung des Narren in V.1 und die Adonajs in V.2f. entsprechen sich. Die verstärkende Wiederaufnahme von V.1bβ in V.3b erhält erst so einen klaren Sinn. Der Zustand der Welt wird vom Narren auf das Nichtvorhandensein Gutes wirkender Götter zurückgeführt, von Adonaj auf ein entsprechendes Wirken der Menschen. Das abschließende »auch nicht einer« (אֶחָד) von V.3b lässt das *Schma ᶜ Jisrael* mit seinem betonten »einer« (אֶחָד) anklingen (Dtn 6,4; vgl. Sach 14,9). Mit diesen beiden Urteilen über die Zustände auf der Erde ist aber das Ent-

16 So Hossfeld/Zenger, Psalmen (Anm. 11), 100.
17 Ebd.
18 Zu שחת »verderben« s. Gen 18,28.31f.; 19,14; Dtn 4,31 u.a.; Jer 13,9; 15,6; Ps 78,38 u.a.; für תעב ist zwar das hif. = »abscheulich handeln« nur noch 1 Kön 21,26; Ez 16,25 belegt, aber das pi. = »verabscheuen, zum Abscheu machen« hat etwa in Ps 5,7; 106,40 Gott als Subjekt. עלילה »Tat, Handlung« bezeichnet oft die Taten Gottes (Jes 12,4; Ps 9,12; 77,13 u.a.).
19 Vgl. H.-W- Jüngling, Der Tod der Götter, SBS 38, 1966; F. Crüsemann, Meine Kraft ist in den Schwachen mächtig. Eine theologische Reflexion, JK 48, 1987, 610-614; E. Zenger. Psalm 82, in: Ders., Ich will die Morgenröte wecken. Psalmenauslegungen, 1991, 108-114.
20 Dazu bes. Jeremias, Kultprophetie (Anm. 15), 110ff.
21 Jes 41,1-7.21-29; 43,8-13; 44,6-8. Ein knapper Vergleich mit Ps 82 findet sich bereits bei J. Begrich, Studien zu Deuterojesaja (1938), TB 20, 1963, 43; ein gründlicher fehlt bisher, soweit ich sehe.

scheidende noch gar nicht im Blick. Erst die Frage nach den Tätern des Bösen in V.4 führt auf den Kern. Ihr folgen in V.5 und 6 die beiden entscheidenden Hinweise auf Ort und Art des Wirkens Adonajs in der Welt.

III.

Der Ort Gottes – »dort« (שָׁם) in V.5 – in einer gottlos erscheinenden Welt wird in Ps 14 mehrfach benannt. In V.5 ist Gott »im« (בְּ) Geschlecht des Gerechten, so dass seine Gegner zutiefst erschrecken. In V.6 ist er die Zuflucht des Geduckten, des Armen (עני), so dass alle Pläne gegen ihn scheitern. Man muss dazunehmen, dass in V.4 von »meinem Volk« die Rede ist und dabei am ehesten Gottesrede vorliegt. Schließlich spricht V.7 von Israel und Jakob sowie der Rettung von Zion aus. Es geht also um Gottes Volk, um den Ort seiner Gegenwart und um das Objekt seines Schutzes. Alles hängt daran, wie sich diese im Psalm nur kurz und asyndetisch genannten »Orte« zueinander verhalten.

Zum Verständnis kann zunächst auf einige exegetisch recht eindeutig erkennbare Aspekte verwiesen werden. Das gilt zunächst für die Existenz eines »gerechten Geschlechts«, in dem Gott sogar selbst anwesend ist, was nach den grundsätzlichen Aussagen von V.3 geradezu ausgeschlossen erscheinen könnte. Wenn keiner Gutes tut, wer soll gerecht sein? Doch würde ein solcher Schluss biblischem Denken entschieden widersprechen. Weder lassen pauschale Formulierungen wie die vor der Sintflut (Gen 6,5.11f.; vgl. 8,21) den Schluss zu, einen Gerechten wie Noah (Gen 6,9) könne es nicht geben. Noch ist ein Gerechter wie Hiob einfach frei von jeder Schuld (Hi 7,20f.; 10,4; 13,26). Von Texten wie Am 2,6 oder dem Hiobbuch ausgehend werden gerade Menschen als Gerechte (צדיק) bezeichnet, deren negatives Geschick nicht mit ihrem eigenen Verhalten übereinstimmt. Die Elenden und Armen dieser Welt sind nicht einfach schuldlos, aber sie sind deswegen noch lange nicht schuld an ihrem Elend. Solche simple biblische und menschliche Wahrheit ist durch eine radikalisierte christliche Sündentheologie gelegentlich so weit verdunkelt worden, dass die Frage nach Gerechtigkeit für die unschuldig Leidenden dieser Welt aus dem Blick geraten konnte. Zugleich ist von Beispielen wie Noah und Hiob her klar, dass keinerlei Anlass besteht, die Aussage von Ps 14,5 auf Gruppen und Vorgänge innerhalb Israels einzuschränken.[22]

Entsprechendes gilt nun auch für die Armen von V.6, als deren Zuflucht sich Adonaj erweist. Bei ihren »Plänen« (עצה) handelt es sich wie bei dem »Rat der Frevler« von Ps 1,1 um »ihre eigenen Lebensprinzipien und Maximen«[23]. Was sie aus ihrer Lage und von ihren Erfahrungen her als Überlebensstrategien und ethische Folgen entwickelt haben, ist offenbar für andere bedrohlich und gefährlich. Die mit »ihr« angeredete Gruppe versucht, sie zum Scheitern zu bringen. Moderne Entsprechungen für solche Zusammenhänge liegen auf der Hand.[24]

---

22 Wie es die exegetisch verbreitete Beschränkung der theologischen Aussagen über Arme und Gerechte vor allem in späten Psalmen (etwa R. Albertz, Religionsgeschichte Israels in alttestamentlicher Zeit, Bd. 2, GAT 8/2, 1992, 569ff.; C. Levin, Das Gebetbuch der Gerechten. Literargeschichtliche Beobachtungen am Psalter, ZThK 90, 1993, 355–381) weithin tut.

23 So Kraus, Psalmen (Anm. 10), 135.

24 Etwa U. Duchrow (Hg.), Totaler Krieg gegen die Armen. Geheime Strategiepapiere der amerikanischen Militärs, KT 62, 1989.

Geht es also in V.5f. wie von V.3 her um Gottes Gegenwart bei bedrückten Menschen in weltweiten Zusammenhängen, so in V.7 um seinen Bezug zu Israel und damit zum jüdischen Volk. Man müsste alle hier verwendeten Begriffe spiritualisieren, um ein anderes Verständnis für möglich zu halten.[25] Aber wie soll man sich den Zusammenhang der verschiedenen Aussagen denken? Besonders einflussreich sind dafür Versuche geworden, eine literarische Schichtung und damit ein diachrones Textwachstum anzunehmen, das die Spannungen erklären soll. Vor allem für V.7 ist das seit langem üblich[26] und exegetisch unbestreitbar. Hier wird den prophetisch-perfektischen Aussagen von V.5f. ein Wunsch gegenübergestellt und also ein Rettungswirken Gottes erst für die Zukunft erhofft. Das Ganze gerät so in die Nähe eines Volksklagepsalms. Man kann aber keineswegs annehmen, erst dadurch komme ein Bezug zu Israel in den Psalm hinein, und ohne ihn ginge es nur um Gott und die weltweit Bedrückten. Denn bereits in V.4 ist von »meinem Volk« die Rede. Sicher legt V.7 im Ganzen des kanonischen Psalms die sehr verdichtete Rede von V.4 aus, aber auch ohne V.7 muss man einen Israel-Bezug annehmen. Denn es gibt zwar einige Belege, in denen speziell die Armen als Gottes Volk bezeichnet werden,[27] sie meinen aber immer die Armen in Israel, und im Kontext ist jeweils ein Bezug auf das Gottesvolk im Ganzen deutlich im Blick. Auch ohne V.7 wird also Ps 14 durch die Spannung zwischen Israel- und Armentheologie geprägt.

Über V.7 hinaus vermuten Hossfeld und Zenger auch in V.6 einen späteren Zusatz zum ursprünglichen Psalm, durch den allererst das Thema »Arme« in ihn hineingebracht worden sei.[28] Sie sehen im Zusammenhang ihrer literarkritisch bestimmten Kompositionsgeschichte des Psalters[29] in V.6 einen Zusatz, der mit dem Entstehen einer kleinen Sammlung von Ps 4-7.11-14 zusammenhängt, während V.7 erst bei einer umfassenden nachexilischen Redaktionsarbeit hinzugewachsen ist.[30] Nun ist diese Schichtentheorie – genau wie andere neo-literarkritische Thesen auch – sehr viel weniger überzeugend als die »klassische« Abtrennung von V.7. Denn vergleichbare sprachliche wie sachliche Brüche gibt es genauso im Restpsalm von V.1-5. Sicher überrascht das Auftreten einer 2.m.pl. in V.6, aber ebenso überrascht vorher das »Ich« Gottes in V.4 neben der Rede von ihm in 3.m.sg. im gleichen Vers. Und inhaltlich kommt zwar ein expliziter Armutsbegriff erst in V.6 vor, aber von den Aussagen bereits in V.1b, erst recht in V.4f. geht es unausweichlich um Leidende und Bedrückte, und zwar in menschheitlicher Perspektive (V.2 f). Und selbst wenn V.6 ein Zusatz wäre, bedeutete das keine Entscheidung über das sachliche Verhältnis seiner Aussage zu den vorangehenden Versen.

Es bleibt also dabei, dass die knappen Aussagen dieses Psalms über Gottes Wirken eine Spannung enthalten, die weder literarkritisch reduziert, noch mit anderen exegetischen Mitteln beseitigt werden kann – und sollte. Gottes Ort ist danach einmal universal bei den unschuldig Leidenden und bewirkt, dass die sie Bedrückenden erschrecken. Gott ist zum anderen dort präsent, wo die Anschläge auf die Armen misslingen. Aber Gott ist ebenso mit dem Volk Israel auf besondere Weise verbunden, er

25 Bubers entsprechende Interpretation widerspricht seiner eigenen Betonung von V.2f. und ist vor allem als innerjüdische Kritik zu verstehen; a.a.O. (Anm. 1), 963; s.a. unten S. 38.

26 Bereits für F. Delitzsch. Biblischer Commentar über die Psalmen, [4]1883, 158, sieht der Vers »wie ein liturgischer Zusatz aus der Zeit des Exils« aus.

27 Ex 22,24; Jes 3,14f. (dazu bes. M. Schwantes, Das Recht der Armen, BET 4, 1977, 111); 49,13.

28 Hossfeld/Zenger, »Selig, wer ...« (Anm. 11), 35f.42ff.; dies., Psalmen (Anm. 11), 100.

29 Dazu M. Millard, Von der Psalmenexegese zur Psalterexegese. Anmerkungen zum Neuansatz von Frank-Lothar Hossfeld und Erich Zenger, BibInt 4, 1996, 311-328 (auch spez. zu Ps 14f.).

30 Hossfeld/Zenger, »Selig, wer ...« (Anm. 11), 35f.

erschrickt über seine Verletzung und stellt seine Rettungshoffnung dar. Beide Aussagenreihen sind nicht voneinander zu trennen, aufeinander zu reduzieren oder gegeneinander auszuspielen. Dass Gott sich an Israel bzw. das jüdische Volk gebunden hat, erscheint heute manchen als Bedrohung seines Bezugs zu den weltweit Armen und Elenden. Dass Gottes Ort in dieser Welt überall bei den Gerechten und unschuldig Leidenden sowie bei den Armen ist, erscheint manchen als Infragestellung seiner einzigartigen Bindung an Israel.

Psalm 14 entwirft in seinen wenigen Versen keine Theorie, wie beides zusammengehört. Das gibt es ansatzweise anderenorts, und das stellt heute eine vor uns liegende theologische Grundaufgabe dar. Der Beitrag von Ps 14 zu den damit aufgeworfenen Fragen ist ein anderer, er liegt in der Verbindung dieser Spannung mit der Grundfrage, ob sinnvollerweise überhaupt von so etwas wie Gott angesichts der Zustände in dieser Welt geredet werden kann. In solcher Perspektive erscheint seine Antwort als ein konstitutives Element des biblischen Gottesbegriffs. Die Versuche, die Komplexität der hier gegebenen Antwort zu reduzieren, würden bedeuten, das, was dieser Psalm als Gott ansieht, gar nicht erst zu Gesicht zu bekommen, sondern von vornherein von einfachen und feststehenden Vorstellungen her zu untersagen. Gottes Ort ist nach Psalm 14 durch sein Wirken in Israel und weltweit bei den unschuldig Leidenden und Armen bestimmt, sowie durch die Verbindung von Gegenwartserfahrung und Zukunftshoffnung. Die innere Spannung, die diesen Ort Gottes für unser Denken zu prägen scheint, erwächst religionsgeschichtlich aus dem Prozess, in dem der Gott Israels sich als einziger Gott erweist. Und sie bleibt theologisch notwendig: Man kann von Gottes Ort in einer gottlos erscheinenden Welt nicht reden ohne solchen doppelten Bezug zu Israel und zu allen Armen und ungerecht Leidenden.

IV.

V.7 erwartet die Rettung Israels »von Zion her«. Entgegen Bubers innerjüdischer Kritik[31] wird man an einer »topographischen« Deutung von Zion festhalten müssen. Wichtige biblische Textgruppen wie die Zionspsalmen oder die Priesterschrift formulieren, dass am Zion ein Ort der Gegenwart Gottes sei – auch unabhängig von Erfahrungen, wie sie hinter Ps 14,5f. stehen, und unabhängig von Hoffnungen, wie sie in V.7 zum Ausdruck kommen. Der Psalm selbst redet in V.1-6 anders. Doch zumindest die Komposition, in die er jetzt eingebunden ist, hat die damit angeschnittenen Probleme im Blick. Der direkt anschließende Ps 15 beginnt mit der Frage: *»Adonaj, wer darf weilen in deinem Zelt, wer wohnen auf deinem heiligen Berg?«* Zugang hat nach den nächsten Versen im Gegensatz zu den *»Tätern des Bösen«* (פעלי און) von 14,4 der *»Täter des Gerechten«* (פעל צדק) von 15,2. Vor allem Ps 15,5 schlägt die entscheidene Brücke: Zugang zur Gegenwart Gottes auf dem Zion hat, wer keine Zinsen nimmt, die die Armen ärmer, und keine Bestechung, die die Reichen reicher machen. Wer von einem Ort Gottes in der Welt reden will, unabhängig von den Erfahrungen, um die es in 14,5f. geht, und über die Hoffnung von 14,7 hinaus, wird um solche Zugangsbedingungen nicht herumkommen – oder der Narr von 14,1 behielte letztlich recht.

31 Buber (Anm. 1), 963.

»Gegen dich allein habe ich gesündigt«!?

Sozialgeschichtliche Auslegung von Psalm 51

1 *Für den Chorleiter. Ein Psalm Davids,*
2 *als zu ihm kam Nathan, der Prophet,*
nachdem er eingegangen war zu Batseba.

3 *Sei mir gnädig, Gott, nach deiner Güte,*
nach deinem großen Erbarmen wisch weg meine Verbrechen.
4 *Wasche mich ganz ab von meiner Schuld*
und von meiner Sünde reinige mich!
5 *Ja, meine Verbrechen erkenne ich,*
und meine Sünde ist gegen mich allezeit.
6 *Gegen dich allein habe ich gesündigt,*
und das in deinen Augen Böse habe ich getan,
so dass du gerecht bist bei deinem Reden,
dass du makellos bist in deinem Richten.
7 *Siehe, in Schuld bin ich geboren,*
und in Sünde empfing mich brünstig meine Mutter.
8 *Siehe, Wahrheit willst du im Innersten,*
und im Verborgenen lässt du mich Weisheit erkennen.
9 *Entsündige mich mit Ysop, dass ich rein werde.*
Wasche mich, dass ich weißer werde als Schnee!
10 *Lass mich hören Wonne und Freude,*
es sollen jauchzen die Knochen, die du zerschlagen hast.
11 *Verbirg dein Angesicht vor meinen Sünden,*
und alle meine Verschuldungen wisch weg.

12 *Ein reines Herz erschaffe mir, Gott,*
und einen festen Geist erneuere in meinem Inneren.
13 *Nicht wirf mich weg von deinem Angesicht,*
und deinen heiligen Geist nimm nicht von mir.
14 *Lass wiederkehren mir die Wonne deines Heils,*
und mit einem willigen Geist stütze mich.
15 *Ich will Verbrechern deine Wege lehren,*
dass Sünder zu dir zurückkehren.
16 *Rette mich von Blutschuld, Gott, Gott meines Heils,*
dass meine Zunge juble über deine Gerechtigkeit.
17 *Allherrscher, öffne meine Lippen,*
dass mein Mund verkündige dein Lob.
18 *Denn du willst nicht ein Schlachtopfer, ich würde es geben,*
an einem Brandopfer hast du keinen Gefallen.
19 *Opfer Gottes sind ein zerbrochener Geist,*
ein zerbrochenes und zerschlagenes Herz, Gott, verachtest du nicht.

20 *Tue Gutes in deinem Wohlgefallen an Zion,*
erbaue die Mauern Jersualems
21 *Dann wirst du Gefallen haben an Schlachtopfern der Gerechtigkeit,*
an Brandopfer und an Ganzopfer,
dann wird man opfern auf deinem Altar Stiere.[1]

I.

Wenige Texte prägen christliches Reden von Sünde und Schuld so stark wie Ps 51. An ihm, besonders an V.7, hat Augustin die Lehre von der Erbsünde entwickelt[2], mit ihm Luther wichtige Aspekte seiner reformatorischen Erkenntnis formuliert: »Denn in diesem Psalm wird so klar wie sonst nirgends angezeigt, dass die Sünde ein Erbfall und uns angeboren ist und dass wider sie kein Werk, sondern allein Gottes Gnade und Vergebung hilft«[3]. Wie viele liturgische Schuldbekenntnisse – selbst in Kindergottesdiensten – rezitieren nicht seine Worte: Nur so, mit dieser Haltung und diesem tiefem Gefühl von Schuld, kann danach der Mensch vor Gott treten, immer wieder, in jedem Gottesdienst. Die Schuld geht zurück bis in die Anfänge der Existenz (V.7) und umschließt alle Tiefen der Seele (V.8). Änderung ist allein von Gottes Güte und Barmherzigkeit zu erwarten (V.3).

Durchgängig ist bei derartigen theologischen Verwendungen vorausgesetzt, dass Aussagen und Haltung des Psalms für alle Menschen zutreffen, und zwar prinzipiell und jederzeit. Auch die historisch-kritische Exegese hat – von Ausnahmen abgesehen – gemeint, das bestätigen zu können. »Der Mensch stellt sich Gott als der, der er ist.«[4] »Angesichts der den Menschen vom ersten Augenblick seiner Existenz an bedrohenden tödlichen Krankheit ›Sünde‹ ...«[5] Aber trifft das wirklich zu? Ist das der Ursprungssinn? Und in welchem Sinne ist solche Verallgemeinerung legitim?

Sozialgeschichtliche Auslegung wird gerade auch bei konkreten Einzelzügen einzusetzen haben. Dabei stößt man sofort auf eine Merkwürdigkeit des Textes. Nach V.6 richtet sich die Sünde gegen Gott »*allein*«, die Schuld besteht nur in der Relation Gott-Mensch. Nach V.16 aber bittet der/die Betende darum, vom »*Blut*« gerettet zu werden. Damit kann entweder eine Blutschuld (eventuell auch eine gleich schwere andere Tat) und/oder das darauf folgende blutige Strafgericht gemeint sein. Andere Auffassungen (etwa eine Krankheit oder eine erst zukünftige Tat) sind sprachlich ausgeschlossen. Danach besteht also entweder eine schwere Schuld gegenüber anderen Menschen, die entsprechende Ahndung zu finden droht, oder Derartiges wird ihm von anderen zugeschrieben. Tertium non datur. Und die in V.1f. formulierte Autorschaft Davids setzt ja massive Schuld gegen Menschen voraus: Ehebruch mit Batseba und Mord an Uria. Wieso kann es dann in V.6 heißen »*allein an dir*«?

Theologisch geht es bei dieser Frage um einen grundlegenden und tief greifenden Unterschied zwischen christlich(-protestantisch)em Sünden- und Gnadenverständnis und dem der Bibel. Er besteht vielleicht weniger in der theologisch-

---

1 Übersetzung in Anlehnung an E. Zenger, Psalm 51, in: Ders., Ich will die Morgenröte wecken. Psalmenauslegungen, 1991, 179-81f.

2 Vgl. M. J. Suda, Psalm 51,7 als Belegstelle für Augustins Erbsündenlehre, in: Zur Aktualität des Alten Testaments, FS G. Sauer, 1992, 187-198.

3 M. Luther, Psalmenauslegung Bd. II, hg. v. E. Mülhaupt, 1962, 193.

4 H.-J. Kraus, Psalmen, BK XV/1, [5]1978, 549.

5 Zenger, Psalm 51, 187.

dogmatischen Theorie, wohl aber in der Realität von Kirche und Frömmigkeit. Bei der starken christlichen Konzentration auf die Frage von Schuld und Vergebung im Verhältnis Gott-Mensch tritt die Schuld gegen andere Menschen oft merkwürdig zurück. Vergibt Gott und er allein alle Schuld, kann man offenbar von den Opfern leichter absehen. In der Mischna heißt es dazu: »Sünden, die zwischen einem Menschen und Gott (wörtlich: dem Ort) bestehen, sühnt der Versöhnungstag, aber die zwischen ihm und seinem Nächsten sühnt der Versöhnungstag nicht, bis er seinen Nächsten begütigt hat« (Joma VIII,9). Scharf formuliert kann »sogar Gott selbst nur die gegen ihn begangenen Sünden vergeben«[6]. In der Bibel ist eben das durchgängig vorausgesetzt, auch im Neuen Testament (z.B. Mt 5,23f.; Mk 11,25). Alles andere ist ein biblisch »unvorstellbarer Gedanke«[7], aber doch einer, der die Wirkung christlicher Vergebungspredigt in vielerlei Zusammenhängen tief mitprägt, man denke nur an den Umgang mit Kriegsgräueln oder sozialen Ungerechtigkeiten aller Art, hierzulande und anderswo. Ich halte diese Praktizierung einer billigen Gnade für einen der Aspekte, wo sich eine angeblich auf der Bibel fußende Kirche mit am weitesten von ihr entfernt hat.

Die Exegese hat sich naturgemäß bemüht, Lösungen für den Widerspruch zwischen V.6 und V.16 in Ps 51 zu finden. Mich hat keine davon überzeugen können. Unbestrittene Voraussetzung ist dabei zu Recht die Annahme, dass jedes Vergehen gegen andere Menschen auch und zugleich Sünde gegen Gott ist (Gen 39,9; 2 Sam 12,13), aber das erklärt eben nicht das *»allein«*. Weder kann man sagen, dass der Begriff *»sündigen«* nur die religiöse Dimension, nicht aber die Verfehlung gegen Mitmenschen meine (vgl. z.B. Ex 10,16f.), noch ist das Gewicht der Aussage auf einen Gegensatz zu Güte und Erbarmen (V.3) reduzierbar. Ändert man nicht den Text, wie es vor allem für V.16 vorgeschlagen wurde[8], bezieht man nicht V.16 gegen seinen Wortlaut auf Götzendienst oder kultische Verfehlungen und begnügt man sich nicht mit vagen Umschreibungen (»hier wird Schuld am Nächsten und an der Gesellschaft radikalisiert als ›Sünde an Gott allein‹«),[9] bleibt wenig zur Erklärung übrig. Da ist der Versuch, das *»allein«* als Benennung Gottes zu verstehen: *»Dass ich dir, Einziger!, gesündigt«*, übersetzt etwa Moses Mendelssohn[10]. Doch der alttestamentliche Sprachgebrauch widerrät dem eindeutig. Zumal, wenn man den in der Überschrift gegebenen Bezug auf David ernst nimmt, und die Annahme, dass Uria ohne Angehörige starb, für eine von hier aus konstruierte und nicht ausreichende Erklärung ansieht, bleibt eigentlich nur die ironisch-übertreibende Auffassung des Psalmenmidraschs: »Wem war David zu vergleichen? Demjenigen, der (ein Glied) gebrochen hat und zum Arzt kommt. Der Arzt staunte und sprach zu ihm: Wie groß ist deine Wunde! Mir ist sehr bange um dich. Der mit dem zerbrochenen Glied aber sprach: Dir ist bange um mich? Ich habe es doch nur wegen deines Lohns gebrochen. So sprach auch David zum Heiligen, geb. sei er: An dir allein habe ich gesündigt.«[11] Bevor eine andere Möglichkeit bedacht werden soll, ist ein Blick auf den Psalm im Ganzen zu werfen.

---

6 A. J. Heschel, Niemand kann vergeben, was andere erlitten haben, in: S. Wiesenthal, Die Sonnenblume. Eine Erzählung mit Kommentaren, 1984, 127-129 (129).

7 Zenger, 186.

8 Z.B. H. Gunkel, Die Psalmen, HK II/4, 1926, 221f. zu V.16.

9 Zenger, 189.

10 Die Psalmen übersetzt von Moses Mendelsohn, hg. v. W. Pape, 1991, 79.

11 Midrasch Tehillim, dt. Übers. A. Wünsche (1892), Nachdruck 1967, 304f.

II.

Betrachtet man wie üblich zunächst das Mittelstück V.3-19 für sich, also ohne Überschrift und »Anhang«, so geht es um einen Klagepsalm des Einzelnen. Alle Gattungselemente sind vorhanden, Anrede, Bitte, Klage, Vertrauensäußerungen und Lobgelübde (V.16f.). Zwar reduziert sich die eigentliche Klage weithin auf die Beschreibung der Schuld – aber vgl. immerhin V.10b – doch gibt das keinen Anlass, mit einer anderen Gattung zu rechnen oder sie geradezu von diesem Psalm aus zu erfinden. Dass eine Erwähnung der Feinde fehlt – immerhin sind sie in V.16 erahnbar – , dass das Element der Bitte so strak dominiert (V.3f.9-14.16f.), sind zwar auffällige Besonderheiten, aber viele Klagen weichen gegenüber einer konstruierten Normalform ab; die Mehrzahl ist in der einen oder anderen Richtung spezialisiert. Diese Texte decken in ihrer großen thematischen Breite und Vielfalt tendenziell alle typischen Nöte ab, in die einzelne Menschen geraten können. Hier in Ps 51 ist alles auf die Frage der Schuld konzentriert.

Wenn diese Einordnung richtig ist, ist bereits damit die Basisannahme der gängigen dogmatischen und liturgischen Verwendung in Frage gestellt, es gehe in Ps 51 um eine Schuldsituation, die für alle Menschen zu jeder Zeit, an jedem Ort, in jeder Lage zutreffe. Zwar wird man die biblischen Klagen sicher nicht als Ausdruck einer einmalig-individuellen historischen Situation der jeweiligen Verfasser verstehen dürfen. Es sind liturgisch verwendbare und verwandte Texte. Was immer am Anfang solcher Dichtungen einmal gestanden haben mag, was wir vor uns haben, sind literarische und durch lange Gebrauchszusammenhänge geprägte Formulare. Sie konnten – und sie können – bei vielen und vor allem bei typischen, wiederkehrenden Situationen Verwendung finden, – aber eben nicht immer und überall. Die grundsätzliche Lage »des« Menschen vor Gott ist mit Ps 51 nicht mehr und nicht weniger getroffen als etwa mit dem Protest der Unschuld angesichts realen Leids in Ps 26 oder dem Schrei von Gottverlassenheit und Verzweiflung in Ps 22. Biblisch gesehen ist die Klage der Ort der authentischen Stimme der Leidenden. Die Psalmen stellen dazu eine Fülle von sprachlichen Hilfen bereit. Eine Reduzierung auf die Frage der Schuld findet sich nicht. Von Sünde ist an vielen Stellen die Rede, aber nicht überall und immer, und vor allem wird sie nicht zum Schlüssel für alle Not gemacht. Die Fülle des Leides von Mensch und Kreatur, wie sie sich in den Klagen ausspricht, ist der Rahmen, in dem einerseits die darauf bezogene Rettungstat Gottes erbeten, erhofft und immer wieder auch erfahren wird, in dem andererseits dann auch von Schuld theologisch angemessen die Rede sein kann. Macht man die Schuldfrage umgekehrt zum Rahmen, in dem dann auch vom Leid die Rede sein kann, wird der theologische Ort, den sie in der Bibel hat, verändert. Auf die Folgen hat zum Beispiel Johann Baptist Metz eindringlich aufmerksam gemacht: »Das Christentum verwandelt sich aus einer Leidensmoral in eine Sündenmoral, aus einem leidempfindlichen Christentum wurde ein sündenempfindliches. Nicht dem Leid der Kreatur gilt die primäre Aufmerksamkeit, sondern ihrer Schuld.«[12]

So geht es in Ps 51 offenkundig nicht um eine Schuld, die allen Menschen grundsätzlich zukommt. Zwar gibt es in Israel durchaus Aussagen über ein Schuld-

12 Gotteskrise. Versuch zur »geistigen Situation der Zeit«, in: Diagnosen zur Zeit, Düsseldorf 1994, 85.

verhaftetsein aller Menschen (Ps 130,3; 143,2 u.a.); genau wie z.B. auch schon in Babylonien[13]. Aber von den Belegen, die in Psalmenkommentaren dafür angeführt werden, stammt die Mehrzahl aus den Freundesreden des Hiobbuches (Hi 15,14f.; 25,4ff.; 11,6)[14]. Von einer derart allgemeinen Erkenntnis auf den konkreten Fall, nämlich Hiob, zu schließen, gehört doch wohl zum falschen Reden der Freunde über Gott (Hi 42,7).

Ps 51,3-19 ist in zwei deutlich erkennbare Hälften gegliedert. In V.3-11 geht es um Sündenbekenntnis und Sündenvergebung, in V.12-19 um Erneuerung von Herz und Geist. Hier taucht kein Wort für Sünde mehr auf, während die drei wichtigsten hebräischen Worte dafür den ersten Teil beherrschen. Beide Teile sind jeweils gerahmt[15]. »*Wisch ab*« (מחה) steht bezogen auf Verbrechen bzw. Schuld am Beginn in V.3b wie am Ende in V.11b. Während die Worte »*Herz*« und »*Geist*« bzw. »*Geist*« und »*Herz*« in den Versen 12 und 19 den zweiten Teil umschließen. Die Anrede »*Gott*« steht in der ersten (V.3) und zweimal in der letzten Zeile (V.19); dazu am Beginn des zweiten Teils in V.12 sowie doppelt und damit besonders hervorgehoben in der Rettungsbitte von V.16. Schon von diesem Aufbau her kommt der Bitte um Errettung vom Blut in V.16 besonderes Gewicht zu. Die Sprache bleibt teilweise eng an rituellen Vorgängen, trotz der Abweisung der Opfer in V.18f. Die Verben »*abwischen*«, »*waschen*«, »*reinigen*« samt dem Ysop (V.9) nehmen deutlich rituelle Vorgänge auf, wie sie sich etwa in Lev 14 und 19 in priesterlicher Sprache finden. Es spricht viel dafür, dass wir hier einen Einblick in die Innenseite des Ritus haben, d.h. so konnte eben von Menschen, die derartige Riten vollzogen, gebetet werden.

Viele Formulierungen und Inhalte des Psalms setzen prophetische Traditionen voraus, vor allem die in V.12ff. formulierten Bitten um Erneuerung von Herz und Geist. Besonders nahe steht dabei Ez 36,16ff.: *»Ich werde euch reinigen ... Ich werde euch ein neues Herz geben und einen neuen Geist in euer Inneres legen.«* Die erbetene Erneuerung wird in V.12 geradezu als ein neuer Schöpfungsakt verstanden. Hier werden »wesentliche Züge der im Alten Testament ausgesprochenen eschatologischen Erwartung« auf das Individuum übertragen und in eine Bitte verwandelt[16]. Theologisch geht es deshalb von dieser Sprache her um so etwas wie eine individuelle Vorwegnahme dessen, was für das ganze Volk prophetisch zugesagt und dann erhofft und erwartet wurde.

III.

In einer solchen ausgesprochen eschatologischen Perspektive wird man nun wohl auch V.20f. lesen müssen[17]. Die Bitte, Jerusalems Mauern zu erbauen – »wieder« steht nicht da – wird meist auf den Wiederaufbau nach dem Exil bezogen und dann auch für eine Datierung des Psalms verwendet. Doch macht V.21 mit seinem zweifachen »*dann*« die Aufnahme eines Opferkultes vom Mauerbau abhängig. Da die histo-

13 »Wer ist es, der gegen seinen Gott nicht in Sünde gefallen wäre...?« (A. Falkenstein/W. v. Soden, Sumerische und akkadische Hymnen und Gebete, 1953, 272); dazu Kraus, Psalmen, 543.

14 Z.B. Kraus, 544f.

15 Dazu bes. Zenger, Ps 51, 184f.

16 W. H. Schmidt, Individuelle Eschatologie im Gebet, Neue Wege der Psalmenforschung, HBS 1, 1994, 345-360 (Zitat: 358).

17 Dazu R. Mosis, Die Mauern Jerusalems. Beobachtungen zu Ps 51,20f., in: Alttestamentlicher Glaube und Biblische Theologie, FS H. D. Preuß, 1992, 201-215.

rische Reihenfolge nach dem Exil bekanntlich genau die umgekehrte war, ist die übliche Ansetzung des Psalms vor Nehemia hiermit nicht zu begründen. Entweder muss man vor 515 v.Chr. gehen, was zu großen Problemen mit der eindeutigen Abhängigkeit von spätexilischer Prophetie führt, oder aber es geht – und das ist wahrscheinlicher – um eine eschatologische Sicht. Dann wird in V.20f. um das neue Jerusalem, wie es etwa Jes 54,1ff. (vgl. a. Tob 14,5) ankündigt, gebetet. Die in prophetischer Tradition stehende Zurückweisung der Opfer von V.18 wird dabei mit einem Ausblick auf die Opfer in einer eschatologisch erneuerten Stadt weitergeführt. Mit diesem Schluss, aber nicht nur mit ihm, steht Ps 51 in deutlicher Distanz zum priesterlichen Sühnekult und sieht auch individuelle Schuldüberwindung als realisierte Eschatologie an.

Ps 51,2 bringt eine detaillierte Zuordnung zum Leben Davids. Das gehört zu einer späten Davidisierung des Psalters, mit der die traditionellen Verfasserangaben ausgefüllt und weitergeschrieben werden. Gerade im Fall von Ps 51 liegen durchaus enge Beziehungen vor. Davids Formulierung in 2 Sam 12,13 entspricht (bis auf das »*allein*«) der von V.6a; das »*Böse in den Augen Jhwhs*« von V.6b findet sich auch in 2 Sam 12,9. Dennoch wird man nicht annehmen können, dass Psalmen wie dieser geradezu auf die jeweiligen Lebenssituationen Davids hin gedichtet worden sind; es geht vielmehr in dieser Überschrift um eine sehr überlegt vollzogene Interpretation eines gegebenen Textes durch einen Bezug auf das Leben Davids. Dann wird man das so schwierige »*allein*« nicht aus der Situation Davids erklären können; es ist, wie es die Auslegungstradition immer getan hat, bestenfalls damit irgendwie in Einklang zu bringen.

IV.

Immer wieder hat sich der Bezug bestimmter Psalmen und deren Sprachmuster auf konkrete Institutionen und institutionelle Gegebenheiten als besonders erhellend herausgestellt. So hat die Sprache des Vertrauens, die Ps 23 spricht, wohl die Erfahrung des Asyls am Heiligtum zum Hintergrund[18]. Lässt sich eine entsprechende sozialgeschichtliche Verwurzelung für die so auffällige Verbindung einer Schuld, die allein gegenüber Gott besteht, und einer Anklage bzw. Verfolgung wegen Blutschuld aufweisen? Im Sinne einer Arbeitshypothese scheint es mir möglich, dafür an den Schutz des Heiligtums bzw. von Asylorten für Menschen zu denken, die ohne eigenes Verschulden einen anderen Menschen getötet haben. Bereits das Bundesbuch sieht vor, dass sie am Altar vor dem Bluträcher Schutz finden können (Ex 21,13f.). Die damit in der Rechtsgeschichte wohl erstmals formulierte Unterscheidung von Mord und unbeabsichtigter Tötung wird in den späteren Texten Dtn 19, Jos 20 und Num 35 im Detail ausgebaut. Im Kern geht es dabei darum, dass ein Täter, dem ohne Absicht, etwa durch einen Unfall, ein Tötungsdelikt unterläuft, Asyl im Heiligtum oder in dafür einzurichtenden Stätten finden kann. Voraussetzung ist ein entsprechendes Urteil des Gerichts der Heimatgemeinde. Das Asyl gewährt Schutz vor der Blutrache, die auf diese Weise rechtlich kontrolliert und sozial reguliert wird. Bis zum Tode des amtie-

---

[18] Bes. W. Schottroff, Psalm 23. Zur Methode sozialgeschichtlicher Bibelauslegung, in: Ders./W. Stegemann (Hg.), Traditionen der Befreiung, 1980, 78-113.

renden Hohenpriesters soll der Schuldige im Schutzort bleiben; unter Umständen eine lange Zeit.

Wie ist die Situation solcher Personen? Sie hatten einen Menschen getötet, sie hatten ein Verfahren auf Leben und Tod zu gewärtigen und einen Bluträcher auf den Fersen. Rettung vor »*Blut*«, das wird ihre Bitte sein (V.16). Ihre Schuld beschäftigte sie Tag und Nacht (V.5). Aber sie hatten keine gegenüber einem anderen Menschen bestehende und gar rechtlich wirksame »Schuld«. Ihre Schuld bestand »*allein*« gegen Gott. Sie hatten ja ein wichtiges Gebot Gottes übertreten. Entsprechend weist das Schuldbekenntnis in V.6b ausdrücklich auf Wort und Gericht Gottes hin; beides wird durch Anerkennung der Schuld bestätigt. Für unser Gefühl ist vielleicht der Ernst und das Gewicht, das dieser Schuld zukommt, obwohl der Handelnde »nichts dafür kann«, erstaunlich. Doch der objektive Charakter der Tat, unabhängig von allen subjektiven Momenten, die Tatsache einer massiven Übertretung göttlicher Gebote und eine Verletzung der Sphäre des Göttlichen bleiben ja bestehen.

Nun soll keineswegs behauptet werden, Ps 51 sei unmittelbar oder gar allein ein Reflex einer solchen Situation. Es geht vielmehr um einen Erklärungshintergrund für einen auffälligen und bisher nicht erklärbaren Widerspruch im Psalm und darüber hinaus um ein Milieu, für eine so weit reichende theologische Reflexion auf Schuldphänomene überhaupt. Die damals neue und gewichtige Differenzierung zwischen absichtlichen und unabsichtlichen Taten, die auch hinter der priesterlichen Sühnetheologie steht (bes. Lev 4,2ff.), bedeutet ja keineswegs, dass die unabsichtlichen für die »leichteren« Sünden gehalten wurden. Ganz im Gegenteil, sie sind vielmehr gänzlich unvermeidbare Übertretungen der göttlichen Setzungen und von daher besonders gefährlich. Woher kommt es, dass einem Menschen Derartiges widerfährt? Die in Ex 21,13 versuchte Deutung, dass Gott selbst es so gefügt hat, ist in der gesamten weiteren Tradition nicht fortgeführt worden. Ps 51 jedenfalls sieht eine tiefgreifende Schuld am Werk und greift dafür negativ wie vor allem im positiven Gegenbild auf die große prophetische Tradition der Rede von Schuld und Neuschöpfung zurück. Heutige Parallelen könnte man in allen Fällen finden, wo intensive Schuldgefühle bestehen, ohne jede rechtliche und moralische Verfehlung, bei Verkehrsunfällen, bei Eltern, die Kinder verloren haben, bei Überlebenden von Katastrophen u. ä. Dass sich solche Schuld nicht ins Leere, sondern gegen Gott richtet, also Vergebung finden und sich in Engagement (V.15) verwandeln kann, ist die Chance, die dieser Psalm und seine Sprache eröffnen.

Leider ergibt sich mit dieser Hypothese über einen sozialgeschichtlichen Hintergrund von Ps 51 nicht auch zugleich ein neues Verständnis von V.7. Zwar wird man die Einbeziehung der gesamten Existenz in das Bewusstsein der Schuld für realistisch halten können. Aber die Rückführung der Schuld speziell auf die Mutter und die Art, in der das geschieht, enthält eine massive Disqualifikation von Sexualität und der weiblichen insbesondere. Denn das üblicherweise mit »empfangen« übersetzte Wort kommt in dieser Form nur noch für die Brunst von Tieren vor (Gen 30,41; 31,10) und hat die Wurzelbedeutung »heiß sein«. In Verbindung mit Gen 3 liegt hier eine der Wurzeln christlicher Misogynie, die die Frau für die Ursache der menschlichen Übel hält. Auch hier ist jede Verallgemeinerung vom Text nicht gedeckt. Man wird vielleicht an familienbestimmte, generationsübergreifende Ketten von Schuld denken können. Was man nach Ps 58,4 von den Frevlern wusste, bekennt hier jemand – könnte so auch eine Frau von ihrer Mutter reden? – von sich. Doch selbst wenn der Psalm von Salomo statt von David gedichtet sein sollte, blieben die Probleme.

Dass aus bestimmten sozialen Konstellationen neue und weit reichende Einsichten erwuchsen und mit ihnen eine neue Sprache, macht die Stärke vieler Psalmen aus. Was wir vor uns haben, ist Dichtung, und zwar eine, die aus Gebrauch erwuchs und für weiteren Gebrauch bereit liegt. Weit über den Ursprung hinaus wird man eine theologische Verwendung für legitim halten. Eine Rückbesinnung auf den Ursprungssinn kann aber helfen, missbräuchliche Verwendungen zu kritisieren. »Gerade das Bewusstsein der eigenen Schuld, das in diesem Psalm so stark ist, lässt keinen Raum für die Annahme einer Erbsünde.«[19]

V.

Dass Gott selbst mich säubert und wäscht, sind kühne, ungebräuchliche Metaphern. Es gibt sie aber zum Beispiel bei Paul Celan[20], sie müssten nur, wie es dieser Psalm sonst tut, aufs Neue auf einzelne Menschen bezogen werden:

EINMAL;
da hörte ich ihn,
da wusch er die Welt,
ungesehn, nachtlang,
wirklich.

Eins und unendlich,
vernichtet,
ichten.

Licht war. Rettung.

---

19 N. P. Levinson, Psalm 51. Schuld und Sühne, in: Aus den Psalmen leben. Das gemeinsame Gebet von Kirche und Synagoge neu erschlossen, 1979, 92.

20 Gedichte II, 1975, 107.

Themen

Freiheit durch Erzählen von Freiheit

*Zur Geschichte des Exodus-Motivs**

I. Die mosaische Unterscheidung

»*Du stellst meine Füße auf weiten Raum*« – das Motto des Deutschen Evangelischen Kirchentags 2001 aus Ps 31,9 ist, wie sein Zusammenhang zeigt, eine individuelle Aneignung der Exodustradition:

> *Ich will jubeln und über deine Huld mich freuen,*
> *denn du hast mein Elend angesehn,*
> *du bist mit meiner Not vertraut.*
> *Du hast mich nicht preisgegeben*
> *der Gewalt meines Feindes,*
> *hast meinen Füßen freien Raum geschenkt.* (Ps 31,8f.)[1]

»Wie beim Exodus das Elend seines Volkes (Ex 3,7; 4,31), so hat Jhwh das Elend seines Beters wahrgenommen. Er hat die Enge der Notlage erfasst«[2] und in die Weite der Freiheit geführt. In ähnlicher Weise wird in der jüdischen Pessach-Haggadah, der Liturgie der häuslichen Passafeier, die Bedeutung des Exodus für die Individuen betont. In ihrem Zentrum steht der berühmte Satz: »In jeder Generation ist der Mensch verpflichtet, sich selbst so anzusehen, als wenn er selbst aus Ägypten herausgegangen sei.«[3] Die ganze Liturgie des Seder-Abends mit ihrer Aneignung des Exodus zielt auf diese Selbst-Sicht, in der sich alle Beteiligten als frei ansehen und damit in einer bestimmten Perspektive auch frei sind.

An anderer Stelle wird deutlich, dass es bei dieser Befreiung nicht um eine der vielen Taten Gottes, sondern um Gott selbst geht: »Der Ewige führte uns aus Ägypten heraus, nicht durch die Hände eines Engels und nicht durch die Hände eines Sarafen, auch nicht durch die Hände eines Abgesandten, sondern der Heilige, gesegnet sei er, selbst war es, in seiner Herrlichkeit und durch sich selbst.« In der Tat ist das Thema Freiheit nicht eines unter anderen, sondern biblisch gesehen das Grundthema, bei ihm geht es wie bei keinem anderen um Gott selbst. Seinen eigenen Namen offenbart Gott erst und nur im Zusammenhang dieser Tat der Befreiung (Ex 3). Wo dieser Gott ist, wird Freiheit. Um zu verstehen, was die Bibel Gott nennt, ist deshalb hier anzusetzen.

Das soll zu Beginn mit Hilfe eines Begriffs verdeutlicht werden, den der Ägyptologe *Jan Assmann* seinem wichtigen Mose-Buch[4] zugrunde gelegt hat, dem der »Mosaischen Unterscheidung«. Es geht dabei um das Grundthema des biblischen Monotheismus. »Die Unterscheidung«, schreibt Assmann, um die es geht, »ist die Unterscheidung zwischen wahr und unwahr in der Religion, die spezifischeren Unter-

* Leicht überarbeiteter Vortrag, der am 4.5.2000 im Rahmen der Ringvorlesung zum Betheler Jahresthema »Die Freiheit bestehen« in der Kirchlichen Hochschule Bethel gehalten wurde. Der Vortragsstil ist beibehalten und nur durch wenige Anmerkungen ergänzt worden.

1 Übersetzung F.-L. Hossfeld/E. Zenger, Die Psalmen. Psalm 1-59, NEB, 1993, 194.

2 Hossfeld, a.a.O. 198.

3 Dt. Übersetzung in Anlehnung an die mir vorliegende zweisprachige Ausgabe (1971).

4 Moses der Ägypter. Entzifferung einer Gedächtnisspur, 1998.

scheidungen zugrunde liegt wie die zwischen Juden und *gojim*, Christen und Heiden, Muslimen und Ungläubigen« (17). »Der Raum, der durch diese Unterscheidung ... zuallererst geschaffen wird, ist der Raum des jüdisch-christlich-islamischen Monotheismus« (18). In polytheistischen Religionen und Kulturen gilt: »Die verschiedenen Völker verehrten verschiedene Götter, aber niemand bestritt die Wirklichkeit fremder Götter« (19), deshalb sind die Götter interkulturell und interreligiös übersetzbar. Demgegenüber zeichnet sich die durch die mosaische Unterscheidung begründete Gegenreligion durch ihre Unübersetzbarkeit aus. Aus dieser Unterscheidung, diesem Beharren auf der einzig wahren Religion im Gegensatz zu den falschen folgt, so fasst Assmann viele Monotheismus-kritische Stimmen zusammen, »nicht nur eine Welt, die voller Bedeutung Identität und Orientierung, sondern auch voller Konflikt, Intoleranz und Gewalt ist. Deshalb hat es auch nie an Versuchen gefehlt, die Unterscheidung rückgängig oder zumindest durchlässig zu machen und dadurch den Konflikt zu überwinden«(17). Assmann verfolgt in seinem Buch auf spannende Weise eine der Hauptlinien der Kritik am biblischen Monotheismus, nämlich die, in der Mose als Ägypter gesehen wird, um so die Wahrheit des Mose mit der Wahrheit Ägyptens zu versöhnen. Als Ägyptologe bringt er dabei vor allem den einzigen Vorgänger des Mose, Pharao Echnaton, und seinen ersten, dann vergessenen und verdrängten Monotheismus mit ins Spiel. Hier wie auch sonst gilt: »Von Ägypten aus betrachtet sieht es so aus, als sei mit der Mosaischen Unterscheidung die Sünde in die Welt gekommen.« »Wer Gott in Ägypten entdeckt«, so lautet deshalb die Hauptthese des Buches, »hebt diese Unterscheidung auf« (282).

Nun ist *nicht* zu bezweifeln, dass große Teile der europäischen Christentumsgeschichte wie der des Islam diesem Muster entsprechen. Der eigene Gott wird für die einzige Wahrheit gehalten und andere Religionen und Kulturen werden negativ gesehen und dementsprechend behandelt. Wohl aber *ist* zu bezweifeln, dass damit der Sinn der der Bibel zugrunde liegenden Unterscheidung von Gott und den Göttern sachgemäß beschrieben ist. Bei Assmann heißt es zu Recht: »Die Mosaische Unterscheidung findet ihren Ausdruck in der Erzählung vom Auszug, griechisch: Exodus, der Kinder Israels aus Ägypten« (20). »Die ganze Konstellation Israel und Ägypten ist symbolisch und steht für eine ganze Reihe von Unterscheidungen und Gegensätzen« (21). Und er fährt fort: »*Aber die leitende Unterscheidung ist die zwischen wahrer Religion und Götzendienst*« (21)[5]. Und genau das ist meines Erachtens in Frage zu stellen. *Die leitende Unterscheidung ist in der Sicht der biblischen Texte selbst nicht die zwischen Wahrheit und Unwahrheit, sondern die zwischen Freiheit und Unfreiheit.* Alle anderen Gegensätze sind *diesem* Gegensatz zu- und unterzuordnen. Das gilt für Kategorien wie wahr und unwahr, richtig und falsch, das gilt gerade auch für die anderen Götter. Ihre Existenz und ihre Wirkung ist daran und letztlich nur daran zu messen, wie weit sie für Freiheit sorgen und wie weit nicht (bes. Ps 82[6]). Und nur weil diese Unterscheidung von Freiheit und Unfreiheit *nicht* die leitende Unterscheidung in der abendländischen Religions- und Kulturgeschichte geblieben ist, nur darum konnten sich all die negativen Züge mit der Konzentration auf einen einzigen Gott verbinden, an denen die Versuche ihrer Überwindung ansetzen. Freiheit war oft genug nur gegen die Kirche und ihr Verständnis von Gott zu entwickeln. Für christliche Theologie und kirchliche Praxis ist das Thema Freiheit manchmal geradezu bedrohlich. Der weite Raum, in den Gott uns setzt, kann Angst auslösen und die

5 Hervorhebung von mir, FC.
6 Dazu z.B. J. Moltmann, Predigt zu Psalm 82, Ev Th 61, 2001, 147-153.

Rede von Freiheit kann so klingen, als bestünde das Hauptproblem darin, die Freiheit irgendwie zu *über*-stehen.

Man hat die vielfachen Wendungen der Formel vom »*Gott, der Israel aus Ägypten herausgeführt hat*« als das »Urbekenntnis« Israels bezeichnet[7], das – in Funktion und Sache vergleichbar dem Bekenntnis der ersten Christen zur Auferstehung Jesu – am Anfang des Gottesglaubens Israels stand und seinen Kern- und Angelpunkt bildete. Mit dieser These ist aber ebenso wie mit dem Bezug des Exodusthemas auf die Frage von wahr und unwahr ein zentrales Problem, von dem hier die Rede sein soll, eher verdeckt. Geht es nämlich um Freiheit, und damit um erfahrene und erfahrbare Befreiung, so reicht in keinem Falle eine rein geistes- bzw. ideengeschichtliche Betrachtung aus[8]. Nun sind allerdings, und das ist heute unbestritten, die allermeisten der Erwähnungen des Exodus im Alten Testament um viele Jahrhunderte vom historischen Exodus entfernt. Sie stammen vielfach gerade aus der Zeit des Exils oder der nachexilischen Zeit, und damit aus Umständen, in denen Israel keineswegs ein freies und ein befreites Volk war. Was bedeutet es dann, von Gottes Befreiungstaten zu reden? *Wie sieht eine Religion der Freiheit unter Umständen der Unfreiheit aus?* Wie wird diese Freiheit kollektiv und individuell erfahrbar? Wie verändert sich durch die Rede vom befreienden Gott die jeweilige – so unterschiedliche – Realität? Es geht um nichts Geringeres als das Geheimnis der biblischen Religion.

II. Der Exodus als historisches Geschehen – na und??

Die Fragestellung soll zunächst anhand einer Gegenüberstellung des Anfangs, also des historischen Exodus, und des Endes, also seiner Gestalt in der nachbiblischen Feier des Pessachfestes expliziert werden. Der Exodus ist von allen in der Bibel erzählten Ereignissen der Frühgeschichte Israels vor der Königszeit nach wie vor dasjenige, das am ehesten auf einem historischen Kern beruhen dürfte. Zwar gibt es für das Ereignis selbst keine direkten historischen Quellen. Auch die ältesten Erwähnungen sind um Jahrhunderte von einem solchen Ereignis entfernt und also als unmittelbare Quellen nicht heranzuziehen. Und über die Frage, was am Anfang steht und wie es historisch zu beschreiben ist, gibt es neuerdings einen heftigen Forschungsdissens[9]. Immerhin aber lassen sich mehrere voneinander unabhängige Befunde, die einzeln und erst recht gemeinsam geradezu unerfindbar sind, kaum allein als pure Rückprojektion erklären, so dass auch äußerst kritische Forscher einen historischen Kern zwar nicht für beweisbar, aber doch für möglich oder wahrscheinlich halten.

Da sind z.B. die Namen der Vorratsstädte aus Ex 1,11 Pithom und Ramses, da ist die seltsame Tatsache, dass der Held des Exodus, Mose, keinen hebräischen, sondern einen ägyptischen Namen trägt; da sind eine ganze Reihe von ägyptischen Quellen des 13. und frühen 12. Jh.s, die Umstände, ein Milieu

---

7 M. Noth, Überlieferungsgeschichte des Pentateuch, 1948, 32.

8 Das zeigt nicht zuletzt auch die Wirkungs- und Rezeptionsgeschichte, dazu nach wie vor bes. M. Walzer, Exodus und Revolution, dt. Übers. 1988.

9 Zum Folgenden vgl. Material und Darstellung einerseits z.B. bei H. Donner, Geschichte des Volkes Israel in seinen Grundzügen, GAT 4/1, 1984, 84ff., andererseits die neuere kritische Sicht z.B. bei N. P. Lemche, Die Vorgeschichte Israels. Von den Anfängen bis zum Ausgang des 13. Jahrhunderts v.Chr., Biblische Enzyklopädie 1, 1996, 61ff. Ein Überblick über die Diskussion zuletzt etwa bei K. Schmid, Erzväter und Exodus. Untersuchungen zur doppelten Begründung der Ursprünge Israels innerhalb der Geschichtsbücher des Alten Testaments, WMANT 81, 1999, 149ff. (jeweils Lit.).

und Verhältnisse erkennen lassen, die mit den soviel späteren Texten erstaunlich übereinstimmen. Sie belegen, dass Nomadengruppen in Dürrezeiten mit ihren Herden ins fruchtbare Nildelta hinein- und wieder herausgelassen werden, dass Menschen solcher Gruppen Zwangsarbeit für Bauten der Pharaonen verüben. Da tauchen in diesen Zusammenhängen Namen wie Hebräer, Edom, Seir auf. Da gibt es Nomaden, die mit einer – uns unbekannten – Größe *Jhw* verbunden sind, die irgendwie mit dem biblischen Gottesnamen zusammenhängen dürfte. Von solchen Gegebenheiten her wird vielfach angenommen, dass eine kleine Gruppe derartiger Nomaden im 13. Jh.v.Chr. das Erlebnis einer Rettung hatten, die sie als Hilfetat eines Gottes Namens *Jhwh* erlebten und deuteten. Doch es bleibt die Tatsache, dass wir faktisch gar nichts darüber wissen, was damals »wirklich« passiert ist. Außerdem gibt es darüber hinaus große politische Zusammenhänge, von denen die Exodustraditon kaum völlig unabhängig ist. Da ist der Zusammenbruch der jahrhundertelangen ägyptischen Herrschaft über Palästina im Zusammenhang und als Folge des Seevölkereinbruchs im 12. Jh. Man hat erwogen, die Herausführung aus Ägypten als Chiffre für die Ansiedlung in einem von Ägypten befreiten Gebiet zu deuten. Sogar ein Exodus von Teilen der Unterschicht aus den lange ägyptisch beherrschten kanaanäischen Städten Palästinas in die weitgehende unbesiedelten Berggebiete wird in der Diskussion vertreten[10]. Oder sollte gar die um Jahrhunderte frühere Herrschaft der so genanntengenannten Hyksos, semitischer Gruppen und Herrscher über Ägypten und ihre Vertreibung bereits im 16. Jh.v.Chr. im Hintergrund stehen und mit dem biblischen Exodus zusammenhängen?[11] Am wahrscheinlichsten bleibt wohl die Vermutung, dass ein kleinräumiges Einzelereignis auf seinem langen Weg zu einer Art von historischem Mythos mit solchen politischen Großereignissen der gleichen Periode zusammengebunden wurde.

Mit allem Nachdruck ist allerdings die Frage zu stellen, wie einem einzelnen Ereignis eine derartige Bedeutung zuwachsen konnte, wie das Erlebnis einer solchen Gruppe, die nicht sehr groß gewesen sein kann, den Glauben eines ganzen Volkes prägen kann. Was hat es damit auf sich, dass viele Jahrhunderte später und bis heute Menschen sich selbst als befreit erleben und bezeichnen, weil irgendwann um 1200 v.Chr. eine kleine Nomadengruppe eine Rettung erfuhr und sie als Hilfe eines bestimmten Gottes deutete? Es dürfte ja viele vergleichbare Ereignisse gegeben haben. Was geht das spätere Menschen an, die ihre eigene Freiheit oder Unfreiheit völlig anderen historischen Konstellationen und Mächten verdanken?

Bevor dieser Frage nachgegangen werden soll, ist ein Blick auf das Ergebnis zu werfen, auf die Form der Erinnerung, die am Ende steht und bis heute wirkt. Die Erinnerung an den Exodus, wie sie im jüdischen Passafest begangen wird, ist das eindrucksvollste Grundmodell dafür, wie längst vergangene Ereignisse das lebensbestimmende Selbstverständnis von Jahrhunderte und Jahrtausende später lebenden Menschen wurden. »Nicht unsere Vorfahren allein hat der Heilige, gesegnet sei er, erlöst, sondern uns hat er erlöst mit ihnen«. So wie man am Ende der Feier in das alte Gotteslob mit einstimmt, so zielt die Erzählung vom Auszug aus Ägypten auf diese Mithineinnahme: »Hätte der Heilige, gesegnet er, unsere Vorfahren nicht aus Ägypten herausgeführt, so wären wir, alle unsere Kinder und alle unsere Nachkommen den Pharaonen in Ägypten dienstbar geblieben«. Deshalb geht diese Erinnerung allem anderen vor: »Wären wir alle weise, alle verständig, alle erfahren, alle Schriftgelehrte, ist es uns dennoch eine Pflicht, vom Auszug zu erzählen«. Weder Weisheit noch irgend eine andere Kunst einschließlich der Schriftgelehrsamkeit kann das Erzählen ersetzen oder von ihm entbinden. Im erzählenden Weitergeben steckt's, durchs Erzählen kann sich jeder jüdische Mensch ansehen als sei er, sei sie selbst herausgeführt – und die Rede von »Mensch«, *Adam* im oben genannten Zentralsatz an dieser Stelle

---

10 Bes. N. K. Gottwald, The tribes of Yahweh. A Sociology of the Religion of Liberated Israel 1250-1050 B.C.E., 1979, 35ff.; 214f. u. passim.

11 So etwa Assmann, a.a.O. 68f. im Anschluss an D. B. Redford, Egypt, Canaan, and Israel in Ancient Times, 1992.

hält den Platz für uns Nichtjuden frei. Sicher, theologisch geht es dabei um die Identität Gottes, er wird immer wieder so erfahren, als der er sich definiert hat, als Macht, die herausgeführt hat und herausführt. Aber diese Identität Gottes ereignet und konstituiert sich mit diesem Erzählen, sie besteht nicht unabhängig davon[12].

III. Stationen auf dem Weg der Freiheit

In der hebräischen Bibel gibt es mehr als 120 Texte, die den Exodus direkt erwähnen[13]; sie gehen quer durch die Zeiten und ebenso durch die literarischen und sprachlichen Genres. Dazu kommen eine Fülle von indirekten Bezügen, die gar nicht abschließend erfassbar sind, und die von sprachlichen Anklängen über Wirkungen und Analogien bis hin zur Parallelgestaltung ganzer Bücher und Gestalten reicht. So sind etwa die Josephsgeschichte und die Esthernovelle vom Exodus her und auf ihn hin gestaltet. Aus dieser Fülle greife ich im Folgenden neun Stationen heraus. *Hauptleitlinie dabei ist die Frage, welche Bedeutung das kreative, neue Erzählen einer alten Geschichte für das Gewinnen von Freiheit in Situationen hat, die keineswegs einfach als Freiheit beschrieben werden können.* Eine damit verbundene zweite Linie soll der Versuch sein, die innerhalb dieser Geschichte gewonnene Fülle von *Dimensionen von Freiheit* zu erfassen, die in ihrer Verschiedenheit alle aus dem Modell des Auszuges gewonnen werden. Dass diese Geschichte der Exodustradition ein zentraler Ausschnitt aus der langen und im Detail umstrittenen Geschichte der Entstehung des biblischen Monotheismus darstellt, sollte dabei in Erinnerung sein.

1. Vielfältige Rettungen vor überlegenen Gegnern

Die wahrscheinlich älteste Formulierung des Exodus stammt aus einem Lied,
das Mirjam und Israel nach der Errettung am Schilfmeer singen[14]:

---

12 An dieser Stelle sei auf die methodische und vor allem auf die theologische Parallele aufmerksam gemacht, die in der bereits erwähnten Entsprechung zum Gründungsereignis der christlichen Kirche, der Auferstehung Jesu besteht. Da ist auf der einen Seite der Bezug auf ein geschichtliches Ereignis, das als Ereignis im Zentrum aller gegenwärtigen Glaubensaussagen, aller religiösen Praxis und Lebensweise steht. Dazu gehört aber die Unmöglichkeit, die Historizität dieses Ereignisses mit den Mitteln moderner Geschichtswissenschaft im strengen Sinne zu erweisen, da keine direkten und schon gar keine unabhängigen Quellen vorhanden sind und das Ereignis von seinem Charakter her ein wunderhaftes und deshalb ein immer schon gedeutetes Geschehen ist. Da ist aber auf der anderen Seite die Tatsache, dass dieses Ereignis erst durch seine Weitergabe und die damit verbundene lebensverändernde Kraft zu dem wird, was es ist. Diese Wirkung ist historisch unstrittig und unbestreitbar, sie liegt im hellen Licht der Geschichte und sie reicht bis in unsere Gegenwart. Der entscheidende Vorgang ist also auch als historischer gar nicht zu bezweifeln, es fragt sich nur, wie man ihn beschreiben und erfassen kann, historisch, literarisch und vor allem theologisch. Die Tatsache, dass wir über das Ereignis selbst, auf das man sich bezieht, historisch im Sinne unabhängiger und bestätigter Quellen so gut wie nichts direkt und sicher wissen, kann dem gar nichts anhaben. Ob man sich auf das Gedankenspiel einlassen muss, was wäre, wenn dort gar nichts geschehen wäre, weiß ich nicht; auch das könnte aber nichts ändern, weder an den damaligen Vorgängen lebensbestimmender Rezeption noch an der Möglichkeit, sich in diese Reihe heute einbeziehen zu lassen, seine eigene Freiheit und Hoffnung von hier her zu konstituieren.

13 Die Zahl bei Y. Zakovitch, »And You shall tell Your Son ...«. The Concept of Exodus in the Bible, 1991, 9 mit Bezug auf Y. Hoffmann, The Doctrine of the Exodus in the Bible, 1983, 11 (hebr.).

14 Um das Alter dieser und der Folgenden Texte braucht hier nicht gestritten zu werden. Im Zusammenhang ist entscheidend, dass sie offenkundig nicht von den Entwicklungen ab der großen

Ross und Reiter schoss er ins Meer (Ex 15,21).

Erinnert und auf singuläre Weise beschrieben wird der überraschende Untergang einer verfolgenden und überlegenen ägyptischen Militäreinheit. In ähnlicher Weise von Sicherheit vor überlegenen Gegnern sprechen Formulierungen in den so genannten Liedern Bileams:

Gott, der sie aus Ägypten herausgeführt hat, ist ihm wie die Hörner des Wildstieres (Num 23,22; vgl. 24,8).

Gott wird mit den Waffen und der Macht des Stieres verglichen. Dieser Gott, heißt es im Zusammenhang, frisst die Feinde und Bedrücker des Volkes und bewirkt, dass keine Macht und kein Zauber Israel etwas anhaben kann.

Nun handelt es sich bei derartigen Erinnerungen an die Tat der Herausführung *nicht* wie in späteren Texten um das Zentrum, den Fokus der frühen Jhwh-Religion. Das zeigt nichts deutlicher, als dass es in einer Reihe von wichtigen Texten offenbar um vergleichbare, analoge Erfahrungen geht, ohne dass der Exodus erwähnt wird oder sie in einem Zusammenhang mit ihm stehen. Am deutlichsten ist das beim Lied der Debora in Ri 5. Gegen die überlegene Macht der kanaanäischen Städte, die größere Teile Israels offenbar besiegt und geradezu besetzt halten, ruft Debora das israelitische Heer zusammen und diese freiwillige Bauern-Armee erlangt einen überraschenden Sieg über die militärisch überlegenen Kanaanäer. »*Vom Himmel her stritten die Sterne*« heißt es einerseits und andererseits »*Der Kisonbach riss sie fort*« (V.20f.). Für diesen Sieg wird Jhwh, der Gott Israels gepriesen (V.2), aber ebenso auch Debora und die Stämme, die mit ihr gekämpft haben, dagegen werden diejenigen getadelt und verflucht, die Jhwh nicht »*zu Hilfe*« kamen, wie es wörtlich heißt (V.23). Gott kommt zu diesem Sieg aus Seir, aus der Wüste, wohl auch vom Sinai (V.5), dagegen ist vom Exodus nicht die Rede. Es mag sein, dass dieses Ereignis bei der Fülle der göttlichen »*Gerechtigkeitstaten*« mitgefeiert wird, die nach V.11 von den israelitischen Bauern bei ihrer täglichen Arbeit besungen werden. Aber auch dann stünde er mit anderen vergleichbaren Taten in einer Reihe und wäre in keiner Weise herausgehoben.

Die Zentralität, die überragende Bedeutung des Exodusereignisses steht also nicht am Anfang. Dieser Anfang besteht vielmehr, soweit erkennbar, in mehreren, einzelnen analogen Ereignissen und Erfahrungen, bei denen die Macht des israelitischen Gottes als überraschende Hilfe in ausweglosen Lagen erfahren wird. Er kommt dazu von außerhalb des Kulturlandes. Elemente dessen, was wir Natur nennen würden, Sterne und Bäche, Meer und Regen spielen dabei eine Rolle. Solches ist von den ersten Erfahrungen über die so genannte Richterzeit bis hin zu den Kriegen der beginnenden Königszeit bei Saul und David so zu beobachten. Auch als Beginn der Gottesbeziehung Israels etwa im Sinne der hoseanischen Formel vom »*Gott von Ägypten her*« (13,2) spielt der Exodus zunächst keine singuläre Rolle, er steht vielmehr in Konkurrenz nicht nur zur Tradition vom Anfang bei den Vätern und Müttern Israels, vor allem bei Jakob und seinen Frauen[15]. Überhaupt ist die Jakoberzählung in mancher Hinsicht eine überraschende Parallele zur Exodusgeschichte[16]. Wahrschein-

Prophetie und insbes. ab der dtn/dtr Bewegung geprägt sind und deutlich andere Vorstellungen aufweisen.

15 Dazu bes. Schmid, Erzväter und Exodus.

16 Vgl. Zakovitch, Exodus, 46ff.

licher als die Annahme einer Abhängigkeit ist, dass es sich um parallele Erfahrungen handelt. Noch im 8. Jahrhundert bei Hosea stehen mehrere Traditionen vom Anfang der Beziehung zwischen Israel und seinem Gott parallel und unausgeglichen nebeneinander.

2. Staatsideologie des Nordreichs

Die erste mit einiger Sicherheit datierbare und damit historisch einzuordnende Erwähnung der Exodustradition findet sich im Zusammenhang mit der Entstehung des Nordreichs Israel. Nach dem Tode Salomos, der das große davidische Reich prachtvoll, aber auch mit einer Fülle neuer Bauten und dafür eingesetzter Fronarbeit regierte, kommt es nach 1 Kön 12 zu einem Aufstand der Stämme, die das spätere Nordreich Israel bilden. Sie verweigern die weitere Fronarbeit sowie andere harte auferlegte Staatslasten, erschlagen den für die Fronarbeit zuständigen Minister. An die Spitze des neuen Reformstaates tritt ein Mensch namens Jerobeam. Mit das Erste, was über ihn berichtet wird (V.25ff.), ist die Tatsache, dass er in den alten Heiligtümern von Bethel und Dan, an der Nord- und Südgrenze seines Reiches goldene Bilder eines Jungstiers aufstellt:

> *»Das sind deine Götter, Israel, die dich aus Ägypten herausgeführt haben.«*
> (1 Kön 12,28)

Es ist die Exodustradition, in deren Namen dieser Abfall vom salomonischen Fronstaat sich vollzieht und die ihn legitimiert. Diese Tempel und ihre Stierbilder sind die wichtigsten und offiziellen Staatsheiligtümer des Nordstaates (Am 7,13), der Exodus so etwas wie seine *Staatsideologie*. Wie ist die Zusammengehörigkeit von Exodusgott und Stierbild zu verstehen? Die Polemik der dtr Verfasser der Königsbücher wird vielleicht den Plural in die Formel gebracht haben und damit den Vorwurf der Mehrgötterei. Sie haben aber sicher nicht ohne Anhalt an Überlieferung die Tradition, auf der ihre ganze Theologie beruht, diesem Jerobeam zugeschrieben, der für sie geradezu der Prototyp eines von Gott abgefallenen Königs ist. Alles spricht dafür, dass sich hier die prägende Staatsideologie dieses Nordstaates zeigt, der aus dem Kampf gegen drückende Staatslasten und insbesondere gegen Fronarbeit hervorgegangen ist.

Will man die Funktion der goldenen Stierbilder verstehen, darf man nicht von ihrer massiven Kritik in Ex 32 oder beim Propheten Hosea ausgehen. In diesen Texten wird vielmehr bereits das Scheitern des Nordreichs und das Ende seines Königtums mitverarbeitet. Der Zusammenhang von Stier und Exodus nimmt vielmehr positiv auf, wie z.B. in den Bileamliedern die überlegene Kraft dieses Gottes mit einem Wildstier und seinen Hörnern verglichen wird (Num 23,22; 24,8) [17], mit der er andere Völker niederstößt. Für die beiden heute vertretenen Deutungen der goldenen Stiere, entweder als Postamente, auf denen die Gottheit unsichtbar thront bzw. steht – ähnlich den Cheruben im Jerusalemer Heiligtum, oder als Repräsentant einer – durchaus als anthropomorph zu denkenden – Gottheit und ihrer Kraft, lassen sich aus ver-

---

[17] Ähnlich wird in Dtn 33,17 die Kraft Josephs, also des Stammes, der das Nordreich in besonderer Weise geprägt und gestaltet hat, beschrieben: *»Sein Stier, der Erstling, Pracht ist sein, des Wildrinds Hörner sein Gehörn.«*

gleichbaren Zeiten und Räumen religionsgeschichtliche Parallelen anführen[18]. Beides dürfte in der Zeit der Entstehung aber keineswegs bereits auf eine grundsätzliche religiöse Kritik gestoßen sein.

Über die Exodusformel der Stierbilder hinaus ist zu beobachten, dass die wenigen Notizen über Jerobeam I ihn in deutlicher Analogie zu Mose zeichnen[19]. Er ist im kanonischen Zusammenhang geradezu ein zweiter Mose, ein *Mose redivivus*, der das Volk aus dem salomonischen Unterdrückerstaat herausgeführt hat, wie Mose Israel aus Ägypten. Dies sind die auffallendsten Parallelen: Beide bauen Vorratsstädte, die mit gleichen Worten beschrieben werden (Ex 1,11; 1 Kön 9,15ff.). Nach einem gewaltsamen Putschversuch Jerobeams bzw. der Tötung eines Ägypters durch Mose, versucht der jeweils regierende König sie zu töten, beide müssen ins Ausland fliehen und können gerade noch lebend entkommen (Ex 2; 1 Kön 11f.). Dort bleiben sie jeweils so lange, bis nach dem Tode des regierenden Pharao bzw. Salomos sich die Dinge zuspitzen. Dann kehren sie zurück, werden zu Führern des unterdrückten Volkes, verhandeln mit dem König über Erleichterung der drückenden Lasten. In beiden Fällen aber werden diese Lasten stattdessen vergrößert, so dass es zum Aufstand bzw. zum Auszug des Volkes kommt. Insbesondere die Ausgestaltung der Bedrückung in Ägypten in Ex 5 mit ihren Details der Vergrößerung des Arbeitssolls steht deutlich im Zusammenhang mit den Fronerfahrungen der frühen Königszeit. Überhaupt wird die gesamte Ausgestaltung der Exoduserzählung als Kampf gegen zu harte Fronarbeit, was ja ein deutlich anderer Akzent gegenüber der älteren Tradition von Rettung vor militärischer Übermacht darstellt, in diesem Zusammenhang geprägt worden sein.

Jerobeam als zweiter Mose – die Entstehung des Nordstaates aus dem Befreiungskampf gegen den eigenen israelitischen Fronstaat: Die Analogien sind eindeutig, fraglich kann höchstens die Richtung der Abhängigkeit sein. Denn so sicher, wie es im Allgemeinen angesehen wird, ist es keineswegs, dass die Geschichte Jerobeams nach der des Mose geformt ist. Viel mehr spricht dafür, dass die analogen Elemente aus den konkreten Umständen der *vita* Jerobeams stammen und zur erzählerischen Ausgestaltung der Moseüberlieferung beigetragen haben.

3. Gotteswort statt Stierbild – Kritik an der Nordreichstradition

Was mit Jerobeam als Aufstand der Freiheit beginnt, endet mit der assyrischen Zerstörung Samarias und der Einbeziehung des Nordstaates in das assyrische Provinzialsystem 722 v.Chr. Diese Katastrophe war von Propheten wie Amos und Hosea seit Jahrzehnten vorhergesagt und mit dem grundlegenden Abfall vom eigenen Gott begründet worden. Die Untreue zeigte sich in sozialer Ungerechtigkeit, aber auch im Stierkult. Das Ende des Nordstaates und seines offiziellen Staatskultes, aber auch die damit verbundenen tief greifenden und grundsätzlichen Fragen nach der Zukunft des Gottesvolkes, nach Neuanfang und Vergebung wie nach Alternativen zu der bis dahin dominanten Religion, wird in der Erzählung von dem goldenen Stierbild in Ex 32-34 verarbeitet. Die Art und Weise, wie dabei mit der Exodustradition umgegangen wird, markiert einen tiefen und entscheidenden theologiegeschichtlichen Einschnitt[20].

Das Stierbild wird wegen des Ausbleibens Moses von Aaron, dem obersten Priester und Bruder des Mose aus den Abgaben des Volkes errichtet und es wird mit

18 Vgl. O. Keel/C. Uehlinger, Göttinnen, Götter und Gottessymbole. Neue Erkenntnisse zur Religionsgeschichte Kanaans und Israels aufgrund bislang unerschlossener ikonografischer Quellen, QD 134, 1992, 215ff.

19 Vgl. Zakovitch, Exodus, 87ff.; R. Albertz, Religionsgeschichte Israels in alttestamentlicher Zeit, GAT 8/1, 1992, 217ff.

20 Zum Folgenden F. Crüsemann, Die Tora. Theologie und Sozialgeschichte des alttestamentlichen Gesetzes, ^{2}1997, 66ff.

der gleichen Formel, die in 1 Kön 12,28 verwendet wurde – und die wohl dem offiziellen Kult entstammt –, als die »*Götter*« bezeichnet, »*die Israel aus Ägypten herausgeführt haben*« (Ex 32,4). Moses wendet durch Fürbitte die tödliche Strafdrohung Gottes ab. Er zerschmettert aber die steinernen Tafeln mit den Gottesgeboten, dann auch das Stierbild und ringt danach in einem kapitellangem Gespräch mit Gott um die Zukunft des Volkes. Es geht ganz grundsätzlich um Vergebung, die sich an der Frage des Mitsein Gottes bei der Fortsetzung des Exodus, beim Zug ins Land und in die Zukunft entscheidet. Der Bund war gebrochen und wird erneuert, die Worte Gottes werden aufs Neue mitgeteilt und von Mose auf den Tafeln schriftlich niederlegt. Gott bleibt bei seinem sündigen Volk und zieht mit ihm in die Zukunft. Sachlich geht es um die äußerst reale Frage einer Zukunft des Volkes nach der Katastrophe des Nordreichs.

Für die hier allein zu verfolgende Frage von Freiheit und Exodus ist entscheidend, was sich in diesem goldenen Stier nach der Erzählung verkörpert und was die Alternative dazu ist. Deutlich ist, es geht *nicht* um Fremdkult, nicht um Baal, nicht um den ägyptischen Apisstier oder etwas ähnliches. Der Stier wird vom israelitischen Oberpriester gebaut, und es ist der Exodusgott, der in ihm angebetet wird. Es geht nicht um Abfall von Jhwh, es geht – genau wie bei Hosea, dem Nordreichspropheten – um die Frage, wer dieser Gott des Exodus ist, wie er erfahren wird, worin seine rechte Verehrung besteht. Der Stier ist dabei wohl weniger die Verkörperung der Fruchtbarkeit von Mensch, Tier und Land als vielmehr der Ausdruck der Kraft und Unbesiegbarkeit, wie in den bereits angeführten älteren Beispielen. All das, was sich für uns mit dem Begriff des goldenen Kalbes verbindet, die Anbetung von Macht, Reichtum, Einfluss, kurz von gelingendem Leben, schwingt deutlich mit.

Die Alternative dazu sind innerhalb der Erzählung die steinernen Tafeln mit dem verschrifteten Gotteswillen. Sie wollte Mose vom Berg holen und weil es zu lange dauerte, baute man das Stierbild. Sie werden zerschmettert als Ausdruck des Gerichts, sie werden schließlich erneuert als Ausdruck der Vergebung. Im Blick auf die Frage nach dem Exodus, nach der Gestalt der Freiheit heißt das: Nicht das Stierbild, nicht die Verkörperung und Symbolisierung von Macht, Stärke, Lebenskraft ist die dem Exodus entsprechende Lebensweise, sondern der Inhalt des göttlichen Gebotes. Aufgenommen wird hier vor allem die Kritik Hoseas, nach dem Israel unter der Gestalt des eigenen Exodusgottes faktisch eine Gestalt Baals verehrt hat[21]. Diese Kritik richtet sich gegen die eigene Religion, gegen konkrete Formen der Exodusreligion, die als pervertierte Gestalten von Freiheit dargestellt werden. Damit vollzieht sich eine entscheidende Wende in der Geschichte des Exodusthemas. Wenn man bei den Geboten von Ex 34,10ff. bleibt, die historisch wohl als die in der Erzählung ursprünglichen anzusehen sind, dann geht es um Regeln der Alleinverehrung dieses Gottes, wie sie sich seit Elia herausgebildet haben[22]. Wenn sich mit den Tafeln, wie es die spätere Tradition im Anschluss an Dtn 9 darstellt, der klassische Dekalog verbindet, geht es um Recht und Gerechtigkeit als Regeln zur Bewahrung und Ausgestaltung der Freiheit. Beide Linien sind in der Folge ausgebaut worden.

---

21 Siehe etwa J. Jeremias, Der Begriff »Baal« im Hoseabuch und seine Wirkungsgeschichte, in: Ders., Hosea und Amos. Studien zu den Anfängen des Dodekapropheton, FAT 13, 1996, 86-103.

22 Dazu Crüsemann, Tora, 138ff.

4. Recht und Gerechtigkeit als Gestalt der Freiheit

Historisch geht es bei den beiden nächsten Schritten um die Zeit zwischen dem Untergang des Nordreiches und dem Judas, traditionsgeschichtlich darum, dass die Exodustheologie im Zusammenhang der theologischen Großformation des Deuteronomismus den Süden und Jerusalem erobert, wo sie vorher kaum eine Rolle spielte, theologisch um den Prozess, der den Exodus in seine Zentralstellung für die israelitische Religion und für die ersten Stufen der Kanonbildung brachte. Ich setze ein mit konkreten Bezügen im Zusammenhang der Rechtstradition.

> *»Einen Fremden sollst du nicht bedrücken und ihn nicht bedrängen, denn ihr seid Fremde gewesen im Land Ägypten«*

heißt es zweimal im Bundesbuch (Ex 22,20; 23,9). Die zweite Stelle fährt fort:

> *»Ihr kennt die נֶפֶשׁ, die Seele, das Leben des Fremden.«*

Beide Sätze umklammern alle sozialen Regeln für den Umgang mit Fremden, Witwen, Waisen und Armen. Die Erinnerung an den Aufenthalt in Ägypten begründet hier die wichtigsten Sozialgebote. Nicht mehr die Befreiungstat, sondern die Erinnerung an die eigene Fremdlingschaft und Unterdrückung ist es, die Rechtsnormen legitimiert, welche eine Wiederholung verhindern sollen.

Der spezielle Schutz für die Fremden steht am Beginn, im deuteronomischen Gesetz[23] wird eine ähnliche Formel dann eine ganze Fülle von rechtlichen und sozialen Bestimmungen begründen:

> *»Du sollst gedenken, dass du ein Sklave gewesen bist in Ägypten«*

heißt es in Dtn 24,18 zur Begründung des Rechtsschutzes von Fremden Witwen und Waisen, aber auch des Rechts für Arme und Hungernde, sich aus den Feldern und Weinbergen der israelitischen Bauern zu versorgen (V.22). Die Bewahrung der Freiheit vollzieht sich durch Weitergabe der Freiheit, durch Einbeziehung all derer, die sozial ausgeschlossen sind und ohne Landbesitz an der untersten Grenze der Gesellschaft leben müssen. Dankbarkeit und die Bewahrung der eigenen Freiheit sind die dominanten Motive; denn wie die Propheten gezeigt haben, führt die Infragestellung dieser sozialen Rechte zur Infragestellung der Freiheit Israels. Aber man muss noch einen Schritt weiter gehen, will man verstehen, was hier geschieht. Für die betroffenen Menschen realisiert sich ihre Freiheit, ihr Exodus auf genau diese Weise. Die angeredeten grundbesitzenden Israeliten sind faktisch in der Rolle des Pharao und können und sollen den Auszug aus elenden Verhältnissen ermöglichen.

Wie weit reichend diese Konsequenzen sind, zeigt sich daran, dass insbesondere das deuteronomische Gesetz für Israel bzw. Juda nicht nur ein umfassendes soziales Netz für alle errichtet, die von Armut und Unfreiheit bedroht sind, sondern so etwas wie einen von Freiheit und Gerechtigkeit geprägten Gesellschaftsentwurf, indem geradezu grundlegende Verfassungsbestimmungen formuliert werden. So wird der König in einer Kooperation von Volk und Gott eingesetzt, er steht unter dem Recht –

---

[23] Vgl. zum Detail a.a.O. 252ff.

und nicht wie altorientalische Könige über ihm – und ihm wird nur eine kleine und deutlich kontrollierte Macht zugestanden, damit er das Volk nicht wieder nach Ägypten führt (Dtn 17,16). Dieser Entwurf einer freiheitlichen Verfassung hat seine Grundlage weit über einzelne Rückbezüge auf den Exodus hinaus in einem Verständnis der Exodustradition, das auf andere Weise das einholt, was im Nordreich versäumt worden ist. Hat dort der Anfangsimpuls gegen die Fronarbeit nicht lange vorgehalten und die sozialen Gegensätze, die etwa ein Amos anprangert, nicht verhindert, so wird jetzt ganz grundsätzlich versucht, Freiheit durch so etwas wie einen Sozialstaat zu gestalten. Wie weit sich dabei auch das Verständnis des Exodus verändert, zeigt sich bei einem Blick auf das Ganze der Theologie des Deuteronomiums.

5. Das Gottesvolk als Exodusvolk – zur Theologie des Deuteronomiums

Es ist die Theologie des Deuteronomiums und der breiten deuteronomisch/deuteronomistischen Bewegung, die dem Exodus seine biblische Zentralstellung verschafft. Die Art und Weise, wie er dabei für die Gegenwart zunächst der späten Königszeit interpretiert und also neu erzählt wird, hat man nicht ohne Gründe als »Mitte biblischer Theologie« bezeichnet[24]. Es können in der gebotenen Kürze hier nur drei Aspekte davon benannt werden:

a) Das *Erste* ist die *neue theologische Begrifflichkeit*, mit der er interpretiert wird:

> *Du bist ein Jhwh, deinem Gott, geweihtes Volk, dich hat Jhwh, dein Gott, aus allen Völkern die auf Erden sind, für sich erwählt, dass du sein Eigen seiest. Nicht weil ihr zahlreicher wärt als alle Völker hat Jhwh sein Herz euch zugewandt und euch erwählt ... sondern weil Jhwh euch liebt und weil er den Eid hielt, den er euren Vätern geschworen hat, hat Jhwh euch herausgeführt aus Ägypten ...* (Dtn 7,6ff.)

Es sind große theologische Begriffe, die jetzt zu Deutechiffren für das Exodusgeschehen werden: Eid, Bund, Erwählung, und vor allem als Erstes und Letztes: Die Liebe Gottes. Die (noch) bestehende Freiheit Judas, der Status Israels vor Gott ist letztlich durch die unbegründete Liebe Gottes gegeben. So sehr sich der Exodus weiterhin politisch und sozial realisiert, so sehr ist er doch durch die theologische Bedeutung, die ihm zuwächst, nicht mehr allein abhängig von politischen Gegebenheiten.

b) Zugleich wird *zweitens* der Exodus zu einem ersten Schritt gemacht, dem ein weiterer folgt. Es ist *die erste* und für alle weiteren Gestalten grundlegende *Gestalt des »schon und noch nicht«*, in die Israel zunächst in der fiktiven Situation des deuteronomischen Gesetzes gebracht wird: Zwischen Befreiung und Landbesitz, zwischen Auszug und Einzug. Immer wieder werden Gebote und andere Regelungen an diese Formel gebunden:

> *Wenn Jhwh dich in das Land bringt ...* (Dtn 6,1; 7,1; 8,1 usw. 12,1).

---

[24] S. Herrmann, Die konstruktive Restauration. Das Deuteronomium als Mitte biblischer Theologie, in: Ders., Ges. Studien zur Geschichte und Theologie des Alten Testaments, TB 75, 1986, 163-178.

Der drohende und weitgehend bereits eingetretene Verlust des Landes und der politischen Freiheit wird von der durch Liebe und Erwählung Gottes konstituierten Freiheit Israels im Ansatz getrennt. Das eine kann verloren gehen und geht schließlich verloren, das andere liegt allein in der Zuwendung und Zusage Gottes begründet.

c) Damit verbindet sich *drittens* eine theologisch höchst raffiniert formulierte Bindung an ethische Folgen. Da die Gebote und mit ihnen Recht und Ethik einschließlich von erstem Gebot und legitimen Gottesdienst auf der Grundlage des Exodus ergehen, aber zusätzlich mit der Realisierung der Freiheit im Landbesitz verbunden werden, betrifft das Versagen Israels nicht den theologischen Kern der Zusagen Gottes. Nicht Bund und Erwählung, die unmittelbar aus der Liebe Gottes kommen, werden durch Schuld und Versagen Israels in Frage gestellt, wohl aber die konkrete Lebensgrundlage und die politische Freiheit.

6. Ein neuer Exodus – die Entstehung der Eschatologie aus der Exodustradition

Mit dem babylonischen Exil ist alles, was bis dahin unter der Chiffre Exodus gelaufen ist, sind alle Gestalten der Freiheit zu Ende. Das Ende des 2. Königsbuches etwa schildert das Exil als Rückkehr des gesamten Volkes nach Ägypten, zurück an den Ausgangspunkt, zurück in die Sklaverei (2 Kön 25,26). Und das Ende der Threni, der exilischen Klagegesänge, stellt die realistische und völlig offene Frage:

> *Hast du uns völlig verworfen?* (Klgl 5,22)

Wenn Israel dennoch an seinem Gott festhält, obwohl er nach allen Regeln der Religionsgeschichte geschlagen und besiegt ist, dann kann das nur bedeuten, dass es neue Gestalten der Freiheit geben muss, denn Freiheit und dieser Gott gehören grundsätzlich und untrennbar zusammen. Und in der Tat: Neue Gestalten des Exodusglaubens entstehen. Realistisch in der Exilssituation war vor allem die Hoffnung, gegen alle Erwartung steht die Ankündigung eines neuen Exodus:

> *So spricht Jhwh,*
> *der im Meer einen Weg bahnte*
> *in starken Wassern einen Pfad,*
> *der ausziehen ließ Wagen und Ross*
> *Heer und Mächtige vereint zusammen,*
> *da liegen sie und stehen nicht mehr auf:*
> *»Denkt nicht an das Frühere,*
> *das Vorige, befasst euch nicht mehr damit.*
> *Siehe, ich vollbringe Neues*
> *Jetzt sprosst es, merkt ihr es denn nicht?*
> *Ja, ich lege in der Wüste einen Weg,*
> *in der Einöde Pfade.«* (Jes 43,16-21)

In der Situation der Ohnmacht spielt die alte Tradition vom Exodusgott als dem überlegenen Siegergott wieder die entscheidende Rolle. Der neue Exodus aber wird den alten übertreffen, ein Auszug aus Babylon durch die blühende Wüste nach Jerusalem. Bei den Exilspropheten Ezechiel und Deuterojesaja sowie in der jeremianischen Tradition (aber auch in der prophetischen Redaktion älterer Prophetenbücher) spielt diese Neufassung eine zentrale Rolle. Der Exodus markiert besonders für Ezechiel die mosaische Unterscheidung:

> *»Niemals soll es geschehen, was in eurem Geist aufgestiegen ist, dass ihr sagt: ›Wir werden sein wie die Völker, wie die Geschlechter der Länder, werden Holz und Stein dienen.‹ So wahr ich lebe, spricht Jhwh, mit starker Hand … will ich König sein über euch und euch aus den Völkern herausführen.«* (Ez 20,32f.)

Hatte die alte, als Trug überführte Heilsprophetie mit dem Exodus die Wiederherstellung des alten Zustandes, die Rückkehr der Exilierten verbunden, so verbindet sich der neue Exodus mit visionären Bildern der Umgestaltung von Menschheit und Schöpfung, kurz mit einer eschatologischen Perspektive.

Die Hoffnung aber verändert die Gegenwart. »*Hört ihr es nicht, es sprosst schon*«, heißt es bei Deuterojesaja, der Jubel, ja der Auszug aus der Stadt kann sich schon vollziehen. Und das Anbeten der Götzen, das der neue Exodus nach Ezechiel verhindern soll, kann schon jetzt im Blick auf die künftige Tat Gottes verweigert werden. So wird die erwartete Freiheit des neuen Exodus schon vorher als Freiheit wirksam, als Freiheit gegenüber den Mächten von Versklavung, Anpassung und Resignation.

7. Heraus aus den Gräbern – Exodus als Auferstehung

Spielt der Exodus in den vielfältigen Bildern eschatologischer Hoffnung eine von der Genese her wohl besonders wichtige, aber auf Dauer dann doch untergeordnete Rolle, so gibt es ein Bild von besonderem Gewicht, in dem der Exodus in ganz neuer Gestalt die Hoffnung prägt, die grade auch den christlichen Glauben bestimmt:

> *»Siehe, ich öffne eure Gräber und führe euch heraus aus euren Gräbern als mein Volk und bringe euch ins Land Israel. Und ihr werdet erkennen, dass ich Jhwh bin, wenn ich eure Gräber öffne und wenn ich euch aus euren Gräbern heraufführe …«* (Ez 37,12f.)

Der neue Auszug des Volkes aus dem Exil wird hier mit eindeutiger Exodusterminologie beschrieben, aber zugleich als Herausführung aus den Gräbern. Es geht in diesen Worten um die Hoffnung des Volkes. Wenn es unmittelbar vorher heißt: »*Vertrocknet sind unsere Gebeine, zunichte ist unsere Hoffnung, wir sind abgeschnitten*« (V.11), so ist das typische Psalmensprache. Die vertrockneten Gebeine kommen in vielen Klagen vor. Aber der Prophet wendet dieses Bild um in eine der großen Visionen der Bibel. Geführt auf ein Feld voller Totengebeine, eben das im Exil hoffnungslose Volk, wird er genötigt, über diesen Totengebeinen zu prophezeien, und sie rücken zusammen, ein Knochen zum anderen, Fleisch wuchs und Haut zog sich über sie, und dann kommt der Geistwind von allen vier Himmelsrichtungen und sie bekamen Leben und stellten sich auf die Füße.

Es ist das Bild einer Totenerweckung. Aus den Gräbern heraus vollzieht sich ein völlig neuer Exodus. Und dieses Bild wird für die jüdische und dann die christliche Eschatologie das Grundbild der Auferstehung der Toten. Es gibt ja viele Bilder von der Überwindung des Todesgeschicks, die Entrückung in den Himmel, die Schatten in der Unterwelt, das Leben der Seele, die Wiederbelebung kürzlich Gestorbener wie in den Wundererzählungen von Elia oder Jesus. Das Bild der Totenerweckung stammt in seiner Drastik und unrealistischen Realistik aus dieser ezechielischen Vision und reicht bis in die große abendländische Malerei. Es ist eine Version des Exodus, die – nicht nur für das Christentum – zur Grundchiffre des neuen Lebens im alten, des Herausgeführt-Werdens in die Freiheit mitten in allen Unfreiheiten geworden ist. Und auch hier gilt: Die Erkenntnis Gottes, die diese zukünftige Tat nach Ezechiel bewirken wird, wird eben schon jetzt mit dieser schriftgewordenen Vision und der von ihr ausgelösten Hoffnung real wirksam.

8. Exodus als Heiligung

Zwar hat die Exodustradition also auch die biblische Eschatologie nachhaltig geprägt, aber der Exodus ist und bleibt dauerhaft auf die reale, gegenwärtige, die gesellschaftliche, politische und soziale Freiheit bezogen. Dass sich jeder Mensch selbst so ansehen kann und soll, als sei er und sie als freier Mensch aus Ägypten gezogen, mag ein Stück Utopie beinhalten, aber es steht eben neben der kollektiven Utopie – »Nächstes Jahr in Jerusalem« – und von ihr unterschieden als ihre Vorausnahme und Grundlage. So konnte auch die exilische Hoffnung auf einen neuen endgültigen Exodus nicht das letzte Wort sein. Die beiden letzten Stationen, die hier vorgestellt werden sollen, sind deshalb von besonderem Gewicht. In ihnen und erst in ihnen wird das erreicht, was dann die Haggada prägt: Der Exodus als wirksame Kraft, die das Leben jedes Israeliten, jeder Israelitin befreiend verändert. Dazu musste er noch einmal ganz neu erzählt werden. Beide Stationen hängen mit den beiden großen theologischen Schulen zusammen, die mit- und gegeneinander die endgültige Gestalt des Pentateuch geschaffen und gestaltet haben, die deuteronomistische und die priesterliche Theologie.
In der priesterlichen Theologie wird der Exodus mit dem zentralen theologischen Begriff verbunden, der diese ganze Theologie prägt, dem der Heiligung[25].

Im so genannten Heiligkeitsgesetz heißt es:

> *»Ich bin Jhwh, der euch geheiligt hat, der euch aus dem Land Ägypten herausgeführt hat, um für euch Gott zu sein. Ich bin Jhwh.«* (Lev 22,32f.)

Die zwei parallelen Partizipien meinen den gleichen Vorgang: Herausführung und Heiligung. Der Exodus ist die Aussonderung Israels, die Trennung von den Völkern, und das geschieht, um dieses Volk für Gott als sein Eigentum bereitzustellen. Zugleich werden mit dem Begriff der Heiligung die Gabe wie die Aufgabe formuliert. So wie Gott Israel durch Aussonderung, also durch den Exodus für sich geheiligt hat, so soll Israel in seinem Verhalten dem heiligen Gott selbst entsprechen. Dieser Vorgang ist rechtsgeschichtlich von höchster Bedeutung, weil nur in dieser Theologie die

25 Dazu F. Crüsemann, Der Exodus als Heiligung. Zur rechtsgeschichtlichen Bedeutung des Heiligkeitsgesetzes, in: E. Blum u.a. (Hg.), Die Hebräische Bibel und ihre zweifache Nachgeschichte, FS R. Rendtorff, 1990, 117-130; ders., Tora, 350ff.

Geltung der Gebote von den bis dahin in den älteren Rechtskorpora bindenden Voraussetzungen der realen politischen Freiheit und des Landbesitzes gelöst wird. Sie gelten eben den Geheiligten, unabhängig von ihren realen Besitzverhältnissen. Von Gott dem Heiligen zugeordnet zu sein, das vollzieht sich nach der priesterlichen Deutung ein- für allemal im Exodus, das gilt dann durch die Zeiten von diesem Volk. Die Nähe Gottes selbst ist es, die die Heiligung als diese Gestalt von Freiheit bewirkt, um die es in dieser Theologie geht.

9. Der Glaube an den Exodus als Exodus

Der letzte der großen theologischen Begriffe, der mit dem Exodus verbunden wird, so dass sich beide gegenseitig bekräftigen und entschlüsseln, ist nach Liebe, Bund, Erwählung, Heiligung, Auferstehung der des *Glaubens*. Ursprünglich in der Verkündigung Jesajas geprägt, ist er ein zentraler Leitbegriff in der – vor allem dtr geprägten – grundlegenden Exodus-Erzählung in Ex 1-14, und zwar gerade in ihrer Endgestalt[26].

Die Exoduserzählung ist durch das Gegeneinander von absolut tödlicher Bedrohung und wunderhafter Errettung geprägt. Und in ihr spiegelt sich immer auch die tödliche Drohung des Exils und die aufs Ganze gesehen völlig unwahrscheinliche, also wunderhafte Errettung und Wiederherstellung Israels. Die tödliche Drohung hat hier die Gestalt des Genozids, der Tötung aller männlichen Erstgeburt durch die Ägypter in Ex 1f. Die politischen Mächte, die den Auszug verhindern wollen, werden in dem langen Ringen zwischen Mose und Pharao, genauer zwischen dem Gott Israels und dem versklavenden Pharao bezwungen. Gerade hier zeigt sich: Nicht der Gegensatz zu den Göttern Ägyptens ist der entscheidende, der unterscheidende Punkt, sondern die Überwindung der versklavenden Großmacht. Der Auszug wird nur möglich, weil sich die Wasser teilen und so ein Weg im völlig Unwegsamen auftut.

Israel wird in das Geschehen eingebunden, weil und indem es *glaubt*. Die Berufung des Mose zur Herausführung, die mit der Offenbarung des Gottesnamens zeigt, worum es geht, endet mit der Verkündung dieses Gottes und seines Exodus-Projektes an das Volk:

> *»Da glaubte das Volk und sie hörten, dass Jhwh sich Israels angenommen hatte ..., da verneigten sie sich und warfen sich nieder.«* (Ex 4,31)

Dann setzt das lange Ringen ein mit der Frage des Pharao:

> *»Wer ist dieser Jhwh, dass ich auf ihn hören sollte?«* (Ex 5,2)

Erst nach einer langen Machtprobe mit den vielen Plagen folgt der Auszug, dann die Verfolgung durch die ägyptischen Truppen, das Meerwunder und danach, als Israel die Ägypter tot am Rande des Meeres liegen sah, heißt es wieder:

> *»Da fürchtete das Volk Jhwh und sie glaubten an Jhwh und an seinen Knecht Mose.«* (Ex 14,31)

---

[26] Vgl. bes. E. Blum, Studien zur Komposition des Pentateuch, BZAW 189, 1990, 13-18.

Von Glauben zu Glauben, so wird hier erzählt, vollzieht sich die Befreiung. Der Glauben des Volkes ist eine entscheidende Voraussetzung und Vorgegebenheit, der Glaube an den Exodus, den kommenden, an die Zusage, an die Macht Gottes – und am Ende steht eben dieser Glaube bestätigt und bestärkt. Sieht man diese Endgestalt der Exoduserzählung vor dem Hintergrund der massiven Bedrohung des Exils und liest sie als eine Erzählung darüber, wie trotz und in dessen Bedingungen Freiheit entsteht und faktisch entstanden ist, dann bekommen die geteilten Wasser ihren Sinn. Die Erzählung, die mit diesen Schlüsselbegriffen arbeitet, will im Grunde auf genau das hinaus, was die Passahhaggada ausführt: Das Erzählen von Wunder und Glauben kann eben diese Wunder und den Glauben bewirken, so dass sich jeder und jede als freie Menschen ansehen können.

IV. Freiheit durch Erzählen von Freiheit

Wo man dem Gott der Bibel begegnet, ereignet sich Freiheit; geschieht das nicht, ist kritisch zu fragen, ob es nicht um einen anderen Gott geht. Und ich bin sicher, theologisch ist es legitim und notwendig, auch das Umgekehrte zu sagen: Wo es um Freiheit geht, geht es um die Sache Gottes und also um Gott. Von den vielfältigen Gestalten und Akzentuierungen, wie diese Freiheit erlebt wurde, konnte hier nur ein kleiner Ausschnitt angesprochen werden. Die zu Anfang erwähnte Übertragung auf das Leben von Individuen und die Sammlung und Integration differenter historischer Ausprägungen im biblischen Kanon seien jedenfalls erwähnt. Worauf es hier ankommen sollte, kann vielleicht durch den folgenden Vergleich auf den Punkt gebracht werden.

Der jüdische Schriftsteller S.J. Agnon hat folgende Geschichte über das Erzählen im Chassidismus überliefert[27]:

> »Wenn der Baal-Schem etwas Schwieriges zu erledigen hatte ... so ging er an eine bestimmte Stelle im Walde zündete ein Feuer an und sprach ... Gebete – und alles geschah, wie er es sich vorgenommen hatte. Wenn eine Generation später der Maggid von Meseritz dasselbe zu tun hatte, ging er an jene Stelle im Walde und sage: ›Das Feuer können wir nicht mehr machen, aber die Gebete können wir sprechen‹ – und alles ging nach seinem Willen. Wieder eine Generation später sollte Rabbi Mosche Leib aus Sassow jene Tat vollbringen. Auch er ging in den Wald und sagte: ›Wir können kein Feuer mehr anzünden, und wir kennen auch die geheimen Meditationen nicht mehr, die das Gebet beleben; aber wir kennen den Ort im Walde, wo all das hingehört und das muss genügen.‹ – Und es genügte. Als wieder eine Generation später Rabbi Israel von Rischin jene Tat zu vollbringen hatte, da setzte er sich in seinem Schloss auf seinen goldenen Stuhl und sagte: ›Wir können kein Feuer machen, wir können keine Gebete sprechen, wir kennen den Ort nicht mehr, aber wir können die Geschichte davon erzählen.‹ Und – so fügt der Erzähler hinzu – seine Erzählung allein hatte dieselbe Wirkung wie die Taten der drei anderen.«

Nach G. Scholem kann man darin »den Verfall einer großen Bewegung« beschrieben sehen, es kann aber auch um eine tiefe Verwandlung gehen, »so dass vom Mysterium schließlich nur noch die Geschichte übrigbleibt«, aus der aber »das geheime Leben ... heute oder morgen bei dir oder bei mir wieder zum Vorschein kommen« kann.[28]

---

[27] Überliefert von G. Scholem, Die jüdische Mystik in ihren Hauptströmungen, dt. Übers. 1957, 384; hier leicht gekürzt wiedergegeben.

[28] Ebd.

Wie sich uns heute die Entstehung der biblischen Befreiungsgeschichte samt ihrer effektiv befreienden Wirkung darstellt, das muss man als Radikalisierung, ja fast als Umkehrung von Agnons Geschichte bezeichnen. Glaubte und glaubt eine bestimmte kritische Wissenschaft mit der Infragestellung der Historizität des Anfangs auch alle späteren Wirkungen bestreiten zu müssen, so ist es das Erstaunliche, dass aus dunklen, in jedem Falle aber unscheinbaren Anfängen durch immer neues Erzählen in immer neuen Generationen jene Wunder im hellen Licht der Geschichte passierten, von denen man im Bild des Anfangs immer neu spricht: Dass sich bis heute jeder Jude, jede Jüdin als befreit erfahren kann, und dass die Formulierung, in der das geschieht, die Perspektive auf uns und alle Menschen mit enthält.

Israel in der Perserzeit

Eine Skizze in Auseinandersetzung mit Max Weber

Während der erste Teil von Max Webers Studie über das antike Judentum, überschrieben »Die israelitische Eidgenossenschaft und Jhwh«, in der alttestamentlichen Fachwissenschaft tiefe Spuren hinterlassen hat und trotz aller Kritik mit manchen Begriffen und Fragestellungen die Diskussion bis heute – und heute eher wieder verstärkt – prägt[1], lässt sich auch nur entfernt Vergleichbares für den zweiten Teil, »Die Entstehung des jüdischen Pariavolkes«, nicht sagen. Er ist in der Fachwelt ohne große Wirkung geblieben. Der Hauptgrund dafür dürfte weniger in der Fragwürdigkeit von Webers Begrifflichkeit oder seiner Zielsetzung liegen. Letztere, die Erklärung des Paria-Zustandes und der damit verbundenen Rolle bzw. vor allem Nicht-Rolle des Judentums in der okzidentalen Geschichte, glaubte er ja, so muss man aus einigen Formulierungen schließen, mit dem durch Esra und Nehemia geschaffenen Zustand nahezu bereits erreicht zu haben[2]. Was aber das Historische angeht, so war Weber hier sehr viel weniger originell als im ersten Teil und er blieb deutlich enger bei seinen fachwissenschaftlichen Gewährsleuten, vor allem also bei Julius Wellhausen und Eduard Meyer, die trotz allem Streit ein in den Grundzügen gemeinsames Bild des nachexilischen Judentums besaßen[3]. Ein Gespräch mit Max Weber ist deshalb notwendig zugleich eines mit diesem von ihm weitgehend nur übernommenen Bild, das jedoch trotz vielfacher und massiver Kritik[4] bis heute höchst lebendig ist[5]. Macht bereits diese Aktualität eine Auseinandersetzung lohnend, so gibt es zudem bei Weber wichtige Beobachtungen zur sozialen Schichtung und ihrem Zusammenhang mit der religiösen Entwicklung bzw. deren Strömungen. Sie stehen bei ihm selbst eher am Rande und sind seitdem nur wenig beachtet worden, können aber noch heute befruchtend wirken.

---

1 Zur Weber-Rezeption vgl. neben den Beiträgen in W. Schluchter (Hg.), Max Webers Studie über das antike Judentum. Interpretation und Kritik, stw 430, 1981; vor allem W. Schottroff, Soziologie und Altes Testament, VF 19, 1974, 46-66, bes. 54f.; Chr. Schäfer-Lichtenberger, Stadt und Eidgenossenschaft im Alten Testament. Eine Auseinandersetzung mit Max Webers Studie ›Das antike Judentum‹, BZAW 156, 1983, 9-14. Auch die neuesten Versuche an Weber anzuknüpfen, für die Schäfer-Lichtenberger und E. Otto (Hat Max Webers Religionssoziologie des antiken Judentums Bedeutung für eine Theologie des Alten Testaments?, ZAW 94, 1982, 187-203) beispielhaft sind, beziehen sich auf den 1. Teil.

2 Vgl. Gesammelte Aufsätze zur Religionssoziologie III. Das antike Judentum, 1921 (i.F.: Judentum), 378, wonach die Juden bereits in dieser Zeit ein Pariavolk geworden waren, wenn auch »mit einem Kultmittelpunkt und einer Zentralgemeinde«.

3 Leider gibt es keine Arbeit über Webers fachwissenschaftliche Gewährsleute und die Art ihrer Verarbeitung; im 2. Teil seines Werkes finden sich auch erheblich weniger Verweise als im 1. Dennoch dürfte die hier aufgestellte Behauptung im Recht sein, da das von Weber gegebene Bild in den Grundzügen von Wellhausen geprägt (vgl. z.B. ders., Israelitische und jüdische Geschichte, 1894, ^{9}1958) und durch E. Meyer in bestimmter Weise variiert wurde (bes. ders., Die Entstehung des Judentums, 1896, Nachdr. 1965); zur Auseinandersetzung vgl. bes. E. Meyer, Julius Wellhausen und meine Schrift Die Entstehung des Judentums, ebd., im Anhang 249ff.).

4 Insb. von jüdischer Seite; s. bereits J. Kaufmann, Probleme der israelitisch-jüdischen Religionsgeschichte, ZAW 48, 1930, 23-43; bes. 31f.; J. Bloch, Das anstößige Volk, 1964, bes. 97ff.; Ch. Klein, Theologie und Antijudaismus, 1975. Wichtig ist jetzt bes. K. Hoheisel, Das antike Judentum in christlicher Sicht, 1978. Zur Genese des Bildes s. H. Liebeschütz, Das Judentum im deutschen Geschichtsbild von Hegel bis Max Weber, 1967.

5 Beispielhaft seien genannt: A. H. J. Gunneweg, Geschichte Israels bis Bar Kochba, 1972, ^{4}1982; M. Haran, Temples and Temple-Service in Ancient Israel, 1978, bes. 9.

Auf Grundzüge gebracht zeichnet Weber folgendes Bild der Lage des Judentums in der persischen Zeit: Aus der durch Begriffe wie »Volk« und »Staat« charakterisierten politischen Größe Israel ist eine »Gemeinde« geworden[6], entmilitarisiert[7] und entpolitisiert[8], von Priestern beherrscht[9]. Es handelt sich dabei um einen im Prinzip auf freiwilliger Mitgliedschaft[10] beruhenden konfessionellen Verband, der sich durch das Gesetz, vor allem durch dessen Kern, der aus Ritualbestimmungen besteht, strikt von der Umwelt absondert[11]. Dadurch tritt notwendig eine Verbürgerlichung ein[12]. Der Adel versucht sich den engen Ritualgrenzen zu entziehen[13]; die Bauern, die diese Bestimmungen kaum einhalten können, werden auf Dauer zugunsten des städtischen Elements zurückgedrängt[14]. Die alte Prophetie wirkt zwar durch Hoffnungsbilder und die Rechtfertigung des gegenwärtigen Leids weiter, und das allein ermöglicht erst die freiwillige Parialage[15], aber als lebendige Kraft wird sie durch die Polizei der Priester erstickt[16]. Aus dem allen resultiert schließlich das, was für Webers Arbeit entscheidend ist: Rationales ökonomisches Verhalten ist kein Ort religiöser Bewährung[17].

In Kritik und Aufnahme dieses Bildes[18] möchte ich im Folgenden versuchen, in großen Umrissen eine Skizze der sozialen und theologischen Gegebenheiten Israels in der Perserzeit zu geben. Es geht also um die Gestalt des Judentums, bevor es in die lange und tief greifende Auseinandersetzung mit dem Hellenismus eintrat.

I. Zu Quellenlage und Methode

Die Quellenlage hat sich seit der Zeit Max Webers nur unwesentlich verändert[19]. Blickt man auf Palästina allein[20], so ist vor allem sehr viel mehr an archäologischem

---

6 Judentum, bes. 373f.
7 Ebd. 352.
8 Ebd. 373 u. passim.
9 Ebd. 364.
10 Ebd. 373f.
11 Ebd. 366ff.
12 Ebd. 378 u.ö.
13 Ebd. 371.
14 Ebd. 378.
15 Ebd. 378ff.
16 Ebd. 397ff.
17 Ebd. 358ff.; auf den für Weber so wichtigen ethischen Dualismus mit seiner Scheidung von Binnen- und Außenmoral gehe ich im Folgenden nicht ein; das von G. Stemberger dazu für spätere Zeiten ausgeführte gilt cum grano salis schon hier; ders., Das rabbinische Judentum in der Darstellung Max Webers, in: W. Schluchter (Hg.), a.a.O. 193ff.
18 Andere Aspekte der Auseinandersetzung mit Weber stelle ich gegenüber dieser auf das Materiale und Begriffliche bezogenen zurück. Dazu könnte vor allem die grundsätzliche Frage nach den der Analyse zugrunde liegenden Wertgesichtspunkten gehören. Gegenüber Webers durchgängigem Interesse an der Ätiologie des modernen Kapitalismus, dem »stahlharte(n) Gehäuse« (Ges. Aufsätze zur Religionssoziologie I, 203f.), könnte man z.B. eines an den Kräften des Widerstandes gegen eine derartige Entwicklung entgegensetzen. Gerade an der Wirtschaftsethik des antiken Israel, auch des nachexilischen, wäre unter dieser Frage Wichtiges zu erkennen. An Aspekten des nachexilischen Judentums könnte aber auch z.B. die historische Zuordnung und Relevanz von Webers ethischen Begriffen diskutiert werden; vgl. z.B. Schluchter, Die Entwicklung des okzidentalen Rationalismus. Eine Analyse von Max Webers Gesellschaftsgeschichte, 1979, bes. 93ff. Hält Weber (Judentum, 382) offenbar »Gesinnungsethik« für das Höchste in dieser Epoche Erreichbare, so könnte man das m.E. gerade an Nehemias Handlungsweise kritisch überprüfen.
19 Zur Quellenlage im Ganzen vgl. G. Widengren, »The Persian Period (§ 1: Literary Sources and Archaeological Remains)«, in: J. H. Hayes/J. M. Miller (Hg.), Israelite and Judaean History, 1977, 489-503.

Material zu verzeichnen[21]. Es gibt aber auch einiges Wichtige aus der Epigraphie[22]. Doch gegenüber den großen Lücken und historischen Unsicherheiten in Beurteilung und Auswertung der nach wie vor mit Abstand wichtigsten Hauptquellen, der biblischen Texte, fällt dieser Zuwachs kaum ins Gewicht[23]. Angefangen bei den Fragen der Echtheit des Kyros-Edikts gibt es in dieser Periode kaum ein einziges nicht umstrittenes Faktum. Der Höhepunkt der Unsicherheit in Bewertung und Auswertung der Quellen liegt nach wie vor bei allen Esra betreffenden Fragen. Auch die methodische Entwicklung in der alttestamentlichen Forschung, insbesondere der Formgeschichte, hat hier keinen entscheidenden Wandel bringen können.

Für die *Rekonstruktion des historischen Ablaufs* muss man bei dieser Sachlage zwangsläufig zahlreichen mehr oder weniger wahrscheinlichen Hypothesen folgen[24]. Für die *Rekonstruktion der sozialen Gestalt* dagegen kann man darauf weitgehend verzichten. Jedenfalls soll das im Folgenden versucht werden. Ich gehe deshalb allein von der im Prinzip unumstrittenen Hauptquelle, den Aufzeichnungen Nehemias[25], aus und ordne dem dort gewinnbaren Bild der sozialen und politischen Kräfte literarische Größen zu, deren Datierung in die Perserzeit ebenfalls weithin Allgemeingut ist. Natürlich muss der so entstehende Grundriss der sozialen Gestalt des nachexilischen Israel und der sozialen Verortung der theologischen und literarischen Hauptströmungen dieser Zeit skizzenhaft bleiben. Eine detaillierte Ausarbeitung sowie vor allem eine Vermittlung mit dem so umstrittenen historischen Ablauf ist an dieser Stelle nicht intendiert. Doch ist es schon für die Grundzüge des Bildes entscheidend, Vollständigkeit in der Heranziehung der Texte dieser Epoche zu erlangen. Auf eine willkürliche Auswahl unter ihnen und damit Ausblendung anderer Aspekte gehen m. E. manche Fehler gerade der neueren Diskussion zurück[26].

---

20 Zum Perserreich außerhalb Palästinas vgl. die Literaturhinweise bei W. Schottroff, Zur Sozialgeschichte Israels in der Perserzeit, VF 27, 1982, bes. 50ff.; außerdem A. F. Rainey, The Satrapy ›Beyond the River‹, AJBA I, 1969, 51-78; O. Bucci, L'attività legislative del sovrano achemenide e gli Archivi reali persiani, RIDA 25, 1978, 11-94; P. Frei/K. Koch, Reichsidee und Reichsorganisation im Perserreich, OBO 55, 1984.

21 Vgl. jetzt E. Stern, Material Culture of the Land of the Bible in the Persian Period 538-332 B.C., 1982.

22 Neben vor allem Samaria betreffenden Papyri und Siegeln (P. W. Lapp/N. Lapp, Discoveries in Wâdi ed Dâliyah, AASOR 41, bes. 17ff.; dazu F. M. Cross, A Reconstruction of the Judean Restoration, JBL 94, 1975, 4-18) sind das vor allem Bullae and Seals from a Post-exilic Judaean Archive, so der Titel der Publikation durch N. Avigad (Qedem 4, 1976). Hier sind insbes. weitere Statthalter der Provinz Juda namentlich belegt.

23 Dazu vgl. Widengren, a.a.O. 503ff.; O. Kaiser, Einleitung in das Alte Testament, ^{5}1984, bes. 178ff.; R. Rendtorff, Das Alte Testament, Eine Einführung, ^{2}1985, bes. 291ff. Auf die beiden zuletzt genannten Werke sei zugleich zusammenfassend zum Diskussionsstand betreffs bibl. Literatur, Datierungsfragen etc. hingewiesen. Zu einem Aspekt des methodischen Problems s. A. H. J. Gunneweg, Zur Interpretation der Bücher Esra-Nehemia. Zugleich ein Beitrag zur Methode der Exegese, VT.S 32, 1981, 146-161.

24 Von neueren Darstellungen dieser Periode verweise ich außer auf Widengren, a.a.O. 515ff. bes. auf die von E. Bickermann, From Ezra to the Last of Maccabees, 1962, 3-87; Ch. Tadmor, Die Zeit des ersten Tempels, die babylonische Gefangenschaft und die Restauration, in: H. H. Ben-Sasson (Hg.), Geschichte des jüdischen Volkes, I. Bd., 1978, 205ff.; W. D. Davies/L. Finkelstein (Hg.), The Cambridge History of Judaism, Vol. I: The Persian Period, 1984.

25 Vgl. U. Kellermann, Nehemia. Quellen, Überlieferung und Geschichte, BZAW 102, 1967. Danach gehören Neh 1,1-7,5abα (von Glossen abgesehen; 12,27ad31f.37-40; 13,4.5aa.6a.7abα.8a-10bα, 11-21.22b.23a.24a.25-31 (Ebd. 55f.) zur ursprünglichen Schrift; dem kann ich mich weitgehend anschließen. Die überkritische »Feinanalyse« durch Kaiser, a.a.O. 182, Anm. 15, dürfte methodisch kaum zu rechtfertigen sein. Aber auch bei seiner Sicht der literarischen Grundlage ergäbe sich für die Folgenden Ausführungen kaum etwas anderes, da auch Kaiser die entscheidenden Partien in Neh 5 für echt hält. Eine bestimmte Auffassung von Anlass und Zweck dieser Schrift muss ich im Folgenden undiskutiert voraussetzen.

26 Dazu vor allem unten, S. 208ff.

Ein methodisch besonders heikler Punkt liegt in der Begriffswahl. Das bedarf einer kurzen Erläuterung. Auch Max Webers Arbeit ist nach dem so tief von Wellhausen geprägten Schema gebaut: Aus Israel wird das Judentum. Und was immer dazu kritisch zu sagen ist, aus semantischer und historischer, ideologiekritischer und theologischer Perspektive[27], ein Moment bedarf besonderer Aufmerksamkeit, nämlich die Schnelligkeit und Einmaligkeit des hier angeblich vorliegenden Wandels. Zwar will niemand, der so urteilt, die tiefen Wandlungen in der vorexilischen Geschichte Israels leugnen, so wenig wie die nach Esra – und doch verblassen sie alle vor diesem einen Schritt, der Israel vom Judentum trennen soll. Genau das aber ist historisch sehr fragwürdig. Im Grunde wird dabei wohl das Bild eines späteren Judentums, sei es das der Spätantike oder gar des Mittelalters insgeheim zum Urbild des nachexilischen. Und schon der Begriff des »nachexilischen« Judentums ist dann problematisch, wenn mit ihm, wie etwa bei Weber, Gemeinsames von der Zeit Esras bis zum Talmud angezeigt sein soll. Natürlich ist nach dem Exil gegenüber der Lage vorher Neues, und zwar entscheidend Neues eingetreten. Und genau das gilt es zu erfassen. Aber es ist wichtig, sich klar zu machen, dass erst viele weitere Schritte das spätere Judentum schufen; man denke an die Auseinandersetzung mit dem Hellenismus, die erneute Erfahrung eigener Staatlichkeit im Hasmonäerreich und sein schließliches Scheitern, die Kämpfe mit Rom usw. Was in der Perserzeit vorliegt, muss auch begrifflich von der Überfremdung durch Späteres freigehalten werden. Die Benutzung gängiger Begriffe wie »Gemeinde« hat teilweise Evidentes in den Quellen übersehen lassen. Ähnliches lässt sich für Begriffe wie »Theokratie« oder für die angebliche Rolle des »Gesetzes« aufzeigen. Doch kann eine solche Kritik nur die eine Seite sein. Bei strenger Beschränkung auf das in den Quellen Erkennbare tritt so manches Fremde, Singuläre und daher begrifflich nur schwer zu Erfassende hervor. Seine möglichst genaue *Beschreibung* in z.B. sozialgeschichtlicher, historischer, religiöser, theologischer Hinsicht muss jeder neuen Etikettierung durch vorgängig geprägte Begriffe eindeutig vorausgehen.

II. Gemeinde? Zur politischen Gestalt

Im Zentrum des Weberschen Bildes des nachexilischen Judentums steht der Begriff »Gemeinde«: »Die Judenschaft war ein rein religiöser Gemeindeverband«[28]. Zur Entstehung und Verwendung des Begriffes »Gemeinde« in diesem Zusammenhang wäre eine eigene forschungsgeschichtliche Arbeit dringend erwünscht. Zu vermuten steht, dass damit Worte wie קהל und עדה[29], die in der Terminologie der Priesterschrift und anderer später Texte eine Rolle spielen, aufgegriffen und – unkritisch[30] – aus

---

27 Außer den oben, Anm. 4 genannten Arbeiten vgl. R. Rendtorff, Die jüdische Bibel und ihre antijüdische Auslegung, in: Auschwitz – Krise der christlichen Theologie, 1980, 95-116. Ebd. 106f. finden sich auch Hinweise auf Vorläufer Wellhausens. Die Kritik an einem solchen Wellhausen-Verständnis durch R. Smend, Wellhausen und das Judentum, ZThK 79, 1982, 249-282, beschäftigt sich erst gar nicht mit dem Zentralproblem.

28 Judentum, 374, vgl. 350.372f. u.ö.

29 Vgl. dazu E. Rost, Die Vorstufen von Kirche und Synagoge im Alten Testament, ^{2}1967.

30 Dass קהל auch in Esra-Nehemia noch einen deutlich politischen Sinn haben kann, zeigt etwa H. C. M. Vogt, Studie zur nachexilischen Gemeinde in Esra-Nehemia, 1966, an Esr 10,7f.: »Die angedrohte staatliche Vermögensbeschlagnahme spricht dafür, dass qhl gdlh auch die politische Organisation der Bürgerversammlung bedeutet«; der Ausdruck dürfe nur nicht »nur im politischen Sinne« verstanden werden (97).

einer begrenzten theologischen Selbstbezeichnung in eine objektivierende historische Beschreibung verwandelt und zugleich zur Qualifizierung benutzt wurden, und das spätestens von Wellhausen[31]. Ist damit, wie Wellhausens häufiger Parallelbegriff »Kirche« zeigt[32], zunächst eher die kirchlich-theologische Seite des Gemeindebegriffs gemeint, so wird der Begriff nicht zuletzt durch Weber stärker soziologisch verstanden, und das hat vermutlich unterschwellig stark gewirkt. Jedenfalls steht der Begriff auch und gerade bei Weber in einem ausdrücklichen Gegensatz zu Politik und Staat[33], ja gelegentlich sogar zu »Volk«[34]. Der Zugang zu dieser Gemeinde soll sich ja primär über das Gesetz, vor allem das Ritualgesetz regeln, also – und darauf kommt es an – »formal freiwillig« sein[35]. Auch für Weber ist damit der Proselytismus konstitutives Moment der nachexilischen Geschichte[36].

Blickt man zunächst auf Webers eigenes Verständnis dieser Terminologie, so definiert er Gemeinde in »*Wirtschaft und Gesellschaft*« folgendermaßen: Sie entsteht, wenn »der politische Verband vernichtet wird, die religiöse Anhängerschaft an den Verbandsgott und seine Priester aber als Gemeinde fortbesteht«[37]. Derartiges sei gerade im Perserreich als »Mittel zur Domestikation der Unterworfenen« benutzt worden[38]. Es dürfte nicht zu bezweifeln sein, dass bei diesen Sätzen sein Bild vom Judentum Pate gestanden hat. Sein einziges weiteres Beispiel ist eine Geschichtsextrapolation: Der delphische Apollo nach einem Sieg der Perser[39]. Ob man einen solchen Gemeindebegriff auch nur auf die christliche Gemeinde anwenden kann, soll hier nur als Frage aufgeworfen werden. Und vom Volksbegriff dürfte auch die hinter dieser Vorstellung von Gemeinde steckende Entpolitisierung keinesfalls fortführen, ist doch das »potentielle Aufflammen des Willens zum politischen Handeln ... eine der Realitäten, welche hinter dem ... Begriff Stamm und Volk letztlich steckt«[40]. Da diese Potenz angesichts der Ereignisse in der Makkabäer- und Römerzeit niemand bestreiten kann, zeigt Webers gelegentliche Zurückweisung des Volksbegriffs für das Judentum den Bann der Tradition, in der er steht – und zugleich, welches Judentum ihm offenbar vor Augen schwebt.

Die Anwendung eines derartigen Gemeindebegriffs auf das Judentum der Perserzeit wird man eindeutig zurückweisen müssen. Zwei entscheidende Gründe sollen genannt werden[41]. Zum einen ist der Gebrauch dieses Begriffs einer der Fälle, wo eine offensichtlich ideologische Begriffswahl evidente Sachverhalte in den Quellen schlicht verdeckt hat. Da ist zum Beispiel der intensive, in den Quellen mehrfach und unabhängig voneinander belegte Kampf gegen die Mischehen zwischen Juden und

31 Wellhausen, a.a.O. 168: »Der Priesterkodex [...] kennt kein Volk Israel mehr, sondern nur die Gemeinde der Stiftshütte, d.i. des Tempels. Die Gemeinde ist ein vorwiegend geistlicher Begriff, die Zugehörigkeit ist weniger an das Blut als an die Religion geknüpft«. Methodisch wichtig ist, wie bei Wellhausen aus der Beschreibung der Sicht der Priesterschrift eine historische Charakterisierung des nachexilischen Israel wird. Vgl. a. Meyer, Entstehung, 243; er spricht von den »letzten Zuckungen des alten Volksthums« und ihrer Unterdrückung durch Nehemia!

32 A.a.O. 169, Anm. 1, usw.

33 Er spricht vom Übergang »vom politischen zum konfessionellen Verband« (Judentum, 350).

34 Ebd. 348: »Wir befinden uns eben schon auf dem Wege jener tiefgreifenden Umgestaltung, welche aus dem ›Volk Israel‹ die Gemeinschaft der ›Juden‹ machte«.

35 Ebd. 373.

36 Ebd. 376f.

37 Wirtschaft und Gesellschaft, Studienausgabe, hg. v. J. Winckelmann, 1956, 357.

38 Ebd.

39 Ebd.

40 Ebd. 312.

41 Vgl. bes. die Kritik von S. N. Eisenstadt, Max Webers antikes Judentum und der Charakter der jüdischen Zivilisation, in: W. Schluchter (Hg.), a.a.O. 156ff., bes. 171.

Angehörigen der Nachbarvölker[42]. In keinem der darauf bezogenen Texte wird auch nur die Möglichkeit erwogen, die fremden Partner könnten für den Gottesglauben Israels gewonnen werden, also der angeblichen »Gemeinde« beitreten. An dieser Stelle wird deutlich, dass gerade *nicht* Gesetzestreue über die Zugehörigkeit entscheidet, sondern allein die Abstammungsverhältnisse. Die Zugehörigkeit ist nicht »freiwillig«, sondern sie ist ethnisch geregelt. Alte Endogamieregeln sind in der Situation des Exils verschärft worden und werden jetzt betont festgehalten. Diese Regeln und vor allem ihr Stellenwert in der Zeit Esras und Nehemias werden überhaupt nur verständlich, wenn es gerade nicht um Gemeinde oder Konfession geht und wenn es Proselytismus nicht gibt. Ähnliche Erkenntnisse wären aus einer Analyse der Beziehungen zur Provinz Samaria und ihren Bewohnern zu erschließen. Auch hier erfolgt die Abschließung entlang ethnisch-politischen, nicht aber glaubensmäßig-konfessionellen Linien.

Interessanterweise gibt es nun in den Texten der Zeit durchaus die Vorstellung von Israel als einer »Gemeinde«, die allein durch das Gesetz konstituiert und zusammengehalten wird. So wird in Jes 56,3-7, also bei Tritojesaja, allen Fremden, ja sogar den nach Dtn 23,2 von der Kultversamlung ausgeschlossenen Eunuchen volle Aufnahme ins Gottesvolk zugesagt. Einzige Bedingung ist, dass sie den Sabbat halten, den »Bund« bewahren, den Namen Gottes lieben etc. Aber genau wie bei anderen Themen – man denke an die grundsätzliche Kritik am Wiederaufbau des Tempels in Jes 66,1f. – haben sich solche von starker eschatologischer Naherwartung geprägten Vorstellungen[43] gerade *nicht* durchgesetzt. Sie finden sich nicht bei den prägenden Gestalten wie Esra und Nehemia, und nicht sie bestimmen die Realität im Israel der nachexilischen Zeit, sondern sie sind Utopie einer oppositionellen Randgruppe geblieben.

Zum Zweiten stimmen die von Weber selbst deutlich benannten Voraussetzungen für die Anwendung seines Gemeindebegriffs nicht. Genau wie der angeblich »entmilitarisierte« Charakter des Judentums sich angesichts der Bewaffnung des Volkes und ihrer Rolle beim Mauerbau Nehemias (Neh 4,7.10ff.)[44] schnell als unhaltbar und aus der Luft gegriffen erweist, so auch die angebliche »Entpolitisierung«. Die Provinz Juda jedenfalls hat – spätestens seit Nehemia, wahrscheinlich früher[45] – einen eigenen Gouverneur, ein eigenes, wenn auch begrenztes Münzrecht[46], und sie steht in sehr handfesten Auseinandersetzungen mit den Nachbarprovinzen, wie die Ge-

[42] Im Zusammenhang der Tätigkeit Nehemias (Neh 13,23ff.) und der Esras (Esr 9f.); in der davon unabhängigen Urkunde Neh 10 sowie bei Maleachi (2,10ff.). Zu beachten ist, dass eine Scheidung von den fremden Frauen – und nur um diese geht es bei einer patrilokalen Gesellschaft effektiv – nur in Esr 10,3.11f. gefordert, auch hier aber eine Durchführung der Trennung nicht berichtet wird (wenn man in V.44 beim hebräischen Text bleibt!).

[43] Man vgl. dazu H.-J. Kraus, Die ausgebliebene Endtheophanie, in: Ders., Biblisch-theologische Aufsätze, 1972, 134-150.

[44] Man vgl. auch die große Rolle jüdischer Soldaten im frühen Hellenismus (M. Hengel, Judentum und Hellenismus, 1969, 21ff.), die bei wirklicher Entmilitarisierung kaum erklärbar wäre.

[45] Die These Alts, dass erst mit Nehemia eine eigene Provinz Juda geschaffen wurde (Die Rolle Samarias bei der Entstehung des Judentums, in: Kleine Schriften zur Geschichte des Volkes Israel, Bd. 2, 1959, 316-337) ist von Avigad auf Grund neuen epigraphischen Materials mit gewichtigen Gründen in Frage gestellt worden zugunsten einer von Anfang an gegebenen Eigenständigkeit der Provinz (vgl. o. Anm. 22); sie wird aber auch weiter verteidigt (E. Stern, a.a.O. 202ff.; 237; S. E. McEvenue, The Political Structure in Judah from Cyrus to Nehemiah, CBQ 43, 1981, 353-364).

[46] Die mit dem Namen der Provinz – Jehud – bezeichneten Bronzemünzen stehen (wahrscheinlich erst ab dem 4. Jahrhundert) neben den Gold- und Silbermünzen der Reichsregierung; vgl. (mit Lit.) Stern, a.a.O. 224ff.

schichte Nehemias mit großer Eindeutigkeit zeigt[47]. Dazu kommt als Wichtigstes die eigene Rechtshoheit, die mit sehr großer Wahrscheinlichkeit spätestens seit Esra gegeben war[48]. Wie eigentlich sollte man die »Gemeinde« von der Gesamtbevölkerung der Provinz Juda trennen? Welches Recht sollte für wen gelten?[49]

Nach allem, was wir aus den Quellen erkennen können, ist die »Gebietsgrundlage« des Judentums gerade nicht, wie Weber meint, verloren gegangen[50], sondern mit der Provinz Juda wieder gewonnen worden. Und diese ist ein höchst politisches Gebilde. Ihren politischen Charakter kann man nur bestreiten, wenn man den Begriff des Politischen auf außenpolitische Souveränität beschränkt. Die fehlte Juda natürlich, sieht man von möglicher Beteiligung an den vielen Aufstandsversuchen gegen die persische Herrschaft ab[51]. Aber auch sich an solchen Versuchen *nicht* zu beteiligen, stellte u. U. eine durchaus politische Entscheidung dar. Die Provinz Juda ist von der persischen Zentralmacht kontrollierter und etwa in wirtschaftlicher Hinsicht durchaus ausgebeuteter Teil des Reiches, genießt aber dennoch eine relative Autonomie[52].

Die Überwindung der politischen, ökonomischen und theologischen Probleme, die mit dem Verlust von Eigenstaatlichkeit und Souveränität gegeben waren, durch Ausschöpfung der im persischen Reich gegebenen Möglichkeiten, insbesondere durch Errichtung eines eigenen politischen Gebietsverbandes – das war die entscheidende Leistung und das spezifisch Neue der Zeit. Obwohl sich leider nur wenige Einzelheiten historisch exakt fassen lassen, spricht viel dafür, dass es gerade die Ausbildung von Selbstverwaltungsorganen verschiedener Art war, von örtlichen Justizorganen bis zu Vorläufern des Synhedriums, die im Rahmen dieser Provinz – und anknüp-

---

47 Neh 2,10; 3,33ff.; 41ff. u.a.

48 Vgl. unten S. 215ff.

49 Auf eine Auseinandersetzung mit dem Begriff der Bürger-Tempel-Gemeinde, den J. P. Weinberg eingeführt hat (vgl. Die Agrarverhältnisse in der Bürger-Tempel-Gemeinde der Achämenidenzeit, in: J. Harmatta/G. Komcrócza (Hg.), Wirtschaft und Gesellschaft im alten Vorderasien, 1976, 473-486; ders., »Probleme der sozialökonomischen Struktur Judäas vom 6. Jahrhundert v.u.Z. bis zum 1. Jahrhundert u.Z. Zu einigen wirtschaftshistorischen Untersuchungen von Heinz Kreißig«, JWG 1973/1, 237-251; vgl. dazu Schottroff, Perserzeit, a.a.O. 61ff.) muss verzichtet werden; in den mir zugänglichen Arbeiten Weinbergs wird er nirgends im Detail entfaltet. – Ebenso soll hier die Frage nach der Anwendung des Gemeindebegriffs etwa auf die jüdischen Gruppen in der Diaspora nicht weiter diskutiert werden. Entscheidend ist nur, dass er nicht auf die Größe Judentum als Ganzes anwendbar ist, und zwar in keiner denkbaren Variante.

50 Judentum, 353; man findet hierzu bei Weber allerdings auch andere Formulierungen, so z.B. ebd. 352.378.

51 Vgl. dazu Rainey, a.a.O., F. K. Kienitz, Die politische Geschichte Ägyptens vom 7. bis zum 4. Jahrhundert vor der Zeitwende, 1953; zu alttestamentlichen Texten bzw. zur Beziehung zur Provinz Juda vgl. O. Kaiser, Der geknickte Rohrstab. Zum geschichtlichen Hintergrund der Überlieferung und Weiterbildung der prophetischen Ägyptensprüche im 5. Jahrhundert, in: Wort und Geschichte, FS K. Elliger, AOAT 18, 1972, 99-106; ders., Zwischen den Fronten. Palästina in den Auseinandersetzungen zwischen dem Perserreich und Ägypten in der ersten Hälfte des 4. Jahrhunderts, in: Wort, Lied und Gottesspruch, FS J. Ziegler, FzB 2, 1972, 197-206; D. Barag, The Effects of the Tennes Rebellion on Palestine, BASOR 183, 1966, 6-12. Die Fragen von Datierung und Aufgabe von Esra und Nehemia könnten m.E. im Rahmen einer intensiven Interpretation dieser Aufstände neue Beleuchtung finden vgl. dazu etwa C. Schultz, The Political Tensions Reflected in Ezra-Nehemiah, in: C. D. Evans u.a. (Hg.), Scripture in Context. Essays in the Comparative Method, PThMS 34, 1980, bes. 233f.

52 Vgl. S. Safrai, Das jüdische Volk im Zeitalter des Zweiten Tempels, 1978, 7ff.; zum Hintergrund vgl. jetzt P. Frei, Zentralgewalt und Lokalautonomie im Achämenidenreich, in: P. Frei/K. Koch, a.a.O. (s. Anm. 20), 7-43. Auf alle Fragen der wirtschaftlichen Grundlagen einschließlich der Fragen der Besteuerung durch die Perser muss hier ein Verweis auf H. G. Kippenberg, Religion und Klassenbildung im antiken Judäa. Eine religionssoziologische Studie zum Verhältnis von Tradition und gesellschaftlicher Entwicklung, 1978, 44ff. genügen.

fend an die Entwicklung im Exil und in der Diaspora – verstärkt möglich und für die weitere Geschichte des Judentums konstitutiv und charakteristisch war[53].

Immer aber bleibt zu beachten, dass die Größe Provinz Juda nicht isoliert, sondern nur zusammen mit der Diaspora, vor allem der in Babylonien und anderen Zentren des Perserreiches, verstanden werden kann. Beide gemeinsam stellen das Volk dar, dessen Zugehörigkeit sich – wie sollte es anders sein? – prinzipiell durch Geburt regelt.

III. Theokratie? Soziale Konflikte und Koalitionen

In Webers Sicht wie in der seiner Gewährsleute wird das Judentum nach dem Exil durch Priester beherrscht[54]. Es soll sich dabei also um eine Theokratie bzw. Hierarchokratie handeln. Eine derartige Terminologie taucht zuerst bei griechisch schreibenden Schriftstellern in deutlich späterer Zeit auf[55], und für die persische Zeit ist sehr fraglich, ob der gemeinte Zustand zutrifft. Natürlich spielt der Tempel in Jerusalem seit der deuteronomischen Reform in der späten Königszeit und seit dem Ende des Königtums zumal eine andere und größere Rolle. Aber der Hohepriester steht erst in hellenistischer Zeit an der Spitze des Gemeinwesens[56], und wie groß seine Macht dann wirklich war, wäre noch zu fragen. In den Quellen für die Perserzeit dagegen gibt es praktisch keinerlei Hinweise auf eine Herrschaft der Priesterschaft. Die sozialen und politischen Fronten laufen durch diese Größe hindurch. Die Vorstellung, dass sich in dieser Periode eine Priesterherrschaft durchsetzt, stammt zumindest teilweise wieder aus Wellhausens Interpretation der Priesterschrift[57]. Doch werden dabei in fragwürdiger Manier die Ritualgesetze von den anderen Gesetzen des Pentateuch isoliert und die Forderungen der priesterlichen Gesetze zudem einfach mit der Realität gleichgesetzt.

Nach Max Weber herrschen die Priester über ein zunehmend verbürgerlichtes Volk, welches die »puritanische Tradition« stützt[58]. Dagegen haben die Aristokratie, aber auch die reichen Priesterfamilien deutlich andere Interessen. Außerdem gibt es an den Rand gedrängte prophetische Gruppen. Weber hat ein derartiges Bild der sozialen Konstellation weitgehend aus den Nehemiamemoiren gewonnen[59]. Es ist leider in der weiteren Forschung kaum aufgenommen und weiter entwickelt worden. Stattdessen wird heute vor allem in der Folge der einflussreichen Arbeit über *»Theokratie und Eschatologie«* von Otto Plöger[60] meist ein einfaches Gegenüber von *zwei* Tradi-

53 Vgl. H. Zucker, Studien zur jüdischen Selbstverwaltung im Altertum, 1936; S. Safrai, Jewish Self-government, in: S. Safrai/M. Stern (Hg.), The Jewish People in the First Century, Vol. 1., 1974, 377-419.

54 Judentum, 364ff.

55 Der Begriff Theokratie ist eine Schöpfung des Josephus (Contra Apionem 2,165f.); vgl. W. Michaelis, ThWNT III, 1938, 908f. Zu denken ist daneben an die Beschreibung des Hecataeus (nach Diodorus Siculus, Bibliotheca Historica XL, 3.5).

56 In der Zeit des Tempelbaus wie bei Nehemia steht er deutlich neben dem weltlichen Gouverneur. Erst ganz am Ende der persischen bzw. am Beginn der hellenistischen Zeit könnten beide Ämter in einer Hand gewesen sein: Wenn der auf Münzen erwähnte Gouverneur *yḥzqyh* mit dem aus Josephus (Contra Apionem 1, 187) bekannten Hohenpriester Ezechias, einem Freund Ptolemäus 1, zu identifizieren ist, vgl. zuletzt E. Stern, a.a.O. 225f.

57 Geschichte, 181f.

58 Judentum, 371.

59 Ebd. 372.

60 WMANT 2, 1959.

tionsströmen und *zwei* sie tragenden sozialen Größen angenommen, deren Konflikte das nachexilische Judentum bestimmt und geformt haben sollen. Für Plöger sind das die »Theokratie«, also die offiziellen, die nachexilische Restauration tragenden Kreise, für deren Haltung die Priesterschrift, aber auch die Chronik deutlicher Ausdruck sind. Ihr Gegenpol ist die von Konventikeln getragene »Eschatologie«. Es gibt mancherlei Varianten dieser Grundkonzeption[61]. Auch Morton Smith's sonst durchaus anderes Gegenüber einer Yahwe-alone-party zu Assimilationisten ist eine Variante des bipolaren Modells[62]. Ein derart einfaches Schema aber dürfte mit Sicherheit falsch sein. Sowohl die wichtigste Quelle der Zeit als auch die gesamte literarische Hinterlassenschaft führen zu einem deutlich anderen Bild.

Nehemia und sein Werk werden von einer Koalition getragen, deren innere Zusammensetzung wie deren Gegner im Augenblick der Krise klar in Erscheinung treten. In Neh 5 wird geschildert, wie die sozialen Gegensätze in der Belastungssituation des Mauerbaus offen zum Ausbruch kommen, und sich in Klagen, Forderungen und Streik der überschuldeten kleinen Bauern Luft machen[63]. Nehemia wird der Krise Herr, da er durch erheblichen Druck auf die aristokratischen Gläubiger einen Schuldenerlass erzwingen kann. Wenn man fragt, wodurch dieser Druck zustande kommt, so lassen sich in Neh 5 folgende Faktoren erkennen: Da sind a. religiös motiviert Apelle – neben Verweisen auf traditionelle Verhaltensweisen und Bruderschaftsethik stehen der religiöse Fluch und Nehemias eigenes Vorbild, b. die Nehemia als persischem Staathalter zur Verfügung stehenden Machtmittel, man denke an die in Neh 2,9 erwähnten Truppen und mögliche langfristige Folgen, c. die Macht der vereint auftretenden kleinen Bauern, die vor allem den Fortgang des Mauerbaus real gefährden kann; und da sind schließlich d. die Priester, die nach 5,12 hinzugezogen werden und die Abmachung bestätigen und sanktionieren.

Damit stehen auf der einen Seite die Masse der kleinen, freien Bauern und die Priester, und sie können sich auf die Traditionen Israels, gerade auch die rechtlicher Art berufen. Sie werden unterstützt von der persischen Regierung und ihrem Statthalter, wobei in Gestalt des letzteren zugleich der Wille der östlichen Diaspora sichtbar wird. Auf der anderen Seite steht die örtliche Aristokratie, zu der man nach anderen Texten des Nehemia-Berichtes Teile der höheren Priesterschaft rechnen muss[64]. Dieser Gruppe kann an der effektiven Durchsetzung der traditionellen Sozialgesetze Israels nicht gelegen sein. Neben diesen beiden einander entgegenstehenden Größen muss es weiter solche gegeben haben, die ihr Land längst verloren haben und jetzt Sklaven oder Tagelöhner sind. Sie treten nicht in Erscheinung. Schließlich ist vor allem nach Neh 6 mit einer weiteren Größe zu rechen. Hier ist von prophetischen Gestalten die Rede, die offenbar weit über Nehemias Möglichkeiten hinausgehende Hoffnungen doch wohl eschatologischer Art haben (6,7.14). Sie warten auf einen

61 Ich nenne beispielhaft: U. Kellermann, Nehemia; W. Th. in der Smitten, Gottesherrschaft und Gemeinde, 1974; H. D. Mantel, The Dichotomy of Judaism during the Second Temple, in: HUCA 44, 1973, 55-87; P. D. Hanson, The Dawn of Apocalyptic. The Historical and sociological Roots of Jewish Apocalyptic Eschatology, [2]1979; auch das Bild, das O. H. Steck von den theologischen Strömungen dieser Zeit zeichnet, steht dem recht nahe (Das Problem theologischer Strömungen in nachexilischer Zeit, EvTh 28, 1969, 445-458; Strömungen theologischer Tradition im alten Israel, jetzt in: Ders., Wahrnehmungen Gottes im Alten Testament, Gesammelte Studien, TB 70, 1982, 291-317, vgl. bes. 314).

62 Palestinian Parties and Politics that Shaped the Old Testament, 1971.

63 Zum Folgenden vgl. Kippenberg, Religion und Klassenbildung, 55ff.; W. Schottroff, Arbeit und sozialer Konflikt im nachexilischen Juda, in: L. Schottroff/W. Schottroff (Hg.), Mitarbeiter der Schöpfung, 1983, 104-148.

64 Vgl. bes. Neh 13,28.

zukünftigen Messias – und könnten sogar jemanden dazu ausrufen. Diese Leute können und dürfen nicht mit anderen Gegnern Nehemias gleichgesetzt werden. Es ist aber auch nicht zu belegen – und höchstens mit Einschränkungen zu vermuten –, dass diese prophetisch-eschatologischen Gruppen mit solchen der Unterschicht in Verbindung stehen oder gar identisch sind.

Bei Nehemia wird also ein in den Umrissen recht klares Bild der sozialen Gegensätze und Koalitionen erkennbar. Hinter ihm steht eine starke Mittelgruppe, in der sich unter und mit der persischen Macht und in Verbindung mit der östlichen Diaspora Kleinbauern und Priester um dic traditionellen Gesetze Israels scharen. Es ist nicht sachgemäß, dabei von Priesterherrschaft zu sprechen, denn nach Neh 10 wie anderen Texten zu schließen, sichern sich die in dieser Koalition verbundenen Gruppen in ihren Rechten gegenseitig ab. Für den politischen Einfluss wird nichts grundsätzlich anderes gelten. Neben dieser starken Mittelgruppe sind auf der anderen Seite (sozusagen »links«) soziologisch nicht eindeutig zu ortende eschatologische Kreise, auf der anderen (sozusagen »rechts«) aristokratische Kreise[65] als Gegner zu erkennen.

Dieses Bild ergibt sich aus einer Analyse der Nehemiaschrift mit erstaunlicher Klarheit. Und meine wichtigste These, die im Folgenden ansatzweise erläutert werden soll, ist nun die, dass die hier erkennbare Verteilung und Gruppierung der sozialen Kräfte so genau dem aus dem gesamten Schrifttum der persischen Zeit zu erhebenden Bild entspricht, dass darin kein Zufall liegen kann. Es muss im Kern die gleiche Koalition gewesen sein, die die Kanonisierung des Pentateuch als Tora durchgesetzt hat und ihm die Endfassung gab. Die der persischen Zeit entstammenden prophetisch-eschatologischen Texte einerseits, die dieser Epoche angehörigen Weisheitstexte andererseits entstammen den beiden übrigen, bei Nehemia erkennbaren Gruppierungen.

IV. Die Tora. Zum sozialen Hintergrund der Kanonisierung des Pentateuch

Auch für Max Weber steht das Judentum unter einem Gesetz, das im Kern, wenn nicht sogar ausschließlich, Ritualgesetz ist, das der Priesterschaft entstammt und entspricht. Es errichtet Schranken gegenüber der Umwelt und macht langfristig aus Bauern Städter. Weber leugnet sogar ausdrücklich eine eigene Gerichtshoheit des Judentums[66].

Um die Rolle des Gesetzes zu verstehen, ist aber von der unbestreitbaren Tatsache auszugehen, dass im Pentateuch neben den Ritualgesetzen die Sozialgesetze stehen. Beide kann man nicht voneinander isolieren. Es müsste also vieles, was Weber an anderer Stelle seines Werkes über die älteren Rechtssammlungen Israels ausgeführt hat[67], auch für die Spätzeit herangezogen werden. Sie bleiben ja als Teil des Pentateuch in Geltung. Gerade die Zusammenbindung aller dieser Rechtsbücher im Pentateuch zeigt ja, dass *nicht* einfach die jüngeren an die Stelle der älteren traten. Der Pentateuch, der in der Perserzeit seine endgültige Gestalt gewonnen haben dürf-

---

65 Zu denen auch Teile der höheren Priesterschaft gehört haben dürften.

66 Judentum, 374: »Irgendwelche weltliche Gewalt, insbesondere Gerichtsgewalt, ist den Funktionären der neuen Gemeinde vom König offenbar nicht verliehen worden«. Dazu vgl. etwa selbst Wellhausen, Geschichte, 169, Anm. 1: »Nur die Rechtspflege ist allerdings in gewissem Umfang noch im Besitz der Gemeinde«.

67 Judentum, 81ff.

te[68], ist im Kern »Tora«. Er wird mit dem Wort benannt, welches schon das Deuteronomium als Bezeichnung seiner Sammlung der Rechtsüberlieferung benutzt hat. Er besteht zur Hälfte aus gesetzlichen Partien.

Weitgehend unabhängig von der intensiven Diskussion über Alter und Herkunft seiner Bestandteile, *muss* man die *Endform* des Pentateuch als einen Kompromiss beschreiben, der auf der rechtlichen Ebene am deutlichsten in Erscheinung tritt. Sicher nicht ohne mancherlei Spannungen, aber eben doch *nebeneinander* finden sich in ihm Rechte und Gesetze, die ausgesprochen priesterliche Interessen, wie solche, die die der freien Bauernschaft schützen. Zinsfreiheit[69] und regelmäßiger Schuldenerlass[70], Sklavenfreilassung[71] und restitutio in integrum im Jobeljahr[72] – all das findet sich in ihm so gut kodifiziert wie die Zahlung des Zehnten an die Priester[73], die Regeln für Opfer[74] und Feste[75], Priester[76] und Reinheit[77]. Fragt man simpel nach dem cui bono, wer etwas von den im Pentateuch versammelten Gesetzen hat, so kommt man auf die klare Antwort: verschuldete Bauern *und* Priester. Das aber ist genau die Interessenverbindung, die den Kern der Nehemia-Koalition ausmacht.

Auch für die beiden anderen wichtigen Elemente dieser bei Nehemia erkennbaren Koalition, das positive Verhältnis zur persischen Großmacht wie zur jüdischen Diaspora, lassen sich die Entsprechungen im Pentateuch aufweisen. Im Unterschied zur gleichzeitigen eschatologisch geprägten Prophetie lässt der Pentateuch das Verhältnis Israels zu anderen Völkern auffällig offen. Positive Beziehungen zu ihnen sind möglich, ja angelegt, und besonders deutlich gilt das für die des Zweistromlandes. Während etwa in den Verheißungen an die Väter zumindest Teile der Nachbarprovinzen Judas den Nachkommen Abrahams definitiv zugesagt werden[78], gilt das für sie nicht. Und entscheidend: Nirgends wird verheißen, dass die heidnischen Völker den Gott Israels verehren oder zum Zion ziehen werden, noch, dass sie einem Vernichtungsgericht anheimfallen. Auch die so viel diskutierte Trennung des Pentateuch von den Büchern Josua, des Deuteronomiums vom deuteronomistischen Geschichtswerk, dürfte erst auf diesem Hintergrund zu verstehen sein: Sie schneidet Tora und Verheißung von der gewaltsamen Eroberung des ganzen zugesagten Landes ab.

Der Pentateuch in seiner Endfassung ist unprophetisch und uneschatologisch, ansatzweise sogar antiprophetisch und antieschatologisch. Blenkinsopp hat das zuletzt überzeugend gezeigt[79]. Nicht nur wird in ihm der Prophetentitel für andere Ges-

---

68 Dazu etwa J. Blenkinsopp, Prophecy and Canon. A Contribution to the Study of Jewish Origin, 1977, 80. Eine derartige Datierung kann hier nicht im Detail begründet werden, doch sprechen unabhängig voneinander eine Reihe von Tatsachen dafür, so der samaritanische Pentateuch, der vermutliche Beginn der Septuaginta-Übersetzung, das Fehlen jeder Einwirkung des Hellenismus, die Sicht der Chronikbücher u.a.

69 Ex 22,24; Dtn 23,19; Lev 25,36.

70 Dtn 15,1-11.

71 Ex 21,2-11; Dtn 15,12-18.

72 Lev 25.

73 Num 18,20ff.; vgl. Lev 27,32f.

74 Schon im Bundesbuch Ex 23,18f. u.a., vgl. a. Ex 34,25; bes. aber Lev 1-7.22.

75 Festkalender in Ex 34,21ff.; 23,10ff.; Dtn 16; Lev 23; Num 28f.; vgl. Lev 16.

76 Bes. Ex 28ff.; Lev 21f. u.a.

77 Bes. Lev 11ff. u.a.

78 Es mag hier genügen, daran zu erinnern, dass die Hauptorte der Vätertradition in der Genesis, wo auch die großen Verheißungen ergehen, außerhalb der persischen Provinz Juda liegen, das gilt für Sichem, Mamre und Beerseba sicher. Bethel ist wohl teilweise umstrittener Grenzort (vgl. P. Welten, Geschichte und Geschichtsdarstellung in den Chronikbüchern, WMANT 42, 1973, 123ff.).

79 Prophecy and Canon, bes. 80ff.

talten verwendet[80] und gibt es kaum auch nur potenziell eschatologische Stellen[81], vor allem ist sein Ende völlig eindeutig: Es wird nach Mose keinen Propheten mehr wie ihn geben (Dtn 34,10).

Schließlich enthält der Pentateuch auf seine Weise auch den Schlüssel für die Zusammengehörigkeit von jüdischer Diaspora und Provinz Juda. Mir scheint immer mehr, dass das Problem der Diaspora der wahre Hintergrund dafür ist, dass in der Tora nicht nur Gesetze stehen, sondern anderes quantitativ und qualitativ gleichgewichtig daneben. Wahrscheinlich dem Aufriss der priesterschriftlichen Bestandteile in diesem Punkt folgend[82], zeigt das Mammutwerk vor allem an den Vätergestalten, wie man im fremden Land, vor dem Sinai und ohne die Fülle der Gesetze als Same Abrahams leben und glauben kann: Sabbat[83] und Blutenthaltung[84], Beschneidung[85] und Passa[86] können auch ohne Tempel und in der Diaspora gehalten werden[87] – ganz abgesehen von allen anderen gewichtigen Themen dieser Passagen.

So umstritten in historischer Hinsicht Gestalt und Werk Esras im Detail auch sein mögen[88], m. E. ist es kaum möglich, zu bestreiten, dass irgendwann in der Perserzeit durch ihn ein von den Persern autorisiertes Gesetzeswerk in der Provinz Juda in Kraft gesetzt worden ist, und dass daraus, wie immer es auch ausgesehen haben mag, im Laufe der weiteren Rechtsgeschichte bis etwa zu der Zeit des beginnenden Hellenismus das geworden ist, was wir als Pentateuch kennen[89]. Als geltendes Recht der Provinz Juda (und ein Stück weit auch der Diaspora; vgl. Est 3,8) sowie entscheidende Abstammungs-, Geschichts- und Religionsurkunde, die zugleich die Beziehung zur Diaspora sichert, bildet die Tora den Kern des biblischen Kanons. Und ihre inhaltliche Komposition zeigt, dass sie in der Endredaktion von der gleichen Koalition getragen wird, die hinter Nehemia stand.

Doch in welchem Sinne waren der Pentateuch und seine gesetzlichen Bestandteile geltendes Recht? Da wir fast automatisch geneigt sind, an dieser Stelle spätere Rechtsvorstellungen einzutragen, scheint mir folgende Überlegung am Platz. Wenn sich Nehemia selbst[90] oder auch die Chronikbücher[91] auf die Tora berufen, ist fast nie

---

80 Etwa Abraham (Gen 20,7), sogar Aaron (Ex 7,1), vor allem aber Mose (vgl. L. Perlitt, Mose als Prophet, EvTh 31, 1971, 588-608).

81 Ernsthaft zu diskutieren sind überhaupt bloß Num 24,17 und der Schluss des Moseliedes Dtn 32,36.41ff. (nicht aber Texte wie Gen 3,15 und 49,10); im Vergleich mit der Schlussredaktion der etwa gleichzeitigen Prophetie ist das erstaunlich wenig.

82 Vgl. schon E. Meyer, Entstehung, 222ff.

83 Gen 2,2f.; Ex 16 (bes. V.10!); 25,2ff.

84 Vor allem Gen 9,4.

85 Gen 17.

86 Vgl. Ex 12f.

87 Man denke auch an die P-Texte zum Problem der Mischehen (Gen 27, 46; 28,1ff.).

88 Zu Esra vgl. außer den bereits genannten Arbeiten u.a. H. H. Schaeder, Esra der Schreiber, 1930; W. Th. In der Smitten, Esra. Quellen, Überlieferung und Geschichte, 1973; K. Koch, Ezra and the Origins of Judaism, JSSt 19, 1974, 173-197. – Im Prinzip der gleichen Trägergruppe, der hier die Schlussredaktion des Pentateuch zugeordnet wird, wird man auch andere Texte zuschreiben müssen: So die (aber wohl schon der hellenistischen Zeit entstammenden) Chronikbücher samt Esra und Nehemia, dann eine Reihe von Psalmen, vor allem die so genannten Tora-Psalmen (1; 19; 119), mit allerdings sehr unsicherer Datierung.

89 Diese These formuliert ein m.E. kaum in Frage zu stellendes Minimum und sieht von jedem Versuch einer Identifizierung des Gesetzbuches Esras ab (dazu vgl. U. Kellermann, Erwägungen zum Esragesetz, ZAW 80, 1968, 373-385). Will man auch das bestreiten, also jeden Zusammenhang von Esragesetz und Pentateuch in Frage stellen (so neuerdings C. Houtman, Ezra and the Law. Observations on the supposed Relation between Ezra and the Pentateuch, OTS 21, 1981, 91-115), muss man in letzter Konsequenz für den Ausgangspunkt der Kanonisierung des Pentateuch einen in der Sache ähnlichen Vorgang postulieren!

90 Vgl. vor allem Neh 13, aber auch 5.

der Wortlaut entscheidend[92]. In der in Neh 10 bewahrten Verpflichtungsurkunde[93] werden zum Beispiel bestimmte Gesetze des Pentateuch herausgegriffen und ins Zentrum einer eigenen Abmachung gerückt. Einiges davon steht gar nicht im Pentateuch. Hier wird eine Freiheit im Umgang mit Wortlaut und Sache sichtbar, die sich mit der Anerkennung der Tora als höchster Autorität offensichtlich verträgt, ja sie bedingt. »Gesetzlichkeit« gibt es da nicht, weder in einem juristischen noch in einem theologisch-pejorativen Sinn. Die Tora und ihr Wortlaut spielen ganz offenbar eine andere Rolle als etwa später für die Pharisäer, geschweige denn in noch späteren Zeiten.

Zum Verständnis und zur Vermeidung von Missverständnissen kann, so meine ich, ein Blick auf die altorientalischen Gesetze helfen[94]. Sie sind bekanntlich nie in dem Sinne Recht gewesen wie ein neuzeitliches Gesetz. Keine der vielen Rechtsurkunden zitiert sie oder verwendet sie als Autorität. Sie wollten und konnten das faktisch herrschende mündliche Gewohnheitsrecht nicht ersetzen. Im vorexilischen Israel dürfte das Verhältnis von Rechtskodices und alltäglicher Rechtspraxis nicht grundsätzlich anders gewesen sein. Und auch die nachexilische Addition der älteren Gesetze zum Pentateuch und die von der persischen Regierung legitimierte Inkraftsetzung des Esragesetzes haben daran zunächst kaum viel geändert. Man wird das rechtliche Wesen von Esragesetz und Gesamttora zunächst doch wohl eher nach Analogie dieser älteren altorientalischen Korpora beurteilen müssen als nach denen späterer Zeiten.

Freilich gibt es nun daneben in dieser Zeit durchaus auch deutliche Anzeichen für Neues und Anderes, wenn auch erst im Ansatz. Dafür wird man die Beauftragung Esras durch den Perserkönig nach dem Text von Esr 7 hinsichtlich des in ihm waltenden Rechtsbewusstseins (und zwar ganz unabhängig von der Frage der Echtheit des Dokuments) genau so anführen können, wie die Verlesung und Erläuterung des Gesetzes bei seiner Einführung durch Esra in Neh 8. Hier geht es nicht mehr nur um das Recht der Provinz Juda, sondern zugleich und in eins damit um den endgültigen Anfang des Kanons[95].

---

91 Dazu vgl. Th. Willi, Thora in den biblischen Chronikbüchern, Judaica 36, 1980, 102-105; 148-151: »Das Buch der Thora enthält zwar die Thora, aber es ist nicht die Thora, die göttliche Belehrung« (105; vgl. 149); s. bes. 2 Chr 15,3; 6,16.27.

92 Dabei kann ganz von Fragen der Esradatierung oder der, in welcher Form der Pentateuch damals vorlag, abgesehen werden: Es geht um die Art des Umgangs mit der, wie immer gegebenen, Rechtstradition Israels.

93 Dazu vgl. jetzt die Beobachtungen von D. J. Clines, Nehemiah 10 as an Example of early Jewish Bilbical Exegesis, JSOT 21, 1981, 111-117.

94 Vgl. zum Folgenden F. R. Kraus, Ein zentrales Problem des altmesopotamischen Rechts: Was ist der Codex Hammurabi?, Genava 8, 1960, 283-296; W. Preiser: Zur rechtlichen Natur der altorientalischen ›Gesetze‹, in: FS K. Engisch, 1969, 17-36; J. Renger, Hammurapis Stele ›König der Gerechtigkeit‹. Zur Frage von Recht und Gesetz in der altbabylonischen Zeit, WO 8, 1976, 228-285; J. Krecher, Das Rechtsleben und die Auffassung vom Recht in Babylonien, in: W. Finkentscher/H. Franke/O. Köhler (Hg.), Entstehung und Wandel rechtlicher Traditionen, 1980, 325-354.

95 Vgl. außer Blenkinsopp (oben Anm. 79) bes. J. A. Sanders, Torah and Canon, 1972. Die Meinung von J. Conrad (Zur Frage nach der Rolle des Gesetzes bei der Bildung des alttestamentlichen Kanons, ThV XI, 1980, 11-19), weder das Gesetz noch ein selbständiger Pentateuch habe bei der Entstehung des Kanons eine Rolle gespielt, hat manche Fakten gegen sich und ist kaum überzeugend.

V. Anonyme Prophetie. Zur Problematik der eschatologischen Kreise

Max Webers ambivalentes Bild von der Erstickung der Prophetie als lebendiger Stimme in dieser Periode einerseits[96], ihrer bleibenden Bedeutung für diese und die weitere Geschichte des Judentums andererseits[97], dürfte im Kern zutreffen. Allerdings wird man weniger Macht und Interesse der Priester allein für das schrittweise Verstummen der Prophetie verantwortlich machen können, als vielmehr die Gefahr, die von jeder eschatologischen Ungeduld für den labilen Kompromiss mit der persischen Macht ausging[98]. War der Anfang der Restauration nach dem Exil durch Propheten wie Haggai und Sacharja ausgesprochen stark eschatologisch geprägt, so treten solche Zukunftshoffnungen in den Dokumenten der Zeit Nehemias und Esras auffallend zurück. Entsprechendes gilt für die späteren Chronikbücher. Diesem Zurücktreten entspricht der zu beobachtende Weg der Prophetie in Anonymität und Pseudonymität[99]. Joel ist der Letzte, dessen Namen wir kennen, und er ist der Einzige nach Sacharja[100]. Der Ausbau der eschatologischen und messianischen Hoffnungen wie der Aufstieg der Apokalyptik vollzieht sich in interpretierenden Zusätzen zu älteren Schriften, in redaktionellen Vorgängen und anonymen Sammlungen mit schleichendem Übergang zur Pseudonymität der klassischen Apokalyptik.

Inhaltlich dominieren dabei immer stärker Bilder, die die endgültige Herrschaft Gottes über alle Völker und damit die Befreiung Israels ausdrücken[101]. Für die Perser dürfte es nur ein relativ belangloser Unterschied gewesen sein, ob eine friedliche Wallfahrt aller Völker erwartet wird oder ein Vernichtungsgericht. Beides richtet sich gleichermaßen gegen ihre Macht. Und genau diese Tendenz zeigt die unübersehbare Differenz zur Nehemia-Koalition, die sich unter die Perserherrschaft stellt, um sich nicht unter deren Gesetz stellen zu müssen. Es verdient aber festgehalten zu werden, dass die Tora auch für die eschatologischen Kreise gilt; man wird sagen müssen: Zunehmend[102].

Jeder Versuch, die hinter diesen Prophetentexten und -sammlungen in dieser Zeit stehenden Kreise soziologisch zu verorten[103], ist bisher misslungen. Zwar kann man an einer Stelle einen wichtigen Anfang dieses Weges relativ deutlich erkennen: dass die Heimat des tritojesajanischen Kreises in marginalisierten, auch politisch an

---

96 Judentum, bes. 399.

97 Bes. ebd. 378.

98 Vgl. etwa Hanson, Apocalyptic, 274ff.; D. L. Petersen, Late Israelite Prophecy, Studies in Deutero-Prophetic Literature and in Chronicles, SBL.MS 23, 1977, bes. 98f. Aufschlussreich ist bes. die Rolle der Prophetie in Neh 6.

99 Dazu etwa Blenkinsopp, Canon, 110ff.

100 Zur Datierung vgl. etwa H. W. Wolff, Dodekapropheton 2, Joel und Amos, BKAT XIV/2, ²1975, 2ff.; erste Hälfte 4. Jahrhundert.

101 Bes. deutlich sprechen Texte wie Jes 60; Joel 4; Ez 38f.; Sach 12; 14 sowie die Jesajaapokalypse (Jes 24-27). Von einem – in jedem Falle unsicher bleibenden – Versuch, die Texte der frühhellenistischen Zeit von denen der persischen zu sondern, soll hier ganz abgesehen werden; erst im Dan-Buch kommen wirklich neue Aspekte hinein. Für die Datierung derartiger Erwartungen ist bes. interessant, dass im Jeremia-Buch im Grunde erst nach-deuteronomistische Texte (nach W. Thiel, Die deuteronomistische Redaktion von Jeremia 1-15, WMANT 41, 1973) derartige Aussagen machen, vgl. bes. Jer 3,17f.; 10,3a; 25,15ff.

102 Bes. deutlich spricht der redaktionelle Abschluss des 12. Prophetenbuches in Mal 3,22. Leider liegen Untersuchungen zum Verhältnis von Eschatologie und Tora resp. Ethik erst für die nachalttestamentliche Zeit vor, bes. M. Limbeck, Die Ordnung des Heils. Untersuchungen zum Gesetzesverständnis im Frühjudentum, 1971; Chr. Münchow, Ethik und Eschatologie. Ein Beitrag zum Verständnis der frühjüdischen Apokalyptik, 1981.

103 Hinzuweisen ist bes. auf die Versuche von Plöger, a.a.O. und Hanson, a.a.O.

den Rand gedrängten Gruppen liegt, ist deutlich erkennbar[104]. Jeder Versuch aber, dies zu einem Generalschlüssel für das Verständnis der Trägerkreise der eschatologischen Prophetie zu machen, ist höchst problematisch und vor allem methodisch nicht zu rechtfertigen. Eine Verbindung solcher Texte zu Unterschichtskreisen ist über Tritojesaja hinaus bestenfalls teilweise zu vermuten. Aber das Stichwort »Armut« z.B. taucht in dieser späten Prophetie auffallend selten auf und ist keinesfalls Schlüsselbegriff[105]. Umgekehrt haben die deutlich nachexilischen Psalmen, die einer wirklichen Armenfrömmigkeit entstammen[106], wobei Ps 9/10 und 37 als deutlichste zu nennen sind, keine der gleichzeitigen Prophetie entsprechende eschatologische Zukunftserwartung. Hier bleibt bisher sehr vieles für uns im Dunkel.

Aus der so umstrittenen Beziehung von Apokalyptik und Weisheit wird man mindestens den Schluss ziehen können, dass auch Intellektuelle an den eschatologischen resp. apokalyptischen Kreisen beteiligt waren. Das zeigt zudem die Art und Weise ihres Umgangs mit dem älteren prophetischen Schrifttum. Aber was besagt das schon? Man kommt also derzeit nicht über eine recht vage Beschreibung hinaus: Konventikel, marginalisierte Gruppen, Teile der Unterschicht und der Intellektuellen.

Die von diesen Gruppen tradierten und geprägten prophetischen Schriften haben spätestens am Beginn des 2. Jahrhunderts zur Zeit von Jesus Sirach kanonischen Rang erhalten. Sie sind gemeinsam mit den Büchern von Josua bis 2. Könige, also dem deuteronomistischen Geschichtswerk, zum zweiten Teil des Kanons neben der Tora geworden. Über diesen Vorgang und seine Hintergründe haben wir keinerlei auf Quellen beruhende Kenntnis. Ich möchte die Vermutung wagen, dass es die mit dem Hellenismus[107] auftretenden neuen Großmächte, deren gegenüber der persischen Toleranz anderes Wesen, das damit entschieden veränderte politisch-gesellschaftliche Klima, wie es sich etwa in den Erzählungen des Esther- und Danielbuches spiegelt, aber auch der deutlich verschärfte wirtschaftliche Druck gemeinsam gewesen sind, die den Hintergrund dafür gebildet haben, dass diese prophetischen Schriften in einem für uns verborgenen Vorgang zu kanonischem Rang, d.h. zur Anerkennung gerade auch durch die führenden Kreise gelangten.

VI. Späte Weisheit. Zur Theologie der aristokratischen Kreise

»Der Verfasser des Hiobbuches setzt als Träger des religiösen Intellektualismus auch die vornehmen Geschlechter voraus«. Diese soziale Einordnung der späten israelitischen Weisheit durch Max Weber[108] bewährt sich m. E. bei einer gründlichen Analyse durchaus[109]. Schon Nehemias aristokratische Gegner lassen vor allem zwei Eigen-

---

104 Dazu neben und vor Hanson: G. Wallis, Gott und seine Gemeinde. Ein Beitrag zum Tritojesajabuch, ThZ 27, 1970, 182-200; K. Pauritsch, Die neue Gemeinde: Gott sammelt Ausgestoßene und Arme (Jes 56-66); AnBib 47, 1971.

105 Außerhalb des Jesaja-Buches (dort 29,17ff.; 25,4; 26,6, abgesehen von den tritojesajanischen Texten) sind eigentlich nur noch Zeph 2,3 und 3,12 sowie Sach 9,9 zu nennen; vgl. M. Schwantes, Das Recht der Armen, BET 4, 1977, 136ff.

106 Zum Stand der Diskussion vgl. H.-J. Kraus, Psalmen, BKAT XV/1, [5]1978, 108ff.; XV/3, 1979, 188ff.

107 Zur hellenistischen Zeit begnüge ich mich mit dem pauschalen Hinweis auf M. Hengel, a.a.O.

108 Wirtschaft und Gesellschaft, 397f.

109 Zur Begründung des Folgenden vgl. F. Crüsemann, Die unveränderbare Welt. Überlegungen zur Krise der Weisheit beim Prediger (Kohelet), in: W. Schottroff/W. Stegemann (Hg.), Der Gott der kleinen Leute, Sozialgeschichtliche Bibelauslegungen Bd. 1, Altes Testament, 1979,

schaften erkennen: Sie halten sich nicht an die Sozialgesetze der Bruderschaftsethik[110], und sie haben enge Kontakte gerade auch familiärer Art zu den führenden Kreisen der nicht-jüdischen Nachbarprovinzen[111].

Stellt man sich die Frage nach dem Selbstverständnis dieser Gruppen, so wird man weder einen direkten Übergang zu fremden Religionen annehmen dürfen noch die Aufgabe ethischer Grundsätze. Aber die altisraelitischen Sozialgesetze wie die strengen Endogamieregeln widersprechen ihren Interessen – und doch wohl auch ihrer Theologie. Ich meine, dass man die späten Weisheitsschriften – Hiob, Prov 1-9, Kohelet –, aber auch eine Erzählung wie das Büchlein Jona diesen Kreisen zuschreiben muss und kann[112].

Nur einige Gründe für eine solche Zuordnung sollen an dieser Stelle genannt werden. In all diesen Schriften ist nicht die Tora, sondern die Weisheit die entscheidende vermittelnde Größe und an *ihr* ist der Wille Gottes erkennbar. Und dabei geht es gar nicht um die Beziehung zwischen Jhwh und Israel, sondern um die von Gott und Mensch. Nach Prov 6 und 8 spricht die Weisheit an allen Orten und ihre Rede ist für jedermann vernehmbar. In besonderer Deutlichkeit zeigt die Warnung vor der Übernahme von Bürgschaften[113] die spezifische Interessenlage und deren Umsetzung in Ethik. In diesen Schriften wird eine Ethik an der Tora vorbei entwickelt. Dabei finden sich Normen wie die des mittleren Weges[114], aber auch erstaunliche Internalisierungen und Radikalisierungen älterer Werte, gerade auf dem Gebiet sexueller Beziehungen, die durchaus Einfluss auf die weitere Entwicklung der Ethik bis hin zur Bergpredigt gehabt haben[115].

Alle diese Texte durchzieht eine weitherzige Öffnung gegenüber Fremden und anderen Völkern. Das Vorbild Hiob etwa ist gar kein Israelit und fremde Matrosen übertreffen den Israeliten Jona an Jhwhfurcht[116]. Und das kann bis zu Spott und Ironie über die Engstirnigkeit prophetischer Kreise und ihrer Theologie gehen, wie man sie im Jonabuch findet: Ninive und sein Vieh bringen wirklich Reue auf[117] – für Jona aber gibt es nichts Schlimmeres als die Zuwendung der Heiden zu Gott[118].

Noch vieles könnte an dieser Stelle angeführt werden, aber die Differenz zum Pentateuch wie zu den prophetischen Schriften ist wohl deutlich genug, genau wie die Beziehung dieser Texte zu dem, was sonst von der Aristokratie erkennbar ist. Weder Nehemia noch Esra noch sonst eine Stimme hat die Zugehörigkeit dieser Kreise und ihrer Theologie zum Gottesvolk bestritten oder in Frage gestellt. Ihre Schriften einschließlich der Radikalität eines Kohelet sind Teil des Kanons in seinem dritten Teil geworden. Auch an dieser Stelle muss man sich hüten, spätere Konflikte und deren Austragungsmodi in diese Zeit zurückzuprojizieren. Gerade die Vielfalt und Dispa-

---

80-104; Hiob und Kohelet. Ein Beitrag zum Verständnis des Hiobbuches, in: Werden und Wirken des Alten Testamentes, FS C. Westermann, 1980, 373-393.

110 Vgl. bes. Neh 5.

111 Vgl. bes. Neh 6,17ff.; 13,4ff.; 28.

112 Davon dürfte Hiob einigermaßen sicher der persischen, Kohelet ebenso deutlich der frühhellenistischen Zeit angehören; Prov 1-9 und Jona sind kaum genau datierbar, letzteres nach Wolff (BK XIV/3, 1977, 56) vielleicht eher in den Beginn der späteren Periode.

113 Schon in der älteren Weisheit (Prov 11,15; 17,18; 20,16; 22,26f.; 27,13), bes. deutlich aber Prov 6,1-5.

114 Koh 7,16ff.

115 Vgl. bes. Hi 31, aber auch Prov 5,1ff.; 6,20ff.

116 Jon 1,9.

117 Jon 3,7ff.

118 Jon 4.

ratheit des dritten Kanonenteils spiegelt die Breite des Judentums vor den Entscheidungen, die der Konflikt mit Antiochus IV. brachte.

DAS »PORTATIVE VATERLAND«

Struktur und Genese des alttestamentlichen Kanons

Heinrich Heine hat vom Buch der hebräischen Bibel gesagt, dass die Juden »dasselbe aus dem großen Brande des zweiten Tempels gerettet, und es im Exile gleichsam wie ein portatives Vaterland mit sich herumschleppten, das ganze Mittelalter hindurch«[1]. Als dieser Schriftkanon entstand, gab es für ihn kein Vorbild. Josephus etwa ist sich der Differenz zu den »Myriaden einander widersprechender und bekämpfender Bücher« der heidnischen Antike sehr bewusst (Contra Apionem I, 38). Die anderen Schriftreligionen sind nicht ohne Bezug auf den alttestamentlichen Kanon entstanden. In der christlichen Kirche wurde er zum ersten Teil eines Doppelkanons[2]; lange Zeit allerdings in der weiteren und etwas anders strukturierten Form von Septuaginta und Vulgata. Erst die Reformation griff, was den Umfang betrifft, auf die hebräische Bibel zurück. Wie es zu diesem Kanon und seiner identitätsstiftenden Wirkung kam, soll im Folgenden in Umrissen dargestellt werden.

Die hebräische Bibel besteht aus drei Teilen: Tora (»Gesetz« = 5 Bücher Mose), Propheten (darin die »vorderen« Propheten mit den Büchern Josua, Richter, Samuel, Könige, und die »hinteren«: Jesaja, Jeremia, Ezechiel und das 12-Prophetenbuch) und Schriften (Psalmen, Hiob, Proverbien, Ruth, Hohes-Lied, Threni, Esther, Daniel, Esra, Nehemia, Chronik). Zumindest was den Vorrang der Tora angeht, spiegelt diese Struktur eine sachliche und historische Rangfolge. Ein formeller Abschluss der Buchliste erfolgte wohl erst irgendwann nach 70 n.Chr.; die meisten Schriften hatten aber nachweislich bereits sehr viel länger überragende Bedeutung. Dem Selbstverständnis wie der späteren Tradition nach entstammt die Tora von Mose, alles andere der Zeit bis Esra (ca. 5. Jh.v.Chr.).

Die wissenschaftliche Rekonstruktion der Genese dieses Kanons kann sich nur auf wenige einschlägige Quellen stützen.[3] Da ist der Bericht über die Auffindung

---

1 H. Heine, Zur Geschichte der Religion und Philosophie in Deutschland (1834), nach: Sämtliche Schriften, hg. v. K. Briegleb, Bd. 5, 1976, 483; vgl. ders., Geständnisse (1854), nach: Ebd. Bd. 11, 1976, 545.

2 H. v. Campenhausen, Die Entstehung der christlichen Bibel, BHT 39, 1968.

3 Einen Überblick über Geschichte und Positionen der Forschung gibt B. S. Childs, Introduction to the Old Testament as Scripture, 1979, 51ff. Die lange Zeit relativ im Hintergrund stehende Thematik hat in den siebziger Jahren durch die englischsprachige Diskussion um »canonical criticsm« (dieser Terminus zuerst bei J.A. Sanders, Torah and Canon, 1972) einen breiten Aufschwung genommen. Zwar ist deren Hauptfokus ausgehend von den Arbeiten von Childs die Frage nach der methodischen und hermeneutischen Bedeutung der kanonischen Endform der biblischen Texte und Bücher – zur bis heute anhaltenden Diskussion möge hier der Verweis auf die Beiträge in JSOT 16, 1980 genügen –, aber im Zusammenhang damit hat es auch eine ganze Reihe von wichtigen neueren Arbeiten zur Entstehungsgeschichte des Kanons gegeben. Ich nenne als besonders typisch und wichtig: J. A. Sanders, Torah and Canon, 1972; ders., Adaptable for Life. The Nature and Function of Canon, in: Magnalia Dei, FS G. E. Wright, 1976, 531-560; ders., Text and Canon: Concepts and Method, JBL 98, 1981, 5-29; ders., Text and Canon: Old Testament and New, in: Mélanges D. Barthélemy, OBO 38, 1981, 373-394; S. Z. Leiman, The Canonization of Hebrew Scripture: The Talmudic and Midrashic Evidence, 1976; J. Blenkinsopp, Prophecy and Canon. A Contribution to the Study of Jewish Origins, 1977; J. Barr, Holy Scripture. Canon, Authority, 1983, weiter sind zu beachten H.M. Orlinksy, The Canonization of the Hebrew Bible and the Exclusion of the Apokryph, in: Ders., Essays in Biblical Culture and Bible Translation, 1974, 257-286.; E. Jacob, Principe canonique et formation de l'Ancien Testament, VT. S 28, 1974, 101-122; R. E. Clements, Covenant and Canon in the Old Testament, in: Creation, Christ and Culture, FS F. E. Torrance, 1976, 1-12; A. Lemaire, Les Ecoles et la Formation de la Bible dans l'ancien Israel, OBO 39, 1981 u.v.a.

eines Buches der Mose-Tora und die Verpflichtung darauf in 2 Kön 22f. unter König Josia im Jahre 622 v.Chr., der sich auf das Deuteronomium (5 Mose) beziehen dürfte. Da ist das Gesetz des Esra und seine Inkraftsetzung (Esr 7; vgl. Neh 8); eine der diskutierten Identifikationen für dies Gesetz ist der Pentateuch. Da ist das Lob der Väter des um 190 v.Chr. schreibenden Jesus Sirach (ab Kap. 44), in dem insbesondere der vollständige Prophetenkanon einschließlich des 12-Prophetenbuches (49,10) erwähnt wird, der aber auch die meisten der »Schriften« zu kennen scheint[4]. Da ist der Prolog zur griechischen Übersetzung des Sirachbuches durch seinen Enkel (um 130 v.Chr.), aus dem man einen dreiteiligen Kanon erschlossen hat. Da ist die Tatsache, dass die Samaritaner nur den Pentateuch als heilige Schrift haben. Und da sind dann ab dem 1. Jh.n.Chr. Angaben des Neuen Testaments, des Josephus (bes. Contra Apionem I, 38ff.), des 4. Esra-Buches (14,44ff.), dann der Mischna, des Talmud (bes. bBaba Batra 14b/15a) und anderer rabbinischer Schriften. Da vor allem die älteren Quellen hinsichtlich Datierung, Echtheit und manchen grundlegenden Verständnisfragen umstritten sind, sind die Rekonstruktionen im Detail sehr unterschiedlich, und von einem wissenschaftlichen Konsens kann man höchstens für die allergröbsten Umrisse des Prozesses sprechen.[5] Zudem hängt viel davon ab, welchen Begriff von Kanon man zugrundelegt. Selbst bei einer Beschränkung auf literarische Größen sind sofort unterschiedliche Möglichkeiten mit im Spiel, von der »kanonischen« Bedeutung religiöser Schriften[6] oder Rechtskodices[7] über den Abschluss produktiver Weiterarbeit am Text bis zum entfalteten Kanonbegriff eines Josephus[8], der rabbinischen[9] oder der christlichen Tradition[10]. Solche in den Quellen explizit oder implizit zu findenden Kanonbegriffe sind in unterschiedlicher Weise zum Maßstab der historischen Rekonstruktionen gemacht worden.[11] All das hat dazu geführt, dass allein die Annahmen über die endgültige Schließung des Kanons von der Makkabäerzeit bis nach den Bar-Kochba-Aufstand reichen.

Im Folgenden soll es nun nicht primär um eine neue Diskussion der genannten und der wenigen weiteren Quellen im Detail gehen. Natürlich muss ein bestimmtes Verständnis dieser Quellen vorausgesetzt werden; eine Begründung kann allerdings meist nur in Andeutungen gegeben werden.[12] Es geht um Aspekte des Kanonisie-

---

4 Vgl. J. L. Koole, Die Bibel des Ben-Sira, OTS 14, 1965, 374-396.

5 In Kürze ist er etwa in den Einleitungen formuliert: O. Eißfeldt, Einleitung in das Alte Testament, ³1964; R. Smend, Die Entstehung des Alten Testaments, ³1984; O. Kaiser, Einleitung in das Alte Testament, ⁵1984; R. Rendtorff, Das Alte Testament. Eine Einführung, ²1985. Zu beachten sind aber auch manche kritische Anfragen an ihn, etwa C. H. Lebram, Aspekte der alttestamentlichen Kanonbildung, VT 18, 1968,173-189 und J. Lightstone, The Formation of the Biblical Canon in Judaism of Late Antiquitiy: Prolegomena to general reassessment, SR 8, 1979, 135-142.

6 W. G. Lambert, Ancestors, Authors and Canonicity, JCS 11, 1957, 1-14.

7 H. G. Kippenberg, Art. Codes and Codification, Encyclopedia of Religion, 1987.

8 Dazu R. Meyer, Bemerkungen zum literargeschichtlichen Hintergrund der Kanontheorie des Josephus, in: Josephus Studien, FS O. Michel, 1974, 285-299.

9 S. Z. Leiman, The Canonization of Hebrew Scripture: The Talmudic and Midrashic Evidence, 1976.

10 H. v. Campenhausen, Die Entstehung der christlichen Bibel, BHT 39, 1968; H. Donner, Gesichtspunkte zur Auflösung des klassischen Kanonbegriffs bei Johann Salomo Semler, in: Fides et Communicatio, FS M. Doerne, 1970, 56-68.

11 Zur Kritik an der Verwendung eines sehr engen Kanon-Begriffs etwa durch G. Hölscher, Kanonisch und Apokryph, 1905 vgl. Childs, Introduction (Anm. 2), 52. Man kann m.E. die Geschichte der Kanonbildung nicht von der Entstehung des Begriffes trennen. Ich setze nicht zuletzt deshalb mit letzterer ein.

12 Zum Stand der Diskussion in der alttestamentlichen Wissenschaft verweise ich auf die neueren Einleitungen von Kaiser, Einleitung (Anm. 5) und Rendtorff, Einführung (Anm. 5), die gerade in ihrer Gegensätzlichkeit die tiefe Grundsatzkrise unserer Wissenschaft spiegeln.

rungsprozesses, die ihre Gültigkeit auch dann behalten, wenn die Bewertung der Quellen im Detail anders aussieht. Als Beispiel nenne ich O. Kaiser, der zwar die Berichte über Esra als rein »erbauliche Erzählung« ansieht, von deren historischen Auswertungen man »besser absieht«.[13] Dennoch muss auch er aus der Esra-Erzählung schließen, dass »der Pentateuch spätestens um die Wende vom 5. zum 4. Jahrhundert im wesentlichen abgeschlossen vorlag und im Laufe des folgenden Jahrhunderts seine unvergleichliche Dignität erhielt; denn« – und das ist nun entscheidend – »nur unter dieser Voraussetzung ist die Entstehung der Esraerzählung selbst verständlich« (407). Auch eine unhistorische Ätiologie muss eben meist die Existenz dessen, was sie begründen will, voraussetzen. Und Ähnliches ließe sich cum grano salis auch für 2 Kön 22f. und die Beziehung des dort genannten Buches zum Deuteronomium geltend machen.

Nicht um eine Rekonstruktion der formalen Kanonisierungsschritte aufgrund der wenigen Quellen soll es also gehen, sondern um den Versuch, das zu erfassen, was sich in dieser Geschichte eigentlich vollzieht. Was ist es, das diese Sammlung von Schriften zum »portativen Vaterland« werden ließ und ihnen eine derartige identitätsstiftende Kraft gab? Stellt man die Frage so, ist es natürlich unumgänglich, Inhalt und Struktur der Texte, um die es geht, ebenso einzubeziehen, wie die historischen und sozialen Zusammenhänge, in denen sich dieser Prozess vollzieht. Ich konzentriere mich bei der ungeheuren Fülle der Aspekte, die bei einer derartigen Fragestellung vor Augen treten, auf drei zentrale:

a) Integration angesichts tödlicher Bedrohung

Physische Existenz und innere Identität des Volkes Israel sind in singulärer Weise durch eine Folge von tödlichen Katastrophen und Bedrohungen hindurch bewahrt, ja gestärkt und in gewisser Weise erst gewonnen worden. Geht im 8. Jh.v.Chr. mit dem Ende des Nordstaates Israel der weitaus größere Teil des damaligen Volkes nahezu spurlos unter, so übersteht der Rest, also im Wesentlichen Juda, die assyrische Herrschaft, das babylonische Exil, die Integration in das Perserreich, den Hellenismus, den tödlichen Konflikt mit Antiochus IV. und schließlich die römische Herrschaft mit der Zerstörung des Tempels und dem weit gehenden Ende jüdischen Landbesitzes in Palästina. Der Prozess der Kanonbildung lässt sich in diese Geschichte einzeichnen. Er ist Respons auf sie und Voraussetzung für sie. Der Kanon ist eben dadurch die – um Heines Wort modern zu variieren – tragbare Identität geworden.[14]

---

13 Kaiser, Einleitung (Anm. 5) zur Stelle.

14 Mit dem Identitätsbegriff wird trotz der Kritik von B. S. Childs, Rez. Sanders: Tora and Canon, Interp. 27, 1973, 90f. und Barr, Scripture (Anm. 3), 157 ein wichtiger Ansatz von Sanders aufgenommen und weitergeführt. Zum Hintergrund dieses Begriffes muss ich es an dieser Stelle bei Verweisen auf J. Habermas, Können komplexe Gesellschaften eine vernünftige Identität ausbilden?, jetzt in: Zur Rekonstruktion des Historischen Materialismus, stw 154, 1976, 92-126 und O. Marquard/K. Stierle (Hg.), Identität, Poetik und Hermeneutik VIII, 1979 bewenden lassen. Von den denkbaren und notwendigen Aspekten der historischen Identität Israels kann im Folgenden allein die – allerdings wohl für alles andere konstitutive – Außenseite, nämlich die Beziehung auf die Katastrophengeschichte Israels verfolgt werden. Die Innenseiten der »Buchreligion« (dazu S. Herrmann, Kultreligion und Buchreligion. Kultische Funktionen in Israel und Ägypten, in: Das ferne und das nahe Wort, FS L. Rost, BZAW 105, 1967, 95-105.) – man denke an den gleichzeitig entstehenden synagogalen Gottesdienst (S. Safrai, The Synagogue, in: S. Safrai/M. Stern, The Jewish People in the First Century, CRI, 2 Bde., 1974, 908-944) oder die Verwendung im Unterricht (schon Dtn 6,20ff. u.a.; dazu S. Safrai, ebd. 945-970) –, erst Recht die Rolle für die Identität des Individuums – man denke an ihre Funktion im Gebet der Tora-Psalmen oder das Verhältnis zur Weisheit –, also das interne Funktionieren der tragbaren Identität, kann hier nicht verfolgt werden.

b) Selbstbestimmung durch soziale Mittelschichten
Eine der Voraussetzungen dieser Geschichte ist es, dass nicht Staat oder Königtum oder eine Aristokratie Träger der religiösen und literarischen Entwicklung in den entscheidenden Phasen der Kanonbildung waren,[15] sondern – in wechselnden Konstellationen – kleine, freie Bauern, Priester und anderes Kultpersonal, Beamte, Schreiber und Schriftgelehrte, kurz »Mittelschichten«. Sie bewahren und entwickeln Formen und Institutionen von Selbstverwaltung und Selbstbestimmung, gerade im Rahmen von Fremdherrschaft und Großreichen, ohne die Entstehung und Verwendung der kanonischen Schriften undenkbar wäre. Dieser, hier sehr grob beschriebene soziale Hintergrund[16] hat im Inhalt der Schriften seine Entsprechung in Herrschaftskritik auf der einen Seite, starken Sozialgesetzen bzw. Hoffnungsbildern für Sklaven, Lohnarbeiter und andere Entrechtete auf der anderen.

c) Zensur und neue Öffnung
Jeder Phase der Kanonentstehung sind Zensurmaßnahmen zuzuschreiben, immer aber auch eine grundsätzliche Öffnung für Neues und Unvorhergesehenes. Der strengen Ausblendung und Abwehr anderer Möglichkeiten, Traditionen, Schriften etc. lassen sich stets Institutionen und Haltungen einer grundsätzlichen Zukunftsoffenheit zuordnen. Der Rigidität entspricht die Anpassungsfähigkeit, der Konzentration eine neue Weite, dem Abschluss die Öffnung, der Begründung der Identität in ferner Vergangenheit die Offenheit für Innovationen.

I. Die Tora

Der Kern im Kern: Der Begriff Tora

Der erste und zentrale Kanonteil heißt »Tora«. Das hebräische Wort תורה wird traditionell mit νόμος »Gesetz« wiedergegeben; doch ist das sehr problematisch. Recht verstanden ist mit diesem Wort Wesen und Anspruch bezeichnet. Tora wird deshalb nicht selten zum Begriff für den Kanon überhaupt, kann also auch die anderen Kanonteile mit umfassen (Joh 10,24; 12,34; 15,25; 1 Kor 14,24). Die Geschichte von Wort und Begriff ist in nuce die Geschichte des Kanons.

Tora[17] heißt in der althebräischen Alltagssprache zunächst etwas, was folgendermaßen zu umschreiben wäre: Unterricht/Information/Aufklärung mit dem Ziel,

15 Produkte der höfischen und aristokratischen Kultur Israels sind natürlich von den Davidtraditionen über die Königspsalmen bis zu Kohelet im Kanon bewahrt worden, aber in den Kanon sind sie erst durch Rezeption in anderen Kreisen gelangt. Ähnliches gilt übrigens cum grano salis für Traditionen der Unterschichten.

16 Zu einzelnen Phasen der Kanonentstehung vgl. dazu etwa F. Crüsemann, ›... damit er dich segne in allem Tun deiner Hand ...‹ (Dtn 14,29). Die Produktionsverhältnisse der späten Königszeit dargestellt am Ostrakon von Meṣad Ḥashavjahu und die Sozialgesetzgebung des Deuteronomiums, in: L./W. Schottroff (Hg.), Mitarbeiter der Schöpfung, Bibel und Arbeitswelt, 1983, 72-103; ders., Israel in der Perserzeit. Eine Skizze in Auseinandersetzung mit Max Weber [o.S. 210-226]; S. Safrai, Jewish Self-government, in: S. Safrai/M. Stern (Hg.), a.a.O. (Anm. 7), 377-419.
Zum Stand der sozialgeschichtlichen Forschung am Alten Testament, die weithin als Auseinandersetzung mit Max Weber (1921) auftritt, mag hier der Verweis auf die Sammelbände von W. Schluchter (Hg.), Max Webers Studie über das antike Judentum. Interpretation und Kritik, stw 340, 1981; ders., Max Webers Sicht des antiken Christentums, Interpretation und Kritik, stw 548, 1985 genügen; jeweils Lit.

17 C. Liedke/C. Petersen, Art. תורה, THAT II, 1976, 1032-43.

Verhalten zu ermöglichen/zu veranlassen/zu normieren. Entscheidung ist die Verbindung von Instruktionen und Verhaltensnormierung. Als deutsche Übersetzung legt sich wohl »Weisung« besonders nahe. Das Lexem findet sich als Bezeichnung der »Weisung« der Mutter (Prov. 1,8; 6,20; 31,26), des Vaters (4,1f.; vgl. 3,1; 4,4), des Weisheitslehrers (Prov 7,2; 13,14), des Propheten (bes. Jes 8,20; 30,9), des Juristen bzw. Rechtskundigen (Ex 18,16.20; Dtn 17,11), dann aber auch Gottes selbst (z.B. Jes 2,3; Mi 4,2) und des deuterojesajanischen Gottesknechtes (Jes 42,4). Quantitativ und durch besonders festen Sprachgebrauch hebt sich davon die priesterliche Tora ab: Weisung zu erteilen ist *die* typische Aufgabe des Priesters (Jer 18,18; Ez 7,26). Aus dem Fundus der erlernten priesterlichen Berufswissens erteilt er Weisung im Sinne verhaltensbestimmender Auskunft im Bereich von Rein und Unrein, Opfer und Abgaben. Man fragt beim Priester wegen einer Tora an (z.B. Hag 2,11ff.). Das Wort wird dann auch zur Bezeichnung schriftlicher Kultgesetze (z.B. Lev 6,2.7.18 usw.) bzw. entsprechender Sammlungen (Lev 26,46).

Von diesen typologisch älteren Verwendungen des Wortes hebt sich deutlich der Sprachgebrauch im Deuteronomium ab. Man muss von einem wirklich neuen Tora-Begriff sprechen. Seine Vorgeschichte bleibt für uns weitgehend im Dunkeln (Hosea?); auch kann hier von der Frage abgesehen werden, ob er schon in den älteren Schichten des Deuteronomiums vorhanden ist. Es genügt, wenige Stellen anzuführen, damit das Besondere erkennbar wird. Da ist die Überschrift von Dtn 4,44f.:

> *Dies ist die Tora, die Mose den Israeliten vorlegte. Dies sind die Zeugnisse und die Bestimmungen und die Rechtssätze, die Mose den Israeliten bei ihrem Auszug aus Ägypten verkündete.*

Noch deutlicher sind Formulierungen wie die von Dtn 30,10:

> *Wenn du hörst auf die Stimme JHWH deines Gottes, um zu bewahren seine Befehle und seine Bestimmungen, das, was im Buche dieser Tora geschrieben steht* …

Es handelt sich also um die eine Weisung Gottes, die im Buche Deuteronomium bzw. seinem literarischen Kern schriftlich vorliegt. Diese Tora ist am Horeb dem Mose gegeben worden – nach dieser Tradition ist nur der Dekalog Gotteswort ohne Vermittlung des Mose – und wird von ihm – so die literarische Fiktion des Deuteronomiums – vor seinem Tode Israel mitgeteilt und schriftlich niedergelegt (31,9), und das alles vor dem Einzug ins Land. Trotz der Vielzahl von Bestimmungen und theologischen Reflexionen, die damit umgriffen sind, und denen die Vielzahl anderer, meist pluralischer Worte entspricht, die neben »Tora« stehen können, kommt alles auf die Einheit an: *Die* Tora umfasst rechtliches, ethisches, kultisches und religiöses Verhalten, alles Bezirke des Lebens und des Gotteswillens. Inhaltlicher Kern im Deuteronomium ist die auf Exodustat und Erwählung gegründete enge Beziehung von Gott und Volk, das 1. Gebot und die daran geknüpften ethischen Traditionen. Übermittelt also sonst in Israel der Priester bzw. der Prophet den aktuellen Gotteswillen für einzelne Fragen, so ist hier im Deuteronomium die eine, einzige, schriftlich vorliegende und an einem bestimmten Punkt der Vergangenheit ergangene Weisung Gottes formuliert. Mit diesem Tora-Begriff ist Anspruch und Problem des Deuteronomiums gegeben (vgl. u.).

Die folgende Entwicklung schließt daran an und ergänzt diesen Begriff. Ist schon im Kern des Deuteronomiums durch sein theologisches Denken über die Formulierung normativer Sätze hinaus die Verbindung mit der Geschichte, auf der die Gottesbeziehung Israels basiert, implizit enthalten – Väter, Exodus, Bewahrung, Landgabe – so wird das durch in der Nachfolge des Deuteronomiums stehende, so genannte deuteronomistische (dtr) Kreise expliziert: Die Verdeutlichung »dieser Tora« durch Mose, die in Dtn 1,5 einsetzt, umfasst zunächst eine ausführliche Rekapitulation von Geschichtstraditionen (Dtn 1-3). Und wohl schon im Esra-Gesetz, ganz sicher aber im gesamten Pentateuch wird das erheblich ausgebaut. Hier werden die grundlegenden Geschichtstraditionen, insbesondere Väter und Exodus, zum Teil der Tora. Durch die Verbindung mit den Schöpfungstraditionen von Gen 1f. ist eine weitere, im Alten Testament selbst erst ansatzweise, später aber ganz zentral hervortretende Ausweitung des Tora-Begriffs angelegt: Die schriftliche Tora Israels wird mit der Ordnung, dem »Gesetz« des vom gleichen Gott geschaffenen Kosmos und alles Geschaffenen identifiziert. Dass das, was in Israel schriftlich vorliegt, und der dieser Welt zugrundeliegende Plan letztlich identisch sind, ist ein großes Thema der sog. zwischentestamentlichen Literatur[18]. Dem entspricht es, wenn in JesSir 24 Gesetz und Weisheit gleichgesetzt werden.

Die Singularität und Schriftlichkeit der einen Tora Gottes, die im Deuteronomium und dann im Pentateuch vorliegt, schließt nun – auch unabhängig von ihrer Identifizierung mit dem Gesetz der Schöpfung – nicht aus, sondern ganz eindeutig ein, dass sie daneben immer auch lebendiger, mündlicher Vorgang bleibt. Das zeigen etwa die Verwendung des Begriffs in den Chronik-Büchern (II 15,3; 31,21)[19], die Bedeutung der Prophetie, später die Vorstellung von der mündlichen Tora, die neben der schriftlichen am Sinai dem Mose übergeben wurde. Gottes Wort ist zwar immer an die schriftliche Tora gebunden – und diese wird so zur norma normans – ist aber keineswegs auf sie reduziert, und insbesondere nicht auf ihren Buchstaben.

Ist Tora die eine, alles umfassende, schriftlich vorliegende, durch Mose in bestimmter Vergangenheit übermittelte Weisung Gottes, dann ist damit der Anspruch des Kanons in seinem Kern bezeichnet.

Der Kern: Das Deuteronomium

> *»Fügt dem Wort, das ich euch gebiete, nichts hinzu und nehmt nichts davon weg, um die Gebote JHWHs eures Gesetzes zu bewahren, die ich euch gebiete« (Dtn 4,2; vgl. 13,1).*

Diese so genannte *Kanonsformel*[20] findet sich im Alten Testament in dieser Form nur im Deuteronomium. Man wird sie noch nicht auf Wortlaut und Buchstaben, wohl aber auf die Sache und ihren Kern beziehen müssen. Sie zeigt, zumal in Verbindung mit dem Torabegriff, Anspruch und Selbstbewusstsein dieses 5. Buches Mose. Nach nicht unbestrittener, aber doch gut begründeter Auffassung ist das Deuteronomium bzw. eine literarische Vorform von ihm das Buch, das nach dem Bericht von 2 Kön

---

18 Vgl. etwa M. Limbeck, Die Ordnung des Heils. Untersuchungen zum Gesetzesverständnis des Frühjudentums, KBANT, 1971.

19 Dazu T. Willi, Thora in dem biblischen Chronikbüchern, Jud 36, 1980, 102-105.148-151.

20 Vgl. H.-D. Preuss, Deuteronomium, EdF 164, 1982, 74.82.

22f. im Jahre 622 v.Chr. im Jerusalemer Tempel »gefunden« und vom König Josia zur Grundlage einer umfassenden Kultreform gemacht wurde. In einem feierlichen »Bundesschluss« verpflichten sich König und Volk, die Worte dieses Buches zu befolgen (23,3). Hat dieser Bericht einen historischen Kern – und dafür spricht sehr viel –, dann ist hier die später kanonische Linie für eine begrenzte Zeit real an die Macht gekommen, und damit ist genau der Übergang vom vorkanonischen Zustand zum Beginn des eigentlichen Kanonisierungsprozesses bezeichnet, auch wenn dieser Vorgang Episode blieb und eine endgültige Entscheidung noch nicht gefallen war, wie etwa die Jermia-Traditon zeigt.

Formal tritt das Deuteronomium als Abschiedsrede des Mose auf, der vor dem Eintritt ins Land, aber für das Wohnen in diesem Israel die ihm am Horeb verkündeten Gottesgebote weitergibt. Das heißt zum mindesten, dass es sich nicht als Neuerung, sondern als Auslegung und Weitergabe uralter, israelitischer Tradition empfindet. *Inhaltlich* muss man von einer Art Verfassungsentwurf für Israel sprechen, dessen Breite hier nicht einmal in Umrissen referiert werden kann. Alle gesellschaftlichen Institutionen, alle Schichten und Gruppen, alle Aspekte des Lebens werden umfassend und grundlegend geregelt, z. T. überraschend neu. Alle eigentlichen Gesetze werden vom Zentrum seiner Theologie aus entfaltet und begründet, einem radikalen Monolatrismus.[21] Der eine Gott, der Israel befreit und erwählt hat, soll allein und nur an einem einzigen Heiligtum verehrt, alle anderen sollen zerstört werden – und sind es wahrscheinlich auch (Dtn 12; 2 Kön 23,4ff.).

Man muss diesen ausladendsten theologischen Gesamtentwurf des Alten Testamentes als durchdachte Konsequenz aus der ein Jahrhundert zuvor geschehenen Katastrophe des Nordreichs und seinem nahezu spurlosen Untergang ansehen, und damit als Produkt einer relativ breiten Oppositionsbewegung im Juda der Manassezeit, der Periode totaler Abhängigkeit von Assur, die sich mit dem Zusammenbruch des assyrischen Reiches zunächst durchsetzt. Angesichts des tiefen Schocks, den die Katastrophe von 721 v.Chr. auslöste, wird das Wesen Israels und seiner Gottesbeziehung reformuliert. Dabei werden aus den älteren Traditionen – und damit »Kanon«-Formen, nimmt man den Begriff in einem weiteren Sinne – bestimmte Züge aufgenommen, weitergeführt, konzentriert und verstärkt, andere abgewehrt und bekämpft. Waren etwa die Gerichtspropheten des 8. Jahrhunderts Einzelne, »Verrückte« (Hos 9,7; vgl. Jer 29,26), die nur eine Minderheit hinter sich hatten, so wird ihre Kritik nach der Bestätigung durch die Katastrophe rezipiert, allerdings auch verwandelt. Ohne diese Propheten ist sowohl die Radikalisierung der Sozialgesetze als auch der kultischen Forderungen nicht denkbar. Allerdings knüpft das Deuteronomium nicht zuletzt auch an die ältere Rechtstradition von Ex 34 und dem Bundesbuch (Ex 20,22-23,33) an. War die Religion Israels vor dieser Periode sehr viel stärker auf den Staatskult zugeschnitten und in vielerlei Hinsicht näher bei Formen und Inhalten der Umwelt, so erfolgt in der deuteronomischen Bewegung genau die Kritik daran, die dann das folgende Exil zu überstehen ermöglicht: Das Königtum wird kritisiert, entmachtet und unter das Gesetz gestellt (Dtn 17,14ff.); Israel wird als autonomes Gottesvolk angesehen. Die Konzentration auf den einen Tempel bringt eine kritische Re-

---

21 Die Geschichte des Kanons ist deshalb aufs Engste mit der Geschichte der JHWH-allein-Bewegung in Israel verflochten. Die diesbezügliche, durch M. Smith, Palestinian Parties and Politics that Shaped the Old Testament, 1971 angestoßene neue Diskussion (z.B. O. Keel (Hg.), Monotheismus im Alten Israel und seiner Umwelt, BiBe 14, 1980; B. Lang (Hg.), Der einzige Gott. Die Geburt des biblischen Monotheismus, 1981) kann aber nur in wenigen Aspekten aufgegriffen werden.

duzierung des Opferwesens mit sich, die dann auch den Verlust des Tempelkultes im Exil – wie den endgültigen von 70 n.Chr. – überleben lässt.

Die alttestamentliche Wissenschaft hat die Kreise, die hinter dem Deuteronomium stehen, nur in undeutlichen Umrissen zu rekonstruieren vermocht. Weisheitlich geprägte Schreiber- und Beamtenkreise, Leviten bzw. bestimmte priesterliche Gruppen, die freie judäische Bauernschaft: All diese Gruppen sind einzeln oder gemeinsam dahinter vermutet worden. Deutlich erkennbar ist der Gegensatz zu Hof und traditioneller hauptstädtischer Oberschicht. Angesprochen in ihm sind durchgängig die freien israelitischen Landbesitzer. Ihre Souveränität umfasst etwa die Einsetzung von Richtern und Beamten (Dtn 16,18ff.); weithin handhaben sie selbst autonom das Recht. Und selbst bei großer Skepsis gegen alle sozialgeschichtlichen Erwägungen bleibt es typisch und auffällig, in wessen Händen die Tora nach dem Deuteronomium ist: Nach 17,18 haben sie die levitischen Priester, nach 31,9 außerdem noch die Ältesten Israels. Der König dagegen soll sich eine Abschrift davon machen und sich ihr völlig unterstellen (17,18ff.). Der sehr andere Akzent gegenüber der traditionellen »royal administration und national religion«[22] ist deutlich.

Blickt man nun auf das, was das Deuteronomium mit äußerster, rigoroser Schärfe bekämpft, dann wird der sachliche Kern dieses »Kanons« erkennbar. Das positive Zentrum ist wohl am klarsten in Dtn 6,4ff. formuliert – und wird bis heute von jedem frommen Juden täglich gebetet:

> *Höre Israel, JHWH unser Gott ist ein JHWH. Und du sollst JHWH deinen Gott lieben mit deinem ganzen Herzen und mit deiner ganzen Seele und mit deiner ganzen Kraft. Und diese Worte, die ich dir heute gebiete, sollst du auf dein Herz nehmen, und sollst sie deinen Söhnen einschärfen und sollst von ihnen reden, wenn du in deinem Haus weilst, wenn du unterwegs bist, wenn du dich niederlegst, und wenn du aufstehst. Binde sie zum Zeichen an deine Hand, und sie sollen zum Merkmal auf deiner Stirn werden. Und du sollst sie an die Pfosten deines Hauses und deine Tore schreiben.*

Die Zensur, der Zaun um dieses Zentrum wird außer in Dtn 12 besonders in Kapitel 13,2ff. formuliert. Hier geht es nicht um Abwehr von Literatur, sondern um Maßnahmen gegen Personen in Analogie zu und in Verbindung mit Rechtssanktionen. Jeder Prophet, jeder einzelne Israelit – und sei es der engste Verwandte –, jede Stadt in Israel, die zu anderen Göttern verführen will, soll mit der Schärfe des Schwertes bekämpft werden. Hat nach der prophetischen Verkündigung insbesondere Hoseas die Verehrung anderer Götter die Katastrophe des Nordreichs bewirkt, so wird jetzt diese Gefährdung mit ungeheurer Rigidität bekämpft. Zur richtigen Einschätzung muss man die reale Gefahr – nur und allein so hat Israel seine Identität bewahren können – genau so sehen wie die im Deuteronomium selbst gegebene soziale Verankerung dieser »Zensur«.

Denn den rigiden Abwehrmaßnahmen werden keine mächtigen, zentralen Zensurinstanzen zugeordnet. Weder der König noch eine theokratische, priesterliche Behörde noch eine andere Instanz hat diese »Zensur« zu vollziehen. Der dringend für nötig gehaltene strenge Schutz wird ganz und allein in die Souveränität und Autonomie der Angeredeten gelegt. Und genau hier wird die zentrale Leistung der histori-

---

22 G. W. Ahlström, Royal Administration and National Religion in Ancient Israel, Studies in the History of the Ancient Near East I, 1982.

schen Fiktion einer kanonischen Mosezeit ein Stück weit fassbar: Autorität nach Gott ist allein Mose, eine Gestalt der fernsten Vergangenheit. Und sein Tod ist die Bedingung des Inkrafttretens seiner Tora. Zwar haben wir diese Bindung an eine fiktive kanonische Zeit der Vergangenheit bis heute höchst teilweise und unzureichend begriffen, sicher aber ist, dass damit ein Rückgang hinter den Staat gewonnen und legitimiert wird: Die Tora ist kein Königsrecht. Sie bestimmt ihn, nicht er sie. Weiter kommt dazu: Die Ansiedlung von der Landnahme ist der Ermöglichungsgrund, den Verlust des Landes zu überwinden.

In diese Bindung der Tora an Mose und seine Zeit sind nun erstaunlicherweise Organe und Institutionen von Innovation und Fortschreibung eingebaut – als Teil der Tora. Da ist nach Dtn 17,8ff. ein »Obergericht«, das ungelöste Fälle mit der Autorität des Mose selbst (vgl. V.12f.) zu entscheiden hat, ein Organ der Rechtsfortschreibung[23]. Und da ist nach Dtn 18,15f. die Verheißung der beständigen Gestalt eines Propheten »wie« Mose, dem Gott seine Worte in den Mund legt. Für beide Aspekte, die im deuteronomischen Mose-Bild zusammengebunden sind, Recht und Prophetie, wird hier die Bindung an Mose und die sachliche Mitte der deuteronomischen Theologie mit einer institutionalisierten Offenheit für völlig neue Fragen und Probleme verwoben.

Damit sind im Deuteronomium alle Grundzüge des gesamten Kanons angelegt. Was folgt, ist Ausbau und Durchsetzung. Der Anspruch dieses Kerns ist der Anspruch des gesamten Kanons:

> *Siehe, ich habe dir heute vorgelegt das Leben und das Glück, den Tod und das Unglück. Wenn du die Gebote JHWHs deines Gottes bewahrst, die ich dir heute gebiete, indem du JHWH deinen Gott liebst, auf seinen Wegen wandelst und seine Gebote, Satzungen und Rechte bewahrst, so wirst du am Leben bleiben ... Wenn sich aber dein Herz abwendet, wenn du nicht mehr hörst, wenn du dich verführen lässt, dich vor anderen Göttern niederzuwerfen und sie zu verehren, so verkünde ich euch heute, dass ihr unweigerlich zugrunde gehen werdet ... (Dtn 30,15-18).*

Der Pentateuch als Tora

War das Deuteronomium die Voraussetzung, das Exil zu überstehen, so ist der Pentateuch als Ganzer seine Frucht. Das Riesenwerk nimmt zwar außer dem Deuteronomium und viel mehr als dieses eine Fülle älterer Tradition auf, die ältere Rechtsüberlieferung etwa und vor allem die für die Identität Israels so wichtigen genealogischen und erzählerischen Traditionen über Herkunft und Ursprünge bis zurück zur Schöpfung, und all das konstituiert seine Bedeutung mit. Aber große und zentrale Partien sind exilisch geprägt, die breite Schicht der so genannten priesterlichen Texte mit ihren kultischen Interessen etwa, aber wohl auch entscheidende Züge der Väterüberlieferungen, insbesondere die großen Verheißungen.[24] In diesen Texten wird das unzerstörbare Wesen Israels in Form von göttlichen Zusagen ausformuliert, und zugleich die Existenzweise einer Diaspora legitimierend begründet. Wie viel immer

23 S. G. Chr. Macholz, Zur Geschichte der Justizorganisation in Juda, ZAW 84, 1972, 314-340.
24 E. Blum, Die Komposition der Vätergeschichte, WMANT 57, 1984.

im Pentateuch älterer Tradition zuzuschreiben ist – und das ist ein immer wieder neues Thema alttestamentlicher Forschung – als Gesamtwerk ist er nachexilisch.

»Im 5. Jh. aber unter Esra und Nehemia wurde eine bis dato unbekannte Aktivität im Hinblick auf die schriftliche Kodifizierung entfaltet«[25]. Die Einzelheiten sind dunkel und in der Forschung umstritten. Da ist Neh 10, eine Selbstverpflichtung Israels auf zentrale Einzelpunkte der Tora. Da ist das vom Perserkönig autorisierte Gesetz (דָּת), das Esra – dessen zeitlicher Ansatz wiederum zwischen 458 und 398 v.Chr. schwankt – nach Esr 7 für die Juden in der Satrapie Syrien in Kraft zu setzen hatte. Entsprechendes ist auch für andere Völker bekannt[26]. Dieses Gesetz kann man nicht einfach mit der Tora Israels, etwa der von Neh 8, gleichsetzen[27], m. E. aber auch nicht völlig von ihr trennen. Da ist schließlich Nehemia, dem die spätere Überlieferung ebenfalls eine Sammlung von Schriften zuschreibt (2 Makk 2,13). Wichtig und neu ist ganz sicher, dass mit dem Esra-Gesetz die Tradition Israels oder ein Teil davon – Einzelheiten sind nicht aufzuklären – mit Billigung der persischen Reichsregierung geltendes Recht wird, und das insbesondere in der Provinz Juda. Stammt von hier über die Tradition hinaus mindestens ein Teil seiner Geltung, so ist ein Abschluss der literarisch produktiven Weiterschreibung der Tora spätestens mit dem Beginn des Hellenismus anzusetzen. Von den Auseinandersetzungen mit ihm sind keine Spuren mehr zu finden; der Pentateuch der Samaritaner wie der Beginn der griechischen Übersetzung stützen – trotz jeweils vieler Probleme im Einzelnen – eine solche Annahme. Das Neue schließt das Alte ab, dieses ermöglicht die Bewältigung des Neuen.

Die soziale Basis, die den Pentateuch trägt, ist breiter als die, die hinter dem Deuteronomium stand, hat aber ähnliche Konturen. Nehemias »Memoiren«, besonders die Ereignisse in Kapitel 5, lassen m. E. die Zusammensetzung der hinter Nehemia stehenden sozialen Koalition erkennen: Freie, kleine Bauern mit den typischen Sorgen von Überschuldung, Landverlust und Versklavung; Priestergruppen; die östliche Diaspora sowie die jüdische Führung der Provinz Juda in Übereinstimmung mit den Interessen der persischen Regierung. Positiv wie in der Abgrenzung – gegen aristokratische Kreise einerseits, eschatologisch-frühapokalyptische Gruppen andererseits – entspricht das dem, was eine Analyse des Pentateuch, insbesondere seiner rechtlichen und kultischen Partien, selbst ergibt. In ihm stehen die Sozialgesetze von Bundesbuch und Deuteronomium jetzt neben breit ausformulierten priesterlich-kultischen Ansprüchen und Interessen.

Über die beschriebenen theologischen Ab- und Ausgrenzungen des Deuteronomiums hinaus, die im Wesentlichen fortgeführt werden, ist vor allem *eine* neue Akzentsetzung zu erkennen[28], am klarsten im Abschluss des Gesamtwerkes:

> *Dtn 34,10f.: Und nicht wieder stand in Israel ein Prophet auf wie Mose, den JHWH erkannt hatte von Angesicht zu Angesicht in all den Zeichen und Erweisen ...*

Anders als in Dtn 18 ist Mose hier auch über alle Prophetie; es gibt keinen Propheten mehr »wie Mose«. Das ist ein deutlicher Akzent gegen eine zu große Rolle der Pro-

25 H. G. Kippenberg, Agrarverhältnisse im antiken Vorderasien und die mit ihnen verbundenen politischen Mentalitäten, in: W. Schluchter (Hg.), Christentum (Anm. 16), 168.
26 P. Frei, Zentralgewalt und Lokalautonomie im Achämenidenreich, in: P. Frei/K. Koch, Reichsidee und Reichsorganisation im Perserreich, OBO 55, 1984, 7-43.
27 R. Rendtorff, Esra und das Gesetz, ZAW 96, 1984.
28 Vgl. Blenkinsopp, Prophecy (Anm. 3), 80ff.

phetie und er zielt wohl insbesondere gegen das Neue, das auf diesem Gebiet seit dem Exil eingetreten war, die eschatologischen Erwartungen. Sie haben keinen Eingang in den Pentateuch gefunden (und konnten auch später nur mit Mühe in ihn hineininterpretiert werden). Man muss ihn als tendenziell un-, ja antieschatologisch ansehen. Der Hintergrund dafür wird nicht zuletzt in den labilen Beziehungen zwischen dem Perserreich und der jüdischen Autonomie zu suchen sein.

Diese Mose-Tora ist die Basis aller weiteren Geschichte Israels bzw. des Judentums. Alle späteren Gruppen, auch die so genannten Sekten und verschiedenen Parteien – Samaritaner, Qumran, Sadduzäer usw. – berufen sich trotz aller Differenzen auf ihn. Zu seiner Wirkung und seinem religiösen Verständnis sind beispielhaft die so genannten Tora-Psalmen heranzuziehen: die Tora bringt gerade auch dem Einzelnen Freude und Leben (Ps 1; 19; 119).

II. Die Propheten

Ein Blick zurück: Bewahrung durch »Zensur«

Die letzten Verse des Buches Maleachi bilden den literarischen Abschluss des Prophetenkanons:

3,22 *Gedenkt der Tora meines Knechtes Mose,*
dem ich befohlen habe
am Horeb für ganz Israel
Satzungen und Gesetze.
23 *Siehe, ich bin dabei euch*
den Popheten Elia zu senden
bevor der Tag Jahwes kommt,
der große und furchtbare.
24 *Und er wird wieder zuwenden das Herz der Väter zu den Söhnen*
und das Herz der Söhne zu den Vätern
damit ich nicht komme und schlage
das Land mit dem Bann.

Diese Verse formulieren das Verhältnis des Prophentenkanons zur Tora (V.22) wie das überschießende Neue, die eschatologische Erwartung (V.23f). Und sie lassen auch etwas von der Zeit dieses Abschlusses und ihrer Probleme erahnen (V.24). Der 2. Teil des Kanons ist der Tora untergeordnet und bleibend auf sie bezogen. Wie hier am literarischen Abschluss ist es auch in den Anfang des Prophetenkanons ausdrücklich hineingeschrieben worden (Jos 1,7f.). Diese Nachordnung spiegelt sich etwa in der Lektürepraxis des synagogalen Gottesdienstes und sie wird durch nichts deutlicher markiert, als dadurch, dass eine der großen »Religionsparteien« des Judentums um die Zeitenwende, die Sadduzäer, die im Prophetenkanon vertretene Lehre von der Totenauferweckung (Jes 25f.) nicht mit vollzog. Für diese Gruppe des Priesteradels galt allein die Tora; ihre Stellung zum Prophetenkanon bleibt allerdings historisch unaufhellbar.

Den Abschluss der literarischen Produktivität in diesem Bibelteil muss man in den Beginn des 2. Jh.v.Chr. datieren. Jesus Sirach setzt ihn voraus; das Danielbuch, das in den Jahren vor 164 v.Chr. entstand, fand keine Aufnahme mehr in ihm, und es gibt keine überzeugenden Gründe, mit Zusätzen und Bearbeitungen zu rechnen, die die Makkabäerkämpfe oder gar Späteres spiegeln. Der Generationenkonflikt, von dem Mal 3,24 spricht, und der offenbar tödliche Ausmaße anzunehmen droht, ist wohl mit Recht auf die verschiedenartigen Reaktionen auf den Hellenismus gedeutet worden[29], die dann den Konflikt mit Antiochus IV. mit auslösten. Der Übergang zur klassischen Apokalyptik des Daniel- oder Henochbuches aber setzt die Prophetie voraus und fand selbst keine Aufnahme mehr.

Doch reicht der Prophetenkanon weit zurück und enthält entscheidende Teile der Vorgeschichte des im Deuteronomium gegebenen, im Pentateuch ausformulierten Kanons. Denn das historische Problem der Genese der deuteronomischen Tora als Kern des Kanons liegt in der Differenz zwischen dem Anspruch und dem historischen Befund. Der Anspruch geht auf den Ursprung: Von Gott am Sinai/Horeb dem Mose übergeben, steht diese Tora über der gesamten Geschichte Israels, die daran und nur daran zu messen ist. Sie wurde aber erst in der späten Königszeit formuliert und diese Geschichte ist erst von ihr her geschrieben worden. Die Frage, wie die wahre, die »historische« Vorgeschichte gelaufen ist, ist Grundthema weiter Teile der alttestamentlichen Wissenschaft, und dabei ballen sich die Probleme: Literarische Schichtungsfragen, Datierungsprobleme, religions- und sozialgeschichtliche Rekonstruktionen. Zwischen der Annahme eines vor der Staatenbildung liegenden Kerns dessen, was im Deuteronomium zu Tage tritt, und einer, die mit seiner ersten Formulierung nicht vor dem Exil rechnet, schwanken die Extreme. Davon kann hier nur ein kleiner Ausschnitt unter kanongeschichtlichem Blickwinkel zur Sprache kommen.

Die eigentlichen Schwierigkeiten einer wissenschaftlichen Erhellung der Entwicklung, die zum Deuteronomium und dann zum Pentateuch hinführt, liegt in der Struktur des Kanons selbst: Die Vorgeschichte ist, wo nicht innerhalb der Tora – Traditionen des Deuteronomiums, vor allem Quellen des Pentateuchs –, so nur durch sie hindurch bewahrt, ja überhaupt erst formuliert worden. Von den vorexilischen, vordeuteronomischen Propheten sind nur die erhalten und weiterüberliefert worden, die mit der Tora vereinbar waren – und fast alle nur durch spätere, meist deuteronomische, also am Deuteronomium messende Bearbeitungstätigkeit hindurch. So sicher die Propheten in die Vorgeschichte des Deuteronomiums gehören, so sicher werden sie allein durch von ihm geprägte Kreise bewahrt, bearbeitet, bedeutet und ausgewählt, z. T. in ihrer heutigen Form erst und nur so konstruiert.

Noch deutlicher ist das beim ersten Teil des Prophetenkanons. Hier liegt in den Büchern Josua bis 2. Könige ein einziges literarisches Werk vor, das so genannte deuteronomistische Geschichtswerk. Es ist nach heute weithin anerkannter Auffassung – umstritten ist vor allem das Problem seiner inneren Schichtung – in der Exilszeit von Kreisen in der Nachfolge des Deuteronomiums gesammelt und redigiert worden. Es misst alle Geschichte seit Mose an Mose, d.h., am Deuteronomium und insbesondere an dessen kultischen Forderungen. Es sammelt und verarbeitet aber auch ältere – und nicht immer unumstritten rekonstruierbare – Quellen aus vielen Jahrhunderten. In jedem Falle aber ist Auswahl und Zensur deutlich: Nur als dunkler, nicht sehr konturenreicher Schatten kommen die disqualifizierten Strömungen der vorexilischen Zeit vor. Nur in Abbreviaturen werden etwa die Sünden der Könige, die zur Katastrophe des Exils führten, berichtet, und immer nur die kultischen. Manches davon steht erst heute durch archäologische Funde plastischer vor uns. Das deutero-

[29] W. Rudolph, Haggai-Sacharja-Maleachi, KAT XII, 1976, 292.

nomistische Geschichtswerk hat noch nicht einmal die großen Gerichtspropheten aufgenommen, wohl weil sie seinem Prophetenbild nicht entsprachen. Hätten wir nicht ihre eigenen – auch meist deuteronomistisch redigierten![30] – Sammlungen und Schriften, wir wüssten nichts von ihnen. Was durch die Katastrophe des Exils hindurch gerettet wird, wird durch die am »Kanon« ausgerichtete »Zensur« gewonnen und gewahrt.[31] Man überlebte durch den Kanon bzw. seinen Kern, und man sammelt und überliefert das – und nur das –, was ihm entspricht. Man schreibt von diesem Verlust und dieser Rettung her die eigene Geschichte neu, nein im Grunde als Ganzes zum ersten Mal.

Ein Blick voraus: Die Eschatologie und das Ende der Prophetie

Wenn Mal 3,23f. die Wiederkunft des in den Himmel gefahrenen Elia ankündigt, dann steht damit die eschatologische Hoffnung neben der Erinnerung an die Tora. Und genau das ist der entscheidend neue Akzent, den der Prophetenkanon gegenüber der Tora setzt. Die Hoffnung auf eine radikale Erneuerung und Umgestaltung der Welt und des Menschen, auf einen neuen Himmel und eine neue Erde, auf den Gerechtigkeit bringenden Messias und auf die Überwindung des Todesgeschicks – all das beginnt, soweit man es erkennen kann, anfangsweise in der Zeit des babylonischen Exils, es begleitet und prägt den Wiederaufbau des Tempels, ist aber dann nach Haggai und Sacharja offenbar in eine Art Untergrund abgedrängt worden und z.B. nicht an der endgültigen Ausgestaltung des Pentateuchs beteiligt. Die großen eschatologischen Texte sind schon im Exil teilweise anonym bzw. unter dem Namen großer Propheten ergangen und überliefert worden, und dieser Prozess setzt sich in nachexilischer Zeit intensiv fort. Nach Joel (wahrscheinlich 1. Hälfte des 4. Jh.) kennen wir keinen einzigen Propheten mehr mit Namen, der Ausbau des Prophetenkanons vollzieht sich – beginnend mit der erwähnten Bearbeitung durch deuteronomistische Kreise und weit darüber hinaus – in kleineren und größeren Ergänzungen älterer Prophetenbücher.

Dieses Phänomen entspricht sicher auf der einen Seite der sozialen Stellung und Rolle der dahinter stehenden Kreise. Wie etwa aus Neh 6,7.14 hervorgeht, galten Propheten als käuflich und gefährlich. Ihre oft radikalen Hoffnungen schlossen stets eine Entmachtung der Großmächte ein und gefährdeten den labilen Kompromiss mit der persischen Regierung. Und obwohl wir bisher kein überzeugendes Bild der hinter diesen Prophetenbüchern in der nachexilischen Zeit stehenden Kreise haben – vor allem weil man die wenigen deutlich erkennbaren Vorgänge, etwa bei Tritojesaja, sicher nicht einfach verallgemeinern darf –, so dürfte doch im Großen und Ganzen feststehen, dass es sich um marginalisierte Gruppen, um Teile der Unterschicht sowie Teile der Intellektuellen handelt.

Auf der anderen Seite muss der Prozess der Anonymisierung natürlich auch etwas mit dem theologischen Selbstverständnis dieser prophetischen Kreise zu tun haben. Sie

[30] Von den sich hier stellenden Fragen – etwa hinsichtlich einer inneren Differenzierung des Deuteronomiums – muss ganz abgesehen werden.

[31] Dass diese literarische Arbeit mindestens teilweise eine wirklich »canon conscious redaction« war, tritt erst allmählich ins Blickfeld der Forschung, vgl. G. Sheppard, Canonization: Hearing the Voice of the Same God through Historically Dissimilar Traditions, Interp. 36, 1982, 21-33; G. M. Tucker, Prophetic Superscriptions and the Growth of a Canon, in: Canon and Authority. FS W. Zimmerli, 1977, 56-70.

nehmen immer stärker selbst Züge von Auslegern älterer prophetischer Schriften an; Joel ist ein Beispiel dafür.[32] Dabei sind nun die seit dem Exil (Ps 74,9) »immer unüberhörbarer« werdenden Stimmen zu beachten, »welche das Verschwinden der Prophetie aus Israel direkt oder indirekt proklamieren« (vgl. JesSir 48f.; 1 Makk 4,46; 9,27; 14,41; Josephus, Contra Apionem I,41)[33]. Der Abschluss des Prophetenkanons drückt das unmissverständlich aus: Wenn das Wiederkommen des Propheten angekündigt wird, so heißt das, dass die Prophetie selbst zum eschatologischen Phänomen geworden ist (vgl. bes. a. Jl 3,1f.). In der Gegenwart ist Prophetie nur mehr als Schrift präsent. Aber auch so ist das Gewicht dieser Ergänzung zur Tora nicht leicht zu überschätzen. Ohne den Prophetenkanon war die Tora, um nur eines zu nennen, viel leichter auf ein reines Ritualgesetz zu reduzieren; da zeigt der Vergleich mit den Samaritanern und ihrer Geschichte sehr deutlich[34].

Das Bewusstsein vom Erlöschen des Geistes mit seinen literarischen Entsprechungen und die Begegnung mit der neuen Welt des Hellenismus mit seinen heraufziehenden Gefahren haben – neben vielleicht noch ganz anderen, uns unbekannten Faktoren – den Prophetenkanon in einem im Detail undurchschaubaren Prozess bis zum Beginn des 2. Jh.v.Chr. zu einem literarischen Abschluss und zur kanonischen Anerkennung gebracht. Für den Kampf auf Leben und Tod mit dem Hellenismus war das entscheidend. Allein mit Hilfe der in ihm formulierten Hoffnung konnte an der verbotenen Tora festgehalten werden. Insbesondere der Übergang zur klassischen Apokalyptik, wie er sich im Danielbuch und im äthiopischen Henochbuch zeigt, aber auch die Makkabäerbücher lassen erkennen, dass die erst durch die Auferstehungshoffnung mögliche Märtyrerhaltung ein wichtiges Moment in diesem Kampf war.

III. Die »Schriften« und der Abschluss des Kanons

Fragt man, was der dritte Kanonteil sachlich gegenüber Tora und Propheten Neues bringt, also sein eigener Beitrag zum Kanon ist, so muss man insbesondere auf seine Disparatheit verweisen. Er enthält so unterschiedliche Bücher wie die Apokalypse des Danielbuches und die radikale Skepsis des Kohelet, die stark am Kult orientierte Chronik und das Hiobbuch, das nicht einmal in Israel spielt, die Darstellung der nachexilischen Geschichte in den Büchern Esra und Nehemia und nahezu geschichtslose Weisheitsbücher, dazu die in sich außerordentlich bunten Psalmen. Mit Weisheit, Apokalyptik und Kultlyrik sind nur die allerwichtigsten Akzente genannt. Diese Weite entspricht m. E. theologisch wie sozial der des Judentums vor dem Konflikt mit Antiochus IV. und den darin gefallenen Entscheidungen.

Seinem Selbstverständnis nach gehört alles in die Zeit bis Esra. Und dieser Zeitpunkt des Aufhörens des Geistes und damit der Inspiration von Schriften hat auch in der späteren Kanontheorie des Josephus und der Rabbinen eine Rolle gespielt. Aber: In die Periode davor siedeln sich auch eine Fülle anderer Schriften der Zeit zwischen 200 v. und 150 n.Chr. an. Von den ganz oder in Fragmenten enthaltenen jüdi-

32 H. W. Wolff, Dodekapropheton 2, Joel und Amos, BK XIV/2, ^{2}1975.

33 Dazu K. Müller, »Die Propheten sind schlafen gegangen« (SyrBar 85,3). Nachbemerkungen zur überlieferungsgeschichtlichen Reputation der Pseudepigraphie im Schrifttum der frühjüdischen Apokalyptik, BZ 26, 1982, 179-207.

34 S. Talmon, Jüdische Sektenbildung in der Frühzeit der Periode des Zweiten Tempels. Ein Nachtrag zu Max Webers Studie über das antike Judentum in: W. Schluchter (Hg.), Christentum (Anm. 16), 260f.

schen Schriften dieser Epoche sind die allermeisten damit beschäftigt, Teile der kanonischen Schriften zu reformulieren, sich in die Lücken ihrer Geschichte hineinzuschreiben. Dabei ist der Kanon vorausgesetzt. Die Aktualität wird im Gewand der kanonischen Zeit ausgetragen. Und das fängt bereits im dritten Kanonteil an. Esra berichtet Entscheidendes über die Kanonisierung der Tora; die Chronik schreibt die deuteronomistischen Königsbücher neu und um; Daniel liest im Jeremiabuch und empfängt visionär die entscheidende Schriftdeutung (Kap. 9).

Aber nach heutiger wissenschaftlicher Erkenntnis ist auch im dritten Kanonteil wohl nichts später als das Danielbuch. Damit sind die spätesten Teile des hebräischen Kanons in den Anfangsjahren des makkabäischen Aufstandes formuliert worden. Ich halte es für möglich, dass eine Sammlung von Schriften wie die des Judas Makkabäus (2 Makk 2,14f.), wenn sie historisch ist, dabei eine Rolle gespielt hat.[35] Aber dennoch kann man in dieser Zeit noch nicht von einem formalen Abschluss des Kanons sprechen. Davon zeugen nicht nur die genannten Versuche vieler Schriften, sich als »kanonisch« auszugeben; davon zeugt die andere und weitere Gestalt des Kanons der Septuaginta, den dann die Kirche übernimmt; das bezeugt etwa das Neue Testament, wo mehrfach nicht kanonische oder unbekannte Schriften als den kanonischen gleichrangig zitiert werden (Lk 11,49; Joh 7,38; 1 Kor 2,9; Jak 4,5; Jud 14). Die ersten Quellen für eine feststehende Anzahl von kanonischen Büchern sind Josephus und der 4. Esra. Auch innerhalb des normativen Judentums wird noch lange nach 70 n.Chr. die Inspiration von Büchern wie Esther, Kohelet, Hohes Lied diskutiert; aber auch von Daniel, Esra und Ruth[36]. Zwar bleibt vieles unaufhellbar, entscheidend aber dürfte gewesen sein, dass sich nach 70 n.Chr. und der endgültigen Zerstörung des Tempels die im Judentum wahrscheinlich schon vorher dominierende Gruppe, die Pharisäer, jetzt allein durchsetzt. Andere Gruppen wie die Essener oder die Sadduzäer, aber auch ein stark hellenistisch geprägtes Judentum wie das von Philo v. Alexandrien dagegen scheiden aus. So kann man zwar nicht mehr, wie es lange Zeit üblich war, eine – so nie existierende – »Synode« von Jabne nach 70 n.Chr. für den formalen Abschluss des Kanons verantwortlich machen[37], man muss aber annehmen, dass in einem längeren Prozess die Gruppe, die das Judentum durch diese Katastrophe hindurch rettete, ihren Kanon bzw. ihr Kanonverständnis durchsetzen konnte.

Der Prozess des endgültigen Abschlusses des Kanons ist Teil einer durch die Katastrophe ausgelösten bzw. zugespitzten Großmetamorphose Israels, die gerade auch das Verhältnis zur Tradition und zum Kanon einschloss: Aus dem heiligen Buch wird der heilige Text, d.h. aus der vorhandenen Breite handschriftlicher Überlieferungen wird ein normativer Wortlaut festgelegt und dann bis zum Ende des Mittelalters nahezu unverändert bewahrt und ohne Fehler tradiert, mit immer strengeren Maßstäben umzäunt. Dem neuen Gewicht des Wortlauts entsprechen neue, die rabbinischen Auslegungsmethoden: Nicht mehr Reformulierung kanonischer Texte und Deutung im Zusammenhang, sondern Zerreißung des Kontextes und freie Kombination beliebiger Schriftstellen.

Zwar bewahren die »Schriften« die Vielfalt theologischer Strömungen des 3. und beginnenden 2. Jh.v.Chr., aber die wohl noch größere des Judentums vor 70

35 Zur Problematik der historischen Einordnung von 2 Makk 1,10b-2,18 s. C. Habicht, 2. Makkabäerbuch, JSHRZ I: Historische und legendarische Erzählungen, 1976, 176.199ff.

36 S. Z. Leimann (Hg.), The Canon and the Masorah of the Hebrew Bible. An Introductory Reader, 1976, 132f.

37 P. Schäfer, Die sogenannte Synode von Jabne. Zur Trennung von Juden und Christen im 1./2. Jh.n.Chr., Judaica 31, 1975, 54-64.116-124.

n.Chr. wird nicht bewahrt, sondern durch »Zensur« auf den pharisäischen Kanon reduziert. Diese Konzentration und Engführung, der die große Fülle der apokryphen und pseudepigraphischen Schriften zum Opfer fiel, wird aber durch den Ausbau der – in Anfängen wohl schon vorher entstandenen – pharisäischen Lehre von der »mündlichen Tora« deutlich konterkariert. Neben der schriftlichen, im Pentateuch vorliegenden Tora gibt es danach eine zweite, von Mose nur mündlich durch die Kette der Tradenten weitergegebene, die nicht aufgeschrieben worden ist und werden durfte, bis sie schließlich auch in Mischna und Talmud ihren Niederschlag fand. Man muss bei diesen Schriften von nachbiblischen, dem Selbstverständnis nach nicht inspirierten Teilen des jüdischen »Kanons« sprechen. Das Verhältnis von biblischem Kanon und dieser neuen Öffnung spiegelt sich besonders schön in der folgenden bekannten Geschichte des babylonischen Talmud, die wohl nicht ohne Selbstironie zu hören ist:

»R. Yehuda sagte im Namen Ravs: In der Stunde, da Mose in die Höhe stieg, fand er den Heiligen, er sei gepriesen, wie er saß und Kronen für die Buchstaben (der Torah) knüpfte. Da sagte er vor ihm: Herr der Welt, wer wartet darauf? Er antwortete ihm: Ein Mensch wird dereinst am Ende einiger Generationen erstehen – Aqiva b. Yosef ist sein Name –, der über jedes einzelne Häkchen (der Torah) Berge von Halakhot auslegen wird. Er sagte vor ihm: Herr der Welt, zeig ihn mir! (Gott) antwortete ihm: Dreh dich um! Da ging er, setzte sich am Ende der acht Reihen (im Lehrhaus R. Aqivas) hin, verstand aber nicht, was sie sagten und begann schon zu verzweifeln. Als (Aqiva) zu einem (bestimmten) Thema kam, sagten seine Schüler zu ihm: Meister, woher hast du dies? Er antwortete ihnen: Es ist eine Halakha des Mose vom Sinai! Da wurde (Mose) beruhigt. Er ging zum Heiligen, er sei gepriesen, zurück und sagte zu ihm: Herr der Welt, du hast einen Menschen wie diesen und gibst die Torah durch mich?! (Gott) antwortete ihm: Schweig, so ist es mir in den Sinn gekommen!« (bMenahoth 29b in der Übersetzung von P. Schäfer).

Religionsgeschichte oder Theologie?

Elementare Überlegungen zu einer falschen Alternative

Seiner »Theologie des Alten Testaments« hat Gerhard von Rad als ersten Hauptteil einen »Abriß einer Geschichte des Jahweglaubens und der sakralen Institutionen in Israel« vorangestellt[1], den er offenkundig als »Religions- und Kultusgeschichte« verstanden hat[2]. In gewisser Hinsicht ist Rainer Albertz' theologisch orientierte Religionsgeschichte trotz anderer Fragestellung und in einer sehr veränderten Forschungslage ein Ausbau dieses Versuchs[3]. Das war seit langem fällig. Ich stimme sowohl seiner theologischen Bewertung religionsgeschichtlicher Arbeit wie seinen methodischen und hermeneutischen Ansätzen in ihren Grundzügen zu. Da das Alte Testament »ein Geschichtsbuch« ist[4], können zentrale Aspekte seines theologischen Gehalts so – und manche nur so – zur Sprache kommen. Probleme habe ich aber mit der These, es bestünde eine Alternative zwischen einer solchen »Religionsgeschichte Israels in alttestamentlicher Zeit« und einer »Theologie des Alten Testaments«; erstere könne und solle ein für allemal an die Stelle letzterer treten[5]. Dazu möchte ich im Folgenden einige elementare Überlegungen vortragen. Sie enthalten zum Teil selbstverständliche Beobachtungen, die aber in der Debatte präsent sein sollten. Es geht dabei um Argumente aus der Struktur des alttestamentlichen Kanons (I), aus einigen grundlegenden hermeneutischen Einsichten (II) sowie um die Problematik einer derartigen Zusammenfassung überhaupt (III). Schließlich soll wenigstens angedeutet werden, worin ich eine bisher vernachlässigte Aufgabe in diesem Feld sehe (IV).

I.

Es liegt letztlich an der Struktur des alttestamentlichen Kanons selbst, dass keine der beiden diskutierten Möglichkeiten, dass weder Religionsgeschichte noch Theologie für sich allein dem religiösen und theologischen Gehalt der Schrift wirklich gerecht werden können.

So sind auf der einen Seite in einer historisch angelegten Religionsgeschichte manche und zwar besonders zentrale Züge der Texte nicht oder nur mit Mühe unterzubringen. Das liegt an der Tatsache, dass die Geschichtserzählung des Alten Testaments an der »kanonischen« Frühzeit orientiert ist, dass wir aber von dieser Epoche historisch-kritisch und also religionsgeschichtlich nur sehr wenig wissen. Das Dilemma lässt sich an der Albertzschen Darstellung aufzeigen. So stellt er etwa die »Landnahme« samt ihren religiösen Aspekten zunächst im Zusammenhang der Früh-

1 G. von Rad, Theologie des Alten Testaments, Bd. 1., ^{6}1969, 17-115.
2 Vgl. bes. den ersten Satz ebd. 17.
3 R. Albertz, Religionsgeschichte Israels in alttestamentlicher Zeit, 2 Bde., GAT 8,1-2, 1992.
4 G. von Rad, Das Alte Testament ist ein Geschichtsbuch, in: C. Westermann (Hg.), Probleme alttestamentlicher Hermeneutik, Aufsätze zum Verstehen des Alten Testaments, TB 11, 1960, 11-17 = Auszüge aus: Ders. Typologische Auslegung des Alten Testaments, EvTh 12, 1952/53, 17-33.
5 R. Albertz, Religionsgeschichte Israels statt Theologie des Alten Testaments! Plädoyer für eine forschungsgeschichtliche Umorientierung, JBTh 10, 1995, 3-24.

zeit dar[6]. Das Thema kommt dann in späteren Teilen des Werks nur kurz und recht thetisch vor. Es wird bei Hosea[7], dem Deuteronomium[8] und natürlich bei der Darstellung des deuteronomistischen Geschichtswerks[9] erwähnt. Die für die kanonische Geschichtserzählung, ihr Gottesbild wie für ihre populäre Rezeption so entscheidende Darstellung des Josuabuches, also die deuteronomistische Sicht einer gewaltsamen Landnahme, kommt damit faktisch nicht ihrem großen Gewicht entsprechend vor. Was steht denn nun theologisch-religiös hinter diesem Bild einer gewaltsamen Eroberung des Landes, warum und gegen wen werden die Banngebote und ihre Realisierung entwickelt? Noch deutlicher findet sich eine entsprechende Lücke beim großen Zentrum des Pentateuchs, der Gabe der Tora am Sinai. Der Gottesberg kommt kurz in der Darstellung der Frühzeit vor[10]; die Kürze entspricht unserem recht geringen Wissen über die historischen Vorgänge. Danach findet dieses Thema nur mehr kurze Erwähnungen[11]. Das aber heißt: Die erzählerische Verortung der Tora in der Frühzeit und am Gottesberg bleibt – sehr anders als in den biblischen Texten selbst – eine Randfrage.

Daraus ergibt sich mir die These, dass eine religions-*geschichtliche* Darstellung tendenziell kaum in der Lage ist, dem Faktum Rechnung zu tragen, dass die Frühzeit in der Spätzeit immer wichtiger, ihre Darstellung immer breiter wird. Diese Problemanzeige ist weitgehend unabhängig vom Grad wissenschaftlicher Skepsis über das Alter der Texte und Traditionen. Denn historisch-kritisch gesehen geschieht das jedenfalls im Detail durchaus fiktiv. Nun könnte man sich natürlich vorstellen, dass eine Religionsgeschichte genau das noch stärker berücksichtigt, als es Albertz getan hat, und von Vätern (und Müttern), Sinai, Landnahme usw. nicht primär im Zusammenhang der erzählten Zeit, also bei der Darstellung der Frühgeschichte, sondern vor allem im Zusammenhang der rekonstruierten Erzählzeit handelt, also etwa der nachexilischen Periode. Wenn das aber versucht wird, müsste es sich vom Umfang und Gewicht der Texte her doch wohl eher um so etwas wie eine Religionsgeschichte der kanonbildenden Periode handeln, mit einer je nach historischer Skepsis längeren oder kürzeren Vorgeschichte. Jedenfalls würde sie damit genau dem entsprechen, was eine historisch vorgehende kanonische Theologie des Alten Testaments ihrerseits unausweichlich sein muss.

Wendet man sich nun umgekehrt einer solchen Theologie des kanonischen Endtextes der Bibel zu – bisher ein Idealtypos, der trotz Childs[12] noch auf seine Realisierung wartet[13] –, so besteht ihr großer Vorteil zweifellos darin, dass es um die Theologie *der* biblischen Texte geht, und nicht vorgängig um die Theologie unserer literarischen und historischen Rekonstruktionen. Nur kann das ja keinesfalls bedeuten, auf eine historische Interpretation, also auf den Bezug der Texte auf ihren histori-

---

6 Albertz, Religionsgeschichte, 107-112.

7 Ebd. 271.

8 Ebd. 332f.

9 Bes. ebd. 402f.; vgl. auch 355.393 (zu Jeremia-D); 507 (zur D-Komposition im Pentateuch).

10 Ebd. 82-88.

11 Im Zusammenhang mit Elia (ebd. 241ff.), dem Deuteronomium (ebd. 352.358f.), der D-Komposition im Pentateuch (ebd. 509f.) sowie der Chronik (ebd. 609).

12 B. S. Childs, Old Testament Theology in a Canonical Context, 1985.

13 Vgl. bes. das Programm von R. Rendtorff, Theologie des Alten Testaments. Überlegungen zu einem Neuansatz, in: Ders., Kanon und Theologie. Vorarbeiten zu einer Theologie des Alten Testaments, 1991, 1-14; sowie die übrigen Arbeiten des Bandes und ders., Die Hermeneutik einer kanonischen Theologie des Alten Testaments. Prolegomena, JBTh 10, 1995, 35-44. Inzwischen ist erschienen: Ders., Theologie des Alten Testaments. Ein kanonischer Entwurf, 2 Bde., 1999/2001.

schen und sozialen Hintergrund, zu verzichten, was ihnen viel an theologischem Profil rauben würde. Nur, welcher Hintergrund ist das denn? Ein Werk wie das Amosbuch ist zweifellos theologisch erst dann sachgemäß erfasst, wenn es mit Einschluss späterer Zusätze, also etwa des so positiven Amosschlusses verstanden wird. Andererseits gehört es gerade zur kanonischen Form solcher Bücher, dass sie in einer recht exakt zu bestimmenden Phase der Königszeit verankert werden. Die Überschriften der Prophetenbücher sind ja als kanonische Leseanweisungen zu verstehen. Und es bleibt historisch festzuhalten, dass viele Einzelzüge der prophetischen Schriften unmittelbar Probleme und Konstellationen z.B. der assyrischen Zeit spiegeln. Ihre theologischen Aussagen werden viel unschärfer, wenn man das nicht beachtet. Also gerade der kanonische Sinn kann nicht flächenhaft und nicht allein im Bezug auf die Zeit der kanonischen Endform erfasst werden.

Form und Inhalt des Kanons lassen weder eine rein diachrone noch eine rein synchrone Auslegung zu[14]. Bei Dominanz der erzählten Zeit wie der Erzählzeit geht jeweils Wichtiges verloren; keine kann das Ganze zur Sprache bringen. Es ist nicht sinnvoll, sich einer solchen Alternative zu unterwerfen.

II.

Einen der Hauptvorteile einer »Religionsgeschichte« gegenüber einer »Theologie« sieht Albertz darin, dass über die Ergebnisse der ersteren »gestritten werden« kann und so »eine fortlaufende Verbesserung der religionsgeschichtlichen Rekonstruktion« zu erwarten sei[15]. Er sieht klar, dass das alte Ideal einer »abgeklärte(n) Objektivität« aus unabweisbaren hermeneutischen Einsichten unerreichbar bleibt[16], verspricht sich aber dennoch ein größeres Maß an Objektivierbarkeit. Nun finde ich es höchst spannend zu sehen, wie Albertz selbst Aufgaben und Möglichkeiten religionsgeschichtlicher Arbeit beschreibt. Er will einerseits alles »grundsätzlich ... aus der Außenperspektive« beschreiben[17], andererseits müssen »Außen- und Innenperspektive ... dauernd ausgewechselt werden«[18]. Einerseits soll eine Religionsgeschichte die »verwirrende Vielfalt« theologischer Versuche überwinden[19] und fremde kirchliche und dogmatische Maßstäbe fern halten[20], andererseits sind heutige AuslegerInnen grundsätzlich den damaligen »vergleichbaren Problemen, Ängsten und Hoffnungen unterworfen«[21]. Sie müssen deshalb »in die Rolle des Beteiligten schlüpfen« und »an der Seite der israelitischen Menschen« stehen[22]. Religionsgeschichte habe zwar »keine normative Aufgabe«, dennoch gehe es um »leidenschaftlich(n) Beteiligung an den Problemen und theologischen Auseinandersetzungen« der damaligen Zeit[23].

---

14 Auch die Möglichkeiten einer Kombination, wie ich sie versucht habe (F. Crüsemann, Die Tora. Theologie und Sozialgeschichte des alttestamentlichen Gesetzes, 1992), haben ihre Grenzen und Probleme.

15 Albertz, Religionsgeschichte Israels statt Theologie, 14.

16 Ebd. 19 mit Zitat von O. Eißfeldt, Werden, Wesen und Wert geschichtlicher Betrachtung der israelitisch-jüdischen Religion (1931), in: Ders., Kleine Schriften I, 1962, 247-265 (Zitat: 259).

17 Albertz, Religionsgeschichte Israels statt Theologie, 19.

18 Ebd. 20.

19 Ebd. 6.

20 Ebd. 9f.20.

21 Ebd. 19.

22 Ebd. 19f.

23 Ebd. 20f.

Albertz beschreibt damit auf seine Weise eine Problematik, auf die jede ernsthafte hermeneutische Reflexion trifft[24], einen Sachverhalt, der heute oft zum Schaden unserer Wissenschaft zugunsten einer historischen Pseudo-Objektivität verdrängt wird, wodurch aber eigene Perspektiven und Werte nur umso hartnäckiger und unreflektierter den Texten aufoktroyiert werden[25]. Das Albertz' Religionsgeschichte *theologisch* relevant ist, hängt eng mit dieser Haltung zusammen. Was seine Darstellung spannend macht, sind z.B. Beobachtungen zur Beziehung zwischen religiösen Fragen und den gesellschaftlichen Gruppen und ihren Konflikten. Gerade hier ist der Zusammenhang mit heutigen Erfahrungen evident. Auch streng historische Arbeit wird oftmals erst durch solche Bezüge wichtig.

Man wird nun aber gegen Albertz' Hoffnung auf einen immer größeren Konsens betonen müssen, dass es unabweisbar unsere, also heutige Perspektiven und Fragen sind, die eine solche Darstellung konstituieren. Dass deshalb Beurteilungsmaßstäbe keinesfalls aus »gegenwärtigen ... Problemstellungen« kommen dürfen[26], wird man ernsthaft kaum festhalten können. Naturgemäß sind solche Perspektiven und Maßstäbe am historischen Material zu bewähren und mit streng historischen Methoden zu bearbeiten. Aber aus der Gegenwart erwachsende Perspektiven wie die Notwendigkeit einer neuen Beziehung von Juden und Christen nach Auschwitz, wie das Interesse am Verständnis dessen, was Schöpfung heißt in einer ausgeplünderten Welt, oder am Zusammenhang zwischen Gott und ökonomischer Gerechtigkeit in einer Zeit steigender sozialer Gegensätze, wie die Erfahrungen und Fragen von Frauen in der Gegenwart – aus solchen und anderen Perspektiven kommen doch Anstöße zu veränderter Wahrnehmung der Überlieferung. Sie sind unabweisbar mit dabei und keineswegs nur als Störfaktoren.

Solche Einsichten in unaufgebbare hermeneutische Grundgegebenheiten relativieren nun beides, die Hoffnungen auf größere Objektivität in einer Religionsgeschichte des Alten Testaments und die Ängste vor einem normativen Druck auf alles, was »Theologie« heißt, wie sie bei Albertz im Hintergrund stehen und in Diskussionen immer wieder zum Vorschein kommen. Am Beispiel einer lange gültigen und noch heute wirksamen Norm wie einer grundsätzlich negativen Bewertung des Judentums und einer daraus erwachsenden antijüdischen Sichtweise biblischer Texte kann man sich das rasch klar machen. Sie hat Darlegungen der Religionsgeschichte genauso bestimmt wie Theologien, und ihre Überwindung hängt keineswegs an einer dieser beiden Gattungen. Es gibt wohl keine theologischen oder dogmatischen Wahrheiten und Normen, für die nicht prinzipiell dasselbe gilt. Sich an den Texten und durch die Texte von mitgebrachten Normen und Werten, Begriffen und Vorstellungen schrittweise abbringen zu lassen, dieser Grundvorgang von Verstehen und besonders von historischem Verstehen, hängt nicht an der angeblichen Alternative Religionsgeschichte oder Theologie.

Wenn es darum geht, die theologischen Aussagen der Texte in ihrem historisch-sozialen Kontext zu erfassen, steht nicht nur die individuelle Freiheit und Redlichkeit der WissenschaftlerInnen auf dem Prüfstand, sondern letztlich das Schriftprinzip selbst.

---

24 Vgl. etwa H.-G. Gadamer, Wahrheit und Methode, Grundzüge einer philosophischen Hermeneutik, ^{2}1965.

25 Dazu F. Crüsemann, Anstöße, Befreiungstheologische Hermeneutik und die Exegese in Deutschland, EvTh 50, 1990, 535-545.

26 Albertz, Religionsgeschichte Israels statt Theologie, 20.

Die Grundprobleme historischen Verstehens der religiösen und theologischen Inhalte der Texte im Zusammenhang damaliger Konstellationen und Konflikte gelten für beides gleichermaßen, für eine Religionsgeschichte wie für eine Theologie des Alten Testaments. Auf diesem Feld kann keine grundsätzliche Überlegenheit einer der beiden Möglichkeiten behauptet werden.

III.

Albertz geht in seinem »Plädoyer für eine forschungsgeschichtliche Umorientierung« durchgängig von der Notwendigkeit einer die theologischen Aspekte des Alten Testaments summierenden Disziplin aus. Es lohnt sich, über die damit aufgeworfenen Probleme nachzudenken.

Ausgangspunkt muss wiederum der Kanon sein. Er stellt ja bereits eine oder vielmehr theologisch gesehen, *die* Reduktion aus einer Fülle möglicher Weisen, über Gott, Welt und Menschen zu reden, dar. Jede weitere Reduktion der mit dem Kanon gegebenen Komplexität führt zu theologischen Verlusten. Die biblischen Texte selbst stellen die Summe der Gotteserfahrungen Israels dar, und die Exegese ist der Versuch ihrer Übersetzung in uns heute Verstehbares. Die dabei unabweisbar gegebene Perspektive von außen, von heute, lässt immer neue Aspekte hervortreten. Und es ist die Eigenschaft aller großen Texte, sich genau darin zu bewähren, neue Wahrheiten, das heißt die alten Wahrheiten neu aufscheinen zu lassen. Diese Außenperspektive potenziert sich aber, wenn es um die Darstellung einer Summe von theologischer Wahrheit geht. Alle in der Geschichte der Disziplin verhandelten Alternativen[27] – systematische oder textorientierte, deskriptive oder normative Darstellung, rein alttestamentlich oder gesamtbiblisch –, sie alle und noch andere können zur Entdeckung und Entfaltung wichtiger theologischer Aspekte führen, und jeder wird andere übergehen (müssen).

Worin liegt nun überhaupt die Notwendigkeit einer solchen zusammenfassenden Darstellung? Nicht nur Juden interessieren sich dafür wenig oder gar nicht[28], auch für Katholiken scheint Entsprechendes zu gelten. Es könnte schon ein Stück zur Klärung beitragen zu verstehen, warum kaum katholische AlttestamentlerInnen eine Theologie des Alten Testaments geschrieben haben. Warum reicht für sie eine an Beispielen durchgeführte Klärung der Frage, was das Alte Testament für christlichen Glauben und christliche Theologie bedeutet, eher aus [29]? Sind also letztlich spezifisch protestantische Bedürfnisse im Spiel? Und hier vielleicht sogar durchaus pragmatische des akademischen Unterrichts, die eine wissenschaftliche Disziplin »Theologie des Alten Testaments« entstehen ließen mit ihrem Interesse an einer vollständigen Erfassung der »Zeugniswelt des Alten Testaments«[30]? Die mit Gabler[31] gegebene Fragestellung musste ja nicht automatisch eine spezifische Gattung wissenschaftlicher

---

27 Vgl. dazu etwa H. D. Preuß, Theologie des Alten Testaments, Bd. 1, 1991, 1-30.

28 Vgl. bes. J. D. Levenson, Warum Juden sich nicht für biblische Theologie interessieren, EvTh 51, 1991, 402-430.

29 Man denke an P. Grelot, Sense chrétien de l'Ancien Testament, 1962 oder E. Zenger, Das Erste Testament. Die jüdische Bibel und die Christen, 1992. Vielleicht könnte eine genauere forschungsgeschichtliche Nachfrage fruchtbar und hilfreich sein.

30 So ausdrücklich Preuß, Theologie 1, V.

31 J. P. Gabler, Von der richtigen Unterscheidung der biblischen und der dogmatischen Theologie und der rechten Bestimmung ihrer beiden Ziele (1787), dt. Übersetzung in: G. Strecker (Hg.), Das Problem der Theologie des Neuen Testaments, WdF 367, 1975, 32-43.

Werke (und den damit verbundenen Typus von Vorlesungen) hervorbringen. Wenn die Bibel alleinige Grundlage von Glauben und Kirche ist, aber im Studium nur wenige Schriften exemplarisch studiert werden können, liegt es nahe, *das Ganze* griffig aufzubereiten. Der darin verborgene dogmatische Anspruch die *eine, die* biblische Wahrheit darzustellen, führt automatisch zur Frage nach *der richtigen* Gesamtdarstellung. Es kann sie nicht geben. Die Summe der Texte bleiben die Texte selbst.

Und die Rechenschaft darüber, wie sie gelesen und verstanden werden können, kann gerade auch im akademischen Unterricht in unterschiedlicher Form erfolgen[32]. Befreit von der Notwendigkeit, so etwas wie *die* Summe des Alten Testaments darzustellen, können hermeneutische Grundorientierungen neben einer Religionsgeschichte, kann eine Geschichte Israels mit Elementen von Literatur- und Religionsgeschichte neben einer kanonisch orientierten Theologie ihren Platz finden. Daneben sollte Raum bestehen für die Darstellung besonders wichtiger Themen, die – theologisch von höchster Brisanz – in umfassenden Versuchen von Religionsgeschichte oder Theologie meistens untergehen: Anthropologie, Tora bzw. Ethik des Alten Testaments oder das Beziehungsgeflecht von Gott, Israel und den Völkern, das für jeden nichtjüdischen Bezug auf das Alte Testament so grundlegend ist.

IV.

Mir selbst drängt sich eine Aufgabe immer stärker auf, die ich bisher kaum sachgemäß angegangen finde: Die einer Theo-Logie im engeren Sinne. Es geht um den Versuch, die Frage Martin Luthers im Großen Katechismus: »Was heißt ein Gott haben oder was ist Gott?«[33] aus dem alttestamentlichen Kanon zu beantworten. Es würde darum gehen, angesichts unserer heutigen Probleme, wirklich zu verstehen, was oder wer Gott ist, so genau wie möglich zu erfragen, wie in unseren Texten von Gott geredet wird, wie sich in menschlichen Erfahrungen und Hoffnungen etwas davon zeigt, was über alle Erfahrungen hinausgeht und wie davon die Rede ist. Ist der weite abendländische Theologiebegriff sicher nicht einfach biblisch, so ginge es hier um nichts anderes als »Wissen um Gott« (דעת אלהים).

Mir ist klar, dass dabei alle in unserem Zusammenhang diskutierten Fragen erneut auftreten. Die thematische Reduktion ändert daran wenig. Das liegt nicht nur am Gegenstand selbst, der größer nicht sein kann, sondern auch daran, dass alle diese Grundfragen eben Teil der Frage nach Gott sind. Aber es könnte sein, mehr vermag ich nicht zu sagen, dass die damit mögliche Konzentration sich als fruchtbar erweist. So ist der Israelbezug nicht nur Teil der Erzählung des Alten Testaments, sondern prägt den Gottesbegriff selbst. Was so selbstverständlich klingt, ist es in seiner theologischen Relevanz wirklich erfasst? Und dann: Wie ist es mit dem Bezug Gottes zum Land? Und wie funktioniert eigentlich das biblische Ineinander von Diachronie und Synchronie? Wie werden die frühen Gotteserfahrungen, -prädikate und -begriffe transformiert in spätere Zeiten, hin zu anderen Erfahrungen, in weiterreichende Kon- und Kotexte hinein? Sinnvoll angegangen kann das alles nur werden, wenn wichtige

---

32 Albertz' nicht sehr überzeugenden Verweis auf die »Begrenztheit unserer Arbeitskraft« als Argument, warum Religionsgeschichte und Theologie nicht nebeneinander stehen sollten (Religionsgeschichte Israels statt Theologie, 24), könnte man den Verweis auf die Vielfalt der Charismen entgegensetzen.

33 Die Bekenntnisschriften der evangelisch-lutherischen Kirche, [4]1959, 560 (zum 1. Gebot).

Texte sehr im Detail zur Sprache kommen, nicht genreüblich in bloßen Abstraktionen; jede Entfernung von der Konkretheit der Texte lässt unsere eigenen Prägungen ungehinderter durchschlagen (und das geschieht wohl in vielen »Theologien«). Zugleich geht es darum, in den Texten, besser: In bestimmten Einzeltexten liegende systematische Zusammenhänge aufzuschließen: Etwa die Zusammenhänge von Einheit Gottes und Gerechtigkeit, von Macht und Ohnmacht Gottes, von Universalität und Israelbezug, von Gericht und Heil. Es geht dabei unbestreitbar um unsere Fragen und vor allem Auswahl, doch es steht zu hoffen, dass – zwar nicht die Summe des Alten Testaments, dazu fehlt vom Ansatz her viel zu viel, aber – von seiner geschichtlich erfahrenen Wahrheit Wichtiges so zur Sprache kommt, dass es für jede christliche Theologie immer unübergehbarer wird.

Versuch über die drohende Vereinsamung Gottes

»Gott bedarf keiner Kreatur« schreibt Hans Seidel in seiner Monographie über »Das Erlebnis der Einsamkeit im Alten Testament«.[1] Deswegen sei Gott als der Einzige nicht auch zugleich der Einsamste, sondern »die Kategorie des Alleinseins« könne wie manche andere auf Gott gar nicht angewendet werden. Beide Möglichkeiten – Gott als der Einsame oder als der, der nicht einsam sein kann – dürften dem biblischen Befund nicht entsprechen. Zwar gibt es in der Tat im Alten Testament keinen expliziten Hinweis auf eine Einsamkeit Gottes, wohl aber nicht wenige und ausgesprochen zentrale Texte, die dazu zwingen, von einer drohenden Vereinsamung Gottes zu sprechen. Denn die Bibel erzählt von einem Gott, der durchaus bestimmter Kreaturen bedarf[2].

I. Der Befund

Gott droht zu vereinsamen, weil er verlassen wird. Man kann beides nicht gut voneinander trennen.[3] Dass Götter ihre Tempel, Städte und Verehrer verlassen müssen und darüber trauern, findet sich schon in frühen Klagen des Zweistromlandes[4]; aber sie sind deswegen nicht allein. Über sechzigmal spricht dagegen das Alte Testament vom umgekehrten Vorgang. Als Warnung und Drohung, als Beschreibung von Vergangenheit, Gegenwart und Zukunft ist davon die Rede, dass Menschen Gott verlassen (עזב)[5], aber auch sich von ihm entfernen, ihn vergessen, sich von ihm abwenden, und zwar gerade die, mit denen er aufs Engste verbunden ist und die für ihn wichtig sind.

a. Häufig und nahezu formelhaft findet sich die Rede vom Verlassen Gottes in der deuteronomistischen Sprache[6] der Exilszeit:

> *Die Israeliten taten das Böse in den Augen Jhwhs und sie dienten den Baalen und verließen Jhwh, den Gott ihrer Väter, der sie aus dem Land Ägypten herausgeführt hatte und gingen hinter andern Göttern her ... Und sie verließen Jhwh und dienten den Baalen und den Astarten* (Ri 2,11-13).

---

1 H. Seidel, Das Erlebnis der Einsamkeit im Alten Testament. Eine Untersuchung zum Menschenbild des Alten Testaments, ThA 29, 1969, 115.

2 Durch den essayartigen Charakter des Folgenden werden sehr viele und meist äußerst strittige Fragen alttestamentlicher Wissenschaft berührt; die wenigen Literaturhinweise bleiben demgegenüber notwendig zufällig und eklektisch. Zum Stand der wissenschaftlichen Diskussion nenne ich als relativ neue zusammenfassende Darstellungen: R. Albertz, Religionsgeschichte Israels in alttestamentlicher Zeit, 2 Bde., GAT 8,1-2, 1992; H. D. Preuß, Theologie des Alten Testaments, 1991/92 und E. Zenger u.a., Einleitung in das Alte Testament, KStTh 1,1, 1995 mit jeweils reichlich Literaturhinweisen.

3 Gegen Seidel, a.a.O. 115.

4 Vgl. z.B. J. J. M. Roberts, The motif of the weeping of God in Jeremiah and its background in the lament traditions of the ancient Near East, OTEs 5, 1992, 361-374.

5 Dazu: H.-P. Stähli, THAT II, 1976, 249-252; E. Gerstenberger, ThWAT V, 1986, 1200-1208.

6 Dazu M. Weinfeld, Deuteronomy and the Deuteronomic School, 1972.

Zu Mose sagt Gott vor dessen Tod:

> *Du wirst dich jetzt zu deinen Vätern legen, aber dieses Volk wird aufstehen und wird den fremden Göttern des Landes ... nachhuren. Es wird mich verlassen und meinen Bund, den ich mit ihnen geschlossen habe, brechen. Zu dieser Zeit wird mein Zorn gegen sie entbrennen, ich werde sie verlassen und mein Angesicht vor ihnen verbergen ...* (Dtn 31,16f.).

In prophetischen Texten wird mit Entsetzen das Unglaubliche dieses Vorgangs formuliert:

> *Was fanden eure Väter Unrechtes an mir, dass sie sich von mir entfernten, dass sie hinter Nichtigem herliefen und zunichte wurden? ... Seht, ob je dergleichen geschehen ist. Hat je ein Volk seine Götter vertauscht, die nicht einmal Götter sind? ... Erstarrt darüber, ihr Himmel, und schaudert, entsetzt euch über die Maßen.* (Jer 2,5.10b-12; vgl. 18,13ff.).

b. Ihre wirkliche Dynamik und theologische Tiefe des Vorgangs wird aber vor allem in den Texten sichtbar, die die Beziehung Gott-Volk in der Sprache der engsten menschlichen Bindungen schildern. Da ist die Klage des betrogenen, verlassenen und vereinsamten Ehemanns in Hosea 2:

> *Streitet mit eurer Mutter, streitet*
> *sie ist ja nicht meine Frau*
> *und ich bin nicht ihr Mann –,*
> *dass sie abziehe ihre Hurereien von ihrem Gesicht*
> *und ihre Ehebrechereien von zwischen ihren Brüsten,*
> *damit ich sie nicht nackt ausziehe*
> *und sie hinlege wie am Tag ihrer Geburt*
> *und sie mache wie die Wüste*
> *und sie zurichte wie dürres Land*
> *und sie töte durch Durst ...*
> *Gehurt hat ja ihre Mutter,*
> *sich mit Schanden bedeckt,*
> *die mit ihnen schwanger ging.*
> *Sie hat ja gesagt:*
> *»Ich will nachgehen meinen Liebhabern,*
> *den Gebern meines Brotes und meines Wassers,*
> *meiner Wolle und meines Flachses,*
> *meines Fettes und meines Rauschtranks.«*
> *Deshalb – siehe ich bin dabei,*
> *deinen Weg durch Dornen zu versperren,*
> *und ich ziehe ihr eine Mauer, so dass sie ihre Pfade nicht findet;*
> *und jagt sie ihren Liebhabern nach,*
> *dann wird sie sie nicht erreichen;*
> *und sucht sie sie, dann findet sie nicht.*
> *Dann wird sie sagen: Ich will gehen und umkehren*
> *zu meinem ersten Mann,*

denn einst ging es mir besser als jetzt ...
Und ich werde an ihr heimsuchen
die Tag der Baale, denen sie räucherte.
Und sie schmückte sich mit Nasenring und Halskette,
während sie mich vergaß –
Spruch Jhwhs. (Hosea 2,4-9.15[7])

Das Ehegleichnis wird nach unserer Erkenntnis im achten Jahrhundert v.Chr. von Hosea inauguriert, dann aber mit Varianten immer wieder verwendet (Jer 2,1ff.; 3,1ff.; Ez 16; 23; Jes 50,1ff., 54,1ff. u.v.a.) bis hin zum Bild der Braut in der Johannesapokalypse[8]. Bereits vor Hosea ist aber der Schlüsselbegriff der Eifersucht Gottes geprägt worden, mit dem wohl schon im neunten Jahrhundert die Forderung nach Alleinverehrung dieses Gottes in Israel begründet wird (2 Kön 10,16; vgl. 1 Kön 19,10.14; Ex 34,14; 20,5 par.).[9]

Von vielleicht noch größerem Gewicht für eine mögliche Vereinsamung Gottes ist die Anwendung der Eltern-Kind-Beziehung auf das Gottesverhältnis. Kann im Menschlichen die Liebe zwischen Mann und Frau erlöschen, eine Beziehung scheitern, eine Ehe geschieden werden, so gilt das kaum jemals für den Zusammenhang zwischen Eltern und Kindern (dazu Jes 49,14f.).

Als Israel jung war, gewann ich es lieb,
und aus Ägypten rief ich meinen Sohn.
›Kaum dass ich‹ sie rief,
liefen sie schon fort von ›mir‹.
Den Baalen wollten sie opfern,
den Götterbildern räuchern.
Dabei hatte ich doch Ephraim laufen gelehrt ...
(Hos 11,1-3)[10]

Söhne hab ich groß gezogen und emporgebracht,
doch sie erhoben sich wider mich. (Jes 1,2)

c. Es sind diese verwandtschaftlichen Kategorien, mit denen die Beziehung zwischen Gott und Volk beschrieben wird, die das Recht, ja die Unausweichlichkeit begründen, von drohender Vereinsamung Gottes zu sprechen. Denn die Bilder zielen ja auf den Schmerz über den Bruch und auf seine Unglaublichkeit. Es geht um eine offenkundig für beide Seiten lebensnotwendige Verbindung zwischen Volk und Gott, um eine Liebesbeziehung, bei der der Verlust des Gegenübers unausweichlich in schmerzhafte Einsamkeit führt. Man hat mit Recht von einem leidensfähigen, einem »pathetischen

---

7 Übersetzung M.-Th. Wacker, Figurationen des Weiblichen im Hosea-Buch, HBS 8, 1996, 58f., 64f., 68, 73.

8 Vgl. A. Weider, Ehemetaphorik in prophetischer Verkündigung. Hosea 1-3 und seine Wirkungsgeschichte im Jeremiabuch. Ein Beitrag zum alttestamentlichen Gottes-Bild, FzB 71, 1993; N. Stienstra, YHWH is the Husband of his People. Analysis of biblical metaphor with special reference to translation, 1993.

9 F. Crüsemann, Die Tora. Theologie und Sozialgeschichte des alttestamentlichen Gesetzes, ²1997, 150f.

10 Übersetzung J. Jeremias, Der Prophet Hosea, ATD 24/1, 1983, 138 (mit weithin üblichen Konjekturen).

Gott« gesprochen[11], ja von seiner Verletzlichkeit[12], die mit solchen Beziehungen gegeben ist. Über die Belege für Schmerz und Klage Gottes hinaus[13] wird man gerade auch von einer drohenden Vereinsamung sprechen dürfen. Doch zugleich lassen dieselben Bilder eine solche Einsamkeit als Grenzbegriff erscheinen. Nicht nur wird dieser Zustand nirgends erreicht, sondern selbst wenn eine Trennung eingetreten ist und konstatiert werden muss, bleibt sie inakzeptabel, führt zu neuen Initiativen, die auf Wiederherstellung der Gemeinsamkeit zielen.

Es liegt vor allem an den Beziehungsbildern, dass die Kernreaktion Gottes auf den Bruch nicht etwa Anklage und Strafe ist, sondern vor, neben und nach solchen Reaktionen Schmerz und Klage des verletzten Gottes selbst. Das die Bibel so prägende unmittelbare Neben-, Mit- und Ineinander von Gericht und Heil, Strafe und liebender Zuwendung wird immer wieder von hier gespeist. Nur vom Leid eines von den Kindern verlassenen Elternteils her ist etwa der Umschwung im Herzen Gottes zu begründen, von dem Hosea spricht:

Wie könnte ich dich preisgeben, Efraim,
dich ausliefern, Israel?
Wie könnte ich dich preisgeben wie Adma,
dich zurichten wie Zeboim?
Mein Herz hat sich in mir umgewandt,
mit Macht ist meine Reue entbrannt.
Ich kann meinen glühenden Zorn nicht vollstrecken,
kann Efraim nicht wieder verderben,
denn Gott bin ich, und nicht Mann, in deiner Mitte der Heilige:
Ich lasse Zornesglut nicht aufkommen.
(Hos 11,8f.)

d. Die Bilder sind zweiseitig. Gott droht nicht nur, verlassen zu werden, er kann – oder könnte doch – selbst verlassen. Doch so sehr auch damit gedroht wird, es bleibt dabei, dass eine endgültige Trennung eine unmögliche Möglichkeit darstellt. In Jer 9 etwa wird ein solcher Wunsch prophetisch Gott im Irrealis in den Mund gelegt werden:

O hätte ich in der Wüste eine Unterkunft für Wanderer,
dann könnte ich mein Volk verlassen und von ihnen fortgehen.
Denn sie alle sind Ehebrecher, eine Versammlung von Betrügern.
Sie führen ihre Zunge als Bogenwaffe.
Lügen, nicht Treue herrschen im Land,
denn von Bosheit zu Bosheit schreiten sie fort,
und mich kennen sie nicht, Spruch Jhwhs.
(Jer 9,1f.)

---

11 A. Heschel, Die Prophetie, 1936, 130ff.

12 T. E. Fretheim, The Suffering God. An Old Testament Perspective, Overtures to Biblical Theology, 1984.

13 Dazu: E. Jacob, Le Dieu souffrant, un thème théologique vétérotestamentaire, ZAW 95, 1983, 1-8; O. Rodenberg, Vom Schmerz Gottes. Ein Beitrag zur biblischen Anthropomorphie Gottes, TB 18, 1987, 174-193; D.H. Bak, Klagender Gott – klagende Menschen. Studien zur Klage im Jeremiabuch, BZAW 193, 1990.

Im überlieferten hebräischen Text liegt eindeutig eine Rede Gottes vor. Sie trägt allerdings so auffällige Züge, dass der Wortlaut in der Exegese fast immer verändert wird oder man ihn als ein ursprüngliches Prophetenwort ansieht. Doch was immer die Vorgeschichte gewesen sein mag, jetzt spricht Gott so. Er wünscht sich eine Möglichkeit, sein Volk verlassen zu können, sehnt sich nach einer Aufenthaltsmöglichkeit weit weg von ihrem üblen Treiben. Vergleichbar einem Partner, der es in einer unerträglichen Beziehung nicht mehr aushält, braucht er nur noch eine Unterkunft, um aus der ehelichen Wohnung ausziehen zu können. Die Sprache macht den Wunsch noch paradoxer. Wörtlich heißt es am Anfang: »Wer gibt mir ...« Das ist zwar als erstarrte Wunschformel vielfach belegt (Hi 11,5; 14,13), doch steht eben da, dass eigentlich nur ein Dritter ihm eine Chance verschaffen könnte. Einen solchen Platz, wie er hier gewünscht wird, gibt es nicht. Der Wunsch ist ein Irrealis, für den hier sprechenden Gott gibt es keinen Ort außerhalb der Beziehung zu seinem Volk.

e. Vor allem an den wenigen Stellen, die die Möglichkeit einer wirklichen Beendigung der Beziehung zur Sprache bringen und durchspielen, wird man als durchaus realistischen Hintergrund an die vielen und brutalen Exilierungsvorgänge denken müssen, die historisch das Ende so vieler Völker bedeutet haben. Da es um die Möglichkeit eines wirklichen Todes geht, des Todes des Volkes vor allem, handelt es sich keineswegs um ein bloß religiöses Problem.

Zu nennen sind hier einmal zwei Texte aus dem Umkreis der deuteronomistischen Theologie. Im ersten Zorn Gottes über die Anbetung des goldenen Kalbes durch das Volk in Ex 32 taucht die Möglichkeit einer völligen Auslöschung in der Anrede an Mose auf:

> *Ich sehe dieses Volk, und siehe es ist ein halsstarriges Volk. Und nun lass mich, dass mein Zorn gegen sie entbrenne und ich sie vertilge, und ich will dann dich zu einem großen Volke machen.* (Ex 32,9f.)

In der Erzählung von Ex 32-34*[14] geht es um die goldenen Stierbilder, die als Staatssymbol des Nordstaates Israel an den Staatsheiligtümern in Bethel und Dan verehrt wurden (1 Kön 12,28). Literarisch liegt aber in 32,7-14 ein Einschub in eine ältere Erzählung vor. In ihm geht es sachlich-historisch wohl um die durch das Exil gestellte Existenzfrage. Stirbt das Volk, könnte die Alternative für Gott nur ein Neubeginn mit einem anderen Volk sein. Immerhin wäre auch dann durch Mose als neuen Erzvater eine Kontinuität gegeben. Mose aber leistet Fürbitte unter Verweis auf den Ruf Gottes bei den anderen Völkern (V.12). Der Einschub setzt naturgemäß immer schon die ältere Erzählung in Kap. 32-34 voraus und also auch ihren Ausgang. Sie erzählt als Reaktion Gottes auf den Abfall das Zerbrechen der steinernen Tafeln mit der Willenskundgabe Gottes; es folgt ein langes Ringen Moses' mit Gott um Vergebung und Neuanfang, und am Ende steht die schließliche Wiederherstellung der Tafeln als Symbol einer Erneuerung der Beziehung. Die Möglichkeit eines endgültigen Endes bleibt damit ein gedankliches Zwischenspiel, wenn auch auf einem sehr realen Hintergrund. Ähnlich ist es bis in den Wortlaut hin in Num 14,12.

Als offene Frage taucht die unmögliche Möglichkeit dann vor allem ganz am Ende der Threni auf, in den letzten Sätzen der Klagen der Exilszeit über die Zerstö-

---

[14] Vgl. F. Crüsemann, a.a.O. 66ff.

rung von Stadt und Heiligtum, über das Ende von Königtum und politischer Autonomie, also den Verlust des gesamten bisherigen Lebens:

Du Jhwh thronst in Ewigkeit,
Dein Thron (steht) von Generation zu Generation.
Warum vergisst du uns für immer,
verlässt uns für die Länge der Tage?
Lass uns zu dir zurückkehren, Jhwh,
und wir werden umkehren.
Erneuere unsere Tage wie früher.
Oder hast du uns völlig verworfen,
bist über uns aufs Äußerste erzürnt?
(Thr 5,19-22)

Selbst in den exilischen Klagen des Volkes wird sonst nicht derart eindeutig mit einem möglichen endgültigen Ende der Beziehung gerechnet. Die Frage ist ursprünglich nicht rhetorisch gemeint; sie zielt realistisch auf ein historisch wirklich offenes Problem. Spätestens aber mit der neuen eschatologischen Heilsprophetie der Exilszeit wird auch eine solche Möglichkeit ausgeschlossen. Nach ihr kann es sich bei der real gemachten Erfahrung der Trennung von Gott und Volk höchstens um ein vorläufiges Scheitern, eine zeitweilige Trennung handeln:

Für einen kleinen Augenblick verließ ich dich,
doch mit großem Erbarmen werde ich dich sammeln.
In der Flut der Wut verbarg ich mein Angesicht
einen Augenblick lang vor dir,
mit ewiger Liebe erbarme ich mich über dich,
spricht Jhwh, dein Erlöser.
(Jes 54, 7f.)

f. So menschlich Gott in diesen Bildern auch beschrieben wird und so sehr eine solche Verletzlichkeit unaufgebbar zu dem gehört, was die Bibel Gott nennt, so ist doch nie aus dem Blick, dass es um Gott geht, das heißt immer auch um andere als bloß menschliche Möglichkeiten. Zwei Textbereiche, die diese Andersartigkeit festhalten, seien beispielhaft angeführt.

Dass Gott im Kampf um Recht und Gerechtigkeit allein steht, verlassen von menschlichen Mitstreitern, bildet das Zentrum von Jes 59. Es geht in diesem Kapitel um die Frage, warum in der nachexilischen Zeit trotz der großen Zusagen Gottes und entsprechender Neuanfänge weiter Unrecht und Frevel herrschen. Der Grund liegt nicht in einer Unfähigkeit Gottes (V.1), sondern in der Sünde des Volkes (V.2ff.). Deswegen muss man verzweifelt weiter auf Recht (V.9ff.) warten und »*die Gerechtigkeit bleibt von ferne stehen*« (V.14). Gott findet sich völlig verlassen und einsam vor im Kampf um Gerechtigkeit:

Und Jhwh sah,
und es war schlecht in seinen Augen,
dass kein Recht da war,
und er sah, dass kein Mann da war,

und er war entsetzt, dass kein Mitstreiter da war.
Und sein (eigener) Arm rettete ihn,
und seine Gerechtigkeit, sie stützte ihn.
Und er zog Gerechtigkeit an wie einen Panzer
und einen Helm der Rettung auf sein Haupt.
Und er zog Gewänder der Rache als Anzug an,
und er legte Eifer wie einen Mantel an.
(Jes 59,15b-17).

Gott wirkt also schließlich selbst, was doch Sache der Menschen wäre. Er zieht sich sozusagen am eigenen Schopf aus dem Sumpf der Einsamkeit heraus, erweist sich als Gott und nicht als Mensch. Doch ist damit keineswegs so etwas wie eine Alleinwirksamkeit Gottes gemeint, die menschliches Tun überflüssig macht. Das Ganze zielt vielmehr auf einen Bund, durch den Gottes Geist und seine Worte dauerhaft Menschen anvertraut werden (V.21).

g. *»Du bist heilig. Thronend auf den Lobgesängen Israels«* formuliert Ps 22,4. Bilden die Lobgesänge Israels den göttlichen Thron, ist also das Fundament seiner Köngisherrschaft vom Leben Israels und seinem Ausdruck im Lob abhängig, dann kann es einen Gegensatz von göttlichem Glück und menschlichem Unglück, wie ihn etwa Hölderlins Schicksalslied (»Ihr wandelt droben im Licht … Doch uns ist gegeben Auf keiner Stätte zu ruhn …«) besingt, nicht geben. Für das Individuum droht allerdings ein wirklicher und endgültiger Abbruch der Beziehung zwischen Mensch und Gott. Denn mit dem Tod kommt die Gottesbeziehung an ihr Ende. Dass das Gotteslob aufhört, das als intensive Form von Leben und Freude verstanden wird, halten vom Tode bedrohte Menschen in der Klage Gott vor:

Was ist der Gewinn an meinem Blut,
wenn ich hinabfahre zur Grube?
Lobt dich der Staub, tut er deine Treue kund?
(Ps 30,10; vgl. 6,6; 88,11ff.)

Das Paradox wird vielleicht am deutlichsten in Ps 115,17f. formuliert:

Nicht preisen die Toten Jah,
und alle die nicht, die ins Schweigen hinabsteigen.
Doch wir segnen Jah,
von jetzt bis in Ewigkeit.

Es war der mögliche Tod des Volkes in der Exilsituation, der zuerst das Bild einer Totenauferstehung hervorbrachte. Das Feld voller Totengebeine, in die nach Ez 37 wieder Leben kommt, bezieht sich im Zusammenhang ganz eindeutig auf das Volk als Ganzes. Die Alleinverehrung dieses Gottes war wohl von Anfang an – wie etwa die Totenerweckungsgeschichten über Elia und Elischa zeigen – mit dem Glauben verknüpft, dieser Gott sei stärker als der Tod. Denn gerade Mot, der Todesgott, soll nicht als göttliche Macht neben Jhwh anerkannt werden. Es war aber speziell die unlösbare Verbindung Gottes mit dem Volk, also gerade auch die mit dem möglichen

Tod des Volkes drohende Vereinsamung, die in der Konsequenz zum Glauben an die Auferstehung der Toten geführt hat.

II. Theologische Reflexion

Die Beziehung zwischen Gott und Israel, ihre Gefährdung durch ein Verlassen von Seiten des Volkes, die Möglichkeiten und Unmöglichkeiten ihrer Aufkündigung und Beendigung – das ist *das* Thema des Alten Testamentes. Es ist mit Recht versucht worden, von hier aus eine Gesamtdarstellung der Theologie des Alten Testamentes zu versuchen.[15] Der biblische Gottesbegriff ist durch nichts anderes so durch und durch bestimmt. Der Bezug zu Israel ist vor allem in den vielen Varianten der Exodusformel – man denke insbesondere am Anfang des Dekalogs: »*Ich bin Jhwh, der dich aus Ägypten, dem Sklavenhaus herausgeführt hat*« (Ex 20,2) – geradezu als Definition Gottes im strikten Sinne anzusehen. Diese Beziehung ist die »Konstellation«[16], in der dieser Gott erscheint und außerhalb deren es ihn nicht gibt. Sie wird sehr verschieden beschrieben und begrifflich gefasst. Dazu gehören die Varianten der so genannten Bundesformel (»*Jhwh der Gott Israels, Israel das Volk Jhwhs*«[17]) sowie Begriffe wie »*Bund*« (ברית) und »*Erwählung*« (בחר).

Die Bilder der Ehe oder der Eltern-Kind-Beziehung sind nun wahrscheinlich älter als die Verwendung des Bundesbegriffs für diese Beziehung[18]. Jedenfalls ist beides nicht einfach identisch, und ein unspezifisch weiter, nicht terminologischer Bundesbegriff führt in methodische Verwirrungen. Denn mit der Anwendung des Wortes ברית auf die Gottesbeziehung wird diese vielmehr durchaus abstrakter und auch ein Stück weit rechtlicher gefasst, als es die anderen Bilder tun. Zwar kann mit ברית sogar das Leben, die Existenz Gottes überhaupt berührt sein, denn darauf zielt ja das magische Ritual einer Bundschließung, bei der derjenige, der den Bund schließt, der die Verpflichtung auf sich nimmt, zwischen den Teilen zerlegter Tiere zur Selbstverfluchung hindurchgeht, und in Gen 15,7ff. unterzieht sich – verhüllt, aber deutlich – sogar Gott einer solchen Zeremonie. Dennoch geht es bei einer ברית wie bei einem Eid eindeutig um eine bewusst und willentlich eingegangene Verpflichtung, vor der und tendenziell auch nach der es anderes geben kann. Sie kann an Bedingungen geknüpft sein und ist prinzipiell revozierbar. Ähnlich hat auch der Erwählungsbegriff etwas Dezisionistisches. Die Unauflösbarkeit verwandtschaftlicher, besonders elterlicher Nähe und die emotionale Seite, in der die Verletzlichkeit und drohende Vereinsamung durch den Verlust des geliebten Partners wurzeln, treten darin zurück. Nicht zuletzt deshalb bleiben die Verwandtschaftsbilder neben der Bundestheologie in Benutzung und werden nicht von ihr abgelöst.

Religionsgeschichtlich ist diese alttestamentliche Eigenart der Rede von Gott in den vermutlich ältesten Texten und Traditionen bereits ansatzweise zu beobachten, sie wird aber vor allem in der Prophetie und dann der spätvorexilischen und exilischen Literatur dominant. Quantitativ wie qualitativ treten andere Konstellationen – etwa die Reste eine Pantheons, ein göttliches Handeln in mythischen Zusammenhän-

[15] H. D. Preuß, Theologie des Alten Testaments, 2 Bde., 1991/92.
[16] J. Assmann, Ma'at. Gerechtigkeit und Unsterblichkeit im Alten Ägypten, 1990, 160f., Anm. 1.
[17] Vgl. R. Rendtorff, Die »Bundesformel«. Eine exegetisch-theologische Untersuchung, SBS 160, 1995.
[18] L. Perlitt, Bundestheologie im Alten Testament, WMANT 36, 1969.

gen wie dem so genannten Chaoskampf, auch weisheitliche Gottesvorstellungen – hinter diesem Charakterzug deutlich zurück oder sind mit ihm verbunden. Was die Genese betrifft, so geht einem eigentlichen Monotheismus eine längere Phase voraus, in dem eine Alleinverehrung dieses Gottes in Israel wirksam gefordert wird, ohne zugleich die Existenz und Wirksamkeit anderer Gottheiten grundsätzlich zu leugnen. Zwischen Elia und dem Deuteronomium, also zwischen dem neunten und dem siebenten Jahrhundert v.Chr. ist das die die erhaltenen Texte prägende Haltung. Die Formulierung des Ersten Gebots im klassischen Dekalog – »*Nicht soll es für dich andere Gottheiten geben mir ins Angesicht*« – repräsentiert sie besonders deutlich. Und im Gegensatz zu anderen Ausprägungen von Monotheismus[19] liegt das Spezifische auch noch des grundsätzlichen Monotheismus der Bibel darin, dass diese ältere Haltung nicht etwa hinter menschheitlichen Themen wie Schöpfungstheologie oder Apokalyptik verschwindet oder zurücktritt, sondern sich – zuerst etwa bei Deuterojesaja – deutlich mit ihr verbindet.

Das Spezifische dieser biblischen Gottesvorstellung mit ihrer Möglichkeit der Vereinsamung Gottes wird besonders deutlich in den verschiedenartigen Rezeptionsvorgängen, die diese Texte erfahren haben.

Was in der Bibel nur als unmögliche Möglichkeit aufscheint, wird in der *rabbinischen Theologie* zu Ende gedacht. Im Zusammenhang der vielen Texte, die anknüpfend an biblische Traditionen von Gottes Mitgehen und Mitleiden mit Israel, von seiner Trauer und seiner Klage sprechen, und die Peter Kuhn zusammengestellt hat, geht es auch um seine Einsamkeit. So wird etwa die Formulierung von Ps 102,28 »*Ich bin wie ein einsamer Vogel auf dem Dach*« auf Gott bezogen:

Was ist mit dem Vogel? In der Stunde, da man seine Jungen wegnimmt, sitzt er einsam da. So sprach der Heilige, gepriesen sei er: »Ich habe mein Haus verbrannt, meine Stadt zerstört, meine Kinder ins Exil unter die Weltvölker geführt, und sitze nun einsam für mich da.«
(Midrasch Echa Rabbati, Proöm. 20;[20]).

Gott werden dabei die Anfangsworte der Threni als Klage in den Mund gelegt: *»Ach, wie sitzt einsam da ...«* (1,1).

Eine solche Abhängigkeit Gottes vom menschlichen Partner ist anders als im Judentum in den nachbiblischen monotheistischen Religionen nicht in gleicher Deutlichkeit fortgeführt worden. So liegt »das Eigentümliche« *des islamischen Monotheismus* gerade in der kompromisslosen »Sohnlosigkeit« Gottes. »Muhammad nimmt mythologischem Sprechen über Gott seinen eigentlichen Rohstoff ..., entzieht der Möglichkeit, Geschichten über Gott zu erzählen, jeglichen Boden, indem er Vaterschaft, Sohnschaft, Frau, Familie wie alle Arten von Verwandtschaft, aus dem theologischen Diskurs unter dem Namen ›Sirk‹, Assoziationismus, ›Beiordnung‹ als illegitim verbannt«.[21]

Im *Christentum* wurde die enge Verbindung von Gott und Mensch auf die Kirche bzw. die Menschheit ausgeweitet. Doch war es dann vor allem die Verbindung mit dem Gottesbegriff der griechischen Philosophie, die die Vorstellung der Unveränderbarkeit Gottes und sogar seiner A-Pathie geradezu in den Rang von Dogmen

19 Vgl. etwa: J. Assmann, Monotheismus und Kosmotheismus. Ägyptische Formen eines »Denken des Einen« und ihre europäische Rezeptionsgeschichte, SHAW.PH 2/1993.

20 Vgl. P. Kuhn, Gottes Trauer und Klage in der rabbinischen Überlieferung (Talmud und Midrasch), AGJU 13, 1978, 150.

21 Th. Mooren, Macht und Einsamkeit Gottes. Dialog mit dem islamischen Radikal-Monotheismus, WFMR:R 17, 1991, 95; vgl. Sure 10,68; 17,11; 35,15 u.a.

erhob. Zudem konnte es scheinen, als wenn durch die Trinitätslehre sich alles, was mit Leidensfähigkeit zu tun hat, auf die menschliche Seite der einen Person konzentrieren könnte und im Übrigen zu gelten hätte: »Die divinitas ist die aseitas. Aseitate deus est«.[22] Zwar ist immer an der Liebe Gottes als Zentralbegriff festgehalten worden und meist auch mit der biblischen anthropomorphen Sprache daran, dass »dort, wo Gott und Mensch in rechter Weise Partner sind, ... der Anthropomorphismus deutlich eine Selbstverständlichkeit« ist.[23] Doch selten wurde die biblische Radikalität durchgehalten. Kann man aber Liebe so abstrakt fassen, dass der Verlust des Geliebten nicht in Schmerz und Einsamkeit führt? Und kann man an der Bedeutung der Liebe Gottes festhalten und zugleich den Partner, auf den sich die biblischen Texte beziehen, Israel, das Judentum, austauschen, für bedeutungslos erklären, für ungeliebt und hassenswert? Die Unliebenswürdigkeit des Christentums in so manchen seiner Erscheinungsformen ist von diesem Vorgang der Umdeutung der zentralen biblischen Vorstellung eines liebenden, also verletzlichen und von Vereinsamung bedrohten Gottes in einen letztlich unberührbaren wohl nicht zu trennen. Die innere Spannung, die das biblische Bild eines einzigen, mächtigen Gottes prägt, der als Schöpfer der Welt und Lenker der Geschichte sich dennoch in dieser anfechtbaren Weise mit einer menschlichen Größe verbunden hat, prägt unaufgebbar die Identität dieses Gottes. »Nicht die All-Macht bloß, auch das All-Leid ist Gottes.«[24]

Christof Hardmeier hat in Aufnahme von Gedanken Paul Tillichs auf die heute höchst aktuellen Konsequenzen aufmerksam gemacht, die in der Vorstellung vom Ende des Gotteslobes und mit ihm der Gottesbeziehung durch den Tod stecken. Der Satz »*Im Tod ist kein Gedenken an dich*« (Ps 6,6) bekommt angesichts der realen Möglichkeit eines Todes der Menschheit neues Gewicht. Was würde das Ende des menschlichen Lebens auf dieser Erde für den biblischen Gott bedeuten? »Als *deus revelatus* teilt er in seinem Leben und Wirken die Geschichte des Menschengeschlechts«.[25]

III. Zur Anthropologie

a. Das mit einem solchen Gottesbild gegebene Menschenbild wird beispielhaft in der kritischen Sicht C. G. Jungs in »Antwort auf Hiob« deutlich. Der im Alten Testament, gerade auch im Anspruch Gottes auf Lobpreis »sichtbar werdende Charakter paßt zu einer Persönlichkeit, die nur vermöge eines Objekts sich ein Gefühl eigener Existenz verschaffen kann ... Es hat den Anschein, als ob es nur vermöge des Umstandes existiere, dass es ein Objekt hat, welches dem Subjekt versichert, es sei vorhanden«.[26] »Darum bedarf Jahwe der Akklamation einer kleinen Menschengruppe. Man kann sich vorstellen, was geschehen würde, wenn es dieser Versammlung einfallen sollte, mit dem Beifall aufzuhören: es gäbe einen Aufregungszustand mit blinder Zerstörungswut und dann ein Versinken in *höllische Einsamkeit* und qualvollstes Nichtsein,

[22] Bavinck zitiert nach H. Kuitert, Gott in Menschengestalt, BevTh 45, 1962, 186.

[23] Kuitert, a.a.O. 46; vgl. auch: E.-L. Cherbonnier, The Logic of Biblical Anthropomorphism, HThR 55, 1962, 187-206; U. Mauser, Gottesbild und Menschwerdung. Eine Untersuchung zur Einheit des Alten und Neuen Testaments, BHTh 43, 1971.

[24] M. Buber, Geschehene Geschichten (1933), Werke Bd. 2: Schriften zur Bibel, 1964, 1034.

[25] Ch. Hardmeier, »Denn im Tod ist kein Gedenken an dich.« (Psalm 6,6). Der Tod des Menschen – Gottes Tod?, EvTh 48, 1988, 309.

[26] C.G. Jung, Antwort auf Hiob, Studienausgabe, 1973, 17.

gefolgt von einer allmählich wieder erwachenden, unaussprechlichen Sehnsucht nach dem Etwas, das Mich Mir Selber fühlbar macht«.[27] »Der Ehe mit Israel liegt ein perfektionistisches Vorhaben Jahwes zugrunde. Damit ist jene Bezogenheit, die man als ›Eros‹ bezeichnen könnte, ausgeschlossen ... Jahwe hat keinen Eros, keine Beziehung zum Menschen, sondern nur zu einem Zwecke, zu dem ihm der Mensch verhelfen soll. Das alles hindert aber nicht, dass er eifersüchtig und mißtrauisch ist, wie nur je ein Ehegatte, aber er meint sein Vorhaben und nicht den Menschen«.[28] Was dieser Karikatur offenkundig als unreflektierte Voraussetzung zugrunde liegt – abgesehen von der traditionell antijüdischen Selbstverständlichkeit, es könne nicht wirklich Liebe sein, was die Texte so nennen –, ist ein Gottes- bzw. vor allem Menschenbild, für das Beziehungen und damit Abhängigkeiten sekundär und verzichtbar, ja im Grunde störend sind, das Bild eines im Kern völlig autonomen Individuums, einer Monade. Der Mensch wird – wie dann der Gott der islamischen oder griechisch-christlichen Tradition – als Subjekt gesehen, das kein Gegenüber notwendig braucht, um existieren zu können, und das offenkundig selbst auf das geliebte Gegenüber verzichten kann, ohne in Schmerz und Einsamkeit zu versinken.

»Es ist nicht gut, dass der Mensch allein ist« – gemeinsam mit der Vorstellung vom Menschen als Bild Gottes bringt dieser Satz aus der Schöpfungsgeschichte das biblische Menschenbild auf den Begriff (Gen 2,18). Nach einem ersten misslungenen Versuch Gottes, der zu einem isolierten Einzelwesen führte, wird der Mensch als Gegenüber und zum Gegenüber geschaffen. Einsamkeit ist darum biblisch kein Ideal, keine menschliche Möglichkeit, mit ihr wird die Schöpfung verfehlt. Der Mensch ist auch darin ein Bild des Schöpfers, dass er auf Gemeinsamkeit angewiesen ist. Die Bibel teilt diese negative Sicht des isolierten Individuums mit Ägypten und vielen gemeinschaftszentrierten Kulturen und transponiert derartige kulturelle Muster in neue religiöse und kulturelle Ausprägungen hinein. Ehelosigkeit und Mönchtum, Askese und Selbstgenügsamkeit sind im Judentum von seiner biblischen Grundlage her nie propagiert und verwirklicht worden, und wo im Christentum solches geschieht, ist das ein Signal für die Entfernung von der Bibel.

b. Wie die Bibel von Gott und wie vom Menschen redet, ist vielleicht nirgends überraschender erkennbar, als wenn man fragt, wie sich denn die beiden jeweils unaufgebbaren Beziehungen auf Mitmenschen und auf Gott aufeinander beziehen und zueinander verhalten.

»Mein Gott, mein Gott, warum hast du mich verlassen?« Dieser Auftaktklage des 22. Psalms folgt dann eine Schilderung der Verlassenheit und Bedrohtheit des Beters durch viele Aspekte und Dimensionen. In den Klagen geht es meist um beides, die Verlassenheit von Gott und durch die Menschen, beides wird ineinander verschränkt erfahren.

Dein Antlitz, Jhwh, suche ich
verbirg dein Antlitz nicht vor mir,
weise deinen Knecht nicht ab im Zorn,
warst du doch mein Helfer.
Verstoße mich nicht
und verlasse mich nicht, Gott meines Heils!

---

27 Ebd. 18, Hervorhebung von mir.
28 Ebd. 42f.

Denn Vater und Mutter haben mich verlassen,
doch Jhwh nimmt mich auf.
(Ps 27,8b-10)

Mit dem gleichen Verbum »verlassen« (עזב) erfolgt die Bitte an Gott und die Beschreibung des Tuns der Eltern. In vielen Klagen wird über das Zerbrechen der engsten und wichtigsten Sozialbeziehungen geklagt (Ps 31,12-14; 38,12ff.; 41,8-11; 55,13-16). Das Verhältnis der Beziehung zu Gott und der zu den nächsten Mitmenschen ist nicht einfach zu erfassen. Gott soll nicht einfach an ihre Stelle treten, er kann sie keineswegs ersetzen. Nur in letzter Zuspitzung kann angesichts des Todes, durch den menschliche Bindungen endgültig zunichte werden, auch das gesagt sein: *»Wen im Himmel hätte ich außer dir, und wenn ich dich habe, so wünsch ich nichts auf Erden«* (Ps 73,25). Aber in jeder Verlassenheit und allem Zerbrechen der sozialen Beziehungen steht stets das Gottesverhältnis auf dem Spiel. Gott wird in und durch die Ganzheit dieser Beziehungen als wirksam und gegenwärtig erfahren, er geht aber keineswegs in ihnen auf. Die Vereinsamung der Leidenden durch Krankheit, Anklage und Isolierung bedeutet zugleich eine Verlassenheit durch Gott. Gottes Wirken, seine Gegenwart wird in der Erneuerung der Beziehungen erfahren, wobei die Klagerituale ihre Rolle gespielt haben werden.

c. Dass Gott in der Einsamkeit einen Menschen anfällt, ist das Thema der Erzählung vom nächtlichen Ringkampf Jakobs am Jabbok. Und was über Jakob den Stammvater erzählt wird, gilt immer zugleich für das Volk im Ganzen. *»Und Jakob blieb allein zurück, da rang ein Mann mit ihm …«* (Gen 32,25). Erst nach der Trennung von seiner Familie (V.23f.) setzt das Geschehen ein. Aber gerade hier wird mit erzählerischer Meisterschaft dargestellt, dass es in der Einsamkeit um die Gemeinsamkeit, bei der Begegnung mit Gott um die mit dem Bruder geht. Dem betrogenen Esau, vor dessen Todesdrohung er einst geflohen war (27,41ff.) und der jetzt bedrohlich naht, hatte Jakob ein großes Versöhnungsgeschenk entgegengesandt, in der Hoffnung: *»›Ich kann sein Angesicht versöhnen durch das Geschenk, das vor meinem Angesicht herzieht, und danach werde ich sein Angesicht sehen; vielleicht erhebt er mein Angesicht‹, und so ging das Geschenk vor seinem Angesicht her«* (Gen 32,21f.). Was in der Nacht im geheimnisvollen Ringkampf geschehen ist, charakterisiert er dann so: *»Ich habe Gott von Angesicht zu Angesicht gesehen und mein Leben wurde gerettet«*, weshalb er den Ort Pniel, *»Angesicht Gottes«* nennt (V.31). Als er dann schließlich dem Bruder begegnet und es zur Versöhnung kommt, sagt er zu ihm: *»Ich hab dein Angesicht gesehen, wie man das Angesicht Gottes sieht«* (33,10b). Der in der Einsamkeit begegnende Gott hat das Angesicht des Bruders, und dadurch wird die Versöhnung möglich.

IV. Prophetische Einsamkeit und Literatur

a. Dass aus der Gottesbeziehung selbst Isolierung und Einsamkeit erwachsen, ist also biblisch die Ausnahme. Derartiges geschieht nur da, wo ein göttlicher Auftrag in Konflikte mit der Umgebung führt, also bei den Propheten. Schon Hosea wird für verrückt erklärt (Hos 9,7), vor allem aber sind es die so genannten Konfessionen Jeremias, die von solchen Vorgängen sprechen:

Fanden sich deine Worte, so verschlang ich sie,
dein Wort war mir Jubel,
und Fröhlichkeit meines Herzens wars,
das über mir dein Name genannt ist,
Jhwh, Gott Zebaot.
Ich habe mich nicht zum Kreis der Fröhlichen gesetzt und gejubelt,
einsam sitze ich wegen deiner Hand,
denn mit Verwünschungen hast du mich gefüllt.
Warum ist mein Schmerz ewig
und meine Wunde bösartig? Sie will nicht heilen.
Durch und durch bist du mir wie ein Trugbach,
wie ein ungewisses Wasser.
(Jer 15,16-18).

Der Prophet ist mit seiner Verkündigung zwischen die Mühlsteine geraten. Mit der aufgetragenen Botschaft einer kommenden Strafkatastrophe findet er weder Glauben, noch kann er sich mit ihr identifizieren oder ihr Eintreten auch nur herbeiwünschen, doch ist es andererseits kaum erträglicher, durch ihr Nichteintreffen über Jahrzehnte als falscher Prophet verspottet zu werden. Da für ihn die öffentlich praktizierte Religion auf Täuschung beruht, kann ihn die Gottesbeziehung nur in die Isolation treiben. Nicht als Ideal, nur am Punkte der Dissonanz zwischen Gott und Volk kann der Bote Gottes unausweichlich in Einsamkeit und Isolation geraten. Gesprochen wird darüber – das gilt unabhängig von der Frage, ob diese Konfessionen »echt« sind oder spätere, deutende Fiktion – vor allem im Jeremiabuch im Ton der Klage, ja der Prophet klagt mit nahezu identischen Worten, wie es sonst die von ihrer Umgebung entfremdeten leidenden Beter tun, nur dass bei ihm Gottesnähe und Einsamkeit in diesem Ausnahme- und Grenzfall sachlich zur Deckung kommen.

b. Der Zusammenhang dieser Isolierung mit dem Thema der drohenden Vereinsamung Gottes ist evident. Die Bilder, die sie beschreiben, sind allesamt prophetisch. Der drohende oder bereits eingetretene Bruch der für beide Seiten lebensnotwendigen Beziehung, die Konsequenzen und seine endgültige Überwindung – das ist der Anlass prophetischer Verkündigung und das Thema der prophetischen Bücher. Vor allem ist die ihnen aufgezwungene Einsamkeit und Isolierung nun wohl auch der Anlass zur Erstverschriftung prophetischer Worte geworden.[29] Die wenigen Passagen, die von schriftlicher Aufzeichnung prophetischer Worte berichten, lassen erkennen, dass es darum geht, die in der Gegenwart nicht akzeptierte Botschaft zu einem »›*Zeugnis‹ für den späteren Tag*« werden kann (Jes 30,8; vgl. auch 8,16f.). Das gilt vor allem für die einzige Erzählung über die Entstehung einer prophetischen Schrift in Jer 36. Nun sind die kanonischen Prophetenbücher durch lange Überlieferungs- und Redaktionsprozesse weit von solchen anfänglichen Kernen entfernt, und es ist nicht auszuschließen, dass, wie es heute von manchen Forschern vertreten wird, auch solche Berichte späterer Fiktion entstammen. Aber selbst, ja gerade dann würden sie bezeugen, dass ein großer und wichtiger Teil des kanonischen Schrifttums – neben der Tora mit ihrem Kern in den Rechtsbüchern und neben der Geschichtsschreibung bzw. -erzählung – aus Aufzeichnungen der durch die Botschaft von der drohenden Vereinsamung Gottes in Einsamkeit und Isolation geratenen Prophetengestalten erwuchs.

---

[29] Vgl. K. Koch, Die Profeten. I. Assyrische Zeit, UB 280, ^{2}1987, 178f.

»Gott Abrahams, Gott Isaaks, Gott Jakobs«

Notizen zur Frage eines Kriteriums theologischen Redens von Gott

I.

Was unterscheidet den Gott der Philosophen von dem der Theologen?[1] Gibt es so etwas wie ein Kriterium theologischen Redens von Gott im Unterschied zu einem (religions-)philosophischen, und worin könnte es liegen? Die Fülle der Antworten, die hierzu in der Geschichte des Diskurses zwischen Philosophie und Theologie gegeben wurden, folgten nicht selten dem Muster des Gespräches zwischen Hase und Igel: »Ich bin schon da.«

Das Gespräch ist keineswegs zu Ende. Nach Hermann Braun kann Philosophie auch heute durchaus »Vernünftig von Gott reden«[2]. Im Anschluss an John Wisdom geschieht das für ihn vor allem dann, wenn die Implikationen der Gesprächslage analysiert werden, in der die Frage nach Gott gestellt wird. Religionsphilosophie will und kann also »Verhältnisse der Verständigung schaffen, in denen der *Disput* die dem Thema Gott angemessene Form des *Diskurses* erreicht«[3]. Sie beansprucht damit den »Platz [...] im Schiedsgericht, das die Einhaltung der Regeln überwacht«[4].

Einen solchen Fall, wo das Spiel abzupfeifen und die rote Karte zu zeigen ist, benennt Braun konkret. Unzumutbar, indiskutabel und unerträglich ist für ihn heute die »Rede vom allmächtigen Herrn der Geschichte«. Was mit der Shoah, was in Auschwitz geschah, sei derart, dass die Vernunft nicht hinnehmen kann, »eine solche Erfahrung mit dem Glauben an einen dem Geschehen gegenüber souveränen Herrn zu verbinden, in dessen Macht es gestanden hätte, das Grauen nicht zum Austrag kommen zu lassen«[5].

Nun ist die hier disqualifizierte Art des Denkens traditionell auf beiden Seiten zu finden, und das gilt auch für den aufgestellten Maßstab. Religionsphilosophisch hat das Problem besonders eindrucksvoll Hans Jonas bedacht. Nach ihm stehen für einen heute möglichen Gottesbegriff »die drei Attribute [...] absolute Güte, absolute Macht und Verstehbarkeit« in einem solchen Verhältnis zueinander, »dass jede Verbindung von Zweien von ihnen das Dritte ausschließt«[6]. Auf den Begriff gebracht wird damit von neuen schrecklichen Erfahrungen her aber etwas, das keineswegs spezifisch philosophisch ist und auch viel älter als diese Erfahrungen. Denn Jonas nimmt ja für seine Philosophie alte jüdische Gedanken vom Verzicht Gottes auf seine Allmacht bereits bei der Schöpfung auf, und dahinter liegen ältere biblische Traditionen

---

1 Obwohl damit wie in der Überschrift Formulierungen aus dem Mémorial von Blaise Pascal (zum Text bes. G. Büsing, Das Mémorial. Dokument einer fraglichen Gewißheitserfahrung. Deutsche Hochschulschriften 1062, 1995) aufgenommen werden, versteht sich das Folgende nicht als Pascal-Interpretation.

2 H. Braun, Vernünftig von Gott reden. Probleme gegenwärtiger Religionsphilosophie, in: M. Klessmann/K. Lückel (Hg.), Zwischenbilanz: Pastoralpsychologische Herausforderungen. Zum Dialog von Theologie und Humanwissenschaften, FS K. Winkler, 1994, 100-112.

3 H. Braun, a.a.O. 111.

4 H. Braun, a.a.O. 109.

5 H. Braun, a.a.O. 112.

6 H. Jonas, Der Gottesbegriff nach Auschwitz. Eine jüdische Stimme, 1987, 37.

vom leidenden und klagenden Gott. Schon vor Jonas[7], aber dann auch in Aufnahme seiner Anstöße[8], hat Theologie auf die von Braun benannte Unerträglichkeit reagiert. Heute wären hier nicht zuletzt beziehungstheologische Ansätze im feministischen Bereich zu nennen[9].

In Brauns Argumentation taucht nun allerdings unvermutet Israel auf. Für ihn wird die in der Vernunft »verwurzelte Humanität [...] aufs äußerste provoziert, wenn von einem allmächtigen Wesen das Heil der Welt [...] erwartet wird, das jenes unsägliche Unrecht und das ungeheure Verbrechen an seinem auserwählten Volk duldet – und dazu schweigt«[10]. Welche Funktion hat diese Erinnerung an die Erwählung Israels in einer philosophischen Argumentation? Wäre der Gedanke nicht mit jeder anderen Menschengruppe ebenso richtig? Gehört ein solcher Verweis nur zum Denk- und Sprechmuster der anderen Seite, also einer bestimmten Form christlicher Theologie? Aber würde sie das Argument in diesem Zusammenhang verwenden? Und wenn ja, könnte sie es anders tun als in jenen entsetzlichen Worten des *Bruderrates der Evangelischen Kirche in Deutschland von 1948*, dass die Vernichtungsversuche »Israel unter dem Gericht« zeigen, »den Juden zur Mahnung, ob sie sich nicht bekehren möchten zu dem, bei dem allein auch ihr Heil steht«[11], also zur Legitimation christlicher Judenmission?

Unabhängig davon, wie die Formulierung Brauns präzis gemeint ist, zeigt sie, dass die Frage nach Israel und dem Judentum unauflöslich in die andere verwoben ist, ob und wie man vernünftig von Gott reden kann. Aber wie? Ist denn das Judentum auch ein philosophisches Problem?

II.

Christian Link hat »Das Bilderverbot als Kriterium theologischen Redens von Gott« bezeichnet[12]. Ist damit der entscheidende Differenzpunkt zur Philosophie getroffen? Oder ist Bildlosigkeit (Ex 20,4) nicht gerade auch für philosophisches Reden prägend?

Kein Geringerer als Hermann Cohen hat in dieser Frage genau wie in der der Einheit Gottes den biblischen und den philosophischen Gottesbegriff für identisch gehalten: »der unmittelbare Anteil der Vernunft an dem Begriffe des einzigen Gottes bewährt sich in diesem Gegensatz gegen das Bild«[13]. Er hält die Erhebung Gottes zur Idee im Werke Kants für übereinstimmend mit dem »tiefsten Grund der jüdischen

---

7 Bes. wirksam ist das durch Dietrich Bonhoeffer geschehen: »Die Bibel weist den Menschen an die Ohnmacht und das Leiden Gottes; nur der leidende Gott kann helfen« (Widerstand und Ergebung, Neuausgabe 1977, 394). Vgl. außerdem etwa H. Kuitert, Gott in Menschengestalt, BEvTh 45, 1967.

8 Vgl. etwa W. Huber, Allmacht und Ohnmacht. Die Gottesfrage nach Auschwitz und Hiroshima, in: E. Blum u.a. (Hg.), Die Hebräische Bibel und ihre zweifache Nachgeschichte, FS R. Rendtorff, 1990, 607-617.

9 Zuletzt etwa M. L. Frettlöh, Gott segnen. Systematisch-theologische Überlegungen zur Mitarbeit des Menschen an der Erlösung im Anschluss an Psalm 115. EvTh 56, 1996, 482-510.

10 Braun (Anm. 2), 112.

11 Wort zur Judenfrage vom 8. April 1948, in: R. Rendtorff/H. H. Henrix, Die Kirchen und das Judentum. Dokumente von 1945 bis 1985, 1987, Dokument E. III.7, 542.

12 ZThK 74, 1977, 58-85.

13 Religion der Vernunft aus den Quellen des Judentums, Nachdr. 1978, 61.

Gottesidee«.[14] Das gilt unabhängig davon, dass in der lebendigen Religion auch für Cohen etwas anderes mit im Spiel ist: »Cohen hat zwar Gott als Idee gedacht, aber geliebt hat er ihn als – Gott«[15].

Martin Buber hat Cohen zugestanden, dass es in der Tat unter Umständen gerade der Philosoph sein kann, »der das Bild und den Gott, den es meint, in einem als unrein verwirft und ihnen die reine Idee entgegenstellt«. Kritischer Atheismus kann auf diese Weise sich auf einen »wieder unbekannt gewordenen Gott« beziehen, und ein solcher atheistischer Bildersturm ist eine gerade auch religiös bedeutsame Funktion von Philosophie.[16] Aber das Bilderverbot betrifft für Buber – wie ähnlich für Link – letztlich auch jeden *Begriff* von Gott. »Denn die Gottesidee, das Meisterwerk des Menschen, ist nichts als das Bild der Bilder, das sublimste unter den Bildern«.[17]

Das alttestamentliche Bilderverbot unterscheidet Gott grundsätzlich von allem, was Welt ist.[18] Es nötigt zu einer durchgängigen Beachtung einer Distanz des Gottes, von dem die Theologie zu reden hat, zu allen Begriffen und Ideen, mit denen von ihm geredet wird, auch zu den eigenen, den theologischen. Gott ist nicht in ihnen, so wenig wie er im Sturm, im Erdbeben oder im Feuer ist (1 Kön 19,11f.).

Nun ist aber das Bilderverbot ein bloß formales, dazu ein rein negatives Kriterium. Es unterscheidet Gott von jeder Vorstellung und jedem Begriff, damit letztlich auch von jeder Erfahrung von ihm. Aber es zielt ja nicht auf einen unbekannten Gott, nicht auf einen, von dem man nur schweigen könnte, weil man von ihm nicht reden kann.[19] Es ist nur als zweites, nicht als erstes Gebot biblisch. Und wie immer man die *Gebote* zählt, beiden geht im Deka*log* als erstes der zehn *Worte* die Selbstvorstellung Gottes voran: *»Ich bin Adonaj, bin dein Gott, weil ich dich aus Ägypten, aus dem Haus der Sklavenarbeit herausgeholt habe«* (Ex 20,2). Gott wird hier *»dein Gott«* durch die Erinnerung an Erfahrungen bzw. an Erzählungen, Lieder, Überlieferungen darüber. Sie sind durch einen doppelten Bezug auf Befreiung aus Unterdrückung einerseits und auf Israel andererseits geprägt.

Dieser Anfang des Dekalogs ist so etwas wie die biblische Selbstdefinition Gottes. Man kann und muss sie auf ihren im strengen Sinne definitorischen Charakter hin befragen. Dann liegt im doppelten Bezug Gottes auf Freiheit und auf Israel der Kern dessen, was in jedem biblisch-theologischen Reden und Denken zur Geltung zu bringen ist.

Im Gegenüber zur Philosophie liegt dabei das Spezifische von Theologie zunächst sicher nicht im Bezug auf Freiheit, selbst nicht in dem in Geschehnissen wie dem Exodus verwurzelten biblischen Verständnis von Gerechtigkeit Gottes. Vielmehr liegt darin die Möglichkeit gemeinsamer Abwehr eines für humanitäre Vernunft wie biblische Tradition gleichermaßen unerträglichen Gottesbegriffs, wie der, von dem Braun spricht, verankert. Wenn etwa nach Ps 82 keine Größe beanspruchen kann, Gott zu heißen bzw. zu sein, die nicht effektiv Gerechtigkeit für die in dieser Welt ungerecht Leidenden bewirkt[20], ist damit eine Identität von Existenz, Einheit und Ge-

14 Zit. Nach M. Buber, Gottesfinsternis, Betrachtungen zur Beziehung zwischen Religion und Philosophie, in: Ders., Schriften zur Philosophie, Werke Bd. 1, 1962, 549.
15 M. Buber, a.a.O. 546.
16 M. Buber, a.a.O. 538.
17 M. Buber, a.a.O. 549.
18 Vgl. etwa W. H. Schmidt, Alttestamentlicher Glaube in seiner Geschichte, [6]1987, 96ff.
19 Vgl. den bekannten Schlusssatz von L. Wittgenstein, Tratatus logico-philosophicus, edition suhrkamp 12, 1963, 114.
20 Dazu etwa F. Crüsemann, Meine Kraft ist in den Schwachen mächtig. Eine theologische Reflexion, JK 48, 1987, 610-614.

rechtigkeit Gottes formuliert, die zugleich einen grundsätzlichen eschatologischen Bezug einschließt, eine Hoffnungsdimension. Glaube wie Theologie werden allerdings dennoch unaufgebbar auch hier an einem Erfahrungsbezug festhalten. Wo er fehlt, kann und muss darüber geklagt werden; doch ist das nur möglich, wenn und weil von ihm immer wieder auch berichtet und erzählt werden kann. Damit stehen aber alle solche Erfahrungen in der Spannung von »Schon« und »Noch nicht« und entkommen grundsätzlich nicht der Ambivalenz.

III.

Bei der christlichen Verwendung des Dekalogs ist nicht selten sein Beginn, das erste der zehn Worte nach der jüdischen Zählung, getilgt worden – und mit ihm der Bezug auf Freiheit wie auf Israel. Entsprechend wird der konstitutive Bezug der Gottesdefinition auf das konkrete jüdische Volk als irrelevant für eine christliche Theologie und also nicht als notwendiger Bestandteil biblisch-theologischer Rede von Gott angesehen. Für traditionelle Formen christlicher Theologie ist an diese Stelle als Kriterium christlich-theologischen Redens der Bezug auf Jesus von Nazareth als dem Christus getreten. Eine solche Alternative allerdings ist zutiefst problematisch.

Die Kirche hat am Alten Testament gegen Marcion festgehalten, weil sonst aus dem Christusglauben ein gnostischer Christusmythos geworden, womit zugleich die Einheit Gottes und die der Wirklichkeit aufgegeben wäre. Die Geschichte von Kirche und Theologie ist seitdem weithin geprägt durch vielfältige Versuche, am Alten Testament festzuhalten und zugleich einen bleibenden Bezug Gottes auf Israel zu leugnen. Nur so schien das Judentum theologisch überwunden werden zu können. In den altkirchlichen Bekenntnissen taucht entsprechend die Geschichte Israels nicht auf, und die hinter ihnen stehende Theologie mit ihren griechischen Denkformen und Begriffen sieht den Ort der Inkarnation wohl als letztlich zufällig an. Bis heute gibt es einen solchen Typ von Theologie, der im neutestamentlichen Geschehen ein letztlich voraussetzungsloses Urdatum sieht und glaubt, den Bezug zu Israel mit einem Begriff wie dem des *Kontextes*[21] beschreiben zu können.

Die schreckliche Geschichte des Judentums im christlichen Europa ist der Schatten, den dieser Typ von Theologie faktisch geworfen hat. Mit einem konstitutiven Israelbezug des Gottesbegriffes selbst fiel meist auch der zu Freiheit und Gerechtigkeit. Die Gewalt, die dabei sichtbar wird, wurzelt gerade auch in der exegetischen Gewalt, die den Texten der Bibel angetan werden muss, denen des Alten, die ständig ihres eigentlichen Inhalts beraubt werden müssen, aber genauso denen des Neuen Testamentes. Denn die Theologie, die in ihnen zu Wort kommt, will durchgängig Theologie der »Schrift« sein, will von einer vorläufigen Erfüllung sprechen, die weder von der Verheißung noch ihrer endgültigen Realisierung gelöst werden kann. Weit über einzelne Schriftbezüge in Sprache und Begrifflichkeit hinaus gibt es im Neuen Testament nach meinem Urteil nicht einmal einen sachlichen Ansatz für eine Christologie ohne den Bezug zur Schrift und mit ihr zu Israel.

Dass das, was mit Christus geschieht, nicht das Ende Israels, theologisch nicht das Ende eines spezifischen Weges Gottes mit Israel und dem Judentum sein kann, ist

---

21 Vgl. etwa die Stellungnahme der Theologischen Ausschüsse von EKU und VELKD zum »KLAK-Votum«, Texte aus der VELKD 68, 1996, 4 (1.2.1) u. 14 (2.8.1).

nach Auschwitz mühsam und stets umstritten zu einem Neuansatz christlicher Theologie geworden. Israel ist nicht die Muschel, in der eine Perle heranwuchs und die dann zerstört zurückbleibt, wenn sie herausgelöst wird.

Der Christusbezug als Kriterium christlich-theologischen Redens von Gott ist nur dann biblisch begründet, wenn in ihm der Freiheits- wie der Israelbezug Gottes aufgehoben sind und eine neue spezifische Gestalt gewinnen.

IV.

»Die Philosophie ist auf der Voraussetzung gegründet, dass man das Absolute im Allgemeinen schaue. Im Gegensatz zu ihr muss die Religion, wenn sie sich philosophisch zu determinieren hat, sagen, dass sie den Bund des Absoluten mit dem Besonderen, mit dem Konkreten meint.« So versucht Buber die Differenz von Philosophie und Religion zu beschreiben.[22] Und Theologie versucht, letztere auch in Begriffe und Gedanken zu fassen.

Einer biblisch begründeten christlichen Theologie geht es um das wirklich Einmalige und Einzigartige, Besondere und Konkrete, den einen Menschen Jesus, zu bestimmter Zeit und an bestimmtem Ort, aber mit ihm unaufhebbar um sein Volk. Wie oft ist nicht, man denke nur an die Hegel'sche Philosophie, aus Christus eine Christusidee geworden, selbst der Karfreitag konnte zum spekulativen Karfreitag verwandelt werden. Getrennt vom Alten Testament und vom jüdischen Volk steht das Individuelle und Partikulare durchgängig in der Gefahr, in etwas Allgemeines verwandelt zu werden. Erst mit dem Bezug Gottes auf ein einziges konkretes Volk, genauer mit der Zugehörigkeit dieses Volkes zum Gottesbegriff selbst, geht es in der Theologie um etwas bleibend Partikulares, etwa anstößig Konkretes, und nicht nur um die allgemeine Idee des Konkreten. Denn auch keine – etwa philosemitische – Idealisierung darf an die Stelle der Fülle biblischer Aussagen wie nachbiblischer Erfahrungen treten. Es war und ist in der Tat das Alte Testament, was nach einem Wort von Hans Walter Wolff das Christuszeugnis davor bewahrt, zur Christus-Philosophie zu entarten[23].

Das Partikulare dient freilich in biblischer Perspektive universalen Zwecken. Mit Abraham sollen sich alle Menschen segnen (Gen 12, 3), Israel ist das *Bundesvolk*, verkörpert also den Bund Gottes mit der Menschheit, und es ist *das Licht der Völker* (Jes 42,6). Die Kirche versteht sich und ihre Aufgabe in diesem universalen Rahmen, aber sie verliert ihr Fundament – wie tendenziell ihren Bezug auf Freiheit und Gerechtigkeit –, wenn sie zugunsten ihrer Universalität das Partikulare eliminiert; und das betrifft zentral den Gottesbegriff selbst.

---

22 Buber (Anm. 14), 533.

23 H. W. Wolff, Zur Hermeneutik des Alten Testaments (1956), in: Ders., Gesammelte Studien zum AT, TB 22, ²1973, 283.

V.

In diesem Sinne sehe ich den Israelbezug als das Kriterium jedes biblisch begründeten theologischen Redens von Gott an. Kann Philosophie auch hier sagen: Ich bin schon da?

Von Kant – »Die Euthanasie des Judentums ist die reine moralische Religion«[24] – bis Gadamer – »So ärgerlich und tragisch trennend der Anspruch des auserwählten Volkes ist, unter der besonderen Obhut des Allmächtigen zu stehen«[25] – sind gerade auch[26] die philosophischen Ansätze zu Verständnis und Toleranz von einem Begriff von Universalität geprägt, der eine Negierung des jüdischen Selbstverständnisses und damit letztlich auch des Judentums einschließt.

Jüdische Religionsphilosophie hat, wenn ich recht sehe, durch Betonung des Besonderen und Konkreten, des Einmaligen und Vielfältigen Raum für das Jüdische neben dem Christlichen und mit ihm für alles Abweichende, Nichtformierte und Nichtkonforme zu schaffen versucht. Aber soweit sie das allgemein taten, blieben Mendelssohn und Cohen, Buber, Jonas, Levinas u.a. im Bereich des Philosophischen bzw. der »Religion, wenn sie sich philosophisch zu determinieren hat«[27].

Ganz im Sinne dessen, worum es hier gehen sollte, wird bei Pascal der Gegensatz zum Gott der Philosophen nicht nur und schon gar nicht zuerst in Christus oder im Gott Jesu Christi gesehen. Das würde offenkundig gerade nicht reichen, um den Gegensatz zu bestimmen. Worum es bei diesem geht, wird vielmehr umgekehrt erst durch den Bezug Gottes auf Abraham, Isaak und Jakob eindeutig. Und dass bei diesen Namen ihre Nachfahren mitgemeint sind, zeigen andere Gedanken Pascals, wonach gerade die Weigerung der Juden, an diesen Christus zu glauben, »das Fundament unseres Glaubens« ist. »Das ist das Wunderbare, dass die Juden dazu gebracht wurden, den Weissagungen anzuhängen und mächtige Feinde ihrer Erfüllung zu sein«[28]. Man muss darin eine recht präzise Interpretation von Röm 11 sehen.

Das alles wollen wohl gerade keine philosophischen Sätze sein. Und doch bleibt die Frage, ob das Judentum auch ein philosophisches Problem ist. Vielleicht spitzt sie sich auf das Problem zu, ob Freiheit und Toleranz für ganz anders, für partikular und nicht nur universal Denkende nicht voraussetzt, das Allgemeine mit einem wirklich Konkreten zusammenzudenken.

---

24 I. Kant, Der Streit der Fakultäten, in: Ders., Werke in sechs Bänden, hg. v. W. Weischedel, 1981, Bd. 6, 321; vgl. L. Poliakov, Geschichte des Antisemitismus, Bd. V: Die Aufklärung und ihre judenfeindliche Tendenz, dt. Übers. 1983.

25 H. G. Gadamer, Die Philosophie, in: L. Reinisch (Hg.), Die Juden und die Kultur. Eine Vortragsreihe, 1961, 79, vgl. bes. a. den Schlusssatz S. 90.

26 Von Traditionen antijüdischer oder antisemitischer Philosophie wie bei Fichte oder Heidegger ganz abgesehen.

27 Buber (Anm. 14), 533.

28 B. Pascal, Gedanken. Über die Religion und über einige andere Gegenstände, hg. u. übers. v. E. Wasmuth, [4]1948, 361 (Nr. 745).

Hermeneutik des Alten Testaments

Wie alttestamentlich muss evangelische Theologie sein?

Mein Thema ist dieses »muss«: Wie alttestamentlich *muss* Theologie sein, um evangelisch, ja christlich sein zu können?

I.

Die Frage wurde, theologiegeschichtlich wie für mich biografisch, durch eine Formulierung von Dietrich Bonhoeffer unausweichlich: »Wer zu schnell und zu direkt neutestamentlich sein und empfinden will, ist m. E. kein Christ.«[1] Nimmt man den Satz auch in seiner Schärfe ernst, sind viele Äußerungen aus Kirche und Theologie – bis hin zu Barmen!? – schon deshalb nicht christlich, weil sie allein neutestamentlich argumentieren und gerade so meinen, spezifisch christlich sein zu können. Bonhoeffers Erkenntnis ist Teil der theologischen Neuentdeckung des Alten Testaments im 20. Jahrhundert; und durch sie hat sich seither viel verändert. Das Alte Testament ist wichtiger, Kirche und Theologie sind damit im Sinne Bonhoeffers christlicher geworden. Ihm entnommene Argumente haben heute in vielen Diskursen Gewicht. Man mag an synodale Äußerungen und Denkschriften denken, an die Kirchentage und ihre Texte, nicht zuletzt an die Sequenz sich steigernder Bezogenheit auf das Alte Testament in der Systematischen Theologie: Barth, Pannenberg, Kraus, Moltmann, Link, Marquardt, Klappert, Welker. Die Wahrnehmung solcher Veränderungen ist einer der stärksten Gründe zur Freude in der Lebenswelt von Theologie und Kirche.

Auf dem Hintergrund dieser Entwicklung und ihrem starken Ausdruck im christlich-jüdischen Dialog mit seinen neuen kirchlichen Festlegungen hört man nun freilich vielfach die Frage nach den Grenzen: Wie alttestamentlich *darf* christliche Theologie sein? Damit verbinden sich Warnungen vor angeblichen Gefahren, bei denen offensichtlich protestantische Ur-Ängste um den Verlust des Eigentlichen im Spiel sind. Das zeigt sich mir exemplarisch in der Tatsache, dass die klarsten und weitgehendsten Formulierungen eines neuen christlichen Zugangs zum Alten Testament aus dem Bereich der katholischen Theologie stammen.[2] Die meisten, die sich als Gerhard von Rads Enkel empfinden, fallen eher hinter ihn zurück. Es besteht ein weitgehender Konsens, dass die Bedeutung des Alten Testaments für den christlichen Glauben begrenzt ist und sein muss. Wo freilich soll diese Grenze liegen? Durch was sollte sie bestimmt sein?

Bonhoeffer hat seine Grenze direkt vor dem oben angeführten Satz formuliert: »Nur wenn man die Unaussprechlichkeit des Namens Gottes kennt, darf man auch einmal den Namen Jesus Christus aussprechen; nur wenn man das Leben und die Erde so liebt, dass mit ihr alles verloren und zu Ende zu sein scheint, darf man an die Auferstehung der Toten und eine neue Welt glauben; nur wenn man das Gesetz Gottes über sich gelten lässt, darf man wohl auch einmal von Gnade sprechen, und nur

---

1 Widerstand und Ergebung, Neuausgabe ^{2}1977, 176.

2 E. Zenger, Das Erste Testament. Die jüdische Bibel und die Christen, (1991) ^{4}1994. – M. Görg, In Abrahams Schoß. Christsein ohne Neues Testament, 1993. – Jetzt bes. C. Dohmen, in: ders./G. Stemberger, Hermeneutik der Jüdischen Bibel und des Alten Testaments, 1996.

wenn der Zorn und die Rache Gottes über seine Feinde als gültige Wirklichkeit stehen bleiben, kann von Vergebung und von Feindesliebe etwas unser Herz berühren.«[3] Die Gegensätze zu den angeblich spezifisch alttestamentlichen Zügen sind – alttestamentlich. Dass nach dem Alten Testament Tote aufstehen (Jes 26,19; 25,8; Dan 12,2) und Gott eine neue Welt, einen neuen Himmel und eine neue Erde (Jes 65,17) schaffen wird, dass die Übertreter des Gesetzes auf Gottes Gnade und Vergebung hoffen können (Ps 130; 103,3f.; Lev 4f.; 16 usw.), dass nichts Gottes Wesen so prägt wie seine Barmherzigkeit (Ex 34,6f.par.), dass die gebotene Nächstenliebe eigentlich immer eine Feindesliebe ist (Lev 19,16f.) – das alles hat Bonhoeffer genau so gewusst wie die meisten Theologen, die solche Vorurteile bis heute nachsprechen. Man kann nur staunen, wie nachhaltig die antijüdischen Muster sind; sie wirken noch dort, wo sie im Ansatz überwunden werden. Es geht bei dem, worin Bonhoeffer die Grenze zwischen den Testamenten sieht – auch beim ersten Thema, der Unaussprechlichkeit des Namens –, durchgängig um Spannungen, die innerhalb des Alten Testamentes genau wie innerhalb des Neuen vorliegen. Sie hängen mit der Sache zusammen, von der die Texte reden, nämlich mit dem Gott der Bibel. Es gibt keinen Grund, diese inneren Spannungen auf die beiden Testamente zu verteilen.

»Wir leben im Vorletzten und glauben das Letzte« – die bekannte Unterscheidung taucht bei Bonhoeffer in diesem Zusammenhang auf und scheint sich zunächst ebenfalls auf den Unterschied zwischen Altem und Neuem Testament zu beziehen.[4] Doch setzen hier spätere Briefe wie die Ausführung in der Ethik[5] andere Akzente: »Was über diese Welt hinaus ist, will im Evangelium *für* diese Welt da sein.«[6] Selbst »die Christliche Auferstehungshoffnung« weise den Menschen im Unterschied zu den Mythen der Erlösungsreligionen »an sein Leben auf der Erde« zurück. Zwar geschehe das »in ganz neuer und gegenüber dem A. T. noch verschärfter Weise«, dennoch bleiben darin »Neues und Altes Testament verbunden«.[7] Das Schema der Steigerung wird also so gewendet, dass etwas typisch Alttestamentliches im Neuen noch verschärft wird. Auch die Differenz von Vorletztem und Letztem kann man eindeutig nicht auf die Testamente verteilen, sie durchzieht beide – und erweist sich in beiden als nur begrenzt hilfreich, denn ob die hungernde Nächste wirklich etwas Vorletztes ist, bleibt fraglich (Ps 82; Mt 25).

Der Satz, dass ein Christ »nicht zu schnell und zu direkt neutestamentlich sein und empfinden« kann, ohne sein Christsein zu verspielen, verbindet sich bei Bonhoeffer mit nicht haltbaren angeblichen Gegensätzen der Testamente. Es gibt – natürlich abgesehen vom Bezug auf die Person Jesus Christus – nach dem, was ich den Texten entnehmen kann, überhaupt keine grundsätzlichen theologischen Differenzen zwischen beiden Teilen der christlichen Bibel. Fundamentale Gegensätze bestehen in keiner zentralen Frage, weder im Gottesbild noch in der Anthropologie, weder im Normensystem noch in den Hoffnungsbildern. Die Arbeiten vieler christlicher Exegeten und die Rezeption jüdischer Tradition konvergieren hier eindeutig. Um solche Gegensätze zu finden, muss man ihre Existenz voraussetzen und für selbstverständlich halten, muss man Differenzen in einem Bereich für zentral erklären, die man im anderen herunterspielt, muss man Schriften und Themen voneinander isolieren, die kanonisch zusammengehören, muss man die behaupteten Unterschiede vor und über

---

3 Widerstand und Ergebung, 175f.
4 A.a.O. 176.
5 D. Bonhoeffer, Ethik, DBW 6, 1992, 137ff.
6 Widerstand und Ergebung, 312.
7 A.a.O. 369.

die historische und theologische Interpretation stellen, muss man theologisch immer schon beiseitegeschoben haben, was es gerade zu verstehen gilt: »es ist ja ein und derselbe Gott«.[8] Wenn aber inhaltliche Differenzen über Akzentuierungen hinaus nicht benannt werden können, gibt es dann überhaupt eine Grenze, jenseits derer etwa die Umkehrung des Bonhoefferschen Satzes zu gelten hätte: »Wer zu weitgehend alttestamentlich sein will, ist m. E. kein Christ«?

II.

»Es ist keine Übertreibung, wenn man das hermeneutische Problem des Alten Testaments nicht als bloß ein, sondern als *das* Problem christlicher Theologie betrachtet, von dessen Lösung so oder so alle anderen theologischen Fragen berührt werden ... Eine fundamentalere Frage lässt sich im Bereich der Theologie nicht stellen; ihre Beantwortung bestimmt selbst den Bereich, in welchem Theologie sich zu vollziehen hat!« Diese Sätze stehen am Anfang der alttestamentlichen Hermeneutik von A. H. J. Gunneweg.[9] Und dann breitet er die Fülle der in der Theologiegeschichte durchgespielten Möglichkeiten aus, mit dem Alten Testament christlich umzugehen. Sie alle, so verschieden sie sind, und bis hin zu Gunnewegs eigener Lösung, stehen, so wird es hier dargestellt, unter dem Verdikt der *»Fremdheit«*: »Die Vorgegebenheit selbst ist das Problem: Das Alte Testament ist ... zweifellos und fraglos nicht christlichen Ursprungs ... ein *Erbe* aus vorchristlicher Zeit«, und das hermeneutische Problem besteht angeblich darin, ob man es »nachträglich christianisieren und sozusagen taufen« kann.[10] Ein solcher Ansatz scheint nahezu unbestreitbar zu sein. Und dennoch liegen ihm zumindest zwei fundamentale, aber frag-würdige Annahmen zugrunde, die Bestreitung des jüdischen Anspruchs und die Vorstellung einer vom Alten Testament unabhängigen christlichen Wahrheit. Beides prägt also den gesamten »Bereich«, in welchem sich christliche Theologie angeblich zu vollziehen hat.

Dass das Alte Testament Teil der christlichen Bibel wurde, ist bekanntlich der antimarcionitischen Entscheidung der Kirche zu verdanken. In einer Hinsicht bestand allerdings offenkundig eine prinzipielle Gemeinsamkeit zwischen Marcion und seinen Gegnern: In der negativen Bewertung und der theologischen Disqualifikation des Judentums.[11] Marcion »war der erste, der die volle Schärfe der Alternative erkannte, vor der das junge Christentum stand: die jüdische Bibel konsequent christlich zu deuten als Buch der Kirche oder sie ganz zu verwerfen«.[12] Die Beibehaltung des Alten Testamentes als Teil des christlichen Kanons setzt deshalb nahezu durchgängig die »Enterbung der Juden aus Bund und Erwählung zugunsten der Christen«[13] voraus. Entweder geht es um zwei verschiedene Götter oder um einen, der sich aber von sei-

---

[8] A.a.O. 176.

[9] A. H. J. Gunneweg, Vom Verstehen des Alten Testaments. Eine Hermeneutik, GAT 5, 1977, 7f. Dieses Buch mag hier exemplarisch für manche verwandte Ansätze stehen. Einen Überblick über gegenwärtige Positionen bei C. Dohmen/Th. Söding, (Hg.), Eine Bibel – zwei Testamente. Positionen Biblischer Theologie, UTB 1893, 1995.

[10] A.a.O. 8f.

[11] Vgl. A. v. Harnack, Marcion. Das Evangelium vom fremden Gott, Nachdr. 1960, 289*f.; allerdings kann bei ihm die »konventionelle antijüdische Apologetik und Polemik der christlichen Orthodoxie« weithin entfallen, so H. Schreckenberg, Die christlichen Adversus-Judaeos-Texte und ihr literarisches und historisches Umfeld (1.-11. Jh.), EHS.T 172, 1982, 182.

[12] Schreckenberg, 182.

[13] So Schreckenberg, 223, zu Tertullian.

nem Volk Israel abgewandt hat. Ob es, so kann man in Aufnahme und Umwandlung der berühmten Formulierungen Adolf von Harnacks fragen,[14] im 2. Jahrhundert möglich gewesen wäre, diesen Fehler zu vermeiden, ob sich im 16. Jahrhundert die Reformation diesem Schicksal hätte entziehen können, mögen künftige historische Studien durchspielen, im 20. war nach der Zuspitzung auch des christlichen Antijudaismus in Auschwitz eine Revision unumgänglich – und es zeigte sich, dass die theologischen Grundlagen dazu im Neuen Testament bereit liegen.

Wenn es wirklich zur essenziellen Aufgabe der christlichen Kirche gehört, »die bleibende Erwählung der Juden und Gottes Bund mit ihnen« zu bezeugen, und wenn »das Bekenntnis zu Jesus Christus ... dieses Zeugnis« einschließt,[15] ist auch die Problematik einer christlichen Hermeneutik des Alten Testaments neu und anders zu bestimmen, als es bei Gunneweg und in vielen Diskussionen um das Alte Testament geschieht. Die antimarcionitische Entscheidung der Kirche erweist sich von hierher als halbherzig und unvollendet. Die in ihr begründete Usurpation des Alten Testaments war in allen ihren Varianten ein Beitrag zum christlichen Antijudaismus. Wie eine christliche Auslegung des Alten Testaments unter den *beiden* Voraussetzungen der Identität Gottes in beiden Testamenten *und* der bleibenden Verbundenheit Gottes mit Israel auch nach und in Jesus Christus aussieht, steht als Aufgabe weithin noch vor uns. Einiges ist aber deutlich zu erkennen.

Der Bezug der Texte auf »uns« als Heidenchristen, ihre theologische Interpretation für Gegenwart und Zukunft kann jedenfalls nicht mit einer Identifikation der Kirche mit dem Volk Israel einsetzen, genau das ist ja der Akt der Enteignung. Man denke beispielhaft an den berühmten Text Gen 12,1-3, der in jeder Schulklasse eingeführt wird. Gunneweg erläutert an ihm seine kritisch umgestaltete Typologese: »Da wird etwa ein Text wie 1.Mose 12 ohne alle Umdeutung, Allegorese oder typologische Verflüchtigung zum Exempel dafür, was Glaube heißt und wie dem Glaubenden ... Gegenwart und Zukunft erschlossen werden; ... und dies alles von Gott her, und alles nicht als bloße Vorstufe vergangen, sondern gegenwärtig, als gegenwärtige Konkretheit des in Christus geschenkten Heils.«[16] Die Behauptung, diese Interpretation geschehe »ohne alle Umdeutung«, zeigt die Blindheit gegenüber dem gegenwärtigen Judentum als wichtigstem – wenn auch nicht einzigem – Nachfahren Abrahams. Ihm gilt diese Verheißung und zunächst niemandem sonst. Vor dem Sprung in die Analogie, also vor der Behauptung eines analogen Gotteshandelns an Abrahams und an »uns«, gibt es ja einen viel einfacheren, viel sachgemäßeren Zugang, der zugleich auf Enteignung verzichtet. In V.3 – »*mit deinem Namen werden sich Segen wünschen alle Geschlechter der Erde*« – kommen »wir« ja vor, als Teil der nichtisraelitischen Völkerwelt. Und was da als Gotteswort steht – »*segnen will ich, die dich segnen, und wer dich verächtlich macht, den will ich verfluchen*« –, eröffnet höchst gewichtige und aktuelle Perspektiven auf die Christenheit und ihre Geschichte im Gegenüber zum Judentum. Die Identifikation mit den Völkern als Basis des theologischen Zugangs bringt uns hermeneutisch an den Punkt, wo »wir« wirklich in den Texten vorkommen, und lässt Israel an dem seinen. Ich bin überzeugt, dass dies trotz der Texte über die Völkerwallfahrt zum Zion, ihrer Varianten und ihres Gewichts, sachlich und theologisch nicht ausreicht und dem, worum es im Neuen Testament geht, nicht voll

---

14 Marcion (s. Anm. 11), 217.

15 So die Ergänzung des Grundartikels der Evangelischen Kirche in Hessen und Nassau vom Dezember 1991, nach: »... zur Umkehr gerufen ...« Ein Lese- und Arbeitsbuch, Schriftenreihe des Evangelischen Arbeitskreises Kirche und Israel in Hessen und Nassau 11, 1992, 64.

16 Gunneweg (s. Anm. 9), 195.

gerecht wird. Aber so und nur so kann eine hermeneutische Grundlage gewonnen werden, von der aus dann auch die Frage nach der Analogie sachgemäß aufgenommen werden kann und muss. Sie hat ihre theologische Basis, wenn es wirklich um die Wahrheit der Texte und nicht um bloße Illustrationen zur Christologie gehen soll, allein in der Identität Gottes: Haben wir es mit *demselben*, dann auch mit einem *analog handelnden* Gott zu tun. Wenn und weil wir in der Rolle der Völker sind, die nach Dtn 4,6ff. über Israels Gott und seine gerechten Gesetze staunen, können wir Ethik und Rechtstheologie nicht mehr ohne die Tora als ihre Grundlage betreiben, auch ohne dass wir deshalb Israel als einzigen Empfänger der Tora leugnen oder ersetzen. Nimmt man die biblische Selbstdefinition Gottes, wie sie beispielhaft am Anfang des Dekalogs formuliert wird, theologisch ernst, begegnen wir diesem Gott nie ohne seine unaufhebbare Bindung an Israel.

Die Entscheidung gegen Marcion *und* zugleich gegen das Judentum hat einen Ort beständiger Lüge und Täuschung im christlichen Glauben und allen seinen Äußerungen eröffnet, der von der Schreckens- und Versagensgeschichte des Christentums wohl nicht zu trennen ist. Wie weitgehend sind nicht Gebet und Liturgie der Kirche von alttestamentlicher Sprache, besonders durch Psalmen und Prophetie geprägt! Doch die Formulierungen, mit denen man sich Gottes Liebe und Treue zuspricht – »*Es sollen wohl Berge weichen und Hügel hinfallen …*« (Jes 54,10) –, werden durch die Grundannahmen der traditionellen Kirchenlehre zugleich in ihrem Inhalt geleugnet, denn sie beziehen sich ja auf Israel, für das sie nicht mehr wahr sein sollen. Sie können aber für andere, können für »uns« bestenfalls dann etwas über diesen Gott und sein Handeln aussagen, wenn ihr Ursprungssinn wahr bleibt.

III.

»Ist das Erbe aus vorchristlicher Zeit deswegen selbst vor-christlich und darum nichtchristlich?« – wird die Frage nach dem Alten Testament mit Gunneweg so gestellt,[17] ist die Antwort in der Formulierung bereits mitgegeben. Hier und in sehr vielen ähnlichen Fällen ist offenkundig vorausgesetzt, man könne wissen, ja wisse immer schon, was das Christliche sei, und zwar ohne das Alte Testament dafür zu brauchen. Es wäre also das Christliche ein von der strittigen Frage unabhängiger und auf sie bloß anwendbarer Maßstab, von dem aus Gemeinsamkeiten wie Unterschiede benannt werden könnten. Die gleiche »theologische Sachfrage«, ob nämlich »das, worin Israel das Heil sieht, wirklich *das Heil ist*«,[18] hat Gerhard von Rad einst mit der Gegenfrage beantwortet: »Wie gedenken Sie das festzustellen? Wissen Sie denn, noch ehe Sie an die Überprüfung des AT herantreten, schon genau, was ›das Heil‹ ist?«[19] Damit war Bonhoeffers Anstoß entschieden präzisiert und zugleich eine weit reichende theologische Aufgabe gestellt. Ist die heutige Theologie ihr wirklich schon gerecht geworden?

Das Neue Testament selbst jedenfalls spricht, wenn ich recht sehe, weithin ganz anders, als es Dogma und Auslegung behaupten. In ihm wird nicht ein unabhängiges, inhaltliches Kriterium für das Alte Testament und sein eventuelles und partielles Weitergelten aufgestellt, sondern das Neue wird durchgängig im Horizont des Alten

17 Gunneweg (s. Anm. 9), 9.
18 H. Conzelmann, Fragen an Gerhard von Rad, EvTh 24, 1964, 122.
19 G. v. Rad, Antwort auf Conzelmanns Fragen, EvTh 24, 1964, 390.

dargestellt. Dass das zunächst und unaufhebbar für Sprache und Begrifflichkeit gilt, ist unbestritten. Aber gilt es nicht darüber hinaus in jeder inhaltlichen Hinsicht? Man denke nur an die Anfänge so vieler neutestamentlicher Schriften: »*Das Buch der Abstammung Jesu Christi, des Sohnes Davids, des Sohnes Abrahams*« (Mt 1,1), so beginnt der neutestamentliche Kanon. »*Anfang des Evangeliums von Jesus Christus. Wie geschrieben steht beim Propheten Jesaja* ...« (Mk 1,1). Lukas setzt zwar wie ein griechischer Geschichtsschreiber ein, stellt dann aber umso ausführlicher den alttestamentlich-jüdischen Zusammenhang dar, von dem allein her die Ereignisse zu verstehen sind. Und der Briefkanon beginnt in Röm 1,1ff. mit dem Hinweis, dass das Evangelium, das der Apostel verkündet, von Gott »*vorher verheißen wurde durch seine Propheten in den heiligen Schriften*«.

Nun kann es hier überhaupt nicht darum gehen, die inhaltliche und methodische Vielfalt der Bezüge des Neuen Testaments auf das Alte ins Auge zu fassen. Es geht vielmehr um die theologische Frage, wieso irgendein inhaltliches Substrat aus dem Neuen Testament zum Kriterium für die Geltung des Alten gemacht wird und werden kann, statt das Alte wieder in die Rolle einzusetzen, die es für die neutestamentlichen Autoren – und noch lange danach[20] – gehabt hat, nämlich als *die Schrift* bzw. *die Schriften*. Damit findet zugleich der leidige Streit um seine Bezeichnung (Altes/Erstes Testament, hebräische Bibel) eine sachgemäße Lösung. Folgt man dem evangelischen Schriftprinzip, ist das Alte Testament *die Schrift der Schrift*.

Spätestens hier stellt sich natürlich die Frage nach den neuen Erfahrungen, die dem christlichen Glauben zugrunde liegen, das heißt nach der Person Jesu, seinem Kreuz, seiner Auferstehung und dem Wirken des Geistes. Liegt nicht in ihnen, und in ihnen allein, so wird es ja meist gesehen, das letzte Kriterium auch für Auswahl und Interpretation der Texte der Schrift? Wenn es nur so einfach wäre. Was an diesen Geschehnissen und ihren »Fakten« war und ist denn zu fassen, was war und ist denn zu verstehen oder auch nur zu beschreiben – für die neutestamentlichen Autoren und für uns – außerhalb und abgesehen von eben »der Schrift«? Es ist doch vielmehr umgekehrt so: Je dichter und gewichtiger von Jesus von Nazareth gesprochen wird, umso dichter wird das Geflecht der Bezüge auf die Schrift. Für Paulus und schon für die Tradition vor ihm ist er eben für unsere Sünden gestorben »*nach den Schriften*«, begraben und am dritten Tag auferweckt »*nach den Schriften*« (1 Kor 15,3f.). Die gesamte synoptische Leidensgeschichte stellt sich bekanntlich als ein enges Gewebe von Schriftzitaten dar, und nach Lk 24,44f. hat der Auferstandene nichts Wichtigeres mit seinen Jüngern zu tun, als die Schrift auszulegen. Es gibt keine Christologie, es gibt nicht einmal einen sachlichen Ansatz für sie außerhalb der Schrift und ihrer Geltung. Es reicht nicht, ihre Funktion gegenüber dem Neuen mit Begriffen wie Deutung und Interpretation zu beschreiben. Die Schrift ist auch nicht nur als Zeugin für das Evangelium[21] unentbehrlich. Sondern die neue Geschichte Gottes, von der das Neue Testament erzählt, ist durch die Schrift mit konstituiert. Man muss in der Tat von der »Leben-Jesu-zeugenden-Kraft der Schriften« sprechen.[22] Ein Begriff wie

---

20 H. v. Campenhausen, Die Entstehung der christlichen Bibel, BHTh 39, 1968.

21 In Anlehnung an den Titel von D.-A. Koch, Die Schrift als Zeuge des Evangeliums, BHTh 69, 1986.

22 F.-W. Marquardt, Das christliche Bekenntnis zu Jesus, dem Juden. Eine Christologie, Bd. 1, 1990, 162. Vgl. a.a.O. 140: »Die Durchdringung der christlichen Bekenntnisse zu Jesus und der evangelischen Zeugnisse von ihm mit ihrer ständigen Reflexion auf Israels Geschichte verstehen wir theologisch als Folge davon, dass Jesus – gerade der Auferstandene – nur in Lebensteilnahme an Israel existiert: so tief, dass er selbst sein Leben aus der Geschichte seines Volkes wiederholt.«

Erfüllung versucht offenbar festzuhalten, dass das Neue stets etwas *Neues des Alten* ist und es keinen christlich-archimedischen Punkt außerhalb dieses Zirkels gibt. Damit ist die durch den Aufbau der christlichen Bibel gegebene Lesefolge auch theologisch konstitutiv.[23]

Sicher ist es nun richtig, dass die neuen Erfahrungen auch eine neue Auslegung der Schrift mitprägen. Wie sollte es anders sein? Das tun als Veränderung der hermeneutischen Perspektive alle neue Erfahrungen. Aber es ist mir fraglich, ob man daraus in Entsprechung zu den neutestamentlichen Rückverweisungen, Zitaten und christologischen Interpretationen eine theologisch unaufgebbare zweite Lese- und Interpretationsweise ableiten darf, um so die Jüdische Bibel und das Alte Testament der Christen zu unterscheiden und zusammenzuhalten.[24] Denn ein solches durchaus sympathisches und nahe liegendes Konzept einer »doppelten Hermeneutik« führt in drei Aporien. Insofern damit »auch all die heute problematisch gewordenen Verstehensweisen des Alten Testaments« ihr, wenn auch begrenztes, »Recht wiederbekommen« sollen,[25] und damit auch die entsprechenden Kirchenlehren, wird zugleich deren inhärente und nach wie vor aktuelle tödliche Judenfeindschaft neu legitimiert. Dazu kommt die Frage, ob das Ausmaß, in dem das neutestamentliche Geschehen bleibend durch das Alte konstituiert ist, eine solche Umdrehung zulässt, ohne die eigene Grundlage in Frage zu stellen. Genau das ist im durchgängigen kirchlichen Antijudaismus passiert. Schließlich werden dabei Selbstverständlichkeiten wie die, dass jede Lektüre hermeneutisch von der Gegenwart und ihren Erfahrungen aus erfolgt, dass die Leser den Sinn (mit)konstituieren, dass »Kanonizität ... vom Gebrauch der Schriften in einer Glaubensgemeinschaft her«[26] entsteht, mit einer *theologischen* Vorordnung der jeweiligen Glaubensgemeinschaft vor das Verstehen der Bibel gleich-[27] und also die Kirche über die Schrift gesetzt.

Das evangelische Schriftprinzip verstanden als Orientierung an der Schrift der Schrift kann nicht erst bei der alten Kirche und ihrer Bibel ansetzen, sondern in jeder Hinsicht bei den Texten selbst. Es kann dafür erstaunlich viel von Paulus lernen. »*Alles nämlich, was zuvor geschrieben ist, ist zu unserer Belehrung geschrieben, damit wir durch die Geduld und durch den Trost der Schrift die Hoffnung haben*« – so kann Paulus in Röm 15,4 die Bedeutung der Schrift für die jungen christlichen Gemeinden charakterisieren. Das gilt, und um nichts anderes geht es. Wie hier die Hoffnung aus der Schrift kommt, so könnte er es wohl auch für den Glauben (Röm 3,21f.) und die Liebe (Röm 13,8ff.) sagen, und dass der Geist ganz ohne den Buchstaben wirkt, wird man bezweifeln dürfen. Dass die Gerechtigkeit Gottes außerhalb der Tora erschienen ist, ist eben durch die Tora bezeugt (Röm 3,21). Was also in mancher Hinsicht mehr ist – oder scheint – als die Schrift, ist nichts ohne sie. Röm 15,4 setzt nicht außer Kraft, sondern vielmehr voraus, was unter Bezug auf die Schrift in Röm 9,4f. über die nicht aufgehobenen und nicht aufhebbaren Vorzüge Israels steht und ebenfalls unter Bezug auf die Schrift in Röm 11 über die Heilsnotwendigkeit der Nichtbekehrung des Judentums und der Rettung ganz Israels.

---

23 Mit Recht betont von Dohmen (s. Anm. 2), 155ff.

24 A.a.O. 204 u. passim.

25 A.a.O. 204.

26 A.a.O. 149; vgl. 194.

27 So grundsätzlich Dohmen, 135f.; vgl. auch J. Neusner, The Role of Scripture in the Torah – is Judaism a »biblical Religions«?, in: Bibel in jüdischer und christlicher Tradition, FS. J. Maier, 1993, bes. 195.

Von hier aus kann es, denke ich, keine Grenze geben, mit der auf die Titelfrage zu antworten wäre. Evangelische Theologie muss grenzenlos, muss durch und durch alttestamentlich sein, wenn sie schriftgemäß sein will. In den Fragen, wer dieser Jesus ist, an den wir glauben, wie die Texte zu verstehen sind, die von ihm berichten, kann kein Dogma, kein kirchliches Bekenntnis, keine Auslegungstradition, auch nicht die Kirche selbst der Schrift vorgeordnet werden. Je intensiver sich Kirche und Theologie auf das Alte Testament einlassen, umso klarer werden sie erkennen, was es mit Jesus als dem Christus auf sich hat und was nicht. Evangelische Theologie hat stets ihre Freiheit und ihre Aktualität, ihre Orientierung an der Gegenwart und ihren Problemen, ihre Offenheit und ihre Humanität, soweit sie sie hatte, ihre Zuwendung zu den Menschen und vor allem den Schwächsten unter ihnen aus der Bezogenheit auf die Schrift gewonnen. Das alles wird umso eindeutiger und klarer werden, je mehr mit Schrift dabei das gemeint ist, was das Neue Testament so bezeichnet.

»IHNEN GEHÖREN … DIE BUNDESSCHLÜSSE« (RÖM 9,4)

Die alttestamentliche Bundestheologie und der christlich-jüdische Dialog[1]

»Der Dom ist, wie er ist. Der Friedhof ist, wie er ist. Aber aufgekündigt ist uns nicht worden.« Was Martin Buber 1933 im Gespräch mit Karl Ludwig Schmidt formulierte[2], prägte bis in die Diktion die Neuansätze im christlich-jüdischen Verhältnis nach der Schoa. »Der ungekündigte Bund« hieß 1961 die erste Publikation der Kirchentagsarbeitsgemeinschaft.[3] Zusammen mit der bleibenden Erwählung des jüdischen Volkes steht der nicht aufgekündigte Bund im Zentrum einer neuen christlichen Sicht des Judentums. »Eine Auffassung, nach der der Bund Gottes mit dem Volk Israel gekündigt und die Juden verworfen seien, wird nirgends mehr vertreten«, formuliert die 2. EKD-Studie im präsens propheticum.[4]

Die Folgen, die sich aus dieser Erkenntnis für Glauben, Kirche und Theologie ergeben, greifen wohl tiefer, als ursprünglich gedacht, und liegen als erst begonnene Aufgabe weithin noch vor uns. Dabei spielt nun der Bundesbegriff auch für ein neues Selbstverständnis der Kirche und für ihre Beziehung zum Judentum eine zentrale Rolle. In der Rheinischen Erklärung von 1980 heißt es: »wir … erkennen, dass die Kirche durch Jesus Christus in den Bund Gottes mit seinem Volk hineingenommen ist«.[5] Und in den Leitsätzen des Reformierten Bundes (1984/1990) wird formuliert: »In Jesus Christus sind wir, Menschen aus der Völkerwelt – unserer Herkunft nach fern vom Gott Israels und seinem Volk –, gewürdigt und berufen zur Teilhabe an der Israel zuerst zugesprochenen Erwählung und zur Gemeinschaft im Gottesbund«.[6] Vergleichbare Formeln von dem einen Gottesbund, in den die Christen mit und neben Israel gerufen sind, finden sich an vielen Stellen.[7] Die Front, in der dies gesagt wird,

---

1 Vorgetragen am 13.10.1993 im Rahmen der Studienkommission »Kirche und Judentum« der Evangelischen Kirche in Deutschland.

2 M. Buber, Kirche, Staat, Volk, Judentum (1933), in: Ders., Der Jude und sein Judentum. Gesammelte Aufsätze und Reden, 1963, 569.

3 D. Goldschmidt/H.-J. Kraus, Der ungekündigte Bund. Neue Begegnung von Juden und christlicher Gemeinde, ^{2}1963.

4 Christen und Juden II. Zur theologischen Neuorientierung im Verhältnis zum Judentum. Eine Studie der Evangelischen Kirche in Deutschland, 1991, 18.

5 These 4(4), s. R. Rendtorff/H. H. Henrix (Hg.), Die Kirchen und das Judentum. Dokumente von 1945 bis 1985, 1988, 594.

6 Leitsatz II, Rendtorff/Henrix (o. Anm. 5), 617. Die Leitsätze sind 1990 in überarbeiteter Form veröffentlicht worden, vgl. KuI 6, 114, Anm. 42.

7 Vgl. nur die Folgenden Titel: H. H. Henrix (Hg.), Unter dem Bogen des Bundes. Beiträge aus jüdischer und christlicher Existenz, ABPB 11, 1981; N. Lohfink, Der niemals gekündigte Bund. Exegetische Gedanken zum christlich-jüdischen Dialog, 1989; E. Zenger, Israel und Kirche im einen Gottesbund? Auf der Suche nach einer für beide akzeptablen Verhältnisbestimmung, KuI 6, 1991, 99-114. Für die eher systematische Diskussion war – wohl im Anschluss an Calvins These von der Identität von Altem und Neuem Bund (Institutio II, 10,2; vgl. etwa H. H. Wolf, Die Einheit des Bundes. Das Verhältnis von Altem und Neuem Testament bei Calvin, BGLRK 10, 1958) – insbesondere K. Barth prägend (dazu F.-W.Marquardt, Die Entdeckung des Judentums für die christliche Theologie – Israel im Denken Karl Barths, ACJD 1, 1967; B. Klappert, Israel und die Kirche. Erwägungen zur Israellehre Karl Barths, TEH 207, 1980). In seiner Nachfolge: H. U. von Balthasar, Die Einheit des alt- und neutestamentlichen Bundes, IKaZ 16, 1987, 9-11; P. M. von Buren, A Christian Theology of the People Israel, Theology of the Jewish Christian Reality 2, 1983; J. Oesterreicher, Unter dem Bogen des einen Bundes – Das Volk Gottes: seine Zwiegestalt und Einheit, in: Judentum und Kirche: Volk Gottes, ThBer 3, 1974,

ist deutlich: Gegenüber der traditionellen Vorstellung, dass der neue Bund des Neuen Testaments den alten ablöst, überholt und überbietet, soll die neue Formel den Ansprüchen beider Seiten gerecht werden und eine neue, positive Beziehung ermöglichen. Kein Zweifel: Hier ist viel gewonnen worden.

Diese Vorstellung vom Hineingenommenwerden der Kirche und der Christen in den einen Bund, den Gott zuerst mit Israel geschlossen hat, soll im Folgenden einer exegetischen Überprüfung unterzogen werden. Dazu gibt es einen zweifachen Anlass. Einmal fällt auf, dass eine unmittelbare biblische Grundlage fehlt und in den einschlägigen Erklärungen nicht gegeben wird. In neuester Zeit gibt es aber mehrere Versuche, eine solche Grundlage zu finden.[8] Sie sollen vorgestellt und kritisch gewürdigt werden. Zum anderen ergibt sich die Sachfrage, ob die Rede von dem einen Bund der behaupteten und intendierten Prärogative Israels wirklich gerecht wird oder ob auf einer neuen Ebene wiederum die Gefahr einer Vereinnahmung und Enterbung nahe liegt.[9] Mit all dem kann vielleicht ein Beitrag zu der von verschiedenen Seiten in letzter Zeit aufgeworfenen Frage nach der Identität von Kirche und Christen im Gegenüber zum Judentum[10] geleistet werden.

Ich beschränke mich im Folgenden fast ausschließlich auf das Alte Testament. Das liegt natürlich an meinen begrenzten Möglichkeiten, doch ist eine Verankerung eines neuen Verhältnisses von Juden und Christen in der gemeinsamen kanonischen Grundlage ja kein Nebenaspekt. Ich stelle zunächst in einigen Umrissen den gegenwärtigen Stand der komplexen Debatte um den alttestamentlichen Bundesbegriff dar (I), gehe dann im Mittelteil den Texten und den exegetischen Versuchen entlang, die von einem Bund Gottes mit nichtisraelitischen Völkern sprechen bzw. von einer Beziehung zwischen beiden Größen (II), und schließe mit einigen zusammenfassenden Überlegungen (III).

I. Zum alttestamentlichen Bundesbegriff

Die Geschichte der Arbeit am alttestamentlichen Bundesbegriff in diesem Jahrhundert, die in letzter Zeit mehrfach überzeugend dargestellt worden ist[11], steht zweifel-

27-69; H. Vorgrimler, Israel und Kirche vor dem gemeinsamen Bundesgott, in: S. Schröer (Hg.), Christen und Juden. Voraussetzungen für ein erneuertes Verhältnis, 1992, 104-126 u.a.

8 Bes. N. Lohfink, Der neue Bund und die Völker, KuI 6, 1991, 115-133; E. Zenger, Israel und Kirche im gemeinsamen Gottesbund. Beobachtungen zum theologischen Programm des 4. Psalmenbuchs (Ps 90-106), in: M. Marcus u.a. (Hg.), Israel und Kirche heute. Beiträge zum christlich-jüdischen Dialog, FS E. L. Ehrlich, 1991, 246-253.

9 Zu den Konzepten Volk Gottes und Erwählung sind ähnliche Fragen seit einiger Zeit in der Debatte, vgl. Zenger, Auf der Suche (o. Anm. 7), 104ff.; B. Klappert, Mitverantwortung aus messianischer Hoffnung. Einige Anmerkungen zu Paul van Burens Theologie im christlich-jüdischen Kontext, in: W. Schweitzer (Hg.), Der Jude Jesus und die Völker der Welt. Ein Gespräch mit P. M. van Buren, VIKJ 19, 1993, 191-214, hier 209f.

10 Z.B. E. Brocke, »Jüdisches Selbstverständnis heute im Angesicht des Christentums«, in: S. Schröer (o. Anm. 7), 9-15; vgl. ihren Briefwechsel mit J. Moltmann nach dem 2. Golfkrieg, KuI 6, 1991, 163-185.

11 Vgl. N. Lohfink, Der Begriff »Bund« in der biblischen Theologie, ThPh 66, 1991, 161-176; K. A. Kitchen, The Fall and Rise of Covenant, Law and Treaty, TynB 40, 1989, 118-135; E. W. Nicholson, God and his People. Covenant and Theology in the Old Testament, 1986; R. A. Oden, The Place of Covenant in the Religion of Israel, in: P. D. Miller u.a. (Hg.), Ancient Israelite Religion, FS F. M. Cross, 1987, 429–447; E. Zenger, Die Bundestheologie – ein derzeit vernachlässigtes Thema der Bibelwissenschaft und ein wichtiges Thema für das Verhältnis Israel – Kirche, in: Ders. (Hg.), Der Neue Bund im Alten. Zur Bundestheologie der beiden Testamente, QD 146, 1993, 13-50.

los durchgängig in Beziehung zur Frage nach der christlichen Bewertung des Alten Testaments wie des Judentums. So spielt bei der theologischen Neugewinnung des Alten Testaments im Umkreis des deutschen Kirchenkampfes der Bundesbegriff eine zentrale Rolle. Das gilt etwa für Walter Eichrodt, der 1933 den Begriff zum Zentrum einer Theologie des AT machte[12], aber in mancher Hinsicht auch noch für Gerhard von Rad. Nicht zuletzt hängt der Anstoß für eine theologische Neubewertung des alttestamentlichen Gesetzes durch Martin Noth am Bezug auf den Bund.[13] Auf der Grundlage von Noths These vom frühen Israel als einer Amphiktyonie, eines Stämmebundes, an dessen Zentralheiligtum die Bundestheologie ihren Ursprung hatte[14], wird »Bund« zum Schlüsselbegriff für ein theologisches und historisches Verständnis des biblischen Israel insgesamt. Jedoch war diese positive Sicht des AT aber keineswegs mit einer entsprechenden positiven Wertung des nachbiblischen Judentums oder gar des gegenwärtigen verbunden. Dieses galt vielmehr nach wie vor im Sinne Wellhausens als erstarrt, wenn nicht als tot.[15] Der Psalmenkommentar des ehemaligen Deutschen Christen Artur Weiser, der das krasseste Beispiel einer Verortung der Psalmen im Bundeskult darstellt[16], zielte theologisch keineswegs auf so etwas wie ein Bleiben des Bundes.[17]

Die in den 50er und 60er Jahren durch sehr viele Arbeiten auf nahezu das gesamte Alte Testament ausgedehnte Bundestheologie fiel wie ein überdehnter Luftballon durch einige um 1970 publizierte Arbeiten in sich zusammen und hat dann für lange Zeit nur noch ein Schattendasein geführt. Kutsch[18], Perlitt[19] u.a.[20] haben derart eindeutige historische wie philologische Schwächen der ausgedehnten Bundestheologie aufgedeckt, dass es zu einem dauerhaften Wandel kam. Doch sollte dabei nicht ganz übersehen werden, dass diese Kritik auf der theologischen Ebene zugleich als Infragestellung einer positiven Bewertung des Alten Testaments für die christliche Theologie gemeint war.[21] Erst in relativ jüngster Zeit ist wieder verstärkt am Bundesbegriff gearbeitet worden, wobei die Ansätze der Kritik bestätigt, manche Überspitzungen aber auch korrigiert wurden. Diese letzte Phase steht nun explizit im Zusammenhang mit dem christlich-jüdischen Dialog, und zu ihr gehören Versuche, nicht nur

---

12 W. Eichrodt, Theologie des Alten Testamentes I, [7]1962 (1933).

13 M. Noth, Die Gesetze im Pentateuch – ihre Voraussetzungen und ihr Sinn, in: Ders., Gesammelte Studien zum Alten Testament, TB 6, [2]1960, 9-141(= SKG.G 12,2, 1940).

14 M. Noth, Das System der zwölf Stämme Israels, [2]1966 (= BWANT 4/1, 1930); ders., Geschichte Israels, [6]1966 (1950).

15 Noth, Gesetze (o. Anm. 13), 112ff.; ders., Geschichte Israels (o. Anm. 14), 399 ff.; vgl. dazu R. Rendtorff, Das »Ende« der Geschichte Israels, in: Ders., Gesammelte Studien zum Alten Testament, TB 57, 1975, 267-276.

16 A. Weiser, Die Psalmen 1/2, ATD 14/15, [6]1963.

17 Vgl. nur seine hermeneutischen Arbeiten: A. Weiser, Die theologische Aufgabe der alttestamentlichen Wissenschaft, in: Ders., Glaube und Geschichte im Alten Testament und andere ausgewählte Schriften, 1961, 182-200 (= DTh 2, 1935, 289-317), ders., Das theologische Grundverständnis des Alten Testaments, in: Ebd. 257-279 (= DTh 10, 1943, 50-70); ders., Vom Verstehen des Alten Testaments, in: Ebd. 290-302 (= ZAW 61, 1945/48, 17-30).

18 E. Kutsch, Art. בְּרִית Verpflichtung, THAT 1, 1971, 339-352; ders., Verheißung und Gesetz, Untersuchungen zum sogenannten »Bund« im Alten Testament, BZAW 131, 1973; ders., Neues Testament – neuer Bund? Eine Fehlübersetzung wird korrigiert, 1978.

19 L. Perlitt, Bundestheologie im Alten Testament, WMANT 36, 1969.

20 Vgl. bes. G. Fohrer, Altes Testament – »Amphiktyonie« und »Bund«, in: Ders., Studien zur alttestamentlichen Theologie und Geschichte (1949-1966), BZAW 115, 1969, 84-119 (= ThLZ 91, 1966, 801-818.893-904).

21 Vgl. nur E. Kutsch, Menschliche Weisung – Gesetz Gottes. Beobachtungen zu einem aktuellen Thema, in: Ders., Kleine Schriften zum Alten Testament, BZAW 168, 1986, 247-273 (= S. Heine/E. Heintel (Hg.), Gott ohne Eigenschaften?, 1983, 77-106); für Perlitt ist etwa an seine Haltung im Streit um die Judenmission zu denken, vgl. die Erklärung von 13 Göttinger Theologieprofessoren (Göttinger Tageblatt vom 30.6.1992).

die Gültigkeit des Israelbundes, sondern auch die Einbeziehung der Völker in ihn exegetisch zu legitimieren.[22] Aus der komplexen Fülle der Probleme der Forschung greife ich im Folgenden unter den Stichworten Engführung, Spätdatierung und Semantik drei wichtige Punkte der Kritik an der älteren Sicht der Bundestheologie auf und versuche, jeweils in aller Knappheit den gegenwärtigen Stand der Diskussion an *den* Punkten zu benennen, die für das Thema des Verhältnisses von Kirche und Judentum relevant sind.

Enger versus weiter Bundesbegriff

Das ganze Alte Testament bzw. die gesamte Religionsgeschichte des antiken Israel konnte nur deshalb mit dem Bundesbegriff zusammengefasst werden, weil dabei keineswegs nur Texte und Sachverhalte einbezogen wurden, die das hebräische Wort ברית auf die Gott-Mensch-Beziehung anwenden. So fehlt der Begriff ברית – mit Ausnahme gewisser umstrittener Passagen bei Hosea – in der Prophetie des 8. Jh.s[23], dennoch wurde ihre Gerichtsbotschaft auf dem Hintergrund des »Bundes« verstanden. Der zugrundeliegende Bundesbegriff hing also nicht an einer entsprechenden hebräischen Begrifflichkeit, sondern bezog alle Aussagen mit ein, die von einer wie immer bezeichneten engen Beziehung zwischen Gott und Volk sprechen. Es ist methodisch aber keineswegs angemessen, etwa Verwandtschaftsbegriffe (Vater/Sohn; Ehemann/Ehefrau) einfach unter den Bundesbegriff zu subsumieren.[24] Nur ein Bruchteil aller Texte, die eine enge Beziehung zwischen Gott und Israel kennen, verwenden den ברית-Begriff. Besonders verwirrend ist bis heute die Tatsache, dass man alle Varianten der Formel »*Jhwh, der Gott Israels – Israel, das Volk Jhwhs*« als »Bundesformel« zu bezeichnen pflegt[25], obwohl damit keineswegs immer oder auch nur in der Mehrzahl der Fälle ein mit ברית bezeichneter oder benennbarer Sachverhalt gemeint ist.

Diese Unterscheidung eines weiten, nicht terminologischen Bundesbegriffs von einem engen, wo der entsprechende hebräische Begriff vorliegt, reduziert zunächst die Zahl der Texte erheblich. Für unser Thema dürfte dieser Sachverhalt von kaum zu unterschätzender Bedeutung sein, da zu vermuten steht, dass sich die stärker systematisch bestimmte Diskussion, etwa bei und in der Nachfolge von Karl Barth[26], eher an einem weiten Begriff orientiert hat. Um ein Ergebnis des Folgenden vorwegzunehmen: Es dürfte nur bei einem mit vielerlei Problemen behafteten weiten und unspezifischen Bundesbegriff eine exegetische Grundlage für die Vorstellung einer Einbeziehung der Völker in ihn geben.[27]

---

22 Vgl. insbesondere die Arbeiten von Lohfink und Zenger (o. Anm. 8).

23 Vgl. Perlitt, Bundestheologie (o. Anm. 19), 129ff.; W. Thiel, Die Rede vom »Bund« in den Prophetenbüchern, ThV 9, 1977, 11-36.

24 So zuletzt noch und wieder B. Lang, Art. Bund, HRWG 2, 1990, 181-187, 183.

25 Vgl. bes. R. Smend, Die Bundesformel, in: Ders., Die Mitte des Alten Testaments, Gesammelte Studien 1, BEThh 99, 1986, 11-39 (= ThSt 68, 1963); H. H. Schmid, Ich will euer Gott sein und ihr sollt mein Volk sein. Die sogenannte Bundesformel und die Frage nach der Mitte des Alten Testaments, in: D. Lührmann/G. Strecker (Hg.), Kirche, FS G. Bornkamm, 1980, 1-25.

26 Vgl. o. Anm. 7.

27 Ob man dabei über die Vorkommen des Wortes ברית hinaus die damit gemeinte Sache in weiteren Texten aufspüren kann (ohne in den alten Fehler eines herangetragenen Begriffs zu verfallen), wie R. Rendtorff brieflich erwägt, wirft jedenfalls erhebliche methodische Fragen auf und kann hier nicht aufgegriffen werden.

Ursprung versus Kanon

Die Bedeutung der Bundestheologie war lange Zeit auf ihre angebliche Schlüsselfunktion für den Ursprung, d.h. die Frühzeit, mit der Entstehung von Volk und Gottesbeziehung gegründet. Davon ist für einen engeren Bundesbegriff nichts geblieben. In Verbindung mit einer grundsätzlichen Infragestellung der gesamten Sicht der Frühzeit, wie sie einst von A. Alt und M. Noth geprägt worden war[28], haben die Nachweise von L. Perlitt, dass der theologische ברית-Begriff erst in den Umkreis des Deuteronomiums und seiner Folgen gehört[29], durchschlagend gewirkt.

Historisch gesehen ist damit »Bund« zunächst ein Begriff der Krise. Er taucht frühestens kurz vor dem Fall des Nordreichs bei Hosea, wahrscheinlich aber erst danach im Zusammenhang der Verarbeitung dieser Katastrophe auf. Mit einiger Wahrscheinlichkeit kann man Ex 32-34*, die Erzählung vom Abfall des Volkes durch die Verehrung des goldenen Kalbes und seiner Vergebung symbolisiert durch die Erneuerung der Tafeln, als Verarbeitung der Katastrophe des Nordreichs und erzählerische Darstellung der Vergebung der Schuld, die zu ihr führte, verstehen.[30] Hier kommt an zentraler Stelle der Begriff ברית vor (34,10.27f.). Bereits hier wie erst recht dann in der dtr und priesterlichen, zu schweigen von der nachexilischen Bundestheologie geht es faktisch immer schon um die Verarbeitung von Schuld. Soweit ein historisches Urteil möglich ist, ist also die Verwendung von ברית für die Beziehung Gott-Israel von Anfang an auf die Frage hin orientiert, wie weit Gott zu seinem schuldhaften Volk steht, also am Problem der Kontinuität angesichts erfahrener und weiter drohender Katastrophen. Eine vorangehende Sonderbeziehung zu Israel ist Voraussetzung des Begriffs. Insofern kann man sagen, dass es bei »Bund« immer schon um einen »neuen Bund« geht, der auf den Bruch einer vorausgehenden Gottesbeziehung reagiert.[31] Für die Frage einer Ausweitung über Israel hinaus ist das im Auge zu behalten.

Was dem Begriff möglicherweise mit solcher Spätdatierung an Bedeutung verloren gegangen ist, wächst ihm durch eine kanonische Betrachtungsweise wieder zu. Für den Kanon, insbesondere für den Pentateuch, spielt der Begriff eine das Ganze strukturierende und so prägende Rolle.[32] Das Nacheinander von Noahbund (Gen 9), doppeltem Abrahambund (Gen 15; 17) und Sinaibund (Ex 19; 24), die Erzählung seines Bruches und seiner Erneuerung (Ex 32-34), aber auch vom Josua-Bund nach Vollzug der Landnahme in Sichem (Jos 24) wie bei Josia am Ende der Königszeit (2 Kön 23) geben diesem Begriff eine überaus starke Stellung.

---

28 Vgl. etwa die o. Anm. 14 genannten Arbeiten; zur heutigen Skepsis s. etwa H. Donner, Geschichte des Volkes Israel und seiner Nachbarn in Grundzügen, GAT 4/1, 1984.

29 Perlitt, Bundestheologie (o. Anm. 19), passim.

30 Vgl. F. Crüsemann, Die Tora. Theologie und Sozialgeschichte des alttestamentlichen Gesetzes, ²1997, 66ff.

31 Vgl. die Beiträge des Sammelbandes von E. Zenger (Hg.), Der neue Bund im Alten (o. Anm. 11).

32 Dazu besonders R. Rendtorff, »Bund« als Strukturkonzept in Genesis und Exodus, in: ders., Kanon und Theologie, Vorarbeiten zu einer Theologie des Alten Testaments, 1991, 123-131.

Vertrag versus bindende Verpflichtung

Das strittige Hauptproblem liegt auf der semantischen Ebene. Wie immer schon die doppelte Übersetzungstradition von ברית als »Bund« einerseits, »Testament« andererseits anzeigte, bestehen große Probleme, das Spezifische dieses Wortes zu erfassen. Die Diskussion wird bestimmt durch die Arbeiten von E. Kutsch. Er hat gegenüber der gängigen Sicht versucht, »Bund« geradezu als eine »Fehlübersetzung« zu erweisen[33], und man muss ihm darin ein ganzes Stück weit Recht geben. Kutsch schlägt vor, ברית mit »Verpflichtung« oder »Bestimmung« zu übersetzen. In der profanen Verwendung[34] lässt sich die Möglichkeit einer Selbstverpflichtung (Jos 9,15) von der einer Fremdverpflichtung, die einem anderen auferlegt wird (Jer 34,8) unterscheiden. Nur selten ist von einer gegenseitigen Verpflichtung zweier Parteien die Rede (1 Kön 5,26). Nur in diesem Falle könnte man nach Kutsch von Vertrag oder Bund sprechen. Entsprechend lässt sich dann auch die Mehrzahl der Anwendungen des Wortes auf eine Gottesbeziehung als von Gott selbst eingegangene oder als von ihm auferlegte Verpflichtung verstehen, also inhaltlich als Verheißung *oder* Gesetz. Kutsch hat m. E. recht, den Begriff zunächst durchaus von unserem Wort »Bund«, sei es allgemein in der deutschen Sprache oder aber in spezifischen theologischen Ausprägungen, abzuheben. Eine Fülle von Missverständnissen rührt nach wie vor daher, dass nicht die Texte, sondern ein in sie eingetragener Begriff das Verstehen bestimmen. Ein Vertragsdenken jedenfalls ist sicher ein Missverständnis.

Dennoch sind auch die Thesen Kutschs als überzogen anzusehen. Mehrfach ist in der Debatte darauf verwiesen worden, dass es stets um bestimmte Qualifizierungen bestehender Beziehungen geht, also durchaus das Verhältnis von Partnern gemeint ist.[35] »Bund« ist für den zentralen semantischen Gehalt von ברית sicher eine problematische Wiedergabe, meint aber durchaus ein mitschwingendes Element.

Stärker als es Kutsch getan hat, muss man nämlich *die* Texte betonen, in denen auch im theologischen Bereich durchaus ein zweiseitiges Verhältnis angesprochen ist, also beide Partner Verpflichtungen eingehen. Das ist insbesondere bei den beiden priesterlichen Texten in Gen 9 und 17 der Fall, wo vielleicht die reflektierteste Bundestheologie der Bibel vorliegt. Gerade hier aber liegt jedes Vertragsdenken sehr fern. Der Noahbund in Gen 9 besteht aus der Selbstverpflichtung Gottes, keine Flut mehr über die Erde zu bringen (9,11ff.). Sie ist absolut, ewig (9,12.16) und völlig unvermitttelt mit den danebenstehenden Geboten an die Menschheit (9,4ff.), mit denen der Gewalt, die zur Flut geführt hat (vgl. 6,13), begegnet werden soll. Beides ist aufeinander bezogen, aber nicht in Gestalt einer Bedingung. Auch massive Verletzungen der noachidischen Gebote können Gottes Zusage nicht in Frage stellen. Was hier mit ברית gemeint ist, ist jedenfalls vom deutschen »Bund« her kaum zu erfassen.

Noch deutlicher ist das im priesterlichen Abrahambund in Gen 17 der Fall. Hier wird nicht nur Gottes uneingeschränkte ewige Zusage, Abraham und seinen Nachfahren Land und Volk zu garantieren als ברית bezeichnet (17,2ff.), sondern das gleiche Wort wird auch für die Verpflichtung verwendet, alle männlichen Nachkommen als

33 Vgl. o. Anm. 18.

34 Kutsch, Verheißung (o. Anm. 18), 6ff.53ff.

35 Dazu S. Herrmann, »Bund« eine Fehlübersetzung von »*b*ᵉ*rît*«? Zur Auseinandersetzung mit Ernst Kutsch, in: Ders., Gesammelte Studien zur Geschichte und Theologie des Alten Testaments, TB 75, 1986, 210-220; sowie M. Weinfeld, Art ברית, ThWAT 1, 1973, 781-808; außerdem Lohfink, Begriff »Bund«; Zenger, Bundestheologie (o. Anm. 11).

Zeichen des Bundes zu beschneiden (17,10f.). Beides heißt ברית, beides ist aufeinander bezogen, aber es ist ein eigenartiges Bündnis: Die Nichterfüllung der auferlegten Verpflichtung trifft zwar den Einzelnen bzw. seine Familie massiv (17,14), aber das tangiert die Verpflichtungen Gottes gar nicht. Damit ist theologisch die Möglichkeit, dass die Gottesbeziehung am Versagen des menschlichen Partners scheitert, ausgeschlossen.

Kutschs Ergebnisse könnten den Anschein erwecken, als fielen Selbstverpflichtung Gottes und Verpflichtung Israels als Verheißung und Gesetz auseinander. In vielen Texten ist in der Tat nur von der einen oder von der anderen Seite die Rede. Dennoch wäre m. E. diese Folgerung einfach deshalb problematisch, weil der entscheidende Aspekt des semantischen Gehalts von ברית mit der Frage nach dem Inhalt überhaupt nicht tangiert wird. Das Spezifische liegt nicht im Inhalt, so wichtig er natürlich jeweils ist, sondern genau wie bei dem so oft parallel verwendeten Begriff des Eides im Modus. Es ist die Feierlichkeit und damit die Unverbrüchlichkeit, auf die alles ankommt. Vor allem der häufige Ausdruck כרת ברית, eine ברית schneiden, meint einen Ritus, der auch in der Umwelt belegt ist.[36] Zweimal, in Gen 15 und Jer 34, wird berichtet, dass derjenige, der eine ברית eingeht, durch eine Gasse, gebildet aus zerschnittenen Tierkörpern, gehen muss. Jer 34,18f. lässt dabei erkennen, dass es um eine bedingte Selbstverfluchung geht, deren Unbedingtheit und Nichtrevozierbarkeit den parallelen Vorgang einer eidlichen Selbstverfluchung noch übertrifft. Feierlichst eingegangene, bzw. auferlegte, nur um den Preis der Selbstzerstörung zu brechende Verpflichtung, das ist der spezifische semantische Gehalt, der mit ganz unterschiedlichen Inhalten gefüllt werden kann.[37]

Für unser Thema sei in aller Kürze auf die Bedeutung der ברית von Gen 15 hingewiesen. Die Zusage des Landes wird zunächst in V.7 von Gott ausgesprochen, dann von Abraham in Frage gestellt (V.8). Daraufhin kommt der Befehl zur Vorbereitung einer ברית-Zeremonie: Tiere werden zerschnitten und mit den Teilen eine Gasse gebildet. Während Abraham im Tiefschlaf liegt (V.12), wird in V.17 erzählt, wie eine Lichterscheinung die Gasse durchschreitet, und dieser Vorgang dann in V.18 als ברית bezeichnet. Zweifellos: Erzählerisch und halb verhüllt wird dargestellt, wie sich Gott selbst einer sonst vom menschlichen Partner vollzogenen ברית-Zeremonie unterzieht. Dem, was theologisch damit gemeint ist, wird in der Kommentarliteratur, soweit ich sehe, tendenziell ausgewichen. Es ist »in seiner hypothetischen Möglichkeit ja gar nicht voll zu Ende zu denken«, sagt Zimmerli[38]. Doch besteht kein Anlass, das erzählerisch Gestaltete nicht festzuhalten: Die Zusage Gottes an Abraham besagt, dass Gott nur unter der Bedingung seines eigenen Todes davon lassen kann. In der

---

36 Dazu M. Noth, Das alttestamentliche Bundschließen im Lichte eines Mari-Textes, in: Ders., Gesammelte Studien (o. Anm. 13), 142-154; G. F. Hasel, The Meaning of the Animal Rite in Gen 15, JSOT 19, 1981, 61-78, hier 64ff.; J. Henninger, Was bedeutet die rituelle Teilung eines Tieres in zwei Hälften? Zur Deutung von Gen 15,9ff., in: Ders., Arabia sacra. Aufsätze zur Religionsgeschichte Arabiens und seiner Randgebiete, OBO 40, 1981, 275-285.

37 Zu den wichtigen und komplexen Fragen der Zusammenhänge mit den altorientalischen, insbes. den assyrischen »Staatsverträgen« sei verwiesen auf C. Zaccagnini, The Forms of Alliance and Subjugation in the Near East of the Late Bronze Age, in: L. Canfora/M. Liverani (Hg.), I trattati nel mondo antico. Forma, ideologia, funzione, Saggi di Storia Antica 2, 1990, 37-79; J. A. Brinkmann, Political Covenants, Treaties, and Loyality Oaths in Babylonia and between Assyria and Babylonia, in: ebd. 81-111; M. Weinfeld, The Common Heritage of Convenantal Traditions in the Ancient World, in: Ebd. 175-191; vgl. auch D. J. McCarthy, Treaty and Covenant. A Study in Form in the Ancient Oriental Documents and in the Old Testament. New ed. and completely rewritten, AnBib 21 A, [2]1981 (1978); das wichtigste Material bei S. Parpola/K. Watanabe (Hg.), Neo-Assyrian Treaties and Loyality Oaths, 1988.

38 W. Zimmerli, Erster Mose 12-25; Abraham, ZBK.AT 1,2, 1976, 55.

damaligen Welt, die durchaus mit dem Tode von Göttern rechnet (Ps 82), ist genau wie in unserer, die vom Tode Gottes ebenfalls zu reden gelernt hat, deutlich: Dieser Gott wäre nicht mehr Gott, wenn seine Zusage an Abraham dahinfällt. Gott ohne seinen Bund mit Israel wäre ein anderer Gott als der, von dem die Bibel spricht. Und ich denke, die Geschichte des Christentums und seiner Theologie hat das bestätigt.

II. Bund Gottes mit den Völkern?

Die überwiegende Mehrzahl der theologischen ברית-Texte handelt von der Beziehung zwischen Gott und Israel. Nur an zwei Stellen (Gen 9; Sach 11,10) ist eindeutig von einem Bund zwischen Gott und der Völkerwelt die Rede (a.b.). Beide berühren nicht die Tatsache, dass »Bund« zunächst »eine Prärogative Israels« ist[39], einer der Begriffe, mit dem gerade seine Sonderstellung in der Völkerwelt theologisch erfasst worden ist. Nun gibt es aber im Alten Testament nicht wenige Texte, die das Verhältnis von Gott und der Völkerwelt thematisieren.[40] Ihr großes Zentrum haben sie in den Varianten einer eschatologischen Wallfahrt der Völker zum Zion. Dafür allerdings gilt: »In keinem biblischen Text, der eine Wallfahrt der Völker zum Zion verheißt, wird gesagt, die Völker würden auf dem Zion in Israels Bund aufgenommen.«[41] Dennoch glauben N. Lohfink und E. Zenger in einigen Psalmen bzw. ihrer Interpretation durch die Komposition, in die sie eingebunden sind, eine biblische Grundlage für die Vorstellung einer Einbeziehung der Völker in den Bund erkennen zu können (bes. Ps 25; 100; 103, dazu c.d.). Das bedarf einer kritischen Überprüfung. Daneben gibt es nun Texte, die den Bund Gottes mit Israel in Beziehung zur Völkerwelt setzen (Ex 19; Jes 55; 42,6 par 49,8). Diese Texte sind aus mancherlei Gründen von großem Gewicht, und ihre – durchaus differenzierte – Sicht der Bedeutung vom Bund mit Israel für die Beziehung Gottes zu den Völkern sind für unser Thema unmittelbar relevant (e.f.g.).

a. Am Anfang muss ein Blick auf Gen 9 stehen, *dem* (einzigen?) Bund Gottes mit allen Menschen, ja allem Fleisch. Nach der Flut verpflichtet sich Gott feierlichst, keine zweite Flut mehr herbeizuführen. Der Regenbogen ist das Zeichen. Tötungsverbot und damit der Schutz menschlichen Lebens, Verbot des Blutgenusses und damit eine nur bedingte Freigabe tierischen Lebens sind die der Menschheit auferlegten Regeln, die, wie gesagt, mit der Zusage Gottes nicht in Form einer Bedingung gekoppelt sind. Dieser Noahbund ist für die jüdische Sicht der Völkerwelt zentral geworden.[42] Dagegen haben sich, wenn ich recht sehe, die Versuche, den neutestamentlichen Glauben als Bundesgeschehen zu erfassen, nicht auf den Noahbund bezogen. Das ist zunächst verständlich, denn das in Gen 9 Gemeinte unterscheidet sich im priesterlich geprägten Aufriss des Pentateuch gerade sehr deutlich vom Abrahambund und der mit ihm in-

39 Lohfink, der neue Bund (o. Anm. 8), 115.

40 Hierzu W. Groß, JHWH und die Religionen der Nicht-Israeliten, ThQ 169, 1989, 34-44; ders., Wer soll JHWH verehren? Der Streit um die Aufgabe und Identität Israels in der Spannung zwischen Abgrenzung und Öffnung, in: H. J. Vogt (Hg.), Kirche in der Zeit, FS W. Kasper, 1989, 11-32.

41 Lohfink, Der neue Bund (o. Anm. 8), 115.

42 Vgl. J. J. Petuchowski, »Arbeiter in demselben Weinberg« Ansätze zu einer jüdischen Theologie des Christentums, in: H. H. Henrix (Hg.), Unter dem Bogen des Bundes (o. Anm. 7), 204-215, s. u. bes. K. Müller, Tora für die Völker. Die noachidischen Gebote und Ansätze zu ihrer Rezeption im Christentum, SKJ 15, 1994.

tendierten (Gen 17,7) – und dann am Sinai realisierten – Gottesnähe Israels, der Einwohnung des Schöpfers in seiner Schöpfung. Um solche Gottesnähe aber geht es naturgemäß den Texten, die von einem eschatologischen Kommen der Völker zu Gott sprechen. Aber die Bedeutung von Gen 9 und der darauf bezogenen Traditionen (einschließlich der Aussagen von Apg 15 über die Vereinbarungen des sog. Aposteldekrets) für das jüdisch-christliche Verhältnis sind wohl noch nicht wirklich erfasst, zumal wenn man von der neuen Bedeutung ausgeht, die dieser Zusage Gottes an »alles Fleisch« in einer Zeit globaler Bedrohung allen Lebens zugewachsen ist. Es muss die Basis aller Überlegungen bleiben, dass hier von einer Selbstfestlegung Gottes für die Bewahrung der gesamten Menschheit gesprochen wird.

b. Von einem Bund Gottes mit allen Völkern ist im Übrigen nur noch in Sach 11,10 die Rede. In dem – bereits hinsichtlich der Gattung – schwer zu verstehenden Text Sach 11,4ff. wird der Prophet zunächst beauftragt, die von den bisherigen Besitzern bedrohten »Schlachtschafe« zu weiden. Er tut das nach V.7 mit Hilfe zweier Stäbe, die »Güte« (נֹעַם) und »Verbindung« (חֹבְלִים) heißen. Doch der Versuch wird aufgegeben – »was sterben will, mag sterben« (V.9) –, und die Stäbe werden zerbrochen:

> *Und ich nahm meinen Stab »Huld« und zerbrach ihn, um meinen Bund zu brechen, den ich mit allen Völkern geschnitten hatte (V.10).*

Parallel dazu zerbricht mit der »Verbindung« die Bruderschaft zwischen Juda und Israel (V.14). Bleibt man beim hebräischen Text[43], war Gott – oder nur der Hirte? – einen Bund mit allen Völkern eingegangen, der offenbar dem Schutz der Schafe, d.h. seines Volkes diente. Gemeint ist also etwas Ähnliches wie der Bund, den Gott nach Hos 2,20 mit den wilden Tieren, den Vögeln und dem Gewürm schließen will, parallel zur Vernichtung allen Kriegsmaterials. Historisch ist das in Sach 11 Gemeinte schwer einzuordnen, vielleicht ist noch am ehesten das Zerbrechen des friedvollen und für Israel gedeihlichen Zustandes im persischen Großreich gemeint.[44]

Für unser Thema verdient festgehalten zu werden, dass ברית auch in dieser Spätzeit noch für solche Aktualisierungen offen stand und nicht durch die großen theologischen Konzepte völlig festgelegt war. Der Bund Gottes mit den Völkern, den er zeitweilig schloss, zielt auf den Schutz *seines* Volkes; das allein ist sein Inhalt.

c. Wenn ich im Folgenden zwei Aufsätze von Norbert Lohfink und Erich Zenger kritisch behandle, so sei ausdrücklich vorausgeschickt, dass ich mich mit beiden in den exegetischen wie theologischen Fragen, um die es geht, sehr weitgehend einig weiß. Besonders Zenger hat wiederholt betont, dass die Identität und damit die bleibende Sonderstellung Israels nicht angetastet werden soll.[45] Strittig ist nur, ob solches die

---

43 Zur Änderung von MT etwa K. Elliger, Die Propheten Nahum, Habakuk, Zephanja, Haggai, Sacharja, Maleachi, ATD 25, [5]1964,159f.

44 So z.B. I. Willi-Plein, Prophetie am Ende – Untersuchungen zu Sacharja 9-14, BBB 42, 1974, 113ff. Der neueste Kommentar (H. Graf Reventlow, Die Propheten Haggai, Sacharja und Maleachi, ATD 25/2, 1993) sieht den Text als reine Zeichenhandlung, d.h. als Zukunftswort an, so dass jeder konkrete historische Bezug entfällt.

45 Vgl. unten sowie bes. E. Zenger, Vom christlichen Umgang mit messianischen Texten der hebräischen Bibel, in: E. Stegemann (Hg.), Messias-Vorstellungen bei Juden und Christen, 1993, 129-145: »Die kanonische Konfrontation der neutestamentlichen Jesusüberlieferung mit den messianischen Texten der hebräischen Bibel ... zwingt uns dazu, die Diskussion über den Gottesbund neu so zu eröffnen, dass darin Juden *ohne* Jesus Christus und die Christen *mit* Jesus

Vorstellung einer »Einbeziehung in den Bund« wirklich leistet und ob es für sie eine exegetische Grundlage gibt.

In seinem Aufsatz »Der neue Bund und die Völker« versucht Norbert Lohfink, Ps 25 als den einzigen Text des Alten Testaments zu erweisen, »in dem für die Endzeit der Geschichte auch den Menschen aus den Völkern ein Anteil an Israels ›Bund‹ zugesprochen« wird.[46] Er schränkt allerdings selbst von vornherein ein: »Dieses Ja ertönt … keineswegs laut und unüberhörbar. Eher haucht die Schrift es gerade noch hin.«[47]

Lohfinks Verständnis von Ps 25 hängt dabei ausschließlich an der Annahme einer kompositionellen Einheit mit dem vorangehenden Ps 24. Dort geht es in V.3-6 um die Einzugsbedingungen ins Heiligtum: »*Wer darf hinaufziehen zum Berg des Herrn*?« wird in V.3 gefragt, und in V.4 werden die Bedingungen genannt – »*reine Hände und ein lauteres Herz*« –; in V.5 ist dann von Segen und Rettung die Rede, und schließlich heißt es in V.6:

> *Das ist die Generation derer, die ihn (= JHWH) befragen, derer, die dein Antlitz suchen, o Jakob.*[48]

Aus der Tatsache, dass Jakob – und nicht etwa der Gott Jakobs – angeredet ist, folgert Lohfink: Ps 24 »handelt von der eschatologischen Wallfahrt der Völker zum Zion«.[49] Und weil das so ist, können, ja müssen dann die folgenden Psalmen 25 und 26 als »Gebete von Menschen aus den Völkern« verstanden werden: »So werden sie sprechen, wenn sie in den ›späteren Tagen‹ zum Zionsheiligtum kommen«[50], wie es in Jes 2/Mi 4 und anderswo verheißen ist. Unter dieser Voraussetzung bekommt nun Ps 25,14 eine besondere Bedeutung.

> *Die Versammlung JHWHs ist denen offen, die ihn fürchten, und sein Bund denen, die er erkennen lässt.*

In eschatologischer Perspektive wäre hier also nach Lohfink die zukünftige Offenheit des Bundes für alle Wallfahrer zum Zion formuliert.

Lohfinks These hängt nun allerdings an mehreren miteinander gekoppelten Voraussetzungen, die jede für sich und erst recht in ihren Kombinationen nur geringe Wahrscheinlichkeit haben. Basis ist das Verständnis von Ps 24,3-6, bei dem es wegen V.4 um Nichtisraeliten gehen soll, dazu in eschatologischer Perspektive. Beides sind bestenfalls Möglichkeiten. Als wohl schwerste Hypothek ist aber ein bisher in keiner Weise entfaltetes Konzept von Psalmen-Sammlung(en) zu bezeichnen, wonach die ja durch Überschriften deutlich abgehobenen Einzelpsalmen als ein einziger, zusammenhängender Text gelesen werden sollen. Nur so könnte ja Ps 25 als Gebet einer im vorangehenden Psalm (eventuell) genannten Gruppe erschienen. Selbst wenn man all das zugäbe, würde es sich immer noch am ehesten um ein Gebet einzelner Nichtisraeliten handeln, also von Proselyten resp. von – später so genannten – Gottesfürchti-

---

Christus leben können, beide mit »je eigener Identität« und »in nicht aufzuhebender Trennung«, aber auch so, dass die Differenz zwischen Gottesbund und Gottesreich ... offenbleibt« (145).

46 Der neue Bund (o. Anm. 8), 127.

47 A.a.O. 116.

48 Übersetzung hier wie im Folgenden nach Lohfink (a.a.O. 121).

49 A.a.O. 122.

50 Ebd.

gen. Dass solche Menschen, die sich dem Gottesvolk anschließen, nach Texten wie Jes 56 in den Bund Gottes mit Israel einzubeziehen sind, ist gar nicht zweifelhaft. Doch ist die Proselytenfrage grundsätzlich von dem Problem der nichtisraelitischen Völkerwelt im Ganzen zu unterscheiden. Den Hauch, den Lohfink zu hören meinte, kann ich nicht verspüren.

d. Von größerem Gewicht, aber, wie ich denke, mit grundsätzlich vergleichbaren Problemen behaftet, ist der Versuch von Erich Zenger im »theologischen Programm des 4. Psalmbuches« – also der Komposition von Ps 90-106 – Aussagen über »Israel und Kirche im gemeinsamen Gottesbund« zu finden.[51] Gewichtiger Ausgangspunkt ist hier zunächst einmal der Universalismus der Gott-König-Psalmen, besonders von Ps 96-98, mit ihrem Jubel der ganzen Schöpfung über Gottes Herrschaft. Entscheidend sind aber Zengers Ausführungen zur »Bundestheologie der Psalmen 100 und 103«.[52] Dabei gewinnt der Beginn von Ps 100 eine Schlüsselposition:

1 *Jauchzt JHWH zu, du ganze Erde!*
2 *Dient JHWH mit Freude!*
Geht vor sein Angesicht mit Jubel:
3 *Erkennt: Ja JHWH, (nur) er ist Gott;*
er hat uns gemacht, ihm gehören wir:
sein Volk und Herde seiner Weide![53]

Unter Aufnahme einer Beobachtung Lohfinks[54] wird der Beginn, die Anrede an die ganze Erde zum Schlüssel für das Verständnis von Ps 100 gemacht. Es wird nicht wie üblich mit einem Wechsel in der Anrede gerechnet, sondern auch die Aufforderung von V.2 wie dann die von V.4 – »*Geht hin in seine Tore* ...« – werden auf die ganze Erde, sprich alle Völker bezogen. Der Text fordere sie auf, »bei einer großen ›Völkerwallfahrt‹ zum Zion JHWH als ihren König anzunehmen«.[55] Unter diesem Aspekt gewinnt die Variante der so genannten »Bundesformel« in Ps 100,3 eine neue Bedeutung: »sein Volk« wären dann alle Völker. So sieht Zenger hier »eine der spektakulärsten theologischen Aussagen der hebräischen Bibel«, insofern die »besondere Würde Israels als Bundesvolk ... auf alle Völker übertragen« wird.[56]

Wichtig ist zunächst: ברית wird in Ps 100 nicht verwendet, es geht also, wenn überhaupt, um den eingangs beschriebenen erweiterten Bundesbegriff, nicht einen begrifflich gefassten – und dazu gibt es Parallelen auch anderenorts (Jes 19; Sach 2,15 u.a.). Aber auch sonst ist die These für mich nicht überzeugend. Ps 100,1 spricht von der ganzen Erde, V.2 fordert wie V.4 zur Partizipation am Tempelgottesdienst auf. In Ps 96, also innerhalb der gleichen Psalmenkomposition, wird in V.1 ebenfalls die »ganze Erde« zum Singen aufgefordert, und ohne dass in der Kette der Imperative ein Wechsel der Angeredeten explizit wird, heißt es in V.3: *»Erzählt unter den Völkern seine Ehre, unter allen Nationen seine Wunder.«* Dabei wird offenkundig eine andere Größe als in V.1 angeredet, am ehesten Israel. Der gleiche Wechsel erfolgt von 96,9b – *»erzittere vor ihm, du ganze Erde«* – zu V.10: *»Sprecht unter den Völ-*

51 Beobachtungen (o. Anm. 8).
52 A.a.O. 246ff.
53 Übersetzung nach Zenger, a.a.O. 247.
54 N. Lohfink, Die Universalisierung der »Bundesformel« in Ps 100,3, ThPh 65, 1990, 172-183.
55 Zenger, Beobachtungen (o. Anm. 8), 247.
56 A.a.O. 248.

kern: Der Herr ist König.« Dass in Ps 100 alle Welt aufgefordert wird, am Tempelgottesdienst in Jerusalem teilzunehmen, ist also eine mögliche, aber doch eher unwahrscheinliche Auffassung.

In Ps 103 soll dann auch das Wort ברית für das Verhältnis Gottes zu den Völkern verwendet werden. Zenger versteht dabei diesen Psalm als Exegese von Ex 33f. und die in 103,11.13.17 dreimal genannten Jhwh-Fürchtigen als die »Völker«.[57] Auf diese wäre dann auch die in V.18 genannte ברית bezogen. Zenger folgert, »dass die von Ps 103 verkündete ›Sinai-Theologie‹ auch den Völkern gilt«, die Gott in seinen »Bund des Friedens ›hinein … locken‹ will«.[58]

Nun ist aber vom Lobpreisen aller Völker für den Gott Israels in vielen Hymnen die Rede. In Ps 148 ist er in den der gesamten Schöpfung einbezogen. Theologisch wird damit im Psalter wie im Jesajabuch oder im Dodekapropheton die Perspektive einer weltweiten und von den Völkern anerkannten Herrschaft Gottes vom Zion aus eröffnet. Dennoch ist es m. E. exegetisch nicht angemessen, von einer Hineinnahme in den *Bund* Gottes mit Israel zu sprechen. Der Jubel der Völker ergeht in Ps 117 wie in Ps 98 angesichts der Taten Gottes an Israel: *»Vor den Augen der Völker offenbart er seine צדקה «* (98,2), nämlich die Einlösung der Treue gegen Israel. Darüber hinaus wird von den »Jhwh-Fürchtigen« in einer Reihe von Psalmen in der Tat vorausgesetzt, dass sie mit Israel und dem Haus Aarons im Gottesdienst mitwirken (Ps 118,2-4), mögen nun damit bereits Proselyten u. ä. gemeint sein oder nicht. Doch dass in diesen Texten verdeckt von einer eschatologischen Völkerwallfahrt gesprochen wird, ist jedenfalls nicht sicher, und dass dabei ברית von seinem speziellen Bezug auf Israel losgelöst und geöffnet würde, vermag ich nicht zu sehen.

e. Nun gibt es aber unbestreitbar einige gewichtige Texte, die den Bund Israels in einen Zusammenhang mit Gottes Beziehung zu den Völkern bringen.[59] Das gilt zunächst für den Auftakt der Sinaiperikope in Ex 19,3ff., ein Text, der wie ein Deutesignal vor Sinai-Bund und Tora steht und in dem zugleich eine Kombination dtr und priesterlicher Sprache vorliegt[60]: Israel wird, wenn es auf Gottes Stimme hört und seinen Bund (ברית) wahrt, sein Eigentum sein (V.5) und zu einem Königreich von Priestern (ממלכת כהנים) und einem heiligen Volk (גוי קדוש) werden (V.6). Der Ausdruck meint offenkundig so etwas wie eine politische Gemeinschaft, einen Staat, der aus Priestern besteht (vgl. Jes 61,6; Ex 24). Für das Verständnis ist V.5b wichtig: Israel wird zu Gottes Eigentum (סגלה) heraus aus allen Völkern, *»denn mir gehört die ganze Erde«* (כי־לי כל־הארץ). Der Sonderstatus in der Völkerwelt und mit ihm die von Israel zu bewahrende ברית ist auf die Gesamtheit der Völkerwelt bezogen. Zwar ist es nicht explizit gesagt, doch kann man die Vorstellung von Israel als einem Volk von Priestern nur so verstehen, dass es für die Völkerwelt eine analoge Funktion hat wie die Priester in Israel für das gesamte Volk: Bewahrer, aber auch Vermittler der Nähe Gottes, der Präsenz des Schöpfers in seiner Schöpfung.

f. Wie kein anderer Teil der hebräischen Bibel ist das Jesajabuch von der Vision kommenden Heils für alle Völker bestimmt.[61] Ihre Wallfahrt zum Zion umklammert

57 A.a.O. 250f.

58 A.a.O. 252f.

59 Auf diese Texte weist hin Zenger, Bundestheologie (o. Anm. 11), 49, Anm. 129.

60 Vgl. Crüsemann, Tora (o. Anm. 30), 417 (Lit.).

61 Dazu G. Davies, The Destiny of the Nations in the Book of Isaiah, in: J. Vermeylen (Hg.), The Book of Isaiah, BEThL 81, 1989, 93-120.

das gesamt Buch in 2,2ff. – Tora geht vom Zion aus – und 66,23 – »*Neumond um Neumond, Sabbat um Sabbat wird alles Fleisch kommen, um vor mir anzubeten, spricht der Herr*«. In dieser Erwartung spielt der ברית-Begriff vor allem in zwei Zusammenhängen eine Rolle. Das ist zunächst Jes 55:

3 *Neigt euer Ohr und kommt zu mir,*
hört – und eure Seele lebe auf!
Ich will für euch einen ewigen Bund schneiden,
die unverbrüchlichen Gnadenerweise Davids.
4 *Siehe, zum Zeugen für Völker machte ich ihn,*
zum Vorsteher und Gebieter von Völkern.
5 *Siehe, ein Volk, das du nicht kennst, wirst du rufen,*
und ein Volk, die dich nicht kennen, zu dir werden sie laufen
um Jhwh's, deines Gottes, willen
und des Heiligen Israels, denn er verherrlicht dich.

In dieser »Klimax« des Deuterojesajabuches[62] wird der Davidbund auf das Volk übertragen. Wie in Gen 9 und 17 geht es um eine ברית עולם, einen ewigen, unbegrenzten Bund. Das einzige, was darüber expliziert wird – sieht man von dem ab, was aus der Einbettung in den Kontext 55,1f. folgt – ist die Beziehung zu den Völkern. In ihr liegt auch die Analogie zu David. Der Völkerherrscher wird als Zeuge für die Völker gesehen, als der, der ihr Verhalten bestimmt (מצוה) – in Abwandlung von Ps 18,44par.[63] Entsprechend wird das Verhältnis der Angeredeten zur Völkerwelt sein: Sie sind Zeuge und Gebieter. Durch den von Zion ausgehenden Ruf des Gottesvolkes kommen die Völker zu ihm und zu seinem Gott, dessen Heiligkeit sich in der Verherrlichung Israels erweist. Die Parallelen zu Texten wie Jes 2 und 60 sind offenkundig, nur dass hier anders als dort die Analogie zu David und damit der ברית-Begriff dazutritt. Darin besteht der Bund, dass die Völker zu dem sich an Israel verherrlichenden Gott kommen. Wollte man dieses Verhältnis Gottes zu den Völkern ebenfalls als »Bund« bezeichnen, ginge die Pointe gerade verloren.

g. Wenn als Letztes die beiden Texte aus den sog. Gottesknechtsliedern zur Sprache kommen sollen, die von einem »Bund des Volkes bzw. für das Volk« (ברית עם) sprechen, ist es noch weniger möglich als bisher, die komplexen Probleme und die verzweigten Diskussionen darüber zur Sprache zu bringen. Ich konzentriere mich auf Jes 42,6:

Ich, Jhwh, habe dich gerufen in Gerechtigkeit,
und halte dich bei deiner Hand
Ich bewahre dich und mache dich
zu ברית עם, zum Licht der Völker.

62 Vgl. H. C. Spykerboer, Isaiah 55:1-5: The Climax of Deutero-Isaiah. An Invitation to Come to the New Jerusalem, in: J. Vermeylen, The Book of Isaiah, BThL 81, 1989, 357-359; s. a. W. C. Kaiser, The Unfailing Kindness Promised to David: Isaiah 55:3, JSOT 45, 1989, 91-98.

63 Vgl. dazu W. A. M. Beuken, Isaiah 55,3-5: The Reinterpretation of David, Bijdragen 35, 1974, 49-64.

Einige Probleme des Textes seien kurz erinnert[64]: Fraglich ist einmal, ob eine synthetische oder eine antithetische Formulierung vorliegt, ברית also parallel zu »Licht der Völker« sich ebenfalls auf die Nationen bezieht oder aber nur auf Israel. Der Sprachgebrauch im 2. Jesaja insgesamt spricht für das Zweite, der des näheren Kontextes – vgl. V.5: *»der Atem gibt dem Volk auf ihr«*, der Erde – für die erste Möglichkeit. Auch die Parallelstelle in 49,8 gibt keine Klarheit, obwohl die Aufrichtung des Landes dort eher auf Eretz Israel gehen dürfte. Fraglich ist zum anderen, wer der Knecht ist – und ob hier in 42,5ff. überhaupt derselbe wie in V.1-4 gemeint ist. Der irritierende Befund für die Identität des Knechts ist bekanntlich der, dass עבד bei Deuterojesaja meist eindeutig das Volk Israel meint, der in Jes 49 Angeredete aber einen Auftrag an Israel erhält (V.5f.), jedoch in V.3 selbst als Israel bezeichnet wird. Es dürfte sich mit den neueren Arbeiten von O. H. Steck, Kratz u.a.[65] in der Tat nahe legen, die Entstehung dieser Spannungen diachron zu erklären. So will Steck den Knecht ursprünglich mit dem Propheten identifizieren, er sei dann auf Kyros bezogen und schließlich mit Israel bzw. Zion identifiziert worden. Es ist ein breit akzeptiertes Ergebnis, dass der עבד dieser Lieder, ob nun einfach kollektiv zu verstehen oder ursprünglich als eine sich davon abhebende Gestalt, jedenfalls nicht von Israel zu trennen ist.[66] Sein Auftrag und der Israels liegen nicht nur dicht beieinander, sondern weithin ineinander.

Für unsere Frage scheint mir nun *ein* Aspekt der Formulierung wichtig zu sein, der ein ganzes Stück weit unabhängig von Entscheidungen in den eben genannten Grundsatzfragen feststeht. Der angeredete Knecht wird *selbst* zum »Bund des Volkes«, er personifiziert diese ברית. Das ist gegenüber anderen Texten der eigentlich neue Akzent. So wie er das Licht der Völker ist, stellt er die Selbstverpflichtung Gottes für das עם dar. Das hat in beiden Kontexten Befreiung aus Kerkern und Not zur Folge (42,7; 49,9). Was ist gemeint? Versucht man eine ältere, vorkanonische Bedeutung zu erschließen, könnte vielleicht gemeint gewesen sein, dass ein von Israel zu unterscheidender Knecht zur ברית für eben dieses Volk wird. In ihm wäre dann der Bund Gottes mit seinem Volk verkörpert. Näher liegt es allerdings, zumal auf der Ebene des kanonischen Textes, eine, wie immer akzentuierte, kollektive Sichtweise anzunehmen. Dabei wird das als עבד angeredete Volk Israel zum Licht der Völker und zur Verkörperung eines Bundes mit dem Menschheitsvolk. Das liegt nicht weit von dem ab, was in Jes 55 zu beobachten war. Hat dort der Bund mit Israel das Ziel, die Völker zu dem Gott zu rufen, der sich an Israel verherrlicht, so wird hier das Gottesvolk als solches zum Bund mit dem Menschheitsvolk – es selbst ist dieser Bund. Auch dabei würde die Vorstellung einer Einbeziehung der Völker in den Bund das theologisch Gemeinte nur höchst teilweise erfassen und das Spezifische wohl sogar eher verschleiern.

---

64 Vgl. dazu J. J. Stamm, Berît ʿam bei Deuterojesaja, in: H. W. Wolff (Hg.), Probleme biblischer Theologie, FS G. v. Rad, 1971, 510-524; H. M. Orlinsky, »A covenant (of) People, A Light of Nations« – a Problem in Biblical Theology, in: Ders., Essays in Biblical Culture and Bible Translation, 1974, 166-186; A. Lauha, »Der Bund des Volkes«. Ein Aspekt der deuterojesajanischen Missionstheologie, in: H. Donner u.a. (Hg.), Beiträge zur alttestamentlichen Theologie, FS W. Zimmerli, 1977, 257-261; E. Haag, Bund des Volkes, Licht der Heiden (Jes 42,6), in: J. Blank/G. Hasenhüttl (Hg.), Glaube an Jesus Christus, 1980, 28-41.

65 R. G. Kratz, Kyros im Deuterojesaja-Buch, Redaktionsgeschichtliche Untersuchungen zu Entstehung und Theologie von Jes 40-50, FAT 1, 1991; O. H. Steck, Gottesknecht und Zion. Gesammelte Aufsätze zu Deuterojesaja, FAT 4, 1992; ders., Gottesknecht als »Bund« und »Licht«. Beobachtungen im Zweiten Jesaja, ZThK 90, 1993, 117-134.

66 Dazu H.-J. Hermisson, Israel und der Gottesknecht bei Deuterojesaja, ZThK 79, 1982, 1-24.

III. Resümee

Die Befürworter der Formel von der Hereinnahme der Völker resp. der Kirche in den Bund wollten die Identität Israels damit nicht antasten, sondern im Gegenteil bewahren. So heißt es, um nur zwei Stimmen von Exegeten zu nennen, bei R. Rendtorff: Der Begriff des Bundes »enthält auch in seinem alttestamentlichen Gebrauch durchaus die Möglichkeit, an eine ›Ausweitung‹ des Bundes über Israel hinaus zu den Völkern zu denken, ohne dabei die Unterscheidung zwischen beiden in Frage zu stellen. Dies muss im einzelnen weiter ausgearbeitet werden.«[67] Und für E. Zenger bietet sich Bund als »Oberbegriff« an, »von dem aus das Verhältnis Israel – Kirche so bestimmt werden kann, dass *beider* Identität *und* Verbundenheit zum Ausdruck kommt«.[68] Doch was für das Konzept des Gottesvolkes ausdrücklich thematisiert wird und was auch für den Erwählungsbegriff immerhin als Problem diskutiert wird[69], muss aber auch für den Bund gelten: Die Formel von der Hereinnahme in den einen bestehenden Bund formuliert gerade *nicht* die bleibende Identität Israels trotz derartiger damit verbundener Intentionen und Hoffnungen.[70] Sie hat zudem keine wirkliche exegetische Grundlage.

Die von Rendtorff geforderte Weiterarbeit führt nach meiner Einsicht vielmehr zu einem etwas anderen Konzept. Belegt ist mit einer Reihe von Varianten, dass der Bund Gottes mit Israel nicht nur vor dem Forum der Völkerwelt geschlossen wird, sondern für dieses auch Konsequenzen hat: Israel wird danach zum Mittler der heilsamen Nähe des Schöpfers für die Nichtisraeliten. Von den Völkern aus gesehen kommen sie zu dem bleibend mit Israel verbundenen Gott. Ihr Verhältnis zu Gott wird nicht noch einmal mit dem gleichen Begriff בְּרִית bezeichnet, wenn man vom Noahbund absieht.

Für בְּרִית wie für alle Begriffe, die die Besonderheit Israels erfassen, kann man wohl grundsätzlich bezweifeln, dass sie eine Ausweitung zulassen, ohne dass damit potenziell eine Aufhebung der Identität Israels in eine andere Größe ermöglicht wird. Das liegt nicht zuletzt daran, dass dabei stets zwei getrennt zu haltende Probleme auf unklare Weise verbunden werden: Eine Ausweitung der Israel charakterisierenden theologischen Begriffe wie Erwählung, Volk Gottes, Bund u.a. könnte sinnvollerweise und theologisch legitim nur auf die ganze von Gott geschaffene Menschheit bezogen werden, wie etwa im Noahbund. Doch verbindet sich damit stets und automatisch das Problem von Glaube und Unglaube, also der Scheidung innerhalb der Völker unter den Bedingungen des »schon« und »noch nicht«. Diese Differenz, zu der es ja prinzipiell eine Parallele innerhalb Israels gibt, verändert die biblischen Begriffe aber sehr stark.

Was also exegetisch im Alten Testament an einer Reihe von Texten zu beobachten ist, ist die Rede von einem Bund Gottes mit Israel, der Heilsfolgen für die Völker hat bzw. für sie eine eschatologische Nähe zu Gott eröffnet. Ob daraus eine

---

67 R. Rendtorff, Hat denn Gott sein Volk verstoßen? Die evangelische Kirche und das Judentum seit 1945. Ein Kommentar, 1989, 116.

68 Zenger, Auf der Suche (o. Anm. 7), 107; s.a. o. Anm. 45.

69 S. o. Anm. 9.

70 Bei Zenger, Auf der Suche (o. Anm. 7), 111, heißt es, dass darin für beide, Israel und die Kirche, eine Herausforderung zum »Teilen« liege. Was soll Israel teilen!? Zwar treffen die Völker immer auf die Einheit von Gott und Israel, kommen also nicht an Israel vorbei zu ihrem Schöpfer, doch hängt dieses Kommen wiederum wohl nicht von der Zustimmung Israels ab, sofern es dieses nicht bedroht. Die Aufnahme des verlorenen jüngeren Sohnes tangiert den Status und den Anspruch des älteren nicht.

Formel für ein neues Selbstverständnis von Kirche und Christen erwachsen kann, hängt natürlich nicht nur am Alten Testament. Doch für das Problem einer christlichen Identität im asymmetrischen Verhältnis von Juden und Christen dürfte damit aber ein zentraler Punkt gegeben sein.

Was das Neue Testament angeht, so sei jedenfalls zum Schluss darauf verwiesen, dass sich m. E. Röm 9-11 durchaus als Variante der hier ins Auge gefassten Art von Bundestheologie lesen lässt. Im Römerbrief verwendet Paulus διαθήκη nur an zwei Stellen, und beide sind allein auf Israel bezogen: In Röm 9,4 werden die Bundesschlüsse unter den Prärogativen Israels genannt, und in 11,27 wird die Errettung von »ganz Israel« auf den Bund Gottes mit ihm bezogen, der die Vergebung der Sünden einschließt. In gewisser Weise ist damit Röm 9-11 umrahmt. Der Bund Gottes mit Israel überbrückt nach diesen Kapiteln auch noch die Zeit des Unglaubens Israels und ermöglicht so noch im Negativen den Zugang der Völker zu Gott. Die neue Beziehung der Heiden zu Gott aber, auf die Paulus alles ankommt, wird zumindest im Römerbrief nicht mit dem Bundesbegriff erfasst.

Der Neue Bund im Neuen Testament

Erwägungen zum Verständnis des Christusbundes in der Abendmahlstradition und im Hebräerbrief

»Soweit ich sehe gibt es keine Diskussion über die Benennung des Neuen Testaments, obwohl der Begriff ›Testament‹ ja missverständlich oder zumindest mehrdeutig ist. *Testamentum* = griechisch *diatheke* meint ursprünglich ›Bund‹.« Mit dieser Anmerkung deutet Rolf Rendtorff[1] wohl als Erster auf eine Konsequenz der im Zusammenhang des christlich-jüdischen Dialogs geführten Diskussion über die Bezeichnung des ersten Teils des christlichen Kanons hin, die bisher kaum im Blick ist. Ist aber in der traditionellen Benennung der beiden Teile unserer Bibel als »Altes und Neues Testament« ein Verständnis der Bibel festgeschrieben worden, in der das Judentum und Gottes »Alter« Bund mit ihm für überholt und durch einen »Neuen« abgelöst angesehen wird, wie es spätestens seit dem 2. Jh. belegt ist (z.B. Justin, Dial. 11,2-4) und seitdem in der christlichen Theologie vorherrschend war,[2] dann kann die Anerkennung des ungekündigten Bundes Gottes mit Israel durch die Kirche und dann kann ein dadurch veränderter Zugang zum »Alten« Testament das Verständnis und letztlich wohl auch die Bezeichnung des »Neuen« nicht unberührt lassen. Da sich Rolf Rendtorff als christlicher Alttestamentler mehrfach zu diesem Fragenkreis und in diesem Zusammenhang auch über das Neue Testament geäußert hat,[3] mag es angemessen sein, ihm die folgenden Beobachtungen und Überlegungen zu widmen.[4]

Sie wollen ein Beitrag zu der Aufgabe sein, »eine angemessene Erklärung des christlichen Verständnisses vom neuen Bund zu finden«, eine Aufgabe, die nach Rendtorff drei Aspekte besitzt: »1. Die Auslegung der neutestamentlichen Stellen, die sich mit dem neuen Bund befassen, 2. eine kritische Beurteilung der christlichen Tradition über den ›alten‹ und den ›neuen‹ Bund; 3. Der Versuch, ein neues Verständnis der christlichen Vorstellung vom ›neuen‹ Bund zu formulieren, welche von jeglichen

---

1 Als Christ das »Alte« Testament lesen. Drei Vorträge, in: Ders., Christen und Juden heute. Neue Einsichten und neue Aufgaben, 1998, 74, Anm. 17.

2 S. H. v. Campenhausen, Die Entstehung der christlichen Bibel, BHT 39, 1968 (zur Bezeichnung bes. 303ff.).

3 Außer den in Anm. 1 und 5 genannten Arbeiten: Ders., Ein gemeinsamer »Bund« für Juden und Christen? Auf der Suche nach einer neuen Bestimmung der christlichen Identität, KuI 9, 1994, 5-8; ders., Hat der neue Bund den alten ersetzt?, in: F. Crüsemann/U. Theissmann (Hg.), Ich glaube an den Gott Israels. Fragen und Antworten zu einem Thema, das im christlichen Glaubensbekenntnis fehlt, KT 168, 1998, 99-103.

4 Sie wurden zuerst 1998 in etwas anderer Form der Studienkommission »Kirche und Judentum« der EKD, deren langähriger Vorsitzender R. Rendtorff gewesen ist, vorgelegt und haben in die Arbeit an der Studie »Christen und Juden III. Schritte der Erneuerung im Verhältnis zum Judentum« (2000) Eingang gefunden. Da aber ein solches offizielles Dokument naturgemäß in manchem andere Akzente setzen muss, ist es für die weitere Diskussion vielleicht doch sinnvoll, sie zugänglich zu machen. Manche Beobachtungen habe ich jedenfalls trotz der Breite der Diskussion zu allen angeschnittenen Aspekten woanders bisher nicht wiedergefunden. Allerdings lässt gerade diese Breite den Nichtfachmann nur unter einem gewissen Vorbehalt reden. Außer den im Weiteren genannten Arbeiten sei hingewiesen auf F. Avemarie/H. Lichtenberger (Hg.), Bund und Tora. Zur theologischen Begriffsgeschichte in alttestamentlicher, frühjüdischer und urchristlicher Tradition, 1996; W. Groß, Zukunft für Israel. Alttestamentliche Bundeskonzepte und die aktuelle Debatte um den Bund, SBS 176, 1998 (dort weitere Literaturhinweise).

antijüdischen Implikationen frei ist«.[5] Alle drei Aspekte werden im Folgenden berührt werden müssen.

Ich gehe dabei von der Voraussetzung aus, dass die Vorstellung, Gott werde – abgesehen vom Noah-Bund – einen Bund mit einer anderen, weiteren Größe als mit Israel schließen, keine Grundlage im Alten Testament und der jüdischen Tradition besitzt.[6] Die vielfältigen Verheißungen für die Menschheit, die Völkerwelt außerhalb von Israel sind durch andere Bilder und Begriffe geprägt. Gerade auch die Verheißung eines »neuen Bundes« in Jer 31 gilt ausdrücklich allein »Israel und Juda« und setzt die gleiche Tora uneingeschränkt aufs Neue in Geltung. Das Neue liegt hier ausschließlich im Modus ihrer Wirkung. In der jüdischen Auslegung dieses Textes ist das auch immer so gesehen worden.[7]

Ist also Israel uneingeschränkt das »Volk des Bundes«, wie die jetzt durch Papst Johannes Paul II. weltweit bekannt gewordene Formel lautet – was hat es dann mit der Vorstellung eines neuen Bundes auf sich, der mit der christlichen Kirche und also mit einer anderen Größe als mit Israel bestehen soll? In drei neutestamentlichen Textgruppen ist von einem derartigen »neuen Bund« die Rede, in 2 Kor 3, in der Abendmahlsparadosis und im Hebräerbrief, und in allen dreien geht es um einen mit Christus gesetzten Bund, dessen Neuheit gerade auch im Bezug auf eine neue Größe, die Kirche aus Juden und Heiden, zu liegen scheint – das ist jedenfalls die nahezu unbezweifelte Grundlage des vorherrschenden christlichen Verständnisses.

Im Folgenden soll demgegenüber die These vertreten werden, dass diese Sicht nicht an den genannten neutestamentlichen Texten selbst liegt und aus ihren Aussagen allein auch nicht hervorgeht, sondern vielmehr allein an einem bestimmten sozialen Kontext, genauer an einer durch die Sozialgeschichte des frühen Christentums geprägten Lektüre und Verwendung der Texte hängt, die ihnen im Laufe ihrer Geschichte zugewachsen sind. Ihr Ursprungssinn und damit gerade auch ihr kanonischer Sinn meint etwas anderes. Die Überlegungen sind dabei von zwei methodischen Entscheidungen bestimmt. Einmal wird versucht, soweit irgend möglich von sicheren, d.h. unbestrittenen oder möglichst unbestreitbaren Sachverhalten auszugehen. Zum anderen werden die Bezüge auf die Schrift des Alten Testamentes auch inhaltlich ernst genommen und als essenzieller Bestandteil der neutestamentlichen Texte und ihres Argumentationsganges angesehen.

Dabei mag zu 2 Kor 3 an dieser Stelle der Hinweis genügen, dass Paulus hier, wie D. Starnitzke gezeigt hat,[8] eine midraschartige Auslegung von Ex (32-)34 (bes. von 34,29-35) vollzieht. Bereits in dieser Vorlage aber geht es um zwei Bundsetzungen, eine alte, die den Tod bewirkt, und eine neue, die den Glanz direkter Gottesnähe trägt, und damit auch um zwei verschiedene Dienste des Mose.[9] Nicht nur die negative Seite, sondern gerade auch die positive, also der neues Leben schaffende Dienst des Paulus selbst, ist in der Schrift typologisch vorgegeben. Durch die Existenz in

---

5 Was ist neu am »Neuen Bund«?, in: Ders., Kanon und Theologie. Vorarbeiten zu einer Theologie des Alten Testaments, 1991, 185.

6 F. Crüsemann, »Ihnen gehören ... die Bundesschlüsse« (Röm 9,4). Die alttestamentliche Bundestheologie und der christlich-jüdische Dialog, KuI 9, 1994, 21-38 [o. S. 279-294]. Die vorgebrachten Einwände sind m.E. im Kern nicht überzeugend.

7 Dazu etwa H. Lichtenberger/S. Schreiner, Der neue Bund in jüdischer Überlieferung. ThQ 176, 1996, 272-290.

8 Der Dienst des Paulus. Zur Interpretation von Ex 34 in 2 Kor 3, WuD 25, 1999, 193-207.

9 Ob dabei zudem Bezüge zu Jer 31 vorliegen, kann hier offen bleiben.

Christus ist damit, ähnlich wie es für andere alttestamentliche Traditionen gilt,[10] »die bereits von Mose praktizierte Hinwendung zu Gott erneut möglich«[11] geworden.

Während es also darum geht, dass das Neue einen Aspekt des Alten realisiert, fehlt an dieser Stelle jegliche Reflexion auf ekklesiologische Aspekte bzw. gar auf einen Wechsel im Bezug des Bundes von Israel zu einer anderen Größe. Mit Nachdruck wird man vielmehr daran festzuhalten haben, dass Paulus dort, wo er das Verhältnis der Kirche zu Israel explizit verhandelt, nämlich in Röm 9-11, alles auf die uneingeschränkte Geltung des Israelbundes über allen Unglauben hinweg abstellt (9,4; 11,27).

I. Bund und neuer Bund in der Abendmahlstradition

Der Bundesbegriff ist fest mit dem Becherwort der Abendmahlstradition verbunden.[12] »*Dieser Becher ist der neue Bund durch mein Blut*« heißt es in 1 Kor 11,25 (ähnlich Lk 22,20). Das ist nicht nur der literarisch älteste neutestamentliche Beleg für die Abendmahlsworte, sondern Paulus weist darüber hinaus ausdrücklich darauf hin, dass er hier eine von ihm schon übernommene ältere Tradition zitiert (V.23). Sie geht damit, und das ist in der Forschung auch unbestritten,[13] auf die älteste Phase des Urchristentums zurück. Sowohl die Frage, ob diese Fassung oder die von Mk 14,24 bzw. Mt 26,29 die ältere ist, als auch die andere, ob die Tradition auf den historischen Jesus zurückgeht,[14] kann und muss für die folgenden Überlegungen völlig offen bleiben.

Stammt die Formulierung vom neuen Bund im Blut Christi aus der ersten Phase der Urgemeinde oder geht sie gar auf den historischen Jesus zurück, so bedeutet das für ihr Verständnis, dass eine Einbeziehung der Völker nicht im Blick ist. Weder vom Wirken des historischen Jesus aus, bei dem die Völker ganz am Rand stehen, noch für die erste Zeit nach Tod und Auferstehung ist etwas anderes zu erwarten. Und genau das entspricht nun auch genau dem Inhalt des biblischen Textes, auf den die Wendung von einem neuen Bund Bezug nimmt. Denn die Verheißung von Jer 31 ist ja mehrfach ausdrücklich und eindeutig auf Israel (V.33) bzw. auf Israel und Juda (V.31) bezogen. Für ein sachgemäßes Verständnis des Becherwortes wird man nun aber den Inhalt dieser Verheißung nicht außer Acht lassen dürfen. Es ist vielmehr davon auszugehen, dass sein Wortlaut allen Beteiligten durchaus vor Augen stand. Es geht beim Tod Jesu dann aber nach dieser wichtigen und frühen Deuteformel darum, dass sich die eschatologische Perspektive von Jer 31 realisiert hat bzw. sich zu realisieren beginnt. Dazu gehört neben der Sündenvergebung, aber eben in der Perspektive auf Israel als das Gottesvolk, vor allem die erneuerte Inkraftsetzung der Tora: »*Ich lege meine Tora in ihr Inneres* ...«, so dass alle äußerlichen Mahnungen und Belehrungen fortfallen können. Wenn man fragt, worin denn die Erfüllung dieser Verhei-

---

10 Starnitzke, Der Dienst (Anm. 8), 207, verweist zu Recht gerade auch auf Gal 3; auch Gal 4,21ff. wäre unter dieser Fragestellung zu sehen.

11 Starnitzke, Der Dienst (Anm. 8), 207.

12 Zur Diskussion in der neutestamentlichen Wissenschaft vgl. H. Lichtenberger, »Bund« in der Abendmahlsüberlieferung, in: Bund und Tora (Anm. 4), 217-228; M. Vogel, Das Heil des Bundes. Bundestheologie im Frühjudentum und im frühen Christentum, TANZ 18, 1996, bes. 79ff.

13 Vgl. zuletzt W. Schrage, Der erste Brief an die Korinther (1 Kor 11,17-14,40), EKK VII/3, 1999, 5ff. (dort weitere Literaturhinweise).

14 Zur Diskussionslage vgl. etwa J. Becker, Jesus von Nazaret, 1996, 418ff.; G. Theißen/A. Merz, Der historische Jesus, 1996, 359ff.

ßung besteht, wie denn die Realisierung des Gotteswillens aus dem Innersten des Menschen heraus erfolgt, wird man die für das frühe Christentum entscheidende Erfahrung des Geistes der Sache nach in Erinnerung bringen müssen. Er ist ja gerade in der paulinischen theologischen Sprache die Kraft Gottes, die die Tora erfüllt (Röm 8,2ff. u.a.).

Mit der urchristlichen Heidenmission und der Entstehung von Gemeinden aus Juden und Heiden wird naturgemäß die gemeinsame Mahlzeit ein besonders wichtiger Ausdruck dieser neuen Gemeinschaft.[15] Und man kann und muss mit Sicherheit annehmen, dass dann auch Heidenchristen und -christinnen bei der Beteiligung am Abendmahl, mit der Benutzung der Formulierung von einem neuen Bund im Blut Christi, sich faktisch in ihn einbezogen gesehen haben. Die Verwendung dieser Formel in 1 Kor 11 bezeugt ja ihre Benutzung in der korinthischen Gemeinde. Weder aber wird damit die Kirche aus Juden und Heiden als neuer Bund bezeichnet, noch wird damit überhaupt das Neue im neuen Bund anders akzentuiert, als es Jer 31 tut. Vielmehr wird, wie bei so vielen anderen Verheißungen der Schrift, das Christusgeschehen als Realisierung der Verheißung gesehen, das heißt in diesem Falle als neuartige Inkraftsetzung des in der Tora formulierten Gotteswillens durch seine Internalisierung und die sich darin vollziehende Erneuerung des Bundes mit seinem Volk. Der Glaube an die Ausweitung des Heils über Israel hinaus, die sich in der urchristlichen Mission vollzieht, hat damit zwar faktisch zu einer Benutzung der Formulierung von einem neuen Bund durch Nichtjuden geführt. Da diese Verheißung selbst aber an anderen Aspekten des kommenden Heils orientiert ist als an seiner Ausweitung auf die Völker, wird weder dieser Vorgang noch die neue Gemeinschaft selbst mit dem Begriff des neuen Bundes verbunden.[16] Dazu bedarf es einer längeren Geschichte und mit ihr vor allem einer deutlichen Entfernung vom Inhalt der zugrundeliegenden biblischen Tradition.

Nicht also in der Formulierung vom neuen Bund bei Paulus und Lukas, wohl aber vielleicht in der Fassung des Becherwortes bei Markus und Matthäus wird die Frage einer Einbeziehung der Völkerwelt thematisiert. Das hängt an der Frage, wer in der Formulierung von *»meinem Blut, das für viele vergossen wird«* (Mk 14,24; vgl. Mt 26,28) mit den *»vielen«* gemeint ist. Unstrittig ist, dass dabei eine Aufnahme von Jes 53 vorliegt und mit der Sprache dieses Kapitels die sühnende Wirkung des Todes Jesu erfasst wird. Aber wem gilt sie? Wenn, wie in der Literatur gelegentlich angenommen wird, hier die gegenüber Paulus und Lukas ältere, also dann wohl eben jesuanische Tradition vorliegt, müsste man auch hier mit Bezug auf Jes 53,12 einen auf Israel eingeschränkten Bezug, also die Ränder Israels oder die Feinde in Israel angesprochen sehen.[17] Immerhin ist aber nun in Jes 53 die Ausweitung des Heils auf die Völker genau wie in anderen deuterojesajanischen Texten eindeutig im Blick. Vor allem in Jes 52,14 steht der Ausdruck *»viele«* parallel zu den *»vielen Völkern«* in V.15. Es wäre dann hier von einem Bund durch den Tod Jesu die Rede, der in seiner Wirkung über Israel hinausgreift. Der deutliche Anklang der Formulierung vom *»Blut des Bundes«* an Ex 24,8 muss in der zeitgenössischen Interpretation eine Sühnewir-

---

15 Dazu bes. M. Klinghardt, Gemeinschaftsmahl und Mahlgemeinschaft. Soziologie und Liturgie frühchristlicher Mahlfeiern, TANZ 14, 1996.

16 Dass der Bundesbegriff bereits für die Gemeinden in Paulinischer Zeit zum trennenden »Identity Marker« gegenüber dem Judentum geworden ist (etwa E. J. Christiansen, The Covenant in Judaism and Paul. A Study of Ritual Boundaries as Identity Markers, AGJU 27, 1995), scheint mir vom neutestamentlichen Befund her ganz unwahrscheinlich.

17 So – anders als gegenwärtig meist üblich – etwa G. Dalman, Jesus – Jeschua, 1929, 155f.; R. Pesch, Das Abendmahl und Jesu Todesverständnis, QD 80, 1978, 93f.

kung der Opfer mit im Blick gehabt haben. Im Tod Jesu läge dann eine weitere Bundsetzung neben den anderen, die die jüdische Tradition kennt (vgl. Sir 44ff.). So wenig wie der Davidbund oder der mit Levi den Sinai-Bund in Frage stellt oder einschränkt, so wenig kann das hier angenommen werden. Was der Sinai-Bund für Israel bedeutet, wird damit in seiner Wirkung auf »*die vielen*« ausgedehnt, also universalisiert.

Doch wie ist dieser Bund, was ist als Bund genau zu denken? Trotz der Aufnahme von Ex 24 liegt ja eine ausdrückliche Verpflichtung der »*Vielen*«, entsprechend der dort berichteten Selbstverpflichtung Israels (Ex 24,7), offenkundig nicht in der Intention der Formulierung. Zudem ist keinesfalls zu übersehen, dass zwar der Tod Jesu und mit ihm dessen Sühnewirkung ein einmaliges Geschehen darstellt, die Wirkung bzw. Vermittlung aber an ein wiederholbares und zu wiederholendes Mahl und die dadurch gegebene Gemeinschaft gebunden wird. Ein Bund mit den (jeweiligen) Mahlteilnehmern, der dem Bund zwischen Gott und Israel analog wäre, ist also offenkundig nicht intendiert. Soweit die knappe Formel erkennen lässt, wird in ihr der Tod Jesu vielmehr als ein dem Sinaibund analoges Bundesgeschehen bezeichnet, dessen sühnende Wirkung auf die Vielen auch außerhalb Israels zielt und in der Mahlgemeinschaft angeeignet bzw. vermittelt wird. Im Tod Jesu wäre damit nach dieser Deutung das realisiert, was einige alttestamentliche Texte als eschatologische Hoffnung formulieren (Jes 55,3ff.; 42,7; 49,9; vgl. Ex 19,3ff.), dass aus dem Bund mit Israel schließlich das Heil für die Völker erwächst, ohne dass diese einen eigenen Bund bekommen oder einfach in den Israelbund einbezogen werden.

Kontext, verwendete Traditionen und der Vorgang selbst lassen dabei den Bundesbegriff in keiner Weise zu einem unmittelbar ekklesiologischen Begriff werden. Zum Verständnis ist entscheidend, dass ein menschlicher Partner zu einem Bund und seine Zustimmung fehlt. Weder ist ein Bundesschluss mit einer kollektiven Größe Kirche irgendwo erzählerisch dargestellt, noch wird die individuelle Zueignung des Heils und der Eintritt in die neue Gemeinschaft, wie er sich besonders in der Taufe vollzieht, je mit dem Bundesbegriff in Verbindung gebracht. Die Taufe ist insofern keine Analogie zur *brit milla*, bzw. sie ist höchstens religionsphänomenologisch, nicht aber theologisch, dazu gemacht worden. Offenkundig liegt der Bund, um den es geht, im Tod Jesu selbst. Die Zueignung, wie sie sich im Abendmahl gemäß dem Becherwort vollzieht, realisiert die Wirkung des Todes Jesu, also Sündenvergebung in Gestalt Tora-orientierter Herzenserneuerung bzw. als Sühne für die Vielen auch außerhalb Israels. Sie realisiert sie für die Mahlteilnehmer in ihrer Gemeinschaft untereinander und mit Jesus bzw. mit Gott; das kann aber in keiner Weise als Eintritt in einen Bund bezeichnet werden.

II. Alter und neuer Bund im kanonisch gelesenen Hebräerbrief

Besonders im Hebräerbrief findet sich eine scharfe Antithese zwischen dem alten und dem neuen Bund, wie sie kirchliches Selbstverständnis so weitgehend geprägt hat. In Hebr. 8,13 wird überdeutlich formuliert, dass durch den neuen Bund der erste für veraltet erklärt wird: »*Was aber veraltet ist und greisenhaft, das ist dem Untergang nahe*«.

Die das traditionelle Verständnis wie die wissenschaftliche Literatur bis heute beherrschende Deutung dieser Formulierung mit ihrem Anschein der Selbstverständlichkeit hängt allerdings allein an der Art und Weise, wie dieser Brief in der Christenheit gelesen wird (bzw. wurde). Nicht der Text selbst, allein Entscheidungen im hermeneutischen Vorfeld machen den Evidenzgrad dieser Lektüre aus. Sie hängt nämlich einzig und allein daran, wie man die Überschrift des Briefes versteht, zunächst literarhistorisch, dann aber vor allem theologisch.

Ich möchte im Folgenden versuchen, diese Überschrift in den ihr gebührenden Rang zu versetzen. Methodisch kann das zunächst allein im Sinne einer kanonischen Lektüre dieses neutestamentlichen Textes geschehen, welche die vielfältigen historischen Hypothesen und eingeschliffenen Lektüremuster vorläufig suspendiert. Die Überschrift »*An die Hebräer*« ist von den ältesten Handschriften an und durchgängig durch die Tradition belegt. Es »spricht von der Überlieferung her nichts gegen die Gleichursprünglichkeit von Brief und Überschrift«, denn »jede Spur einer anderen Adressierung fehlt in der Tradition«.[18] Methodisch ist also die heute übliche und alle neueren Kommentare und die allermeisten Monographien (zumindest im deutschen Sprachraum, soweit ich sehe) beherrschende Vorentscheidung, sie bei der Interpretation außer Betracht zu lassen, eindeutig eine literarkritische Entscheidung. Sie wird zuerst für sekundär erklärt und daraus wird dann gefolgert, sie sei für ein wissenschaftliches Verständnis »faktisch wertlos«[19], sie sei »nicht Schlüssel zum geschichtlichen Verständnis, sondern Ausdruck der Ratlosigkeit gegenüber dem Brief.«[20] Weil die Überschrift aber zum überlieferten kanonischen Text gehört, muss sie – zumindest im Sinne einer kanonischen Lektüre – beim Prozess des Verstehens und Auslegens mit in Anschlag gebracht werden. Das übliche Verfahren, bei dem ein konstruierter, vorkanonischer Text ausgelegt wird, darf jedenfalls nicht das einzige sein und nicht allein als legitim gelten.

Nun führt allerdings eine solche Entscheidung, wie die Auslegungsgeschichte zeigt, noch nicht unbedingt zu einer veränderten Lektüre. Denn nicht nur vorkritisch ist der Brief eben als Brief an Judenchristen und -christinnen gelesen worden, und etwas anderes als dies kann ja mit dem Begriff nicht gemeint sein,[21] sondern auch die gelegentlichen historisch-kritischen Auslegungen, die ihn für einen solchen Adressatenkreis geschrieben ansehen,[22] kommen nicht zu einem wirklich anderen, sondern nur zu einem in Einzelfragen veränderten Verständnis. Nicht an solcher Adressatenzuordnung allein hängt also die grundlegende hermeneutische Perspektive, wohl aber an der damit verbundenen Frage, ob und wie man die durch die Überschrift als kanonisch vorgegebene Perspektive auch *theologisch* ernst nimmt und wirklich zur Geltung kommen lässt.[23] Hermeneutisch ist entscheidend, ob man Judenchristen und -christinnen auch wirklich als Juden ansieht und den Text damit aus einer innerjüdischen Perspektive sprechen lässt. Durchgängig stößt man aber in der Literatur auf Vorstellungen und Formulierungen, die voraussetzen, Judenchristen seien bloß

---

18 E. Grässer, An die Hebräer I, EKK XVII/1, 1990, 41.

19 H.-F. Weiß, Der Brief an die Hebräer, KEK 13, 1991, 67; ebenso Grässer, An die Hebräer (Anm. 18), 45.

20 Grässer, An die Hebräer (Anm. 18), 41.

21 Dazu etwa Grässer, An die Hebräer (Anm. 18), 42ff.

22 Vgl. etwa M. Vogel, Das Heil des Bundes. Bundestheologie im Frühjudentum und im frühen Christentum, TANZ 18, 1996, bes. 318ff. Seine Sicht des Hebr (zusf. 331) berührt sich in manchem mit den folgenden Überlegungen. Wenn er allerdings in der Bundestheologie des Hebr »die Integration christlichen Heilsverständnisses in jüdische Denkzusammenhänge« sieht (337), sind die jüdischen Aspekte dieser Theologie historisch unzureichend beschrieben und theologisch nicht ernst genommen.

23 Die Frage, ob er nun als Paulusbrief angesehen wird oder nicht, ist hierfür vollkommen belanglos.

»einstige Juden«.[24] Damit wird aber nicht nur der paulinische Typ gemischter Gemeinden vorausgesetzt und in einen Gegensatz zum Judentum gebracht, sondern es wird darüber hinaus das Ergebnis des endgültigen Trennungsprozesses, also das Resultat der gesamten urchristlichen Geschichte bis weit in das 2. Jh. hinein, vorausgesetzt und zum hermeneutischen Schlüssel für die Lektüre des Hebräerbriefes gemacht. Besonders deutlich ist das bis in geradezu absurde Konsequenzen hinein bei Adolf von Harnack gesehen und formuliert worden. Er benennt die in der Tat logische Voraussetzung, unter der alleine der Hebräerbrief an Heidenchristen gerichtet sein kann: »Das für den Hebräerbrief charakteristische besteht eben darin, dass der Unterschied von Juden- und Heidenchristen überhaupt nicht mehr existiert, ja dass man durch keine Wendung und keine Reminiscenz mehr an ihn erinnert wird.«[25]

Es ist ja in der Tat auffallend und in der Literatur oft beobachtet worden, dass der Brief, anders als etwa Röm 9-11, am Verhältnis von Juden- und Heidenchristen bzw. an den theologischen Fragen von Israel und christlicher Kirche überhaupt nicht interessiert ist. Hält man an der Überschrift fest – und zugleich die Harnack'sche Hypothese in neutestamentlicher Zeit für nicht möglich –, dann kann das aber nur bedeuten, dass wir hier auf ein Dokument innerjüdischer Auseinandersetzung stoßen. Die Frage des Hinzutretens der Völker ist in keiner Weise im Blick. Die Intention des Textes besteht offenkundig daran, innerjüdisch die Bedeutung dieses Jesus Christus darzulegen. Er wird dazu in die gesamte Glaubensgeschichte des Gottesvolkes eingeordnet. Die durchgängige oder doch jedenfalls dominante Perspektive ist dabei die einer Steigerung, eines »mehr« oder »größer«, die von den ersten Versen an vorherrscht. Nirgends wird durch das größere Neue das Alte als überholt oder abgetan angesehen, es bleibt vielmehr von der Relation des Redens durch den Sohn zu den älteren Gottesworten in 1,1f. bis zur Aufzählung der Wolke von Glaubensvorbildern in Kap. 11 uneingeschränkt in Kraft, nichts wird in Frage gestellt oder gar zurückgenommen. Es geht darum, das größere Heil nicht zu missachten (2,2f.). Und das wird geradezu daraus *gefolgert*, dass selbst das ältere, lediglich durch Engel übermittelte Gotteswort ja nach wie vor vorbildlich ist. Christus ist als Sohn über das Haus Gottes gesetzt, aber es ist das gleiche Haus, über das Mose gesetzt war und ist (kann das wirklich eine andere Größe sein als Israel?), und worin er sich als treu bewährt hat (3,1-6). Es geht also darum, genau wie es der so ausführlich zitierte Ps 95 sagt, das *heute* ergehende Wort nicht zu verpassen (3,7ff.). Das Neue, für das geworben wird, wird durchgängig mit Worten und Verheißungen der Schrift beschrieben. Hier gibt es nichts Neues, das nicht seit langem als Neues erwartet worden wäre. In diese Perspektive wird vor allem eine Fülle der zentralen Begriffe der Messianologie der Königspsalmen gerückt.

In genau dieser Perspektive steht nun auch die Rede vom neuen Bund. Die Passagen, die von ihm handeln, sind durch die beiden Zitate aus Jer 31 in 8,9ff. und 10,16f. geradezu eingerahmt. Somit ist alles hier Gesagte auf diesen alttestamentlichen Text zu beziehen und als seine Interpretation zu verstehen. Dass es überhaupt einen neuen, besseren Bund geben wird und muss, ist diesem Text zu entnehmen, aber vor allem auch das, was ihn zu einem neuen und besseren macht. Wichtig und bei der Interpretation nicht zu übergehen ist nun die Tatsache, dass die jeremianische Verheißung in Hebr 8,8-12 umfangreich, ja vollständig im griechischen Wortlaut an-

---

24 Weiß, Der Brief (Anm. 19), 71.

25 A. v. Harnack, Probabilia über die Adresse und den Verfasser des Hebräerbriefs, ZNW 1, 1900, 16-41 (Zitat: 19).

geführt wird. Dazu gehört natürlich auch der mehrfache und ausdrückliche Bezug gerade des neuen Bundes auf Israel und Juda (Jer 31,31.33 = 38,31.33G in Hebr 8,8.10). Der Bund, um den es dem Hebräerbrief geht, ist also Gottes Bund mit Israel. Es ist methodisch nicht legitim zu behaupten, die Aussagen, die Hebr zwar zitiert, dann aber »ungedeutet liegen« lässt,[26] seien irrelevant und könnten somit einfach als ungesagt übergangen werden. Nur wenn man das tut, kann aber aus der Tatsache, dass die Frage der Empfänger des Bundes nicht thematisiert wird – schon gar nicht im Sinne einer Veränderung der Adressaten gegenüber dem zugrundeliegenden biblischen Text –, geschlossen werden, diese Aussagen spielten keine Rolle.

Wie immer das Neue sich durch das Wirken des himmlischen Hohenpriesters realisiert, was hier nicht verfolgt werden kann und braucht, es übertrifft in mehrfacher Hinsicht die alte kultische Sühne vor allem im Blick auf die Sündenvergebung. Der neue Bund, durch den der alte eben veraltet, besteht in einer viel weiter gehenden Realisierung der Sündenvergebung. Darin liegt für die Argumentation des Hebräerbriefes die Einlösung der alten Verheißung eines neuen Bundes. Der alte Bund ist damit für den Hebräerbrief in keinem anderen Sinne alt und abgetan bzw. »dem Untergang nahe« als es in der inneren Logik des zitierten Jeremiatextes selbst liegt. Weder der Adressat noch der Inhalt des alten Bundes wird durch den neuen verändert oder auch nur tangiert. Der neue Bund gilt wie der alte Israel bzw. Juda, er gilt dem Exodusvolk über seine Sünden hinweg. Und dass er auch die gleiche Tora enthält, sie nur andersartig in Kraft setzt, wird durch den expliziten Bezug auf die Vergebungs- und Sühneriten der Tora bestätigt.[27] Ganz und gar unangemessen ist es, bei einer so weit gehenden Identität des neuen Bundes mit dem alten von einer »Dualität von zwei Bünden«[28] o. ä. zu sprechen. Dass der alten Bund dem Verschwinden nahe ist, bezieht sich auf die Elemente in ihm, die überholt werden. Der Vorgang ist als eine eschatologische Qualität des Neuen anzusehen, genau wie das Nahen des Reiches Gottes oder der neuen Schöpfung das jeweils Alte vergangen sein lässt. Christus ist der Mittler des seit langem erwarteten neuen Bundes Gottes mit seinem Volk. Er übertrifft als das himmlische Urbild des Priesters, der im Kult Gottes Vergebung bewirkt, seine irdischen Abbilder.[29] Sein Tod und mit ihm sein Blut ist der Beginn der Realisierung des neuen Bundes, also der Realisierung der auf Israel bezogenen Zusagen Gottes aus Jer 31.

Das Verständnis und die Funktion all dieser Aussagen musste sich naturgemäß fundamental ändern, wenn der Text von Heidenchristen gelesen und auf sich selbst bzw. auf die Kirche aus Juden und Heiden bezogen wird und dann deren theologisches Selbstverständnis prägt. Dadurch musste und konnte der neue Bund entgegen dem klaren Text des Hebräerbriefs wie seiner Vorlage in Jer 31 mit der christlichen Kirche geradezu gleich und dem Judentum, dem er doch gilt, entgegengesetzt werden.

---

26 So M. Theobald, Zwei Bünde und ein Gottesvolk. Die Bundestheologie des Hebräerbriefs im Horizont des christl.-jüdischen Gesprächs, ThQ 176, 1996, 309-325 (Zitat: 316).

27 Vgl. etwa K. Backhaus, Der neue Bund und das Werden der Kirche. Die Diatheke-Deutung des Hebräerbriefs im Rahmen der frühchristlichen Theologiegeschichte. NTA NF 29, 1996, 146ff.

28 Etwa Theobald, Zwei Bünde (Anm. 26), 316.

29 In der Zeit nach 70 n.Chr., als »die Tempelzerstörung die bedrängende Frage mit sich gebracht (hatte), wie denn überhaupt noch effektiv Sühne erwirkt werden kann, nachdem die mit dem Tempel verbundenen Opfer- und Blutsprengungsriten nicht mehr vorgenommen werden konnten« (J. Maier, Sühne und Vergebung in der jüdischen Liturgie, JBTh 9, 1994, 145-171; Zitat 149), traf diese Theologie auf ein Grundproblem des Judentums; vgl. a. S. Safrai, der Versöhnungstag in Tempel und Synagoge, in: Versöhnung in der jüdischen und christlichen Liturgie, hg. v. H. Heinz u.a., QD 124, 1990, 32-55.

Das hier in Umrissen entwickelte Verständnis ergibt sich methodisch zunächst allein aus einer kanonischen Lektüre, die den Hebräerbrief von seiner Überschrift her als Einheit zu verstehen sucht, also der mit ihr gegebenen Leseanweisung konsequent folgt. Dabei ergibt sich allerdings, jedenfalls ist das mein bisheriger Eindruck, ein so konzises Bild des Briefes, dass die Argumente, die heute überwiegend für eine Adressierung an »Christen als Christen«[30], also unter Abwehrung der gesamten Israelfrage angeführt werden, einer erneuten Überprüfung bedürfen.

Der Text sieht jedenfalls in 2,16 das Heilshandeln Gottes eindeutig auf die Nachfahren Abrahams bezogen. Diese stehen zudem parallel zum Volk Gottes. Beides ist nur sehr gezwungen mit einer heidenchristlichen Adressierung zu verbinden. Für ein entsprechendes Verständnis Abrahams gibt es anders als bei Paulus auch nicht die Spur einer Andeutung. Vor allem kann ja die Alternative zu einem Bezug der Abrahamnachfahren auf Israel im Grunde nicht der verbreitete und teilweise völlig unkommentierte Bezug auf die Christen[31] sein, sondern nach der Logik des Verses, der von einem Gegensatz zu Engeln spricht, könnten nur alle Menschen als Abrahamnachfahren bezeichnet werden, also einschließlich aller Heiden bzw. Ungläubigen.[32] Ist das aber ernsthaft vorstellbar?

Als Hauptgrund für heidenchristliche Adressaten wird in der Regel die Charakterisierung der grundlegenden christlichen Botschaft in 6,1f. angeführt, welche die Angesprochenen bereits kennen. Vor allem die Tatsache, dass der Glaube an Gott dazu gehört, wird als mit einer Anrede an Judenchristen für unvereinbar gehalten. Wie aber soll man sich die urchristliche Mission vorstellen, die doch zunächst gerade im Umkreis der Synagoge erfolgt und die ja gerade auch auf Juden zielte, wenn nicht so? Was dabei theologisch mit Glauben an Gott gemeint ist, sagt der Brief in Kapitel 11 sehr ausführlich. Es ist eine Haltung, die es in der Tat vor Christus im Judentum auch gab, die aber keineswegs automatisch von jedem Juden gelebt wird. Und für die Abkehr von den Werken, die auch nur bei Heidenchristen denkbar sei, braucht man nur an die prophetische Kritik Johannes des Täufers oder Jesu selbst zu denken. Man müsste schon von der sozialen Botschaft der Jesustradition völlig absehen, um diese beiden Grundaussagen nicht auch für eine Verkündigung im Rahmen der Synagoge gelten zu lassen. Jedenfalls wird der in den Versen 6,4ff. angesprochene Abfall vom eschatologischen Wirken des Geistes als ethisches Versagen charakterisiert, genau wie es etwa die entsprechende Evangelientradition tut, keineswegs aber als ein bei Heidenchristen zu erwartender Rückfall zu heidnischen Göttern. Dieses und manches andere spricht vielleicht doch dafür, dass eine Einbettung des Hebräerbriefes in ein innerjüdisches Gespräch über Christus auch literarisch und historisch die größere Wahrscheinlichkeit für sich hat.

III. Theologisches Resümee

Die neutestamentlichen Texte, die von einem neuen Bund reden, beziehen das Neue nicht auf eine gegenüber Israel veränderte Größe. Sie sind vielmehr innerjüdische

30 Weiß, Der Brief (Anm. 19), 71.

31 Etwa Weiß, Der Brief (Anm. 19), 221: »Dass der Terminus ›Same Abrahams‹ dabei die christliche Gemeinde bezeichnet, wird hier offensichtlich für die Adressaten als selbstverständlich vorausgesetzt.«

32 So mit Recht Grässer, An die Hebräer (Anm. 18), 151. Er will deshalb mit H. Braun (An die Hebräer, HNT 14, 1984, 68) an »Menschen als potentielle Christen« denken.

Inanspruchnahmen von Jer 31 und sehen das neue textgemäß nicht in der Ausweitung des Bundes über Israel hinaus, sondern, bei Identität von Empfänger wie Inhalt, im Modus. Die eschatologische Perspektive der endgültigen Sühne und Sündenvergebung und der Identität von menschlichem Willen und Tora, die diesen Text auszeichnet, wird, wie andere großen Verheißungen der Schrift, mit dem Wirken Jesu verbunden und als – zumindest anfangsweise – in Kraft befindlich geglaubt und verkündet. Der Prozess der Heidenmission wird dagegen von anderen Verheißungen her begonnen und legitimiert. Durch ihn geraten dann allerdings auch die Formulierungen von Jer 31 insbesondere im Zusammenhang mit der Abendmahlspraxis in die Benutzung von Heidenchristen. Die gleiche Kraft des Geistes wird die Benutzung legitimieren (vgl. etwa Act 11,17).

Die Texte dagegen, welche die Einbeziehung der Heiden mit dem Bundesbegriff verbinden (Gal 3f.; Mk 14), reden gerade nicht vom neuen Bund. Auch sie benutzen den Begriff »Bund« nicht zur Charakterisierung der neuen Gemeinschaft. Bund ist somit im Neuen Testament kein ekklesiologischer Begriff. Insbesondere gibt es keine mit den alttestamentlichen Bundesschlüssen mit den Vätern und mit Israel vergleichbare Verpflichtung. Das gilt gerade auch für den individuellen Eintritt; die Taufe ist gerade nicht wie der Vollzug der Beschneidung mit der Bundesterminologie verbunden. Wenn einige alttestamentliche Texte im Bund Gottes mit Israel eine Perspektive für das eschatologische Heil der Völker, also das Ziel des Bundes im Kommen der Völker zum Gott Israels sehen, so wird eine solche Perspektive in Jesus und seinem Geschick realisiert gesehen. Weder bekommen die Völker oder die neue Gemeinschaft einen eigenen Bund noch werden die Heidenchristen einfach in den Bund Israels mit einbezogen. Sondern durch Jesus Christus wird in der Sicht dieser Texte der Bund Gottes mit Israel zu dem, worauf er nach einem Wort von Leo Baeck angelegt ist: »Das Gesetz vom Wege zur Zukunft ... verbindet dieses Volk mit der Menschheit, so dass der Bund mit ihm zum Bund mit den Völkern wird«.[33] Gemeint ist weder eine Ersetzung noch eine Einbeziehung, sondern die Tatsache, dass es eben der Bund Gottes mit Israel ist, der als solcher zum Heil und damit – allerdings nur indirekt – auch zum Bund mit den Völkern wird. Christlicher Glaube beharrt darauf, dass dieser – eschatologisch verheißene – Vorgang in Tod und Auferstehung Jesu bereits als Realität zu wirken begonnen hat. Bund ist somit im Neuen Testament keine ekklesiologische, sondern eine christologische Kategorie.

Zielen die neutestamentlichen Aussagen über den neuen Bund in der Folge von Jer 31 auf Israel und reden sie von einer eschatologischen Erneuerung von Gottes Bund mit seinem Volk, so entsteht durch die Tatsache, dass Israel in seiner Mehrheit diese neue Gestalt seines Bundes mit Gott nicht annahm, ein in der Struktur mit Röm 11 verwandter Zusammenhang: Die Wirkung für die Völker verstärkt sich und bleibt faktisch allein übrig.

Ob und welche Konsequenzen sich aus einer solchen Sicht für den Umgang mit dem Begriff »Neues Testament« ergeben, muss wohl heute offen bleiben. Immerhin würde es schon viel bedeuten, wenn der Zusammenhang der Terminologie »neuer Bund/neues Testament« mit ihrer biblischen Grundlage, also mit Jer 31,3ff., stärker ins Bewusstsein der Christen gerückt würde. Denn damit würde, neben der unaufhebbaren Verbindung mit Israel und mit der Tora, gerade auch die offenkundige Nichtrealisierung dieser Verheißung der Überwindung jeder Belehrung und der völligen I-

---

33 Dieses Volk. Jüdische Existenz (1955), Werke II, 1996, 46.

dentität von göttlichem und menschlichem Willen präsent sein, so dass den Christen und Christinnen neben dem »schon« gerade auch das »noch nicht« vor Augen stände.

Schrift und Auferstehung

Beobachtungen zur Wahrnehmung des auferstandenen Jesus bei Lukas und Paulus und zum Verhältnis der Testamente

In großer Breite wird heute in neutestamentlicher und systematischer Wissenschaft, in den Bemühungen um eine gesamtbiblische Theologie, um das Verhältnis der Testamente sowie das von Christen und Juden das spezifisch und unterscheidend Christliche in der Auferstehung Jesu gesehen. Was gegenüber der alttestamentlich-jüdischen Tradition »tatsächlich neu ist, ist der ›Grundsatz‹ des Neuen Testaments, dass ›Gott Jesus von den Toten auferweckt hat‹, dass also von einem Menschen, der gestorben« ist, gesagt wird, Gott »habe ihn schon so auferweckt, dass er den Tod ein für alle Mal hinter sich hat.«[1] Allerdings wird dann die Bedeutung der neuen Erfahrung und die Relation zur jüdischen Tradition auf sehr verschiedene Weise beschrieben. So sieht etwa *B. S. Childs* »etwas total Neues mit der Auferstehung« beginnen: »Das Alte kam zu einem Ende; das Neue begann« und diese »Diskontinuität« wird »in der Formierung von zwei einzelnen und getrennten Testamenten richtig reflektiert«[2]. Andere wie *Klaus Wengst* betonen: Gerade »auch diese Aussage setzt spezifische Erfahrungen Israels mit seinem Gott voraus und konnte so nur in Israel gemacht werden«[3], weshalb das Alte dem Neuen Testament notwendig vor- und zugeordnet bleibt und der Unterschied im Ganzen nicht allzu groß erscheint[4]. Im Folgenden soll der Versuch gemacht werden, die damit aufgeworfene Frage nach dem Verhältnis der Testamente noch einmal an das Neue Testament zurückzugeben. Wenn, wie *Jürgen Seim* zu Recht schreibt »die urchristlichen Lehrer und Erzähler, Erzählerinnen und Lehrerinnen deutlich machen wollten, wer Jesus ist ..., griffen sie auf die jüdischen ›Schriften‹ zurück.«[5] Wie taten sie das im Falle der Auferstehung Jesu und mit welchem Ergebnis?

Erstaunlicherweise findet sich dazu in der breiten neueren Literatur zum Thema Aufstehung Jesu[6] nur wenig direkt Einschlägiges, das über die Erfassung des religionsgeschichtlichen Hintergrundes und seiner Vorgeschichte sowie die Frage nach den insbesondere in 1 Kor 15,3f. gemeinten alttestamentlichen Passagen hinausgeht. Immerhin findet sich der Versuch einer genaueren Bestimmung des Zusammenspiels von »Geschichte und Verheißung«[7], von »Kontingenz und Identität«[8] bei *Traugott Holtz* anhand von Act 2 und 13 (sowie Röm 4). Danach nimmt »die Erfahrung der

---

1 K. Wengst, Was ist das Neue am Neuen Testament?, in: F. Crüsemann/U. Theissmann (Hg.), Ich glaube an den Gott Israels, KT 168, ^{2}2001, 26.

2 Die Theologie der einen Bibel, Bd. I, dt. Übers. 1994, 266.

3 Wengst, a.a.O. 26.

4 Dazu M. Wyschogrod, Resurrection, Pro Ecclesia 1/1, 19, bes. 110: »Ist das ein großer Unterschied? Ich denke in der Tat nicht«; nach: Ders./P. v. d. Osten-Sacken, Auferstehung Jesu im jüdisch-christlichen Dialog. Ein Briefwechsel, EvTh 57, 1997, 196-209; 197.

5 Predigten in Israels Gegenwart, EvTh 61, 2001, 266.

6 Es mag hier neben dem Hinweis auf ein Themenheft der EvTh (57, 1997, 177-272) der auf drei neuere Sammelbände genügen: The Resurrection. An Interdisciplinary Symposium on the Resurrection of Jesus, hg. v. S. Davis/D. Kendall SJ/G. O'Collins SJ, 1997; Auferstehung – Resurrection, hg. v. F. Avemarie u. H. Lichtenberger, WUNT 135, 2001; Die Wirklichkeit der Auferstehung. Biblische Zeugnisse und heutiges Erkennen, hg. v. H.-J. Eckstein u. M. Welker, 2001.

7 T. Holtz, Geschichte und Verheißung. »Auferstanden nach der Schrift«, EvTh 57, 1997, 179-196.

8 Ebd. 196.

Auferstehung ... den, der sich auf sie einlässt, hinein in die ganze Geschichte des Gottes, der in solchem Geschehen erfahren wird, d.h. in die in der Schrift bezeugte Gottesgeschichte«[9]; andererseits ergibt sie sich »nicht gleichsam logisch aus einer einsichtigen vorlaufenden Geschichte«, so dass sie aus ihr »deduktiv erschlossen werden« könnte[10]. Dürfte diese Spannung für die neutestamentlichen Texte unbestreitbar sein, hängt die theologische Bestimmung des Neuen (und damit die des Neuen Testaments im Verhältnis zum Alten) mit zwei anderen Behauptungen zusammen. Für *Holtz* ist es »völlig klar, dass die Erfahrung der Auferstehung Jesu der Identifizierung des dadurch gegründeten Glaubens mit der Struktur des Glaubens Abrahams vorausliegt.«[11] Das bedeutet, dass die Begegnung mit dem Auferstandenen einen Glauben hervorruft, der *nachträglich* mit dem Glauben Israels, wie er in den Schriften bezeugt ist, identifiziert werden kann und dann allerdings auch muss. Dazu kommt, dass »die Auferstehung die Gottesgeschichte end-gültig« definiert, denn sie ist das »Ziel«, auf das »die vorlaufende Geschichte Gottes mit seinem Volk hinaus will«[12]. Diesen Fragen der Evidenz der Auferstehungserfahrung einerseits und des Verhältnisses zur Geschichte Gottes mit Israel, wie sie in der Schrift bezeugt ist, andererseits soll im Folgenden bei Lukas und Paulus nachgegangen werden, mit der Absicht, das Verhältnis der Testamente und die Wirklichkeit dessen, was Auferstehung heißt, vielleicht etwas sachgemäßer beschreiben zu können.[13]

I. Lukas[14]

Voraussetzung und Grundlage

Schon bevor sich Jesus bei Lukas – wie bei den anderen Synoptikern – gegen die Sadduzäer auf die Erwartung einer allgemeinen Totenauferstehung festlegt und sie mit dem Gottesbegriff selbst und mit der zentralen jüdischen Tradition verbindet, wonach Gott sich dem Mose bei seiner Berufung als Gott der Lebenden, nämlich als *»Adonaj, der Gott Abrahams und der Gott Isaaks und der Gott Jakobs«* vorgestellt hat (20,37f.), wird das Verhältnis von Schrift und Auferstehung mit der fundamentalen Lehre Jesu abgesteckt, dass die Auferstehung eines einzelnen Menschen die Geltung von Tora und Propheten in keinem Falle tangieren kann. Abraham selbst, der im Himmel bei Gott ist, antwortet auf die Bitte des reichen Mannes, seinen Verwandten sichere Kunde vom Jenseits zu senden: »*Wenn sie auf Mose und die Propheten nicht hören, werden sie auch nicht überzeugt werden, wenn jemand von den Toten aufersteht*« (16,31). Das ist als Lehre des Jesus, den Lukas und die Gemeinde, für die er schreibt, als den Auferstandenen kennen und bekennen – zumal in der Kombination mit einem Abrahamwort –, kaum übertreffbar. Die Geltung von Tora und Propheten

---

9 Ebd. 195.
10 Ebd. 196.
11 Ebd. 195.
12 Ebd. 196.
13 Ausdrücklich sei gesagt, dass mit dem Folgenden keinerlei Anspruch auf Originalität verbunden ist. Da die breite Literatur nicht in vollem Umfang rezipiert werden konnte, ist es durchaus möglich, dass Textbeobachtungen und Folgerungen so oder ähnlich bereits andernorts geäußert wurden.
14 Vgl. bes. G. Wasserberg, Aus Israels Mitte – Heil für die Welt. Eine narrativ-exegetische Studie zur Theologie des Lukas, BZNW 92, 1998, von dem sich das Folgende nur in einigen Akzenten unterscheidet; vgl. a. K. Löning, Das Geschichtswerk des Lukas Bd.1, utb 455, 1997.

wird danach durch keine Auferstehung tangiert. Gerade auch die individuelle Auferstehung bzw. das ewige Leben bei Gott hängen nicht von der Auferstehung Jesu oder dem Glauben an sie ab. Damit ist ein Akzent gesetzt, der auf die Frage gespannt macht, wovon eine solche Auferstehung denn dann überzeugen soll und kann.

Erfahrung und Schrift in der Begegnung mit dem Auferstandenen

Nach Tod und Begräbnis Jesu erzählt Lukas in 24,1-11 zunächst eine massiv negative Geschichte. Der Anblick des leeres Grabes, die Gegenwart der Engel und ihre Botschaft von der Auferweckung Jesu samt ihrem Verweis auf die Lehren des irdischen Jesus sowie die eigene Erinnerung daran – das alles wird von den Frauen zwar zu den Jüngern weitergetragen, wird aber von ihnen als leeres Geschwätz, dem nicht zu glauben ist, empfunden (V.11). Und auch von den Frauen selbst, die diese Botschaft übermitteln, wird nicht gesagt, dass sie sie glauben oder dass sie bei ihnen etwas bewirkt.

Der unglaubhaften kontrastiert die Geschichte, die wie keine andere exemplarisch Auferstehung glaubhaft macht, die Emmausgeschichte. Sie erzählt von einem Weg, der vom Gehaltensein der Augen, vom Nichterkennen und Nichtverstehen (V.16) zum Öffnen der Augen und zur Erkenntnis führt (V.31). Was diese Wende bewirkt, ist – geradezu überdeutlich wird es dargestellt – die Schrift. Die beiden Jünger erzählen zunächst dem mitwandernden Unbekannten die ganze Geschichte. Trotz der Engelbotschaft, dass er lebt, ist es eine Geschichte enttäuschter Hoffnungen: *»Wir hofften, er sei der, der Israel erlösen wird«* (V.21). Sie, die all das erlebt, gehört und sogar weitergegeben haben, müssen sich als *»unverständig und herzensträg«* bezeichnen lassen (V.25). Warum? Nicht etwa, weil sie der Botschaft der Engel und der Frauen nicht glauben, sondern allein, *»weil sie nicht glauben an alles, was die Propheten gesagt haben«* (V.25). Es ist der Glaube an das Zeugnis der Propheten und zwar an alles, was dort zu lesen ist, woran es mangelt. Nimmt man den Wortlaut der Aussage ernst, ist der Glaube an die Propheten der alles entscheidende Schlüssel, nicht nur zum Verständnis des Geschehenen, sondern der Glaube an die Botschaft der Propheten ist der Glaube, um den es geht. Was hier zu glauben ist, steht bei den Propheten.

Und entsprechend sieht dann auch die Belehrung aus: *»Beginnend bei Mose und allen Propheten legte er ihnen in allen Schriften dar, was ihn betraf.«*(V.27). Es ist der Tenak, der dreiteilige hebräische Kanon, der hier ins Spiel kommt, Tora, Propheten und Schriften. Und das doppelte *»alle«*, welches das *»alle Propheten«* aus V.25 weiterführt und radikalisiert, zeigt, dass es nicht um einzelne Worte und Belegstellen, nicht um dicta probantia geht, sondern um das Ganze der Schrift, um etwas, was von Anfang bis zum Ende dort zu finden ist und Glauben fordert und ermöglicht. Letztlich muss es um den lebendigen Gott gehen, der der Gott der Lebenden ist. Das ist die Hermeneutik – und das Wort steht in V.27 – , die dieser Hermeneut aufzeigt. Es ist schon erstaunlich: Der Auferstandene macht sich selbst kenntlich, indem er die Schrift liest und deutet, er kann offensichtlich nur so und er will nur so erkannt werden. Kein Glanz, kein Wunder, keine überwältigende Erfahrung lösen Glauben und

Erkennen aus, sondern allein der Horizont, der durch die Auslegung der Schrift eröffnet wird, macht Erkenntnis möglich[15].

Diesen immer noch unerkannten und anonymen Ausleger laden die beiden ein, die Nacht mit ihnen zu verbringen. *»Und er nahm das Brot, dankte und brach's und gab es ihnen«* – daran erkennen sie ihn endlich, doch in dem Moment, wo sie ihn identifizieren, verschwindet er. Da erinnern sie sich an da Geschehene. Aber woran sie sich erinnern, ist nicht etwa die Präsenz des Auferstandenen als solche, sie denken nicht an den Moment der Identifikation des Lebenden mit dem Irdischen, sondern an den Vorgang der Schriftauslegung: *»Brannte nicht unser Herz ..., als er uns die Schriften erschloss?«* (V.32). Wo die Schrift so ausgelegt wird, dass sie vom Gott der Lebenden redet, brennt das Herz und ist die Wirklichkeit, die mit Auferstehung bezeichnet wird, gegenwärtig; der Identifizierte dagegen verschwindet.

Lernen braucht Wiederholung, und so erzählt Lukas in einem weiteren Schritt den gleichen Lernvorgang noch einmal. Trotz der Botschaft dieser beiden Jünger und der eigenen Erfahrung des Petrus (V.33f.) löst die Erscheinung des Auferstandenen mitten unter seinen Jüngern auch beim nächsten Mal wiederum nur Angst und Schrecken aus (V.36f.). Der wiederkehrende Tote erscheint als Gespenst. Und selbst die körperliche Identifizierung (V.39), ja sogar die Freude über den Auferstandenen führt noch nicht zum Glauben. Stattdessen steht ein seltsamer, oft überlesener Satz da: *»Vor Freude konnten sie nicht glauben«* (V.41). Die Freude erregende Begegnung mit dem Lebendigen führt keineswegs zu dem Glauben, um den es geht. Wiederum ereignen sich Erkennen, Verstehen und Glauben allein dadurch, dass die Schrift ausgelegt wird. Der Auferstandene erinnert zunächst an die Schriftauslegung des Irdischen (V.44), wobei wiederum programmatisch die ganze Schrift, Tora, Propheten und Psalmen genannt werden. Nur im Ganzen, in allen ihren Teilen gemeinsam spricht die Schrift von dem, worum es hier geht. Doch sogar die Erinnerung an die Schriftauslegung des Irdischen reicht nicht: *»Da öffnete er ihnen den Verstand, dass sie die Schriften begriffen«* (V.45), lehrt sie, was geschrieben steht, dass und wie die Schrift von Leiden und Auferstehung des Christus redet, und er belehrt sie so, damit allen Völkern in seinem Namen Buße zur Vergebung der Sünden gepredigt werde (V.46f.). Erst hier kommt ein Ziel und zugleich ein Auftrag, eine Sendung in den Blick, sie geht an die Völker. Das ist der einzige, der genannt wird.

Im Lukasevangelium jedenfalls gibt es keine Auferstehungserfahrung, die einen Glauben auslöst, der nachträglich mit der Schrift in Verbindung gebracht werden kann. Die Schrift im Ganzen ist notwendig, um überhaupt zu erkennen, was geschieht und wer da ist. Die Emmausgeschichte sagt theologisch präzis, worum es geht: Der auferstandene Christus ist auf die Auslegung der Schrift angewiesen, um sich seinen Jüngern bekannt zu machen.

---

15 Der entscheidende Punkt ist also keineswegs der, dass der Auferstandene die Schrift neu »deutet« oder sie »öffnet«, so mit vielen Auslegern zuletzt wieder A. M. Schwemer, Der Auferstandene und die Emmausjünger, in: Auferstehung – Resurrection, hg. v. F. Avemarie u. H. Lichtenberger, WUNT 135, 2001, 95-118, sondern für den Vorgang der Erkenntnis des Auferstandenen selbst ist die Schrift ein notwendiges Element. Es ist ja gerade nicht der bereits als der Auferstanden identifizierte, der die Schrift neu auslegt, sondern erst die Schriftauslegung ermöglicht seine Identifizierung.

Die Predigt von der Auferstehung Jesu

Die beiden jeweils ersten, grundlegenden Predigten des Petrus (Act 2,22-26) wie des Paulus (13,16-41), durch die Lukas in der Apostelgeschichte das Zeugnis der Jünger vom Auferstandenen entfaltet, wobei er jeweils das Verhältnis zur Schrift ins Zentrum rückt, charakterisiert *Holtz* so: »Ganz offensichtlich setzt der Schriftbeweis die Erfahrung von Tod und Auferstehung voraus und deutet diesen Weg von dem in der Schrift bekundeten Zeugnis des Propheten David her«[16]. Ziel der Predigten sei die Bekundung der Auferstehung durch die »Augenzeugen«; durchgängig werde »die Auferstehung durch einen Schriftbeweis bestätigt«[17]. Mit diesen Formulierungen sind m.E. die Akzente gegenüber Lukas leicht, aber entscheidend verändert. Genau wie in Lk 24 ist auch in Acta die Erfahrung der Jünger niemals unabhängig von der Schrift; sie wird nicht als unabhängige Erfahrung »vorausgesetzt« und kann deshalb nicht nachträglich durch einen Schriftbeweis »bestätigt« werden.

Petrus erzählt in Act 2 ausgehend von der Gabe des Geistes nach Joel 3 die Geschichte Jesu bis zu Tod und Auferweckung. Diese wird in V.24 von vornherein mit Schriftworten beschrieben (Ps 18[17],5; 2 Sam 22,5 jeweils LXX-Fassung) und dann mit einem langen Zitat aus Ps 16 begründet (»Denn« in V.25). Erst nach einer ausführlichen Exegese der zitierten Schriftpassage in V.29-31 wird in V.32 kurz und thetisch auf die eigene Erfahrung verwiesen: *»Dafür sind wir alle Zeugen«*, um danach sofort wieder die Bedeutung des Geschehens mit Schriftworten darzulegen. Es ist eindeutig *nicht* so, dass die eigene Begegnung mit dem Auferstandenen Augangspunkt oder Ziel der Argumentation wäre; das Zeugnis der Augenzeugen spielt eine ausgesprochene Nebenrolle. Und die Auferstehung wird immer schon mit Schriftziaten beschrieben, sie kann deshalb gar nicht durch die Schrift »bestätigt« werden.

Noch weniger stützt Paulus, dem der Auferstandene ja ebenfalls begegnet ist, dazu gleich, in der Darstellung des Lukas seine erste, grundlegende Predigt auf diese Begegnung und seine persönliche Erfahrung. Sie kommt überhaupt nicht vor. In Gestalt einer Schriftauslegung im synagogalen Gottesdienst (13,14f.)[18] erzählt er vielmehr die Geschichte Israels von Abraham an, kommt dann zu Johannes und Jesus und endet mit Tod und Auferweckung sowie einer knappen Nennung der anderen Auferstehungszeugen (13,16-31). Der zentrale Punkt, das Ziel, das, was als Verkündigung, Botschaft und Auftrag aus dieser Geschichte folgt, setzt so ein: *»Und wir bringen euch als Evangelium die an die Väter ergangene Verheißung«* (13,32), die jetzt erfüllt ist. Erst in der Perspektive der alten Verheißung der Väter und in Verbindung mit ihr wird aus dem Geschehen das Evangelium. Und das wird dann mit Zitaten aus Ps 2; Jes 55, Ps 16 und Hab 1 entfaltet.

Schließlich soll noch ein kurzer Blick auf die dreimal berichtete Begegnung des Paulus mit dem Auferstandenen geworfen werden. Wenn die theologisch relevante Ereignisfolge wirklich, wie *Holtz* mit vielen anderen behauptet, die von zunächst Schrift-unabhängiger und dennoch Glauben weckender Erfahrung und ihrer nachträglichen Deutung von der Schrift aus wäre, müsste das hier klar zum Tragen kommen. Nachdem Lukas sie in Kap. 9 erzählt hat, lässt er sie in Kap 22 und 26 den

16 Ebd. 185.
17 Ebd. 189.
18 Durchaus parallel zur sog. Antrittspredigt Jesu in Lk 4.

Paulus noch zweimal selbst berichten, beide Male allerdings allein zur Apologie seines Wirkens und gerade nicht als Teil von auf Glauben zielender missionarischer Predigt. In Kap. 9 und 22 ereignet sich in der Begegnung selbst nur ein kurzes Zwiegespräch, das auf die Selbstvorstellung des von Saulus Verfolgten hinausläuft, ohne jede Deutung und ohne jeden Auftrag. Das muss alles Ananias bzw. die Gemeinde übernehmen, an die Paulus verwiesen wird. Erst in der dritten Variante in Kap. 26 erfolgt der Auftrag zur Verkündigung in diese Begegnung selbst (V.16-18). Aber gerade in dieser Fassung formuliert Paulus danach ausdrücklich, dass er bei seinen Zeugnis vor klein und groß *»nichts verkündet, außer dem, was die Propheten und Mose über das Kommende geredet haben«* (26,22). Das klingt so, wie es auch Paulus selbst in 1 Kor 4,6 formulieren kann, und ist ein theologischer Grundsatz von höchstem Gewicht: Gerade auch die einmalige Sondererfahrung des Paulus ist nichts, was unabhängig von der Schrift wäre und in irgendeiner Weise über sie hinaus führt. Von der Auferstehung gibt es theologisch gesehen selbst für den Augenzeugen nichts zu sagen, was nicht schon bei Mose und den Propheten steht, nichts führt *»über die Schrift hinaus«*.

Und wieso stellt die Auferstehung Jesu das Ziel der Geschichte Gottes mit seinem Volk dar, das sie »end-gültig« definiert? Wen ich es recht sehe, wird dafür als Begründung von *Holtz* nur die Schlussstellung dieses Ereignisses in den Predigten von Act 2 und 13 angeführt. In der Tat wird die Geschichte Israels so erzählt, dass sie mit diesem Ereignis endet. Das hat aber zunächst keine andere Funktion als es auch sonst die jeweiligen Zielpunkte unterschiedlicher Geschichtsdarstellungen haben. Weder will das deuteronomistische Geschichtswerk mit dem Ende in 2 Kön 25 sagen, dass das Exil das end-gültige Ende sei, noch andere Geschichtssummarien, dass die Landnahme unter Josua ein solches wäre. Das Ende solcher Geschichtserzählungen beschreibt vor allem den hermeneutischen Ausgangspunkt, von dem her erzählt wird. Die Geschichte geht ja längst weiter, sie ist, als die Acta geschrieben werden, mindestens in Rom angekommen. Das Reden von Ziel und Ende ist pure Ideologie. Und schon gar nicht kann man diese These vom Ziel mit dem Satz begründen: »weil die Totenauferstehung eschatologisches Geschehen ist, definiert ... [sie] die Gottesgeschichte end-gültig«[19]. Solange die Toten noch nicht auferstanden sind, geht die Geschichte weiter. Und wer dazu gehört, entscheidet sich immer noch an Mose und den Propheten.

II. Paulus

Für Paulus gilt mit der von ihm übernommenen urchristlichen Tradition in 1 Kor 5,3ff. *»dass Christus gestorben ist für unsere Sünden nach den Schriften, und dass er begraben wurde und auferweckt wurde am dritten Tag nach den Schriften.«* Nun unterstreicht diese knappe formelhafte Tradition zwar die fundamentale Bedeutung der Schrift für jedes Verständnis von Kreuz und Auferstehung, lässt aber leider kaum Details erkennen, weder welche Schriftstellen dabei im Blick sind noch vor allem, wie denn theologisch das Verhältnis von Schrift und Auferstehungserfahrung dabei gedacht ist[20]. Deshalb soll gefragt werden, wie Paulus in seiner eigenen Theologie das

[19] Holtz, a.a.O. 196.
[20] Zur Diskussion s. zuletzt W. Schrage, Der erste Brief an die Korinther. 4. Teilband: 1 Kor 15,1-16,24, EKK VII/4, 2001.

Verhältnis von Schrift und Auferstehung Jesu bestimmt. Da ihm der Auferstandene selbst *»als Letzter von allen .. erschienen ist«* (15, 8), und diese Begegnung ihn vom Verfolger der Gemeinde zum Apostel gemacht hat, dürfte seine Bestimmung des Verhältnisses von kontingenter Erfahrung und vorgegebener Tradition, des christlich Neuen zum Kontinuum der Schrift von besonderem Gewicht sein.

Die theologische Logik von 1 Kor 15,13ff.

Das auf die Schrift gegründete Auferstehungzeugnis von 1 Kor 15,3ff. dient als Einleitung in eine Auseinandersetzung mit Meinungen in der korinthischen Gemeinde, die grundsätzlich die jüdische Tradition einer allgemeinen Totenauferstehung leugnen. In V.12ff. entfaltet Paulus den theo-logischen Zusammenhang von Totenauferstehung und Auferstehung Jesu so:

> *»Wenn es aber eine Totenauferstehung nicht gibt, dann ist auch Christus nicht auferweckt. Wenn aber Christus nicht auferweckt ist, so ist folglich auch unsere Predigt leer, leer ist auch euer Glaube. Wir werden aber auch ... als falsche Zeugen Gottes erwiesen, weil wir von Gott Zeugnis abgelegt haben, dass er Christus auferweckt hat, den er nicht auferweckt hat, wenn Tote nicht auferweckt werden. Wenn nämlich Tote nicht auferweckt werden, ist auch Christus nicht auferweckt. Wenn aber Christus nicht auferweckt ist, ist euer Glaube nichtig ... sind wir bemitleidenswerter als alle Menschen«* (15,13-19)[21].

Die übliche Auslegung geht vom christlichen Glauben an die Auferstehung Jesu aus, wie er hier in V.3ff. und dann wieder in V.20 sowie in V.12 bezeugt ist. Wenn jedoch christlicher Auferstehungsglaube allein im kontingenten Ereignis der Auferstehung Jesu wurzelt, dann ist die in V.13ff. vollzogene Argumentation höchst problematisch, eigentlich unverständlich und es kann sich dabei höchstens um eine Art Gedankenexperiment handeln. Es ginge dann darum, dass eine allgemeine Auferstehung nicht »(denk-)unmöglich« sein darf, darum »dass ein Auferweckungsgeschehen überhaupt als denkbar und nicht als undenkbar bzw. unmöglich zu gelten hätte«[22]. Doch wird eine solche Lesart dem Gewicht dieser mehrfachen vorgetragenen Argumentation kaum gerecht. In den parallelen Kettenschlüssen von V.13-15 und 16-19 geht Paulus betontermaßen *nicht* vom Einzelfall der Auferstehung Jesu, sondern von der Verheißung einer allgemeinen Totenauferstehung aus. Es ist in der Tat der »Vorstellungszusammenhang und Deutungsrahmen der Apokalyptik«, den Paulus hier voraussetzt[23]. Für ihn ist das aber nicht nur Hintergrund und Denkvoraussetzung, sondern das gerade auch theologisch tragende Fundament. Mit dem Glauben an die allgemeine Totenauferweckung steht und fällt alles andere. Und darin bezieht er nicht nur alles ein, was christlichen Glauben ausmacht: Verkündigung, Glaube, Sündenvergebung, Hoffnung, sondern eben gerade auch die Auferstehung Jesu selbst. Wenn Paulus wirklich meint, was er hier sagt, dann hängt der christliche Glaube insgesamt an dem, was

---

21 Übersetzung nach A. Lindemann, der Erste Korintherbrief, HNT 9/1, 2000, 336f.

22 Lindemann, 339.

23 So Schrage, a.a.O. 126. Dennoch geht auch Schrage gegen den Text davon aus, dass es um »die mit der Auferweckung Jesu eröffnete Zukunftshoffnung auf die Auferstehung der Toten« geht (132), dass es die Auferstehung Jesu ist, die »das konstitutive Implikat« einer allgemeinen Totenauferstehung enthält (129; vgl. 127 u. passim).

Schrift und jüdische Tradition immer schon, Paulus würde sagen seit Abraham (s.u.) als mit dem Gott Israels grundsätzlich gegeben ansieht.

Erstaunlicherweise gilt das nun auch für die Zeugen, die den Auferstandenen gesehen haben, einschließlich ihn selbst: Das Zeugnis, das er und die anderen Zeugen gegeben haben – übrigens von Gott! – wäre ein falsches Zeugnis (V.15)[24]. Will man nicht annehmen, dass er und die anderen gar nichts »gesehen« haben, dann kann nur gemeint sein, dass das, was sie gesehen haben, ohne den *vorgängigen* Glauben an die todüberwindende Kraft Gottes und seine Verheißung, Tote zu erwecken, nichts ist. Diese Erfahrung ist nicht unabhängig von der Schrift und kann deshalb nicht nachträglich durch sie »bestätigt« werden, sondern diese Erfahrung ist nur deshalb eine Erfahrung von der Auferstehung Jesu, weil sie genau umgekehrt das vorgängige Zeugnis der Schrift bestätigt. Die Schrift und ihre Verheißungen wird in diesem Gedankengang zur theo-logischen Grundlage nicht nur für die Auferweckung Jesu und den christlichen Glauben, sondern gerade auch für das Zeugnis der Augenzeugen, erstaunlicherweise und doch in völliger sachlicher Übereinstimmung mit Lukas.

Inwiefern der vorgängige Glaube Israels Glaube an die Totenauferweckung ist, sagt Paulus vor allem in Röm 4, wo er Abraham zum Vater aller Glaubenden, gerade auch der neu zum Glauben an den Gott Israels gekommenen Heidenchristen macht. Abraham war der Erste, der glaubte; die Heidenchristen glauben wie er. Und dieser Glaube Abrahams ist Glaube an die Auferstehung der Toten. Abraham wurde nach Röm 4,17 zum Vater vieler Völker, *»angesichts Gottes, an den er glaubte als an den, der den Toten Leben schafft und das Nichtseiende ins Sein ruft«*. Der Glaube, um den es dem Paulus geht, der zur Gerechtigkeit angerechnet wird, und den bekanntlich bereits Abraham hatte, wie alle, die an den Messias Christus glauben, dieser Glaube ist sozusagen per definitionem immer schon Glaube an den Gott, der die Toten ins Leben ruft. Dass Abraham gegen alle menschlichen Möglichkeiten der Verheißung glaubte, ist nichts anderes als Glaube an den Gott, der den Tod überwindet. Solches Tun, solche Hoffnung gehört danach grundsätzlich zu diesem Gott, das gehört seit Abraham zum Glauben an ihn. Damit aber ist das, was christlichen Glauben ausmacht, seit Abraham möglich, er geht der Auferstehung Jesu voraus, ist die Bedingung ihrer Wahrnehmung. In ihr zeigt sich ein Handeln Gottes, das der Glaube ihm immer schon geglaubt hat.

Und seine eigene Beauftragung durch die Begegnung mit dem Auferstandenen? In Gal 1,11ff. begründe er damit bekanntlich Herkunft und Autorität seines Evangeliums. Es stammt nicht von Menschen, sondern aus einer Offenbarung – Apokalypsis – Jesu Christi (V.12). Paulus verfolgte die Gemeinde aus Eifer für die väterlichen Überlieferungen (V.13f.). Die Wende beschreibt er so: *»Als es aber dem gefiel, der*

[24] Es ist nicht zuletzt diese Einbeziehung des eigenen Zeugnisses, also auch der eigenen Erfahrung des Paulus in die Argumentation, die bei der langen und intensiven Bemühung um die logische Argumentationsstruktur dieser Passage (M. Bachmann, ThZ 34, 1978, 265-276; ders., LingBibl 51, 1982, 79-103; ders., LingBibl 59, 1987, 100-104; ders., LingBibl 67, 1992, 29-39; Th. G. Bucher, Bib. 55 1974, 465-486; ders., MThZ 27, 1976, 1-32; ders., ThZ 36, 1980, 129-152; ders., LingBibl 53, 1983, 70-98; J. S. Vos, ZNW 90, 1999, 78-97; Ch. Zimmer, LingBib 65, 1991, 25-36) nicht wirklich berücksichtigt worden ist. Nimmt man sie ernst, kann es nicht nur um den (mit Varianten allen Versuchen zugrunde liegenden) Dreischritt des sog. *modus tollens* gehen: 1. Wenn es keine Auferstehung der Toten gibt, ist auch Christus nicht auferweckt worden. 2. Nun aber ist Christus auferweckt worden (V.20). 3. Also gibt es auch eine Auferstehung der Toten. Genau so argumentiert Paulus eben nicht. Dass Tote auferstehen wird gerade nicht auf die Erfahrung der Auferstehung Jesu gegründet, sondern nur umgekehrt. Es ist erstaunlich, dass gerade die Konzentration auf angeblich formallogische Schritte von einer dem Text widersprechenden dogmatischen Vorgabe ausgeht.

mich von Mutterleib an ausgesondert und durch seine Gnade berufen hatte, seinen Sohn in mir zu offenbaren, damit ich ihn unter den Völkern verkünde, da beriet ich mich nicht mit Fleisch und Blut ...« (1,15f.). Betont ist die völlige Unabhängigkeit von Fleisch und Blut, eindeutig ist die einzige Zielbestimmung der Offenbarung, der Auftrag zur Verkündigung unter den Völkern, die Einsetzung zum Völkerapostel. Nicht eindeutig ist dagegen, ob die Verkündigung – *»damit ich ihn verkündige«* – Christus oder Gott zum unmittelbaren Inhalt hat; aber daran hängt angesichts der Verbindung von beiden nichts Entscheidendes. Dagegen hängt Entscheidendes an der Bestimmung des Verhältnisses von Aussonderung und Berufung zur Offenbarung des Sohnes und zur Einsetzung als Völkerapostel. Die übliche Exegese verweist auf Stellen wie Jer 1, spricht aber die darin liegenden theologischen Fragen kaum an.

Dem entscheidenden Satz über die Offenbarung des Sohnes gehen zwei partizipiale Wendungen voraus. Dabei lässt ihre Formulierung im Aorist nur den Bezug auf ein gegenüber der Offenbarung vorgängiges Ereignis zu, was mit Mutterleib und Geburt eh sachlich gegeben ist. Längst, seit Beginn seiner Existenz ist Paulus wie Jeremia von Gott ausgesondert worden. Meint nun die parallele Formulierung *»durch seine Gnade berufen«* den gleichen Vorgang? Besteht diese Berufung ebenfalls seit den Anfängen seiner Existenz, ist aber erst rückwirkend von der Offenbarung her entdeckt worden? Der Begriff der Berufung macht das unwahrscheinlich. Dann aber weiß sich Paulus nicht erst durch die Offenbarung des Sohnes von Gott berufen. Der längst aus der Gnade Gottes Berufene bekommt vielmehr durch die Offenbarung des Sohnes einen neuen, den entscheidenden Auftrag. Eine längst bestehende Berufung wird inhaltlich neu gefüllt. Was immer diese vorgängige Berufung durch die Gnade Gottes genau gewesen ist, sie muss mit seinem Vorleben als Pharisäer, seiner Ausbildung etc. zusammenhängen. Dass er diese Berufung an der Stelle erwähnt, wo er von der entscheidenden Wende in seinem Leben spricht, kann nur bedeuten, dass trotz des Gegensatzes das gemeinsame Fundament, das, was bleibt und durch die neue Offenbarung nur bestätigt wird, eine gewichtige Rolle spielt.[25]

III. Theologische Folgerungen in Gestalt von drei Thesen

In drei Thesen versuche ich, einige Folgerungen aus dem Befund zu formulieren. Sie greifen weit aus und können deshalb hier nur ansatzweise entfaltet und begründet werden.

25 Insgesamt hat es den Anschein, dass das Verhältnis von Auferstehung und Schrift für Paulus eher zu den Selbstverständlichkeiten gehört, die deshalb die Grundlage und der Ausgangspunkt seiner Argumentation sind, nicht aber selbst in deren Zentrum stehen. Wo Paulus inhaltlich überzeugen will, kann er gerade nicht mit seinen eigenen Erfahrungen argumentieren, sondern muss davon unabhängige Argumente bringen.

These 1:

Auferweckung der Toten ist ein Gottesprädikat und gehört in den 1. Artikel. In dieser Perspektive ist der 2. (biblisch) zu lesen.

Hier liegt das Gemeinsame mit dem Judentum, das geleugnet wird, wenn es (allein) von der Christologie her entfaltet wird. Gleich sechsmal wird in der zweiten Bitte der Amida, des jüdischen Zentralgebets, von der Auferweckung der Toten geredet: »*Du bist mächtig in Ewigkeit, Herr,* belebst die Toten, *du bist stark zum Helfen. Du ernährst die Lebenden mit Gnade,* belebst die Toten in großem Erbarmen, *stützest die Fallenden, heilst die Kranken, befreist die Gefesselten* und hältst die Treue denen, die im Staube schlafen. *Wer ist wie du, Herr der Allmacht, und wer gleichet dir, König, der du tötest* und belebst *und Heil aufsprießen lässt. Und treu bist du,* die Toten wieder zu beleben. *Gelobt seist du Ewiger,* der du die Toten wieder belebst.«[26] »Es ist zu beachten«, schreibt *Michael Wyschogrod* dazu, »dass die Preisung im Präsens und nicht etwa im Futurum formuliert wird ... Sie kann nicht ausschließlich der Zukunft vorbehalten sein, weil Gottes Macht nicht ausschließlich der Zukunft vorbehalten ist. Gott lebt *jetzt,* und der Tod steht im Gegensatz zu Gott, er ist das Prinzip, das Gottes Macht negiert. Genau deshalb muss es schon einen präsentischen und nicht erst einen zukünftigen Sieg über den Tod geben.«[27]

Hier ist die alttestamentliche Grundlage gegenüber einer in der wissenschaftlich-exegetischen Tradition verbreiteten religionsgeschichtlichen Rekonstruktion neu zu entdecken. Das übliche Bild, nach dem die Toten bis in die apokalyptische Spätzeit total von Gott abgeschnitten sind, weil der Gott Israels keine Macht über den Tod hat[28], ist alttestamentlich zu bestreiten. Es ist nicht so, dass sich das Entscheidende erst mit dem christlichen Auferstehungsglauben ereignet, während es im Judentum lediglich einige undeutliche Anfänge gibt. Bereits ab der späten Königszeit ist die Herrschaft des israelitischen Gottes über Tod und Totenreich durch epigraphische Befunde belegt.[29] Die berühmten rhetorischen Fragen des Psalters wie in Ps 88,11ff. – *»Wirst du an den Toten ein Wunder tun?«* – setzen zwar in der Tat voraus, dass Gott das bisher nicht getan hat, aber ebenso, dass er es könnte[30]. Und bereits bei Elia und Elisa wird in Erzählungen von der totenerweckenden Kraft dieses Gottes gesprochen (1 Kön 17,17-24; 2 Kön 4,8-37 u.a.). Vor allem hat Israel vielfach in hymnischen Formulierungen (1 Sam 2,6; Ps 139,8) oder in prophetischen Sätzen (Am 9,2) von der Kraft Gottes gesprochen, auch das Totenreich zu beherrschen und Tote zu beleben.

Sicher ist die Verheißung einer Totenauferstehung besonders für die Gerechten erst in der nachexilischen oder sogar der hellenistischen Zeit deutlich formuliert worden. Aber dass Jhwh auch Macht über den Tod besitzt, gehört religionsgeschichtlich

---

26 Übersetzung nach Sidur Sefat Emet, mit dt. Übers. von Rabbiner S. Bamberger, 1999, 41.

27 A.a.O. (Anm. 4), 207.

28 Bes. zugespitzt bei K. Müller, Das Weltbild der jüdischen Apokalyptik und die Rede von Jesu Auferstehung, BiKi 52, 1997, 8-18.

29 Auf die Bedeutung der Grabinschrift von Ḥirbet el Kôm und der Amulette von Ketef Hinnom in diesem Zusammenhang hat jetzt B. Janowski aufmerksam gemacht (Die Toten loben JHWH nicht. Psalm 88 und das alttestamentliche Todesverständnis, in: Auferstehung – Resurrection, hg. v. F. Avemarie u. H. Lichtenberger, WUNT 135, 2001, 3-45).

30 Auch Janowski, a.a.O. 23ff., will jetzt diese Fragen als Grenzaussage verstehen, als letzten Appell des Beters an den Gott, von dem er auch sein Leiden her verstehen muss.

gesprochen, seit den Anfängen einer Alleinverehrung zu dem Gott Israels dazu[31]. Anders ließe sich seine Überlegenheit z.B. über Mot, den Todesgott gar nicht denken. Der Weg zum Monotheismus besteht auch aus der immer deutlicheren Formulierung dieser Hoffnung. Dabei werden die älteren Traditionen mit den offenen Fragen der Psalmisten nicht überholt oder überflüssig. Was hier formuliert wird, ist nichts anders als die menschliche Situation, in der wir Christen uns wie die Juden und wie alle Menschen nach wie vor unverändert befinden, und woran sich auch durch die Auferstehung Jesu nichts verändert hat: Dass die Toten im Tod und im Grab bleiben, obwohl Gott es, wie wir glauben, kann und will und tun wird.
Israels Gott, Abrahams Gott ist der, der Tote belebt. Das ist die Perspektive, in der die Ereignisse nach dem Tod Jesu Glauben bewirken können. Im Übrigen dürfte es alles andere als ein Zufall sein, dass Paulus ausgerechnet in dem Kapitel, in dem er grundlegend und ausführlich über die Auferstehung handelt, so deutlich wie sonst nirgends die Herrschaft Christi als begrenzt bezeichnet. Wenn ihm aber *»alles unterworfen ist, dann ist offenkundig: mit Ausnahme dessen, der ihm alles unterworfen hat ... Dann wird sich auch der Sohn dem unterwerfen, der ihm alles unterworfen hat, damit Gott sei alles in allem.«* (1 Kor 15,27f.).

These 2:

Der bleibende Impuls aus der kurzen Phase der Erscheinungen des Auferstandenen ist der Auftrag, die Völker für den Gott Israels zu gewinnen.

Zunächst ist zu betonen, dass die Sondererfahrungen nach Ostern sich auf eine ganz kurze Zeit und wenige Zeugen beschränken. Für Lukas hören sie mit der Himmelfahrt auf und nur Paulus erfährt eine Ausnahme, Paulus selbst sieht sich als Letzten der Reihe. »Was diese Menschen verwandelt hat, war nicht nur der Augenblick, sondern auch die Treue, die sie anschließend diesem Augenblick bewahrten. Das ist das Paradox der Offenbarung. Sie durchbricht die Ordnung der Dinge und hängt dann von dieser Ordnung ab.«[32] Und für die Offenbarung des Auferstandenen kommt hinzu, dass sie sich nicht ohne das Medium der Schrift ereignet und dass sie konzentriert enthält, was Schrift und Tradition bereits vorher kannten. Die Tradition verändert sich nicht, sie erscheint nicht einmal in einem wirklich neuen Licht. Sondern sie erhält nur aufs Neue die Leuchtkraft, die sie seit Abraham immer schon gehabt hat oder die doch hätte wahrgenommen werden können. Wie der Glaube Abrahams immer möglich war, so der Glaube an die Überwindung des Todes. Die Auferstehung fügt der Schrift nichts hinzu. Die neue Offenbarung ist ein Moment zwischen Schrift und Schrift. Die Schrift ist notwendig, die Auferstehung Jesu überhaupt sachgemäß wahrzunehmen; das gilt für den Moment der Erscheinung, das gilt erst recht für die Weitergabe dieser Erfahrung. Der mit Hilfe der Schrift Erkannte verschwindet, es bleibt nur die Erinnerung. Das ist in der Emmausgeschichte genau so wie in der Geschichte des Urchristentums im Ganzen. Vielleicht lässt es sich mit einem Bild sagen, das die

---

31 Dazu vorläufig F. Crüsemann, Elia – die Entdeckung der Einheit Gottes. Eine Lektüre der Erzählungen über Elia und seine Zeit, KT 154, 1997, 37ff.144ff.; sowie ders., Rhetorische Fragen!? Eine Aufkündigung des Konsenses über Ps 88:11-13 und seine Bedeutung für das alttestamentliche Reden von Gott und Tod, Biblical Interpretation 11, 2003.

32 L. Wieseltier, Kaddisch, dt. Übers. 2000, 71.

Bildlichkeit mancher biblischer Bilder umdreht. So wie ein Moment der Dunkelheit einen vorher und nachher beleuchteten Raum, der weder verändert noch anders beleuchtet wird, dennoch neu wahrnehmen lassen kann, so verhält sich die Auferstehung dieses einen Menschen zur vorlaufenden und weiter gehenden, zur unveränderten biblischen Tradition.

Was sich aber verändert, lässt sich so beschreiben: Die Auferstehung Jesu *aktualisiert die Verheißungen für die Völker.* Jedenfalls bei Paulus in Gal 1 und bei Lukas (aber wohl auch bei Matthäus) läuft die grundlegende Begegnung mit dem Auferstandenen auf einen einzigen Impuls hinaus: Auf den Auftrag, das Evangelium zu den Völkern zu bringen. Die erstaunliche Klarheit und Eindeutigkeit, mit der das formuliert wird, sollte nicht zu schnell durch Verweis auf die zweifellos daneben wirksamen anderen Motive verdeckt werden, die Einsetzung zum messianischen Herrscher zum Beispiel. Die Auferstehung des einen wird in vielen Texten als der Beginn der allgemeinen Auferstehung angesehen. Da ist etwa das Bild von Christus als dem *»Erstling der Entschlafenen«* (1 Kor 15,20). Da geht es ja nicht um den numerisch Ersten, sondern um die Erstlinge der Ernte, mit denen die Ernte beginnt. Die Auferstehung als das Signal, dass die großen Verheißungen sich zu realisieren beginnen, aktualisiert deshalb vor allem das, was zu beginnen Israel offensichtlich vorher und nachher kein Mandat hatte, nämlich alle Völker für ihren Schöpfer zu gewinnen.

These 3:

Die Sammlung urchristlicher Schriften, die das Neue Testament heißt, dient der Rückbindung der zunehmend nur noch heidenchristlichen Kirche an die Schrift.

Wenn ich versuche, aus dem Verhältnis von Auferstehung Jesu und Schrift in den untersuchten Texten eine grundsätzliche Verhältnisbestimmung der beiden Teile des christlichen Kanons abzuleiten, dann komme ich zu der These, dass das Neue Testament der notwendige Kitt ist, der die heidenchristliche Kirche an die Schrift bindet.

Das ist zunächst eine systematische These, insofern die Bibel des Judentums zwar das Hinzukommen der Völker als messianisch-eschatologische Perspektive, aber gerade nicht als aktuellen Auftrag enthält. Auf der Basis des AT allein hätte nur das Modell von Proselytismus und Gottesfürchtigen fortgeschrieben werden können. Geht von der Auferstehung der Impuls zur Aktualisierung der Völkerverheißungen aus, so musste sich dieser Impuls in einer Ergänzung des AT niederschlagen, um dauerhaft zu wirken. Da aber der neue Glaube beansprucht, der alte Glaube Abrahams zu sein, da der Glaube an den Auferstandenen der Glaube an Tora und Propheten ist, geht es um die Möglichkeit, diesen Zusammenhang auf Dauer zu stellen.

Die These gilt dann für einzelne neutestamentliche Schriften wie Lukas und Paulus. Da die Schrift bleibend notwendig ist, die Auferstehung Jesu überhaupt wahrnehmen zu können, diese der Schrift aber nichts hinzufügt, handelt die neue Geschichte vom Weg des Gottes Israels zu den Völkern – beginnend mit Leben, Tod und Auferstehung Jesu, die auf den Missionsbefehl hinausläuft.

Die These versteht sich schließlich als Frage an den Prozess der Entstehung des neutestamentlichen Kanons. Hier ist daran zu erinnern, dass Markions Versuch, für seinen unbekannten Gott einen vom AT unabhängigen Kanon zu schaffen, die kirchliche Beibehaltung des AT entgegengestellt wurde und dieser Vorgang mit entscheidenden Schritten zur Ausgestaltung des 2. Kanonteils verbunden wurde.

Zwar hat die Bindung an die Schrift durch die Kirchengeschichte funktioniert. Doch ohne die weiter gehende Verbindung der Schrift mit dem lebendigen Israel, d.h. dem Judentum wahrzunehmen und anzuerkennen, konnte die Kirche dennoch ihrem Wurzelgrund entfremdet werden und war deshalb vor vielfältigen Perversionen nicht geschützt.

Erstveröffentlichungen

Genesis

Menschheit und Volk. Israels Selbstdefinition im genealogischen System der Genesis, EvTh 59, 1998, 180-195; zuerst englisch in: M. G. Brett (Hg.), Ethnicity and the Bible, BIS 19, 1996, 57-76.

Die Eigenständigkeit der Urgeschichte. Ein Beitrag zur Diskussion um den »Jahwisten«, in: J. Jeremias/L. Perlitt (Hg.), Die Botschaft und die Boten, FS H. W. Wolff, 1981, 11-29.

Autonomie und Sünde. Gen 4,7 und die »jahwistische« Urgeschichte, in: W. Schottroff/W. Stegemann (Hg.), Traditionen der Befreiung, 1: Methodische Zugänge, 1980, 60-77.

Eva – die erste Frau und ihre »Schuld«. Ein Beitrag zu einer kanonisch-sozialgeschichtlichen Lektüre der Urgeschichte, BiKi 53, 1998, 2-10.

Abraham und die Bewohner des Landes. Beobachtungen zum kanonischen Abrahambild, EvTh 62, 2002, 334-348.

Herrschaft, Schuld und Versöhnung. Der Beitrag der Jakobgeschichte der Genesis zur politischen Ethik, JK 54, 1993, 614-620.

Propheten

Aporiendarstellung. Der Beitrag von Jehugeschichte und Thronfolge-Erzählung zur biblischen Sicht von Gott und Geschichte, WuD 25, 1999, 61-76.

»Das Land voll Silber und Gold, Waffen und Götzen« (Jes 2,7f.). Zur Rezeption der prophetischen Sozialkritik, in: R. Jost/R. Kessler/C. M. Raisig (Hg.), Auf Israel hören. Sozialgeschichtliche Bibelauslegung, 1992, 25-45.

Hosea und die Entstehung des biblischen Geschichtsbildes, in: H.-J. Gehrke/A. Möller (Hg.), Vergangenheit und Lebenswelt. Soziale Kommunikation, Traditionsbildung und historisches Bewusstsein, ScriptOralia 90, 1996, 109-125.

עתה – »Jetzt«. Hosea 4-11 als Anfang der Schriftprophetie, in: E. Zenger (Hg.), »Wort JHWHs, das geschah ...« (Hos 1,1). Studien zum Zwölfprophetenbuch, HBS 35, 2002, 13-31.

Israel, die Völker und die Armen. Grundfragen alttestamentlicher Hermeneutik am Beispiel des Zephanjabuches, in: W. Dietrich/M. Schwantes (Hg.), Der Tag wird kommen. Ein interkontextuelles Gespräch über das Buch des Propheten Zefanja, SB 170, 1996, 123-133.

Psalmen

Im Netz. Zur Frage nach der »eigentlichen Not« in den Klagen der Einzelnen, in: R. Albertz/F. W. Golka/J. Kegler (Hg.), Schöpfung und Befreiung, FS C. Westermann, 1989, 139-148.

Die Macht der kleinen Kinder. Ein Versuch, Psalm 8,2b.3 zu verstehen, in: F. Crüsemann/C. Hardmeier/R. Kessler (Hg.), Was ist der Mensch ...? Beiträge zur Anthropologie des Alten Testaments, FS H. W. Wolff, 1992, 48-60.

Gottes Ort. Israel- und Armentheologie in Psalm 14, in: U. Bail/R. Jost (Hg.), Gott an den Rändern. Sozialgeschichtliche Perspektiven auf die Bibel, 1996, 32-41.

»Gegen dich allein habe ich gesündigt«!? Sozialgeschichtliche Auslegung von Psalm 51, gekürzte Fassung in: JK 57, 1996, 425-430.

Themen

Freiheit durch Erzählen von Freiheit. Zur Geschichte des Exodus-Motivs, EvTh 61, 2001, 102-118.

Israel in der Perserzeit. Eine Skizze in Auseinandersetzung mit Max Weber, in: W. Schluchter (Hg.), Max Webers Sicht des antiken Christentums. Interpretation und Kritik, stw 548, 1985, 205-232.

Das »portative Vaterland«. Struktur und Genese des alttestamentlichen Kanons, in: A. u. J. Assmann (Hg.), Kanon und Zensur, Beiträge zur Archäologie der literarischen Kommunikation II, 1987, 63-79.

Religionsgeschichte oder Theologie? Elementare Überlegungen zu einer falschen Alternative, in: Religionsgeschichte Israels oder Theologie des Alten Testaments?, JBTh 10, 1995, 69-77.

Versuch über die drohende Vereinsamung Gottes, in: A. u. J. Assmann (Hg.), Einsamkeit. Archäologie der literarischen Kommunikation VI, 2000, 113-127.

»Gott Abrahams, Gott Isaaks, Gott Jakobs«. Notizen zur Frage eines Kriteriums theologischen Redens von Gott, in: Th. Holzmüller/K.-N. Ihmig (Hg.), Zugänge zur Wirklichkeit. Theologie und Philosophie im Dialog, FS H. Braun, 1997, 163-169.

Hermeneutik des Alten Testaments

Wie alttestamentlich muss evangelische Theologie sein?, EvTh 57, 1997, 10-18.

»Ihnen gehören ... die Bundesschlüsse« (Röm 9,4). Die alttestamentliche Bundestheologie und der christlich-jüdische Dialog, KuI 9, 1994, 21-38.

Der neue Bund im Neuen Testament. Erwägungen zum Verständnis des Christusbundes in der Abendmahlstradition und im Hebräerbrief, in: E. Blum (Hg.), Mincha, FS R. Rendtorff, 2000, 47-60.

*Schrift und Auferstehung. Beobachtungen zur Wahrnehmung des auferstandenen Jesus bei Lukas und Paulus und zum Verhältnis der Testa*mente, KuI 17, 2002, 150-162; zuerst englisch in: T. Peters/R. J. Russell/M. Welker, Resurrection. Theological and Scientific Assessments, 2002, 89-102.